김충식 金忠植

가천대학교 교수(신문방송학과). 일본 게이오대(慶應大) 법학박사(미디어 저널리즘 전공).

고려대 철학과를 1977년 졸업하고 동아일보 기자가 되어 30년간 뛰었고, 주로 정치부에서 국회 정당, 청와대 외무부를 출입했다. 현장 기자로서 금단의 성역이었던 중앙정보부, 즉 KCIA(Korea Central Intelligence Agency)를 심층 해부해 보려는 열망에 불타, 1990년 김중배 편집국장(나중에 한겨레신문 사장, MBC사장)에게 건의하였다. 그렇게 시작된 《남산의 부장들》은 압력과 회유, 협박 속에서 장장 2년 2개월 동안 연재되어, 장안의 화제를 불러일으켰다.

저자는 전두환·노태우 대위가 1963년 친위쿠데타를 시도했다는 증빙인 수사기록을 최초로 발굴, 폭로함으로써 구속위기에 몰리기도 했다. 그렇게 파헤친 박정희 정권 18년 동안 남산(중앙정보부)이 벌인 정치공작과 비화·비사는 단행본으로 출간돼 한일 양국에서 52만 부가 팔리는 대반향을 몰고 왔다. 저널리스트의 논픽션 저술로 최대의 베스트셀러 기록을 가진 이 책의 개정 증보판은 2012년의 시점에서 대폭 가필 손질하고 170여 명이 넘는 주요 인사들의 프로필을 추가한 게 특징이다.

저자는 1993년에 평기자로서, 30대에 최연소 논설위원으로 발탁되었다. 한국기자상을 두 번 수상(1984년, 1993년)했다. 문화부장, 사회부장을 거쳐 2002년부터 3년간 도쿄특파원 겸 지사장으로 주재하며 〈아사히신문〉 등에 칼럼을 썼다. 2004년 도쿄대 대학원(법학정치학연구과)에서 '정치와 보도' 과목을 1년간 강의했다.

저서로 《슬픈 열도》(2006), 《법에 사는 사람들》(공저, 1984)이 있고, 번역서 《화해와 내셔널리즘》(2007)이 있다. 방송통신위원회 상임위원과 부위원장을 지냈으며 현재는 가천대 대외부총장인 동시에 학생들을 가르치고 있다.

김충식 지음

개정 증보판
KCIA

남산의 부장들

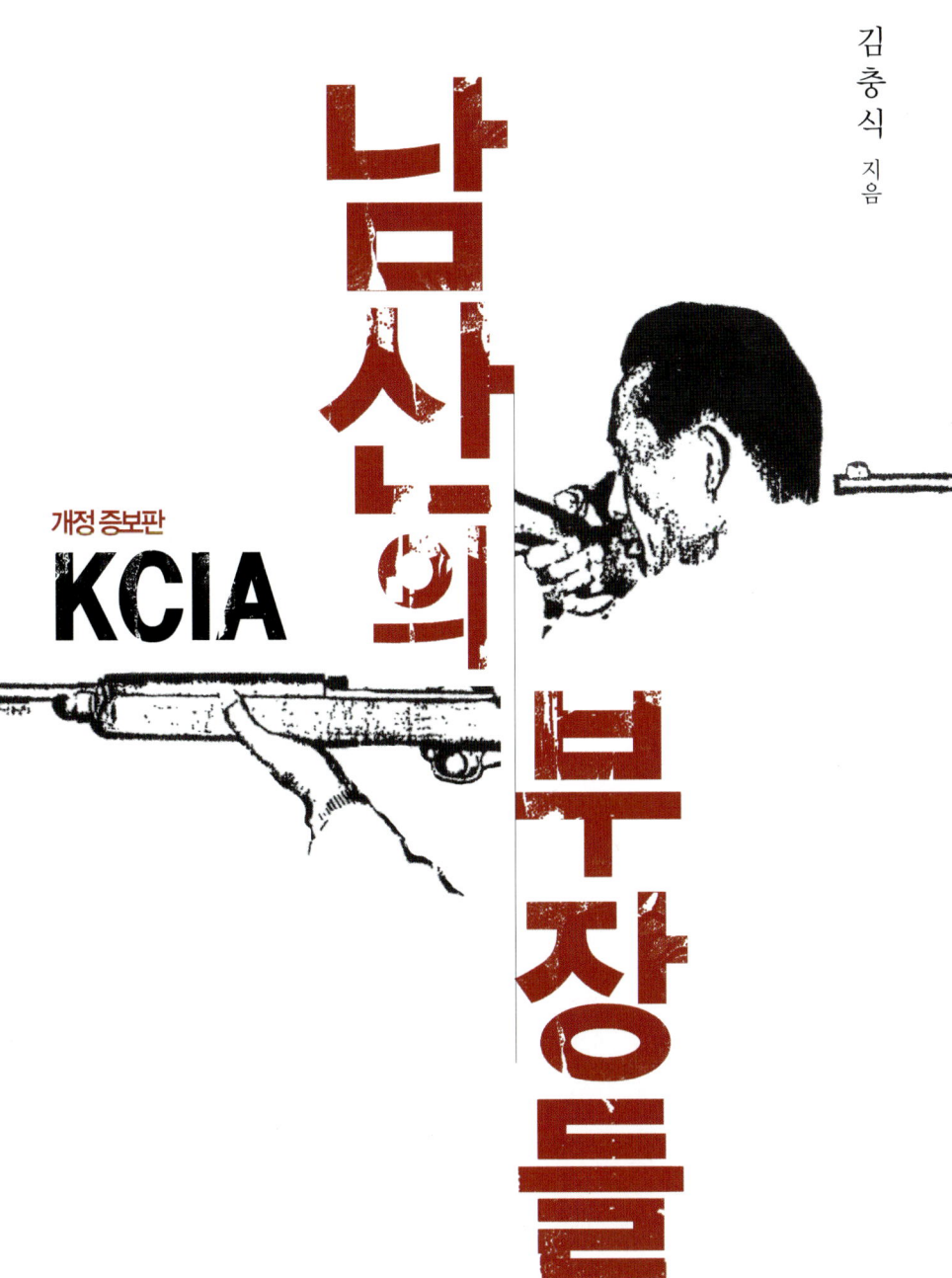

폴리티쿠스

1 | JP와 김재춘

육군사관학교 5기의 대표주자 김재춘(3대 정보부장)과 8기의 톱 김종필(초대 정보부장)의 대결은 5·16 후 장군 대 영관급 대결의 축도였다. 30대 후반의 방장한 혈기에 권력을 잡은 양인의 서늘한 눈빛이 당시의 분위기를 웅변하고 있다. 이 대결은 결국 8기와 JP의 승리로 귀착되고 김재춘과 5기는 몰락했다. 사진은 JP(왼쪽)가 63년 2월 자의반 타의반 외유를 떠나는 순간 그를 내보낸 김재춘이 뒤따르는 장면.

2 | 박정희의 중정시찰

군복 차림의 최고회의의장 박 장군이 62년 1월21일 김종필부장(왼쪽 끝)의 안내로 정보부를 순시하여 간부들과 악수를 하고 있다. 박 장군은 이미 61년 11월 대장으로 진급했고 중정 방문 두 달 뒤인 62년 3월 대통령 권한대행으로 올라가게 된다. 그리고 두 달 뒤인 62년 5월께부터 JP 정보부 주도로 민정이양에 대비한 공화당 사전조직이 시작된다. 극비리에 조직된 공화당은 18년 박정권의 요람이 되었다.

3 | 이후락과 김재춘

5·16 병력 동원에 앞장선 5기의 대표격인 김재춘(왼쪽)은 군검경 합수본부장에다 정보부장을 지냈다. 주체가 아닌 이후락(오른쪽)은 공보실장에 불과했다. 그러나 박정권 18년을 통틀어 대통령 비서실장, 정보부장 등으로 HR만큼 권세를 누린 이는 드물었다.

4 | 정보부 인사과장 전두환 소령
61년 5·16 때 육사생도지지 데모를 유도한 공으로 최고회의 민원비서관으로 발탁된 전두환 대위는 63년 정보부 인사과장을 거쳤다. 이 사진은 김재춘 3대 정보부장이 미 8군 정보부대 그레입스 소령에게 감사장과 기념품을 주는 것을 전 소령(오른쪽 끝)이 거드는 장면이다.

5, 6 | 전두환 대통령
80년 체육관의 선거인단에 의한 간접선거로 11, 12대 대통령에 오른 전 대통령이 81년 7월 육사 8기로 선배인 차규헌 장군 그리고 육사 11기 동기인 노태우 장군에게 대장계급장을 달아주고 있다. 차 장군은 하나회 장교들과 가까웠던 인연으로 12·12 때 합수본부 전두환 측에 섰고 5공 들어 교통부장관도 지냈다. 그러나 6공 때 5공비리 청산과정에서 수감되기도 했다.

7 | 노태우 대표

87년 민정당 시절 노 대표가 기자회견하는 모습. 노 대표는 87년 4·13 개헌불가선언 이후 민정당의 간선 대통령 후보로 지명됐으나 87년의 6월항쟁과 6·29선언으로 직선후보가 돼 3김씨와 싸워 이겼다. 그는 90년 YS, JP를 끌어들이는 3당 통합에 성공해 민자당을 만들었다.

8, 9 | 노태우 대위와 장도영

61년 민주당 정권의 육참총장이자 5·16쿠데타군에 의해 최고회의의장 내각수반 계엄사령관으로 추대된 장도영은 쿠데타가 성공하자 박정희 소장에 의해 반혁명죄로 갇히고 말았다. 그 뒤를 계호하는 노태우 대위는 당시 방첩대 소속. 노 대위는 27년 뒤 박정희, 전두환 장군에 이어 13대 대통령에 올랐다. 이 사진은 61년 국방부가 공표한 것으로 당시 지휘계통에 있던 방첩대의 고위간부가 92년 필자에게 '노 대위'였음을 확인함에 따라 게재한다. 이 간부는 이 사진 한 장이 현대정치사를 웅변하는 것이라고도 했다.

10 | 최초로 입수한 '친위쿠데타' 수사기록

63년 정승화 방첩대장이 조사, 작성해 중앙정보부에 보낸 육사 11기 소령 대위들의 '7·6거사' 수사기록. 11기 청년장교들은 5·16 주체 중의 부정부패 관련인사 등 40명을 제거해 박정희 최고회의의장을 돕는 '친위쿠데타'를 꿈꾸었다. 주동자급은 '불만요소의 영향을 준 자'로 분류되고 있다. 김복동(金復東) 소령이 金福童, 전두환(全斗煥) 소령이 全斗漢으로 잘못 쓰여 있다. 80년대 민정당 대표에 오른 권익현 그리고 하나회 최성택, 손영길, 노정기의 이름도 보인다.

11 | 전·노, 김복동, 최성택 생도 등 11기 주축인물의 청년시절. 그중 전·노 장군은 79년 12·12 사태를 주도해 잇따라 대통령을 지냈다. 위로부터 시계 반대방향으로 전두환, 김복동, 노태우, 최성택 생도.

12 | 정승화 방첩대장

63년 전·노 등 육사 11기가 공화당 창당 주축 40여 명을 체포하려던 이른바 7·6 친위쿠데타 음모 수사 책임자는 공교롭게도 정승화 장군(오른쪽)이었다. 이 사건이 흐지부지된 뒤 16년 세월이 흘러 전·노 11기는 정승화 육참총장 겸 계엄사령관을 체포하고 정권을 장악했다. 사진은 김재춘 전임 방첩대장으로부터 업무인계를 받으면서 찍은 것이다.

13 | 박정희와 김재춘

63년 박정희 의장과 걸으면서 대화하는 김재춘 제3대 정보부장. 박 의장은 63년 7월 김재춘을 정보부장에서 내보내면서 후임으로 장경순 장군(뒤쪽 안경 낀 이)을 기용할 뜻을 비치더니 곧 뚝심 있고 저돌적인 김형욱을 4대 부장으로 발탁했다.

14 | 진산과 양김

70년 시국강연회 연단에 앉은 유진산과 김영삼(위쪽), 김대중(아래 손을 모은 자세). 박정권의 정보부를 비롯한 전행정 체계를 동원한 위력에 비추어볼 때 당신 맨손 야당의 행색은 이처럼 초라했다. 그러나 양 김씨는 끈기 있게 버티며 90년대 정치까지 압도하고 있다.

15 | JP - 김형욱 - 김용태

JP의 지원으로 4대 정보부장에 오른 김형욱은 곧 자신의 실력을 굳혀가며 육사 8기 동기생 JP를 적대시했다. 그것은 박 대통령의 용인술 때문이기도 했다. 김형욱은 69년 3선 개헌의 행동대장을 맡았으나 개헌 성공 뒤 곧 정보부장에서 밀려나고 말았다. 73년 미국으로 망명한 그는 77년부터 박정희타도에 앞장서는 선봉장이 되었다. 왼쪽부터 김종필, 김형욱, 김용태.

16 | 정주영의 70년대
3공 시절 박정희 대통령과 잘 통했던 사업가 정주영 씨. 사진은 75년 박 대통령이 울산 현대조선소에 들러 정씨의 설명을 듣는 장면. 오른쪽은 김정렴 비서실장. 정주영 씨는 6공 말 국민당을 만들어 정권 창업을 노렸다.

17 | 박정희 - 한신 - 박태준
62년 최고회의의장 주최 리셉션에 모인 박 의장의 육사 2기 동기 한신 장군(당시 내무장관, 가운데)과 나중에 포철을 일군 박태준 소장(오른쪽). 박태준은 의장비서실장까지 지내고 JP의 공화당이 아닌 자민당을 돕다가 65년 대한중석 사장이 된 것을 계기로 제철업에 뛰어들어 대성했다.

18 | 김계원의 영욕
5대 정보부장은 육참총장을 지닌 김계원 예비역대장이 기용되었다. 그는 79년 10·26 주연에 합석한 비서실장이었기 때문에 국적이 박탈되고 죽음에 직면하기도 했다. 그는 정보부장 시절 야당공작에 무능하다는 평을 받았으며 그 때문에 남산부장 1년 만에 HR에게 자리를 넘겨야 했다. 사진은 김계원씨가 10·26 사건으로 재판받고 있는 장면.

19 | 87년 김대중 납치사건과 관련해 〈신동아〉 기자와 인터뷰하고 있는 이후락 씨. 그는 "납치사건은 본래 살해의 도가 없는 납치사건이었다."라고 주장했다. 또 "박 대통령은 결코 지시한 적이 없으며 사건발생 후 나에게 화내고 짜증냈다"라고 말했다. 그러나 그는 다른 사람들에겐 "박 대통령의 거듭된 지시로 한 일"이라고 말한 적이 있다.

20 | 초대 - '마지막' 부장
1대 정보부장 JP와 마지막 정보부장 전두환. 71년 11월 김종필 국무총리(왼쪽)가 베트남의 주월 한국군사령부를 방문했을 때 백마부대 29연대장 전두환 대령(뒤)이 브리핑을 위해 수행하고 있다. 전 대령은 10년 뒤 실권을 장악, 박정희의 뒤를 이어 공화당 총재가 된 JP를 권력형 부정축재자로 몰고 대통령이 되었다.

21 | 숙명의 만남
김대중 씨와 이후락 씨가 나란히 포즈를 취한 유일한 사진. 71년 서울 인근 덕소의 한 모임(김영삼, 이철승 등도 참석)에서 찍은 것이다. 사진을 찍을 무렵 이씨는 "김 후보께서 지난 대통령 선거에서 잘 싸우셨습니다"라고 인사했다. 김씨는 "내가 박정희 대통령한테 진 게 아니라 정보부장인 당신한테 진 것"이라고 대꾸했다. 그리고 2년 후인 73년 이후락 정보부 주도로 김대중 납치사건이 터졌다.

22 | 73년 8월8일 도쿄의 그랜드 팔레스 호텔에서 괴한들에게 납치돼 13일 밤 자택으로 송환된 김대중 씨가 13일 밤 자택에서 기자들에게 그 경위를 설명하는 도중 눈물을 흘리고 있다.

23 | HR과 박종규

박정희 대통령을 가장 오래 청와대에서 보좌한 이후락(왼쪽), 박종규 양인의 관계는 늘 불편한 긴장의 연속이었다. 사진은 10대 국회의원에 나란히 당선돼 국회에서 찍힌 것. 73년 박종규 경호실장은 유신개헌추진, 평양 방문 등으로 승승장구하던 이후락 정보부장과 윤필용 수경사령관의 밀월관계를 주목해 '윤필용 불경발언'의 실마리를 캔 것으로 전해지고 있다.

24 | HR과 김일성

72년 5월 북행밀사 이후락 정보부장을 맞는 김일성 북한수상. 뒤에 그의 동생이며 로동당조직지도부장이던 김영주의 얼굴도 보인다. 김일성은 HR에게 "이 부장 선생은 담대한 영웅이십니다. 민족의 영웅입니다"라고 여러 차례 치켜세우면서 서울에서는 박성철 부수상을 보내겠다고 약속했다. HR은 뒷날 "김일성과 악수하려던 순간 몰래 갖고 간 청산가리가 손바닥에 붙어 당황했다"라고 말했다.

25 | 윤필용 법정

73년 세상을 깜짝 놀라게한 윤필용 사건 선고 공판 장면. 앞줄 오른쪽부터 윤필용 소장(당시 수경사령관), 손영길 준장, 김성배 준장, 지성한 대령, 권익현 대령(14대 민자의원). 뒷줄 오른쪽 끝에 신재기 대령(14대 민자의원)도 보인다. 당시 이후락 정보부장과 가깝던 윤 소장의 술자리 불경발언으로 비롯된 이 사건 수사는 강창성 보안사령관(14대 민주의원)이 맡았다. 이 사건은 윤소장의 운명뿐만 아니라 그의 육사8기 동기인 강창성 소장의 인생행로도 바꾸어 놓았다.

26 | 하나회

윤필용 사건이 터진 뒤 당시 갓 진급한 전두환 준장이 회장으로 있던 하나회 장교 220여 명이 수사선상에 올라 코너에 몰렸다. "윤필용 사건 때 도청 미행으로 인권유린깨나 당했다"고 전 대통령은 재임 중 말한 적이 있었다. 그 위기를 넘긴 하나회 장교들은 5공, 6공 들어 대성했다. 87년 최세창 대장을 합참의장에 임명하는 전 대통령(사진 위). 88년 이종구 대장으로부터 육참총장 신임신고를 받는 노 대통령. 모두 하나회 멤버였다.

27 | 이철, 유인태 수배

나중에 국회의원이 되는 이철(12~14대 국회의원), 유인태(14, 17, 19대 국회의원) 등에 대한 74년 현상수배 전단. 당시 유신체제반대운동에 불과한 민청학련 관련자에 건 현상금 200만 원은 간첩신고 포상금보다 많은 것이었다. '수배자를 신고하지 않거나 숨겨준 자는 사형, 무기 또는 5년 이상의 징역에 처한다'는 구절이 인상적이다.

28 | 7대 부장 신직수

73년 가을 반유신 개헌데모가 시작되는 가운데 이후락 정보부장 후임인 제7대 신직수 부장은 긴급조치로 정권과 체제방어에 나서는 등 법가적(法家的) 대응으로 일관했다. 그의 재임 시절 정보부는 동아일보를 겨냥해 광고를 못 싣도록 광고주를 협박하는 언론사상 초유의 '광고탄압' 공작도 했다. 신 부장은 미국에서 코리아게이트가 확산되고 요원 김상근이 망명해버리자 76년 12월 해임됐다.

29 | 노태우 차장보

78년 청와대 작전차장보 시절의 노태우 장군. 박 대통령과 차지철 경호실장의 뒤를 따라 정부종합청사 순시를 경호하고 있다. 노 장군은 갓 1사단장으로 나간 전두환 소장으로부터 차장보를 물려받았으며, 79년 김복동 장군에게 자리를 물려주고 9사단장으로 나가게 된다.

30 | YS의 공작 돌파

74년 8월 공작정치를 돌파한 김영삼 의원의 신민당 총재 당선은 유신정권과의 긴장을 예고했다. 명동 예술극장 전당대회장 앞에서 시민들의 환호에 답례하는 YS. 그는 74년 11월 개헌추진 원외투쟁을 벌이겠다고 선언하고 재야와의 연대투쟁을 모색했다. 그는 76년 공작에 휘말려 당권을 놓쳤으나 79년 5·30 전당대회 때 극적으로 총재로 롤백했다.

31 | '보안완벽' 김재규

8대 정보부장 김재규는 끝내 박 대통령에게 방아쇠를 당김으로써 유신을 마감하게 했다. 사진은 70년 보안사령관 재직 중의 김재규 중장. 손수 붓글씨로 쓴 '보안완벽'이라는 구호가 역설적이라는 느낌을 준다. '보안'이란 결국 총과 물리력만으로 확보되지 않고 순리와 상식 위에 컨센서스로써 자리잡는 것임을 사진은 말해준다.

32 | 정승화 – 전두환

79년 10·26으로 운명이 엇갈린 박 대통령(가운데), 정승화 장군(오른쪽), 전두환 장군(왼쪽에서 세 번째), 차지철 경호실장(박 대통령 오른쪽 뒤)이 한자리에 섰다. 77년 육사 재학 박지만 생도를 박 대통령이 면회하던 날 기념사진이다. 정 장군은 육사교장, 전 장군은 경호실 작전차장보였다. 가장 키 큰 지만 생도와 정 장군 사이의 안경 낀 이는 김정렴 비서실장.

33 | 마지막 정보부장

80년 4월 제10대 정보부장(서리)이 된 전두환 장군은 7월18일 유학성 장군에게 자리를 물려주고 다음 달인 8월 대통령으로 올랐다. 유 장군은 초대 안기부장이 되었고, 전 장군은 마지막 정보부장이었다. 사진은 중앙정보부 기를 주고받는 전두환(왼쪽), 유학성 장군.

| 개정 증보판 서문 |
우리에게 박정희는 진정 무엇인가?

스마트 미디어, SNS시대에 박정희라는 존재는 무엇인가?

반세기도 지나버린 1961년의 군사쿠데타로 시작된 그의 18년 통치는 1979년에 끝났다. 하지만 그가 세상을 떠난 지 33년이 흐른 오늘날, 박정희 시대라는 거대한 쓰나미의 여진(餘震)은 현재진행형이다. 그는 역사상 '위대한 지도자'로 꼽히기도 하고, 한편으로 과거사에서는 '최악의 독재자'라는 상반된 평가도 듣는다.

그러한 박정희의 '빛과 그림자'는 다시금 반세기가 가버린 오늘 2012년 12월의 대통령 선거를 좌우하고, 향후 5년간 대한민국의 국민들이 삶을 이끌어갈 한 이정표가 되고 있다. 여러 권위 있는 언론들이 그렇게 보도하고 있다.

박정희의 장녀 박근혜 새누리당 대통령후보가 여권의 대선주자로 질주하고 있다. 두 말할 것도 없이 아버지의 후광(後光)이 가장 크다. 2012년 4월 총선에서 '친박연합'이라는 정치결사는 박정희의 사진을 내걸고 분전했다. 새누리당에서 한사코 무관하다고 손사래 치는데도, 옛 추억의 정치자산을 놓고 적손과 서얼이 갈려서 다툰다는 것은, 그만큼 과거의 그림자가 넓고 두텁다는 증거일 터이다.

나는 정확히 20년 전, 이 《남산의 부장들》 서문 첫 줄에 "우리는 아직도 박정희 시대의 그늘에 갇혀 있다"라고 적었다. 앞 부분만 다시 그대로 옮겨본다.

우리는 아직도 박정희 시대의 그림자에 갇혀 있다.

좋든 궂든 그것은 1990년대를 살며 다음 21세기를 내다보는 우리의 숙명이요, 제약일 것이다. 박정희의 경호실을 거친 전두환-노태우 장군은 12년째 후계 대통령이다. 5·16 동지인 김종필 씨는 지금 집권 민주자유당의 대표 최고위원이다. 박이 배척했던 김영삼, 박이 미워한 김대중은 모진 박해를 뚫고 살아남아 1990년대까지 여야를 이끌고 대권을 겨룬다. 그가 키운 사업가 정주영은 대통령후보로 나서 '정권창업'을 노리고 있다.

그 박정희 시대는 중앙정보부가 열었다. 3선개헌, 유신개헌의 견인차도 정보부였다. 그리고 마침내 10·26암살로 그 시대를 닫아버린 것도 정보부였다. 안보파수꾼·외교주역에서부터 정치공작, 선거조작, 이권배분, 정치자금징수, 미행, 도청(盜聽), 고문 납치, 문학·예술의 사상평가, 심지어 여색(女色)관리, 밀수, 암살에 이르기까지 그야말로 올마이티(almighty)의 권력중추였다.

그래서 중앙정보부의 역할에 눈감은 채 박정희 시대를 말하는 것은 허구일 뿐이다. 또 1990년대까지 이어지는 3金정치, 군벌과 재벌의 정치적 영향력의 본질을 설명할 길도 없다. 그러한 관점에서 나는 2년 2개월 동안 매주 나 자신과 싸우며《남산의 부장들》을 써왔다.

(1992년 11월11일)

1992년 12월 대선을 앞둔 그 시절에는 김영삼, 김대중, 정주영이 겨루었다. 두 김씨는 박정희의 라이벌, 그리고 정주영은 박이 키워낸 재벌 대표. 1992년에 김영삼이 먼저 이겼고, 뒤이어 김대중도 천신만고 끝에 1997년 대통령이 되었다. 정주영은 뜻을 펴지 못하고 운명했다. 두 김씨 휘하에서 자란 노무현이 2002년 대권을 차지했고, 그리고 정주영 문하의 이명박이, 박정희 시대에 청와대 구내 토목공사를 진두지휘하던 건설업자 이명박이 2007년 대통령에 당선되어 이 나라를 이끌고 있다. 이제 다시 박정희의 딸이 맨 앞줄 번호표를 움켜쥐고 2013년 청와대 입성을 벼르고 있고, 노무현의 운명적 친구 문재인이 안철수와 손잡고 거기에 맞서고 있다.

우리 정치는 실로 박정희로부터 몇 발자국이나 전진한 것인가?

개정 증보판 서문을 적는 이 순간, 나는 기이한 역사의 인과와 섬뜩한 데자뷰(旣視感)에 전율한다. 2012년에 명멸한 파워엘리트들도 이 책의 연장선상에 존재하기 때문이다. 박근혜에 대항했던 이재오, 김문수는 '박정희 정권 타도'를 외치던 재야투사들이었다. 역시 박근혜에 예선 도전장을 던졌던 정몽준은 정주영의 아들, 그리고 임태희는 박정권, 군사정권시대의 '양아들'이자 총아인 하나회 출신 권익현의 사위이다.

민주당 후보 문재인도 유신독재정권에 항거하다 제적당했던 경희대 학생, 그리고 '반항 정객' 노무현의 막역지우(莫逆之友)로 정치에 데뷔했다. 민주당 대표인 이해찬은 박정희 유신정권에 반기를 들고, 박정권의 계승자인 전두환 정권 때는 육군교도소에 갇혔던 열혈투사였다. 손학규도 반(反)유신의 기수로 도피생활을 했던 대권주자이다.

나의 《남산의 부장들》 기획을 1990년에 채택한 분은 동아일보의 김중배 편집국장(1991년 동아일보를 떠나 한겨레신문 사장, 문화방송(MBC) 사장 역임)이다. 엄혹한 환경에서도, KCIA를 파헤친 이 책이 빛을 보게 된 것은 한마디로 그 분의 결단 덕분이다. 그 김중배 선배는 얼마 전 나에게 이렇게 말했다. "어쩌면 우리는 지금 문명사적 변곡점을 지나고 있는지도 모른다. '경제민주화'라는 말을 박정희의 딸, 새누리당 후보가 앞장서서 말하고 있지 않은가? 대단한 역사의 아이러니다"라고 하셨다. 나는 피맺힌 과거사 논쟁이 뜨거운 대선 국면, 이 서문을 적는 이 순간에, 다시금 "역사란 현재와 과거의 끊임없는 대화"라고 한 E.H. 카(영국 역사가)의 말을 생각하게 된다.

이 책에 나오는 사진 대부분은 내가 햇수로 30년을 몸담았던 일터, 동아일보사의 김재호 사장이 흔쾌히 게재를 도와 준 것이다. 지면을 빌어 심심한 사의를 표한다. 이 개정 증보판은 교보문고 김성룡 사장(현 이사회의장)이 지난 5월, "《남산의 부장들》은 언론사적인 자산인 만큼, 전자책으로 되살려보자"고 권유한 데 힘을 얻어 내게 되었다. 그리고 "전자책만으로는 부족하니, 페이퍼북을 내겠다"고 선뜻 나선 폴리티쿠스의 김현종 사장, 그리고 정소연 팀장을 비롯한 편집진의 정성과 노고에 감사드린다. 소설가 장정일 선생은 1993년에 그분의 역저 《독서일기》에 쓴 독후감을 기꺼이 이 책의 개정 증보판 추천의 글로 쓰도록 허락해 주셨다.

2012년 11월 11일 광화문에서

김 충 식

● 일러두기
본문에서 굵게 처리한 사건명과 인명은
부록 '10대 사건'과 '정치 파워엘리트 인맥사전'에서 더 자세한 내용을 볼 수 있습니다.

| 이 책의 의미 |

아팠던 청춘 '정치 7080'의 추억

김주언
(KBS 이사, 한국기자협회 32~33대 회장, 전 한국일보 기자)

나는 《남산의 부장들》이라는 책의 애독자다. 일역판을 포함해 52만 부가 팔린 이 책은 한국 언론사에 길이 남을 대표적 저작물이라고 해도 과언이 아니다. 저자인 김충식 기자(가천대학교 신방과 교수)와는 1970년대 유신 말기부터 알고 지냈다. 그리고 80년대 들어서 우리는 동료 언론인으로서 전두환 독재정권의 가혹한 검열을 마주했고, 정보기관에 끌려가 고문에 시달렸던 특이한 인연이 있다. 그래서 아팠던 청춘 '정치 7080'의 쓰라린 추억을 헛되이 하지 말자고, 나는 몇 번인가 이 책의 개정판을 내도록 권유해 왔다. 그러던 차에, 이번에 새롭게 고치고 추가하여 한 권으로 묶어낸다는 소식에 귀가 번쩍 뜨였다.

첫째, 이 책은 사실과 증언을 토대로 드라마 이상의 감동을 안긴다는 점에서 독보적인 작품이다. 동서고금을 통해 수많은 독자를 가진 고전 《삼국지》에는 픽션과 전설이 스며 있다. 그러나《삼국지》는《남산의 부장들》처럼 법과 힘과 돈으로 중무장한 현존 영걸(중앙정보부장)들에 저자가 맞서면서, 그 조직(중앙정보부-국가안전기획부-국가정보원)에 대항하여 목숨 걸고 파헤친 글이 아니다. 저자 김충식이 사실의 나열만으로 이처럼 재미있고 유장한 역사 드라마를 엮었다는 것은 실로 경이롭기조차 하다. 협박과 회유에 굴하지 않는 기자정신과 용기에 감탄할 뿐이다.

둘째, 이 책은 박정희 정권 18년을, 1961년 5·16쿠데타의 아침에 전두환 대위의 등장으로 펼쳐 보인다. 그리고 종국에 1979년 박정희가 살해되어 유신독재가 종말을 고하고, 전두환 장군이 10번째 정보부장으로, 박정희의 후계자로 등극하는 팡파르로 끝을 맺는다. 전두환을 주역으로 내세운 수미일관(首尾一貫)의 구성은 눈곱만큼도 작위적인 것이 아니다. 예리한 기자 김충식의 눈에 포착되어, 역사적 우연과 필연을 정교하게 짜 맞춘, 기막힌 드라마로 우리에게 다가온다. 그런 의미에서 이 책은 한국 현대정치사의 핵심을 꿰뚫은 고전(古典)이라고 할 수 있다.

셋째, 수많은 논객들의 저작과 교수들의 학술 논문에 인용되는 것만으로도 이 책은 존재가치와 생명력을 증명한다. 강준만 교수의《한국현대사 산책》1, 2, 3권, 김만흠 교수의 논문〈한국의 민주주의와 인권〉, 최상철 교수의《벌거벗은 박정희》, 주진우 기자의 팟캐스트〈주진우의 현대사〉등에 수없이 인용되는 것만 보아도 그렇다. 1960년대와 1970년대를 관통하는 박정희 무단(武斷)통치시대 연구의 '포털'이 바로 이 책이다. 2012년 대통령 선거를 앞두고 달아오르는 '정수장학회', '인혁당' 같은 과거사 논쟁의 뿌리와 전말이 소상히 기록되어 있다. 더불어 이 책에 등장하는 인물과 그 후예들의 궤적을 추적한, 170명에 이르는 등장인물 색인은 한국 정치인맥의 검색사전이라 할 수 있다.

넷째, 이 책은 서울에 주재하는 일본대사를 비롯한 일본 외교관, 서울 특파원들의 필독서이기도 하다. 1993년 야마시타 신타로(山下新太郞) 대사는 부임 기자회견에서 "최근 한국 공부를 위해 읽은 책 중에서 《남산의 부장들》이 가장 인상적이었다"고 말했다. 일본의 유력지와 방송사의 특파원들은 이 책의 일본어판을 '서울 입문서'로, 한국 정치를 이해하는 텍스트로 여긴다고 들었다.

다섯째, 일본에서도 최대의 출판사인 고단샤(講談社)가 번역·출간하여 큰 반향을 일으켰다. 작가 다치바나 다카시(立花隆)는 "김충식이 쓴 KCIA 폭로 저술을 읽었다"며 다음과 같이 말하고 있다.
"김대중 납치사건을 비롯해 한국서 뭔가 이상한 사건이 일어났다하면 남산의 짓 아닌가 소근거려 왔지만 진상은 모두 깜깜한 채 묻혀왔다. 새정권이 들어서면서 구 정권시대의 정치부패가 차례로 폭로되고 있는 가운데 남산까지도 그 대상이 되어 역사의 어두운 부분이 속속 드러나고 있는 것이다. 놀라운 얘기가 너무 많다. 권력의 뒤안이라는 게 그리도 무시무시한 걸까 생각하게 된다. 돌이켜 보건데 지금의 일본을 생각해 보면, 권력중추에서 무엇이 일어나고 있는지 알고 있는 게 별로 없다. 일본의 저널리즘도 분기해서 더욱 권력의 이면을 파헤쳤으면 좋겠다. 일역서는 원저서의 일부를 생략했으나 아무데나 잘라 버린건 아닐까, 원서 전부를 읽고 싶다."

주요 신문의 서평 게재 순위로 책의 가치를 평가하는 '서평 랭킹'에도 상위서열에 자리했다.

　역사는 진보한다고도 하고 반복된다고도 한다. 둘 다 맞는 말이다. 다만 진보하는 역사를 갖기 위해서는 과거를 돌아보고 성찰하는 자세가 필요하다. 한국은 경제에 이어 정치도 압축성장을 했다고 할 수 있다. 그러나 그 정치적 민주화가 얼마나 허약한지는 지난 몇 년간의 세월을 통해 많은 사람이 알게 됐다.

　이 책은 그런 점에서 우리의 현대사를 돌이켜보게 하는, 지금 우리가 번듯한 민주화를 가진 것 같지만, 불과 몇십 년 전에는 어떤 독재적 현실들이 있었는지 일깨워주는 역할을 할 수 있다. 그리고 그 시대를 살아온 사람들이 아직도 우리 옆에 있음을 웅변하는 과거사 백과, 정치 파워엘리트 사전이기도 하다.

| 추천하는 글 |
역사 기록하는 자의 시린 운명

장 정 일
(소설가,《독서일기》중에서)

어떤 필요에 의해, 김충식 기자의 동아일보 연재물이었던 《남산의 부장들》(동아일보사, 1992)을 읽다.

역사책을 읽을 때 우리는 역사적 전환점이 된 '일화'와 맞닥뜨리게 된다. 예를 들어 나폴레옹이 코뮌군을 진압하려고 할 때 군사들이 그를 따르려고 하지 않자 나폴레옹의 동생이 칼을 빼서 '나의 형이 황제가 되려고 한다면 내가 직접 죽이겠다'고 해서 겨우 군사를 움직였다는 일화 등등. 이런 일화들은 역사라는 커다란 물줄기 속에서는 한낱 만담에 지나지 않는다. 하지만 이런 일화들을 모조리 빼놓고 역사를 기술하고자 하는 순간 인간은 형해화되고 없다. 일화 중심의 역사는 역사의 법칙이 어떤 것이든 결국 인간은 하찮은 것들 속에 살 수밖에 없다는 것을 가르쳐준다.

이 책은 박정희 정권 수립부터 전두환의 등장까지의 숨겨진 정치 일화를 다룬다. 그러나 그것이 사소한 농담 이상의 가치를 지니게 되는 것은, 이 책이 중앙정보부라는 막강한 권력기관의 비화를 다루기 때문이다. 저자에 의하면 한국의 근대사 특히 18년간의 박정희 독재는 중앙정보부라는 초법적인 권력기관에 대한 해부 없이는 설명되지 않는다. 중앙정보부는 "천하무적이었다. 내각도 국회도 사법부도 '남산'의 실력에 비추어보면 실로 껍데기일 뿐이었다. 중정 부장들은 최고권력자 박정희 대통령을 제외하고는 꿀릴 데가 없었다"(1부 p.276). 그러나 정보만능으로 유지되던 박정희 정권은 결국 "정보 중독증상"(2부 p.696)으로 인한 정치 기피에 빠져들면서 과잉충성과 절대복종자들(praetorian)로 이루어진 '친위대 국가'를 만들었다. 박정희라는 장님은 인의 장막 속에 갇힌 채 자신을 둘러싼 친위대들 간의 경쟁(차지철과 김재규) 속에 죽었다.

강한 주장은 아니지만, 저자는 이 책의 말미 부분에서 박정희 정권의 붕괴를 세 가지 이유에서 찾는다. 먼저 박정희와 미국 간의 관계 악화(대외관계), 차지철과 김재규의 불화(내부사정), 김영삼과 김대중의 공조(외부사정), 그렇다면 '80년 서울의 봄'을 제압하고 전두환 장군이 급부상, 정권을 탈취한 까닭도 쉽게 찾아진다. 먼저 한국에 박정희를 대신할 새로운 정권이 들어섰으면 하는 미국의 희망이 전두환 군벌을 묵시적으로 지지하게 되었다는 점, 육사 11기생들과 하나회 인맥의 철통 같은 단합(그들의 정권욕과 자만심은 1부 pp.96~97와 p.416~419에), 마지막으로 야권의 분열이다. ("물정에 어두운 두 김씨는 '김칫국부터' 마시는 경쟁이 썩 뜨거웠다. 80년 4월4일 신민당과 재야의 통합협상을 벌이더니 사흘 뒤엔 아주 '헤어지기'로 했다고 발표했다. -p.779.)

숱한 실제 인물들이 소설보다 더 재미있는 인간 백태를 보여주는 이 책에는 선거판의 여우 엄창록, 김형욱의 골프 스승 김성윤, '왕 사쿠라' 유진산, '장군의 아들' 김두환 등에 대한 짧은 일화가 소개되고 있는데 정주영에 대한 대목도 재미있다. 그는 91년 총선 때 '아파트 값 반값 분양'으로 국민당 돌풍을 몰고 왔는데 원래 그 발상은 정주영이 권력자들을 녹이던 절호의 방법. 그는 5·16 직후 박 소장의 경호실 팀에게 사무실을 제공한 것을 시발로 박정희의 진해 저도 별장, 삼청터널 뒤의 차지철 사택 등을 지어주었다. 그는 "집 한 채 지어드릴까요"라는 속삭임으로 권력자들에게 접근했고, 그들을 사로잡았던 것이다.

저자는 이 책의 끝에 "글 파헤치는 기자의 시린 운명"이라는 짧은 후기를 쓰는데, 그것은 기자의 운명을 이야기하는 것이다. 기자의 운명이란 "해석보다는 군더더기 없는 사실 기록을, 미사여구보다는 증언과 자료의 리얼리티를 중시"하는 것. 그러므로 자의성은 거부된다. 바로 그것이 기자의 '시린 운명'.

차례

화보 • 004   개정 증보판 서문 • 017   이 책의 의미 • 022   추천하는 글 • 026

1부

들어가며 • 038

1장 김종필, 남산에 양산박 세우다

5·16 아침 전두환 나타나다 • 042
이후락의 핀치, 그리고 찬스 • 051
정보부법은 헌법보다 세다 • 061
혁명의 액션그룹—암행어사들 • 065

2장 전-노 11기의 63년 쿠데타 음모

'45일 천하' 장도영과 노태우 대위 • 073
JP-오히라 메모의 한일 회담 진상 • 079
남산 '정치사령부' 공화당 만들다 • 083
2대 부장 김용순, 겨우 45일 재임에 끝나다 • 086
김재춘 3대 부장과 8기생 수난 • 089
육사 11기, "JP계 40명 잡아 가둔다" • 093

3장 대통령의 칼, 김형욱 정보부

뚝심의 '돈까스', 남산공화국 재편 • 105
김형욱·이후락의 김재춘 자민당 분쇄작전 • 108
한일협정 반대 6·3사태와 비극의 인혁당 • 111

윤보선 후보 당선되면 사살하라 • 114
윤필용 방첩부대의 '테러 충성' • 118
피스톨 박의 완력과 도청 솜씨 • 122
김대중, 정보정치 폭로−남산과 맞서다 • 127
김형욱, 반JP 칼을 뽑다 • 131
김재규와 손잡고 JP 밀어내다 • 134
"국회 똥 뿌린 김두한 배후는 JP" 모함 • 138
정보요원은 부장의 관심사 써 올린다 • 143

4장 피 묻은 3선 개헌, 대가는 해임

가자! 헌법 고쳐 3선 고지로! • 148
후계 물망 JP 철저히 짓밟으라−복지회 사건 • 153
권총 들고 관리한 군납이권의 행방 • 159
김영삼, 개헌 반대하다 초산 테러 당해 • 163
세 야당의원 매수, 개헌대열 세우다 • 167
김형욱·이후락, 개헌의 희생양 되다 • 172
"오세응 죽여!" 명패 들고 설친 김형욱 • 178
자리도 돈도 총도 뺏긴 불귀의 망명길 • 183

5장 남산골 샌님 김계원과 요화 정인숙

"김형욱처럼 안 패도 돼. 남산 말야!" • 188
진산 공략은 김계원도 김성곤도 떠맡아 • 192
3공의 요화 정인숙의 치맛자락 • 196
정인숙 수첩은 3공 요인 백서였다 • 200
'대사(大蛇)' 유진산 당수의 절묘한 폭로술 • 205
김상현 "정 여인, 대통령이 관계…" 대파란 • 209
애욕의 여인이 명시 〈오적(五賊)〉을 낳다 • 214

6장 배꼽 아래 인격 있나? '궁정야화(宮井夜花)'

정 여인 사건, 끝없는 파문–겸직 파동까지 • 220
정인숙, 한일 간 2천억 소송 유발했다 • 224
궁정동 드나든 여인 백 명도 넘는다 • 234
1974년 육 여사 사후 '채홍 충성' 불붙어 • 239
죽은 정인숙이 김대중 신변 지켰다 • 243

7장 정치공작 사령부와 선거판 여우

공작특명 "진산을 대권후보로 세우라" • 247
DJ 돌연 후보로 '진산 후보' 공작 물거품 • 252
김형욱, 권토중래 노려 DJ 밀었다 • 257
"선거판의 여우 엄창록을 포획하라" • 261
정보부, '엄창록 선거전략' 책 펴내 • 266
'DJ의 제갈공명' 엄창록, 투표 직전 사라져 • 271
'반혁명' 추방당한 강영훈·박정희의 화해 • 276
4성 장군의 추락엔 날개도 없었다 • 280

8장 이후락·김재규·윤필용의 충성경쟁

청와대로 초밥 진상한 이후락 주일대사 • 287
HR 정보부의 3김 운명 감정과 역학 점괘 • 292
1971년 대선자금 국가 예산의 1할 600억 썼다 • 296
DJ '예비군 폐지' 공약에 '안보 위기' 맞불 • 301
박정희의 승부수 '마지막 출마' 카드 • 306
김재규 보안사, 간첩 발표로 대선 거들어 • 311
윤필용과 김재규, 철천지 원수 된 사연 • 314
정보부와 지역감정 딛고 3선 고지에 • 318

9장 HR의 괴력과 스위스 비밀계좌

야당 공천 주무른 HR 정보부의 괴력 • 324
"8대 국회, 이거 시끄러워 오래 갈까" • 329
스위스 비밀은행 맡긴 정치자금은 얼마? • 334
HR이 챙긴 '떡고물' 194억 원 • 338

10장 "이 부장 선생, 영웅이십니다"

HR 평양 밀행의 내막 • 343
청산가리 움켜쥐고 평양 3박 4일 • 347
"청와대 습격 뒤 정찰국장 철직시켰다" • 352
김일성은 지금도 폭격 노이로제 • 356
4인 체제, HR 덫에 걸려들다 • 360
박정희-김성곤의 진검 승부, 4·8항명 • 365
공화당 의원 23명, 벌거벗고 매맞다 • 368

11장 암호 '풍년사업' 밀실의 유신공작

궁정동 유신공작과 유기천의 폭로 • 374
8·3 사채동결과 김형욱의 손재(損財) • 379
최형우의 폭로와 보안사의 고문 • 384
박정희 "유신헌법, 뼈 없는 어묵됐다" 불평 • 389
유신 지지 각서 쓴 야당 의원들 • 394
'99.99% 찬성'한 유신 대통령 • 399
너무 높이 오른 용 HR의 후회 • 406
윤필용의 나락과 하나회의 시련 • 412
하나회 장교들의 반격과 강창성 함몰 • 419

2부

화보 • 426

12장 "김대중을 납치하라" 극비지령

도쿄 팔레스 호텔의 6인조 납치범 • 441
납치 요원과 용금호의 비밀 • 447
그레그 대사 "나는 DJ를 두 번 살렸다" • 453
은폐 본부가 된 납치사건 수사본부 • 459
김동운의 지문과 한일외교 분쟁 • 464
하비브 대사 'HR 정보부의 납치' 단정 • 470
DJ 납치가 육 여사 피격 불렀다 • 475

13장 HR의 삼십육계 줄행랑

최종길 교수 고문치사의 미스터리 • 482
HR 목조른 가짜 요원 구타사건 • 488
육 여사가 보낸 암행어사의 진상규명 • 495
바하마 휴양지에서 박정희와 귀국 협상 • 501

14장 신직수 정보부, 유신 수호 칼 뽑다

박정희 "난 경제, 안보는 정보부가 맡아" • 508
긴급조치라는 이름의 미친 법 • 514
현상 붙은 사나이 이철·유인태의 도주 • 520
파출소장 이마에 권총 겨눈 중정 국장 • 527
검사 앞의 전기고문-인혁 8명 형장 이슬로 • 532
살인법정 '사형 14명, 무기 15명' 구형 • 538
강신옥 변호인, 피고석에 서다 • 545

15장 "일본과 외교 끊고 도쿄 폭격하라"

육영수 피격사건, '도쿄 폭격론' 대두 • 553
경호실장 피스톨 박, 14년 세도 끝 • 561
박정희 사로잡은 정주영 그리고 차지철 • 566
김영삼, 차지철 실장 공작 이겨 총재 되다 • 572
기밀 누설로 지하실 끌려간 노신영 • 578
야당의원 10여 명의 고문폭로대회 • 586

16장 김영삼, 함정에 빠지다

광고주 목 졸라 저항 신문 못내게 해라 • 594
공산주의자로 '개조'된 시인 김지하 • 601
남산의 박선호 감찰팀 도청하다 파면 • 608
김옥선 파동과 함정 빠진 YS 위기 • 615
사설 정보대장 이규광, 정보부장 노렸다 • 621

17장 "개성 뺏고 연백평야까지 민다"

포항석유 시추 맡은 정보부와 산유국 꿈 • 628
두 4성 장군, 박희도 준장 찾아가 특공 밀명 • 634
공수단 특공대 도박과 미8군 사령관의 분노 • 641
김형욱 피해자 임선하 장군의 한 많은 사연 • 648
김형욱 골프 스승 김성윤 프로의 역경 • 654

18장 코리아게이트와 '시한폭탄 김형욱'

이후락 업고 박종규 뒤엎은 장사꾼 박동선 • 661
꼬리 잡힌 박동선과 로비스트 김한조 • 667
요원 김상근 망명과 8대 부장 김재규 취임 • 673
내분, 배신, 밀고, 흔들리는 중정 • 681
김재규와 김형욱의 회고록 협상 • 687

19장 혁명도 유신도 총성에 쓰러지다

김재규의 청구동 JP 가택수색 • 694
차지철 하기식 제병 지휘한 전두환 차장보 • 701
국회 요직은 차 경호실장이 배치했다 • 708
차 실장이 남산 3국장 일을 다 하고 있다 • 715
롯데호텔 낮춘 '우리들의 일그러진 영웅' • 723
한·미 정상회담 중간에 보따리 싼 카터 • 730
김재규 태운 차 몇고 뒤집힌 괴변 • 737

20장 전두환 인사과장, 부장 되어 돌아오다

풍비박산 남산간부 서빙고 갇히다 • 745
권위지 '노랑 신문' 끊기다 • 752
전두환 소장의 김상현 위협박 • 760
정승화가 잡으면 10년이나 기다려야… • 765
이희성 "군이 정권 잡으면 역적" • 771
전두환 '대권각본' 밀어붙이다 • 777

후기 • 785   10대 사건 • 792   정치 파워엘리트 인맥사전 • 800

남산의 부장들
KCIA

| 들어가며 |

그들이 무대 오른 날

한국 중앙정보부장 10명의 이야기를 시작한다.

그해 5월, 그러니까 1961년 5·16 아침으로 거슬러 올라간다.

그 어수선한 아침 바쁘고 초조하게 질주한 사람은 수없이 많았다. 박정희 소장을 비롯해서, 박 장군 생애 단 두 명의 경호실장이 된 박종규(朴鐘圭), 차지철(車智澈) 등 하급 장교에 이르기까지 수없는 쿠데타 동지들이 삶과 죽음의 갈림길을 누볐다.

김종필(金鍾泌) 중령도 마찬가지였다.

계급장도 떼인 채 그날을 기획하고 동지를 모으고 다닌 그는, 그날 새벽 '혁명공약'을 인쇄하랴, 방송하랴 정신없이 바빴다. 그리고 그 다음 날부터 중앙정보부를 만들기 시작해 곧 초대 정보부장이 되었다. 김종필은 쿠데타 주체의 핵심으로서 당연히 뛰어다녔어야 할 배역이었다.

그 JP와 역방향으로 허둥지둥 내달은 사나이가 있었다.

이후락(李厚洛) 소장(예비역)이었다.

그는 집권민주당(民主黨)의 장면(張勉) 총리 직속 '정보부장'격이었다. 그는 5·16 아침 부하들에게 "쿠데타군 병력 규모와 차량을 파악하라"고 지시했다. 보고된 내용을 장면 정부나 박정희 쿠데타군이 아닌 '진압군'에 전하고 다녔다.

그는 이윽고 쿠데타군 손잡게 되고 10년 뒤에 박정희 정권 절정기 진짜 정보부장이 되었다.

JP·HR과는 또 다른 제3의 방향으로 뛰는 30대 초반의 청년이 있었다.

그는 '혁명'을 위해서도 반혁명을 위해서도 아니었다. 누가 쿠데타를 벌였느냐, 그를 도와 출세길을 열 것이냐, 상황 파악을 위해 숨가쁘게 내닫고 있었다.

바로 전두환(全斗煥) 대위였다.

그는 HR보다 10년 뒤, 그러니까 80년 초여름 '마지막 정보부장'이 되었다. 그 후 정보부는 국가안전기획부가 된다. 그리고 이 나라 11대와 12대 대통령을 지내게 된다.

중앙정보부라는 창을 통해 박정희 시대를 들여다보면 기이하게도 JP·HR 그리고 전두환 3인은 10년 간격으로, 정보부의 마디를 상징하는 인물이 되어 있다.

창설자 JP, 그리고 정보부 절정기의 HR, 그리고 망한 정보부를 청산하는 시기의 전두환, 그렇게 보면 박정희 시대 약 20년의 기승전결(起承轉結)은 선명해진다.

찬찬히 그날을 되돌아보면 그해 5월의 쿠데타가 왜 50년 세월 너머 2012년 오늘에까지 영향을 미치는지를 낱낱이 보여준다.

5·16 달포 뒤의 장도영(張都暎) 체포 사건이란 박정희 소장을 명실상부하게 실세화하는 대관식(戴冠式)이었다. 박 소장의 실질적인 집권 기산점이

되는 장도영 사건 뒤쪽에 박소장의 후계 집권자가 된 방첩대의 노태우(盧泰愚) 대위가 배역으로 서 있다. 그가 전두환 대통령의 뒤를 이어 이 나라 13대 대통령이 되는 것이다. 그리고 박정희의 딸이 2012년 12월 대통령 선거전에서 선두를 달리고 있다.

61년 5·16 아침부터 시작된 박정희 시대는 2012년까지 그렇게 계주(繼走)되어 왔다.

이들만이 아니다.

카키색 제복이 물결을 이룬 63년 초까지의 군정(軍政) 시기에, 향후 반세기 역사의 굵은 배역들이 모두 출연하고 있다.

김재춘(金在春) 5기 대표주자, 3대 정보 부장

윤필용(尹必鏞) 최고회의 의장 비서실장, 수경사령관

김형욱(金炯旭) 8기 강경파의 대표, 4대 정보부장

박종규(朴鐘圭) 경호대장, 청와대 경호실장

차지철(車智澈) 정보부 소속 GD팀장, 청와대 경호실장

김재규(金載圭) 준장, 호남비료 사장, 8대 정보부장

김계원(金桂元) 군법회의 재판장(송요찬 사건), 5대 정보부장

강영훈(姜英勳) '반혁명'으로 갇힌 육사교장, 6공 국무총리

박태준(朴泰俊) 최고회의 의장 비서실장(윤필용 교대), 민자당(民自黨) 최고위원

정주영(鄭周永) 건설업자, 경호팀에 사무실 제공, 1992년 국민당(國民黨) 창당, 대권후보

이규광(李圭光) '반혁명' 헌병감

이철희(李哲熙) 방첩대장, 정보부 차장

신직수(申稙秀) 법률고문(중정 및 최고회의), 7대 정보부장

김대중(金大中) 이주당(二主黨) '반혁명'사건 수감자
김영삼(金泳三) 신민당(新民黨) 청년부장
63년 7월에는 육사 11기도 이름을 내민다.
이들 면면의 향후 진로를 보라!
전두환(全斗煥) 중정 인사과장을 거쳐 78년 보안사령관. 80년 정보부장 지낸 이후 대통령.
노태우(盧泰愚) 방첩대를 거쳐 보안사령관 내무장관, 집권여당 대표를 지낸 이후 대통령.
김복동(金復東) 소령으로 정보부근무하고 육사교장, 중장 예편 후 대구에서 국회의원 3선.
권익현(權翊鉉) 대위로 정보부 근무하고, 4선 국회의원. 집권 민정당 사무총장, 대표역임.
정호용(鄭鎬溶) 국가재건최고회의에 근무하고, 특전사령관 육참총장 국방장관 내무장관.
김 식(金湜) 최고회의시절 전·노의 친위쿠데타 시도에 관여, 농림수산부장관.
이들 11기는 63년 공화당을 만든 JP계를 잡아가두는 친위쿠데타를 시도했으나 물거품이 되었다. 그러나 마침내 만 17년 뒤 JP를 포함한 3김씨를 쓸어내고 정권을 거머쥐었다.

| 제1장 |

김종필, 남산에 양산박 세우다

5·16 아침 전두환 나타나다

전두환 대위의 등장이 빠르다.

79년 **박정희** 서거 후 12·12로 일거에 권력을 장악해버린 판단력과 기동성은 17년 전의 5·16 당일부터 엿보였다. 그런 의미에서 그가 박정희를 이어 11, 12대 대통령을 승계한 것은 우연이 아닌 것도 같다.

박정희 시대는 다시 말하면 초급장교 전두환이 최고회의 민원비서관과 중정 인사과장으로 부임하면서 열려, 전두환 소장이 보안사령관일 때 닫혔다. 그리고 전 장군이 80년 중앙정보부장(서리)으로 남산에 되돌아옴으로써 박정희 시대는 소멸되었다.

5·16 당일 전 대위는 동숭동의 서울대 문리대 ROTC 교관 신분이었다. 그날의 전 대위 목격자 가운데 가장 생생한 기억을 갖고 있는 사람은 육

사 교장이었던 **강영훈**(姜英勳·6공 국무총리). 강영훈은 전 대위와의 우연한 마주침 이후 반혁명으로 몰리고 구금 생활을 거쳐 미국으로 쫓겨나게 된다.

강씨는 5·16 당일을 기자에게 다음과 같이 회상했다.

"61년 5·16 새벽 국방장관 보좌관 **김형일** 장군한테 전화가 걸려왔다. 시내에서 총소리가 들리지 않느냐, 쿠데타가 난 것 같다는 것이었다. 시청 앞 광화문 쪽에 무장병력이 들어와 있

5·16 총성이 나자 전두환 대위는 그날 아침 8시경 육본에 들어가 상황 파악을 하는 등 정치군인의 기질을 드러냈다. 사진은 중위시절 찍은 것.

다는 얘기를 듣고 나는 녹번리→송추→의정부 길로 우회해서 태릉으로 갔다. 미1군단장 라이언 중장을 마주치자 첫마디가 이랬다.

'타임 이즈 배드(Time is bad).'

지금도 그 말이 뭘 뜻했는지 궁금할 때가 있다. 쿠데타를 일으킬 시기가 아니라는 것인지, 내가 너무 늦게 나타났다는 뜻인지? 쿠데타군은 약 1,700명 정도 같다고 했다. 박정희 장군의 사상이 이상하지 않느냐고도 물었다. 박정희의 남로당 전력을 말하는 것일 터이다. 육참총장 **장도영**(張都暎) 중장과는 통화를 시도해도 이루어지지 않았다. 1군사령관 **이한림**(李翰林) 중장에게 물으니 생각 중이라는 것이었고 처남인 6군단장 **김웅수**(金雄洙) 소장도 반반이라는 반응이었다.

그러나 나는 쿠데타에 반대였다.

첫째, 민주주의를 해야 공산주의와 싸울 수 있다는 신념 때문이었다. 당시 남미에서 우익 군사독재가 있었으나 공산주의를 잘 막아내지 못하고 있었던 것이다. 둘째, 장면 정부가 들어선 지 1년도 안 돼 때려부순다는 게 옳지 않다고 생각했다. 군 지휘관이 부대 실정을 파악하는 데도 몇 달이 걸리는 법인데.

육사생도들을 강당에 모이게 했다.

5·16 당일 오전이었다.

"너희 선배들이 정치에 가담하려는데 그런 것은 쳐다도 보지 말고 공부에 진력해서 국가의 간성이 돼야 한다"고 말했다. 그러는 동안 사관생도의 쿠데타 지지 데모가 필요하다고 육본의 연락도 왔고, 그걸 주장하는 졸업생 장교들이 있었다. 내가 생도 동원 데모를 막기 위해 육본으로 가는데 마장동 근방에서 **오치성**(吳致成·8기 내무장관·의원 지냄), **박창암**(朴蒼岩·혁명검찰부장 지냄) 대령이 트럭에 병력을 싣고 육사로 가고 있었다. 박창암은 곧 사관생도를 끌고 나오려 했으나 생도대장 김익권이 "교장 지시 없이는 안 된다"고 버텨 실패했다고 나중에 들었다.

육본에 도착한 나는 장도영·박정희에게 "생도들을 정치도구로 쓰지 말라. 후배들에게도 민주주의를 하도록 가르쳐야 하지 않느냐"고 했다. 나는 쿠데타 주체들에 의해 회의실로 끌려가다시피 해 들어갔다.

나는 할 말은 했다. "군지휘 계통은 총장 중심으로 뭉쳐 문란하지 않도록 해야 한다. 국군 상호 간의 교전상태가 생겨서는 안 된다"고 했다. 분위기가 달라지고 박수도 터졌다. 그리고 육사생의 쿠데타 지지 데모는 불가하다고 말하고 나왔다."

여기서 또 다른 기록을 참조할 필요가 있다.

5·16 주체 이낙선(李洛善·나중에 국세청장. 건설·상공장관 지냄. 89년 사망) 소령이 거사 성공 후 전두환 대위 진술을 들어 작성한 메모. 조갑제(趙甲濟) 기자가 발굴한 이 메모 내용은 당시 상황을 재현하는 데 매우 유용하다.

전두환·이상훈 대위, 중령 김종필에 항의

전 대위가 민첩하게도 육본에 나타난 것은 5월16일 오전 8시경이었다.

"5월16일 오전 8시경.

전두환 대위와 이동남 대위(11기, 당시 육사동창회 서울지부장)가 육본으로 감. 동창생을 만나 혁명군 주체세력을 파악하기 위해 노력함.

5월16일 오후 2시30분.

이동남, 이상훈 대위(李相薰·11기·6공 때 국방장관 지냄)가 육사로 가서 육본 상황을 장교들에게 설명하며 육사의 명예를 팔지 말라, 좀 더 신중을 기해서 쿠데타 주체의 성분을 파악한 뒤에 지지 데모 등 행동을 하자고 제의.

이런 토의 도중에 오치성, 박창암 대령이 트럭 세 대에 병력을 태워 몰고 들어옴. (이상훈 대위 등과) 회의중인 졸업생 장교들이 회의를 중단하고 생도대 쪽으로 감. 오, 박 대령 등 혁명군 측에서 혁명지지 여부를 묻자 장교들은 상황을 모르고 있으니 신중을 기해 결정하겠다고 답변함.

5월16일 밤.

전두환 대위, 이동남 대위 집으로 찾아가 서로의 정보를 교환한 결과 주체세력이 박정희 장군임을 파악하게 됨. 박장군에 대해서는 강직하고 정의감에 불타는 성격이 잘 알려져 존경하고 있었으며 박장군 부관 손영길

대위(11기)를 통해 과거부터 잘 알고 있었음

5월17일 오전.

전두환, 이상훈 대위 등이 육본에 모여 육사 출신끼리 박정희 장군 주도의 혁명에 적극 가담키로 결의. 이 결의를 인천, 오산, 육사, MIG 부대 동창생들에게 연락. 전두환 대위 등 5명은 육본 혁명위 본부에 들어가다 김종필 중령을 마주쳐, 왜 중대한 일을 하면서 연락도 없었느냐고 묻자, 김 중령은 보안 때문에 미안하게 됐다고 답변. 전두환 대위 등은 김종필 중령에게 육사 동창들의 결의사항(쿠데타 지지)을 전달하고 차량지원을 약속받음. 전두환 대위 등은 김종필 중령에 이어 오치성 대령을 만나 육사생도를 끌어내 가두시위를 벌이겠다는 계획을 말했으나, 오 대령은 '잘해보시오. 어려울 거요'라고 반응을 보임. 전두환 대위 등 넷은 혁명위 본부에서 차와 무기를 지원받아 육사로 감. 육사 내에서 강영훈 교장이 장교들에게 금족령을 내렸음. 육사동창회 간부 장교들이 BOQ(독신장교 숙소)에 모여 혁명군에 가담하기로 결의하고 대기 중이었음. 이상훈 대위 등이 강영훈 교장을 만나러 교장실로 가고 전두환 대위는 동창회 간부 장교들과 방법 준비사항을 논의. 이상훈 대위가 강 교장에게 혁명에 적극 협력해야겠다고 밝히자, 강영훈 교장은 육본에 확인해야겠다면서 육본으로 떠났음.

한편 전두환 대위는 BOQ에서 동창생 장교들과 사관학교가 일제히 혁명 지지 데모를 함으로써 사실상 혁명이 거군적(擧軍的)으로 성공했다는 걸 과시하자고 결의. 이상훈 대위 등이 BOQ로 와서 시가행진의 코스·시간·구호·방송문 메시지·결의문을 결정.

5월17일 밤.

강영훈 교장에 의해 육사졸업생 장교의 금족령은 여전했고, 전두환 대위는 강 교장이 육본에 간 것을 알고는 뒤쫓아감.

육사생도 가두시위를 연출하려는 전두환 대위와 그것을 막으려는 강영훈 중장의 힘겨루기가 계속되고 있었다.

육본에 먼저 도착한 강영훈은 장도영 박정희로부터 육사생도 가두시위 독촉을 받았다. 그러자 강영훈은 생도 지지 데모 반대를 주장하며 "생도들 가운데 찬반세력이 갈려 있어 어렵다. 억지로 지지 행진을 시키면 어떤 사고가 생길지 예견할 수 없다"고 대답했다.

전두환 대위, 강영훈 중장 꺾다

그때 전두환 대위가 육본에 나타났다. 5월18일 자정께였다. 전 대위는 '강 중장이 육사의 발목을 묶어 혁명을 망쳐놓고 있다'고, 혁명 주체 박창암, 박치옥 대령에게 말했다.

"생도들과 졸업생 장교들이 한데 뭉쳐 혁명을 지지하려 해도 강 교장이 방해해 늦어지고 있습니다."

그건 강 중장 얘기와 딴판이었다.

박창암이 강 중장-전 대위를 대질시키자고 했다.

이 대목에서 이낙선의 5·16혁명 메모는 대질이 이루어졌다고 기록하고 있으나 강영훈 씨는 사실이 아니라고 증언한다.

"군이 정치에 개입해선 안 된다고 생각했다. 더욱이 육사생도를 정치에 끌어들이는 그런 짓은 쿠데타의 경우에도 금기로 되어야 한다. 그 당시 육사 출신 대위 몇 사람과 내가 대질했다는 말이 있는 모양이나 전혀 사실이 아니다. 분명히 기억하는 것은 4년제 육사 출신 셋을 복도에서 만났는데 그중의 하나가 전두환이었다. 하지만 내가 육본에 갔던 그날, 같은 11기 출신이라 해도 김성진(80년대 체신부장관) 등과 같은 장교는 지지 데모에 반대했고, 관망하는 사람도 많았던 것이다."

강영훈 씨는 자신이 연금당한 경위를 이렇게 말한다.

"박정희 소장에게 사관생도 동원은 안 된다고 했더니 그가 '혁명에 반대하는 거요?'라며 격분했고 잠시 후 박창암 등에 의해 끌려가 연금당했다."

이낙선 메모는 그 순간을 약간 다르게 그려놓고 있다.

장도영 총장= 당신네 대관절 어떻게 할 셈이오.
전두환 대위= 각하, 질문 요지를 모르겠습니다.
장도영= 혁명 지지야, 반대야.
전두환= 우리는 이미 각오한 바 있습니다. 온 동창생 생도들은 혁명과 더불어 생명을 바치기로 결의했습니다. (이때 옆에서 박정희 소장이 나옴.)
박정희= 강영훈 교장 보고가 이 사람과 서로 틀리는 점이 많으니 교장을 조치하시오. (이어 강영훈은 연금됨)

박정희 장군은 전두환 대위 등을 불러 상황 설명을 듣고, 우리가 나라를 구하지 못하면 누가 구하겠느냐고 말했음. 전 대위 등은 육본에서 밤을 새움.

61년 5월18일 육사생도의 시가행진은 실시된다.

그날 오전 10시 동대문에서 전두환 대위는 시위대와 합류했다. 데모대는 생도 800명. 졸업생 장교 200명 등 1,000여 명.

코스는 동대문→ 남대문→ 동화백화점→ 반도호텔(지금의 롯데)→ 시청광장이었다.

전두환 대위가 강영훈 중장을 누른 것이었다.

"전두환 대위! 국회의원 출마하지"

육사생도의 서울시내 데모는 박정희 쿠데타군에게 얼마나 도움이 되었을까. **장면** 총리의 비서실장을 지낸 **선우종원**(鮮于宗源) 씨의 증언은 생생하다.

"5월17일 나는 비밀리에 원주의 1군사령관 이한림 장군과 접촉을 해서 쿠데타군을 뒤엎으려 했다. 이건 최초로 밝히는 일이다. 청파동에 1군사 참모장 황헌친의 집이 있어 거기서 황과 통화했다. 이한림의 병력출동을 촉구했더니 이한림은 '장면 총리의 쪽지(명령) 하나만 주면 금방이라도 서울로 내쳐 나가겠다'는 얘기였다. 나는 그때까지 장 총리가 혜화동 수녀원에 숨어 있는 것을 몰랐다. 가만히 눈치를 보니 이성무 비서가 은신처를 아는 듯했다. 5월18일 오전 **김재순**, **조연하**, **한창우**(경향신문 사장 지냄)와 만나서 논의 끝에 이한림의 뜻을 장 총리에게 전하기로 했다. 한창우와 이 비서를 은밀히 보냈다. 한참만에 한창우가 돌아왔는데 홱 바뀌어 있었다. 하는 말이 '육군사관학교 생도까지 지지하고 나온 판인데 다 끝났다고 했어. 빨리 나와서 평화적으로 정권이나 이양하라고 했어'라며 장 박사를 마구 욕하는 것이었다. 한이 사관생도들을 보고 대세관이 바뀌었는지는 알 수 없지만 사관생도의 데모는 쿠데타 측에나 장 박사 측에나 판을 가르는 상징적 의미가 있었던 것이다."

이낙선 메모의 마지막 부분도 '육사생도들의 시가행진으로 혁명은 사실상 성공했다'고 밝히고 있다.

30년 육사 대통령의 시대가 그렇게 막을 올렸다.

전두환 대위는 최고회의 민원비서관으로 발탁되었다. 곧 중앙정보부 인사과장으로 옮겼다. 63년 군정에서 민정으로 가면서 박정희는 청년 전두환을 **차지철**처럼 국회의원을 시키려고 했다.

61년 5·16 주체들에게 얼굴 마담으로 세워진 장도영 중장(오른쪽)은 7월 들어 박정희 소장과 병력 동원 장군-영관들에 의해 축출되고 만다. 그는 반혁명으로 체포당해 미국으로 쫓겨났다.

87년 4월12일 전두환 12대 대통령은 청와대 비서진에게 회고했다.

"내가 옛날에 박정희 대통령이 최고회의 의장할 때 나보고 국회의원 나가라고 하는 것 안 나갔어. 장도영 사건 끝나고 얼마 안 됐을 때였는데 사무실에 오라고 해서 갔었어. 나 보고 '전 대위, 국회의원 출마 안 하겠나'고 그래. 내가 깜짝 놀라 '제가 어떻게 국회의원을 합니까' 하니, '하면 하는 거지 왜 못해' 라고 해. '아닙니다, 저는 군대에 있는 게 좋습니다' 라고 했어. 박 대통령이, '자네가 필요하다'고 해. 시간을 달라고, 의논도 해봐야겠다고 했더니 '남자가 하는 일에 상의는 무슨…' 하더니 이틀 후에 오라고 해. 내가 윤필용 비서실장과 의논했어. 잘 말씀드려달라고 했는데 박 의장이 또 불러. 생각해봤냐고. '돈도 없고 군대에도 충성스러운 사람이 있어야 하지 않겠습니까'라고 했는데 그때부터 박 대통령이 나를 특별한 사람으로 보는 거야. 내가 어디 가 있어도 골치 아픈 일이 있으면 나를 불렀지. 군대 얘기도 물어보고 그랬어. 나는 항상 그 양반한테 희망적인 얘기를 많이 했어. 1년에 한두 번씩은 부르셨어. 이 식당, 여기에서 육 여사도 함께, 분식 권장할 때인데 분식으로 식사도 했어. 육 여사가 만든 거라고 했는데 별로 맛은 없지만 나는 식성이 좋으니 두 그릇

정도 먹었어. 내가 끝까지 국회의원 출마를 거절한 게 인상적이었던 것 같고 참신한 육사 출신으로 본 것 같아."(청와대 비서관 **김성익** 기록)

전두환 대위에게 수모를 당한 강영훈은 험난한 길을 걸었다.

쿠데타군은 그의 무장을 해제하고 마포형무소에 가두었다.

그곳엔 이한림, 김웅수, 김형일도 함께 갇혔다.

"부정축재로 들어온 자들은 돈을 써서 조사합네 하고 빼내 대접이 융숭했으나, 반혁명으로 갇힌 민주당 정통정부를 지지한 장군들은 혹독한 고생을 했다"고 강씨는 기억한다.

한 달 뒤에 남산의 독립 가옥에 연금됐으나 7월에 장도영 구속 사건이 나자 다시 강영훈도 지하실에 가두었다.

62년 2월 강영훈은 미국으로 쫓겨났다. 미 국방성이 유학경비를 댔다. 그러나 미국에서도 반혁명끼리 뭉쳐 다녀선 안 된다고 해서, 강영훈은 사막 한복판 뉴멕시코 대학에, 이한림은 산타바바라, 최석은 아이다호 주 산속에 흩어져 살았다.

강영훈은 사우스캘리포니아 대학에서 공부해 69년 정치학박사 학위도 땄다.

바로 그해 강영훈의 군사영어학교 동기 **김계원**이 정보부장이 되면서 강은 박정희 정권과 끈을 맺어간다.

이후락의 펀치, 그리고 찬스

이후락이 등장한다.

5·16 새벽 한강다리를 넘은 박정희 일파의 쿠데타군에 대해 가장 먼저

조사에 나선 이가 이후락이었다. 바로 그날 이후락은 매우 바빴다.

그는 민주당 정부, 즉 장면 정권의 정보부장격이었다. 정식 명칭은 중앙정보연구위원회 연구실장이라는 차관급 자리였다. 그는 넉 달 전인 61년 1월 육군소장 예편과 함께 그 자리에 앉았다.

사무실은 서울 중구 예장동 4번지, 남산 북쪽 숭의여고 인근의 이 2층 건물은 일제 때 통신부대가 들어 섰던 곳이었다. 외부 보안상 문패도 '예장동 4번지'라고만 써붙인 이후락 팀에는 몇 명의 대령급 정보장교들과 갓 서울대를 졸업한 20여 명의 요원들이 배치돼 있었다. 이후락은 서울대에만 한정해 외국어(영어, 독어, 불어)에 능통하고 성적이 좋은 졸업생 40여 명을 추천받아 면접을 거쳐 20명가량을 뽑았다. 공무원 월급에다 수당을 주었다.

이후락은 5·16 아침 요원들에게 지시했다.

'청량리, 미아리, 무악재, 용산 등 서울과 외곽을 잇는 주요 간선에 인원을 배치하라. 그리고 외부로부터 진입하는 쿠데타군 규모와 그들 트럭 지프의 부대마크를 파악해, 보고하라.'

"HR(이후락)은 그것을 아는 대로 미국대사관 쪽에 보고하는 것 같았다. 왜냐하면 무척 바쁘게 상황을 챙기고 그 메모를 갖고 어딘지 가곤 했으나 당일 장 박사는 행방불명이었으므로 미국대사관이나 미8군과의 연락으로 볼 수밖에 없었다. 그러나 요원들의 상황파악은 쉽지 않았다. 어떤 트럭은 진흙으로 부대식별 표지를 짓뭉개 버렸고 어떤 트럭은 보자기로 표지를 가린 것도 있었다. 물론 드러내놓고 질주하는 차도 없진 않았다. 그런데 나중에 보니 서울시내에 일단 들어온 차가 우리 관측요원들이 지키는 곳을 다시 빠져 나가고, 또 시내를 마구 돌아다녀 쿠데타군 규모와 동원부대를 정리하는 데 애를 먹었다. 어쨌든 서울시내에 있는 쿠데타 병력은 주력

박정희 소장 주도의 쿠데타가 성공함으로써 장면 정부의 적법한 통수계통을 지키던 1군 사령관 이한림 중장(왼쪽)과 내각 정보연구실장 이후락 예비역 소장은 곧 체포당했다. 사진은 6·25 전쟁 중인 51년 두 이씨가 잠시 포즈를 취한 장면.

해병대 2천에다 공수단 얼마 하는 식으로 소규모로 파악되었다. 훨씬 뒤에 확인된 얘기지만 5·16 당일 늦게까지 미국대사관 측이 '쿠데타군은 극소수'라고 보았던 것도 우리 팀의 상황파악에 기초했던 것 같다."(당시 서울대 출신 공채로 일했던 **이계익** 전 교통부장관 증언)

"박정희는 청렴한 민족주의자"

5·16 당일 오후 이후락은 사무실로 돌아와 전원 집합을 명하고 말했다.

"오늘 군사행동의 리더는 2군 부사령관 박정희 소장입니다. 그는 청렴한 장군이고 민족주의적인 성격을 가진 인물입니다."

평소의 이후락답지 않게 엄숙하게, 누가 묻지도 않은 설명을 했다. 그 시각까지 박정희 일파와 그의 성격을 이처럼 공식적으로 규정한 이는 기록상 아무도 없다. 그것이 후각 빠르기로 이름난 이후락의 진면목일지도 몰랐다. 요원들은 평소 유머감각이 뛰어난 이 실장하곤 다르게 꽤 심각하게 말하고 있다고 느꼈다. 그것이 미국 쪽의 분석 결과일 거라고 생각한 사람도 있었다. "앞으로 무슨 일이 있어도 동요하지 말고 직분을 다하라. 비록 나는 여기를 그만둘지 모르지만 당신들은 괜찮을 것이다. 염려 마라."

'예장동 4번지'에 JP가 처음 나타난 것은 5월18일이었다. 그러나 17일 이한림의 1군사령부에 속했던 쿠데타 주체 8기 중령 엄병길 등이 벌써 이곳에 모습을 나타냈다. 주요 통신시설이 있었으므로 그걸 통해 상황파악을 하기 위해서인 듯했다.

그들은 거칠었다. 서울대 출신 공채들을 향해 소리 질렀다.

"민간인 새끼들이 여기서 뭘 하고 있나."

그리곤 대위 한 명이 냅다 발길질을 하고 주먹을 휘둘렀다. 요원 중 누군가가 "우리가 군속이냐. 이미 제대한 민간인이다"하고 대들다 크게 얻어 맞았다. 군인은 "혁명인데 무슨 개소리냐"고 했다. 상황실로 집합 명령이 떨어졌다.

줄 서는 게 늦다고, 열이 비뚤어졌다고 또 얻어 터졌다.

김종필(JP)은 젊었지만 리더답게 의젓한 편이었다.

JP는 계급장 없는 카키복을 입고 **석정선**을 옆에 세워놓고. 이후락의 부하 요원들에게 말했다.

"JP는 충혈된 눈빛과 허스키 목소리가 인상적이었다. 혁명공약이 어떻고, 반공을 국시의 제일로 삼고 하겠다는 억센 충청도 억양이 인상적이었다. 솔직히 젊디젊은 친구가 무슨 혁명을 제가 다했다는 듯이 떠들고 서 있는데 아니꼽기도 하고, 숭어가 뛰니까 붕어도 뛰나 하는 기분이 들었다."

(이계익 증언)

쿠데타군에 의해 이후락이 잡혀 갔다.

'포승'을 들고 온 것은 JP직계 8기 **이병희**(李秉禧·6선의원 지냄)와 그의 부하들(이들이 모두 서울분실의 주축이 된다)이었다. 죄명은 반혁명. 혁명을 거스르는 모든 행위, 쿠데타군의 눈에 거슬리는 모든 사람은 그렇게 분류되었다. 총구의 공포와 소용돌이엔 이후락도 별 수 없었던 것이다. 이후락 사무실은 석정선에게 장악되어 '5·16 제3부대'로 간판이 바뀌었다.

펀치 다음이 바로 찬스라던가.

이후락 인생의 절정기는 바로 이 수난 이후 열리기 시작했다.

1924년 2월23일생 이후락.

그는 19세 때인 43년 울산(蔚山) 농고를 마치고 만주에서 일본육군 하사관 교육을 받았다. 그러다 45년 해방이 되어 귀향열차를 탔다. 열차에서 그 김천에 산다는 한 관상쟁이 노인을 만났다.

"젊은이, 앞으로 나라에서 아주 중요한 일을 할 상이니 어려운 일이 있더라도 자중자애(自重自愛)하고 때를 기다리게."

HR은 45년 전의 이 얘기가 자신의 인생행로를 썩 잘 알아맞힌 것 같다고 말했다.

그는 46년 미군정이 세운 군사영어학교에 들어가 소위가 됐다. 군번도 79번으로 박정희(육사 2기)보다도 앞선 것이었다.

이후락은 장교가 되어 박정희와 묘한 인연을 맺는다.

육본 정보국 전투정보과장 박정희 소령이 남로당 군부침투 사전으로 사형을 겨우 면해 파면당하자 그 뒤를 이은 게 이후락 소령이었다. **유양수**(柳陽洙) 등에 의하면, 49년 전투정보과장은 박정희, 이후락, 김재현(金在鉉·육사 2기·김성곤 金成坤과 5·16 주체를 소개한 인물로 쌍용 부회장을 지냈다), 유양수 순서로 바뀌었다고 증언했다.

유양수는 말한다.

"5·16 주체에 나와 이후락 씨 같은 사람들이 끼지 못했지만 곧 박정희 소장과 함께 일하게 된 것은 49년부터 이미 서로를 잘 아는 처지였기 때문이다."

6·25 터진 50년 6월 이후락은 벌써 육참총장 정보보좌관이었고, 51년에는 대령을 달고 육본정보국 차장이 되었다. JP를 부하로 거느린 것도 그때였다.

53년 29세에 준장을 달았고, 55년 워싱턴의 주미대사관 무관(武官)으로 근무하며 미국 사람들과 안면을 넓혔다.

59년 **김정렬**(金貞烈) 국방부장관(87년 국무총리)이 CIA의 한국지부장 요청으로 정보요원을 차출해 가칭 중앙정보부라는 통합부대를 만들었다.

김장관은 이 부대장에 이후락 준장을 앉혔고 이 준장은 자신의 군번을 따서 '제79부대'라고 이름지었다.

미 CIA가 이후락의 뒤 봐준다

놀랍게도 79부대장 시절 이 준장은 대통령 이승만의 밀명을 받아 라오스에 잠입하기도 했다. 당시 우리 정부는 라오스 공산화 방지를 위해 우익 노사반 장군이 이끄는 정부군 지원방안을 검토하다가 이 준장을 현지로 보냈다.

이 준장은 당시 월남대사 최덕신(崔德新·뒷날 평양으로 도피)의 도움을 받아 노사반을 만난 결과를 이 대통령에게 직접 보고했다. 보고에 따라 한국군의 라오스 파병이 깊이 있게 검토되다가 미국의 반대로 무산됐다.

60년 4·19의거로 민주당 정권이 들어서자 이후락은 더욱 높은 자리로 중용됐다.

장면 총리는 총리실 직속의 중앙정보기관을 만들었다. 미 CIA는 61년 중앙정보위원회라는 기관 책임자로 또 이후락을 밀었다.

선우종원(장면 박사 비서실장 지냄)은 92년 8월 기자에게 말했다.

"장면 정권이 이후락 씨를 정보책임자로 기용한 것은 미국의 입김 때문이었다. 더 정확하게 말하면 미 CIA 서울지부장 데 실버가 장 박사에게 압력을 넣었던 것이다. 데 실버는 민주당 정권이 들어서자 정보기구의 신설이 필요하다는 점을 역설하면서 '대북 정보는 모두 우리 미국이 댄다. 조직에 필요한 비용을 포함해 모든 것을 지원하겠다'고 했다. 그리고 딱 한 가지 덧붙인 게 '이후락을 그 책임자로 앉히라'는 것이었다. 하루는 장 박사가 당시 조폐공사 사장을 맡고 있던 나에게 이후락이라는 군인이 어떤 사람인지 알아봐 달라고 했다. 그래서 나는 인물평이 강직한 김정렬 장군을 찾아가 물었다. 그랬더니 김씨는 '힘센 곳에 잘 붙는 형편없는 군인'이라고 부정적으로 평가했다. 그러한 평판을 곧 장 박사에게 보고했으나 결국 장 박사도 HR을 정보연구실장으로 들어앉히게 되었다. 미국의 데 실버가 철저히 밀었기 때문이다."

이와 함께 "HR이 부산 출신 금권(金權) 정객 오위영(吳緯泳)에게 기대어 장 총리를 움직였다"는 주장(박종률 전 의원)도 있다.

장면 정부는 정보연구실 외에 FBI 같은 검경(檢警)과 별개의 수사 기관도 구상했다.

더러는 CIA, FBI에다 일본의 내각조사실 기능을 합친 정보수사기구를 아이디어로 낸 이들도 있었다. 따라서 5·16 이후의 중앙정보부 아이디어는 완전히 독창적인 것이라고 말하기 어렵다.

윤길중(尹吉重) 전 의원 등의 증언에 의하면 "민주당 정부가 검찰 기능과 별도의 수사국을 두고, 치안국과 별도의 정보국을 두려고 했다. 그러나 국회에서 예산을 다루면서 견제가 심해 끝내 성사되지 못했다"는 것이다.

박종률(전 의원·장면 총리의 국회담당비서)도 말한다.

"장면 정부의 CIA 모델의 정보기구는 이후락이 맡고 있던 정보연구실이었다. 그러나 국회예결위의 예산견제가 심해서 결국 정보연구실은 법적 뒷받침도 공식예산도 없이 운영되었다. 그냥 총리실에서 예산을 주고 일주일에 한 번 정도 HR로부터 해외 정보를 보고 받는 정도였다."

그러면 미국의 FBI 같은 기구는 어떻게 된 것일까.

박종률의 증언은 계속된다.

"그것은 예산 때문에 좌절되었다. 원래 장 박사 측근 중에 이귀영(李貴永)이라는 일제 때 경찰간부 출신 총경이 있었다. 그는 장 박사가 동대문구에서 국회위원으로 출마할 때 사찰과장으로 있으면서 인연을 맺어 부산 피난중엔 장면 총리(당시 대통령중심제하의 총리였다) 경호실 책임을 맡았다. 그러나 장 박사가 부통령에 당선된 이후 이씨를 경찰에서 나오게 해 정보-경호-관리 책임자로 썼다. 민주당 집권 후 서울시경 국장을 지내기도 했던 분이다. 그 이귀영 씨를 중심으로 아이디어도 나오고 이씨 중심으로 FBI 같은 수사국을 짠다는 구상이었던 것이다."

이후락은 잡혀 가고 '5·16 제3부대'가 된 뒤 서울대 출신 공채요원들은 갇혀 있던 HR로부터 "곧 나간다. 해외 외교관으로 나갈 것 같다"는 근황을 메모로 받곤 했다고 한다.

구금 후 두 달 만인 61년 7월, 이후락은 대한공론사 이사장에 기용되었다. 이어 12월에 원충연(元忠淵·65년 쿠데타 음모로 붙잡혀 20년가량 옥살이)의 뒤를 이어 최고회의 공보실장, 63년 12월에 대통령 비서실장에 올랐다.

그는 박정희의 마음을 사로잡고 대통령 비서실장을 6년이나 한 비상한 요령의 사나이였다.

이승만-장면-박정희 3대 정권을 능공허도(能空虛道)의 축지법으로 훨훨 넘나드는 타고난 '정보맨' HR.

그는 71년부터 73년까지 정보부장으로 일하는 3년 동안 71년 대통령 선거, 남북회담, 10월유신(維新), 박동선(朴東宣) 공작, 김대중 납치사건의 지휘부를 맡게 된다.

정보 귀재 이철희 방첩대장

이후락과 더불어 **이철희**(李哲熙)라는 정보 귀재의 5·16 무렵 등장도 인상적이다.

육사2기 박정희의 동기가 되는 이철희는 육군 첩보부대장(52년) 정보학교장(54년)을 거쳐 61년 육군방첩부대장으로 있었다. 쿠데타 방지도 그의 임무에 속했다.

5·16 나흘 전인 5월12일의 아슬아슬했던 순간을 **김재춘**(육사5기·3대정보부장)은 증언한다.

"5월12일 밤 10시경 서울 북창동에 있는 일식집 남강에서 나와 송찬호(宋贊鎬) 준장(고사포여단장), **박치옥**(朴致玉) 대령(1공수단장)이 거사일자와(5·16이 D데이로 갓 확정된 때였다) 병력동원을 얘기하기 위해 만났다. 바로 그곳에서 이철희 방첩부대장과 506방첩대장 이희영(李熙永) 대령을 마주쳤던 것이다. 우리는 거사가 탄로 난 것이 아닌가 하고 가슴이 철렁했다. 그러나 무사히 넘어갔다."

그 순간은 79년 12·12 당일 오후 모든 쿠데타 계획을 세워놓은 합동수사본부장 전두환 소장을 육참총장 겸 계엄사령관 **정승화**(鄭昇和) 대장이 공관으로 부른 것과 비슷했다. 전 장군은 이판사판의 결의로 정 총장 앞에 임했으나 정 총장은 몇 시간 뒤의 위기를 전혀 모르고 있었던 것이다.

5·16 당시 이철희가 장면 정부의 방첩부대장으로 낌새를 전혀 못 느꼈을까. 그의 역할은 궁금증을 낳고 있다.

장면맨이었던 선우종원은 말한다.

"5·16 두 달 전인 그해 3월 중순이었다. 이성가(李成佳) 장군이 나한테 제보했다. 박정희 소장이 4·19 1주년을 기해 쿠데타를 음모하고 있는데 참모총장 장도영까지 손을 잡고 있다는 것이었다. 그럴 듯한 얘기였다. 민주당의 신구파 싸움이 치열하고 사회혼란, 치안부재의 상황이 계속되고 있었으니까.

나는 장도영에게 만나자고 했더니 그의 처가집 백내과의원에서 만나자는 얘기였다. 심야에 백내과 안집에서 내가 '박정희는 내가 과거 육본 검찰과장을 해서 잘 아는데 남로당 관계로 사형선고도 받지 않았나? 당신이 그자와 손잡고 정부 전복을 한다니 될 말이냐'고 했다. 장도영은 펄쩍 뛰었다.

장은 민주당 내에서 자기를 흔드는 모략일 뿐이라고 했다. 그는 '당신이 내게 무슨 피 묻은 원수진 일이 있어서 그런 터무니없는 소리냐'고 했다. 쿠데타는 자기가 총장으로 있는 한 있을 수 없는 일이라고 잡아뗐다"

선우종원의 얘기는 이철희도 상당한 정보를 파악하고 있었으며 장도영에게 보고했으리라는 추리를 부른다. 장도영은 "이철희가 아무 일 없다는 보고만 했다"고 증언한 바 있다. 예컨대 당시 공군 정보국장이었던 윤일균(尹鎰均)도 말했다.

"공군 정보망에도 박정희 장군의 거사계획은 잡혔으나 깔아 뭉갰다. 물론 오래 전부터 거사 주동자인 JP와 친분도 있었지만, 뭔가 바뀌어야 한다는 의식 때문에 모두들 이심전심으로 통했다. 서정순, **이영근** 중령도 정보를 알고 있었다고 나중에 말했다"

이철희는 쿠데타군과 내통한 장도영 밑에 숨어 있어서였건, 아니면 박정희와 동기생이라는 덕을 봤건 간에 5·16 이후 반혁명이라는 서슬 퍼런 칼을 피했다.

이철희는 66년 **김형욱**(金炯旭)에 의해 국장으로 발탁돼 차장보(70년) 차장(74년)을 거쳐 유정회 의원(79년)까지 지냈다.

그러나 **장영자**(張玲子) 여인과 결혼 후 82년의 어음 사기 사건 주역으로 구속되고 10년의 감옥살이를 했다. 30년 군정의 영욕을 한 몸에 드리운 채 그는 청주에서 외부 접촉을 끊고 살다가 2000년 사망했다.

정보부법은 헌법보다 세다

5월18일 김종필이 서정순(행정개혁위원장 지냄), 이영근(7, 9, 10대 의원), 김병학(중정 국장 지냄) 세 중령을 불렀다. 모두 8기였고 정보계통 출신이었다.

JP와 서정순은 6·25 직전 육군정보국에서 함께 박정희 문관을 모셨다. 이영근도 같은 인연이었다. 그는 특히 CIC(방첩대)로 가서도 정보를 다루었다. 김병학은 HID(첩보부대) 출신이었다.

"미국의 CIA와 일본의 내각조사실을 절충한 정보수사기관을 만든다. 셋이서 법을 만들어라."

정보만 다루는 것이 아니고 수사권, 즉 사람을 잡아 가둘 수 있는 힘을 가지는 한국 중앙정보부의 원형(原型)은 이 한마디에서 비롯되었다. 물론

5·16 기획단계에서 박정희 소장(오른쪽)과 김종필 중령은 집권 후의 혁명과업 수행기구로 중앙정보부를 둘 것을 구상했다. 그래서 정보부는 수사권을 갖는 막강한 권부로 출발했다.

이는 박정희-JP가 합의한 구상이었다.

　서, 이, 김 세 중령은 이화여고 앞 정동호텔에 방을 잡아 자료를 모으고 머리를 쥐어짰다. 윤일균(70년대 후반 중정 차장보 차장 지냄)의 기억에 의하면 이 법을 만드는 데 자신이 56년도에 작성한 논문 〈국가정보와 중앙통제〉가 참고되었다고 한다.

　그러나 이들 중 법을 공부한 사람은 아무도 없었다.

　"도무지 법을 조문화해서 만들 실력이 없었다. 그래서 JP에게 부탁해 박 장군의 법무참모였던 신직수(7대 정보부장)를 불러왔다." (이영근 증언)

　JP는 역시 용의주도한 구석이 있었다. 그는 서-이 팀도 모르게 10기생 문무상(미국이민)에게 또 다른 정보부법 시안을 하청해 놓고 있었다. 나중에 문의 시안은 버려졌다.

JP는 "6월이 오기 전에 정보부법을 만들어야 한다, 정보부가 서야 혁명과업을 시작한다"며 독촉했다. 서-이 팀은 5월 말 신직수가 다듬은 시안을 중심으로 JP에게 브리핑했다.

6월10일 중앙정보부법이 공포되었다.

실로 번갯불에 콩 볶듯이 만든 것이었지만 그 후의 이 나라 역사에 헌법만큼이나 중대한 의미를 갖는 법이었다.

5·16 쿠데타 주체들이 최초로 낸 법은 헌법 기능을 정지시키고 군인들이 3권을 장악하는 국가재건비상조치법이었다. 한강다리를 건넌 지 20일만인 6월6일 공포했다. 군정이 문서화된 것이었다.

그 다음으로 6월10일 국가재건최고회의법과 중앙정보부법을 공포했으니까 정보부법의 중요성은 자명해진다. 이 6월10일은 지금도 국정원 설립 기념일로 기려지고 있다.

최고회의법엔 이렇게 씌어졌다.

'중앙정보부=공산세력의 간접침략과 혁명과업 수행의 장애를 제거하기 위해 최고회의에 정보부를 둔다.'(18조)

박정희의 칼, 정수장학회의 뿌리

군정주체들은 그들의 '장애 제거수단'으로서의 물리력을 정보부로 설정해놓고 있다. 이름대로 정보수집기구가 아닌 방아쇠를 당기는 집행기구로 출발한 것이다. 정보부가 권력 우상의 총구가 되고, 박정희-전두환-노태우 3대 '군인 대통령의 칼'이 된 원점을 읽을 수 있다.

2012년 12월 대통령 선거를 앞두고, 새누리당의 박근혜 후보가 코너에 몰린 '과거사' 문제의 한 진앙지도 여기다. 박정희 정(正) 자와 육영수의 수(修)에서 따내 지은 이름, 정수장학회의 뿌리에 무소불위(無所不爲)의 권세를 누리던 중앙정보부와 최고회의 법률고문 신직수(뒷날 정보부장)가 자리 잡고 있는 것이다.

정보부는 61년 부산 굴지의 재력가요 민의원을 지낸 김지태를 탈세, 밀수, 뇌물공여 혐의 등으로 손보기에 나선다. 김은 쿠데타 권력의 서슬을 피해 일본으로 피신했다가 62년 4월 귀국하여 부정축재처리법, 재산도피방지법 등 위반 혐의로 구속된다. 그리고 7년 징역을 구형받은 다음 날인 5월25일 신직수(최고회의와 중정 법률고문)에게 재산포기각서를 제출하고 기부 승낙서에 서명날인도 마친다. 갖고 있던 문화방송(오늘날의 MBC로 이어진다)과 부산일보 주식 100%와 부산문화방송 주식 65.5%, 부일장학회(부산일보의 줄인 말) 명목의 땅 10만여 평을 바치기로 한 것이다.

이것을 모태로 박정희 정부는 5·16장학회를 만들었고, 이는 1980년대 전두환 신군부의 집권과 더불어 정수장학회로 바뀌었다. '정수장학회 30년사'에도 "부일장학회의 법통을 승계한다"고 명기하고 있다. 이 장학회를 박근혜 후보를 비롯한 친인척과 측근들, 최필립 이사장 등이 관리해 왔음은 물론이다.

2005년 정보부의 후신인 국가정보원 과거사진실규명을 통한 발전위원회는 "김지태의 재산헌납이 구금상태에서 강압으로 이루어진 것이다. 정보부는 수사권을 남용하여 헌납에 개입했고 최고회의 관련자들은 박정희의 지시로 김지태 재산을 5·16장학회로 이전했다"는 요지로 발표했다. 그리하여 중앙정보부의 50년 전 '재산 강탈'이 반세기 뒤 박정희 장녀의 대통령 당선에 그림자를 드리우는 것이다.

중앙정보부법 자체는 일인지하 만인지상(一人之下 萬人之上)을 선언하는 듯하다.

'국내외 정보사항 및 범죄 수사, 군을 포함한 정부 각부 정보수사 활동을 조정·감독하기 위하여 국가재건최고회의 직속으로 중앙정보부를 둔다.'

'정보부장은 정보수사에 관하여 타기관 소속 직원을 지휘·감독한다.'

'정보부장 지부장 수사관은 범죄수사권을 갖고 수사에 있어서 검사의 지휘를 받지 않는다.'

'정보부 직원은 그 업무 수행에 있어 전 국가기관으로부터 필요한 협조와 지원을 받을 수 있다.'

혁명의 액션그룹 – 암행어사들

어명이라고 하면 거칠 게 없었던 왕조시절처럼, '혁명'이라면 무슨 일이든 꾸미고 밀어붙일 수 있게 되었다. 정보부의 완력이 법률로 뒷받침된 것이다.

이제 마패(馬牌)를 쥐여 내려보낼 어사(御史)들이 필요했다.

정보부 두 차장으로 기용된 서정순과 이영근은 JP의 육사 8기 동기생이면서도 박정희–박영옥까지 이어지는 끈끈한 인간적 유대가 있었다.

6·25전쟁 와중이던 51년에 대구의 육본 전투정보과장 박정희 소령 밑에 JP와 **석정선**(石正善)은 상황장교, 이영근은 포로심문관을 하고 있었다. 세 장교들은 영남여관이라는 곳에 함께 묵고 있었다.

JP는 박정희 소령의 조카사위가 된 배경을 다음과 같이 말했다. "영남여관이 정보국 요원의 숙소였습니다. 그땐 24시간씩 교대근무를 했는데, 하루는 내가 비번이어서 여관에 있었습니다. 그런데 웬 처녀가 오더니 김

중위를 찾아요. 박 대통령은 그때 소령으로 전투정보과장으로 계셨는데, 다른 집에 살고 있었지요. 그런데 박 대통령이 무슨 일이 있으면 김종필 중위를 찾으라고 했다는 겁니다. 그래서 처녀를 따라 우리 집사람(박영옥) 있던 데를 가봤죠. 가보니까 모기장도 없지, 그런데 말라리아에 걸려 열에 들떠 앓고 있잖아요. 나중에 청와대 경호실장을 하던 **박종규** 씨가 1등 중사로 나 하고 같이 전투정보과에 근무하고 있었습니다. 그래서 그 박종규 씨 하고 다른 한 사람을 내보내서 어디 가서 의사 좀 모셔 오라고 하고 나는 모기장을 쳐주고 이불을 펴주고 그랬지요. 나중에 의사가 와서 주사도 놓고, 그래서 이튿날은 깨어났지요."

그렇게 해서 눈이 맞은 중위 JP와 박영옥 처녀는 박정희 소령 몰래 데이트를 즐겼다. 그러나 석정선, 이영근 두 친구의 눈을 피할 순 없었다.

이영근은 당시의 상황에 대해 이렇게 말한다.

"석정선 씨와 내가 박 과장 앞에 섰다. 그리곤 '과장님 질녀(박영옥)가 영남여관에 자주 옵니다'라고 했더니 쳐다보지도 않고 '오지 말라고 그래!' 퉁명스럽게 대답하시는 것이었다.

그래서 내가 숨을 가다듬고 '과장님, 김종필 중위와 둘이 좋아하는 것 같습니다'라고 했더니 흘끔 우릴 쳐다보고는 한참 생각하시더니 '그래? 좋으면 좋구만' 그 한마디였다. 석정선 씨와 내가 JP에게 쫓아가 그걸 얘기했다. 그 뒤로 두 연인은 내놓고 만나더니 그해 결혼해버렸다."

법을 만든 신직수는 법률고문이 되었다. 신의 경우 곧 최고회의의장 법률고문(61.7.21~63.7.14)이라는 타이틀로 바뀌었으나 중정은 남산 쪽 고문으로 여겼다고 한다.

민간인으로 쿠데타 자금동원과 연락책임을 맡았던 **김용태**(金龍泰·5선의원 공화당 원내총무 지냄)는 중정의 경제고문으로 앉았다.

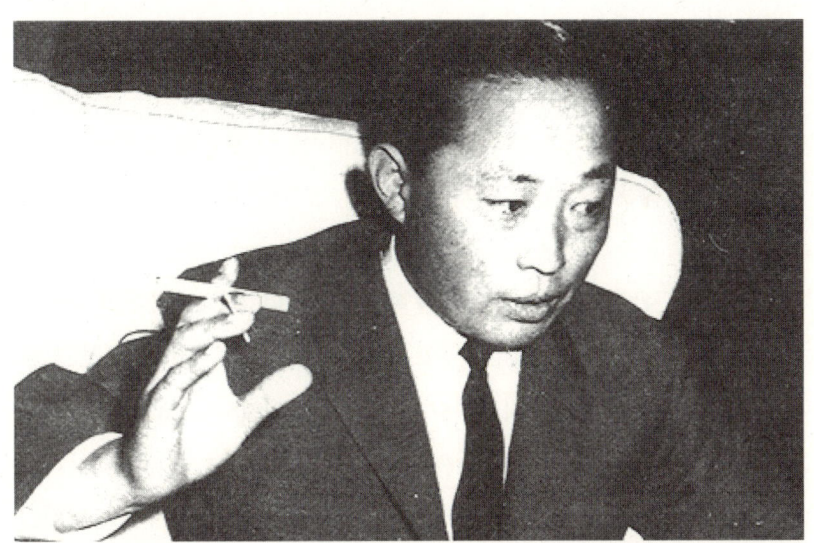

중앙정보부법을 만드는 데 참여한 신직수 변호사는 박정희 소장이 5사단장을 할 때 법무참모였다. 그는 박 대통령의 신임으로 검찰총장, 법무장관, 정보부장을 두루 거쳤다.

　공수단 대위 차지철과 그의 동료 10명이 주축이 된 GD팀도 중정 소속이 되었고 심지어 박정희 주치의 지홍창(제1육군병원 내과부장)도 남산 소속이었다. 그렇게 된 이유는 쿠데타 직후 혁명기구를 만들고 인적 자원을 배치하기까지 시간이 걸렸는데, 가장 최초로 구성된 쿠데타 주체들의 실력기구가 정보부였기 때문이었다. 물론 외형상 최고회의도 있었지만 거기엔 그야말로 병력 동원에 앞장선 5기, 8기 등 일등공신들이 설쳤기 때문에 격이 뒤지면 모두 중정 편제하에 몰아넣었다. 석정선(미국 이민)은 장면 정부의 정보연구실장 이후락이 운영하던 기구를 접수해 2국장이 되었다. 8기 석은 쿠데타 두 달 전에 예편, 주동에선 빠졌으나 곧 JP가 부르자 정보부 창설을 거들었다.
　차지철은 중정 상층부가 이처럼 서정순, 이영근, 석정선, 신직수 같은 비주체들에 의해 짜여진 게 못내 불만이었다. JP가 8기생만 끌어모은다고 불평도 했다.

남산의 '박정희 친위대장' 차지철

차장 이영근은 거사에 못 낀 설움을 톡톡히 겪었다. 차 대위에 의해서였다. "차지철의 GD팀은 소속이야 정보부였지만 수사기록 한 줄 쓸 줄 모르는 주먹부대였다. 정보부 직원이랍시고 여러 군데에서 행패를 부려 잡음도 들려오고, 또 젊고 억센 그들끼리도 혈기를 못 이겨 우격다짐을 하곤 했다. 하지만 혁명 초기 어수선하고 자리가 잡히지 않던 때니까 그러려니 생각하고 감찰실장 권영길 대령(공주고보 출신)의 처분만 지켜보았다.

그런데 차지철 팀은 내 운전기사 안 모를 매수해 나의 일거일동을 매일 보고받았다. 어느 날 차의 팀 김인식이 나한테 와서 '차장을 못 믿으면 누굴 믿고 일하겠다고 차지철이가 그런 짓을 하는지 모르겠다'고 귀띔해 주었다. 나는 '글쎄 차장도 반혁명하면 잡아넣어야겠지'라고 말하고는 안 기사에게 일부러 내색도 않고 지냈다. 한 달쯤 지나 박정희 의장실 경호팀 박종규와 회현동 요정 가가미(鏡)에서 술을 한잔 하게 되었다. 그는 5·16 전 내가 육본행정과장 때 인사계장으로 데리고 있었다. 박종규는 술탁자를 치면서 차지철이를 욕했다. 의장실에 올라오는 보고 중에 차가 이 차장님을 감시한 내용도 있더라며 울분을 터뜨렸다. '그따위 짓이나 하니 혁명이고 나발이고 다 틀렸다'고…." (이영근 증언)

JP 부장과 두 차장은 태평로 사무실을 썼다. 최고회의가 지금의 서울시의회(옛 국회의사당)에 있었으므로 정보부는 그 맞은편 국회 제3별관(지금 파이낸스센터 빌딩) 2층을 썼다.

석정선의 2국은 남산 북쪽 중턱 숭의학원 인근 이후락의 정보연구실 건물을, 고제훈(8기·前 대한손해보험협회 회장)의 3국은 서린호텔 자리를, 서울분실장 **이병희**는 지금 남산3호 터널 입구의 사무실을, 차지철의 GD팀은 건설업자 **정주영**이 제공한 광화문의 사무실을 썼다. 초창기여서 전체 6개국이 들어설 단일 건물을 확보할 수 없었다.

당시 6개국 중에 1국은 인사총무담당, 2국은 해외정보, 3국은 국내정보, 4국은 사자(死字)와 발음이 같아 두지 않았고, 5국은 대공수사, 6국은 특명수사로 기능을 쪼갰다. 그 외에 감찰실과 요원양성을 위한 정보학교가 생겼고 나중에 심리전 담당 7국도 생긴다. 이러한 남산 편제의 뼈대는 70년대까지 그대로 유지되었다.

이 거대 기구를 효율적으로 담기 위해 이영근 차장과 6국장 강창진 중령(8기·농장 경영)이 헬리콥터를 타고 다니며 이문동 국유지를 점찍어 터를 잡았다. 남산1호 터널 입구 부지에도 건물을 세웠으며 그 공사는 **김형욱**이 부임한 지 한참 뒤에야 끝났다. 그렇게 해서 남산(정치정보수사)·이문동(해외대공정보) 시스템이 갖춰졌다.

'양산박'에 모인 협객 인걸 서생 잡배

청사를 갖춘 뒤 소프트웨어를 채우는 것이 문제였다. 쿠데타군의 의지를 관철해 나갈 양질의 암행어사 같은 요원을 확보하는 일은 쉽지 않았다.

이영근 당시 차장은 말한다.

"그야말로 무에서 유를 창조하는 작업이었다. 정보와 수사요원을 뽑기 위해 육본정보국, CIC, HID, 공군, 해군, 경찰에 경력자를 보내라고 했다. 그랬더니 형편없는 잡탕을 마구 보내는 것이었다. 부대 창설 때도 흔히 나타나는 경향이지만 정작 좋은 인력은 안 뽑아 주고 사고뭉치만 보내는 것이었다. 조서 한 장도 못 꾸미는 자가 많았다.

그래서 이번에는 지명해서 차출하는 방법을 썼다. 정보수사 계통에서 일꾼으로 평판이 있는 이들을 뽑고 일부 부실요원들은 원대 복귀시켰다. 그리고 공채도 실시했다. 5·16 후 3개월여 지나 실시한 공채에는 300여 명을 뽑는데 응시자가 구름같이 몰렸다. 경복궁 근처 창성동 국민대학을 빌려 전형을 했다. 여기저기 빽도 들어오고 했는데, 그 시절은 취직자리가 귀하던 때였으니까….”

그리하여 남산은 카키색 제복의 인걸, 무인, 협객, 잡배와 공채 출신 서생 800여 명이 진을 치는 서울복판의 양산박(梁山泊)이 되었다.

'양산박'에는 일제시대 정보경찰 특고(特高) 출신도, 일경(日警) 경력의 수사 취조 고문기술자도 흘러들어왔다. 그들은 8·15 광복 이후 이승만의 반공제일주의에 편승, 좌익토벌에 앞장섬으로써 살아남았고 6·25사변 후 50년대 반공투사로 힘을 떨쳤다. 그 일부가 다시 정보부에 뿌리를 내렸던 것이다.

"중정의 직업수사관들의 전직은 사찰계 형사, 방첩부대 문관, 헌병 하사관 심지어 일제치하에서 설치던 조선인 헌병과 밀정 등 형형색색이었다. 그중 어떤 사람은 일제치하에서는 일본 순사로서 독립운동가들을 때려잡다가 한때 공산당이 서울을 점령했던 시절에는 우익 민주인사를 때려잡다가 나중에는 공산당 간첩을 때려잡은 '천의 얼굴'을 가진 사나이도 있었다. 그들에게 소위 이데올로기란 하나의 겉치레에 불과했다. 그들은 어떤 이데올로기의 이름으로 어떤 사람들도 때리고 고문할 수 있는 천부적인 재능을 가진 무정부주의자들이었다. 그들은 누구든지 증오할 수 있고 어떤 고문술도 개발할 수 있으며 피의자를 학대함으로써 자신을 확인하는 새디스트들이었다." (김형욱 회고록)

육사 8기와 '사형수' 박정희 운명적 만남

JP 부장, 차장 서정순 이영근을 비롯한 8기는 부장, 차장, 국장, 과장 4계급을 독식하다시피 휩쓸었다. 이건 우연이 아니었다.

쿠데타 리더 박정희와 8기의 만남은 운명적이었다.

유양수(소장예편, 전 교통·동자부장관)는 말한다. 그는 8기와 박정희의 조우를 목격한 증인이다.

"박정희 소령은 48년 11월 좌익 남로당 가입 사실이 드러나 사형선고까지 받았으나 남로당 조직원들에 대한 정보제공을 많이 함으로써 겨우 살아났다. 그는 군복이 벗겨졌으나 일정한 일자리가 없었으므로 육본정보국에서 티오도 없는 문관처럼 놀고 지냈다. 정보국장 **백선엽** 장군의 배려였다. 나는 백 국장 밑에서 전투 정보과장으로 있었다. 박 소령은 비록 민간인이었지만 내가 육사(7기특별) 생도일 때 중대장이었으므로 소령님이라고 불렀다.

49년 5월 북(北)과의 긴장이 생기는데 과원 5~6명으로는 군의 신경조직이랄 수 있는 전투정보과가 역할을 할 수 없었다. 백 국장이 어느 날 나를 부르더니 공작과장(계인주 중령)과 함께 가서 생도 8기 중 똘똘한 놈들을 뽑아 오라는 것이었다. 참모총장 특명이라는 말도 했다.

나는 1등부터 30등까지 잘라서 면접을 했고 그중 15명을 뽑았다. 그들은 청량리 정보학교에서 2주 교육을 마치고 소위 임관과 동시에 육본 정보국에서 일했다. 김종필, 서정순, 이영근, 석정선, 백팔흠 등이 바로 그날 뽑힌 사람들이다. 그들은 그때부터 박정희 문관을 알게 된다. 정의감 있고 시국에 비판적인, 어떤 사람들은 불평 투성이라고 곁눈질도 했던 박정희로부터 그 8기 선두 그룹은 감화를 받았다고 볼 수 있다. 그들이 결국 5·16을

기획하고 혁명과업을 추진한 주축이 된 것은 그런 인연이다."(유양수 증언)

8기로 초창기 중정에 들어간 멤버는 김진구(소장예편. 삼성 고문 지냄), 고제훈 전재구(전 의원), 전재덕(중정차장 지냄), 강창진(삼화축산 경영), 이창수(천광유지), 김영민(미국 이민), 표대현(전 조폐공사 이사), 정무식(전 의원), 김상년(전 의원), 엄병길, 김성용 등이었다.

이 밖에 중정의 해외요원이 공사 참사관 서기관으로 나갔다. 이들에겐 주로 미국 CIA 교범에 따른 교육을 시켰다. 시도지부도 갖춰졌는데 그 지부장 상당수를 8기가 차지했다.

| 제2장 |
전-노 11기의 63년 쿠데타 음모

'45일 천하' 장도영과 노태우 대위

장도영은 혜성처럼 떠올랐다가 너무 빨리 무너져 버렸다. 김종필 정보부의 일격에 가고 말았다. 5·16 달포 만에 거품처럼 스러졌다.

육군참모총장 장도영. 그해 나이 38세. 평북 신의주 출신. 신의주 동중학교를 나와 도쿄의 도요대(東洋大) 영문학부 2년 재학 중 학병으로 끌려갔다가 해방과 더불어 귀국했다.

45년 12월 서울로 내려와 군사영어학교를 마치고 소위로 임관한 뒤 승승장구한 정치력 뛰어난 젊은 중장.

60년 4·19로 출범한 민주당 정부에서 장도영은 총장으로 기용됐으나 거기엔 우여곡절이 있었다.

당시 장면의 섭외비서(국회담당) 박종률 전 의원은 말한다.

"장 총리가 육군참모총장으로 처음 고려한 사람은 **이한림** 중장이다. 장 총리는 이한림 장군에게 통보까지 하라고 해 당시 민주당 정부의 실세였던 김철규 신부와 비공식으로 이장군에게 알려주기도 했는데 어느 날 장도영으로 뒤집혀 있었다."

장 총리의 측근이었던 선우종원 씨는 증언한다.

"장도영은 부산 출신 오위영 의원에게 접근해 총장을 따냈다. 내가 반혁명으로 몰려 갇혀 있을 때 장도영도 갇혀 있으면서 내 증인을 선 일이 있었다. 옥중에서 내가 장도영으로부터 '오위영에게 2천만 원을 주고 총장을 했다'고 들은 얘기가 지금도 생생하다."

그 장도영은 권력 줄타기에 능했다. 쿠데타를 하겠다는 박정희 소장과 정권보위를 맡긴 장면 총리의 중간에 곡예사처럼 처신하여 5월16일 오후에 '혁명대열'의 얼굴마담으로 우뚝 섰다.

그의 벼슬은 순식간에 국가재건최고회의 의장·내각 수반·국방장관·육참총장·계엄사령관 등 5개. 신(神)도 부러워할 파워를 거머쥐게 되었다.

그러나 그것은 투쟁으로 얻은 전리품이 아니었다. 그것이 화근이 되었다.

김종필 정보부와 8기생들은 전리품을 목숨 걸고 싸운 승자(주체)의 몫으로 돌려놓고자 했다. 쿠데타가 미국의 뒷받침으로 정착되고 안정 궤도에 오른 만큼 얼굴마담의 쓰임새는 사라지고 있었다.

61년 6월3일 JP 주도의 국가재건 비상조치법안은 벌써 장도영의 권한을 약화시켰다. 최고회의의장은 내각 수반만 겸하고 국방장관 육참총장 등 군을 통솔할 수 있는 실권을 빼앗아버렸다.

장도영은 불평했다.

게다가 JP와 8기 대령들의 독주는 5기의 무력 동원 장군-대령들의 저항을 불러왔다. 장도영과 5기는 인연이 깊은 편이었다. 이래저래 양자는

장도영 육참총장은 5·16 한달 보름 만에 '반혁명'으로 체포되어 거세되었다. 그의 실각은 군부 내 제일 세력, 이북 출신 장군들에게 치명상이 되었다. '북군'의 퇴조와 함께 남군의 시대가 열리게 된다.

연합해서 박정희 부의장과 JP 및 8기에 대립하는 형국이 되었다.

장창국(張昌國)씨 (당시 육참차장)의 회고.

"물론 혁명 전부터 5기생들 가운데는 장도영의 측근이 많았다. 박치옥 대령만 해도 장 중장이 총장에 임명되면서 중요 부대인 공수단장으로 발탁했다. 그래서 장 의장은 이전에도 5기생들에게 자신을 소외시키는 최고회의 운영에 대해 불만을 털어놓은 적이 있었다고 한다. 비상조치법이 발의된 날이라고 기억되는데, 장 의장이 기자회견을 하며 민주당 각료들에 대해서 가택연금만 할 뿐 구속 같은 것은 없을 것이라고 말했다. 그러나 기자회견이 끝난 후 1시간도 지나지 않아 민주당 전 각료가 체포되는 일이 벌어졌다.

박 부의장과 김종필 씨를 위시한 8기생의 단독 드리블이었던 것이다.

이날 저녁 장 의장은 공수단장 박치옥 대령, 헌병감 문재준 대령, 최고위원 송찬호 준장 등 5기생을 총장공관으로 불러 '명색이 의장인 나를 이렇게 핫바지로 만들 수가 있느냐'고 불만을 털어놓았다. 비상조치 법안은 휴회까지 하면서 원안이 통과됐다. 그러나 이 법이 공포된 것은 제안된 날로부터 3일 뒤인 6월6일이었다. 행정 절차를 밟는 기간도 필요했지만, 장도영 의장이 이 법을 못마땅하게 여겨 늦어졌다는 얘기도 있다. 법이 공포됨에 따라 장 의장은 참모총장 및 계엄사령관 국방장관 자리를 내놓지 않을 수 없었다. 국방장관 후임에는 송요찬 장군이, 참모총장 후임에는 이미 최고위원으로 신임된 김종오(金鍾五) 합참의장(작고·당시 중장)이 겸임 발령됐다. 장 의장은 그전에도 참모총장 겸임 때문에 8기생들에게 시달림을 받았다고 한다. 장 의장이 박치옥 대령 등 5기생을 총장 공관으로 불렀을 때 '김형욱이가 조금 전에 내게 와서 참모총장직을 내놓는 게 좋지 않겠느냐고 하더라'는 얘기도 했다고 한다. 여하튼 장 의장은 실권을 박탈당한 꼴이 됐다."

이것이 이른바 장도영 등 44명 반혁명사건의 발단이었다. 말하자면 장도영과 5기생 대 박정희-JP와 8기의 주도권을 둘러싼 파워게임이 61년 7월의 그 사건이었던 것이다.

1961년 7월3일 오후 4시30분 라디오에서는 긴급 뉴스가 전해지고 서울 시내에는 신문호외가 뿌려지고 있었다.

최고회의의장 겸 내각수반인 육군중장 장도영의 사임성명이 중앙청 기자실에서 최고회의 공보실장 원충연 대령에 의해 발표되었다.

이어 박정희가 최고회의의장에 선출되고 내각수반에는 국방부장관인 송요찬(宋堯贊)을 임명했다는 발표가 있었다.

JP 정보부의 역습에 일망타진

이미 시중에는 장도영이 제거될 것이라는 소문이 나돌고 있었던 터라 시민들은 장도영의 향후 거취에 더 관심이 쏠려 있었다.

당시 구속됐던 5기와 9기생들의 증언에 의하면, 그들은 중앙정보부장 김종필을 제거하기 위한 계획을 세웠으나, 그 비밀이 흘러나가 역습을 당했다고 했다. 장도영 의장과 내각수반 비서실장 이회영이 중심이 되어 모의했다는 것이다. 최고회의에서 김종필 정보부장의 직책을 박탈할 것을 의결하고, 실패할 경우 JP를 체포한다는 것이었다. 최악의 경우는 박정희 소장도 거세시킨다는 목표도 세워놓고. 병력 동원은 공수단장 박치옥 대령, 헌병감 문재준 대령이 맡기로 되어 있었다.

당시 공수단은 덕수궁에 포진하고 있어 병력동원이 용이하고 문 대령은 막강한 헌병대를 동원할 수 있었기 때문이다. 이들은 7월3일 거사하기로 모의했다.

그런데 문제가 생겼다. 헌병감 문재준 대령이 당시 수도경비사령부 참모장인 8기생 **신윤창**(申允昌) 중령(6, 7대 의원)에게 거사 계획을 암시해 주는 바람에, 이 정보가 8기생 쪽으로 흘러간 것이다. 문 대령은 혁명 주력부대인 6군단 포병사령관이었고 신 중령은 그 밑의 대대장이어서 서로 믿는 사이였다. 그래서 문 대령이 "혹시 이상한 기미가 있더라도 너희 부대는 출동시키지 말라"고 사전에 귀띔해 주었고 그 사실을 신 중령이 동기생인 김종필 부장에게 알려주었다.

당시 서로가 서로를 경계하는 상황이어서 김종필 정보부장 쪽에서도 눈치를 채고 있었다. 문재준 헌병감의 헌병중대가 필요 이상으로 장 의장을 경호했기 때문에 눈치챘다는 말도 있다. 다른 사람들은 이미 그 전에 체포됐다.

"본인은 오늘을 기하여 대한민국 국민 앞에 국가재건최고회의 의장 겸 내각수반직에서 물러날 기회가 왔다고 결심하고 이에 성명하는 바이다."

물론 이 굴욕적인 성명 내용은 장도영이 직접 작성한 것이 아니었다. 정보부의 작품이었다.

장도영을 다루었던 8기 출신 국장 **전재구** 씨(全在球·9대의원)의 증언을 들어보자.

"장도영 씨는 처음 붙잡혀 들어오자 완강히 저항했다. 무슨 반혁명을 했느냐고 반문했다. 시간이 흐르고 그를 가둔 서울지부(지금의 남산 3호 터널입구)에서도 초조했고 상부에서는 더욱 속결을 재촉했다. 내가 그에게 말했다. '총장님, 이제 하늘 아래 높은 자리 다 하신 분이 뭐가 미련이 있으십니까. 이제 국민들에게 구속했다고 발표된 마당에 화내시고 버텨야 궁색하기만 할 뿐이지요. 원상회복이란 없습니다. 총장님다우셔야지요'라고 달랬다. 그는 마음이 바뀌는 듯했다. 결국 그날 밤 장씨는 모든 것을 체념하고 나와 양주 몇 병을 비우는 것으로 깨끗이 정리했다. 정보부가 작성한 성명에 서명하고 말았다."

쿠데타 정권의 간판으로 등장한 장도영은 '최고책임자로서 중책을 감당하지 못할 것임을 깨닫고', '보다 적극적이며 국내외적으로 신망이 두터운 인물'인 박정희에게 실권을 물려주지 않을 수 없었다.

1961년 7월9일 최고회의 공보실은 장도영을 중심으로 한 44명의 장교 및 민간인이 정부 전복 음모에다 주체 세력을 암살하려 했다는 '반혁명음모 사건'을 발표, 국민들을 놀라게 했다.

거기에는 5·16 주체 중의 주체 공수단장 박치옥 대령, 헌병감 문재준 대령, 최고위원 송찬호 준장, 최고회의 비서실장 안용학, 내각수반 비서실장

이회영, 감찰위원장 최재명 등 거의 5기생이었고, 9기생으로 유일한 최고위원이었던 김제민 중령도 포함돼 있었다. 즉, 이 사건으로 5기와 9기는 권력투쟁에서 완전히 밀려났다.

장도영 사건은 JP 정보부와 8기의 정보력과 위력을 말해주는 것이었다. 또 그것으로 박정희 소장의 실세화는 확고하게 이루어졌다. 장도영은 62년 미국으로 쫓겨나 교수가 되어 미시간 주의 웨스턴미시간대 정교수로 있다 퇴임했다.

그 거대한 드라마의 병풍 뒤에 작은 그림자가 떠오르고 있었으나 아무도 그것을 주의깊게 본 사람은 없었다. 장도영이 법정에 들어서는 장면의 뒤쪽에 방첩대의 노태우 대위가 서 있었다(화보 사진 참조). 그리고 장도영 사건의 검찰관 중 한 사람이 나중에 노태우 정부의 첫 안기부장 **배명인**(裵命仁) 검사였다. 실로 역사의 드라마란 얼마나 극적인가.

JP-오히라의 메모의 한일 회담 진상

김종필 초대 중앙정보부장의 활동 반경은 뒷날 남산(南山) 부장들의 힘과 역할을 엿보게 해주었다.

한국외교의 분수령이자 기복으로 여겨지는 65년 한일(韓日)협정의 뼈대는 김-오히라(大平正芳) 메모였다. 김 부장은 61년 10월과 62년 말 박정희 최고회의의장의 밀명을 받고 일본으로 건너갔다.

30대의 젊은 실력자 김 부장은 이케다(池田) 수상과 오히라 외상을 잇달아 만났다.

JP는 87년 인터뷰에서 당시를 다음과 같이 말했었다.

62년 10월 중앙정보부장 김종필은 오히라 일본 외상을 만나 한일국교정상화교섭을 벌였다. 외무부를 제쳐놓은 이 교섭은 당시 정보부장의 비중을 웅변한다.

"5·16 후 다섯 달 만에(10월24일) 내가 일본으로 은밀히 건너가서 국회의 사당 수상실에서 당시 수상 이케다를 만났습니다. 거기서 구로가네(黑金) 관방장관·후에 외상이 된 오히라(大平) 수상 비서와 같이 만났습니다.

이케다 수상이 '왜 왔느냐'고 해서 '내가 여기 온 것은 두 가지 목적이다' 라고 설명을 시작했습니다. 하나는 한일회담을 본격화해야 되겠다, 이제까지는 어떤 의미에서 한일회담을 성취시키지 않기 위해서 10여 년간 형식적인 회담을 해온 것 같다. 둘째는 실질적 진전을 위해서 이번에 내가 왔으니 다음에는 당신이 서울로 특사를 보내 달라. 내가 이렇게 얘기하는 걸 이케다 수상이, 그 수상 눈이 아주 커요, 이렇게 보고 있더니 천천히 묻는 겁니다. '대단히 실례지만 지금 연세가 몇이십니까?' '서른여섯(만35)이 오' 그랬더니, 이케다 수상이 '명치유신 때 지사를 보는 것 같습니다. 아주

감복했습니다' 하더니 아주 나와 똑같은 생각을 말씀하셨는데, 내가 곧 특사를 서울로 보내리다' 했습니다."

1950년대 자유당(自由黨)과 민주당 정권 때도 한일협상은 계속돼 오고 있었다. 그러나 청구권자금이 언제나 문제였다. 김-오히라 메모는 논란거리였던 그 규모를 '무상 3억 달러 장기저리차관 2억 달러 민간베이스차관 1억 달러 등 모두 6억 달러'로 타결했다.

이 돈이 36년간 식민 지배의 대가로 충분한 것인가. 청구권자금 때문에 포기해버린 유형 무형의 대일(對日) 요구사항은 끝내 합리화될 수 있는 것인가.

당시 야당은 '평화선(平和線)을 무상 3억 달러에 팔아넘긴 매국(賣國)외교이며 대일차관 도입은 또다시 일본의 경제적 식민지화 우려가 있다'고 거세게 반발했다.

몇 푼의 돈에 민족의 자존심을 넘겨줬다는 비난도 나왔다. 뒷날 메모 작성이라는 밀실외교 과정에서 정치자금이 오갔다는 주장과 함께 그 '흑막'을 다룬 책자도 나오게 됐다.

"이완용 소리 듣더라도 타결시키겠다"

김종필은 민자당 대표최고위원 시절에 필자에게 밝혔다.

"당시 6억 달러는 우리 측으로서 충분한 검토 끝에 타결해줄 만한 액수였다. 처음엔 오히라가 안 된다고 버티는 바람에 결렬 직전까지 갔었다. 결국 일본 측도 양보한 것이고, 우리는 산업자금이 전무한 상태 아니었던가. 그 돈이 군사혁명 후 경제개발에 착수할 재원이 된 것도 사실이다. 오늘의 국력과 여건을 기준으로 잘못된 협상이요 헐값 타결이라고 탓할 일만은 아니다."

그는 62년 11월의 김-오히라 메모 과정을 다음과 같이 밝혔다.

"박정희 의장은 '8억 달러 정도면 성공이 아니겠느냐, 그러니 그렇게 타결지어 봐라' 그래요.

외상 오히라를 만났습니다. 그때가 62년 11월12일 저녁 8시쯤이었는데 12시까지 장장 4시간에 걸쳐 외무장관실에서 단 둘이서 담판을 벌였습니다. 자기가 얘기할 수 있는 한도는, 수상이 유럽 가면서 지시하고 간 8천만 달러라고 그럽니다. 5·16 후에 한·일 회담 대표였던 유진오 박사를 최고회의에 모셔다가 청구권을 얼마나 받으면 되겠느냐고 물은 적이 있는데 2천만 달러만 받으면 대단한 성공이라고 그럽니다. 그걸로 보면 8천만 달러니 많아지긴 많아진 셈이지만 그런데 우리가 요구하는 액수는 8억 달러 아닙니까. 내가 일본에 들르기 전에 샌프란시스코에서 여러 군데 수소문을 해보니까 당시 일본의 외화보유고가 14억 달러라고 그럽디다. 그래서 내가 오히라에게 '그래가지고는 얘기가 안 된다. 오늘 우리가 만난 이상은 당신은 일본의 고무라 주타로가 돼라, 나는 이완용이 되겠다' 이렇게 말했죠. 고무라 주타로는 러일전쟁 때 일본의 외무대신입니다."

그렇게 해서 정보부장 JP가 제의한 금액은 6억 달러였다. 모든 옵션을 생략한 채 받아낸 이 금액이 산업 투자에 쓰인 건 사실이다. 그러나 JP의 공과에 대한 해석은 여전히 논란거리로 남아 있다.

요즘처럼 종군위안부 피해 문제가 제기될 때만이 아니다. 일본 국왕의 대한(對韓) 사과 수준이 문제될 때, 독도 문제가 비화될 때, 재일 한국인(在日韓國人) 법적 지위 문제가 제기될 때, 재일(在日) 문화재 반환 문제가 대두될 때, 태평양전쟁 중의 한인(韓人) 피해보상 문제가 거론될 때 예외없이 반복되는 대목이 바로 당시의 부실했던 한일협상이기 때문이다.

뒷날 오히라는 그의 회고록에서 그 돈과 관련, '옛 종주국이 이웃 한국의 독립을 축하하여 주는 돈'이라고 말해 가뜩이나 비판적인 한국 내 여론을 더욱 자극했다.

김 정보부장 주도의 한일협상은 나중에 정부 간 협상으로 진전되면서 64년 6월3일 격렬한 학생 데모를 유발, 군정 이후 처음으로 서울 지역에 위수령이 내려지는 사태로 발전했다.

그때 김씨는 공화당(共和黨) 당의장으로 있다가 6·3사태 이틀 뒤 당의장을 사퇴하고 두 번째로 외유길을 떠나게 된다. 대일 문제와 그의 운명을 상징하는 대목이라고나 할까.

남산 '정치사령부' 공화당 만들다

군경검 합동수사본부장 김재춘(金在春·3대정보부장·8, 9대의원)이 61년 6월 방첩대장을 겸임하면서부터 중앙정보부장 JP와의 알력은 시작되고 있었다. 62년 봄 JP가 공화당 사전조직 작업을 본격화하자 곧 그 정보는 그해 6월에 김재춘에게 흘러갔다. 김재춘은 JP 휘하의 재건동지회라는 조직이 정당 창당에 들어갔고 필요한 자금 조달에도 문제가 있음을 확인했다.

김재춘 씨는 훗날 다음과 같이 주장했다.

"김종필 중앙정보부장에게 포섭된 인사들의 성격이며 자금조달방법 등에 관해서 광범위한 뒷조사를 시작했는데 조사를 할수록 엄청난 사실들이 속속 드러나기 시작했다.

김종필씨의 지휘를 받은 요원들이 농협중앙회 회장을 협박하고 선서를 시킨 다음 당시 인기주였던 한전주를 금고에서 꺼내 증권시장에 풀어 막

중앙정보부를 창설해 초대부장을 지낸 김종필 씨 (왼쪽)와 3대부장 김재춘 씨. 두 사람은 5·16 주체 세력 내부에서 극렬하게 싸웠던 육사 8기와 5기 그룹의 대표이다. 63년 10월 두 사람 모두 정보부를 떠난 뒤 브라질 외유 중 만났을 때의 모습.

대한 자금을 조달하고 있었다. 일본에서 새나라 자동차와 파친코 등을 도입하면서 막대한 자금을 끌어들이고 있는데 그 자금은 모두 새 정당 창당 작업에 쓰여지고 있었다."

공화당 사전조직 및 자금조달에 관한 JP의 얘기부터 들어보자.

JP의 기억에 의하면 창당 작업은 62년 5월부터였다. 물론 그 무렵엔 공화당이라는 이름도 없었다. 정당의 기초강령 등 도상계획에는 윤천주(나중에 문교부장관 국회의원 서울대총장 지냄), 김성희 교수 등이 참여했다.

소리 없이 사무국 요원을 뽑기 시작한 게 62년 5월부터였고 이들을 효창동 비밀 가옥에서 교육도 시켰다. 기초 조직을 마치고 각 도 단위의 간부를 소집해서 박정희 의장과 낙원동 춘추장에서 인사소개를 시킨 게 62년 7,8월이었다. 물론 그전 당원 비밀교육 때부터 박 의장에게 낱낱이 보고되고 있었다.

이런 가운데 반JP 라인의 선봉장 격인 김재춘이 62년 6월 박 의장에게 항의했다.

김재춘 씨의 얘기.

"우리가 장차 정당을 만들어 정권을 유지할 생각으로 하고 있습니까,

아니면 정보부장(JP) 단독으로 하는 일입니까?' 하고 물었다. 그때 박 의장은 창당지시를 내린 적이 없고 아는 바도 없으니 김재춘 장군이 철저히 조사해 보고하라는 것이었다."

따라서 박 의장, 김재춘, JP의 얘기가 엇갈리는 대목이다. 그러나 박 의장은 JP의 공화당 사전조직을 처음부터 소상히 보고받고 있었고 김재춘에게 딴전을 피운 것이었다.

이처럼 박 의장과 JP가 민정 참여를 위한 창당으로 기울어가자 김재춘은 박병권 국방장관·김종오 육군참모총장·김동하·김진위·**유양수·유병현·박태준** 장군(92년 10월 민자당 최고위원에서 탈당) 등과 연합 전선을 폈다. 반JP연합전선은 김재춘 주도의 자민당으로 발전하게 된다.

반JP 라인의 견제에 JP 측의 반격도 만만치 않았다.

"그들은 도청 미행으로 나(김재춘)를 견제했으며 차지철이 지휘하는 무장특공대를 뽑아 내 주위를 돌며 위협하게 했다."(김재춘 씨의 주장)

박 의장을 정점으로 놓고 친JP-반JP 대립이 노골화되고 있던 62년 여름 공보실장 이후락은 '국민의 여론이라면 박 의장 출마 불가피'를 발설했다. 그리고 정보부장 JP가 10월8일 '박 의장의 대통령 출마는 불가피하다'고 공언하기에 이르렀다. 정보부는 안팎의 분열과 반대 여론에 부딪쳐 어수선한 가운데서도 창당작업에 박차를 가했다.

62년 12월14일 김종필 정보부장은 군정에서 민정으로의 이양을 밝혔고 12월17일 제3공화국헌법이 국민투표로 확정됐다.

JP는 12월23일 말썽 많고 소문도 요란했던 신당에 관해 처음으로 5·16 주체들을 모아놓고 워커힐에서 브리핑했다.

그러나 JP 주도의 신당이 새 권력의 기둥이 될 경우, 장래가 불확실해지는 장군 최고위원들이 들고 일어났다. 고함과 욕설이 튀어나오고 '혁명 말기 증상'이 폭발했다.

　최고위원 유원식은 "김종필 중심의 당은 파당"(63.1.15.)이라고 매도했고 내각수반을 했던 송요찬은 "박 의장이 출마의사를 번의하라"(63.1.8.)고 하는가 하면 최고위원 김동하는 "국민을 배신할 수 없으므로 떠나겠다"고 최고위원직과 공화당 발기인에서 사퇴했다.

　새 헌법에 따라 정치 규제도 풀리고 구 정객들도 박 의장과 JP에 대한 공세에 가담했다.

　박 의장의 일대 위기였다.

　그는 할 수 없이 JP를 희생양으로 삼아 난국을 돌파하기로 하고 공화당 분규를 수습해 나갔다. 마침내 JP를 정보부장에서 밀어냈다.(63.1.7.)

2대 부장 김용순 겨우 45일에 끝나다

　김종필 정보부장이 물러나고 제2대 부장은 경남 하동(河東) 출신의 5·16 주체인 김용순(金容珣·75년 11월 사망·육군중장예편·6, 7대 의원)이 배턴을 물려받았다.

　박정희 의장의 김용순 기용은 다소 의외였다. 공화당 사전 조직과 4대 의혹 사건으로 김종필 부장과 육사 8기생들이 코너에 몰렸기 때문에 경질은 불가피하게 여겨졌었다.

　그래서 반JP라인과 5기그룹은 김재춘이 부장이 되길 기대했다. 김재춘은 최고위원이면서 군경검(軍警檢) 합동수사본부장을 맡아 박 의장 주변에서 파워맨으로 통했고 실제로 박 의장으로부터 정보부장 구두 발령을 받았다가 8기생들의 반발로 하루 만에 뒤집힌 일도 있었다.

박 의장이 굳이 조용하고 무난한 성격의 김용순을 택한 것은 김재춘과 5기생들의 반작용으로 중정(中情)과 최고회의 내부가 시끄러워질 것을 우려한 것으로 볼 수밖에 없었다.

김용순은 59년에 육군방첩대장을 지내 정보경험도 있었고 박 의장이 부산 군수기지사령관으로 있을 때 참모장을 지냈기 때문에 신뢰 관계도 두터웠다.

제2대 정보부장 김용순 소장은 친JP계와 반JP세력의 권력투쟁 와중에 겨우 45일밖에 재임하지 못했다. 사진은 김용순 부장의 기자회견 모습.

그러나 박 의장의 구도는 빗나갔다.

63년 1월7일 김용순을 앉힌 지 달포만인 2월21일 결국 바꾸어야 했다. 그 원인은 차지철 팀 때문이라는 것이 정설이다.

당시 중정의 경남지부장(마산에 사무실이 있었다)이었던 J가 그 사정을 말한다.

"박 의장은 그때 진해 별장에 내려와 있었다. 최고회의와 정보부가 시끄럽고 내분이 심했기 때문에 자주 진해에 묵었다. 박 의장 주변의 공수단 멤버 10여 명, 즉 차지철 팀은 늘 소란을 피웠다. 그들은 정보부 소속(6국이 있는지 감찰실이었는지 기억이 불분명하지만)으로 있으면서 자기들끼리도 수틀리면 총 빼들고 우격다짐을 벌이곤 했다. 어쨌든 박 의장 진해 숙소에 서울로부터 긴급연락이 와서 경호대장 박종규가 받았다. 서울 장충동 의장공관에 난리가 났다는 얘기였다. 차지철과 김인식은 당시 김용순 부장 반대파였고 일부 GD팀은 친 김용순파로 갈려 있었는데 양 파가 다투었다는 것이었다. 그들이 장충동 의장공관에서 대판 싸우는 바람에 정보부 병력이 나서고, 의장공관을 포위해서 해결했다는 보고였다. 박종규는 즉각 중대 문제라고 화를 냈다. 차지철 GD팀도 문제지만 국가원수 공관을 포위한 정보부는 책임을 져야 한다고 흥분했고 박 의장에게 보고를 마쳤다. 다음 날 김용순 정보부장은 불경죄를 사죄하기 위해 박 의장이 도착하는 비행기 앞까지 마중나왔으나 박종규의 제동으로 각하를 뵙지도 못했다."

그래서 정보부장이 김용순에서 김재춘으로 바뀌었다는 것이다.

김용순 부장의 단명(短命)에 대한 해석은 또 있다.

그는 5·16이 일어나기 오래 전부터 부산 군수기지사령부 참모장으로 있으면서 사령관 박현수 장군 몰래 쿠데타 모의에 가담하였다. 그러나 5·16 당일 쿠데타 성공 여부를 확신하지 못한 채 부산지구 계엄사무소 간판을 두 번이나 걸었다 떼었다 하는 우유부단한 처신을 했다. 그것이 소문나 주체들에게 나쁜 인상을 주었고, JP를 이어 정보부장으로 오른 뒤 8기와 5기 모두에게 비난거리가 됐다는 얘기다.

하지만 이 같은 해석은 에피소드로 역사를 해석하려는 것과 같다.

당시 공화당 창당을 둘러싼 JP계와 반JP계의 대결전이 김용순 부장 단명의 결과로 나타났던 것이다.

하여간 남산 역사상 최단명 부장이었던 김용순은 63년 중장 예편 후 국회로 가서 내무위원장도 지냈다.

그 시절 젊은 남산 요원이었으나 80년대 국회의원이 된 김 모 씨는 말했다.

"김용순 부장 하면 생각나는 게 있다. 취임 인사말을 하는 자리에서 '정보부라는 데는 부장을 미행 감시하는 놈도 있는 곳이더군'이라고 했다."

서울 속의 '양산박'에 갑자기 왔다 덧없이 떠난 부장이었다.

김재춘 3대 부장과 8기생 수난

63년 2월 공화당 사전 조직이 말썽이 나자 최고회의가 극도로 혼란에 빠졌다. 박 의장은 궁여지책으로 정치수습방안 9개항을 내걸고 그것이 이루어지면 '민정에 불참'한다는 후퇴 입장을 밝혔다(2.18).

63년 2월20일 정보부장 겸 공화당 창당준비위원장 김종필은 "일체의 공직을 떠나 초야(草野)의 몸이 되겠다"고 했다. 그럼에도 같은 날 송요찬은 "공화당을 해체하라"고 주장하는 판이었다.

바로 그 다음 날 '과도' 정보부장 김용순이 물러나고 김재춘이 올라섰던 것이다.

제3대 정보부장으로 5기의 대표주자 김재춘이 들어선 것은 63년 2월21일이었다.

JP와 8기생들은 아연 긴장할 수밖에 없었다. 물러난 김용순의 후임으로 JP계는 김형욱을 밀었으나 무위였다.

취임 다음 날인 2월23일 김재춘은 정보부차장, 국장, 지부장 등 8기생 중심의 JP계 간부 31명을 잘랐다.

그리고 8기가 아니더라도 JP와 친하다는 간부라면 내보내 남은 사람은 공군 대령 윤일균과 해군 대령 장근섭 정도였다.

윤일균은 JP 및 8기생과 가까웠기 때문에 바늘방석 같았다. 그는 김재춘에게 정보부를 그만두고 공군에 원대 복귀할 것을 희망했다.

"최고회의 의장 명령이야. 남아서 일 열심히 않으면 군법회의 보낼 거야."

김재춘 부장은 박정희 의장의 친필을 내보이며 말했다.

윤일균 씨의 회고.

"나는 을지로 입구 황금정 식당의 8기생 모임에 가서 김재춘 부장 밑에 잔류해도 좋은지 총의를 모아달라고 했다. 배신자 소리도 없진 않았지만 그래도 때가 올 때까지 참고 남산을 지키라는 게 다수였다."

그는 정보학교장으로 남아 있다가 김형욱 부장 시대를 맞았다.

JP는 박정희 의장을 위해 기꺼이 탄알받이 역할을 감내했다.

구 정객들을 정치정화법으로 묶어 놓고, 육상경기로 치면 부정 스타트를 한 '공화당 사전 조직' 비난, 그리고 정치자금 조달 과정에서의 의혹 사건을 뒤집어쓰고 자의 반 타의 반 외유에 나섰다.

2월25일 JP는 순회대사 자격으로 동남아·유럽을 향해 떠났다.

이튿날인 63년 2월26일 '속죄양' JP의 희생을 딛고 공화당은 창당되었다. 민주공화당 18년사의 출발은 이처럼 우여곡절의 연속이었다.

아니나 다를까. 김재춘은 부임하자마자 타도 JP를 겨냥한 고삐를 당겼다. 이른바 4대 의혹 사건 수사였다.

공화당 창당 자금 위한 4대 의혹 사건

취임 보름 만인 3월6일 벌써 중간수사 발표를 통해 강성원(정보부 행정관), 정지원(정보부 관리실장), 유원식(최고위원), 천병규(전 재무부장관), 권병호(농협부회장), 서동재(증권거래소 이사장), 윤응상(영화증권 회장), 등을 구속수사 중이라고 밝혔다. '타도 JP계'의 기치였다.

JP의 공화당을 잡기 위해 김재춘 부장은 그 창당과정의 자금줄이 된 증권파동(62년 4월 발생)을 파헤쳤던 것이다.

김재춘 정보부는 증권파동 이외에도 워커힐 사건, 회전당구 사건, 새나라 자동차 사건 등이 공화당 창당 돈줄과 이어진 4대 의혹 사건이라고 규

김재춘 제3대 정보부장(왼쪽 끝 박정희 장군 옆)은 4대 의혹 사건 수사로 8기생과 JP계를 견제하고 정보부 내의 차장, 국장, 지부장 31명(대부분 JP계)을 추방했다.

정하고 여론을 리드해 갔다.

그러나 JP 측은 증권파동을 제외하고 나머지는 정쟁으로 부풀려진 것일 뿐이라고 항변한다.

당시 JP 부장 재직 중의 정보부 경제고문 김용태 씨는 "증권파동은 약간 연관이 있었지만 나머지는 조사 자체가 흐지부지됐듯이 과장된 의혹일 뿐이다"라고 말했다.

JP 자신도 증권파동에 관해 다음과 같이 말한 바 있다.

"증권문제는 여러 가지 인과관계가 있었던 것 같습니다. 그러니까 증권에 관한 한 나에게도 책임이 있습니다. 내가 듣기엔 증권가를 활성화시키기 위해 출발한 걸로 압니다. 거기서 돈을 번 사람이 어느 정도 기증을 했는지 내용은 모르지만, 그것을 위해서 증권에 관여한 건 아닙니다. 거기에 관여한 사람들이 처음엔 의심스럽기도 했고. 이런 걸 국가기관에서 관여해도 되느냐 하고 반대했지만, 그걸 연구한 사람들은 이걸로 증권계 활성화의 계기를 만들어주는 거니 괜찮다고 해서 그렇게 된 겁니다. 또 그런 과정에서 전혀 불미스런 일이 없었다고 보진 않습니다. 어떻든 누가 그것에 관여했던 허가한 건 나니까 퍽 책임을 느낍니다."

어쨌든 김재춘 부장의 JP계 제거 의혹 사건 집도에도 불구하고 남산 저변에는 JP세가 뿌리깊게 박혀 있었다. 그러나 김재춘 부장은 "말썽 많은 JP의 공화당을 대신해 범국민정당을 만들어야 한다"고 박 의장을 움직여 나갔다.

63년 4월8일 박 의장은 "자유 민주 세력이 뭉친 범국민적 정당이 필요하다" 구상을 밝혔다. 김재춘이 구상하는 자민당에 기우는 듯한 인상이었다. 박 의장은 '범당'을 구체화시킬 정책소위원회라는 데에도 강경파(JP계) 김홍길(金洪吉) 라인의 김형욱, 홍종철, **길재호**를, 온건파(김재춘계) 유유박(柳柳朴) 라인의 유양수를 소위원장으로 하고 **유병현**, 박태준을 넣었다. 겉으로 보기에 박 의장은 분명히 김재춘 정보부의 지원하에 새 정당 자민당을 만들 결심을 굳힌 듯했다.

JP 시대는 가고 김재춘의 시대가 오는 듯했다.

그러나 63년 6월27일의 증권파동 관련자 무죄(강성원, 윤응상 제외) 판결은 묘하게도 JP와 8기에게 타격을 준 게 아니라 김재춘에게 '부비 트랩'이 되었다.

김재춘이 '사랑하고 옹호'해온 반JP 성격의 육사 11기들이 이것을 문제 삼아 JP계를 제거하는 친위쿠데타를 시도하다 되감긴 것이다.

그 책임을 지고 김재춘은 7월13일 물러나야 했다. 취임 다섯 달 만의 해임이었다.

육사 11기, "JP계 40명 잡아 가둔다"

80, 90년대 전두환, 노태우 정권의 탄생과 비밀은 5·16 직후의 최고회의 시절까지 거슬러올라간다.

63년 박정희 장군을 둘러싸고 김종필계와 김재춘 정보부장, 정승화 방첩대장, 정보부소속 전두환 소령, 방첩대소속 노태우 대위가 실연(實演)한 친위쿠데타 음모는 실로 기막힌 각본의 드라마와도 같다.

우연과 운명의 파도가 부딪쳐 거품처럼 꺼지고 십수 년 후의 복선(伏線)을 깔아두는 이런 역사는 신(神)이 꾸미는 것일까.

박정희 소장은 육사 8기생들의 '계획'과 5기생들의 병력 동원으로 쿠데타에 성공했다. 그러나 주체 세력의 내분으로 골머리를 앓았다. 내분은 '남과 북' 그리고 '장군과 영관'들의 대립으로 나타났다. 이남 출신 장교와 이북 출신의 밥그릇 자리다툼은 끊임없이 불화를 낳았다. 또 거사에 성공했다고 하늘 높은 줄 모르고 우쭐해하는 대령·중령들, 그들이 장군들의 눈엔 버릇없고 위계 모르는 철부지들로만 비쳐지는 것이다.

5·16 주체 K씨의 증언을 들어보자.

"남북의 대립은 이남 출신 특히 영남 인맥의 승리로 정리되어 갔다. 묘하게도 이북 출신 강영훈 장군 등은 5·16에 반대하다 제거되었고 장도영 육참총장처럼 이북 출신으로 혁명에 얹히거나 가담해 초기에는 실세로 있던 사람들도 나중엔 밀리게 되었다. 5기 중심의 장군 지휘관들도 북군의 리더인 장도영 체포 사건을 계기로 8기 영관들에게 밀려났다. 그것은 물론 박정희 최고회의 의장의 결단이었다. 그래서 JP나 김홍길 라인(김형욱, 홍종철, 길재호)의 8기 시대가 오게 됐다. 그런데 박 의장은 8기 세력이 커지자 그들보다 더 어려 믿을만하고 4년제 육사를 마친 영남 출신 중심의 11기

55년 소위 임관 직후 1관구 참모장 김재춘 대령과 함께 찍은 사진. 왼쪽 끝 담배를 물고 있는 노태우 소위, 그리고 그 옆은 손영길 소위.

몇 명을 충복처럼 귀여워하게 된 것이다."

그 무렵 국가재건최고회의 주변에 장차 이 나라 '80년대'를 휘어잡을 육사 11기 청년장교들이 모여들었다.

최고회의에 근무하던 소령 **손영길**(준장예편), **최성택**(중장예편·유개공 이사장), 대위 노정기(소장예편·필리핀 대사)를 비롯, 중앙정보부 소속으로 소령 전두환(대장예편·11, 12대 대통령), **김복동**(중장예편·제14대 의원), 대위 **권익현**(전 민정당 대표위원), 권갑용(대령시절 수경사 30대대장), 그리고 육군방첩대 소속으로 대위 **노태우**(13대 대통령) 등이 있었다.

그때 대위 **정호용**(대장예편·전 국방장관·14대 의원)은 공보처 소속으로 있었고 대위 김식(소장예편·전 농림수산부장관)도 최고회의 주변을 맴돌았다.

11기 조사한 방첩대장 정승화의 운명

이들은 한결같이 최고권력자 박정희의 총애를 자처했다. 그런 자부심으로 오성회니 칠성회를 만들어 스스로 용성(勇星·전두환), 관성(冠星·노태우), 여성(黎星·김복동), 혜성(彗星·최성택) 등으로 부르기도 했다.

소령 대위 시절부터 이들은 정치지향성을 보였다. 초급 장교로서 그들은 아래가 위를 치받는 하극상을 보며 자랐고 부정부패, 이권, 정치자금 말썽을 현장에서 지켜보았다.

벌써 쿠데타도 음모했다. 이 그룹은 63년 7월 6일 공화당 요인 40여 명을 제거, 박정희 의장의 정치기반을 굳히는 친위쿠데타를 시도했던 것이다.

79년대 12·12가 일어나기 무려 16년 전에 벌어진 이 사건은 실로 중대한 시사를 던져 주는 것이었다. 그러나 누구도 '11기 집권'을 예고하는 전주곡임을 알진 못했다.

공교롭게도 이 친위쿠데타 주동자를 조사한 인물은 방첩대장 **정승화**였다. 그는 "맹랑한 짓"(정씨 표현이다)을 하던 바로 그 인물들에 의해 16년 뒤 붙잡히고 대장 계급장이 떼인 채 감옥살이를 하게 된다.

사건의 시작과 끝을 필자가 입수한 당시 수사 기록, 정승화의 직접 증언, 그리고 정보부장 김재춘의 증언, 그가 써 놓은 회고 기록을 바탕으로 알아보자.

63년 6월 말경 박 의장의 전속 부관으로 있는 손영길 소령과 육군방첩대 노태우 대위가 정보부장 김재춘을 찾아와서 말했다.

"몇몇 동지들과 함께 의분을 참을 수 없어 JP 주변의 4대 의혹 관련자와 부패분자들을 우리 손으로 제거해 버리자는 이야기를 했는데 어떻게 생각하십니까?"

김재춘은 그들 11기가 자부심으로 뭉쳐 있고 중정의 전두환, 김복동, 권익현 등과도 잘 통하고 있다는 것을 알고 있었다. 그리고 무엇보다 김재춘 자신이 JP와 8기를 겨냥해 증권파동을 비롯한 4대 의혹 사건을 파헤쳤으나 무죄가 나버려 정작 울분에 차 있는 것은 그 자신이기도 했다. 영리하고 젊은 11기도 JP와 김재춘의 그런 역학관계를 알고 찾아온 것이 분명했다.

그렇다고 청년 장교들에게 동조하는 것도 경솔한 일이었다.

"귀관들의 울분에 대해서 나도 이해는 하지만 그렇게 하면 일종의 쿠데타가 되는 것이 아니겠나. 국민의 여론도 있고 하니 무슨 조치가 내려지기를 기다려 보기로 하지. 모든 결정권은 오직 박정희 의장만이 가지고 있다는 것을 명심해."

이렇게 진정시키고 그날은 돌려보냈다. 그런데 7월 초에 또 찾아왔다. 김재춘은 단호하게 말했다.

"4월에 있었던 군의 일부 쿠데타 사건을 기억해. 정 그러면 나도 너희를 잡아넣을 수밖에…"라며 그들을 다시 돌려보냈다.

전·노는 왜 JP계 40명을 가두려했나

11기는 왜 끓고 있었는가.

김용태(전 의원 5·16쿠데타의 민간인 참여자)는 기억한다.

"전두환 소령 등은 최고회의 시절 한남동 우리집에 와서 술도 먹고 가고 그 동기들도 자주 다녀가곤 했다. 전두환은 그때도 꼭 술병이라도 하나씩 들고 가는 습성이 있어 기억에 남는다. 나중에 12·12가 나고는 나와 가족들을 잡아넣고 재산을 송두리째 빼앗아 갔다. 5·16 후 경례 붙이고 드나들던 장교가 십수 년 동안 자라서 80년에 5·17을 일으켰던 것이다. 지금 생각해 보면 그들은 혁명 주체 8기와 나이 차이가 별로 나지 않았다. 그리고 정규 육사라는 자부심으로 가득 차 있기도 했다. 그런데 몇 살 차이 안 나는 혁명 주체 중에 최고위원도 있고 벼락출세도 하는데 정규 육사 출신은 상대적으로 진급 혜택이 돌아오지 않았다."

63년 11기 소령이라야 전두환, 김복동, 손영길, 최성택 등 네 명 정도였다. 노태우를 포함해 모두 대위였다.

87년 전두환 대통령이 국군의 날 기념식에서 손을 흔들고 있다. 옆에 선 정호용 국방장관은 전대통령과 육사 11기 동기생으로 63년 7·6거사에 반대했다.

게다가 승승장구 세도가 커가는 박종규는 기록상 30년생, 차지철은 34년으로 11기 동년배거나 차지철은 오히려 동생뻘이었다. 연감을 보면 전두환 31년생(그는 만주에서 돌아와 학교 진학이 늦어졌고, 그보다도 두 살 정도 많다고 한다), 노태우 32년생, 권익현 34년생으로 나타나 있다.

기실 김재춘도 27년생, 김종필도 26년생으로 별반 나이 차이가 나지 않았다. 63년 들어 4년제 정규 육사 출신 장교들은 왜 홀대하느냐고 불평하는 일이 잦아졌다. 진급 불만을 이야기하고 3군 사관생도 체육대회에 대한 보급지원에 반발하던 이들은 6월27일 증권파동 피고인 10명에게 무죄판결이 내려지자 계기를 잡은 것이었다.

최고회의, 중앙정보부, 육군방첩대 등에 배속된 소령과 대위급 장교들이 "가만히 두고 볼 수 없다"고 구체적인 거사 계획을 논의하였다.

이러한 불평이 공식적으로 표면화된 것은 7월2일 서울예식장에서 열린 육사 동창회 모임에서였다. 150여 명이 모인 이날 동창회에 제기된 안건은 표면상 ①3군 사관학교 체육대회 급식비 보조, ②육사 출신 장교의 진급을 위한 연구서 작성 등이었다.

토의 과정에서 여러 가지 불평과 불만이 폭발하였다. 3군 사관학교 체육대회에 대한 급식비 보조가 형편없다는 것과 육사 출신 장교들이 승진에 불이익을 받는다는 등의 불만이었다.

동창회 이름으로 시정을 건의하기로 결의하였다. 뒤이어 마음이 맞는 육사 11기 출신 대위 4명이 동창회장 노태우 집으로 가서 술자리를 벌이고 구체적인 거사 모의를 하였다. 노 대위 집에 모인 장교들은 정호용, 김식, 노정기 등이었다.

다음 날인 7월3일 동창회 운영위원회를 역시 서울예식장에서 열었는데 이 모임에는 12명이 참석했다. 여기서는 전날 논의된 3군 사관학교 체육대회 급식 보조건과 임원회 활동보고 등을 하면서 노태우 회장이 말했다.

"시국도 불안한데 군 장교들은 자중하고 최고회의에 낼 건의사항을 동창회 이름으로 보낼 것이 아니라 최고회의 비서실의 손영길 소령을 통해서 전달하는 것이 좋겠다."

이것은 양동(陽動) 작전이기도 했다.

정호용·김식은 왜 쿠데타 음모 알렸나

한편으로는 거사 계획을 구체화하기 위한 모임이 분산 진행되어 디데이 H아워를 7월6일 2시로 정하고 제거 대상자를 공화당 사전 조직의 핵심 등으로 결정하였다. 그리고 거사 행동대원의 활동을 식별하기 위하여 상하다른 색 복장을 착용하도록 약속했다. 그러나 수사기록을 보면 이 모임에 참석했던 정호용, 김식 두 장교는 이 사실을 친분이 있는 김용건 대령에게 말했다.

김 대령은 농협의 기획관으로 파견되어 있었는데 이 정보를 듣고 정보부 감찰실장 전재덕 대령(79년 정보부2차장)을 찾아갔다.

"11기 출신 장교들이 대단한 일을 꾸미고 있다는데 알고 있나?"

전 대령은 상대도 하지 않았다. 마음이 다급해진 김 대령은 같은 농협 감독관으로 파견되어 있는 김기봉 대령에게 그러한 내용의 정보를 주었다.

두 김 대령은 의논한 끝에 각각 최고회의와 공화당 간부에게 정보를 알려 주기로 하였다.

11기 장교들이 "공화당과 자민당(김재춘 정보부장 주축)의 합작을 반대하는 JP계 최고위원 및 공화당 요인들 때문에 박 의장이 곤란을 당하고 있으므로 제거해버린다"는 계획을 세우고 있다는 건 보통 일이 아니었다.

7월5일 김기봉 대령은 공화당 조직부장 김우경(金遇敬·6, 7대 의원)에게 정보를 전해주었고 김용건 대령은 최고회의 길재호에게 알려주었다.

한편 김우경은 이보다 앞서 7월4일에 김용태로부터 같은 내용의 정보를 입수하고 대책을 마련하기 위해 분주하게 뛰었다.

그가 입수한 루트는 달랐다. 7월2일 육사 동창회에 참석한 12기 윤영엽(72년 중령예편·외무부 대사 지냄)이 수상하게 돌아가는 분위기를 분석한 결과 일부 장교들의 불평과 불만이 대단하였으나 대부분 동조하지 않는 것을 보고 평소에 친분이 있는 김용태에게 알릴까 말까 이틀 동안 망설이다가 제보를 했던 것이다.

김용태는 4일 저녁 9시, 김우경이 투숙하고 있는 신도호텔(충무로 2가 파출소 옆)로 찾아가서 윤이 전해준 정보를 제공하였다. 이때 김우경과 함께 있던 8기 김동환, 신윤창, 오학진(吳學鎭·4선의원) 등은 모두 어안이 벙벙했다.

사실 여부를 따져보기 전에 그 정보 자체가 커다란 충격을 안겨 주었다. 그날 밤 11시에 윤영엽이 직접 김우경을 찾아와서 같은 정보를 제공하였다.

3대 부장 김재춘, 11기 감싸다 물러나다

박정희 의장은 63년 7월 태풍 셜리로 인한 수해지구를 돌아보기 위해 서울을 떠나면서 김재춘 정보부장도 수행하라고 했다. 7월 초에 출발하여 남원, 사천, 진주를 거쳐 진해에 도착한 것이 7월5일이었다. 박정희 의장은 진해 대통령 별장에 묵었고 수행원 일행은 해군통제부 영빈관에 투숙했다.

그런데 자정이 막 지나서 김재춘에게 긴급 전화가 걸려 왔다. 정보부 이상무(李相武) 국장이었다.

"사건이 벌어졌습니다. 정보부에서 공화당 요인 40명을 체포하려 한다고 해서 치안국에 초비상이 걸렸습니다."

이 국장의 보고 내용은 다음과 같은 것이었다.

"육사 11기 출신 장교들이 중심이 되어 공화당 사전조직 요원과 4대 의혹 사건과 관련된 요인, 그리고 최고회의 파견요인 중 부정부패의 표본이라고 할 수 있는 40명을 일제히 색출하여 처단하려는 음모가 발각되어 치안국과 정보부가 초긴장상태로 대치 중."

인원은 파악할 수 없으나 정보부 장교들이 개입되어 있다는데 속히 상경해서 처리해 달라는 이야기였다. 치안국 **구자춘**(具滋春) 정보과장(내무장관·13, 14대의원), 서울시경 정우식 경찰국장이 진두지휘하고 있다는 사실도 알려 왔다. 김용태, 김우경 등이 7월5일 김기봉에게서 사실을 확인한 후에 치안국과 서울시경에 알리고 대책을 세우도록 요구한 것이었다. 그날 밤 치안국과 시경에 비상소집이 내리고 중앙정보부의 동향을 면밀히 감시하도록 긴급 시달한 것이다.

김재춘은 즉각 박정희 의장에게 이 사실을 보고하고 비행기 편으로 급거 상경하였다. 박 의장도 놀라 모든 일정을 취소하고 서울로 돌아왔다.

최고회의 긴급회의가 소집되고 박정희 의장은 민기식 참모총장과 정승화 방첩부대장에게 긴급 수사에 착수하라고 명령하였다. 김회덕 재경위원장이 주장했다.

"중앙정보부 장교들이 모의한 사건을 중앙정보부에서 다룬다는 것은 사건처리의 공정을 기할 수 없다."

그래서 방첩부대에서 조사하도록 조치되었다.

김재춘 부장은 정승화 방첩부대장(鄭昇和·79년 육참총장)과 수사 회의를 하는 자리에서 "손영길 소령과 노태우 대위가 찾아와서 울분을 터뜨리고 간 사실이 있었다"라고 이야기했다.

"혈기왕성하고 정의감 넘치는 청년 장교들이 일시적인 판단 착오로 어떠한 거사 계획을 이야기했다고 해서 입건 처벌한다는 것은 조급한 결정이라고 생각해. 그들이 모여서 어떠한 모의를 하였다고 해도 구체적으로 거사하기 위한 작업을 진행시킨 것은 없다. 사전에 발각되어 이 정도로 끝난 것만으로 다행하게 생각한다. 이제 그만 덮어두는 것이 좋을 것이다."

이렇게 해서 7·6거사에 대한 수사가 마무리되었다. "입건하지 않는 것이 좋겠다"는 의견을 붙여 박정희 의장에게 보고되었다.

그런데 며칠 후 김재춘이 박 의장의 부름을 받고 의장실로 들어갔다.

"김 장군."

박 의장은 심각한 표정으로 방첩대에서 올린 〈7·6거사설에 대한 진상〉

이라는 조사서 도표에 나와 있는 전두환, 노태우 등 장교 명단에 붉은 색 연필로 동그라미를 크게 그리며 '요 구속'(要 拘束)이라고 적었다. 수갑을 채우라는 의미였다.

깜짝 놀란 김재춘이 물었다.

"그 사건은 이미 종결되어 입건하지 않기로 결정된 것으로 알고 있는데 왜 다시 입건 구속하라고 하십니까? 저는 그 의견에 반대합니다. 젊은 혈기에 두려울 것이 없는 그들을 구속하고 공개 재판에 회부하게 되면 일이 복잡해집니다."

박 의장은 버럭 화를 내고 소리쳤다.

"반대라니? 이 사람 내가 하는 일은 왜 모두 반대야? 그 반대하는 이유가 도대체 무엇인가?"

"말씀하신 7·6거사설은 글자 그대로 거사설에 불과합니다. 진술 조서에도 있지만 그들은 하나도 행동에 옮긴 것이 없습니다. 지금 밖에서는 4대 의혹 사건이 부당하게 처리되었다고 정치인과 언론 기관에서 벌집 쑤셔놓은 듯 야단들인데 공판정에 나온 청년 장교들이 입을 모아 그들의 불만을 터뜨리게 되면 또 한 번 떠들썩해지고 혁명정부 시책을 비판하는 소리가 시끄러울 텐데 어떻게 감당하시겠습니까? 잠잠하게 수습될 수 있는 일을 건드려 시끄럽게 만들 필요는 없다고 생각합니다."

박 의장의 말이 훨씬 부드러워졌다.

"김 부장의 말에도 일리가 있지만 최고회의 내부 사정이 복잡해지고 있어. 혁명 주체 세력 대부분이 그들을 처단해야 한다고 야단들이니 나로서도 어쩔 수가 없지 않아. 그리고 이것은 원칙대로 엄격히 따져야 해! 위계질서를 무너뜨리는 하극상 사건이야."

"하극상이라면 민주당 정권 당시 우리 장교들도 저지르지 않았습니까?

일사부재리 원칙에 따라 덮어두시는 것이 현명한 처리 방법이라고 생각합니다."

이 대목에서 정승화 당시 방첩대장의 91년 증언은 당시 파워게임의 실상을 알게 해준다. 정승화 씨의 증언.

"전후 사정을 조사해 보니 그다지 치밀한 음모는 아니었다. 그러나 순수해야 할 청년 군인들이 기도하거나 꿈꾸어서는 안 될 일인 것도 분명했다. 당시 최고회의 내부의 공화당 창당(JP계) 그룹은 이 사건을 중대음모라 했고 김재춘씨 등(자민당 추진계)은 별거 아니라고 했다."

박 의장은 묵묵히 담배만 피우며 창가를 바라보고 있었다. 김재춘은 마음속으로 결심한 바가 있어서 이 기회에 아주 말해버리기로 했다.

"제가 각하의 명을 받들어 중앙정보부장에 취임하여 오늘까지 각하를 보필하여 왔으나 이제는 여러 가지로 제가 거북스러운 존재라고 느끼는 사람들이 많은 것 같습니다. 당초 4대 의혹 사건을 수사할 때와는 이제 사정이 많이 달라졌습니다. 저로서는 모든 증거를 갖추어 기소 의견을 붙여서 검찰에 넘겼는데 관련 피의자 전원이 무죄 석방되었으니 저로서는 체면이 서지 않습니다. 이제 노태우, 손영길이 동기생들을 문제 삼지 않겠다고 하신다면 제가 책임지고 설득하여 부작용이 일어나지 않도록 하겠습니다. 그리고 저의 사의를 받아들여 주시기 바랍니다."

3일 후에 다시 박 의장의 부름을 받았다.

"김 부장 정말로 그만둘 생각이오?"

"네, 그렇습니다."

"그렇다면 후임자는 누가 좋겠소. **장경순** 장군(張坰淳·나중에 공화당 사무총장, 국회 부의장 지냄) 어때요?"

"각하의 뜻이라면 좋은 분이지요."

김재춘은 중앙정보부로 돌아왔다. 그리고 사무 인계 준비를 지시하였다. 다음 날 다시 박 의장이 불렀다.

의장실로 들어가니 박 의장이 자리를 권했다.

"김 장군, 좀 앉으시오. 그런데 아무래도 장경순 장군보다 **김형욱**에게 맡기는 게 좋을 것 같아 그렇게 결정했는데 어떻겠어요?"

김재춘은 깜짝 놀라 말했다. 김형욱은 강경한 8기였다.

"김형욱이요? 그 사람 큰일 저지를 사람입니다. 같은 최고위원끼리 다툴 때 보면 수류탄을 꺼내 안전핀을 뽑고 너 죽고 나 죽자면서 막 가는 사람입니다. 다시 재고해주시지요."

"그러나 이미 결정을 하고 본인에게 통고를 했으니 어쩔 수 없소."

김형욱에게 중앙정보부 사무인계를 마친 김재춘은 그날로 짐을 꾸렸다.

김재춘은 무임소장관 발령을 받아 다음 날부터 장관실에 출근하였다. 박 의장은 11기 주동의 이 친위쿠데타를 다시 눈감아 주었다. 사건은 그대로 덮어둔 채 베일 속에 가리워져 기록에조차 남겨지지 않은 사건으로 처리되었다.

김재춘은 한 달 뒤 송요찬, 김준연 등과 손잡고 자민당을 만들기 위해 나갔다. 박 의장 및 공화당과 결별선언이었다. 그러나 나중에 자민당은 무력화되었다.

| 제3장 |

대통령의 칼, 김형욱 정보부

뚝심의 '돈까스', 남산 공화국 재편

제4대 중앙정보부장은 김형욱이었다. 79년 프랑스 파리에서 증발해 지금까지 살아 있는지 죽었는지조차 '확정'되지 않은 인물. 누군가에 의해 영원히 '제거'됐을 것이라는 추측만 남긴 김형욱의 운명은 박정희 정권의 영욕을 상징하는 듯하다. 김형욱의 별명은 '뚝심의 돈까스'였다. 이 별명은 남재희 정치부 기자가 지어준 것이다.

육군중령으로 5·16 쿠데타 주체로 피어오른 그의 삶은 63년 7월 중정 부장으로 올라 3선 개헌이 마무리되는 69년 10월까지 3공 정권의 중심축에 해당한다.

그러나 이른바 10월유신 이후 그가 휘둘렀던 권력, 주물렀던 기밀의 다른 한쪽 칼날이 그를 되 찔렀다. 끝내는 미국으로 달아나서 박 정권을 매도하는 증언과 회고록 집필로 유신정권에 결정타를 치게 되고 몰락의 길을 재촉했다.

그것도 운명이었을까. 그가 54세 나이로 '영원한 실종'을 맞이한 79년 10월, 박정권도 김재규의 10·26 총성과 함께 종언을 고했다.

그로부터 10여 년 뒤 김씨의 부인 신영순(申英順·31년생·미국 거주)이 90년 서울 가정법원에 법률상의 실종선고를 청구해 그의 죽음은 법적으로 완성됐다. 아직껏 '사신'(死神)의 그림자조차 드러나지 않은 가운데….

63년 그가 중정 부장이 된 것은 김종필 초대부장과 함께 육사 8기 그룹의 핵심이 밀었기 때문이다.

김형욱 정보부장 기용에 대해 김재춘은 반대했다. 물론 JP가 김형욱을 통해 힘을 얻게 되고 8기 그룹이 김재춘 자신에게 보복을 할 것이라는 우려도 있었다.

박 의장은 끝내 김형욱을 부장으로 앉혔다. 앉히기만 한 게 아니고 김재춘이 반대하더라는 얘기까지 해버렸다. "그 바람에 김형욱으로부터 혹독한 대접을 받았다"고 김재춘은 토로한다.

김형욱이 미국에서 회고록을 구술하면서 "김재춘이 박병권(朴炳權) 장군의 운전사 출신"이라고 깎아내린 것도 박 의장의 '이간질' 탓인 것 같다고 김재춘은 짐작하고 있다. 이 부분은 나중에 출판된 개정판에서 정정됐다.

김형욱 부장은 비록 8기 JP라인이었지만 권력의 칼을 쥐게 되자 JP의 하수인이 되기를 거부했다. 그는 박 의장과의 직거래로 신뢰를 구축했다. 가령 박의장 직계 **신직수**(7대 정보부장)를 차장으로 기용했다. 신씨는 박 의장이 5사단장일 때 법무관으로 보좌한 뒤 그 인연으로 최고회의의장 법률고문으로 일하고 있었다.

신직수를 끌어들임으로써 박의장의 뜻대로라고 외면하지 않고 중정을 끌고 나가겠다는 결의를 보인 것이었다.

그러면서 JP계 이병희(李秉禧·당시 서울분실장을 하다 김재춘에 의해 해임돼 있었다)의 중정 재진입을 허용하지 않았다. 그리하여 구성된 실·국장급은 다음과 같다.

제4대 정보부장 김형욱. 그는 부임 직후부터 남산간부 중 김재춘 JP계열을 잘라내고 자기 세력을 심는 뚝심을 보였다.

감찰실장 박승권(육사 9기), 부장비서실장 이상익(육사11기), 제1국장(해외공작) 이철희(육사 2기), 제2국장(해외정보) 윤일균(공군준장), 제3국장(국내정보) 김영민(육사8기), 제5국장(수사담당) 김세배(검사 출신), 제6국장(총무담당) 민찬식.

그리고 곧 JP와 통하는 감찰실장 박승권과 역시 JP직계 윤일균 제2국장도 해임해 버리는 등 독자적인 기반을 닦았다.

윤일균 해임은 과연 김형욱 스타일이었다. 63년 말 정보부장은 김형욱이었으나 정보부로 들어오는 한일국교정상화 관련 파우치의 수신인은 여전히 JP로 돼 있었다.

해외정보담당 2국장 윤일균은 그 파우치를 청구동 JP에게 직접 전달했다. 그걸 알게 된 김형욱은 노발대발, "김종필이 꼬붕이나 하려면 그만두라"고 윤일균을 정보학교장으로 내쫓았다.

64년 3월 김형욱은 다시 윤일균을 불렀다.

"윤 형, 수사국장이나 하지. 몇십 명 조질 일이 있는데 검사 출신 김세배

(金世培)가 못하겠다니 해줘야겠소."
  윤일균이 사람 자르는 일이라면 싫다며 거절하자 김형욱은 말했다.
  "방콕 가서 동남아 책임자나 하지. 정보부 공사자격으로…."
  윤일균은 그때 정보부발전 10개년 계획 성안팀에 속해 있었으므로 그 마스터플랜이 짜여지면 방콕행을 고려해 보겠노라고 했다. 김형욱은 64년 윤일균을 정보부에서 내보냈다.
  63년 10월15일 치러진 제5대 대통령 선거에서 박 의장을 당선시키는 데 김 부장이 이끄는 중정은 큰 몫을 했다. 야당을 분열시키고 김재춘 등이 주축이 된 자민당을 무력화시키는 데 중정이 결정적으로 기여했다.

김형욱·이후락의 김재춘 자민당 분쇄작전

  김형욱 정보부의 자민당 분쇄는 공보실장 이후락과의 합작이었다.
  최고회의 박정희 의장의 공화당 입당과 대통령후보 출마가 확실시되고 있는 가운데 63년 8월8일 동아일보 광고에 전 내각수반 송요찬이 박정희 의장에게 보내는 공개장이 실렸다.
  '군인은 국방에만 전념해야 한다. 부패도 밉지만 독재는 더욱 나쁘다. 나라의 주인은 국민이며, 나 아니면 안 된다는 사고방식은 위험하고, 영웅을 억지로 만들려고 하는 모든 공작과 부자연스런 존경은 버려야 한다. 박정희 의장은 물러서는 것이 애국하는 길이다.'
  박 의장을 비롯한 5·16 주체 세력에 대한 도전장이나 다름없었다. 장도영 총장 체포 이후 주체 세력의 얼굴이 돼온 송의 도전은 충격적인 것이었다.
  이 공개장에 대해 최고회의 이후락 공보실장은 "송요찬이 내각 수반으로 재직할 때 군정을 10년 정도 연장하라는 말과는 딴판이다. 3·15부정선거 관련자였던 그가 공개장을 내는 데 양심의 가책을 받지 않았는지 모르겠다"고 비난했다.

박정희 의장은 물론 주체들이 분노했고 곧 정보부가 나섰다.

송요찬은 공개장이 발표된 3일 후인 63년 8월11일 오후 1시30분 살인 및 살인교사혐의로 구속되었다. 살인혐의는 6·25 당시 명령불복종으로 부하인 조영구 중령을 즉결 사살한 사건이었고, 살인미수는 경무대 앞 발포사건 관련 혐의.

정보부장 김형욱은 송요찬이 모종의 중대사건으로 입건 구속되었다고 밝혔다. 김형욱은 기자회견을 통해 "송요찬에 대한 피해자로부터의 진정이 있었기 때문에 이를 신중히 검토한 결과 혐의가 있어 구속한 것"이라고 말했다. 그는 특히 송요찬의 구속이 박 의장에게 보내는 공개장 등 송요찬의 정치적 행각과는 하등의 관련이 없다는 점을 강조했다.

송요찬 사건의 재판장은 김계원

군법회의로 넘어간 송요찬은 63년 9월4일 육본 보통군법회의 재판장 **김계원** 중장(5대 정보부장)이 발부한 구속영장에 의해 서울 마포교도소에 수감되었다.

63년 9월15일 마감한 대통령후보에서 송요찬은 기호 2번의 자민당 후보로 옥중출마, 선거 초반전부터 주요 이슈로 등장했다.

대통령 선거에 영향을 줄 것을 우려한 당국은 송요찬에 대한 재판을 열지 않았는데, 선거를 8일 앞둔 63년 10월7일 송요찬은 대통령후보를 사퇴했다.

당시 모든 공작은 김형욱 정보부와 공보실장 이후락에 의한 것이었다고 김재춘 씨는 말한다.

60년대 후반을 주름잡은 김형욱 정보부장(왼쪽)과 이후락 비서실장. 그들은 63년 김재춘과 자민당을 제압할 때부터 힘을 모아 박정희 장군에게 충성을 다했다.

"나는 63년 7월 정보부장을 김형욱에게 넘겨주고 무임소장관이 되었으나 8월 들어 박 의장과의 결별을 선언하고 자민당 최고위원이 되었다.

나는 정보부의 미행과 감시를 피해 숨어 다니며 자민당 동지들과 일하려는데 신문기자들의 눈에 띄게 되고 그 바람에 정보부 전모 국장, 이후락 공보실장 등이 들이닥쳐 결국 박의장에게 끌려가다시피 해서 갔다.

박 의장은 자민당에서 손을 떼라는 것이었다. 나는 오히려 구속된 송요찬 장군이나 풀어달라고 했다. 박 의장은 화를 내면서 '앞으로 어떤 일이 일어나도 나는 책임질 수 없다. 외국으로 나가라'는 것이었다. 결국은 이후락씨와 정보부 입회하에 기자회견을 하고 외국으로 쫓겨났다."

김형욱도 그의 회고록에서 밝혔다.

"김재춘이 그의 정치적 명운을 걸고 추진한 자민당이라는 범탕(汎湯)은 이후락과 나의 정보부에 의해 무산되었다"고 했다.

박정희 의장이 윤보선 후보를 누르고 당선된 후 송요찬은 63년 11월2일 옥중에서 자민당 탈당성명을 통해 "본인은 앞으로 일체 정치에 관여하지 않겠으며 민의에 의해 대통령으로 당선된 박정희 의장을 지지하고 정국의 안정을 위해 노력하겠다"고 발표했다. 이후 11월11일 육본 보통군법회의 김계원 재판장은 송요찬에게 병보석 결정을 내려 풀어주었다.

한일협정 반대 6·3사태와 비극의 인혁당

64년 8월 김형욱 정보부는 이른바 인혁당(人革黨) 사건을 발표했다.

도예종(都禮鍾)을 비롯한 혁신계 인사, 언론인, 교수, 학생 등 41명을 국가보안법위반 등의 혐의로 구속했다.

발표는 "인혁당이 북괴의 지령을 받고 정부전복을 기도할 목적으로 북괴 노선에 동조, 적극적인 방법으로 각계 인사를 포섭, 당 조직을 확장하려다 발각됐다"는 내용. 그러나 서울지검 공안부의 이용훈(李容薰) 부장검사(뒷날 민정당 전국구 의원) 등은 증거가 충분치 않다는 이유로 불기소 의견을 냈다.

김 부장 등의 기소압력이 거세지자 이 부장검사 등은 사표를 내버렸다. 이 부장검사와 여운상(呂運尙) 검사의 사표가 수리되고 인혁당 관련자들은 정명래 검사(뒤에 중정제5국 부국장)에 의해 기소됐다. 일부 혐의는 공소취하를 하고 공소장을 변경하는 등 중정 수사의 우격다짐과 허점이 드러났다. 그것은 1심 재판에서 2명만 유죄가 나고 전원 무죄판결이 난데서도 여실히 드러났다.

인혁당 사건은 중정의 무더기 구속, 공안검사 사표, 검찰의 고문파문 등으로 당시 국회에서까지 정치 문제로 비화됐다.

김형욱은 그의 회고록에서 무리한 수사였음을 실토했다. 그러면서도 부하들에게 책임을 전가하고 오히려 기소를 외면한 검사들을 치켜세웠다.

74년 유신정권은 이른바 '인혁당 재건위' 8명을 지목, 재판을 거쳐 75년 모두 교수형에 처했다. 사진은 64년 1차 인혁당 사건 공판 장면(오른쪽 맨 끝 키 작은 이가 도예종).

"인혁당 사건은 내가 중앙정보부장으로 재직했던 7년 동안 가장 곤란하고 다루기 어려운 사건이었다. 그러나 내가 그들의 용공활동(容共活動) 혐의를 완전히 믿지 않았던 것은 아니었다. 다만 심증은 뚜렷하나 물증이 없었던 까닭이었다…

이 인혁당 사건으로 말미암아 제5국장 홍필용과 주무자인 제5국 대공과장 **이용택**은 나에게 문책깨나 당했다. 다른 한편으로는 사표를 내던져 나를 곤란하게 만들기는 했으나 서울지검 공안부 이용훈 부장검사와 여운상 검사의 정의감과 용기를 나는 내심 인정하지 않을 수 없었다. 나는 그들 두 명으로 대표되는, 아직은 살아 있던 검찰의 양심에 판정패를 당한 셈이었다.

그러나 이 사건을 전후하여 나는 나대로 부하를 거느리는 국가안보의 책임자로서 필요한 논공행상을 빠뜨릴 수는 없었다. 정치, 특히 권력행사를 위주로 하는 집권세력의 정치란 대부분의 경우 양심보다 현실에 치중하는 것이니까."(김형욱 회고록)

그러나 인혁당의 비극은 10년 뒤 다시 재연된다. 64년 6·3사태 배후를 캐는 과정에서 비롯된 '인혁당 악령'은 74년 **민청학련**의 배후로 되살아나 8명의 목숨을 앗아갔다.

도예종은 복역을 마친 뒤 유신 이후인 75년 민청학련사건과 병합 심리된 인혁당 사건으로 여정남(呂正男) 등과 사형선고를 받았다. 사형 확정 다음 날도, 여 등은 일거에 교수형에 처해져 국제사면운동 단체를 중심으로 한 국제적인 항의소동을 불렀다.

김형욱 부장의 중정 운영 스타일은 그의 성격만큼이나 저돌적이고 폭력적이었다.

당시 **장기영**(張基榮) 부총리를 정치적으로 제거하기 위해 그의 집무실 캐비닛을 몰래 털어 외화와 귀금속을 적발하기도 했다. 이 감쪽같은 '작전'은 절도사건으로 신문에 보도돼 사회문제화 되고 집무실 관할 종로경찰서 형사들이 곤욕을 치렀다.

당시 형사였던 K씨는 "중정의 짓인 줄 알면서도 철저히 수사하라는 상부의 지시와 여론 사이에서 직업인의 비애를 느꼈다. 나중에 김형욱이 회고록에 그걸 쓰지 않았다면 영구 미제 사건이 됐을 게 아닌가"라고 말했다.

그러나 김 부장의 장기영 축출공작은 물거품이 되고 말았다. 현직 부총리를 부패분자로 사법처리를 할 경우에 불어 닥칠 정권차원의 부담을 피하기 위해 박 대통령은 불문에 부쳤던 것이다.

윤보선 후보 당선되면 사살하라

1960년대 후반 밤과 낮을 가리지 않고 살의(殺意) 번득이는 방첩부대의 테러가 잇따르고 도무지 범인은 그림자도 드러나지 않는 공포정치가 횡행했다.

그 시절 정보부장 김형욱과 방첩부대장 **윤필용**은 분명 공포정치의 연출가였다. 박정희 대통령 개인과 정권의 이해관계가 걸린 사안이면 누구든 가리지 않고 두 기관장은 제도 폭력의 제물로 삼았다. 때로는 개인감정을 건드리는 경우에도 마찬가지였다.

이른바 '혁명 동지'였고 전임 중정 부장이었던 김재춘이든, 집권 공화당의 김종필 당의장이든 가리지 않았다.

심지어 대통령 후보 윤보선(尹潽善)도 저격 대상이 됐음이 오늘날 밝혀지고 있다. 이 나라 재벌의 첫손가락으로 꼽히던 이병철(李秉喆·작고)도, 경향신문 사장이었던 이준구(李俊九)도 김형욱의 서슬을 피할 수가 없었다.

김재춘씨의 증언을 들어보자.

65년 경향신문 이준구 사장은 반공법(反共法) 위반 사건에 연루, 구속된 뒤 김형욱 부장으로부터 신문사를 내놓으라는 압력을 받고 있었다. 이사장은 신문사를 뺏기지 않을 방도를 궁리하던 끝에 김재춘에게 경영권을 넘기기로 결심했다.

김재춘은 김 부장을 비롯한 8기생들 그리고 집권세력의 약점을 포착하고 있을 뿐 아니라, 이때는 저돌적으로 박정권에 대항하는 유력한 5·16 주체 출신이었다. 그래서 방패막이로 삼을 만한 인물로 판단했던 것이다.

그러나 이를 눈치 챈 김형욱은 이사장의 경영권 양도각서를 중간에서 가로채버렸다. 그러자 이 사장의 부인이 김재춘 면담을 요구, 김은 66년 3월

10일 저녁 서울 북아현동 이준구 집에 들렀다. 김재춘이 그 집을 나서니 백태하(白泰夏·뒷날 김형욱 회고록 출판을 둘러싸고 유신정부와 김 사이에서 조정을 맡은 인물) 등 중정 요원들이 그를 미행했다.

김재춘 차가 후암동 자신의 집으로 가는 동안 줄곧 하늘색 새나라 차 한 대가 미행했다. 남대문 로터리 그랜드 호텔 앞에 이르렀을 때 갑자기 새나라 차가 앞을 가로막더니 몇몇이 뛰쳐나와 김에게 못매를 가했다. 김은 이때 방준모(方俊模, 중정감찰실장)의 얼굴을 똑똑히 보았다. 방은 김재춘 부장 시절 4대 의혹 사건을 파기 위해 김용태, 장태화(張太和) 집 수색을 맡았던 인물이기도 했다.

김재춘은 이 무렵 중정 내부에서 사제 폭탄을 제조하기도 했다고 폭로한다.

김형욱 부장은 당시 정권의 눈엣가시처럼 작용하는 김을 없애버리기 위해 최대훈(崔大勳) 중령(요원)으로 하여금 김씨 집 응접실 소파에 폭탄장치를 하도록 지시했다. 이 사실은 최 중령이 김씨에게 울면서 자백함으로써 알게 됐다고 한다. 최 중령은 "김 부장이 김재춘이를 죽이면 보직을 주겠다고 해서… 차마…"라고 실토하더라는 것이다.

테러용 사제 폭탄 제조 사실을 최 중령의 자백으로 알게 된 김씨는 김형욱 부장을 임기 말까지 보좌하다가 70년대에는 미국에서 살다 귀국한 A씨로부터 이를 확인했다. A씨는 '당시 남산에서 폭탄을 만든 게 사실이며 내부에서 잘못 다루다 부상자가 나고 중정이 발칵 뒤집힌 일이 있었다'고 토로하더라는 것이다.

김형욱 부장은 전과자를 고용해 친구이자 당시 공화당 당의장으로 2인자 소리를 듣던 김종필에게도 위해를 가하려 했다.

이는 65년부터 67년 말까지 육군방첩부대(뒷날 확대 개편되어 국군보안사령부)

부대장을 지낸 윤필용 준장이 증언하고 있다.

윤필용은 문제의 전과자가 정보부 눈을 피해 방첩대에 자수, 이 내용을 박 대통령에게도 보고했다는 것이다. 그러나 놀랍게도 박 대통령의 반응은 "종필이가 너를 그렇게 미워한다면 넌들 가만히 있겠느냐"고 오히려 김형욱 부장을 감쌌다고 한다.

윤필용 씨는 1991년 한 기자와의 인터뷰에서 김형욱의 JP 위해 기도와 관련 "박 대통령의 재가 없이 김형욱이 그런 짓을 할 리 있겠느냐"고 말했다. 당시 윤 씨는 그러한 JP 제거 음모가 대통령으로부터 비롯된 것으로 느꼈다는 얘기다.

JP는 육사 8기 동기생이고 역시 박 대통령의 총애를 받던 윤 준장에게 김형욱으로부터 당한 '박해'와 서러움을 하소연하기도 했다.

67년 5월의 대통령 선거를 앞둔 66년 말. 김종필 당의장은 윤 장군을 청구동집으로 불러 털어놓았다.

"나 그만 두겠소. 당의장인 내가 김형욱이한테 도청 당하고 우리집 출입자가 체크되는가 하면 가택수색까지 받았소. 국회의원도 우리집을 드나들면 공천에서 떨어진다고 해요. 사흘간 생각 끝에 결심했어요."

윤 장군이 달래도 JP는 듣지 않았다. 그래서 윤 장군은 청와대로 올라가 박 대통령에게 김 당의장과 김 정보부장 간의 갈등을 보고했다.

그러나 박 대통령은 "종필이는 옹졸해. 남을 포용할 줄 모르고 심지어 윤 장군 자네도 자르라고 해…", "이후락이는 종필이 칭찬도 하는데 종필이는 이후락이 욕만 해"라며 JP를 미워하는 기색이었다고 한다. 그러나 윤 장군은 대통령 선거를 앞두고 당의장을 바꾸면 안 된다고 주장하며 JP를 두둔했다. 결국 박 대통령은 JP의 면담요청을 일정기간 거절해 만나주지 않고 나중에 골프에 초대해서 마음을 풀게 했다고 윤씨는 증언했다.

JP도 김형욱 부장시절의 가택수색과 도청 미행을 시인했다. 그러나 되뇌고 싶지 않은 일이라는 듯 구체적인 언급은 삼간다.

김형욱 부장은 66년 가을 삼성(三星)의 이병철이 한비(韓肥) 건설 명목으로 사카린 밀수파동을 일으켰을 때 막후에서 한비 주식의 반을 국가에 헌납토록 종용했다. 그는 이 내용을 자랑스럽게 회고록에 소개도 했다.

사카린 밀수사건이 나자 김두한(金斗漢) 의원(김을동 새누리당 의원의 부친)은 국무위원석에 분뇨를 뿌리는 소동을 벌였다. 장준하(張俊河)는 박 대통령에게 밀수를 막지 못한 책임이 있고 따라서 박 대통령이 '밀수 왕초'라고 주장하다 명예훼손으로 구속되기도 했다.

김 부장 밑에서 중정 감찰실장을 지내고 지금은 미국에 사는 방준모는 최근《교포신문》에 당시의 윤보선 저격 음모를 털어놓았다.

67년 대통령 선거에서 박 대통령의 재선 전망이 확실하지 않자 김 부장은 방을 불러 "만일 개표결과 윤보선의 당선으로 기울어지면 총으로 쏘아 죽이라"고 지시했다는 것이다.

지시에 따라 방준모는 서울 안국동 윤보선 안방이 내려다보이는 덕성여고 2층에 저격수 1명을 배치했으나 박 대통령이 116만 표나 앞서 당선되는 바람에 내버려두었다는 얘기다.

무슨 이유에서인지 방준모는 얼마 전《교포신문》에 난 '저격음모' 기사를 A(김형욱을 보좌했던 당시 중정간부요원)를 통해 김재춘에게 전했다. 김에게 "방준모를 용서해 달라"는 말과 함께….

윤필용 방첩부대의 '테러 충성'

윤필용의 육군 방첩부대(보안사 및 기무사의 전신)도 65년부터 본격적으로 충성경쟁에 뛰어들었다.

64년 정승화로부터 방첩대장을 물려받은 윤필용은 정보부장 김형욱과 육사 8기 동기였지만 김보다도 오랫동안 박정희를 모셔온 측근이었다.

그의 부대는 65년 5월 보안사 역사상 딱 한 번의 진짜 쿠데타 음모 적발로 꼽히는 원충연 대령(정훈학교 부교장), 박인도 대령(2군단 포병 사령관)의 정부 전복 음모를 적발해 '각하'의 신임을 더욱 굳혔다.

윤필용씨가 오늘날 "많고 많은 반혁명 사건 중에서도 정치적 덮어씌우기가 아닌 진짜 쿠데타 음모가 원충연 사건"이라고 말하는 이 음모는 원충연 일파에 가담했던 이 모 소령(나중에 대사를 지냄)이 녹음기를 품고 결의사항들을 채록해 방첩부대에 밀고함으로써 적발됐다고 한다.

그 무렵부터 윤필용 휘하의 각하 친위대를 자임하는 특공대의 조직적인 테러가 장안을 떠들썩하게 했다.

65년 이후 정치 테러가 잇따르기 시작했다.

65년 9월7일 밤 동아일보 변영권(邊永權) 편집국장대리 집 대문이 괴한들에 의해 폭파됐다. 바로 다음 날엔 동아방송 조동화(趙東華) 제작과장이 서울시경에서 나왔다는 괴한들에 의해 폭행을 당한 뒤 유기되는 사건이 일어났다.

또 그 다음 날인 9월9일 민중당(民衆黨)의 유옥우(劉沃祐) 중앙상임위원 집에서 폭발테러 사건이 터졌다.

당시 서울지역에 위수령이 나 있었다.

한일협정 파문으로 민중당 의원 61명이 의원직 사퇴서를 냈고 서울의 학원가는 데모가 끊이지 않았기 때문에 박정권은 8월26일 또다시 위수령을 발동했던 것이다.

언론계와 야당은 위수령 하의 테러사건들에 대해 군경검(軍警檢) 합수반을 구성, 조속히 진상을 가리라고 요구했다. 박 대통령도 짐짓 합수반을 구성해 진상을 철저히 가리라고 지시했다.

정권 차원의 밀실음모가 드러날 리 없었다. 그해 세밑(12월30일) 신문편집인협회는 "정부의 수사력이 이토록 무력하고 법치 국가의 뿌리가 흔들려야 하나"라고 박정희 친위대의 소행임을 넌지시 짚었다.

66년 들어서도 테러는 계속됐다.

4월25일 밤 동아일보 정치부 최영철(崔永喆) 기자(92년 부총리겸 통일원 장관)가 자택 앞에서 두 명의 괴한에게 폭행을 당했다. 다음 날 새벽 최기자 집 현관에 돌멩이가 날아와 유리창이 깨지고 '펜대 조심하라. 너의 생명을 노린다'는 협박장이 날아왔다.

그는 〈소신(所信)은 만능(萬能)인가〉라는 기사를 통해 박 대통령이 소신을 강조함으로써 집권당 내부에 독선(獨善)과 독주(獨走) 분위기가 팽배하고 있다고 지적, '모든 책임은 내가 질 테니 소신대로 하라는 박 대통령의 무한책임론은 바로 무책임과 통한다'고 비판했다.

한 달여가 지난 6월9일 저녁 이번에는 야당의 박한상(朴漢相) 의원이 종로예식장 부근에서 괴한 두 명에게 뭇매를 맞았다.

그보다 이틀 전 박 의원은 국회 법사위에서 "중정이라는 게 선량한 국민을 괴롭히고 공포심을 자아내는 일을 해오고 있으므로 없애버려야 한다"고 중정 폐지를 주장했었다.

국회의원도 기자도 습격하라

국회에 박 의원 최기자 테러조사특위가 구성되고 한 달여 동안 조사가 진행됐으나 진상은 끝내 오리무중이었다.

테러 진상조사로 온통 시끄러운 가운데 그해 7월20일 밤 동아일보 정치부 **권오기**(權五琦) 차장(동아일보 사장과 김영삼 정부 시절 통일부 총리 역임)이 귀가길에 괴한 두 명에게 폭행을 당했다. 권차장은 전치 10일간의 상해를 입었다.

기자협회는 성명을 내고 '정치테러범을 잡으라'고 촉구했다. 그러나 경찰과 검찰은 권 차장이 피습 당시 시계 만년필 현금 1천 원 등을 빼앗긴 점을 내세워 강도의 소행이라고 주장했고 역시 범인은 영원히 잡히지 않았다.

이것이 방첩부대의 테러였다고 최초로 증언한 자는 바로 정보부장 김형욱이었다.

14대 민자당 의원인 L씨는 김형욱으로부터 그 사실을 직접 들었다.

"기자들에 대한 테러가 끊이지 않고 심지어 기자 부인이 낙태하는 일까지 있었으므로 신문사에서는 정보부의 짓이 아닌가 해서 김형욱에게 항의했다. 밤낮을 가리지 않는 테러가 꼬리조차 잡히지 않는다는 것은 분명 정보부의 짓으로 짐작할 만한 때였다. 그러자 김형욱은 펄쩍 뛰었다. 그 자신도 윤필용 부하들의 과잉 충성 때문에 골머리가 아프다고 말하는 것이었다. 하지만 박 대통령을 위한 충성이라고 하는 짓을 자기가 나서서 막을 처지도 못되지 않느냐고도 말했다. 나중에 5공이 출범한 뒤 당시의 방첩대 간부였던 사람들로부터, 그리고 당시 피해자들로부터 듣고 보니 김형욱의 얘기는 변명이나 거짓이 아니었다."

윤필용씨는 기자인터뷰에서 자신이 박 대통령의 신임을 받던 방첩부대장 시절 등의 과오에 관하여 "그 당시에는 대통령 각하를 모시고 앞으로 나가는 것만이 애국이라고 믿었기 때문에 장애는 제거하는 게 옳다고 믿었다"는 취지로 말한 바 있다.

자유당 시절 특무대장 김창룡이 이 부대를 정권의 하수 기구로 틀 잡은 이래 박 정권 이후 그러한 '정치공작 부대'의 성격은 고착화되었다.

윤필용 직전의 방첩대장 정승화 씨는 필자에게 "군사첩보나 방첩 업무만을 다루는 것이 아니어서 어쩐지 나는 체질에 맞지 않았다"고 그 부대의 정치공작을 토로했다.

그러한 정권 친위대로서의 기능은 역대 부대장들의 부침에서 극명하게 드러났다.

정승화, 윤필용, 강창성, 김재규. 이들 박정희 시대 손꼽히는 친위 장군들은 모두 방첩대장 보안사령관을 거쳤으면서도 과거의 그들 부하들에 의해 '발가벗겨지는' 수모를 당했다. 경위와 빌미는 달랐지만 하늘 끝과 나락 저편을 오르내린 이들의 기막힌 운명을 통해 우리는 권력기구인 보안사의 특성을 실감할 수 있다.

한편 조용히 살아남은 보안사령관 출신은 입신양명의 극을 누렸다. 전두환, 노태우 두 대통령을 낳은 곳도 보안사였다. 세 명의 정보 부장(김재춘, 김재규, 전두환), 두 명의 육참총장(정승화, 이종구)을 배출했다.

박 대통령은 집무중 한가할 때면 청와대에서 볼 때 오른쪽의 궁정동(정보부) 왼쪽의 통합병원(보안사)에 교대로 내려가 쉬곤 했다. 그리고 두 개의 칼이 서로 충성을 겨루고 싸우도록 긴장을 유도했다.

60년대 후반 방첩부대의 테러도 그런 용병(用兵)의 결과였던 것이다.

피스톨 박의 완력과 도청 솜씨

60년대 후반 김형욱 정보부장의 힘은 정치무대에서 가히 무소불위(無所不爲)라 할 수 있었다. "당시 김 부장은 박정희 대통령을 위한 일이라면 수단과 방법을 가리지 않았다"고 김재순(金在淳)(민자·전국회의장·당시 공화당 대변인)은 회고했다.

김 부장의 절대적인 파워는 두말 할 것도 없이 박 대통령에 의해 보장된 것이었다.

박정희는 김형욱의 별명 '남산 멧돼지', '돈까스'에 걸맞는 '저돌적인 추진력'(이후락은 김형욱의 장점을 이렇게 표현했다)을 정권 방어의 무기로 십분 활용했다.

김재순은 고인(박 대통령)에게 누를 끼칠까 두렵다면서도 "박 대통령은 김형욱을 참으로 잘 부렸다. 김형욱이 그렇게 한 사람(朴)을 제외하곤 안하무인으로 굴었던 배경은 박 대통령의 용인술(用人術)이다"고 증언했다.

당시 권력 핵심부의 움직임을 잘 아는 인사들은 한결같이 박정희 용인술의 요체를 '분할통치', 즉 실력자 간 이간질, 충동질을 통한 충성심 우려내기에 있었다고 요약한다.

박 대통령은 끊임없이 중간 보스들의 일정한 파워게임을 유발하고, 특정 보스를 키우고, 다시 잘랐다. 실력자 간의 긴장관계를 조성함으로써 충성을 발휘토록 하고 그 위에서 장기집권을 꾀하는 박정희의 '인간 관리'는 참으로 무섭기까지 했다고 입을 모은다.

5·16 이래 유신 말기까지 육사 8기와 5기가, JP측 주류와 비주류 4인 체제가, 4인 체제와 김형욱-이후락 연합세가, 김재규와 차지철이 싸우다가 명멸하는 과정이 '박정희 시대' 18년의 시작이요 끝이었다. 그러한 파워게

5·16과 함께 박정희 대통령의 그림자가 되어 막강한 파워를 행사했던 별명 '피스톨 박' 박종규 경호실장(맨 왼쪽). 그는 74년 8·15 저격사건으로 차지철에게 경호실장 자리를 넘겨주어야 했다.

임의 극한이 바로 김재규의 10·26총성이었고 박 대통령의 최후였다. 김형욱은 박 대통령의 독특한 '인간학'을 꿰뚫어 본 인물이었다. 그래서 권력주변에 머물기 위해선 누구와도 싸워 이겨 박 대통령의 신임을 유지해야 한다고 믿었던 것 같다.

김형욱은 심지어 **박종규** 경호실장(85년 사망)과의 실력 대결도 마다하지 않았다.

5·16 후 수 년 동안 양인의 관계는 그다지 나쁘지 않았다고 한다. 그러나 박 실장이 박 대통령의 두터운 신임을 딛고 중정과는 또 다른 사설 정보대를 두어 각종 첩보를 수집, 스스로에게 유리한 방향으로 박 대통령을 움직임으로써 양자 관계는 마찰을 빚게 됐다.

박 실장은 '고다마(兒玉) 사건'(65년 가을) 때 도청 장치로 녹음테이프를 만들었다고 김 부장은 뒷날 회고록에 썼다.

'고다마 사건'이란 JP측근인 김용태·석정선이 일본의 정상(政商) 고다마와 만나 "한국에서 뭘 하려면 실권자인 JP와 손잡아야 한다. JP가 있으니 박 대통령이 있다"고 발설해 이것이 박 대통령 귀에 들어감으로써 JP계가 곤욕을 치른 것을 말한다.

당시 중정 수사과장 이용택(11, 12대의원)은 말한다.

"박종규 실장의 도청 테이프는 내 손에 넘어왔다. 나는 김용태 의원을 만나 녹음을 다 틀어 들려주었다. 김 의원은 대경실색했다. 대책이 필요할 뿐 변명은 통할 수 없는 사안이었으므로 내가 아이디어를 냈다. '김 의원께서 식음을 전폐하고 드러누워 자해로써 불충을 속죄하겠다는 태도를 보이십시오, 그러면 내가 나서 해결해보겠습니다'라고 했다. 김 의원에게 그렇게 권하고 나는 박 대통령에게 수사 결과를 직보하는 자리에서 말했다. '각하, 김용태씨가 괴로워서 죽겠다고 합니다' 했더니 박 대통령이 흠칫 놀랐다. 그래서 나는 '그가 죽는다면 여러 말이 나오게 되고 각하 권위도 손상되는 일이 될 것입니다'라고 했다. 그때 박종규 실장이 옆에서 듣고는 '딴 사람은 몰라도 김용태라면 정말 자살할지도 모르지요'라고 거들었다. 박 대통령은 내가 가지고 올라간 조사기록을 낱낱이 훑어보더니 고개를 끄덕이며 용서를 결심했다."

정보 보고를 둘러싼 김 부장과 박 실장의 갈등은 67년 7월 마침내 일촉즉발의 사태로 발전했다.

김 부장은 **동베를린 거점 대남 간첩단** 사건을 발표했다. 음악가 윤이상(尹伊桑), 화가 이응로(李應魯) 그리고 교수 학생 등 104명이 구속된 60년대 최대규모의 '간첩단' 사건이었다.

피스톨 박, 김형욱 이마 겨눴나

관련자 가운데 청와대 박실장의 여비서 김옥희(金玉姬)도 구속됐다. 박 실장은 김 부장이 자신과 상의도 없이 김옥희를 전격 구속한 데 격분, 남산으로 찾아가 김 부장에게 석방을 요구했다. 김 부장이 석방 요구를 거절하자 '박 실장은 권총을 내 이마에 들이대고 협박했다'고 김형욱 회고록에 씌어있다. 그러나 권총을 들이댄 것은 사실이 아니라고 당시 목격자 전모 국장은 밝힌다.

"박 실장이 흥분해서 하는 얘기는 '김형욱이 너만 국가와 각하를 위해 일하는 게 아니지 않느냐. 내 방에서 일하는 사람을 조사하려면 알려주어야 할 게 아니냐'는 것이었다. 실제로 박 실장은 김옥희가 잡혀간 지 이삼 일 동안 정보부에서 조사받고 있는 걸 까맣게 몰랐다고 한다. 부장실에서 서로 삿대질을 하고 흥분해서 욕설도 있었던 것 같았으나 권총을 뽑거나 한 일은 없었다. 둘이서 다투다 박 실장이 권총을 뽑은 일이 있다는 말은 들었지만 그날은 아니었다."

그러나 김 부장은 물러서지 않았고 중정 간부들이 "수사 중인 사건이므로 진상이 가려지는 대로 구속이 옳았는지 아닌지 여부가 드러나게 될 것"이라고 박 실장을 달래 사태는 일단락됐다고 한다.

김 부장은 68년 박 실장을 또 한 번 골탕 먹였다. 총선(8대)을 앞두고 경호실 간부 7명과 비서실 비서관 10명 등 20명에 달하는 청와대 요원들이 입후보할 궁리만 하고 일은 제대로 않는다고 박 대통령에게 보고했다. 경호실에서 출마 채비를 하던 사람은 신동관 차장(8, 9대의원), 홍병철 기획처장(8, 9대의원) 두 명뿐인데도 김 부장이 그런 정보를 보고한 것은 박 실장과 이후락 비서실장을 견제하기 위한 것이었다.

울화가 치민 박 실장은 며칠 뒤 박 대통령, 김 부장과 셋이서 이태원 모 요정에 모인 자리에서 "각하께 허위보고를 했으니 당신은 사표를 내야 한다. 당신이 억울하게 생각하면 나도 함께 사표내겠다"고 윽박질렀다.

박 대통령은 난처해져 슬며시 자리에서 일어서 버렸고 나중까지 남은 박 실장은 김 부장을 주먹으로 후려쳤다고 한다.

이런 일들이 있은 뒤로 김 부장과 박 실장은 끝내 화해하지 않은 '앙숙'으로 모두 이승을 떠났다고 관계자들은 증언한다.

김 부장 시절의 전횡과 폭력은 당시 야당으로부터도 반발을 샀다. 아니 야당과 국민들의 중정에 대한 비판은 김종필·김재춘 부장 시절의 작폐에서부터 비롯되고 있었다. 박정희 최고회의 의장은 이미 63년 10월 대통령 선거 유세에서 "정보부는 민정 후에도 존속되지만 그 임무와 기능은 대폭 개편될 것"이라고 공약했다. 그만큼 초기부터 중정은 손가락질의 대상이었던 것이다.

이런 공약에 따라 64년 4월29일 김 부장은 정보부의 지방 조직을 폐쇄키로 했다고 발표했다. 그는 또 '정보부의 정치불간섭', '정보부 공개정책' 등을 성명으로 밝히기도 했다. 너무도 역설적인 얘기가 되고 말았지만 부장 취임 초기의 이런 거창한 포부들을 그는 회고록에도 자랑삼아 기록했다.

김 부장의 취임 포부는 몇 달 못 가 뒤집혔다. 64년 6·3사태 후 곧 주요 지역에 대공(對共) 분실이 설치됐다. 분명히 정보부의 기능 강화를 의미하는 것이었다.

김형욱 부장의 중정 운영에 대해 처음 공식으로 국회에서 비판을 제기한 것은 야당의 **김대중** 의원이었다.

김대중, 정보정치 폭로-남산과 맞서다

김대중 의원이 김형욱 부장과 중정을 성토하고 나선 것은 65년 7월31일이었다. 당시 국회에선 한일협정 비준동의안 심사특위가 열리고 있었다.

당시의 국회 속기록.

"정보기관이 쓸데없이 정치에 개입하고 위로는 정부 고위당국자, 국회 여야 정치인 주위에 4중 5중의 정보망을 치고, 전화 도청하고, 미행을 하고 있는 사실, 이것을 우리가 마땅히 지금 타파하지 않으면 앞으로 우리는 정보정치의 그물 속에 들어가서 중앙정보부의 눈치를 살피지 않고는 말도 할 수 없고 사람 노릇도 할 수 없다 이겁니다…."

"총리는 중앙정보부가 본연의 임무에 위배되고, 그 임무를 초월해서 국내정치에 관여하고 있는 사실을 아는가. 정보정치를 방지하고 지양하는 방법은 무엇이냐 이 점에 대해 답변하시오."

김 의원이 서슬 퍼렇던 김 부장과 중정에 도전한 것은 당시로서는 괄목할 만한 것이었다. 그때 만 40세, 재선 의원의 야심과 패기가 배어 있는 발언이었다.

먼 훗날 그것이 '김대중 정치'와 중정 사이에 모질고 운명적인 씨를 뿌린 셈이었을까. 73년 그의 도쿄 피랍사건과 80년 지하실 구금 및 사형선고는 65년의 발언에서부터 움트고 있었는지도 모를 일이다.

그 무렵 야당의 당보나 선거 홍보 만화에는 박정희 대통령 얼굴에 어김없이 검은 선글라스를 그려넣고 있었다.

5·16 후 그가 공포정치의 상징으로 검은 안경(일부에서는 그가 내성적이기 때문에 쓴 것이라고 하고 그의 측근들은 눈빛이 너무 매서워서 커버한 것이라고도 한다)을 쓴 탓도 있지만, 바로 정보정치의 배후에 박 대통령의 존재를 시사하는 것

이었다.

그건 김형욱 부장의 중정이 국회와 정치를 주무르는 힘을 반영하는 것이기도 했다.

김 부장은 국회에 출석해서 답변하는 경우가 드물었다. 중정이 대통령 직속기관이었기 때문에 또 치외법권(治外法權)의 힘을 쓰고 있었기 때문에 김형욱은 예결위나 국정감사가 아니면 국회에 나타나지 않았다. 대신 의사당과 연결된 중정집무실 스피커를 통해 중계되는 의원들의 '언동'을 체크할 뿐이었다.

그는 국회의원들 위에 군림했다. 특히 공화당 초선 의원을 대하는 자세는 안하무인이었다. 공천과 선거에 영향을 미치는 위치에 있었고 그들의 약점도 소상히 파악하고 있기 때문이었다. 공사석을 막론하고 반말 투가 예사였다.

65년 무렵 서울 종로4가 D요정에서 공화당 오 모 의원이 술 취한 김 부장에게 몹시 구타당하는 걸 목격했다고 김수한(金守漢) 전 의원은 증언한다.

당시 중정은 국회내무위 소관이었다. 국정감사 때가 되면 내무위원장 **오치성** 의원부터 김 부장의 황해도 출신 후배이고 한 살 아래인 탓으로 '형님'으로 깍듯이 대해 주었다.

회의에 들어가기 전 내무위의 공화의원들은 대체로 김 부장이 앉아 있는 위원장실에 찾아가 깊이 고개 숙여 경의를 표했다. "아무리 의원들의 생사여탈권을 쥔 정보부장이라 하더라도 명색이 수감(受監) 기관장 김형욱에게 취하는 여당 의원들의 태도는 비굴하기 짝이 없어 보였다"고 김수한 전 의원은 말한다.

김 부장은 자신의 힘을 과시하려는 듯 답변석에 설 때도 단상에 한쪽 팔꿈치를 얹어 비스듬히 기대섰다. 논리는 보잘것없고 견강부회가 많았지만 뭔가 확신과 자신감을 갖고 있다는 듯 거만스런 눈초리로 의원들을 내려 다보곤 했다.

김 정보부장이 국정감사 때문에 국회에 나올 때면 여당의원들은 김 부장을 감싸며 비공개회의를 주장했다.

67년 12월8일 김형욱을 출석시킨 국정감사 특위회의 속기록.

고재필 반장(高在珌·공화의원·뒷날 보사부 장관)의 감사 개시 선언에 이어 김 부장이 허위증언을 않겠다는 선서를 마쳤다. 그 순간 공화당의 박주현(朴柱炫) 의원이 의사진행 발언을 얻어 "중정 사무가 국가안보·국가기밀사항이 대부분이니 비공개로 하자"고 제안했다.

김형욱, "중정 나쁜 이미지는 5·16군정 때"

야당(新民黨)의 김수한 의원이 들고 일어났다.

"6·8 부정선거(67년 6월8일 치러진 국회의원 선거는 중앙정보부 등 관권으로 얼룩진 사상 최악의 부정선거였다.) 이후 첫 국정감사에 국민의 눈이 쏠려 있으니 여야 총무 합의로 공개 회의가 마땅하지 않은가."

법사위에서 중정폐지법안을 내고 66년 중정폐쇄를 주장하다가 테러도 당했던 박한상(朴漢相) 의원도 나섰다. 그는 "감사 대상을 앉혀 놓고 비공개 회의를 주장하는 건 정보부장한테 잘 보이려는 것인가", "감사에 들어가기도 전에 비공개부터 주장하는 것은 부당하므로 일단 공개를 하고 안보관련 문제가 나오면 비공개로 하자"고 주장했다.

다시 공화당의 유범수(柳凡秀) 의원이 야당의원 발언에 반박하는 등 우여곡절을 거쳐 회의는 결국 공개됐다. 야당의원들은 6·8부정선거에서 중정의 역할 등을 추궁했다. 그러나 여당의원들은 "북괴의 간첩 남파, 요인

살 계획에 정보부는 만반의 대책이 서 있는지…"(박주현 의원) "북괴가 71년을 남침 기회로 목표를 정하고 무장간첩을 남파하려 한다는데…"(차형근 의원)라고 안보 발언을 유도해 비공개 답변으로 끌고 갔다.

국정감사 특위가 열린 그날 내무위도 열렸다. 야당의 **박병배·김상현** 의원 등은 중정의 정치사찰, 가혹행위, 6·8선거 개입, 언론인 불법연행문제 등을 추궁했다. 김 부장은 답변에 나서 중정이 '공포의 기관'이라는 나쁜 이미지는 5·16 후 군정기에 형성된 것이라며 JP 등 전임부장들에게 그 책임을 떠넘겼다.

그는 6·8선거 배후조종 추궁에 대해 "지방에 정보부 요원 말고도 경찰 정보원 군 정보기관 요원들이 있는데 무슨 일만 생기면 중정요원만 오해받는다"고 짐짓 불만스러운 표정을 지으며 시치미 뗐다.

그는 중정 활동을 합리화하기 위해 이렇게 말하기도 했다.

"미국사람들은 여기 나와 있는 선교사, 노스웨스트 항공사 지배인, 교환교수, 여행자 할 것 없이 국가에 필요하다고 생각되는 것을 보고 들으면 자진해서 보고합니다. 우리는 해외 나갈 적에 선전 책자 좀 들고 나가 나누어 주라고 해도 안 합니다. 일본 기자들도 보니까 한일회담할 때 전부 그들이 정보수집했습니다. 우리 기자들은 협력 안 합니다…"(속기록)

그는 당시 신동아(新東亞)의 차관 커미션 의혹 기사와 관련, 동아일보 정치부 **김진배** 기자(전 민한당 의원)와 경제부 박창래 기자(동아일보 편집국장 대우 부국장을 거쳐 문화일보 편집국장을 지냈다)를 정보부에 구금, 가혹 행위를 한 문제에 대해서도 이렇게 답변했다.

"사회적으로 물의를 빚은 데 대해 충고를 주기 위해 출입기자들을 모셔와 브리핑해 주었을 뿐 강제 연행한 일은 없습니다."

김형욱, 반JP 칼을 뽑다

　김형욱 정보부장의 정치공작 대상은 여당인 공화당 의원들이라해서 예외가 아니었다. 여당내의 공작 사찰 대상은 주로 박정희 대통령의 장기집권을 가로막을지도 모르는 김종필 당의장 및 그 계열이었다.

　당시 공화당 초선의원 **이만섭** 의원(李萬燮·국민당 총재 거쳐 14대 의원)도 김부장에게 크게 당한 적이 있었다. 64년 10월24일 이 의원은 남북으로 흩어진 이산가족 재회를 주선하기 위한 '남북가족 면회소 설치 결의안'이라는 것을 제안했었다.

　10월9일 도쿄올림픽을 계기로 북한 육상선수 신금단(辛今丹) 씨가 14년 만에 남한의 아버지를 상봉해 극적인 분단 감상주의가 온 국민의 코끝을 찡하게 했다. 그에 따른 이 의원의 기발한 아이디어였다.

　이 의원 주도의 결의안에는 야당의 **김대중·김영삼** 의원, 여당의 **박준규**(朴浚圭) 의원까지 45명이 서명했다. 결의안은 곧 국회 본회의를 거쳐 외무부에 넘겨졌다.

　이에 대해 김 정보부장이 "결의안은 반공법 위반"이라고 들고 나왔다. 멸공 승공논리가 지배하고 대북문제는 정부의 전유물로 여겨지던 '냉전의 시대'이기도 했다.

　서울 태평로 국회의사당 앞에는 '애국청년단'의 이름으로 '타도하자 이만섭'이라는 전단이 살포됐다. 이 의원 집으로 협박전화도 걸려왔다. 물론 김형욱 정보부의 배후 조종에 의한 것이었다.

　반공연맹의 박관수 이사장(박 대통령의 스승) 명의로 '이만섭의 결의안을 통박함'이라는 글이 《서울신문》에 실렸다. 그러나 박 이사장은 이 의원에게 전화를 걸어 "내가 알지도 못하는 글이 내 이름으로 실렸으니 날 원망하진 말라"고 해명, 중정 공작임을 넌지시 비쳤다.

국회에서 민복기(閔復基) 법무부 장관도 "결의안은 반공법 위반이 분명하지만 국회의원의 활동이기에 면책될 뿐"이라고 답변해 이 의원과 승강이 벌어졌다.

누구든 날 건드려 봐!

김 부장은 한술 더 떠 이 의원이 결의안을 철회하지 않으면 반공법 국가보안법 위반으로 구속하겠다고 협박했다. 다급해진 이 의원은 박 대통령 면회를 신청했다. 그는 박 대통령에게 "인도적인 문제가 반공법 위반이 될 수 있습니까"라고 직소했다.

최근 이씨의 증언에 따르면 박 대통령은 "김형욱이 돌았구만. 머리가 나빠"라고 이 의원 편을 들었다고 한다. 사정을 알아차린 김 부장은 더 이상 이 의원을 괴롭히지 않았다. 그러나 결의안은 끝내 사장되고 말았다.

김형욱 부장의 JP 배척 움직임은 부장 취임 1년도 안 된 64년부터 표면화되고 있었다. JP에게 정보부장이 되도록 해달라고 '애걸복걸'(김용태씨의 표현)하던 것과는 참으로 대조적이었다.

김형욱이 JP에게 본격적으로 칼을 겨눈 것은 64년 6·3사태 무렵부터였다고 정보부 간부들은 기억한다.

김형욱이 JP 후광으로 부장에 오른 뒤 초기에는 적개심을 갖고 공격하진 않았다는 것이다.

당시 3국장 C씨의 얘기를 들어본다.

"6·3사태 때 김형욱 부장은 YTP사건으로 코너에 몰렸다. 송철원이라는 서울 문리대 정치학과 학생이 정보부에 협력도 하곤 했는데 그즈음 등을 돌려 민족주의 비교연구회(민비연) 학생들과 거꾸로 데모에 앞장선 일이 있었다. 김 부장은 며칠 동안 간부회의에서 송을 잡아 본때를 보이라고 채근했다. 그래서 김 모 씨(장군 출신)가 명령대로 실행한 일이 있었다.

이것이 중앙정보부의 YTP 학생린치(私刑)다 해서 여론이 들끓고 야당은 물론 공화당까지 정보부 공격에 가세했다. 사태가 시끄럽게 번지자 김형욱 부장은 다시 간부회의에서 '누가 그런 짓 시켰길래 시끄럽게 되었느냐'고 되레 밑을 탓하는 것이었다.

그 린치사건이 6·3사태를 격화시켰고 JP는 말썽 많은 김형욱에 대해 못마땅해했다. 정보부장을 바꿔야 한다고 박 대통령을 움직였던 것이다. 그러나 김형욱이 누구인가. 아무개가 부장 물망에 오른다고만 하면 온갖 짓을 다하는 사람인데 자기를 치려는 JP를 내버려둘 리 있는가."

김형욱은 C국장에게 말했다.

"청구동에 JP한테 전화 걸어서 '김형욱을 죽이려고 하면 안 된다'고 해!"

C국장이 청구동에 전화하니 뜻밖에도 **김용태**가 나왔다.

"공화당은 정보부가 만들었는데 당이 남산을 치다니 살모사입니까?"라고 김형욱이 따졌다.

김형욱은 분을 삭이지 못한 듯 "김재춘이가 만든 JP일당의 4대 의혹 사건 기록 다 가져와" 하고 명령했다.

캐비닛을 뒤져 묶은 수사기록을 갖다 주자 김형욱은 말했다.

"이제 김종필이고 누구고 날 건드리기만 해봐!"

그는 그런 식으로 챙겨둔 박정희와 그 정권의 약점 기록을 73년 송두리째 들고 미국으로 망명했던 것이다.

김재규와 손잡고 JP 밀어내다

정보부의 린치사건이다. 한일협정 반대다 해서 데모가 극에 달하던 64년 6월 박 대통령은 야당과 대학생들의 반일감정에 편승한 도전에 시달리고 있었다.

도전 세력은 공화당 정권 내부의 JP계와 반JP계의 대결을 교묘하게 헤집고 4대 의혹 사건, 그리고 한일막후교섭의 주역으로 여론이 들끓던 김종필 당의장에 초점을 맞춰 파상공세를 벌이고 있었다.

박 대통령은 내우외환(內憂外患)에 처해 있었다.

6월2일 박 대통령은 중대 결심을 하듯 박상길(朴相吉) 청와대 대변인에게 친필로 쓴 대국민 담화문을 건네주며 발표하라고 했다.

'현안이 종결되고 조국 근대화의 기초가 확립된다면 본인은 민주정치의 진보를 위하여 차기 선거(67년)에 출마하지 않고 1차 임기만으로 조국에의 봉사를 끝마칠 결심임을 내외에 밝히는 바입니다'

박상길 씨는 박 대통령의 단임 고수 및 재출마 포기 선언에 놀랐다. 그러나 더욱 놀라운 것은 이튿날인 6월3일 아침 박 대통령이 부르더니 이를 보류시킨 것이었다. 바로 그날 낮 학생 데모대 수만 명이 서울 시내를 뒤덮고 수도치안은 마비상태에 빠졌다.

밤 9시50분 끝내 비상계엄령과 함께 수경사산하 3개 사단 병력이 서울에 진주했다. 박 대통령의 '번의'는 지금까지 수수께끼로 남은 채 문제의 '특별교서'는 박상길 씨가 사료로 보관하고 있다. 이후락, 엄민영(嚴敏永·내무부장관 지냄) 등이 번의를 설득했다는 설만 유력하게 전해지고 있다.

대통령 단임 발표문을 스스로 작성할 만큼 마음을 비웠던 박 대통령은 계엄령이라는 강권정치로 돌아섰다.

6·3사태는 몇 가지 흥미있는 사실(史實)을 남기고 있다.

이는 5·16군사쿠데타로 박 정권이 들어선 이래 군부를 다시 동원한 첫 사건이었다.

우연이었을까. 계엄령으로 서울에 진주한 계엄군책임자에 **김재규** 소장(뒷날 8대 정보부장)도 있었다. 그리고 당시 육군참모차장은 **김계원** 중장(5대 정보부장)이었다. 이 두 사람은 1979년 10월26일 박정희 암살 현장의 두 주역이 된다.

또 한 가지 6·3데모가 위수령 정도로 대처할 수 있는 여건이었는데도 굳이 계엄령을 선포한 데는 학생 운동권과 언론을 옭아매자는 의도가 있었다.

5월 말 서울대 학생회장 **김덕룡**이 단식에 들어가자 학생들은 연일 수천 명씩 거리로 쏟아져 나왔다. 6월3일 김종필이 할일회담을 위해 일본으로 출국하자 시위는 절정에 이르렀다. 광화문의 바리케이트가 무너졌다. 고려대생들도 김재하, 박정훈, **이명박**의 주도하에 거리로 나섰다. 박정희는 그날 밤 계엄령을 선포하고 이명박, **이재오**, **손학규**, 김덕룡, 현승일, 이경무 등 348명은 내란 및 소요죄로 6개월간 복역하게 된다.

64년 6월4일 계엄령 다음 날 김 부장은 당시 정부비판으로 인기를 끌던 동아방송 '앵무새' 프로그램 관계자들을 전원 잡아다 구속토록 했다.

이들은 뒷날 반공법, 특정범죄 처벌에 관한 임시특례법 등 위반혐의로 군재(軍裁)에 넘겨졌으나 무죄로 풀려나게 된다.

6월6일에는 경향신문 이준구 사장과 손충무(孫忠武) 기자 등이 반공법위반혐의로 구속되고 6월8일엔 제1공수단 장교들이 동아일보에 난입하는 사태가 생겼다.

64년 11월 김 부장은 황용주(黃龍珠) 문화방송 사장과 **선우휘**(鮮于揮) 조선

박정희 대통령과 육사2기 동기였던 김재규는 60년대부터 친위그룹으로 복무했다. 64년 JP 밀어내기에는 김재규도 일익을 맡았다.

일보 편집국장, 이영희(李泳熙) 기자(뒷날 한양대 교수)를 반공법위반 혐의로 잇달아 구속했다.

황씨는 월간 《세대 (世代)》 11월호에 〈남북한 유엔 동시 가입〉을 주장하는 논문을 실었는데 이것이 국시(國是·반공)위반이라는 것이었다.

선우 국장과 이 기자는 '정부가 남북한 유엔 동시가입 제안을 준비한다'는 기사가 나간 뒤 붙잡혔다. 김 부장은 기자만 붙잡는 데 그치지 않고 그 날짜의 조선일보를 압류하는 조처도 주도했다.

김 부장은 평소 사이가 좋지 않던 이동원(李東元) 외무부장관에게 이 기사를 흘렸다고 해서 이동원을 남산으로 불렀다.

괄괄한 성격의 이장관이 불응하자 장관공관으로 요원들을 보내 강제로 연행, 자신의 실력을 과시했다.

박 대통령은 밖으로 '헌정 수호를 위해 데모 엄단'을 외치면서 안으로는 도전세력의 과녁으로 떠오른 JP를 당의장에서 내보내기로 결심했다.

그러나 JP는 완강히 버텼다. 63년 공화당 창당 때도 박 최고회의 의장을 위해 '속죄양'으로 자의 반 타의 반 외유를 떠났던 그였다. 박 대통령의 결심을 읽은 김형욱 부장은 JP 제거에 앞장섰다. 자신을 정보부장에서 밀어내려 한 데 대한 앙금도 작용했다.

반JP 연합전선

김형욱은 김진위(金振暐) 수경사령관(당시 육군 소장)을 찾아갔다. 육사 3기로 JP선배였던 김 사령관이 지렛대 역할을 해줄 것으로 믿었던 것 같다.

김진위 씨의 90년 증언.

"김형욱이 나한테 '박 대통령도 JP에게 외유를 권했지만 안 들어먹으니 선배님이 나서 주어야겠소. 야당과 학생들이 저리 들끓으니 정국 안정을 위해 JP를 설득해 주십시오'라고 했다. 그래서 내가 JP를 만나기는 싫으니 '김진위가, 일주일 내로 안 나가면 내 손으로 없애 버린다고 하더라'고 전하라고 했다. 김 부장이 곧이곧대로 전했는지 어느 날 JP로부터 항의전화를 받았다. 아무리 선배이기로서니 죽인다고까지 할 일은 없지 않느냐는 것이었다. JP에겐 조금 미안한 생각이 들었다."

그 무렵 'JP 밀어내기'에 **김재규** 소장(8대 정보부장)도 가담하고 있었다. 김 소장은 6사단장으로 계엄령에 따라 덕수궁에 진을 치고 있었다.

6월4일 김 소장은 공화당의 **이만섭** 의원을 덕수궁 뜰에 서 있는 앰뷸런스 안으로 불렀다. 이 의원은 김 소장이 대구 대륜중 체육교사일 때 제자였다.

김재규는 남이 엿들어서는 안 될 일이라 차 속으로 부른 것이라고 이 의원에게 양해를 구했다. 그는 "김종필 의장을 공직에서 물러나게 하지 않으면 사태 수습의 길이 없소. 이 의원이 각하와 김 의장을 설득해 일이 되도록 해주어야겠소"라고 말했다.

김 소장의 부탁에 따라 이 의원은 민기식(閔機植) 육참총장공관에 있던 JP를 만나러 갔다. 거기에는 김성은(金聖恩) 국방부 장관, 김종갑(金鍾甲) 국회국방위원장도 함께 있었다. 모두들 박 대통령의 결심에 따라 JP를 설득하기 위해 모인 자리였다.

이 의원은 JP에게 "이 보 전진을 위해 일 보 후퇴하는 마음으로…"라며 공직사퇴를 권유했다. JP는 "군 전체의 분위기가 날 몰아내자는 게 아니고 박모 장군 같은 일부가 감정적으로 모함하는 데 승복할 수 없다. 이래 가지고서야 누가 각하를 제대로 보필할 수 있겠나. 내가 당의장을 물러나면 모함꾼들도 함께 물러나야지…"라며 반박했다. 그러나 그 다음 날 이 의원은 박 대통령을 찾아가 JP 공직사퇴와 외유만이 사태수습책이라고 역설했다.

결국 박 대통령은 JP와 담판을 지었다. JP는 곧 당의장 사퇴를 밝히고 6월18일 두 번째 외유길에 올랐다. 김형욱 부장과 김재규 소장까지 가담한 JP제거작전은 성공한 셈이었다.

"국회 똥 뿌린 김두한 배후는 JP" 모함

김형욱 정보부장은 64년 하반기부터 줄곧 반JP 대열에 섰다.

JP계 **김용태** 의원도 표적에 속했다. 65년 어느 날 박정희 대통령은 김 의원 부부를 청와대로 불러 식사를 함께 했다. 식사 후 여느 때 같으면 새로 나온 국산영화를 함께 보게 되는데 이날따라 박 대통령은 몇 장의 사진을 꺼내 보여주었다.

김 의원의 집을 촬영한 것이었다. 그는 남산의 외교구락부 아래쪽에 전세를 얻어 살고 있었다.

박 대통령은 "자네 처신으로써는 그렇지 않을 텐데…. 요즘 새로 집을 지었다면서…"라고 질책하는 어투였다.

김 의원이 새 집을 지었다는 건 터무니없다고 했다. 박 대통령은 "김형욱 부장이 조사해보니 그렇더라고 사진을 찍어 온 거야"라고 미심쩍어하는 눈치였다.

김 의원은 즉시 운전사를 시켜 전세계약서를 가져오게 했다. 6개월짜리 전셋집임이 규명됐다. 김 부장의 모함으로 인한 오해임이 입증된 것이다.

김용태씨는 90년5월 펴낸《자서록(自敍錄)》에서 이 땅의 정보공작 정치의 폐해가 심해진 것은 65년부터라고 썼다. 김 부장을 '권력의 마왕(魔王)' 같았다고도 했다.

"그는 마치 권력의 마왕처럼 자신에게 순종하지 않거나 반대 입장에 선 사람에겐 공산당 간첩의 이름을 뒤집어씌워 고문도 서슴지 않았다. 그자가 권력의 자리에서 물러나자 반민족 반국가적 배신을 자행하지 않았던가. 그런 사람이 권좌에 있었던 것은 한국 정치의 불행이기도 했다." (자서록 1권 221쪽)

확실히 65년부터 언론인, 정치인에 대한 사찰이 두드러졌다. 김 부장의 '병적'이라고 할 만한 폭력성은 65년 9월 서울대민족주의비교연구회 사건으로 구속됐던 김중태(金重泰) 씨(나중에 정주영이 만든 통일국민당의 서울 송파 을구 지구당 위원장을 지냈음)에 의해서도 증언된다.

김씨는 중정의 서울 이문동 조사실에서 신문을 받았다. 조사가 진행되던 중 김 부장이 한옥신(韓沃申) 검사와 함께 김씨의 방에 순시를 나왔다.

김 부장은 대뜸 "넌 경상도 놈인데 왜 경상도 대통령(박정희)에게 반대냐"고 호통쳤다. 김씨는 대구 출신으로 경북고를 나와 서울대 문리대 정치학과 4학년 재학중이었다.

김씨는 오기가 일었다. "당신은 이북 사람(김 부장의 고향은 황해도)이 거기 눌러 앉아 김일성이나 지지하지 왜 내려왔소"라고 대꾸했다. 그러자 대번에 김 부장의 주먹과 발길질이 날아왔다.

김 부장이 직접 폭력을 행사하고 나서자 놀라기도 하고 민망해진 부하들이 말려 사태는 일단락됐다. 그러나 그 후 김씨는 민비연(民比硏) 관련 구속자 5명 가운데 황성모(黃性模) 교수와 함께 꼬박 2년 징역을 살고 만기출소한 두 명 중의 한 사람이었다. '괘씸죄'였던 것이다.

67년 재판에서 민비연은 순수한 학술단체로 판정나고 황, 김씨 외의 이종률(李鍾律·전 민정당 의원·당시 동아일보 기자), 박지동(朴智東·당시 동아일보 기자), 박범진(朴範珍·14대 민자당 의원·당시 조선일보 기자)씨 등은 모두 무죄가 선고됐다. 김형욱 부장은 뒷날 회고록에서 민비연을 간첩사건으로 다룬 것은 '실수'였다고 썼다.

65년 12월16일의 6대국회 의장단 개선을 둘러싸고 JP계는 또 한 번 김 부장의 사찰에 의해 된서리를 맞게 된다.

박 대통령은 **이효상**(李孝祥) 국회의장을 유임시키라고 했으나 JP계는 **정구영**(鄭求瑛) 의원을 밀었다.

JP계 **예춘호**(芮春浩) 사무총장이 박 대통령의 지시에 불복, 표 대결에서 정 씨를 의장으로 당선시킬 수 있다고 JP에게 보고했고 JP는 은밀히 활동자금도 댔다.

김형욱 부장은 JP계의 '반란' 움직임을 소상히 파악해 박 대통령에게 보고했다. 그 바람에 박 대통령은 김용태씨에게 직접 전화를 걸어 "이 의장을 지명했는데도 선출하지 않으면 모든 책임을 김용태가 지라"고 호통을 쳤다.

엿장수로 변장한 요원들

당시 김씨 집에는 공화당 소속의원 110명 중 80여 명이 드나들어 JP계의 위세를 보여주었다. 그러나 김 부장이 김씨 집 주변에 엿장수, 고구마장수로 위장 배치한 요원들은 '반란 동향'을 시시각각 김 부장에게 보고했다. 김 부장은 이 첩보들을 청와대에 올렸다.

결국 의장선거 1차 투표에서 이 의장은 55표를 얻어 69표를 얻은 정 의원에게 지고 말았다. 그러나 2차 투표에서 이 의장은 야당의원들의 도움(당시 민중당 의원들은 여당 내분을 조장하기 위해 이효상을 밀었다고 하나 JP측은 야당이 돈에 넘어간 것이라고 주장한다)으로 당선 최하한선인 88표(정 의원은 69표)로 선출됐다.

스타일을 구기게 된 건 박 대통령이었다. 그는 김 정보부장에게 '항명주동자'와 동조자를 가리게 한 뒤 매섭게 JP계를 쳤다. 예춘호의 사무총장직을 박탈하고 김용태·민관식(閔寬植) 의원은 정권(停權), 신형식(申洞植), 김종갑 의원은 경고처분했다.

66년 한비 사카린 밀수사건과 관련, 김두한 의원(김을동 새누리당 의원의 부친)이 국무위원들에게 분뇨를 끼얹었을 때도 김 부장은 JP를 모함했다.

박 대통령이 김 부장과 정일권(丁一權) 국무총리. 장기영 부총리, 엄민영 내무부장관, 이후락 대통령비서실장, 이만섭 의원을 청와대로 불러 저녁식사를 내는 자리에서였다.

김 부장은 "각하, 김두한이 오물을 뿌린 게 김종필이가 시켜서 한 짓입니다"라고 말했다. 박 대통령이 반신반의하자 김 부장은 "사카린 사건이 처음 보도된 건 경향신문인데 김용태 의원이 정보를 흘려준 것입니다. 그리고 김두한이 형무소에 갈 때 JP와 친한 김택수(金澤壽)가 5만 원짜리 수표를 건네주었습니다. 오물투척 때 연설내용을 봐도 이 실장, 장 부총리는 공격하면서 김종필은 봐주었습니다"라고 그럴듯하게 늘어놓았다.

옆에 있던 몇몇도 JP 배후조종설에 동조하고 나섰다. 박 대통령은 "김

66년 한비 사카린 밀수 사건 때 '장군의 아들' 김두한 의원은 국무위원석에 분뇨를 뿌려 부패정권을 규탄했다. 그는 정보부에 끌려가 고생했고 '내란음모', '국가보안법' 위반 혐의로 재판받았다.

부장이 김두한이를 끝까지 다그쳐서 자백을 받아내"라고 지시했다.

일이 묘하게 돌아간다고 생각한 이만섭 의원은 식사가 끝난 후 박 대통령과 독대했다. 이 의원은 자신이 박 대통령 사람이지 JP사람이 아니지 않느냐면서 "경향신문 보도는 울산지국에서 올라온 기사입니다. 김택수가 준 돈도 건설위원장 자격으로 소속의원에게 사식이나 하라고 한 것입니다. 김택수는 인정이 많은 사람 아닙니까"라고 김 부장 보고를 뒤집었다. 아무래도 김 부장과 몇몇이 짜고서 JP를 음해하는 것 같다고도 했다.

그러나 박 대통령은 김두한 의원의 자백을 받으라는 지시는 거두어들이지 않았다. 끝내 김두한은 중정에서 혹독한 고초를 겪었고 폐인이 되고 말았다. 이만섭 씨는 지금도 김 의원이 제명대로 살지 못한 건 김형욱의 고문이 원인이라고 믿고 있다.

JP는 오늘날 그 사건이 4인 체제와 김형욱의 합작 모함이었다고 증언하고 있다.

"66년 9월 삼분(三粉)폭리 사건이 터져서 김두한 의원이 오물을 국회에 가지고 가서 국무위원석에 뿌린 사건이 터졌는데 이 사람들이 이걸 내가 뒤에서 김두한 의원을 시켜서 일으킨 걸로 시나리오를 꾸며서 박 대통령에게 얘기를 했어요. 내가 그때 웨스트민스터대학에서 명예학위를 받고 돌아오는 길에 월남에 들렀는데 국내에서 그 야단이 났더만. 내가 돌아온 뒤 나중에 김두한 의원이 나한테 얘기를 해요. 그런 음모가 있더라구. 그런 식으로 진술하라고 강요하고 그랬는데 뭐 이런 사람이 다 있느냐구 그래요. 그래 내가 세상에 할 일이 없어서 그런 짓을 했겠어요. 그때 조사했던 한옥신 검사도 세상 떴지만, 속으로 나한테 퍽 미안해하면서 갔을 거요."
(JP의 얘기)

오물 투척 사건의 '오물'은 서울신문사의 JP맨 윤일균 전무에게도 튀었다.

김형욱 정보부는 '윤일균이 김두한 의원을 우이동 선운각에서 만나 사주했다. 윤은 JP의 지시를 받았다'고 사건을 꾸미려 했다.

윤일균은 아예 신문사 서랍 열쇠를 꺼내주며 "당신들 말대로 선운각에서 김두한이 만났다는 날 나는 메디컬센터에 입원 중이었으니 잘 알아봐요"라고 말했다. 메모와 입원기록이 확인됐는지 더 이상 군말이 없었다.

정보요원은 부장의 관심사 써 올린다

김형욱 정보부장의 기질과 성격은 독특한 데가 있었다. 그를 잘 알았던 구 공화당 의원들은 김 부장이 이념적 사상적으로 '극우'(極右)였고 성격적으로 '난폭'했으며 정치적 판단에서 교활하고 자기보호에는 민감했다고 증언하고 있다. 그러나 유별나게 고향 사람(황해도 신천군 온천면)들은 챙기고 아꼈다. 친분이 있는 사람에겐 이권(利權)도 서슴지 않고 주는 '의리의 사나이'로 새겨져 있다.

중정과 안기부에서 20년 넘게 일했던 K 전 의원의 증언.

"김형욱 부장 시절의 인사는 확실히 비정상적인 게 많았다. 가령 김 부장이 고향 사람을 길거리서 만나면 요즘 어떻게 지내느냐고 물어 '놀고 있다'고 대답하면 즉석에서 중정 해외파견 근무를 약속하는 식이었다. 요원 인사는 비밀이고 비공개이므로 남들이 알 턱이 없다. 김 부장과 인사담당관만 아는 인사조처로 미국, 일본 등지에서 수 년씩 근무하다 본부로 돌아온다. 본부 사람들이 어디서 왔느냐고 물으면 오래 전부터 중정 일을 했고 해외에서 근무했다는 사람들이 더러 있었다."

김 부장의 성장 출세과정을 깊이 파헤친 **강성재**(姜聲才) 씨(전 동아일보기자·민자당 의원 역임)는 김 부장 고향 마을 사람 박모 씨 등을 만나, 김형욱의 어린시절 집안이 매우 빈한했고 그는 초등학교만 졸업했을 뿐 그가 말해온 대로 신천농고를 졸업하지 않았다는 사실을 확인했다.

김은 국교 졸업 후 집에서 지내다 해방 2년 전 베이징(北京)으로 갔는데 거기서 일군(日軍) 헌병보(憲兵補)를 한다는 소문이 고향에 나돌았다. 해방 후 고향에 돌아왔으나 일본군에 복무한 전력 때문에 공산당에 혼쭐이 났고 서울로 내려와 군에 들어갔다고 한다.

김 부장의 극우성향은 그러한 체험에서 우러난 것이라는 분석이 있다.

김이 48년 12월 육사 8기생으로 입교할 때 계급은 육군상사였다. 경쟁률이 높았으나 경력자에겐 특전이 부여돼 장교가 될 수 있었다. 동기생 1천여 명 가운데 최하위권 성적으로 졸업한 김은 일선 소대장으로 6·25를 맞았다. 그는 소대장 중대장으로 동부 전선에서 수많은 전투를 치렀고 54년에 대대장이 됐다. 그리고 5년이나 대대장으로서 실병(實兵) 지휘 경력을 쌓게 된다.

그는 화천(華川) 부근에서 대대장을 할 때 생계가 어려웠다. 사병을 시켜

숯을 구워 내다 팔기도 했다. 58년 12월 송요찬 1군사령관에게 적발돼 구속될 뻔했으나 당시 춘천(春川)에 있던 육군범죄 수사대장 방자명(方滋明·61년 반혁명 사건으로 옥고)의 도움으로 위기를 넘겼다. 두 사람은 육사 8기 동기생이었다.

그때 김형욱 대대장은 서울 해방촌 국민주택에 부인과 자녀들을 두고 학비를 보내고 있었다. 김 대대장은 당시 방씨에게 군 상층부의 부정부패를 비난하며 "산속의 보병이 숯 굽는 게 죄냐"고 한탄했다는 것이다.

그의 불같은 성격은 59년 진해의 육군대학 교관이었던 **강창성**(姜昌成·전 국군 보안사령관·명지대 교수·14대 민주당 의원)에 의해서도 증언된다.

"김이 육대에 들어와 나의 군단전술 강의를 들었다. 강의 중인데 김이 벌떡 일어나 '그따위 전술은 이해할 수 없다'면서 '나는 대대장을 5년이나 하면서 실병 지휘를 했는데 당신은 몇 년이나 대대장을 해봤느냐'고 나섰다. 경험 면에서 자기가 우위라고 재는 듯했다. 그래서 전술은 경험이 아닌 학술이요 전사(戰史) 아니냐고 대꾸해 말문을 막았다."

김형욱 중령은 육대를 마치고 60년 육군본부 작전참모부 전투개발과 부과장 발령을 받았다. 그 무렵 동기생 김종필 중령을 만나 박정희 소장을 알게 되고 61년 5·16에 가담하게 된다.

8기생 옥창호의 호소

김형욱이 정보부장이 된 뒤 8기 주체 옥창호(玉昌鎬)가 김을 밀어내고 남산을 차지할 것이라는 정보가 돌자 김형욱은 참지 못하고 옥을 견제하기 위해 미행을 붙이고 전화를 도청했다.

옥은 참다못해 중정 출신 8기 동기생인 **이영근**(李永根)에게 호소했다.

"형욱이가 나를 죽인다고 펄펄 뛰니 말려다오. 내가 무슨 정보부장을 노릴 거라고…."

이영근은 김형욱을 만났다.

"김 부장. 옥창호가 그럴 위인이 아니오. 앞으로 그런 정보가 올라오면 제발 의문부호 달아 체크 표시하지 마시오. 관심도 없고, 보지 않겠다는 듯 북북 찢어 버리시오. 다시는 그런 정보가 안 올라올 거요."

"그걸 어떻게 알아?"

"부장이 관심 두고 주목하는 걸 골라 쓰는 게 밑바닥 정보 요원들이오. 윗사람의 입맛에 맞는 걸 골라 쓰게 돼 있단 말야. 나는 6·25 이래 일선 구경 한번 못하고 육본에서 정보만 했고, 알다시피 정보국장만 백선엽·이용문·장도영·김종오·김계원·이한림 장군 등 12명을 모셨소. 5·16 후에는 정보부 차장으로 있었고, 정보 속에 있으면서 절실히 느낀 점이오."

옥창호에 대한 미행은 그 뒤부터 끊겼다.

김 정보부장의 과격한 성격이 난폭해진 것은 65년 아들 정환씨(53년생·목사·미국 플로리다 거주)가 한쪽 다리가 불구가 된 일과도 유관한 것으로 믿는 사람이 많다.

이모 의원(민자당) 등 김 부장을 잘 알았던 인사들은 "접적(接敵) 지역에서 아들과 함께 사냥을 하다 아들이 그만 지뢰를 밟아 한 다리를 절단하게 된 일을 항상 비관하곤 했다"고 전하면서 그 일이 있은 후 김 정보부장은 더욱 폭압적이 됐다고 말했다.

65년 크리스마스 때 김부장은 홍종철(작고) 부자와 김 부장 아들 정환군(당시 서울중 재학), 경호원 몇 명과 함께 사냥을 떠났었다. JP 계열의 K씨 등은 당시 사고가 지뢰를 밟아 난 게 아니고 오인사격으로 빚어진 것이라고 주장하고 있으나 지금도 진상은 불분명한 채로 남아 있다.

김 부장은 스스로 철저한 반공주의자로 자처했고 이념 문제에 있어서는 극우적이었다.

66년 5월27일 민주사회당 창당준비대회에서 서민호(徐珉豪) 씨가 "남북 언론인 교류, 서신 교환 등을 시작해 완전한 남북통일을 이룩해야 하며 우리가 집권하면 김일성과 국제기구를 통하거나 직접 면담을 할 용의가 있다"고 주장했다.

지금에야 지극히 상식적인 소리지만 당시는 시대가 달랐다. 1990년대 한국정부가 남북대화에서 '교류를 통한 신뢰회복'을 강조하고 또 노태우 정부가 김일성 주석과의 정상 회담을 제의하고 김대중·노무현 정부가 남북정상회담을 성사시킨 것을 상기해보라. 지극히 선구적인 주장이 아닌가?

그러나 당시 김형욱 정보부는 강경하게 대처했다. 그는 "남북교류는 북에 유리한 통일 무드를 조성하고 반공노선을 변질시키므로 허용할 수 없다", "일급전범인 김일성과 만나겠다는 것은 국시(반공)에 관계되는 범법행위다"는 이유로 서씨를 구속해 버렸다.

이때 민중당 대변인이었던 김대중 의원은 성명을 통해 "통일을 원하면 비애국자이고 통일을 원치 않으면 국가에 충실한 것 같은 인상을 주는 건 유감"이라고 중정의 서씨 구속을 비난하기도 했다.

김 부장의 반공노선은 동베를린 간첩단 사건, 이수근 위장 간첩 사건 등 처리에서도 여실히 드러나고 있다.

김 부장의 정치적 처신술과 이해타산은 그를 중정 부장으로 밀었던 JP를 등지고 4인 체제와 손잡고 박 대통령의 신임을 유지한 데서도 드러난다.

김 부장은 67년의 6·8총선 때 개헌 정족수 확보를 위해 공화당 의원을 한명이라도 더 당선시키려고 전력을 기울였다. 그리고 마침내 69년 3선 개헌의 행동대장으로 나서게 된다.

| 제4장 |

피 묻은 3선 개헌, 대가는 해임

가자! 헌법 고쳐 3선 고지로!

　김형욱 정보부장은 임기 후반(67~69년)을 3선 개헌을 위해 바쳤다. 박정희 대통령의 지휘봉이 움직이는 대로 김 부장은 장애물을 제거하고 정적(政敵)을 무찌르는 충실한 '행동대장'으로 복무했다. 그리고 그 악역이 김 부장을 권력가도에서 내몰았다. 개헌이라는 헌정사의 조곡(弔曲)이 완성되면서 김형욱은 '용도폐기'됐다.
　그건 분명 역설이었다. 집권 연장의 길을 튼 박 대통령에겐 그 순간부터 악역 김 부장이 하나의 정치적 짐이었다. 70년대 김형욱은 박 대통령의 버림을 받게 되고 그 참담한 배신감과 좌절의 칼끝을 유신정권에 거꾸로 들이대게 된다. 그리하여 박정희 시대의 종언을 재촉하는 또 다른 역설을 낳았다.

3선 개헌의 서곡은 67년 양대 선거에서부터 울리기 시작했다. 그때부터 벌써 '개헌 정족수'라는 말이 떠돌기 시작했고 후계자 1순위 김종필은 지방유세에서조차 유려한 언변을 자랑하지 못하도록 견제 당했다.

67년 5·3대통령 선거에 관한 고(故) 정구영 씨(공화당 초대총재)의 회고.

"김종필의 유세는 가는 곳마다 인기가 있었으나 순번은 꼭 장내가 산만한 첫 번째에 시간도 10분으로 제한했다. 김형욱 정보부장, 엄민영 내무장관, **길재호** 사무총장은 지방에 다니며 돈을 무제한으로 쓰는데 당의장이라는 JP는 쓸래야 쓸 돈이 없었다. 이 사람들이 그때부터 3선 개헌 음모를 꾸몄다…." (정구영 회고록 165쪽)

선거 결과 박 대통령은 재선됐다. 윤보선 후보는 '정보정치', '부패 권력', '매판재벌'을 규탄하며 분전했으나 116만여 표 차이로 졌다. 그리고 놀랍게도 영남에서만 박 후보가 윤 후보에게 136만 표를 앞서는 기현상이 빚어졌다. 투표에서 지방색이 극명해진 최초의 일이었다.

한 달 뒤 6·8총선은 선거의 이름을 빌린 야당 '토벌작전'을 방불케 했다. 김 부장이 야당(신민당) 전국구 후보 10번 김재화(金載華)를 구속, 후보사퇴를 유도한 것도 대표적인 사례였다.

김재화는 독립운동경력이 있는 재일동포 실업인이었다. 그때는 특히 야당의 전국구는 선거자금원이었다.

주머니 속의 녹음기

중정은 총선 일주일 앞두고 김을 국가보안법·반공법·외환관리법 위반 혐의로 구속했다. 조총련계 자금 유입 가능성이 있다 해서 신민당 중앙당 경리장부를 압수하고 당 간부들을 잇달아 불러 들여 조사를 벌였다. 선거

자금 등 경비지출도 동결해 버렸다.

야당 선거전열을 마비시킨 것이다. 야당 지도부 인사들이 지방유세를 중단하고 서울에서 긴급대책회의를 갖고 있는데 중정 이용택(李龍澤) 과장(12대의원)이 김의택(金義澤) 선거대책본부장, 고흥문(高興門) 의원, 김수한 씨(전 의원) 등 당직자를 반도호텔로 불렀다.

이 과장은 김재화를 데리고 나타났다. 김은 당직자들이 묻지도 않았는데 "나는 타의가 아니라 자의로 전국구 후보를 사퇴합니다"라고 말했다. 그는 연신 이 과장의 눈치를 살피며 '자의'로 후보를 그만두겠다는 말만 거듭했다.

뒷날 김수한 씨는 당시 중정이 김씨의 안주머니에 녹음기를 집어넣고 자의로 후보사퇴한 양 증거로 꾸민 사실을 알게 됐다고 한다. 이 사건에 대해 김형욱도 회고록에서 부끄러운 '관권 개입'이었다고 고백했다.

6·8총선은 공화당 전국구 후보였던 정구영 씨의 눈에도 '한심하고 기막힌 선거'였다.

김 정보부장은 엄 내무, 길 총장 등과 쉴새없이 지방을 다니며 엄청난 자금을 뿌리고 다녔다. 그에 앞서 공천 때도 김 부장은 **김성곤** 재정위원장, 이후락 비서실장, 길 총장 등과 4인 협의로 박 대통령에게 명단을 올렸다.

중앙부처 관리, 국영 기업체 임원, 도지사, 군수, 경찰서장, 세무서장, 농협 조합장, 영림서장까지 공화당 후보운동에 총동원된 선거였다.

박 대통령은 김 부장과 엄 내무, 이 비서실장에게 **김대중·김영삼** 등이 출마한 7곳을 '정책지구'로 선정, 반드시 떨어뜨리도록 지시했다. 정구영 씨는 박 대통령으로부터 직접 이 얘기를 들었다고 회고록에 썼다. 정권을 괴롭히고 도전할 싹을 잘라버리려 했으나 두 김씨는 살아남았다.

총선결과는 공화당 129석으로 개헌의석 117석을 훨씬 웃도는 것이었고 신민당은 44석이었다. 야당은 충북·전북지방에서 '전멸'했고, 강원·충

2인자 JP는 3선개헌을 밀고간 김형욱, 이후락, 박종규 그리고 4인 체제 등으로부터 끊임없이 견제당했다. 사진 오른쪽부터 박정희, 박종규, JP.

남·경남에서 겨우 1석씩, 경기·경북·전남에서 2석 씩을 건졌다.

　김 부장은 총선 직후 엄 내무와 함께 부정선거의 '원흉'으로 지목됐다. 6월 14일 신민당은 총선 무효 투쟁을 선언하고 "김 정보부장 등 부정선거 원흉들에 대한 문책이 실현되지 않으면 당선자 의원등록을 거부한다"고 결의했다. 야당의 등원거부 투쟁은 반년이나 끌었지만 김 부장은 해임되지 않았다.

　김 부장은 67년 양대선거 무렵 김성곤 재정위원장과 극도로 대립했다. 선거대책을 협의하던 청와대 당정회의에서 야당의 옥외집회 허가문제로 옥신각신한 게 계기였다.

　김성곤은 집회허가에 반대했다. 56년 대통령 선거에서 신익희(申翼熙) 후보의 한강 백사장 유세 때문에 정권이 넘어갈 뻔했지 않느냐고도 했다. 그러나 김 부장은 야당을 겁낼 일이 없고 집회로 문제가 생기면 자신이 책임 지겠다면서 대범하게 허가하라고 주장했다. 김성곤이 "당신이 책임을 어떻게 지겠다는 거냐"고 맞받자 설전이 벌어졌다.

이 일이 있은 뒤 김 부장은 SK(김성곤)와 마주치면 '소가 닭 보듯' 했고 SK의 기업체를 세무사찰까지 했다.

그러나 권도에는 '영원한' 적도 동지도 없는 것일까. 김 부장은 68년 들어 당의장 김종필을 밀어내고 그 자리에 김성곤을 앉히려 시도한다.

68년 1·21 무장공비 서울 침투 사건이 났을 때였다. JP진영은 허술한 안보상태를 이유로 안보관련 책임자 인책공세를 꾸몄다. 목표는 JP진영을 철저히 짓눌러온 김형욱 정보부장 제거였다.

이 '음모'는 금방 김 부장의 네트워크에 포착됐다. 그는 즉각 JP를 당의장에서 밀어내고자 역습에 나섰다.

김 부장은 공화당 중진의원들을 하나씩 남산의 부장실로 불러 '김성곤 씨를 당의장으로 옹립하는 데 협조하라'고 종용했다. 그 대상에는 김재순 대변인도 포함됐다.

김 부장은 김 대변인에게 JP 제거에 협력하라고 윽박질렀지만 김 대변인은 그때만 해도 'JP맨'의 일원이었다. 김 대변인이 "당의 일에 김 부장이 콩 놔라, 팥 놔라 할 게 없지 않느냐"고 화를 내며 부장 책상을 걷어차고 나왔다. 김 부장은 비서실을 향해 "그놈 잡아넣어"라고 소리쳤다. 그러나 김 대변인과 잘 아는 문학림(文學林) 비서실장은 못 들은 체 해버렸다.

김 부장의 JP 제거작전은 좌절됐다. 하지만 "그런 식으로 당한 사람은 부지기수였을 것"이라고 김재순 의원은 회고한다.

그러나 김 부장은 JP계에 대한 보복을 단념하지 않았다. 68년 5월 국민복지회사건으로 끝내 JP는 당의장직을 물러나고 공화당을 탈당하게 된다.

개헌 서곡은 끝나고 돌격의 신호탄이 오른 셈이었다.

후계 물망 JP 철저히 짓밟으라 - 복지회 사건

68년 5월 공화당 내의 국민복지회사건 조사팀장은 중정의 방준모 감찰실장이었다. 복지회라는 조직구상을 갖고 김종필 당시 공화당의장 계열에 접근한 사람은 송상남(宋相南·예비역 공군 대령)이었다. 송상남은 공화당의 산업화정책에 따라 도시는 발전하고 있으나 농촌은 뒤지고 있으므로 농촌 근대화운동을 벌이자는 아이디어를 냈다.

그는 JP계의 6대국회 문공위원장을 지냈던 최영두를 찾아갔다. 최영두가 중정 연구실장을 할 때 송상남은 차장이었던 인연. 최영두는 송상남에게 공화당 원내총무도 지낸 김용태 의원을 회장으로 추대했으면 좋겠다고 했다. 김 의원은 "농어민 생활 향상을 위한 순수 연구단체"라는 말만 믿고 회장직을 승낙했다.

김용태 회장 명의의 취지문이 공화당 당원들에게 배포됐다.

"위대한 사회건설이 꿈일 수만은 없다. 이제는 악이 구축되고 정의가 승리하며 법이 시행되는 평화로운 사회가 건설돼야 한다. 민족의 오늘과 내일은 젊은 지도층의 어깨에 달려 있다."

복지회가 집권당 내부를 요동치게 한 사건으로 만든 장본인은 유승원(柳承源) 당시 청와대 민정수석비서관이었다. 뒷날 유는 김용태에게 여러 차례 자신의 잘못을 고백하며 사죄했다.

유는 장병문(張炳文)이라는 당원으로부터 "당내에 복지회라는 반국가단체가 조직되어 대통령 각하를 비방하고 있으니 고발한다"는 제보와 함께 취지문을 넘겨받았다.

유는 이를 박정희 대통령에게 보고했다. 박 대통령은 즉각 김형욱 부장을 불러 조사를 지시하며 JP계의 '불충(不忠)을 엄단'하도록 일렀다. (이상의 사실은 김형욱-김용태, 가해·피해측의 진술이 정확히 맞아 떨어지는 부분이다). 김 부장은 방준모 팀을 시켜 복지 회조직에 대한 사찰에 들어갔다. 이어 김용태, 최영두를 정보부로 연행했다. 두 사람에 대한 조사는 가혹했다.

당시 김용태 의원의 회고.

"정보부에 잡아다놓고 녹음 준비를 한 다음 자백을 강요했다. '박 대통령이 3선 개헌을 해서 다시 출마하는 것을 결사반대한다'고 자백하라는 것이었다. 자백하지 않으면 복지회의 각 도 책임자로 추대했다는 **신윤창**(申允昌·경기), 이승춘(李承春·강원), 오원선(吳元善·충북), 유광현(柳光鉉·전북), **박종태**(朴鍾泰·전남), **예춘호** 의원(釜山·경남), 모두를 국가보안법의 반국가단체 결성혐의로 입건하겠다고 협박하는 것이었다."

그러나 김 의원은 복지회 회장을 맡게 된 경위를 설명하며 '당 중 당' '불충 집단', 'JP사당'이라는 주장은 당치도 않다고 부인했다.

그는 도 책임자들도 아직 내락을 받지 않았으니 무슨 죄가 있느냐, 최영두, 송상남과 대질시켜 달라고 호소했다. 그러나 대질조차 허용되지 않았다.

중정은 송상남이 개인적으로 작성한 이른바 〈시국(時局)판단서〉('71년 대통령 선거 전망 분석)라는 것을 김 의원에게 제시하며 죄어댔다.

그 내용 가운데 '복지회는 여당내 야당', '67년의 선거부정은 박 대통령 책임', '앞으로 3선 개헌공작은 필연적이며 저지세력 확보 필요', '71년 대통령 선거 대안은 오직 김종필 당의장'이라는 대목을 들어 '반박(反朴) 운동'이 아니냐고 추궁했다.

김 의원이 송의 개인 문건이라고 항변해도 소용없었다. 가혹한 고문에 시달리다 못해 김 의원은 당의 제명 처분을 달게 받겠다고 손을 들어 버렸다.

최영두 전 의원도 무자비하게 당했고 송상남도 마찬가지였다. 모두 중정 김형욱 부장의 각본, 즉 '3선 개헌을 반대하고 JP를 차기 대통령후보로 옹립하려는 음모'라는 데 짜 맞추어졌다.

김 부장은 JP가 송상남의 시국판단서를 직접 읽었다는 서명을 찾아내지 못하자 읽는 것을 목격했다는 증인까지 조작했다.

박 대통령의 JP계에 대한 의심과 반감을 자극하기 위한 복지회 사건은 서울신문 전무로 있던 JP맨 윤일균에게도 파장이 미쳤다.

새벽 2시께 중정요원들이 대방동 집에 들이닥쳐 무기를 수색한다고 법석이었다. 윤일균은 "권총과 엽총을 모두 경찰서에 신고해 맡겨 놓고 있다"고 했음에도 요원들은 기관총, 박격포도 있다는 정보가 있다면서 철저히 뒤졌다.

국회의원 매질과 JP 은퇴

윤일균은 남산으로 끌려가서야 자신이 복지회 사건의 '혁명군 책임자'로 각색돼 있음을 알았다. JP가 대통령이 되고 육해공군 지휘책임자는 윤일균이라고 수사도표에 그려져 있었던 것이다.

밤샘 조사에도 불구하고 꼬투리가 드러나지 않자 김형욱이 부장실에 불렀다.

"미안해. 이○○이가 당신 조지라고 해서지. 내가 하고 싶어 그런 게 아냐. 내 차 타고 돌아가."

윤일균은 김형욱의 차를 타고 귀가했다.

예춘호 씨의 경우 세종호텔에서 방준모로부터 조사를 받았다.

"국민복지회라는 것을 아느냐고 물었다. 나는 처음 듣는 이름이기에 '전혀 들어본 일이 없다'고 대답했다. '그러지 말고 사실대로 이야기해 주셔야합니다' 하고 거듭 강조하며 대형 봉투와 얼마간의 서류 뭉치를 내 앞에 내놓으면서 '예, 의원님이 경남·부산책임자로 되어 있습니다. 김용태 의원과 가장 가까운 사인데 그가 하는 일을 모를 리가 있습니까.' 말은 계속 정중하였지만 조사관으로서 따지는 것은 아주 냉담하고 날카로웠다. 사실 김용태 의원과 나는 누구보다 가까이 지냈고 아침저녁 늘 함께 어울려 다녔으므로 그가 하는 일을 내가 모른다는 것은 말이 안 될 정도였다. 나는 모른다는 것으로 시종 일관했다. 그때 큰 봉투에 '김용태'라고 서명된 것을 보고 그 글씨는 김용태 의원의 필체임이 틀림없다고 느꼈으나 봉투와 내용물을 같은 것으로 생각할 수 없었다.

그런데 최영두 의원은 6대 국회의원이었으나 7대에 낙선하여 자주 만날 수 없었고 그것은 김용태도 마찬가지였다. 6대 때만 하더라도 최 의원은 우리들과는 입장이 달라 **장경순** 의원과 가까웠던 사람으로 우리들과 가깝게 지내지 않았다. 어떤 일이든 김용태 의원은 나와 상의하던 때인데 나에게도 알리지 않고 최 의원과 함께 이런 것을 구상하고 추진했다는 것은 이해할 수가 없었다.

당초부터 근거가 없는 일이라 형식적으로 조사를 하는 척한 것인지 '시간을 빼앗아 미안합니다. 오늘 일은 없었던 것으로 하고 입 밖에 내지 않으시면 좋겠습니다'하며 나를 돌려보내 주었다."

박 대통령은 김형욱 정보부장의 조사 보고를 받고 격노했다. 관련자 모두를 엄단하고 특히 국회의원들을 엄중히 조처하라고 지시했다. 김용태, 최영두, 송상남에 대한 공화당의 제명이 발표됐다. 당 기강을 문란케 한 해

당행위라는 명목이었다.

이 무렵 정가에는 복지회사건이 JP계를 치기 위한 모략으로 여겨졌다. 김 부장은 당의 원로격인 정구영 의원을 반도호텔로 초치해 일부러 설명하기도 했다. 일종의 자기 합리화 조처였다.

이를 눈치챈 정 의원이 김 부장에게 "정보부가 정치사건을 날조한다는 풍설도 있으니 조심하시오"라고 선수를 치며 쏘아붙이자 김 부장은 김용태 의원 등을 고문해서 뽑아낸 자료들을 내밀며 조작사건이 아니라고 해명했다는 것이다.

68년 5월25일 공화당의 복지회 관련자 제명이 있은 닷새 뒤 김종필 당의장이 돌연 정계은퇴를 선언해 버렸다.

그는 당의장, 의원직, 당적까지를 한꺼번에 팽개쳤다.

박 대통령 주변에서 끊임없이 JP자신을 음해 견제하고 3선 개헌을 추진하고자 하는 김 정보부장 이후락 비서실장 그리고 당내 '4인방'(김성곤·길재호·김진만·백남억)에 대한 반발이었다.

정치적 자살로 박 대통령에게 울분을 터뜨리는 의미이기도 했다.

복지회 사건은 전·현직 국회의원들을 고문한 최초의 일이었다. 몇 차례 의원들에 대한 협박과 테러는 있었지만 고문은 김용태 의원, 최영두 전 의원이 처음 당했던 것이다. 최 전 의원은 그 일이 있은 뒤 심신의 타격을 회복하지 못한 채 3년도 못 가 타계하고 말았다(당시의 정구영, 이만섭 의원 등은 '고문치사'로 단정했다).

그 무렵 대공 사건이 아니라도 중정의 고문은 가혹해지고 있었다.

68년 3월8일 동아일보에 '한은, 정부에 통화량 억제 긴축정책 건의'라는 기사가 보도됐다.

내용은 "재무부와 한은이 공동으로 예측한 국제수지 장기 전망에 의한 외환보유고가 70년 하반기부터 바닥을 드러내기 시작, 70년 말께는 마이너스 2,250만 달러가 될 것이다. 외채원리금 상환액도 70년엔 1억 2,400여만 달러에 달하는 등 외환 수입이 매우 비관적"이라는 것이었다.

　이 기사는 경제발전을 앞세워 3선 개헌도 강행하고 71년 이후에도 장기집권을 꾀하겠다는 박 정권의 의표를 찔렀다.

　동아일보 이채주(李埰柱) 경제부 차장(훗날 동아일보 주필), 박창래(朴昌來) 기자 등이 김형욱의 지시로 정보부에 연행됐다. 취재원으로 지목된 한은 관계자들도 남산으로 붙잡혀가 곤욕을 치렀다. 한은에서 홍완모(洪完模) 이사를 비롯해 박성상(朴聖相) 조사2부장(86년 한은총재) 안상국(安商國) 과장(제일증권회장) 등이 연행돼 갔다.

　수사요원들은 다그쳤다.

　"재무부 장관이 각하께 극비리에 보고한 내용 아닌가? 너희 은행에서도 이 자료가 나가면 어떻게 되리라는 걸 알지 않는가? 왜 기자에게 흘렸는가?"

　중정에선 박 기자와 한은관계자들을 반국가 사범으로 몰고 갔다.

　"너희는 정부에 불리한 것을 국민에게 알게 했으니 국가와 국민을 이간질하는 빨갱이다. 불신을 조장했으니 반공법 위반이야!"

　으름장에다 고문이었다.

　기자들은 비교적 가혹행위를 덜 당했으나 당시 한은사람 중에는 수일간 '바비큐 고문'도 당했다. 손발을 묶은 채 작대기를 꽂아 두 개의 책상 사이에 걸어놓고 물고문과 구타를 계속했다는 것이다.

　무슨 대역죄를 저질렀기에….

　박 정권이 무리한 3선 개헌으로 치닫는 길목에서 김형욱 정보부는 더욱 거칠어지고 있었다.

권총 들고 관리한 군납이권의 행방

김형욱 정보부장의 국민복지회에 대한 고문조사는 68년 6월 정치 쟁점으로 비화됐다.

야당은 현역 공화당 국회의원 김용태를 중정이 고문할 수 있느냐고 공세를 폈다.

당시 여야 총무회담에서 신민당의 정성태(鄭成太) 원내 총무는 중정의 의원 연행 조사를 따지기 위해 **정일권** 국무총리가 국회 본회의에 출석하라고 요구했다.

그는 "국민복지회 사건이 비록 공화당 내부의 파쟁이지만 중앙정보부가 국회 의원을 연행조사한 것만은 중시해야 한다"고 주장했다. 그러나 공화당 총무단은 "남의 집안일을 왜 국회에서 문제 삼느냐"고 달랬다. 정 총리 국회출석은 끝내 이루어지지 않았다.

그러나 김 정보부장과 길재호 공화당 사무총장은 야당의 엄포에 놀라 한동안 안절부절못했다고 당시 공화당 의원들은 회고했다.

복지회 사건으로 정치적 자살이랄 수 있는 정계은퇴를 감행한 김종필은 그 무렵 부산으로 훌쩍 떠났다가 서울로 돌아왔다.

그리곤 부인 박영옥 씨와 함께 청와대를 방문했다. 박정희 대통령 내외가 가족회식을 마련했다.

이 자리에서 박씨는 김형욱 부장의 횡포로 쌓인 울분을 터뜨렸다고 한다. "정보부장이라는 사람이 무슨 일만 생기면 집을 수색하겠다고 합니다. 우리 집이 무슨 음모를 꾸민다고 그렇게 뒤집니까. 설마 삼촌께서 시킨 일은 아니겠지요. 이이가 정치에서 물러났으니 삼촌 마음도 홀가분할지 모르겠습니다만… 우린 앞으로 조용히 살 테니…"

이때 박 대통령은 반응을 보이지 않았고 육영수 여사가 김 부장의 '권력 남용'을 거론했다고 한다. 육 여사는 복지회 사건으로 밀려난 김용태 의원에 대해서도 "그럴 분이 아닌데… 무슨 잘못을 저질렀는진 몰라도…"라고 했고, 남산에서 국회의원, 의원 비서관 심지어 운전사까지 잡아다 고문한다는 소문을 말하면서 그래선 안 될 일이라고 했다는 얘기다.

68년 12월《신동아》필화사건도 김형욱 정보부장시절의 대표적인 '졸작 사건'이었다.

그해《신동아》10월호는 미국 미주리대 조순승(趙淳昇) 교수(14대 민주당의원)의 논문 한 편을 실었다.〈북괴(北傀)와 중소(中蘇)분열〉이라는 제목.

논문 중 "45년 남 만주의 빨치산 운동 지도자 김일성과 그 추종자들은 소련서 훈련받은 한국인들과 함께 소련 점령군을 따라서 북한에 들어 왔다"는 대목이 있었다.

중정은 빨치산 운동 '지도자'라는 번역을 문제삼았다. 그건 영어 원문의 '리더'를 번역한 것이므로 실상은 문제될 내용도 아니었다.

12월6일 홍승면(洪承勉·작고) 논설주간과 손세일(孫世一) 부장(14대 민주당의원)을 반공법위반혐의로 구속했다.

《신동아》스스로 11월호에 "'지도자'는 공비두목의 오역"이라는 기사가지 곁들인 뒤의 일이었다.

《신동아》12월호가 '차관의 정치자금 의혹'을 다루었기 때문이었다. 동아일보정치부 김진배 기자(11대 민한당 의원), 경제부 박창래 기자가 함께 쓴 '차관' 기사는 차관도입에 편승한 재벌, 차관의 5%를 정치자금으로 떼는 관행, 그 정치자금을 여권의 4인(이후락·김성곤 등)이 공동으로 관리한다는 내용 등을 폭로하고 있었다.

김, 박 기자와 손 부장, 홍 주간, 유혁인(柳赫仁·90년대 공보처 장관과 포르투갈

대사 역임) 정치부 차장이 차례로 중정에 연행돼 조사를 받았다.

남산 조사 요원들의 초점은 언제나 그렇듯이 소스(취재원)를 대라는 것이었다. '이런 기사를 두 사람의 평소 취재와 머리로는 만들 수 없는 것이니 정부 여당에서 누가 흘렸느냐'고 다그치더라는 게 닷새 동안 조사받은 김진배 씨의 회고담.

그러나 김, 박 기자는 당시 국회 국정감사의 야당의원 발언록과 외자도입심의위원회의 자료를 중심으로 기사를 쓴 것이라고 버티었다. 그러자 중정은 다른 꼬투리를 찾다가 엉뚱하게도 10월호 조교수 논문을 들고 나와 반공법으로 걸었던 것이다.

굵은 이권 모두 남산 관리

김형욱 부장은 이 무렵 전모 국장을 시켜 동아일보 간부 기자들을 미행 사찰하고 관련 있는 기업체도 세무사찰토록 했다고 회고록에 썼다.

《신동아》사건은 곧 국회에서 문제가 됐다. **장준하** 의원은 "동아일보의 숨통을 끊어버리겠다는 저의에서 비롯된 일이다. 이래가지고 북과 어떤 정신적 바탕을 가지고 대결하겠다는 건지 한심하기 짝이 없다"고 성토했다. 송원영 의원도 "신문이 권력과 부패와 싸울 때 비로소 명의의 수술칼이 되고, 권력 부패의 앞잡이가 될 때 산적의 흉기로 변하는 것"이라며 《신동아》기사를 두둔했다.

그 무렵 정치자금 조성 관행은 분명히 잘못돼 있었다. 외자 차관을 기업체에 갈라주면서 공화당의 정치자금을 뜯는 것은 물론이고 중정 운영자금 일부도 스스로 업체에서 조달하는 비리가 빚어지고 있었다.

김 정보부장은 박 대통령의 재가를 받아 남산 주도로 군납조합이라는 것을 세웠다. 당시 국내의 미군군납 총액은 수억 달러에 달해 우리 경제에 큰 영향을 미쳤고 군납이권을 따기 위한 업자들의 경쟁이 치열했다.

업자 간의 뜨거운 경쟁은 덤핑을 유발, 주한미군의 군납예산을 모두 빼내지 못하는 상황이었다. 김 부장은 2차 세계대전 후 미군이 주둔했던 서독, 일본, 이탈리아 등지에서는 지하폭력조직(야쿠자 혹은 마피아)이 개입, 업자 간의 덤핑을 막고 결과적으로 미군 예산을 많이 끌어냄으로써 국익에 도움이 됐다는 보고를 받고 중정 주도로 덤핑방지기구(군납조합)를 세우기로 했다는 것이다.

김 부장은 방준모 감찰실장을 시켜 군납조합을 움직이게 했다. 방실장은 건설·물품·용역분야 군납업자들을 이권에 관한 '교통정리'를 하면서 커미션을 뜯어 모았다. 김 부장이 이를 받아 일부는 박 대통령에게 보내고 일부는 중정자금으로 쓰거나 착복했다.

이에 관한 확실한 증인은 김수한 전 의원.

7대 국회의원 시절인 68년 그는 윤보선의 비서 윤기대(11대의원)로부터 사업을 도와달라는 부탁을 받았다. 군산 미군비행장 건설 공사를 따내려고 하는데 정보부의 군납조합 때문에 도무지 끼어들 수가 없다는 호소였다.

김 의원이 압력을 가해 윤을 입찰명단에 올려놓았는데, 며칠 후 윤이 풀 죽은 채 찾아왔다. 남산의 방실장이라는 사람이 권총을 들이대며 입찰에서 빠지라고 강요하더라는 얘기였다. 김 의원은 국회예결위에서 이병두 중정차장을 세워놓고 "권총 들이대며 이권개입하는 게 중정 일이냐"고 따졌다.

그러자 김형욱 부장이 남산의 자기 방으로 김 의원을 초치했다. 김 부장은 양면궤지에 빽빽이 들어찬 현대, 대림 등 건설업체 명단을 내보였다. "덤핑을 막고 리베이트로 중정 운영자금도 쓰기 위해 미군공사만은 특별

관리하고 있으니 김 의원께서 이해해 달라. 이번 윤기대 일만은 특별히 보아드리겠다"고 김 부장은 설명했다. 윤기대는 군산 비행장 공사로 짭짤한 수입을 올렸다.

중정의 군납조합 운영은 70년대까지도 계속됐다. 김형욱 부장 뒤를 이은 **김계원**씨(5대정보부장)도 "내가 부장을 할 때까지 군납조합은 남산 관리였다"고 밝혔다. 당시엔 경제사정이 그만큼 어려웠고 각 분야가 제대로 짜이지 못한 탓도 있지 않겠느냐는 '해명'과 함께….

김영삼, 개헌 반대하다 초산 테러당해

69년 1월7일 공화당 의장서리 윤치영은 마침내 '3선 개헌 검토 중'이라고 발표, 가파른 개헌고지에의 돌진을 선언했다.

그제야 국민들은 68년 한 해의 구호가 '중단없는 전진'으로 내걸린 연유를 깨닫게 됐다.

공화당 정권의 3선 개헌 추진 최종 결정은 68년 말 삼청동 모임에서 내려졌다. 참석자는 김형욱 정보부장, 정일권 국무총리, 이후락 비서실장(이상 정부측), 윤치영 당의장 서리, 백남억 정책 위의장, 길재호 사무총장, 김성곤 재정위원장이었다. 이들 가운데 당측의 김성곤은 백남억·김진만·길재호 등과 '4인 체제'를 형성, 오래전부터 내각제 개헌을 꿈꾸면서 야당 보스 유진산과 내밀히 통하고 있었다.

그러나 김 정보부장·이 비서실장 등 박정희 측근들은 이런 내각제 개헌 구상에 박 대통령의 장기집권 욕구를 접목시켜 3선 개헌으로 권력구조 변경의 뼈대를 잡게 된다.

그렇다고 김 부장이나 이 실장, 김성곤 씨 등이 박 대통령의 의중을 앞질러 간 것은 아니었다. 개헌의 주역은 어디까지나 박 대통령 자신이었고 이들 당정요인들은 권력주변의 단물을 좇아 알아서 기고 부추긴 것일 뿐이었다. 이것은 김종필, 김재순, 이만섭 씨 등 정치인들의 종합적인 결론이기도 하다.

삼청동 모임에서 당측의 백남억은 개헌추진 결론이 나자 묘하게도 참석자들의 백의종군론을 폈다. "우리가 앞장서면 또 단물 빨려 한다고 세상이 욕할테니 모두 자리를 내놓자"는 얘기였다.

그러나 김 부장은 "우리가 왜 물러나야 하느냐. 물러나서 어떻게 개헌을 앞장서 추진할 수 있느냐"고 맞받았다. 결과적으로 박 대통령은 개헌주도의 두 기축을 정보부장과 대통령 비서실장인 김, 이 두 사람으로 삼았다.

오늘날 백남억의 백의종군론은 바로 그 같은 당의 개헌주도권 상실을 우려한 술수로 해석되고 있다.

공화당의 개헌추진 선언은 일파만파로 정국을 흔들었다.

야당가의 청년정치그룹 '4·19, 6·3 범청년회' (이기택 회장과 **최형우**, 조홍규, 박희부 주축) 는 개헌반대 전단을 뿌리고 다녔다. 이들은 정보부의 눈을 피해 버스 통풍구를 통해 전단을 뿌리기도 했고 극장, 백화점을 돌며 살포했다.

공화당 내의 JP계도 반발했다. 비록 68년 JP의 정계은퇴선언으로 뿌리가 뽑히다시피 한 조직이었지만 그 추종자는 적지 않아, 3월6일로 예정된 전당대회는 JP계의 반발과 저항 속에 무기 연기되고 말았다.

그리고 이어 권오병(權五柄) 문교부장관 해임안 처리를 둘러싼 공화당 내 개헌반대파의 4·8항명.

당시 야당은 권장관의 문교 행정 실패와 국회 사학특감(私學特監) 석상에서의 폭언 등을 이유로 해임안을 냈다. 거기에 여당내 JP계 **양순직**, **박종태**

예춘호, 정태성, 김달수 의원 등이 '반개헌' 세력이 힘을 과시하기 위해 야당과 손잡고 공화의원 중 40여 명의 항명표를 유도했던 것이다. 박 대통령은 이 결과에 대로했다. 이들 주동 의원 5명을 제명해 버렸고 이미 뿌리 뽑힌 JP계는 궤멸지경에 이르게 됐다.

69년 6월13일 국회 본회의에서 신민당의 원내총무이기도 한 **김영삼** 의원은 김형욱 정보부장의 개헌주도행위를 비난하고 나섰다.

"우리나라의 암적 존재요, 잡으라는 공산당은 안 잡고 엉뚱한 것을 잡고 있는 정보부가 개헌음모에 가장 깊이 관여하고 있다. 김형욱 정보부장에게 충고한다. 제2의 최인규가 되지 않기 위해, 민족의 영원한 반역자가 되지 않기 위해 그런 무리한 짓을 말라. 총리는 정보부장 파면을 대통령에게 건의할 생각은 없는가."

김 의원은 위장귀순한 간첩 이수근이 그해 1월 김포공항을 빠져나간 사실도 정보부가 까맣게 모르고 있었다고 폭로했다.

69년 6월19일 밤, 김영삼 의원은 서울 상도동 자택 입구에서 초산 테러를 당하게 된다. 세 청년이 승용차를 가로막고 싸우는 척하더니 그중 2명이 승용차의 김 의원석 문을 열려고 했다. 김 의원은 마침 승용차 뒷문을 안에서 잠그고 있었다. 문이 열리지 않자 청년들은 초산병을 승용차에 내던졌고 차체의 페인트칠이 녹아내렸다.

손등이냐 손바닥이냐

다음 날 열린 국회본회의에서 김 의원은 테러주범이 김형욱이라고 공격했다.

"이 독재국가를 끌고 나가는 원부(怨府)가 바로 중앙정보부요. 그 책임자 김형욱은 최인규와 같은 민족 반역자다. 이번 일은 나를 죽이기 위한 정보부의 음모다."

김 부장은 김 의원을 허위사실유포·명예훼손혐의로 고소했다. 국회 발언은 면책특권 때문에 문제삼을 수 없었으나 김 의원이 개헌반대 지방집회에서 '테러범 김형욱'이라고 한 것을 꼬투리 잡은 것이다.

이 고소사건은 결국 그해 개헌완료와 더불어 김 부장이 정보부를 물러나고 8대 의원(공화전국구)으로 진출하면서 스스로 취하해 버렸다. '김형욱 의원'은 김영삼 의원에게 "미안하게 됐다. 옛일을 잊어버리자"며 사과도 곁들였다고 한다. 초산 테러의 '진범'이 드러난 셈이었다.

김형욱 정보부장은 공화당 내 개헌반대 의원들을 회유하고 또 협박했다. 반개헌의 진원지라고 할 수 있는 정구영 의원 집에는 정보부 요원을 파견, 출입자를 체크하게 했다. 그러나 정 의원이 끝까지 개헌찬성 요구에 불응, 속리산으로 떠나버리자 **차지철**(당시 공화의원)·**김재규**(당시 보안사령관)까지 설득에 나서게 된다. 차지철은 자신의 결혼 주례이기도 한 정구영을 졸랐으나 실패했고 김재규도 정구영을 굴복시키지 못했다.

김 정보부장은 이후락 비서실장, 박종규 경호실장, 윤필용 수경사령관 등과 함께 JP를 개헌대열에 가담시키기 위해 무진 애를 썼다.

김 부장은 JP계 양, 예, 박종태, 오학진, 이진용 의원도 개헌대열에 앞장 서라고 협박했다. 김 부장은 양순직 의원을 세종호텔로 불러냈다. 그러나 양 의원이 끝까지 버티자 김 부장은 "혼자 반대하는 건 좋으나 동지규합은 말라"고 체념한 듯 말했다고 한다.

김 부장은 예준호 의원을 한남동 모 음식점에, 박 의원을 남산부장실에 불러 회유했다고 한다. 그러나 이들 핵심 JP계에게는 "반대운동이나 하지 말라"는 비교적 온건한 자세였다.

김 부장은 오히려 어정쩡하게 반대하는 의원들에게 고압적으로 굴었다. 의원에게 돈과 여자관계 등 약점을 들추며 오른손을 내밀곤 위아래로 뒤집었다는 얘기는 유명하다. 손바닥이 아래로 향하면 '찬성', 위로 향하면 '반대', 둘 중의 어느 쪽을 택할 것이냐고….

고(故) 정구영의 유언녹음집을 묶은 회고록에도 이렇게 나타난다.

"김형욱 정보부장은 나름의 수단과 방법을 가리지 아니하고 고압적인 압력을 가했다. 개중엔 의원들의 사생활까지 들춰 협박했다는 거야. 사실 사람 사는데 사생활 다 들추면 책잡힐 게 하나도 없는 사람 드물 거야. 호소작전, 강압작전 거기에다 막대한 금력으로 회유도 했다. 사람에 따라 각각 수단이 달라…."

세 야당의원 매수, 개헌대열 세우다

3선 개헌 고지는 예상했던 것보다 가파르고 험난했다. 야당, 종교계, 재야, 대학생, 고교생에 이르기까지 국회에서 거리에서 육탄으로 맞서 저항하고 반대했다.

공화당 정권 내부의 김종필 계열 의원들의 항거도 한동안 거셌다. 69년 4·8항명으로 공화당을 쫓겨난 김용태 의원도 반개헌대열의 일원이었다. 그는 골프연습장을 떠돌며 소외감을 달랬다.

그러나 개헌을 반대하는 그를 김형욱 정보부장은 내버려두지 않았다. 요원을 시켜 김용태에 대한 골프 코치를 못하도록 방해했다. 할 수 없이 육사 정래혁(丁來赫·81~83년 국회의장) 전교장의 도움을 받아 태릉 골프장에서 소일했다. 그것도 수삼 일, 육사 골프 코치도 "기관에서 지시가 있었다"

며 레슨을 거부했다.

김 의원은 하는 수 없이 서툰 실력으로 혼자서 필드를 돌았다. 69년 7월 어느 날 서울컨트리클럽에서 '외톨이 스윙'에 열중하던 때였다. 캐디가 쫓아와 '별 셋의 장군'이 찾고 있다고 전했다.

김재규 보안사령관(8대 정보부장)이었다. 그는 김 의원 집에 들러 양복까지 챙겨 왔노라며 옷을 갈아입고 청와대로 가자고 재촉했다. 박정희 대통령이 기다리고 있다고도 했다.

김 보안사령관은 당시 김형욱 부장과 정보책임자로서의 경쟁 때문에 무척 사이가 나빴었다. 둘의 박 대통령에 대한 충성 경쟁, 공 다툼이 극렬했다. 어느 쪽이 김용태를 개헌대열로 끌어들이느냐가 두 김 정보책임자에겐 중요한 문제였다.

그날 김재규에게 이끌려가서 박 대통령 앞에서 백기를 들었다. 거대한 개헌세력의 힘에 굴복하고 말았다. 그가 청와대의 박 대통령 앞에서 '자괴'의 눈물을 흘리고 있을 때 이후락 비서실장이 들어왔다.

이 실장은 "각하, 김 의원이 이제 기자회견만 하면 공화당 안의 잡음은 일소되겠습니다"고 말했다. 김용태가 회견을 거부하고 대통령실을 나서자 강상욱 청와대 대변인이 기다렸다는 듯이 또 기자회견을 하라고 종용했다.

김 의원이 "무슨 회견을 하라는 거요"라며 현관 쪽으로 걸어나왔다. 이때 난데없이 "이 XX, 기자회견을 하라면 하는 거지. 왜 그래"라며 김형욱 부장이 소리치며 나섰다.

김 의원은 그동안 쌓인 김 부장에 대한 울분을 참지 못해 "뭐야, 이XX, 보이는 게 없어"라고 소리치며 발길질을 했다. 김 부장이 2층 계단으로 달아나고 김 의원이 따라 올라갔다. 김 의원은 비서실장실 의자를 번쩍 들어 김 부장을 내리쳤으나 주위의 제지로 빗나갔다.

공화당 초대총재 정구영(변호사·작고)은 3선개헌지지 요청을 끝내 뿌리쳤다. 그는 '당원 박정희'가 공화당에 입당할 때 서류상의 보증인이었으나 뒷날 자신이 거꾸로 탈당 압력에 시달렸다. 오른쪽부터 박대통령, JP, 정구영, 김성곤 씨.

끝까지 개헌을 반대한 정구영 의원도 김 정보부장에게 시달려야 했다.

정 의원의 큰아들(진영)은 6·25때 월북, 김일성대학에서 교수를 하는 등 아들 셋이 북에 머물고 있었다. 북한당국은 64년 정 의원이 국회사절단 대표로 일본 오사카를 방문했을 때 진영을 시켜 안부를 묻는 편지를 은밀히 전달했다. 정 의원은 고민 끝에 김종필 당의장에게 이 문제를 상의했다. 김 당의장은 웃는 얼굴로 "편지는 불태워 버리십시오. 정보부나 관계기관에는 제가 대신 말씀해 드리겠습니다"라고 해서 정 의원은 잊어버리고 있었다.

69년 6월 5년여가 지난 때 정보부는 3선 개헌에 반대하는 정 의원 가족에 이 문제를 제기했다. 정 의원, 아내, 큰며느리, 사촌 정구충 씨(의학박사)를 불러 10여 시간씩 신문했다. 수사관들은 가족에게 "정 의원께서 부장님(김형욱)한테 전화 한번만 하면 끝날 일"이라며 정 의원에게 우회적으로 압력을 넣었다.

69년 7월 정보부 요원이 정 의원을 직접 찾아와서 신문을 벌이기도 했다. 내용은 북의 큰아들에 관한 것이었다. 정 의원은 "자식들로 인해 내가 반공법을 어긴 건 없다. 내 결심(개헌반대)은 자식 문제로 구애받지 않겠다"며 끝까지 견뎌냈다. 그래서 노 변호사 정구영의 원칙론과 투혼은 사후인 지금까지도 잊혀지지 않고 있다.

입당 보증인 내쫓다

그리고 공화당 정권의 도덕성은 뿌리부터 썩어가고 있었다. 박정희와 개헌추진세력은 정구영에게 개헌동참이나 탈당을 강요해선 안 될 이유가 있었다.

63년 8월30일 박정희가 육군대장 전역식을 마치고 곧 공화당사에 돌아와 입당절차를 밟았다. 바로 그날 박정희 '당원'의 신원보증인이 정구영이었던 것이다. 피보증인이 보증인을 핍박하고 내몬 패륜과 우격다짐이 그 후의 공화당을 지배하게 됐다.

정구영이 시달리던 바로 그 무렵 김종필 자신도 김형욱 부장 등으로부터 개헌전선 동참압력을 받고 있었다. 그리고 결국 개헌찬성으로 돌아섰다. 이것이 오늘날 JP정치의 '영원한 멍에'가 되었다.

오늘날 JP의 말.

"나도 그 점(3선 개헌)에 대해 죄송한 마음 금할 수 없다. 그러나 나 하나 안 굽혔다 해서 되는 게 아니었다. 그 어른(박정희)과 의견이 달라 한때 떨어져 나가 있었지만 그분이 뜻을 굽히지 않으실 때는 내가 따라갈 수밖에 없었다. 내가 유교적인 집안에서 자라서인지, 임금이 임금답지 못하더라도 신하는 신하다워야 한다고…."

그러나 JP의 자학과 비탄이 깃든 해명은 오늘날 설득력을 갖지 못하고 있다. 타협주의 패배주의의 소산일 뿐이며 '역사적 범죄'를 뿌리치지 못한 과오였다는 비판에서 자유로울 수 없다.

어쨌든 김종필은 '개헌찬성'을 외치고 설득하는 마이크를 잡고 말았다. 69년 8월7일 공화당 의원총회는 임기 4년제 개헌안을 당론으로 확정했다.

거기에 이르기까지 우여곡절도 많았다.

김 정보부장은 야당의 개헌반대 전열을 교란하기 위해 야당의원 매수 회유공작을 벌였다. 군 출신의 신민당의원 조홍만(曹興萬·전국구), 그리고 뒷날 여고생 성추문을 뿌린 성낙현 의원(경남 창령), 연주흠(延周欽) 의원(전국구) 셋을 개헌찬성 대열로 돌려세웠다. 김 부장은 이들을 포섭하는 과정에서 "적지 않은 정치자금이 넘어갔다"고 회고록에 썼다.

이들의 이탈은 7월29일 발표됐다. 그날 오전 신민당의 유진오 당수는 기자회견에서 "집권당 안에도 역사의 죄인이기를 거부하는 용기와 소신이 있는 의원들이 있어 3선 개헌은 국회에서 저지되고야 말 것"이라고 장담했다.

그러나 바로 그날 오후 의표를 찌르기라도 하듯 조홍만이, 30일에는 연이 개헌지지 성명을 내고 말았다.

충격에 휩싸인 신민당은 세 '변절자'의 의원직 박탈을 위해 당을 해체키로 했다.

당시 정당법은 당을 해체하면 전국구의 경우 의원직을 자동으로 상실케돼 있었다. 신민당은 3인을 무기정권처분한 뒤 소속 의원 전원을 변절자를 막지 못한 책임을 묻는 형식으로 당기위에 회부, 제명해 놓고 9월7일 당 해체를 결의해 버렸다. 해체와 동시에 새롭게 원내 교섭단체 가입원과 신당 창당준비위원 승낙서를 작성, 차례로 서명하는 절차를 밟았다.

개헌저지 투쟁을 위해, 빈대 잡기 위해 초가삼간을 불태우는 역설의 정치였다.

김형욱·이후락, 개헌의 희생양 되다

69년 7월29일 야당의원 조홍만, 성낙현의 변절 선언(3선 개헌지지)은 개헌안발의를 위한 전주곡으로 마련되었다.

바로 그날 공화당은 서울 영빈관(호텔신라 자리)에서 의원총회를 열어 개헌안을 발의할 참이었다.

다음 날인 7월30일 새벽 4시40분까지 무려 18시간이나 진행된 소란한 의총은 3선 개헌안 서명발의로 끝났다. 그리고 공교롭게도 의총은 3선 개헌의 '행동대장' 김형욱 정보부장의 정치생명을 '시한부'로 묶게 된다.

의원총회에서 '고양이 목에 방울'을 단 사람은 **이만섭** 의원이었다. 의원들 간에 개헌 찬반시비와 토론이 거듭되던 중 이 의원은 의사 진행 발언을 얻어나섰다.

"우리가 개헌을 결의해도 지금 공화당의 모습으로는 국민을 납득시킬 수 없다. 공화당부터 고칠 건 고치고 자가숙정부터 하고서 국민의 양해를 구하는 게 정치도의다. 3선 개헌에 앞서 5개항의 선행조건이 충족돼야 한다."

이 의원은 첫째 권력형 부정부패 책임자 이후락 대통령비서실장, 김형욱 정보부장은 즉각 물러날 것. 둘째 중앙정보부는 대공사찰에만 전념하고 정치사찰은 일체하지 말 것을 요구했다. 이밖에도 당내 민주개혁, 공명

정대한 국민투표 실시, 제명 의원(예춘호, 양순직 등)을 복당시킬 것 등을 촉구했다.

김 정보부장으로서는 돌연한 사태였다. 개헌 이후의 '길어질 박정희 시대'를 내다보고 가파른 개헌고개를 넘고 있는 그에게 '개헌을 위한 선행조건'으로 정보부장을 그만두라는 것은 참으로 분통터질 노릇이었다.

그러나 그는 이미 파워게임의 덫에 걸려들고 있었다.

김성곤 씨 중심의 공화당

SK 등 4인 체제는 김형욱 정보부장과 이후락 비서실장을 희생양으로 삼아 3선개헌의 돌파구를 열어갔다. 사진은 69년 7·29 영빈관의 공화당 의원총회 도중 청와대로 올라가는 김성곤 재경위원장과 장경순 의장(오른쪽).

'4인 체제'와 김종필 계열인사들은 절묘하게도 대통령 측근 김형욱과 이후락을 공동의 표적으로 삼아 개헌 동참의 돌파구를 열어가고 있었다. 4인 체제로서는 김 부장, 이 실장의 실력이 너무 두드러져 3선 이후 시대에 대비해 견제할 필요가 있었다. 그리고 JP계로서도 어차피 당내 개헌 대세를 좇을 수밖에 없는 처지에 미운 사람들이라도 쫓아내고 싶었다.

김 정보부장은 이 실장과 더불어 공화당내에서 '공공의 적'이 되고 있었다. 개헌대열의 첨병이던 그들이 고지가 가까워오면서 후미로 밀려나는 것이 참으로 아이러니였다.

김 부장은 의총에서의 이만섭 발언을 전해 듣고 곧장 청와대로 이 실장을 찾아갔다. 김 부장은 "이만섭이를 내가 죽여야겠어. 김성곤이도 잡아넣을 걸 그랬어"라고 이 실장에게 흥분한 듯 말했다.

이 무렵 박 대통령도 의총의 '선행조건'이라는 얘기를 들었다. 그는 화를 내며 집무실 책상을 걷어차고 컵을 집어던지며 "무슨 놈의 선행조건이야. 개헌에 도장을 찍으려면 찍고 말려면 말지"라고 호통을 쳤다. 빨리 개헌안이나 발의하라는 투였다.

청와대 분위기는 곧바로 의총장에 전달됐다. 특히 김 부장의 "김성곤도 잡아넣을 걸…" 발언은 의총 분위기를 자극했다. 김성곤 의원 자신은 단상에 올라가서 "김형욱 정보부장이 나를 죽이겠다고 한다. 내가 정치생활을 한 이래 이런 일은 처음 당한다"고 고발했다.

이어 백남억 의원이 중앙정보부와 청와대 비서실의 횡포를 규탄했다. 또 이만섭 의원이 올라가 극언을 했다.

"김형욱, 이후락이를 여기에 불러내 사표를 받자. 어차피 어느 쪽이 죽든지 죽을 판인데 오늘 결판내자. 김형욱이가 기관단총을 갖고 오건 권총을 들고 오건 죽기 살기로 결판내야 할 게 아닌가."

이 의원은 그날 김 부장의 보복이 두려워 서울 북아현동 집에도 못 가고 친척집에서 잤다. 실제로 김 부장은 중정의 간부 두 사람을 불러 국가기밀문서 보관함에서 권총을 꺼내놓고 "이만섭을 없애라"고 지시했다고 한다.

(이만섭 회고록《증언대》107쪽)

이 같은 낌새를 알아차린 김성곤이 나섰다. 박 대통령에게 "국민투표를 앞두고 이만섭이 다치게 되면 정국이 크게 혼란해진다"고 보고하자 박 대통령은 김 부장을 직접 불러 제지했다는 것이다.

김형욱은 김성곤의 영빈관 의총 공격에 이를 갈았다.

김형욱은 정보부 내 김성곤의 계보를 뿌리 뽑겠다며 3국(국내정보·정치담당)의 과장급 김정섭(79년 10·26 당시 중정 차장보)과 임호준 등을 자르도록 3국장 전재구에게 지시했다.

"경북 출신 아이들이 김성곤이 봉투 받으면서 정보를 몰래 흘려주는 거야. 다 잘라!"

전재구는 마땅치 않다고 했다. 구체적인 잘못이 드러나면 모를까 '혐의'만으로 쫓아낼 수 있느냐고 했다. 3선 개헌 국민투표를 며칠 앞둔 69년 9월초순 3국장 전재구도 날라갔다. 후임은 김형욱이 그의 회고록에서 호평한 동향 출신 김영민이었다. 육사 8기 김영민은 63년 대통령 선거 때 이미 3국장을 했던 인물이었다. 김영민은 곧 김계원 부장이 들어서자 역시 8기생 정무식에게 3국장을 넘겨주게 되었다. 그리고 김계원은 야당 대통령후보로 김대중이 떠오르자 전재구를 3국장으로 다시 부른다.

69년 9월14일 새벽 2시. 3선 개헌안은 국민투표법안과 함께 국회 제3별관에서 날치기 통과되었다. 이효상 국회의장을 비롯한 공화당 의원 등 122명이 본 회의장에서 농성중인 야당 몰래 전격처리해 버린 것이다.

김형욱은 '날치기 처리'가 '개헌안 통과'로 신문에 보도되도록 하라고 신문사에 파견한 정보부요원들에게 지시했다. 정당성이 결여된 폭력적인 의사당의 관행처리가 더 이상 세간에 욕을 먹지 않도록 하라고 했다. 당시 동아일보 편집부장 권도홍 씨(92년 도서출판 청산 대표)의 증언.

"김○○이라는 담당요원이 '처리'가 아닌 '통과'로 제목을 달라고 압력을 넣었다. 그러나 당시 울분을 느끼던 편집국 기자들의 감각으로는 도저히 굴복할 수 없는 문제였다. 결국 '개헌안 변칙처리'로 제목이 나갔다. 그랬더니 다음 날 김의 얼굴이 여기저기 멍이 든 채 나타났다. 김형욱 부장한테 직접 얻어맞았다고 말하는 것이었다."

국회 날치기 처리 후인 9월22일에 중정은 개헌 반대운동을 가두에서 가장 극렬하게 펼쳤던 '4·19, 6·3 범청년회' 소탕작전을 전개했다. 국민투표를 앞둔 끝내기 수순이었다.

"최형우! 넌 사상이 이상해"

모임의 사무총장을 맡았던 **최형우**는 중정 제5국으로 잡혀갔다.

조사관들은 전깃불도 꺼버린 어둠 속에서 최형우를 잠도 안 재우고 이틀간이나 주먹질 발길질을 해대고 몽둥이로 두들겨 팼다. 뒤로 수갑을 채운 뒤 마구 밟아대거나 침대목으로 때렸다. 때로는 손을 앞에 모으게 하고 날카로운 쇠붙이로 톡톡 찌르는 고문도 했다.

3선 개헌을 반대해서 사회를 혼란케 했고 북괴를 이롭게 한 용공분자라는 것이었다. 그리고 청년회의 조직의 전모와 지원 세력, 그간의 활동 내용을 털어놓으라고 다그쳤다.

조사 20여 일이 지난 어느 날 수사관은 김형욱 정보부장 앞으로 최형우를 끌고갔다.

김 부장은 "너희들이 개헌을 반대하는 것 자체는 죄라 할 수 없다. 너무 과격하게 반대하니까 북괴가 선전자료로 쓰지 않느냐. 그러니 이적 용공 행위 아니냐"고 말했다.

김 부장은 이어 최형우에게 "학비일체를 보태줄 테니 미국 유학이나 가라"는 것이었다. "쓸데없이 나서 보았자 아무 소용없을 테니 모든 걸 포기하라"고 덧붙이기도 했다.

그러나 최형우는 거절했다. 김 부장은 "최형우, 너는 정말 사상이 이상한 놈이로구먼"이라며 화를 냈다.

20여 일의 구금 끝에 최형우는 10월 어느 날 밤 중정차에 실려 서울 시내 알 수 없는 곳에 버려졌다. 혹독한 고문의 상처 때문에 움직일 수조차

69년 신민당의 3선개헌 저지투쟁에는 유진오 총재(왼쪽)와 유진산(오른쪽), 이재형(가운데) 부총재도 앞장섰으나 무위에 그쳤다. 지금은 3인 모두 고인이 되었다.

없었다. 행인에게 부탁해 집에 전화를 걸게 하고 아내 원영일이 마중나와 겨우 귀가했다. 이미 3선 개헌안은 국민투표까지 끝나 확정돼 있었다.

2년 후인 71년 6월. 김형욱의 도미 유학 제의를 뿌리친 최형우는 8대 신민당 의원으로 당선되어 역시 공화당 전국구로 들어온 '김형욱 의원'과 국회의사당에서 마주쳤다.

최 의원은 일부러 김 의원에게 "당신 말대로 유학 갔더라면 여기서 못 만났을 텐데"라고 쏘아주었다.

"오세응 죽여" 명패 들고 설친 김형욱

3선 개헌안이 국민투표로 확정된 것은 69년 10월 17일이었다. 누구나 예상했던 대로 대통령 박정희의 집요한 권욕의 승리였다. 정확히 10년이 지난 79년 10월 26일 박정희 암살로 파탄에 이르고 마는 권불십년(權不十年)을 모른 채….

총 투표 수 1,160만여 표 중 찬성 755만여 표, 반대 363만여 표로 찬성율 65.1%였다. 청와대와 정보부, 그리고 범여 기득권 세력이 혼신의 힘으로 밀어붙인 결과치고는 초라한 내용이었다. 그만큼 국민들이 집권자의 '개헌병'을 경계한 탓일까.

어쨌든 헌법을 파괴하고라도 '박정희 시대'를 연장하려는 작전은 일단 성공했다.

그로부터 사흘 뒤인 10월 20일. 박 대통령은 개헌의 두 기축이었던 김형욱 정보부장과 이후락 대통령비서실장을 잘랐다.

후임 정보부장은 육참총장을 지낸 **김계원**. 새 비서실장은 재무부·상공부 장관을 지낸 **김정렴**(金正濂). 두 사람 모두 비교적 소리나지 않게 일하고 박 대통령에겐 지극히 고분고분했던 인물들이었다.

박 대통령은 김형욱을 정보부장에서 내치면서 전혀 내색을 하지 않았던 것 같다. 마치 유임시켜 줄듯이 연막을 치면서 한순간에 바꾼 듯하다. 반면 이후락은 자신이 비서실장에서 해임될 것을 알고 있었다고 한다.

김상현 의원의 증언.

그는 71년 박정희-김대중 후보가 맞붙은 대통령 선거 때 김대중 후보의 비서실장이었다. 김 의원은 김형욱을 만나 부정축재자 명단을 얻을 수 있느냐고 타진했다.

그때 김형욱은 "대통령은 나한테 어느 날 갑자기 그동안 수고했으니 당분간 쉬라고 했다. 6년 반 동안 그 사람을 위해 온갖 악역을 다해 왔는데 해임이라니 망치로 얻어맞은 것 같았다. 갑자기 당한 일이라 미칠 것만 같았다. 그래서 비밀서류 한 장도 못 갖고 나왔다"고 답변했다는 것이다. 나는 새도 떨어뜨릴 듯하던 정보부장 김형욱의 권세는 그것으로 끝이었다. 그리고 이후 그의 '여생 10년'은 지독한 불행이었다.

정보부장을 그만 둔 직후 김은 스스로 저질러 온 짓에 대해 보복을 당하지 않을까 불안 초조해했던 것 같다. 그는 부인과 함께 김용태 의원 집 등을 찾아가 과거지사를 '사죄'하면서 용서를 구하기도 했다.

피해의식도 컸던 것 같다. 후임 김계원 부장은 박 대통령으로부터 몇 차례 "김형욱이 뒤를 캔다고 자꾸 불평인데 사실이냐"는 얘기를 들었다고 한다.

김계원 씨의 증언.

"김형욱이 박 대통령에게 자꾸 얘기했던 것 같다. 김계원이가 들어서서 심복들을 다 자르고 뒷조사하면서 괴롭힌다고…. 그래서 나는 박 대통령에게 말씀드렸다. '내가 김형욱 부장한테 신세도 지고 무서워했던 사람인데 그럴 리가 있나요…. 내 성격을 각하께서 잘 아시지 않나요'라고…."

그러나 김형욱은 회고록에서 상반된 주장을 펴고 있다.

'김계원은 연대 동문인 김해영(金海榮·예비역 대령)을 감찰실장으로 앉혀 특별히 내가 사랑했던 부하와 나의 동향 황해도 출신들을 무조건 파면하고 축출하는 데 혈안이 되었다. 나의 집 주변을 노골적으로 감시도 했는데 한번은 수상쩍게 여겨 붙잡아 경찰에 넘겨보니 중정요원이었다. 김해영은 김종필의 정보비서관이었던 김홍래와 짜고….'

두 김의 엇갈리는 주장에 대해 당시 정보부에 몸담았던 K는 이렇게 설명했다.

"김계원 씨가 특별히 김형욱 사람들을 자르고 뒷조사하도록 하지는 않았던 것 같다. 다만 김형욱이 심은 사람 가운데 문제점이 많아서 탈락한 사람은 있었다. 그리고 전임부장을 포함해 누구에 대한 정보라도 수집하게 돼 있는 게 정보부라는 조직 아닌가"

김형욱은 71년 대통령 선거 때 비밀리에 김대중 후보 선거자금도 댔다. 정보부장 시절 잘 통했던 기업인들(특히 이북 출신)과 김상현 의원을 맺어주기도 하고 각종 정보도 제공했다. 특히 김 후보의 3단계 통일론과 4대국 안전보장안에 대해서도 얼마간 자신의 견해를 얘기해 주었다.

박 대통령이 지극히 적대시했던 김대중에게 김형욱이 한 다리를 걸친 배경에 대해서는 구구한 추리가 있다.

그러나 자신을 잘라버린 박 대통령에 대한 반감, 그리고 야당의 보복을 피하기 위해서는 대권주자가 된 김대중을 붙잡아야 한다는 계산이 어우러진 결과라고 보아야 할 것이다.

어쨌든 '정보쟁이' 김형욱의 이 기회주의적인 처신은 73년 4월 그를 미국 망명길로 접어들게 한 계기가 됐다. 그리고 김상현이 유신 선포 이후 중정에 끌려가 사경에 이르도록 얻어맞고 '대통령 선거 자금 출처'를 추궁당하게 된 원인이 된다.

김형욱이 71년 5월 공화당 전국구의원으로 국회에 진출했을 때까지만 해도 박 대통령은 김형욱의 복잡한 흉중을 헤아리지 못했던 것 같다. 전국구 순번은 김종필, 정일권, **백두진**, 길재호에 이어 다섯 번째였다.

8대국회 '초선' 김형욱 의원은 많은 일화를 남겼다.

좌석 배치가 의장석 쪽(앞쪽)으로 치우쳐 있자 스스로 명패를 들고가 뒤쪽 정일권 의원 옆자리에 앉기도 했다(지금도 의원들은 이석(離席)해도 남의 눈에 잘 안 띄는 뒷자리를 선호한다).

  군 선배인 이세규 의원(육사 7기)이 인사를 받지도 않고 지나쳐버리자 김 의원은 화장실까지 쫓아가 화풀이를 했다.

알아도 말 못하는 여당이 답답하지!

  72년 3월13일 국회 외무위에서 김 의원은 야당의 **오세응** 의원의 발언에 자극받아 '활극'을 펼치기도 했다.
  오 의원의 발언요지.
  "미하원의 캘리포니아 출신 의원(리처드 해너)이 69년 7월에 어떤 한국사람(김형욱)을 세계의 영웅으로 만드는 발언을 했다. 그 사람은 공화당의원총회에서도 경질해야 한다고 했던 사람이다. 내가 뒷조사를 해보니 박 아무개(박동선)라는 부도덕한 장사꾼이 여기 끼어들어서 영웅시되는 그 사람(김형욱)에게 이권을 받고 미 의원은 자기 출신구의 쌀을 팔아먹는 교환조건으로 일어난 일이었다."
  분명 동료 김형욱 의원을 지칭하는 발언이었다. 김 의원은 웃옷을 벗어 부치며 위원회 석상의 명패를 집어들어 오 의원을 때리려 했다. 이동원 위원장, 장덕진 의원 등이 말리고 이때 두 의원의 설전에 강성원 의원(공화)이 뛰어들었다.
  강 의원 "동료의원 얘기를 함부로 들먹이는 게 아니오. 말조심 하시오."
  오 의원 "당신 충성하는 것은 다 안다."
  강 의원 "아니 충성이란 무슨 말이오. 해명하지 않으면 가만히 안 있겠소."
  이때 강병규 의원(공화)이 나서 "충성이란 말이 뭐가 나쁜가. 국가에 대한 충성인데…"라고 위트 있게 중재해 싸움은 가까스로 가라앉기 시작했다. 이때 김형욱은 의석에 앉은 채 계속 흥분을 감추지 못했으나 **윤제술** 의원(신민)이 "이게 무슨 짓들인가. 개싸움이다"고 나무라고 여야의 동료의원들이 말리자 싸움은 잠시 가라앉는 듯했다.

서로의 신상문제까지 비난이 번지자 논쟁은 가열됐다.

김 의원 "나도 오 의원 신상 얘기를 하자면 할 말이 많아."

오 의원 "무슨 얘긴지 말해보시오."

김 의원 "3선 개헌 때 당신은 내가 보내준 여비로 국내에 왔어."

오 의원 "그건 유진산 의원도 알지만 나는 미국유학생회장 자격으로 왔고 당신 돈이 아니라 국민의 세금으로 온 거요."

김 의원 "그럼 어째서 공항에 내리자 맨 먼저 나한테 찾아왔어?"

싸움이 약 15분 동안 이렇게 계속된 끝에 가라앉자 김형욱은 의석에 앉은 채 "오 의원, 내용을 알고 얘기하시오, 알고도 말 못하는 여당의원은 더 답답하지…"라고 푸념했다.

이동원 위원장, 송원영 의원(야측간사)이 양인을 화해시키려 애썼고 바로 당일 밤 김형욱이 청운각 요정에서 외무위원 전원에게 술을 사는 것으로 사태는 일단락됐다. 이날의 활극이 인연이 되어 오 의원은 김형욱과 70년대 후반까지 호형호제(呼兄呼弟)하며 지내는 각별한 사이가 됐다.

그리고 오 의원의 그날 발언은 70년대 한미관계를 요동치게 하고 박정희, 김형욱의 운명을 좌우하게 한 박동선 사건(코리아게이트)의 최초 폭로였다. 김형욱을 치켜세웠던 리처드 해너는 훗날 미국에서 의원직을 박탈당하고 체포되는 비극의 주인공이 된다.

자리도 돈도 총도 뺏긴 불귀의 망명길

시인 가운데 천상병(千祥炳)이라는 이가 있다. 그는 오늘날 김형욱 정보부장 시절의 한 증인으로 남아 있다.

> 아이론 밑 와이샤쓰같이
> 당한 그날은…
> 이젠 몇 년이었는가
> 무서운 집 뒷창가에 여름 곤충 한 마리
> 땀 흘리는 나에게 악수를 청한 그날은……
> 내 살과 뼈는 알고 있다
> 진실과 고통
> 어느 쪽이 강자인가를.

천 시인의 〈그날은〉이라는 시(詩)다.

천상병 씨는 67년 7월 동베를린 간첩단 사건에 연루돼 약 6개월 동안 구금당했다. 자신의 에세이집 《괜찮다, 다 괜찮다》라는 책 31쪽에서 중정 구금 기간을 이렇게 썼다.

"67년 7월 내 인생은 사실상 끝났던 것이다. 정보부에서는 나를 세 번씩이나 전기고문하며 베를린 유학생 친구와의 관계를 자백하라고 했지만 나는 몇 차례 까무러쳤을망정 끝내 살아났다. …나는 찢어지는 고통도 이겨냈다. 지금도 몸서리가 쳐진다. 고문을 한 놈을 찾아 죽이고 싶은 심정일 때도 있었다. 그러나 나는 이겼으니 이것으로 만족한다. 나는 다리를 비틀거리며 걸어다니지만 진실과 허위 중 어느 것이 강자인가를 알고 있다."

69년에 6년 3개월의 정보부장을 마친 김형욱은 재임중의 월권과 횡포로 상처받은 사람들로부터 원성을 듣고 협박도 받았다. 권총도 반납하지 않고 버티다 새로 온 김치열 차장과 다툰 그는 73년 4월 소리 없이 미국으로 빠져나갔다.

천상병은 중정에서 나온 뒤 행려병자로 서울시립정신병원에 오랫동안 유치됐다. 그의 생사를 모르는 친구 시인들은 '유고'를 묶어 《새》라는 시집도 냈다. 살아 있는 시인의 유고시집이 발간되는 공전절후(空前絶後)의 일이리라.

70년대 초 김형욱은 밤이면 협박전화에 시달렸다고 한다. 그의 정보부장 시절 가혹행위로 재산과 지위를 뺏기고 더러는 불구가 된 이들이 연일 저주를 퍼부었다. 체신부에 부탁해서 전화번호를 바꾸어도 마찬가지였다.

오세응 의원의 증언.

"8대의원 김형욱은 확실히 피해망상증에 빠져 있는 듯했다. 스스로 남에게 심하게 굴었기 때문에 적이 너무 많다는 걸 잘 알고 있었다. 그래서 협박전화도 받고 불필요하다 싶을 정도로 굽실거리기도 하고…."

김형욱은 예춘호, 양순직에게도 '과거지사'를 잊어버리라며 양해와 용서를 구했다. 양순직에 따르면 골프 실력이 싱글인 김형욱이 일부러 양순직 쪽으로 공을 쳐서 떨어뜨리곤 찾아와서 "이제 생각하니 당신들의 생각(3선 개헌 반대)이 옳았다"고 푸념처럼 말하더라는 것이다.

이중재 의원도 김형욱 의원의 돌연한 저자세를 경험했다. 이 의원은 69년 보궐선거(全南筏橋) 출마 시 중정에 불려간 일이 있었다. 그는 재일실업인이고 집안 동생인 이창재로부터 얼마간의 선거자금을 얻어쓰고 있었다. 중정은 이창재를 조총련계로 몰아 "당신 이중재는 빨갱이 자금을 얻어썼으니 선거를 포기하라"는 협박이었다. 그러나 이중재는 "창재가 재동경(東京) 전남교민회장인데도 그렇게 몰 수 있느냐"고 엿새 동안이나 버티고 끝내 보선에서 이겨 국회에 진출했었다.

8대 국회 등원이 이루어지자 곧 김형욱 의원은 이중재 의원을 찾아가 '전비(前非)'를 사죄했다는 것이다.

72년 기업의 자금난을 해소하기 위한 8·3사채동결조치라는 것이 있었다. 헌법상 대통령 비상긴급조치권에 따라 기업과 채권자의 채무 관계를 8월3일자로 무효화, 새로운 계약으로 대체하는 충격적인 경제조치였다.

개에 물린 도둑

이 때문에 상당수 부정축재자들이 타격을 받았는데 김형욱도 예외가 아니었던 것 같다.

김계원 씨(5대 정보부장)는 필자에게 이렇게 말했다.

"이후락 씨에게 정보부장을 인계하고 주중(駐中) 대사로 있던 72년 여름 김형욱이 대만에 들렀다. 나를 만나자 대뜸 하는 말이 8·3 사채동결조치로 큰 피해를 봤다는 것이었다. 민주자본주의 국가에서 그런 강제 조치도 있을 수 있느냐고 불평이었다. 자기나 나나 정보부장을 지내 서로 믿을 수 있는 처지라서 한 말이겠지만…."

김형욱이 8·3조치로 얼마나 재산을 날렸는지는 확인하기 어렵다. 다만 그가 직분을 이용해 번 상당액을 익명으로 기업에 빌려주었는데 채권신고를 할 경우 실명이 드러날 것이기 때문에 '도둑이 개에게 물린 격'으로 떼이고 말았던 것 같다. 8·3조치는 '무신고'의 경우 사채청구권과 담보권이 모두 소멸되도록 했던 것이다. 힘도 떨어지고 돈도 날리고 사는 낙이 없는 세월이었다.

그는 72년 10월17일 국회 외무위 소속 의원으로 스페인의 마드리드에서 대사관 국정감사를 하던 중 유신을 맞게 됐다.

당시 외무위의 오세응, 노진환 의원 등과 함께였다. 오 의원에 따르면 김 의원도 유신 소식을 듣고 크게 놀라는 빛이었다고 한다. 김 의원은 귀국도 꺼렸다고 한다. "오 의원, 당신은 미국서 13년이나 살고 박사학위도 있으니 미국에서 살 수 있지 않소. 내가 미국에 가서 양두원(중정 부장시절 부하)에게 알아보고 연락할 테니 귀국하지 말고 하와이에서 기다리시오."

김형욱은 이렇게 말하고 미국으로 건너갔다. 그러나 오 의원은 그냥 귀국해 버렸다. 얼마 후 김형욱도 귀국했고 둘은 국회 해산에 따라 테니스를 함께 치며 소일했다. 이 무렵 김형욱은 승용차에 영어 회화 테이프를 꽂고 다니며 영어를 익혔다. 김창근(전 교통부 장관·작고)이 서울 삼선동 김형욱의 집 근처에서 목격한 내용이다.

73년 3월 유정회(維政會) 의원 명단이 발표됐으나 김형욱의 이름은 없었다. 박정희 대통령은 마침내 김을 팽개친 것이다.

사고무친의 무직자가 된 김형욱은 몇 갈래 불안에 떨고 지냈다. 71년 대통령 선거 때 김대중 후보를 몰래 후원한 것이 탄로난 게 아닐까. 유신정권이 국민들의 환심을 사기위해 부정축재자로 지목해서 김형욱을 심판대에 세우지나 않을까 초조해했다고 한다.

실제로 당시 이후락 정보부장은 김형욱의 부정축재 내용을 내사했으나 박종규 경호실장이 손을 써서 표면화되지 않았다고 한다. 박 실장은 김형욱의 부정을 터뜨릴 경우 박 대통령도 이미지를 흐리고 충성을 바칠 사람도 없어질 것이라며 유야무야했다는 것이다.

김형욱은 유정회 명단에서 빠진 뒤 정확히 40일이 지난 73년 4월15일 서울을 빠져나갔다. 중화학술원(中華學術院)에서의 명예박사학위 수여식 참석을 이유로 외교관 여권을 갖고 나갔다.

그의 가족들은 인천항에서 배를 타고 떠났다. 박 대통령도 모르게 가재도구 일체와 심지어 애견(愛犬)까지 싣고 나가 중정의 부하들이 거들어 주었다는 설도 나돌았다.

73년 4월21일 김형욱은 대만에서 도쿄 경유 뉴욕행 비행기를 탔다. 대만에서 김형욱을 배웅한 김계원 대사도 그것이 '망명길'이며 생애 마지막의 이별이 될 줄은 몰랐다고 한다.

김형욱은 76년까지 침묵의 세월을 보냈다. 술과 도박으로 쓸쓸함을 달랬으나 박정희에 대한 배신감과 울분은 앙금처럼 쌓여만 갔다.

김형욱은 77년 미 하원의 박동선 사건 청문회에 나서 앙갚음의 포문을 열었다. 이어 재미 반유신 세력의 핵심인물 **김경재**(필명 박사월, 80년대 후반 귀국후 순천에서 국회의원에 당선되었다)와 손을 잡고 박 정권타도를 겨냥한 회고록 집필에 들어갔다.

79년 10월 그의 회고록이 완성될 무렵 그는 파리에서 '영원한 실종'을 맞았다.

| 제5장 |
남산골 샌님 김계원과 요화 정인숙

"김형욱처럼 안 패도 돼. 남산 맡아!"

69년 가을 육군참모총장을 그만두고 대장으로 예편된 김계원(1923년생)은 부인 서봉선(1928년생)과 둘이서만 단풍 구경을 위해 고향 쪽으로 떠났다. 서울 청량리에서 기차를 타고 경북 영천 방면으로 길을 나섰다. 오랜 군생활에서 벗어나 부관도 딸리지 않은 부부만의 여행길은 호젓하고 즐거웠다.

그런데 김계원이 탄 기차가 영천역에 섰을 때 수십 분간 움직일 줄을 몰랐다. 승객들이 영문을 모른 채 짜증을 내고 있었다. 역장은 객석을 누비며 '김계원 장군'을 찾아다니고 있었다.

"김 장군님이십니까. 서울의 대통령 각하께서 급히 찾고 계신답니다. 인근 군부대에 헬기가 준비돼 있으니 상경하셔야겠습니다."

김계원은 급히 청와대로 올라갔다. 박정희 대통령 면담을 앞두고 김씨는 분명 또 다른 '벼슬'이 내려질 것 같은 예감을 했다. 69년 10월17일 3선 개헌안이 국민투표로 확정되고 정일권 국무총리를 비롯한 전 각료가 일괄 사표를 냈기 때문이었다.

박 대통령이 김계원에게 말했다.

"앞으로 중앙정보부장을 맡아 도와주어야겠소."

김계원은 놀랐다.

"각하, 저는 정보부장감이 되질 못합니다. 저를 잘 아시지 않습니까. 다른 일이라면 몰라도 과분합니다."

그러나 박 대통령은 완강했다.

"내가 김 장군을 잘 알지 잘 알아. 성격을 알고 시키는 거요. 김형욱이처럼 사람 패지 않아도 될 테니 한번 해봐요."

마침내 김계원이 제5대 정보부장으로 임명됐다. 69년 10월21일이었다. 그 자신이 의아해 했듯이 '남산사람들'도 여야 정치인들도 고개를 갸웃거린 인사였다. 김계원을 남산부장으로 앉힌 박 대통령의 용인(用人)은 오늘날에야 치밀한 계산이 뒷받침됐던 것으로 평가된다.

당시 중정간부였던 김 모 전 의원의 설명.

"박 대통령이 김형욱 부장을 거느리고 개헌고지를 넘는 동안 중정은 여러 갈래로 인심을 잃고 있었다. 김형욱이 너무 강했기 때문에 마찰도 많았고 그 대표적인 사례가 영빈관 공화당 의총의 이만섭 의원 발언같은 것이다. 그래서 일단 개헌작업도 마친 만큼 조용하고 무난한 인물을 후임 부장으로 앉힌 것이다."

박 대통령 스스로 김계원에게 말했듯이 더 이상 '사람 두들겨 패는 역할'은 중정에 떠맡기지 않아도 될 때였던 것이다.

적어도 겉으로나마 부드러운 정보부, 대통령의 뜻을 소리나지 않게 섬기는 '남산', 그것이 김계원 부장에 대한 박 대통령의 기대였던 것이다.

그러나 결과부터 말하자면 '김계원 정보부장'은 실패작이었다. 70년 12월까지 겨우 1년여 복무를 끝으로 이후락에게 부장을 내주고 말았다. 전임 김형욱이 6년 반이나 재임한 데 비하면 너무 대조적이다.

박 대통령은 김계원 부장의 '사납지 못한 일처리'를 늘 못마땅해 했다. 당시 박 대통령을 포함한 세도 그룹 27명이 관련된 사상 최대의 '정치권력형' 섹스스캔들, 정인숙 여인 피살 사건 뒷처리를 김 부장이 매끄럽게 다루지 못한다고 탓도 했다.

시인 김지하의 유명한 부정부패 풍자시 〈오적〉이 《사상계》에 게재되고, 노동자 **전태일**이 분신자살한 것도 김계원 시절 일이었다.

그리고 무엇보다도 정치공작이 서툴고 빗나갔다. 당시 야당 신민당에 대한 남산의 공작은 거의 실패였고 정보 보고도 맞아 떨어지지 않았다. 박 대통령은 그래서 김 부장을 두고 "야당사람들한테도 남산골 샌님 소리나 듣는다지…", "정보부가 무서운 데가 없으니 어떻게 일을 하느냐"라고 불평과 질책을 했다고 한다.

김계원 부장의 시련은 부임한 지 보름여 만에 찾아왔다.

박, "김영삼 후보 안 되게 해!"

69년 11월8일 당시 신민당의 김영삼 원내총무가 71년 대통령후보 지명전에 나서겠다고 선언하고 나선 것이다. 이른바 40대 기수론을 선창한 것이다.

그때 야당내 최대 정치세력은 **유진산**이 구축하고 있었다.

윤보선은 63, 67년 두 번의 대통령 선거에 패퇴해서 힘을 잃어가고 있었다. 학자 출신 신민당 총재 유진오는 3선 개헌이라는 일격을 맞고 병원에 입원 중이었다. 그러나 최대 실력자 진산의 정치적 이미지는 밝지 않은 빛깔이었다. 미국의 케네디가, 이 땅의 박정희가 40대 대통령의 가능성을 보여주었다. 김영삼은 이런저런 기류를 읽어가며 자신의 보스였던 진산에게 당돌하고 무모해 보이는 '뒤집기'를 시도하고 나섰다. 진산은 즉각 김영삼의 선언이 구상유취(口尙乳臭·입에서 젖비린내 난다는 뜻)라고 비아냥, 김 총무를 제압하려 했다. 그러나 이른바 40대 기수론은 김대중, **이철승**이 잇달아 대통령후보 경쟁을 선언함으로써 엄청난 회오리로 정가를 흔들었다.

70년 1월 26일 신민당은 시민회관에서 전당대회를 열게 돼 있었다.

박 대통령의 신경이 곤두선 것은 당연한 일. 1월 전당대회에서 누가 후보가 되느냐에 따라 3선 개헌을 강행한 자신에 대한 도전의 강도가 달라질 판이었다. 박 대통령은 김계원 부장을 불러 지시했다.

"김영삼이가 대통령후보로 나서겠다고 했는데 내가 어찌 그런 애송이들하고 싸울 수 있겠나. 수단과 방법을 다해서 그런 엉뚱한 사태는 막아야 해…."

박 대통령은 40대 기수들의 움직임과 선풍이 일과성이 아니라는 것을 내다보았다.

그래서 그의 권위주의적인 사고와 10년 가까운 집권에서 얻은 나름의 성취감, 자신감 등이 '어린애들과의 싸움'(박 대통령의 표현이었다)을 피하고자 했다. 그것도 불법적인 정치공작으로….

박 대통령은 때때로 김영삼의 날라리 같은 옷차림이나 김대중의 변설에 능한 선거방식을 김 부장이나 청와대 비서진들에게 꼬집어가며 "40대 애들과는 맞싸우지 않겠다"고 공작을 독려했다.

박 대통령의 입맛에 맞는 후보는 유진산이었다. 진산의 독립운동 경력,

지긋한 나이와 경륜, 그리고 밀실타협에 능한 성격 등이 마음에 들었다.

게다가 국민 사이에 참신한 정권교체 바람을 일으키기 어려운 난감한 이미지를 안고 있었다. 이미 진산은 65년 언론법파동 때 정해영 등으로부터 '사쿠라'로 몰렸고 그의 협상주의 정치는 자주 대여(對與) 뒷거래설로 공격당했다. 어쨌든 박 대통령은 진산이 대통령 선거전에서 싸우기 쉽고, 야당 보스로도 동행하고 싶은 인물이었던 것 같다.

박 대통령은 김 정보부장에게 '유진산 후보'를 만들어 내도록 신신당부했다. 그리고 김계원도 미덥지 않았던지 또 다른 대야(對野) 공작 채널을 마련하고 있었다.

진산 공략은 김계원도 김성곤도 떠맡아

박정희 대통령은 의심 많은 '전략가'였다.

그리고 작건 크건 승부에는 집요했고 어떤 의미에서 매정하고 표독한 인물이었다.

대야관계에 있어서도 마찬가지였다. 그는 목표를 세우면 언제나 적을 거꾸러뜨리거나 자신이 쓰러져야 하는 검객 같았다. 그래서 박정희 정치는 대화와 타협이 아닌 '진검(眞劍)승부'였다. 김계원 당시 정보부장이나 **조일제** 전 의원(당시 중정간부)의 증언이 일치하는 대목이다.

박정희 정치의 본질은 대야정치공작에서 잘 나타난다.

김계원 정보부장으로 하여금 유진산 신민당 당수가 당권을 잃지 않도록 뒷받침했다. 김 부장은 "자신의 가장 중요한 임무가 야당공작이었기에 열심히 자금을 대가며 일을 했었다"는 것이다. 겉으로 박 대통령은 모든 대

야문제를 김 부장에게 맡기는 듯한 자세를 보였다.

그러나 박 대통령은 실상 김성곤(공화당 재정위원장)을 또 다른 채널로 삼아 야당을 주무르고 있었다. 그만큼 유순한 김계원 부장을 믿지 못한 탓일 수도 있고, 언제나 복수 채널을 갖고 있어야 상호경쟁도 시키고 거짓보고도 막을 수 있다는 의심 많은 보스의 용인술일 수도 있다.

통칭 SK로 불렸던 김성곤 씨.

그는 60년대 중반 이후 이후락, 김형욱 등과 정치자금을 크게 주물러 온 3대 인물 중의 하나였다. 아니, 그 자신 기업인이었고 돈에 관해 누구보다 잘 아는 구 정치인으로 박 대통령에게 '정치자금 교육'을 시켰다고 볼 수 있다.

어쨌든 김성곤이라는 이름은 70년대 중반 한미관계가 극한상황으로 치달을 때의 미의회 청문회 기록에도 나타난다.

'청와대 한 고위 관리는 이후락, 김성곤, 김형욱이 각기 1억 달러쯤의 개인재산을 모았다고 주장했다. 소위 (小委) 증언에서 김형욱은 김성곤이 모은 정치자금 가운데 75만 달러를 자신의 개인 용도로 가져다 썼다고 말했다. 김성곤이 박정희 부부, 정일권, 이후락 등에게도 사적 자금을 대주었다고도 말했다.' (미하원 국제관계소위원회 보고서)

69년 미 석유 메이저인 걸프는 한국 최대의 석유 유통업체(흥국상사)의 경영권을 장악했다. 이어 유공의 주식도 추가 인수, 울산정유의 경영권도 장악했다. 이는 국내 석유산업의 '대외 종속'을 뜻하는 것이었다. 흥국상사 주식을 비싼 값으로 걸프에 팔아 사실상의 경영권을 넘긴 것은 서정귀와 그의 사돈인 이후락의 '합작품'으로 알려지고 있다.

어찌된 일인지 걸프에 이권을 준 대가를 수금하는 역할은 김성곤이 맡았다.

국회에서 답변하는 김계원 정보부장. 뒤는 정래혁 국방장관.

70년대 후반 걸프의 보브 도시 사장의 미 의회 청문회 증언.

"문제(정치헌금)를 해결하기 위해 서울에 갔다. 김성곤 씨가 집으로 초대했다. 내가 평생 만나본 인물 가운데서 아마도 가장 다루기 힘든 인물이었을 것이다. 그날처럼 모욕을 당한 일은 처음이었다. 그는 거칠고 깐깐한 자금모집책이었다. 그는 1,000만 달러를 요구했으나 결국 300만 달러로 낙착됐다. 그 돈은 걸프 본사의 자금에서 지출된 것이지만 일단 바하마에 있는 바하마탐사㈜ 회사로 돌려져 그 회사 장부에 경비로 기록됐다가 한국으로 건네졌다."

걸프의 이 '검은 돈'이 70, 71년 박정희 시대 '마지막' 대통령 선거전에서 쓰였음은 물론이다.

김계원 씨는 정보부장으로 있으면서 "뭔가 석유 파이프라인(미걸프사 지칭)에 문제가 있는 것 같아 박 대통령에게도 건의하고 이를 바꿔 보려고 시도한 적이 있다"고 밝혔다.

그러나 결국 '마음'뿐이었다고 한다. "어찌나 눈 밝고 코 밝은 이해관계의 사람들, 특히 힘깨나 쓰는 몇 사람들이 훼방하는지 포기하고 말았다. 석유 이권관계가 그렇게 복잡다단한지 그전에는 생각도 못했다"는 게 김씨의 얘기.

대선 두 번 김성곤이 댄 돈으로 치러

콧수염을 길러 인상적인 김성곤 씨는 정치자금을 모으고 쓰는 데 능수였다. 박 대통령도 뒷날 이후락 중정 부장을 시켜 김씨의 콧수염을 뽑아버릴 정도로 분노하기도 했지만 '돈 신세'를 진 점만은 시인했다고 한다. 박 대통령은 사석에서 "67, 71년 선거 두 번은 김성곤이 돈으로 치렀다"고 말하더라는 것이다.

어쨌든 김성곤이 유진산 다루는 격식은 김계원 정보부장보다 한 수 위였다. 둘은 65년 언론법 파동 이래 줄곧 막후협상으로 '서로 키워주는' 사이였고 그만큼 신뢰도 깊었다. 69년의 3선 개헌 훨씬 전에 내각제 개헌이 필요하다는 의견도 주고받은 사이였다. 당시 신민당 대변인이었던 김수한 전 의원의 증언.

"진산은 정보부장보다 김성곤 씨와 정치 딜링하는 것이 편하다고 생각했을 것이다. 진산이 더러 김계원 씨를 마지못해 상대했더라도 대여 채널은 어디까지나 김성곤 씨가 중심이었다."

김성곤은 진산을 직접 만나기 어렵거나 서로 '어색한' 일이 있으면 **양일동**(작고)을 매개하기도 했다. 이같은 당시 중정 정치공작팀의 진술은 진산의 측근들에 의해서도 확인된다.

김성곤은 더러 김진만(원내총무)을 끼워 진산을 상대하기도 했다.

김계원 부장은 김성곤의 대야 '활약'이 빛날수록 골치 아플 수밖에 없었다. 박 대통령의 채근이 심해지고 불신이 깊어지기 때문이었다.

70년 1월26일 신민당 전당대회에서 진산은 병석에 누운 현민(玄民) 유진오 뒤를 잇는 새 당수로 뽑혔다.

적어도 유진산 당수를 뽑는 데만은 박 대통령의 복수 채널의 뜻이 동시에 맞아 떨어졌다. 말하자면 남산도 SK도 기분 좋은 결과였다. 유진산 당수는 전당대회 직후 양일동을 정무회의 부의장으로 앉혔다. 여기에는 SK와의 관계가 고려된 것이었다.

박 대통령은 야당의 진산체제에 걸맞은 **김진만** 원내총무 체제(**김택수** 경질)로 바꾸었다.

그러나 신민당 내 김영삼, 김대중, 이철승 등 40대 기수들의 선풍이 거세지고 진산이 노회한 정치타산에 기울어지면서 정치공작은 무력해져 갔다.

3공의 요화 정인숙의 치맛자락

김계원 정보부장은 70년 봄 정인숙 여인 사건이라는 희대의 '정치 권력형' 섹스스캔들을 치다꺼리했다.

정작 김 부장 자신은 본 적도 없는 정 여인 피살사건은 그의 남산부장 짧았던 임기(1년 2개월) 중의 가장 굵직한 일거리였다.

정인숙.

본명 정금지(鄭金枝). 대구 부시장을 지낸 공직자의 딸. 대구 신명여고 졸업후 문리사대(명지대) 중퇴. 남자 관계가 복잡한 처녀. 68년 스물세살 때 아버지 불명의 사내아이를 낳은 미혼모. 그 후 사생아와 함께 미국 일본을 전전. 70년 귀국 후 서울 강변3로(합정동 부근)에서 스물다섯 나이로 의문의 피살.

그녀의 이름은 20여 년의 세월이 흐른 지금도 의문부호로 남아 있다.

정 여인의 신체 '일부'는 지금까지도 국립과학수사연구소에 보존돼 오고 있다. 방부제로 처리된 그녀의 '일부'는 박정희 시대 권력자들의 '밤 중 풍속'의 상징으로 남아 있다.

이 증거물은 수사경찰관을 교육 견학할 때, 혹은 수습기자 연수과정 때 시각적인 '교부재'로 활용돼 오고 있다.

1970년 3월17일 밤 11시경, 정 여인은 오빠 정종욱(鄭宗旭·당시 34세)이 쏜 45구경 권총에 맞아 숨졌다.

미모의 호스티스가 혈육의 권총에 맞아 숨졌다는 것부터가 극적인 냄새를 풍겼다.

게다가 관할 마포경찰서장 이거락(李居洛·이후락 당시 주일대사의 동생)은 정 여인 사체와 수첩에 기록된 전현직 고관 및 재계인사 20여 명의 정인숙 리스트를 확인한 뒤 이례적으로 입을 다물기 시작했다.

더욱 수상쩍은 일은 살인사건 발생 엿새 만인 3월23일 서울지검 공안부가 전담반으로 나서게 된 점이다.

최대현 서울지검 공안부장이 "비록 오빠가 발사한 권총은 한강에 버려져 발견되지 않았으나 범인은 오빠 정종욱이다. 공소유지에는 자신 있다"고 발표했다.

그것이 끝이었다. 장안의 신문에 대서특필돼 오던 정 여인 피살 사건은 3월27일 이후 신문에서 정말이지 한 줄도 보이지 않았다.

김계원 정보부가 막후에서 보도통제 결과였다.

김 부장은 박 대통령으로부터 엄명을 받고 있었다.

"항간에 정 여인이 남긴 세살바기 사내애가 '대통령의 씨'로 소문나고 있으나 사실이 아니다. 더 이상 추측보도나 의혹을 부추기는 소문이 나지 않도록 하라"고 지시했다.

김계원 씨는 증언했다.

"정 여인 사건은 사실 내 책임이나 소관이 될 수 없었다. 나는 '빵' 하는 사건(피살사건)이 나고서야 그 여자에 관한 남성편력 등 복잡한 내용을 보고 받게 됐으니까 …. 그러나 박 대통령과 관련 됐다는 소문이 끊이지 않고 대통령도 화를 내면서 진상을 가리라고 채근해서 나는 그녀가 69년께 살았던 미국(워싱턴)에까지도 요원을 보내 아파트를 모두 뒤지게 했다. 어쨌든 내가 아는 한 어린아이는 박 대통령과 관계가 없었다."

그 무렵 "사랑은 눈물의 씨앗"이라는 나훈아의 노래가 히트 중이었다.

술집에서는 유행가 가사가 바뀌어 '박정희의 소생'이라는 노래로 퍼져가고 있었다.

대통령 부인 육영수 여사는 어디서인지 변조된 가사 전문을 입수해 놓고 있었다. 그리고 박 대통령에게 들이대며 따졌다.

육 여사의 정보 수집과 분노

이에 관한 증인은 **김정렴** 당시 청와대 비서실장. 그는 김계원 정보부장과 마찬가지로 집무 시작 다섯 달여밖에 지나지 않았으므로 정 여인 추문에 대해서는 백지상태였다고 했다.

"나는 피살사건 후 유승원 민정수석비서관(작고)으로부터 정 여인에 관한 풍문을 보고받았으나 진위도 알 수 없으려니와 박 대통령도 신문보도를 보면서 표정이나 언행에 변함이 없어 감히 자진보고는 엄두도 내지 못했다.

하루는 대통령께서 직접 불러 '정 여인과 관련해서 이런저런 말들이 많다는데 들은 게 있느냐'는 하문이었다. 내가 소상히 보고해 가자 박 대통령은 벌떡 일어서며 '비서실장이라는 자가 대통령이 보도 듣도 못한 여인과 관련해 터무니없는 낭설이 유포되고 있는 것을 알면서도 보고도 안 했느냐'며 노발대발했다. 이어 유승원 민정수석, 김시진 정보수석도 크게 꾸지람을 들었다. 나는 학교에 다니며 일본 군대 때 선생님이나 상관으로부터 꾸지람을 듣고 기합도 받았지만 이때만큼 눈물이 나도록…. 그때 박 대통령은 전날 밤 육 여사로부터 소상한 소문을 듣고 또 풍자한 노래 전문도 받아 갖고 있었다."

김정렴 씨는 바로 그 자리에 **신직수** 검찰총장도 불려왔다고 증언했다.

"박 대통령은 신 총장에게 철저수사를 명했고 신 총장은 검찰의 명예를 걸고 공정 철저한 수사를 하겠다고 복명했다."

확실히 박 대통령의 신경은 날카로워져 있었다.

왜 그랬을까. 일국의 최고통치권자가 정보부장과 검찰총장 그리고 비서실장을 불러들여 한 호스티스의 죽음에 관해 추상같은 명령을 내렸을까.

그 이유를 규명하기 위해서는 **박종규** 당시 경호실장(85년 12월 사망)의 증언이 필요하다고 당시 정보부 간부들은 말하고 있다. 그만이 박 대통령과 정 여인 관계를 확연히 설명해줄 거의 유일한 인물이라는 얘기다.

박종규는 정 여인이 죽기 직전 일본에 퍼진 박 대통령의 염문설을 캐기 위해 도쿄를 방문하기도 했다.

정 여인은 68년 아이를 낳고 미국 워싱턴과 일본 도쿄를 오갔다.

아이의 '아버지'가 후견한 해외 생활이었다. 정 여인은 당시로서는 지극히 드문 회수여권(지금의 복수여권)을 소지하고 있었다. 그 여권 신원조회는 문학림(69년까지 김형욱 정보부장 비서실장)이 맡아주었다. 발급절차는 정일권 당시 국무총리의 신 모 비서관이 도맡아했다. 워싱턴에서 정 여인을 돌본 사람은 노진환 당시 한인회장(뒷날 8, 9대 의원 지냄)이었다. 일본에서는 정건영(일명 마치이로 유명한 재일동포)과 문학림이 뒤를 봐주었다.

그런데 달러를 물쓰듯 하는 정 여인이 움직인 자리엔 뒷말이 따라 다녔다. "워싱턴에서 김동조 주미 대사를 검지손가락으로 불렀다", "박 대통령의 명을 어기고 그의 아들을 낳아 망명했다", "천하의 음란 명기가 고위층의 노여움을 사 쫓겨났다"는 소문 추문이 꼬리를 물었다.

박종규는 도쿄 출장에서 정보부 파견으로 현지에 있던 김기완 공사 등으로부터 박 대통령에 관한 스캔들을 '채집'했다. 내용은 박정희-정인숙 스캔들이 주류였다고 한다.

정인숙 수첩은 3공 요인 백서였다

70년 봄 정인숙이 피살되기 전까지 그녀를 사귄 사람들은 누구인가.

김계원 정보부장 시절 중정의 고위간부였고 80년대 국회의원을 지낸 A씨는 필자에게 말했다.

"정 여인을 편력한 이들은 박정희, **박종규, 정일권**씨 등이었다. 지금은 이승을 떠난 사람이 많지만 당시 그녀의 수첩에는 정 재계 요인 27명의 전화번호가 적혀 있었다."

A씨에 의하면 경호실장 박종규는 박 대통령의 호색취미를 뒷말 없이 수발해야 했다. 더러는 박 대통령의 '수상한 외출'이 영부인 육영수 여사에게 낌새라도 채이면 어김없이 닦달 당하는 게 박종규 경호실장이었다는 것이다.

79년 10·26으로 박 대통령이 타계한 이후 대통령에 관한 염문들은 **김재규** 재판과정에서, 그리고 박선호의 증언에서 사실로 확인됐다. 무수한 여배우, 모델들과 관계한 대통령의 사생활이 드러났던 것이다. 이름만 대면 세상이 다 아는 박정희 일가 한 인사의 증언.

"박 대통령은 궁정동 안가를 만들기 전에는 위장번호를 단 사용차로 밤나들이를 하곤 했다. 당시에는 박종규만이 야행 시간과 장소를 아는 '천기'에 속했다. 육 여사는 별도의 정보망으로 야행을 감시, 꼬투리가 잡히면 박 경호실장에게 따지고 심한 부부싸움을 하곤 했다. 그러나 모두가 못 본 체, 모른 체하고 넘어갈 수밖에 없는 일이었다. 박 대통령은 스태미나가 절륜했고 상대는 두세 차례 만난 뒤 꼭 바꾸었다. 그래서 교유 여배우 숫자가 많아지고 소문은 꼬리를 물고…."

박종규는 우이동의 요정 선운각(仙雲閣)의 '몸빼 마담'으로부터 정인숙을 소개받았다고 한다. 그 무렵 그녀는 국무총리 정일권과 '깊이' 알고 지냈고 정재계 요인들 사이에 벌써 '밤의 요화'라는 이름을 얻고 있었다. 정인숙은 영어 회화도 곧잘 했다. 그래서 주한 외교관들과도 여러 갈래의 스캔들을 뿌리고 있었다.

정 여인은 한마디로 유별난 여자였다. 정 여인과 합석했던 K씨(민자당 의원)는 말했다.

"김형욱은 그의 회고록에 정인숙의 몸매가 36-24-36이라고 풍만한 듯 묘사했으나 실제 가슴은 작았다. 얼굴도 예쁜 편이라고 할 수 있을 뿐 절세가인 축에는 낄 수도 없는 평범한 여자였다. 그런데도 온통 시끄러울 정도로 인기를 끌었으니 이상할 수밖에…."

박종규는 정 여인을 박 대통령에게 매개(媒介)했다. 매개 이전에 박종규 자신이 정 여인과 관계했다는 게 A씨를 비롯한 당시 정치인들의 증언이다. 그러나 확인 불능의 일.

정 여인이 강변3로에서 숨진 채로 발견된 직후 김종필은 청와대로 올라갔다. 그는 막판에 3선 개헌을 성사시킨 공신이었지만 아직 당 총재 고문으로 있었다.

JP는 뭔가 '짚이는 대목'이 있어서 자진해서 올라갔다고 한다.

박 대통령은 이미 정 총리를 불러 신문을 마쳐놓고 있었다.

박 대통령 "그런데 임자(JP)가 그녀를 정 총리한테 소개했다면서."

JP "무슨 말씀인가요. 전혀 기억나지 않는데요."

박 대통령 "정 총리가 제 발로 와서 다 얘기했어. 그 여자와의 관계도 다 말하고 갖고 싶던 사내아이도 낳았다고 했어. 그런데 그 여자가 죽은 건 자기와 무관하다는 게야. 용서해달라고 빌고 갔어."

JP는 정 여인을 정 총리에게 '소개'했는지는 더 알아보고 말씀드리겠노라고 했다. 그리곤 항간에 여러 말이 퍼지고 있다, 피살사건 자체는 철저히 수사를 해서 사회적으로 뒷말이 나지 않게 해야 하겠다고 건의했다. JP 자신이 들어온 정 여인과 지도층의 스캔들도 보고했다.

뒷날 JP는 정일권에게 '소개' 건을 물었다. 그랬더니 "한일의원연맹 파티를 선운각에서 할 때 그 여자를 파트너로 처음 알게 됐다. 그때 한일의련을 JP가 책임지고 있었으니 어찌 갖다 붙이면 소개나 다름없는 거지. 박 대통령이 지엄하게 묻길래 엉겁결에 그렇게 대답한걸…. 아무튼 미안하게 됐소"라며 양해를 구했다.

JP는 웃고 말았다고 한다.

그러나 정일권은 때와 장소에 따라 다르게 말해왔다.

야당총재를 지낸 이 모 씨의 얘기.

"정씨에게 정인숙과의 소문을 직접 물었다. 정씨 말은 딱 한 번 관계했을 뿐이고 아이 건

섹스 스캔들로 3공화국 시절 청와대와 남산의 정보부를 발칵 뒤집어놓은 정인숙 여인과 아들.
그녀의 행적과 죽음을 둘러싸고 정계에는 크고 작은 파문이 끊이지 않았다.

은 '박통' 것을 뒤집어썼다는 것이다. 바람피운 건 인정하지만 살인사건이나 아이와는 무관하다는 얘기였다.

김성곤이 정 여인 사건 직후 박 대통령에게 '정 총리를 물러나게 하는 게 좋겠다'고 했다가 오히려 무안만 당했다는 말도 했다. 박 대통령은 '남자가 여자 만나는 건 예사지'라며 정 총리를 비호했다는 것이었다."

박정희 일가의 사람들은 특히 정일권의 아이와 관련한 이런 변명이 오해와 구설을 낳아왔다고 주장했다.

이들은 나중에 알고 보니 정일권의 비서였던 신 모가 다방에서 혹은 기

자들에게 귀엣말로 '박통 소생'설을 퍼뜨려 왔다고 지목하기도 했다. "신 모가 바로 정일권의 채홍사였다. 그는 정을 보호하기 위해 박통을 걸고 넘어졌다"고 비난했다.

세 살배기 사내아이의 진짜 아버지는 누구인가. 그 무렵 중정도 영부인 육 여사도 관심을 갖고 캤던 문제였다.

당시 중정간부였던 김 모 씨는 말했다.

"청와대에서 부부싸움도 벌어지고 대통령의 관심사였기 때문에 우리도 누구 소생이냐를 알아보려고 눈에 불을 켰다. 그러나 정말이지 어려운 일이었다. 대통령과 결부시켜 보면 닮아도 보이고 정일권 총리와 견주어보면 꼭 닮아보였으니…. 특히 그 아이의 특징인 쪽박귀가 박통 쪽인지 정 총리 쪽인지 모를 일이었다."

김용태 당시 의원은 정치인들도 관심을 가진 일이라고 했다. 그러나 '동시상영'으로 벌어진 일이었기에 결론내기가 어려웠다는 얘기.

이 무렵 정 여인 사건의 고위층 관련설은 우리측 보도로, 혹은 조총련계를 거쳐 북에도 알려졌던 모양이다. 대남 선전 삐라에도 "누구의 아들인가"라는 내용이 담겨져 군 당국을 괴롭게 했다.

육 여사도 친생관계를 면밀히 조사했던 것 같다.

박 대통령 일가의 한 인사는 이렇게 말했다.

"**근혜**(朴槿惠)한테 들은 얘기다. 생전에 육 여사는 자식들한테 정 여인 아이문제로 아빠에 대한 오해가 있어서는 안 된다고 했다는 것이다. '아빠의 여자문제가 복잡해서 내가 다 알아보았는데 분명 아빠의 아이는 아니었다', '남들이 무슨 얘길 하더라도 내 말을 믿어라'고…."

79년 정보부장을 지내고 미국 망명생활을 하던 김형욱은 회고록을 쓰면서 문제의 친생관계를 썼으나 결론을 맺지 않았다. 말하자면 79년까지도 정보부나 정치권 깊은 곳에서 '과학적'인 결론을 내리지 못하고 그저 쉬쉬하고 있었던 것이다.

어쨌든 70년 3월 말 신문보도에서 사라진 정 여인사건은 두 달 뒤인 5월 19일 국회에서 불씨가 되살아났다.

정보부가 '점잖은 분'으로 믿어 의심치 않는 야당 당수 유진산이 발설의 주인공이었다. 뜻밖의 일이었다.

'대사(大蛇)' 유진산 당수의 절묘한 폭로술

유진산의 별명은 '대사(大蛇)'였다. 능구렁이 같다는 것이다.

중앙정보부장으로서 진산을 상대했던 김계원 씨는 이렇게 평한다.

"한마디로 지극히 한국적인 유능한 정치인이라고 할 수 있다. 그러나 영국이나 미국 같은 발달된 민주주의 정치에 비추어보면 결코 훌륭하다고는 할 수 없는 인물이었다. 그때 구렁이라는 별명도 있지 않던가."

진산의 흉중은 헤아리기 어려웠고 복심의 깊이도 알 수 없었다.

야당 동료들로부터 '사쿠라'로 몰리고 권모술수의 화신처럼 찍혔던 진산. 그는 여당이나 정보부의 뒤통수를 치는 데도 능란했다.

진산의 정치적 양면성이랄까, 그의 타협정치 혹은 '차선(次善)의 정치'의 진면목은 그의 행적에서 확연히 드러난다.

69년 9월 공화당 의원들의 3선 개헌안 날치기 통과로 70년 봄까지 국회는 단절의 늪에 빠져 있었다. 야당 의원들이 국회를 떠나버렸기 때문이다.

박정희 대통령은 야당을 국회로 부르기 위해 김계원과 김성곤을 내세워 진산에게 접근했다. 70년 5월 2일 진산이 돌연 의회 복귀를 선언했다.

"우리는 형해(形骸) 만의 의사당일망정 민주씨앗을 가꾸기 위해 등원거부를 중지하고 구국의 유일한 고지인 의사당을 향해 나서기로 했다."

거기까지는 공화당이나 중정이 볼 때 '돈과 힘'을 동원한 공작의 승리였다. 일단 진산을 포획한 셈이었으니까.

그러나 다음이 문제였다.

70년 5월12일부터 열린 국회는 정인숙 피살 사건, 와우아파트 도괴 사건, JAL기 납북 사건 등 현안을 다루게 돼 있었다.

3월에 발생한 정 여인 사건은 중정의 보도관제(공화당의원 김용진도 국회발언에서 그런 표현을 썼다)로 신문에서 사라졌지만 입에서 입으로 번져만 가고 있었다(김계원 씨는 필자에게 보도관제가 아니라 협조요청이었을 것이라고 주장했다. 누구의 씨인지 누가 범인인지도 불확실한 사건이 재판도 하기 전에 연일 대서특필되는 건 막을 수밖에 없었다고 말했다).

시인 김지하는 정 여인 사건에서 시적 영감을 얻어 유명한 〈오적〉(五賊)이라는 긴 담시(譚詩)를 썼다. 70년 5월호 《사상계》 잡지에 실린 이 시는 뒷날 또 다른 정치 풍파를 불러 오게 된다.

국회가 열리면 야당도 정 여인 사건을 놓치지 않을 것이 뻔했다.

중정은 진산과의 등원협상에서, 또 다른 야당인사 접촉에서, 입을 틀어막기 위해 '다각적'인 노력을 기울였다. 박 대통령의 중대 관심사요, 현직 국무총리 정일권도 연루된 사건이었기에 정인숙 사건만은 떠들지 말아달라고 신신당부했다.

5월12일 첫 본회의. 이효상 국회의장의 개의선언에 이어 정부측 장관들이 '주요국정에 관한 보고'를 했다.

최규하 외무장관이 캄보디아 사태를, 박경원 내무장관이 와우아파트 붕괴 사건을 보고하고 하단했다.

다음 이호(李澔) 법무장관이 자진해서 정인숙 피살 사건을 주요 국정 문제로 보고했다.

"정 여인의 오빠 정종욱은 70년 1월 중순경부터 여동생 인숙의 운전사로 종사했는데 동녀(同女)가 남자교제가 심하여 내국인은 물론 외국인까지도 포함한 뭇남자들과 매일같이 호텔을 드나들었다. 워커힐호텔, 뉴코리아호텔, 타워호텔, 사보이호텔, 앰배서더호텔의 룸을 전전출입하며 정종욱이 운전 중인 차내에서까지 외국인들과 행하는 추잡한 장면을 목격하고 누차 간곡한 충고를 하였다. 그러나 도리어 '네까짓 게 월급이나 받아먹고 운전이나 하지, 남의 사생활은 왜 간섭하느냐'고 욕설 반박하면서 날이 갈수록 그런 행실이 더해지고… 호텔 앞에 9시간씩 대기케 하고… 인숙은 사치를 하면서 오빠에겐 돈도 꾸어주지 않고…."

"난륜 음행을 장관이 왜 보고해"

이 장관은 마치 정 여인의 음행을 나무라는 검사처럼 보고했다.
기이한 일이었다.
이 법무의 정 여인 사건 보고는 33명이 죽고 19명이 중상을 입은 와우아파트 사건보다도 진지하고 상세했다. 실제로 국회 속기록에도 와우 사건은 3쪽, 정인숙 사건은 4쪽으로 한 페이지가 많게 남아 있다. 말하자면 정부가 자진해서 상세히 보고할 테니 야당은 더 이상 떠들지 말아달라는 호소였다. 그것은 여야 비밀협상의 약속이기도 했다.
5월13일 본회의. 오전 10시18분 유진산이 등단했다. 신민당 당수로서 대정부 질문 첫 타자로 나선 것이다.
김계원 정보부장은 남산 집무실에서 의사당 본회의장에 연결돼 있는 스피커에 귀를 기울였다. 김형욱 부장시절에 가설된 의사당 직통 스피커는 그 뒤로도 철거되지 않았다.

진산은 정보부를 두들겨 패기 시작했다.

그는 "김영삼 의원 초산 테러 사건의 진범이 잡히지 않고 있다, 김재화 씨(신민당 전국구후보로 올랐다가 중정 압력으로 사퇴)가 왜 용공인사냐"고 따졌다.

또 3선 개헌 추진 과정에서의 중정의 역할을 성토했다. 사법부의 독립이 흔들리는 말기적 현상도 중앙정보부 탓이라고 주장했다.

"중정의 작용을 통해서는 반공국가가 되지 못할 뿐더러 김일성의 불장난을 촉진하는 결과가 될 것이다. 헌법을 초월한 중정을 두고서 참다운 자유민주주의를 기대할 수 있는가. 중정은 고쳐야 돼."

"중정이 헌법상 어디 소속인지 모르겠다. 예산은 내무부를 통해 나간다는 말은 들었지만 뭐가 뭔지 몰라. 중정을 통한 철권정치가 박 대통령의 장래를 빛나게 할 수도 없다. 그들은 반공사상을 국민 머릿속에 권력으로 집어넣는다는 식인데 그건 관제 공산주의자·불평분자들만 늘리는 짓이야…"

진산은 느린 말투로 야금야금 중정을 때렸다. 무려 한 시간도 넘게 공격했다.

김계원 부장이 진저리를 치고 있을 때 진산은 와우아파트 도괴 사건, JAL기 사건 등 정치·경제·사회문제를 주유천하 하듯 짚어갔다.

진산은 연설 시작 두 시간 반이 넘어도 끝내지 않더니 돌연 정인숙 사건을 끄집어냈다.

"어제 이호 법무가 올라오길래 무슨 법무행정의 주요문젠가 했더니 느닷없이 웬 강변3로 여자 살인사건이란 말이야(웃음소리). 대통령이 여자 살인사건을 갖고서 모처럼 안 하던 결심을 해갖고서 전 각료들을 국회에 내

보내 자진보고케 하라고(웃음소리). 질문이나 하면 그때 가서 거짓말을 하든지 말든지(웃음소리). 무슨 놈의 오빠가 여동생의 난륜(亂倫)을 분개해 가지고 권총을 쏘았다고. 도대체 무슨 까닭으로 그 문제를 참 지나칠 정도로 상세히 보고하느냔 말야(웃음). 미인 사건이라니까 여러분은 흥미가 있을지 모르겠지만 그런 친절은 없어도 좋지 않느냐 이거요. 국회의원의 질문이 나올 텐데 대통령 지시로 나온 분께서 하필 그 정인숙이라는 괴미인 살인사건을 장시간 보고하니까 새로운 의문이 생긴다 이겁니다(웃음)."

만담조의 폭로발언이었다. 김계원 정보부장으로서는 뒤통수를 얻어맞은 격이었다.

중정이 흠씬 얻어맞고 정 여인사건도 틀어막지 못했다. 돈과 귓속말 다짐도 소용없는 일이었다.

"이게 야당정치로구나."

김계원 부장이 뼈저리게 느낀 한판이었다.

그런데 이번에는 **조윤형** 의원이 문제의 '사랑은 눈물의 씨앗' 나훈아 노래를 개사(改詞)한 메모를 갖고 발언대에 섰다.

김상현 "정 여인, 대통령이 관계…" 대파란

'아빠가 누구냐고 물으신다면
청와대 미스터 정이라고 말하겠어요
나를 죽이지 않았다면
영원히 우리만 알았을 걸
죽고 보니 억울한 마음 한이 없소'

신민당 의원 조윤형이 의원 발언의 면책특권을 빌려 본회의에서 정인숙 사건을 풍자한 가사다. 그는 대학 축제에서 직접 듣고 메모한 것이라고 했다.

가수 나훈아의 '사랑은 눈물의 씨앗'의 가사를 고친 이 내용은 바로 육영수 여사가 박정희 대통령에게 들이대며 따졌다는 메모(김정렴 당시 청와대 비서실장 증언)와 일치하는 것이다.

조 의원은 "아무리 정보정치가 철저하다 해도 참으로 민심은 속일 수가 없다는 증거"라며 목청을 높였다. 여야의원들이 실소를 금치 못하는 사이 그는 2절도 소개했다.

'성일이가 누구냐고 물으신다면
고관의 씨앗이라고 말하겠어요
그대가 나를 죽이지 않았다면
그렇게 모두가 밉지는 않았을 걸
죽고나도 억울한 마음 한이 없소'

조 의원은 가사소개를 마친 뒤 국무총리 정일권을 가리키며 일갈했다.

"내가 존경하는 정 총리입니다마는 지금 세상에서는 모두가 다 이 양반의 아들이라고 그래(웃음소리)."

의석이 술렁이는 동안 조 의원은 "살인사건에 강력범 담당검사가 아닌 공안검사가 나선 점, 괴여인이 회수여권(복수여권)을 발급받은 점 등으로 미루어 청부살인의 의혹이 있다"며 진상 규명을 촉구했다.

유진산, 조윤형의 질문에 대한 정 총리의 답변은 간단했다. 그것도 중정 문제에 국한된 것일 뿐 정 여인 관련 답변은 쏙 빼버렸다.

"중앙정보부에 관한 법은 정부조직법, 형사소송법 또는 그밖의 관계법에 저촉되지 않는 특례법으로서 그 내용은 정보부 설치와 직원의 권한이 명시돼 있습니다.

그러나 많은 수사기관 인원이 움직이는 가운데 항상 폐단이 있는 것입니다만 말단에서는 법을 지키지 않고 월권하는 행위도 있었던 것을 솔직히 말씀드립니다. 유 당수께도 정보부가 법을 잘 지키도록 감독해 주실 것을 부탁드립니다."

정 여인 사건에 대해서는 한마디의 답변도 없었다.

이번에는 공화당의원 김용진(73년작고)이 변호사답게 깐깐하게 묻고 나섰다.

첫째 사건 해결은 현장보존에서 비롯되는데 2시간 만에 현장을 치워 버린 이유가 뭐냐, 둘째 자동차 번호가 위장번호라는데 명확한 설명을 않고 있다, 셋째 검찰공안부에서 정 여인 피살 같은 형사사건을 다룬 이유가 뭔가, 넷째 여권 발급 경위를 소상히 밝히라, 다섯째 정 여인 가방에서 발견된 미화 2,000달러의 출처는 어디냐, 여섯째 수사본부에 고위층 비서관들이 진을 쳤다는데 누구 비서들인가, 일곱째 사건 후 보도통제는 왜 했느냐, 여덟째 권총은 왜 찾지 못하고 있나.

김 의원은 "세간에서는 이런 의문들 때문에 오빠 정종욱이 인숙을 죽인 게 아니라 진범이 따로 있다는 것 아니냐"며 추궁했다.

다시 신민당 의원 **김상현**이 나섰다.

그는 법무장관이 국회의원 질문도 없는 터에 장황하게 정 여인 사건을 자진 보고한 것은 '춘치자명(春雉自鳴)'이라고 몰아세웠다.

"정 여인에 관계된 사람이 26명이나 된다고 하고 정 총리가 관계되었다. 박 대통령이 관계되었다. 이렇게까지 얘기가 돌아다닌다. 그런 판에 이 법무가 자진 보고하는 것이야말로 꿩이 봄을 만나 저절로 우는 격이요, 도둑

이제 발 저린 격 아니오?"

검경 수사는 쇼였다

김상현은 면책특권을 빌어 마침내 정 여인 사건에 박 대통령까지 얽어 넣는 중대발언을 하고 있었다.

뒷날 이로 인해 원내발언을 인용해 신문이 보도할 때에도 면책특권이 연장되느냐는 시비가 일게 됐다.

김상현의 발언에 크게 노한 박 대통령의 지시에 따라 중정과 문공부는 법무부에 긴급히 신문 보도에 관한 유권해석을 의뢰했다.

"면책특권을 갖는 의원의 원내발언이 법에 저촉되는 경우에는 이를 게재하거나 보도한 언론기관에 민형사상의 책임을 지울 수 있느냐"는 것이다.

법무부는 '당연히 그렇다'는 회신을 문공부에 보냈다. 그러자 신문편집인협회는 "원내발언의 보도제한은 언론자유 침해이므로 즉각 철회하라"고 성명(70년 8월 21일)을 내는 등 정 여인 사건은 일파만파로 번졌다.

어쨌든 김상현은 정 여인 사건이 "계획된 각본에 의한 타살이요, 청부살인 의혹이 있다"고 주장했다.

정 여인사건 치다꺼리의 '주무부서'였던 중정과 김계원 부장으로서는 당황할 수밖에 없었다. 야당의원들의 입을 막지 못했을 뿐 아니라 박 대통령의 이름까지도 국회에서 거명됐기 때문이었다. 신민당 의원 **박한상**이 발언권을 얻어 마지막으로 비꼬았다.

"역사는 밤에 이루어지고 역사적 대사건 뒤엔 반드시 여인이 끼어 있다는 옛말이 실감난다. 신사도의 나라 영국에서도 프로퓨모 국방장관이 미천한 콜걸과의 추문으로 물러나고 급기야 보수당 정권이 쓰러졌던 것이다.

김상현 의원(맨 왼쪽)은 70년 "정인숙 여인이 대통령과도 관계되었다"는 발언으로 차지철의 협박을 받는 등 파란을 낳았다. 사진은 69년 3선개헌 날치기 통과 직후 김영삼 신민총무, 김달수 공화의원(오른쪽)과 대책을 얘기하는 장면.

정 여인 생전에 사귄 각료는 몇이고 외교관은 몇이며 누구인지 밝히라. 백 보를 양보해 정종욱이 살인 하수인이라 해도 반드시 그 뒤에는 교사자(敎唆者)가 있을 것이야. 법무장관은 밝혀. 대전통편(大典通編)에도 '살인자는 사(死)'라고 했어. 사람을 진짜 죽인 자는 처단돼야 해."

그러나 법무장관 이호의 답변은 흐릿했다. 부분적으로 우스꽝스럽기도 했다.

"저번에 제가 너무 상세히 보고했다는 여러 의원님들의 말씀도 나왔습니다마는… 그 이상 더 말씀 드릴 것이 별로 없습니다."

사실 중정이 정 여인사건을 장악하고 있었으므로 검찰이나 법무부는 국외자였던 것이다.

중정 간부를 지낸 이 모 전 의원의 증언.

"경찰도 검찰도 법무부도 정인숙사건의 진상은 알기 어려웠을 것이다. 사건현장에서부터 미국 일본까지 조사하고 수사를 벌인 것은 정보부였으니까. 겨우 개요나마 알 수 있는 이는 최대현 당시 서울지검 공안부장이겠으나 벌써 작고했다. 의문투성이의 이 사건은 당시 중정의 수사팀 극소수만이 진상을 알고 있었다."

이 전 의원은 정인숙의 큰오빠 종구(宗九) 씨의 친구로 그녀가 코흘리개였을 때부터 아는 처지. 사건 무렵 이씨는 자신도 궁금해서 친구 종구 씨에게 물었더니 "다 알면서 뭘 묻느냐"고 천연덕스레 넘겨버리더라는 것이다.

이씨는 역시 여동생 '살인범'으로 20년형을 산 정종욱 씨도 잘 알지만 "동생을 쏘아 죽일 만한 성격도 아니고 문제의 권총도 발견되지 않았지 않느냐"며 의문을 제기하고 있다.

진범은 누구일까. 진상은 무엇일까. 사실상의 수사총책임자 김계원씨도 "모르겠다"는 답변만 되풀이하고 있다.

애욕의 여인이 명시 〈오적(五賊)〉을 낳다

여인이 한을 품으면 오뉴월에도 서리가 내린다던가.

70년 정인숙의 한 서린 죽음은 우연인지 필연인지 크고 작은 정치 사건을 불러왔다. 권력층을 접객하며 애욕에 달아오르고 힘과 돈에의 성취감을 불살랐던 스물다섯 살의 정 여인. 그러나 뜻밖의 사신(死神)을 만난 그녀의 억울한 넋은 박정희 시대가 훨씬 지난 80년대 전두환 정권 시절의 안기부에까지 파문을 던졌다.

우선 70년 5월 잡지 《사상계》에 정인숙의 이름이 등장했다. 시인 **김지하**의 풍자시 〈오적〉에 올랐던 것이다.

> 혁명이닷, 구악은 신악으로,
> 근대화닷, 부정선거는 선거부정으로
> 중농이닷, 빈농은 잡농으로
> 건설이닷, 모든집은 와우아파트식으로
> 사회정화닷, 정인숙을 철두철미 본받아랏…

통렬한 풍자담시였다.
서울장안 한복판에 '재벌', '국회의원', '장성', '장차관', '고급공무원' 다섯 도둑이 살았더라는 설화조(說話調)로 시작되는 시는 당시 사회 상층부의 부패상을 적나라하게 고발했다.

> **재벌**
> 재벌놈 재주 봐라
> 장관은 노랗게 굽고 차관은 벌겋게 삶아…
> 세금받은 은행 돈, 외국서 빚낸 돈
> 온갖 특혜 좋은 이권 모조리 꿀꺽
> 이쁜년 꾀어 첩삼아, 밤낮으로 직신작신 새끼까기 여념없다…
> 귀띔에 정보 얻고 수의계약 낙찰시켜
> 헐값에 땅 샀다가 길 뚫리면 한몫 잡고…

국회의원

　　조조같이 가는 실눈, 가래끓는 목소리로
　　혁명공약 모자 쓰고, 혁명공약 배지 차고
　　가래를 퉤퉤 골프채 번쩍…
　　우매한 국민 저리 멀찍 비켜서랏
　　골프 좀 쳐야것다…

고급공무원

　　어허 저놈 봐라 낯짝 하나 더 붙었다.
　　유들유들 숫기도 좋거니와
　　산같이 높은 책상 바다같이 깊은 의자 우뚝나직 걸터 앉아
　　쥐뿔도 공없는 놈이 하늘같이 높이 앉아
　　한손은 노땡큐 다른 손은 땡큐 땡큐
　　되는 것도 절대 안돼 안될 것도 문제없어
　　책상 위엔 서류뭉치, 책상 밑엔 돈뭉치
　　높은 놈겐 삽살개 낮은 놈엔 사냥개라
　　공금은 잘라먹고 뇌물은 청해 먹고…

김지하 특유의 허풍과 요설이 묻어나는 시 〈오적〉은 특권층의 썩은 내막을 놀랍도록 꿰뚫어보고 있었다.

장성(將星)

　　엄동설한 막사없어 얼어죽는 쫄병들을
　　일만 하면 땀이 난다 온종일 사역시켜

막사 지을 재목갖다 제 집 크게 지어놓고

부속차량 피복 연탄 부식에 봉급 위문품까지 떼어 먹고

배고파 탈영한 놈 군기잡자 잡아패서

영창에 집어 넣고…

장차관

굶더라도 수출. 안팔려도 증산

아사(餓死)한 놈 뼉다귀로 현해탄 다리 놓아

가미사마 배알하잣

예산 몽땅 먹고 입찰에서 왕창 먹고

행여 냄새 날라 질근질근 껌 씹고 켄트 피워물고…

《사상계》가 배포되자 김계원정보부장도 박 대통령도 크게 놀랐다. 중정요원을 시켜 소리없이 책방마다 돌며《사상계》를 거두도록 했다.

김계원 씨의 말.

"문제의 시라는 걸 읽는 순간 경악했고 김지하는 참 머리가 좋은 사람이라는 느낌이 들었다. 지금도 그 충격은 지워지지 않고 있다. 어떻게 그렇게 어려운 한자까지 갖다 붙여가며 썼는지…"

박 대통령은 대로했고 청와대 주변에서는 "고약한 김지하란 놈을 당장 반공법으로 잡아넣어야 한다"고 대통령을 부추겼다. 그러나 중정의 판단은 한 수 위였다. 건드리면 커지는 사건이고 정권 차원의 망신이니 소리없이 묻어두자는 것이었다.

김계원 부장이 끙끙 앓으며 보름가량을 지냈을 때였다.

이번에는 야당의 기관지《민주전선》(70년 6월1일자)이〈오적〉시를 옮겨 실었다. 당시 신민당은 기관지를 무려 10만 부씩이나 찍어 가두에서 판매해 재미를 보고 있었다.

유진산 당수를 비롯한 신민당의 책사(策士)들은 박 정권과 중정을 속 끓이게 하는 〈오적〉을 《민주전선》에 옮겨 실은 것이다.

당시 민주전선 주간이었던 김용성 전 의원의 증언.

"최종 결정은 진산이 했다. 〈오적〉 시를 찍어 내보자는 것이었다. 진산은 그러면서도 군장성 부분만 빼고 옮겨 싣자고 했다. 나는 반대했다. 시를 전재하려면 굴절 없이 해야지 왜 일부를 잘라 내느냐고…. 결과는 장성부분만 삭제된 채로 나갔다"

진산의 '차선'을 좇는 스타일이 여실히 드러나는 대목이다. 어쨌든 《민주전선》이 옮겨 실음으로써 사태는 걷잡을 수 없게 돌아갔다.

육법에 없는 괘씸죄

70년 6월2일 새벽 1시50분. 중정의 박삼철 대공수사단장(9대의원)이 지휘하는 팀이 신민당을 덮쳐 《민주전선》을 압수했다.

그리고 김용성을 연행한 데 이어 《사상계》 발행인 **부완혁**, 편집자 김승균, 필자 김지하도 모두 남산으로 붙잡아갔다. 문학의 형식을 빌린 사회풍자가 반공법 위반 사건으로 다루어졌다.

그 무렵 중정의 관할은 넓고도 끝이 없는 무변광대(無邊廣大)다. 동베를린 사건 때에는 음악(윤이상)과 미술(이응로)의 용공성 내지 사상적 배경까지 처단했다. 그리고 정 여인 피살이라는 섹스사건에서 이제는 문학으로 칼날을 돌리지 않을 수 없었다.

박삼철 씨의 증언.

"육법전서대로라면 오적 시 사건은 반공법 위반 여부로 다루더라도 검찰의 소관일 것이었다. 그렇지만 그때는 육법(六法)의 시대가 아니고 '제7법'이 있는 때였으니까 우리가 다룬 것이다. 오직 위의 지시와 관심에 따라…."

제7법 위반이란 '정치범'이나 '괘씸죄'를 말하는 것이다.

중정이 조사를 시작한 지 이틀 뒤인 6월4일 때마침 회기중이던 임시국회에서 공화당 의원 김창근이 《민주전선》이야말로 선동 삐라요 불온문서"라고 들고 나섰다.

"〈오적〉은 사상적으로 불온한 글이며 프롤레타리아 문학작품이다. 대한민국 기업가, 경제인을 도적놈으로 몰아서야 되나. 국회의원이 도적이라면 신민당 기관지에 실은 야당 의원들은 깨끗한가. 공화당에 속한 의원만 도적놈들이고 여러분은 깨끗하다 해 실은 것인가. 장성도 지칭했는데 간첩이 넘나들고 60만 대군이 있는 나라에서 그들을 도적놈이라고 몰 수 있나. 장차관도 도적으로 몰아 실었다. 그러면 야당 여러분은 도적놈하고 앉아 무슨 수작을 하자고 여기 불러냈나. 신민당은 프롤레타리아 문학작품이 아니면 정권을 뺏을 수 없는 그런 다급한 처지인가. 유진산 당수가 이 글을 꼭 싣자고 했으니 해명해야 한다."

김창근은 일전에 야당의원 김상현이 '정 여인과 대통령 관련설'을 물은 것도 국가원수 모독이라고 반박했다.

이때 공화당 의석의 차지철이 김상현을 노려보며 "사과해!"라고 두 번이나 크게 외쳤다. 친위대 차지철은 '각하 모독'을 참을 수 없다는 듯 적개심에 몸을 떨었다.

여야 의원들의 맞고함이 장내를 진동했다. 신민당 의석의 김대중이 반격에 나섰다.

| 제6장 |

배꼽 아래 인격 있나?
'궁정야화(宮井夜花)'

정 여인 사건, 끝없는 파문 – 겸직 파동까지

박정희에 대한 한 조각 붉은 마음(一片丹心)을 다 바치던 공화당 의원 차지철이 김상현의 사과를 받자고 고함을 치자 덩달아 공화의원 박두선(朴斗先)이 김상현을 향해 욕설을 했다.

"아니면 아니라고 나와서 얘기해 봐, 임마."

신민당 의원 김재소가 맞받았다.

"이거 말이 돼. 뭐야, 말 조심해."

과잉충성과 역성이 어우러져 아수라장이 되어가는 가운데 신민당의 김대중이 의사진행 발언을 얻어 나섰다.

"지금 여야는 130석의 대당(大黨)이 40명도 안 되는 야당을 짓누르는 형국이다. 명색이 집권당이 야당 의원의 면책특권에 바탕한 발언, 진상규명

요구도 못 듣겠다는 것인가. 야당의 국가에 대한 협조란 비판을 통해 하는 것 아닌가."

역시 김대중의 논리는 정연했다. 부분적으로 그 특유의 현학도 엿보인다.

"처칠 회고록을 봤다. 신문이 하루는 자신을 구렁이로 그려 가족이 볼까 봐 불평도 못했다고 한다. 그러다 정계 은퇴 후에는 구렁이로 그리는 만화조차 안 나오는 것이 서운하더라는 것이다. 정권의 입장에서는 항상 비판이란 괴로운 것이다. 그러나 입에 쓰고 귀에 거슬려야 약이 아닌가."

김대중은 미국의 제퍼슨, 케네디, 닉슨과 성서(聖書)를 들먹이며 김상현과 민주전선을 옹호해갔다.

"김지하의 〈오적〉이 나온 지도 근 한 달이다. 그때 이미 수사기관(중정)이 김지하를 불러 조사했고, 몸도 약한 사람이 그런 일 말라고 타일렀을 뿐이다. 반공법 위반혐의가 있다면 그때 취급했어야지 신민당이 당보에 전재한 뒤에야 문제가 돼나. 이건 야당탄압 아닌가."

국회에서의 격돌은 끝났다. 그러나 김계원 부장이 이끄는 중정은 갈수록 거세지는 야당의 예봉을 꺾어놓을 필요가 있었다. 71년 대통령 선거라는 건곤일척(乾坤一擲)의 승부를 앞두고 국회가 야당 독무대로 끌려가서는 안 된다는 박정희의 닦달도 있었다.

신민당 전국구 의원 김세영(5, 7대 의원)이 목표물로 떠올랐다.

함태탄광을 가진 그는 야당(그중에서도 김영선, 태완선 등 을지로파)의 드문 재력가요 돈줄이었다.

그리고 공교롭게도 〈오적〉 시를 실은 《사상계》의 후원자이기도 했다. **장준하**와 부완혁이 이끄는 《사상계》 잡지의 68년 1월호 사고(社告)는 '재생의 기쁨이 김세영, 유기정 씨 등의 절대적 지원으로…'라고 밝히고 있다.

그뿐 아니었다. 신민당 기관지 《민주전선》을 찍는 인쇄 시설에도 거금을 냈을 뿐 아니라 김지하의 입원비도 얼마간 부담한 일도 있었다. 중정과 검찰이 야당에게 본때 보이기 위해 함태탄광 탈세를 캐고 계열기업인 가야산업, 근해상선 등을 뒤졌다.

꼬투리가 잡혔다.

김세영이 국회법의 영리단체 겸직금지(당시 국회법 제30조 1항과 제 128조)를 어기고 이들 기업체에 서류상의 이사로 올라 있었던 것이다. 그가 사실상 오너이므로 의원취임 후 이사 사직이라는 요식절차를 밟지 않은 게 문제였다. 중정의 통보를 받은 공화당은 "김세영이 겸직의원으로 판명됐으니 의원자격 상실"이라고 발표했다.

야당이 반발했다.

국회의원 임기가 3년이나 지나고 1년밖에 안 남은 판에 겸직 시비를 하는건 《민주전선》때문에 야당을 압살하려는것"(정해영 원내총무)이라고 했다. 야당은 공화당 의원들의 뒤를 캤다.

정치사령부의 해결사

김종철(金鍾哲·작고·국민당 총재 역임)이 한국화약 이사로 남아 있는 사실을 확인, "김종철도 의원자격 상실"이라고 맞불을 질렀다.

국회의장 **이효상**은 하는 수 없이 김세영, 김종철을 한꺼번에 법사위에 넘겨 겸직에 대한 '유권해석'을 의뢰했다.

일은 갈수록 커졌다.

중정이 김세영을 문제 삼은 지 1주일 만에 겸직의원이 12명으로 불어났다. 신민당 대변인 김수한은 연일 그 명단을 발표했다.

"공화의원 이원영은 한국원양어업 대표, 김봉환(金鳳煥)은 서울 다남매복장 대표, 박주현은 대구삼천리버스 이사, 고재필(高在珌)은 조선건물 대표 직대, 신동준(申東晙)은 한국금속 이사, 김용순(2대 중정 부장)은 한강개발 이사, 김주인(金周仁)은 한국수출조합 이사, 송한철(宋漢喆)은 가내공업센터 이사, 최익규(崔翊圭)는 강릉산림개발 이사 그리고 정우회(政友會)의 이윤용(李允鎔)은 평택파고다택시 이사이므로 모조리 겸직의원이다."

마침내 의원겸직 파동이었다. 야당을 잡기 위해 시작한 공작이 도져 오히려 박 정권이 되감기고 있었다.

김수한 씨의 증언.

"박 대통령이 중정과 공화당 간부에게 대단히 짜증을 냈다고 한다.

오치성 사무총장은 일이 커지고 박 대통령이 화만 내니까 겁나서 청와대에도 못 올라갔다고 들었다.

집권당 내부에서 백남억 의원은 김천 출신 정적을 치기 위해(김세영은 김천 출신)일을 벌였다는 누명을 쓰고 입장이 난처해졌다."

일이 너무 꼬여가자 집권당 측에서 얼버무리기를 시도했다.

이효상은 "법사위가 겸직 사실만 확인되면 곧 의원 퇴직 공고를 할 수 있다는 유권해석을 했지만 원의(院議)에 따르는 게 합리적일 것같다"고 한 걸음 물러섰다.

이때 중정 3국의 부국장으로 있던 **조일제**(10, 11대 국민당 의원)가 해결사로 나섰다. 그의 증언.

"문제의 핵심은 여야가 서로 체면 깎이지 않는 선에서 타협하는 것이었다. 그 길은 김세영 의원을 자진 사퇴시키면 되는 것이었다. 내가 직접 그분을 만나 설득했다. 김 의원님은 돈이 없어서 의원을 하는 것도 아닐 겁니다. 온통 정치판이 이렇게 시끄러워졌는데 한 걸음 물러서 주십시오. 의원을 왜 합니까. 어떤 분들은 재산 보호나 가족 안전을 위해 국회의원 한다고도 하지 않습니까. 뭐가 모자라서 굳이 의원직을 가지시렵니까 라고 달랬다."

김세영의 의원직 사퇴서 제출(70.6.29)로 겸직파동은 마무리 되었다. 다른 겸직 '혐의' 의원들에 대해 여야가 더 이상 시비하지 않았음은 물론이다.

정인숙 관련 〈오적〉 시 게재 이후 잡지 《사상계》는 다시 나오지 못했다. 통권 205호로 끝났다.

문공부가 등록말소를 해버리자 발행인 부완혁은 70년 10월3일 국무총리 정일권 앞으로 '등록말소취소소원장'을 냈다. 이것이 받아들여질 리 없었다. 부완혁은 71년 서울고법에 행정소송을 냈다. 다행히도 승소했고 72년 대법원도 승소판결을 확정했다.

《사상계》는 수난을 딛고 법적으로 다시 살아난 것이다. 그러나 정보부의 압력 때문에 영영 새로 복간되지 못한 채 잡지사(雜誌史)의 한 페이지에 남게 되었다.

그런데 정인숙이 남긴 파문은 그래도 지워지지 않고 있었다.

정인숙, 한일 간 2천억 소송 유발했다

정인숙 여인이 오늘날 2,300억 원 규모의 재판을 불러일으켰다면 놀라지 않을 사람이 없을 것이다.

정인숙과 2,300억 원짜리 재판의 오묘한 함수관계를 풀기 위해서 먼저 제3대 중앙정보부장을 지낸 김재춘(8, 9대 국회의원)의 증언부터 들어보자.

"정인숙이 아이를 낳은 뒤 자꾸만 고위층(당시 박정희 대통령)의 아들인 것처럼 행세했다. 정 여인은 어쩌면 '박통' 아이가 아니라는 것을 일찍부터 알고 있었을 것이라고 한다. 그런데도 자꾸만 청와대를 귀찮게 하자 경호실장 박종규는 골치가 아파졌다. 여권을 만들어 미국으로 내보냈으나 자꾸만 귀국하겠다고 해서 일본에도 머물게 했다. 그때 일본에서 박종규 실장과 가장 친한 사람이 정건영 씨였다. 마치이(町井久之)로 통하는 이 교포 사업가는 도쿄에서 손꼽히는 '암흑가의 신사'이기도 하다. 바로 정건영씨에게 정인숙 모자를 돌보아달라고 했던 것이다. 그런데 정건영은 그 대가로 거액의 사업자금을 도쿄의 외환은행에서 빌려 쓸 수 있도록 실력자인 박 실장에게 부탁했다.

외환은행은 68년부터 울며 겨자 먹기로 돈을 빌려주었는데 그 액수가 원금만 100억 엔이 넘었고 결국 정건영이 부도가 나는 바람에 원금도 못 건졌다. 그러나 정건영은 차용금으로 부동산 개발 사업을 하며 땅을 샀는데 십수 년이 지나 땅값이 폭등해 떼돈을 벌었던 것이다. 그러나 외환은행에 빚을 갚지 않아 재판이 계속 중인 것으로 알고 있다."

외환은행은 92년 10월 현재 실제로 도쿄의 정건영(동아상호기업주식회사 대표)으로부터 원리금을 합쳐 365억 엔을 받아내기 위한 재판을 계속하고 있었다. 365억 엔이라면 92년 9월 엔화 환율이 원화의 6.3배이므로 2,359억 원이 조금 넘는 액수.

다음은 여러 은행의 장을 거친 유(柳) 모 14대 의원의 증언이다.

"환은의 70년대 도쿄지점사건은 한국금융사에서 최악의 사례로 꼽히고 있다. 지금은 외환은행도 위기를 극복한 셈이지만 이른바 관치금융시대 실력자의 입김이 빚은 대표적인 슬픈 유산이다."

그는 "그 부실여신의 배후에 박종규 경호실장이 있다는 얘기는 금융계의 정설로 돼 있다"고 말했다. 외환은행 측도 외부압력에 의한 대출은 인정하면서도 '정 여인 관련설'은 모른다고 말하고 있다.

91년 황창기 외환은행장은 기자에게 "당시 대출이 정인숙과 관련이 있다는 말은 못 들었다. 그러나 권력층의 압력에 의한 사안으로는 알고 있다"고 밝혔다.

그러나 중앙정보부 및 안전기획부 간부였던 이 모 의원, 김 모 전 의원 등은 박종규-정건영-외환은행의 삼각관계에 정인숙여인이라는 인자(因子)가 작용했다고 진술했다.

"박 실장과 정건영 씨 문제로 일어난 부실채무가 수백억 원에 달하고 그 발단이 정인숙 여인 때문이라는 얘기는 70년대부터 들어 알고 있다." (이 의원)

"70년에 일어난 정인숙 사건은 10여 년이 지나 5공시절 남산에서도 문제가 되었다. 개혁주도 세력이 각종 해외재산을 파악하던 중 도쿄의 암흑가 보스 정건영 씨에게 수백억 엔이 물려 있다는 걸 알았다. 당장 되찾아야 한다는 고위층의 결심이 내려졌고 그 후 외환은행측이 '대여금 청구소송'을 낸 것으로 안다. 이 재판 말고도 5공 개혁주도 세력은 매우 애국적인 발상에서 미국과의 거래 중에도 못 받은 것이 있으면 되찾는 등 많은 노력을 했다. 이는 나름대로 5공의 치적이다." (김 전 의원)

그러면 외환은행의 '동아상호기업 여신정리방안' 자료를 중심으로 대출 경과를 좀 더 자세히 살펴보자.

박종규와 '긴자의 호랑이'

정건영, 즉 마치이는 1923년생. 서울에서 5·16이 난 61년에 재일 대한체육회 부회장을 지냈고 64년 도쿄올림픽대회 때 사실상의 한국 선수단 후원회장처럼 일했다고 한다. 박종규 경호실장을 비롯한 국내 실력자들과 교분을 굳힌 것도 이 무렵. 그때 마치이는 주먹계에서 명성이 높았다. 일본 야쿠자의 대부인 '고타마 요시오'(兒玉譽夫)의 직계부대로 알려진 마치이의 명성은 이원경 전 외무부장관(88~91년 주일대사)의 회고에도 나타난다.

"60년 초 주일대표부 근무시절이었다. 한번은 대표부 일로 골목을 지나가다 험상궂은 깡패 4, 5명을 만났다. 오싹 소름이 돋고 어찌할까 망설이던 중에 마치이가 생각났다. 내가 길에 세워둔 대사관 차량 넘버를 가리키며 큰 소리로 외쳤다. '마치이 상한테 나를 물어 보라. 감히 어딜 손대려 하나' 하고 말하자 깡패들은 서로 얼굴을 쳐다보더니 슬금슬금 달아나는 것이었다."

도쿄 암흑가의 실력자 마치이는 66년에 KOC(한국올림픽위원회)위원이 되고 67년엔 재일거류민단 중앙총본부 상임위원이 됐다. 박종규를 비롯한 5·16세력과의 친분을 상징하는 예우였다. 김포공항을 드나들 때는 통관절차도 없이 VIP실로 다녔다.

김형욱 회고록에도 정건영이라는 인물이 상세하게 나온다.

"정건영은 1923년 도쿄에서 출생했다. 185센티미터의 거구를 가지고 있는 일본 주먹계의 두령의 하나라고 알려져 있다.

일본 이름은 마치이 히사유키(町井久行)이며 네 살 때 한국에 돌아와 국민학교를 졸업하고 다시 일본으로 돌아가 태평양전쟁 중에는 전수대학에 입학했다가 곧 중퇴, 도쿄 히가시나카노(東中野) 일대를 무대로 '인텔리 깡패'를 자처하면서 이시하라(石原) 휘하의 동아연맹이란 단체를 거느리고 있었다. 동아연맹이란 태평양전쟁 직전 초애국주의를 주장한 퇴역 육군준장 이시와라가 창설한 내선일체(內鮮一體)를 기치로 내건 극우결사였다. 여기에 정건영과 친한 조영주(일본명 이시지마·石島)와 권일(權逸)이 등장한다. 조영주는 이시와라의 비서를 하다가 후에 재일한국거류민단장을 한 사람이었고, 일제가 오족협화(五族協和)와 왕도낙토(王道樂土)를 부르짖던 시절 만주국에서 판사를 하고 훗날 공화당 국회의원을 한 권일은 정건영이 거느린 동아상호기업의 감사를 하기도 했다. 정건영은 1945년 일본의 패전 직후에 연합군에 의해 체포된 바 있었고, 1947년 7월에는 상해치사사건으로 구속되어 징역 3년 집행유예 5년을 선고받았으나 조영주의 신원보증으로 가석방된 적도 있었다.

도쿄에서 '긴자의 호랑이'이라는 별명으로 통하는 정건영은 1955년 우익 폭력단체 동성회(東聲會)를 조직하여 세력을 확대하고 1960년부터 고다마 요시오와 친교를 깊게 하여 그의 친위대인 청사회(靑思會)의 상임위원이 되기도 하였다. 정건영의 동성회는 일본 간사이(關西) 지방을 주름잡던 고다마의 폭력단 야마구치구미(山口組)와 협동, 한국계 프로레슬러 역도산(力道山)을 척살(刺殺)하는 것을 포함하여 폭력의 위세를 마음껏 떨치고 있었다. 1963년 12월 말 현재 정건영의 동성회 회원수는 1,600명 이상이고 그 세력권은 도쿄는 물론 아이치, 오사카, 오키나와에까지 미친다는 것이었다."(김형욱 회고록)

정건영이 도쿄에 동아상호기업이라는 부동산 개발회사를 차린 것은 63년 4월1일. 자본금은 5억 엔이었고 사무실은 록본기(六本木)에 차렸다.

외환은행 기록에 나타나는 첫 거래는 68년 7월부터. 공교롭게도 정인숙이 성일 군을 낳고 미국, 일본을 배회하기 시작했던 그때와 정확히 맞아떨어진다. 마치이는 그 무렵 록본기에 TSK 빌딩을 짓고 멀리 후쿠시마(福島)현의 나스(那須)-시라카와(白川) 지역의 토지종합개발에 착수했다. 나스 지역은 일본 천황의 하계별장이 있는 명승지로 당시 관광휴양시설개발이 한창이었다.

68년 7월부터 73년 11월까지 나스 지역 종합개발자금으로 무려 60억 엔

정인숙을 돌보는 조건으로 박종규 경호실장에게 부탁해 외환은행 동경지점에서 원금만 157억 엔을 빼내 갚지 않고 있는 정건영 씨(얼굴)와 그의 사무실인 록본기 TSK빌딩. 92년 현재 재판이 진행 중이었다.

이 나갔다. 환은은 이 돈을 일본 현지 은행에서 얻어 마치이에게 빌려주는 현지금융방식을 취했다.

73년 11월부터 75년 사이에 오일쇼크에 따른 경기퇴조와 영업난(마치이의 주된 사업은 부동산업과 식음료판매업)으로 20억 엔이 또 나갔다. 75년부터 77년까지는 눈덩이처럼 부푼 빚 때문에 마침내 은행이 물려 들어갔다. 마치이의 사업은 나스 토지개발 추진에 따른 자금난 가중, 일본 내 각종 정치사건(록히드사건, 후쿠시마사건) 등으로 인한 토지개발 인허가 지연, 악성 고금리 사채이용에 따른 자금난 등으로 갈수록 허덕였다.

밑 빠진 독에 물 부으라는 압력

그러나 외환은행은 본전을 찾기 위해 마치이의 사업을 죽일 수가 없어 한강에 돌 던지는 식의 땜질을 해나갔다. 부도방지자금, 사채정리지원금 등으로 6년간 들어간 원금 80억 엔 가까운 75억 엔이 또 나갔다. 은행이 볼모가 된 채 77년 5월31일까지 나간 원금만 157억 엔.

이 무렵 한국에는 40대의 젊은 재무부장관 **김용환**(13, 14대 민자당 의원)이 등장했다. 그는 명석한 두뇌로 박 대통령의 신임을 받아 재무부 이재국장, 상공부 차관, 청와대 경제수석비서관을 거쳐 일약 장관으로 발탁됐다.

재무장관 취임 후 그는 김봉은(金奉殷) 외환은행장 등 임원 11명의 사표를 받아 6명을 수리해버렸다. 어느 토요일에 단행된 이 인사를 놓고 신문은 '토요일의 대학살'이라고 썼다.

김용환 의원의 증언을 들어보자.

"지금 기억하기에 외환은행이 그를 살리기 위해 한 달에 4억 엔씩을 쏟아 넣는 형편이었다. 도무지 상상도 할 수 없는 돈을 털어 넣고 있는 것이었다. 더욱이 문제는 일본 사회당 등 야당이 정건영 씨 재산을 박 대통령 몫이라는 식으로 의회에서 질의까지 함으로써 정치적으로도 시끄러워지고 있었다. 돈에 치밀한 일본인들로서는 도무지 상식이 될 수 없는 거금이, 생산기업도 아닌 곳에 한없이 빨려 들어가는 것을 지켜보면서 '권력적 배경 아니라면 납득이 가지 않는다'해서 유언비어가 나돌았다. 어쨌든 통치권 차원에서도 부도 처리해야 할 것 같아 박 대통령에게 보고하고 결심을 받아냈다."

김용환 재무장관은 새 은행장으로 **김준성**(金埈成·5공 때 부총리겸 기획원장관을 지냈고 (주)대우회장역임)을 밀었다.

김준성 대우회장 시절 회고.

"은행장으로 가자마자 면밀히 조사를 시켜보니 안 되겠다는 생각이 들어 부도내기로 하고 정건영 씨를 만났다. 그때 외환자금이 얼마나 귀한 것인데 그리 밑도 끝도 없이 쓸 수 있는가 하는 생각이 들었기 때문이다. 게다가 정씨 기업이란 게 공장도 생산설비도 아닌 유흥업 정도인데 은행이 계속 휘말릴 수 없었다. 정건영을 직접 만나 설득했다. 그때는 솔직히 그리 무서운 사람인 줄도 모르고…. 은행 사정을 설명해가면서 생산기업이나 하면 몰라도 더 도울 수 없다고 했다. 그뒤 우여곡절을 거쳐 부도처리했고 재무부장관에게도 보고했다."

김준성 은행장의 부도처리 결심이 나자 정건영은 김용환 재무장관을 찾아왔다.

"구척장승 같은 정건영 씨가 장관 집무실로 들어서더니 "당신 뭘 잘 모르고 이러는 거 아닌가" 라며 으름장을 놓았다. 내심 흠칫했지만 나는 단호하게 대했다. 그는 박종규 씨에게 부탁도 했던지 박씨가 여러 번 사정 설명을 하며 압력을 넣었다." (김용환 의원)

당시 한일의원연맹의 핵심 멤버였던 이모 전 의원도 김장관에게 간절히 정건영 씨 '선처'를 부탁했다. 그러나 김 장관이 혼자 분전하는 동안 측면 지원이라도 해주었으면 싶은 N부총리 S정보부장 K비서실장은 끝까지 중립을 지키더라는 것.

동경을 피해 다닌 김용환

어쨌든 외환은행은 77년 정건영(마치이)의 록본기 부동산 토지 1,121평(건물 1,694평)과 나스토지 74만 9,000평 등에 근저당을 설정한 채 부도를 내버렸다.

이 일이 있은 뒤 김 재무장관은 수년 동안 해외여행을 다녀도 도쿄에는 들르지 않았다. 주먹들의 보복으로 생명을 잃을지도 모르니 조심하라는 권고 때문에….

78년 들어 정건영 씨의 나스토지에 세이부(西武)부동산이 군침을 흘리고 나왔다. 나스 75만 평 땅 몇 곳에서 온천이 솟으므로 그걸 개발해서 은행 돈(외환은행 채무)을 갚고 세이부가 개발비를 뽑으면 나머지는 정건영에게 준다고 조건을 제시하고 나온 것. 외환은행-동아상호기업(정건영)-세이부 간의 3자계약이 이루어졌고 '개발토지가 관광휴양용으로 분양되면 환은채무 170억 엔(원금 157엔+이자)을 맨 먼저 갚는다'는 합의도 됐다.

그러나 이 합의는 불발로 끝나고 말았다. 세이부가 온천 구멍을 뚫은 결과 물이 너무 미지근해서 손님을 끌 수 없어 안되겠다고 나앉았기 때문이다(김준성 증언).

외환은행이 속으로 멍든 동안 세월은 흘러갔다. 79년 10·26으로 박 대통령도 죽고 박종규도 완전히 힘 떨어진 인물이 되어 스스로의 재산도 못 지키고 '권력형 부정축재자'로 전락했다.

5공 개혁주도세력은 안기부를 중심으로 외환은행의 본전찾기를 서둘러야 한다는 정책결정을 했다. 권력형 부실여신이 끝내 권력적인 방법으로 회수결정이 났다는 건 흥미로운 대목이다. 그러나 안기부의 회수참여는 분명 애국적인 것이었다.

83년 3월 외환은행은 대여금청구소송을 내 무려 5년여가 지난 88년 10월에야 1심재판에서 전면 승소했다.

세월이 흐르는 사이 일본의 땅값은 천지개벽하다시피 폭등해 있었다. 일본열도 개조론이다, 엔화 강세다, 달러 유입이다 해서 오르기 시작한 도쿄지의 땅값은 정건영의 록본기 땅 1,100평을 무려 672억 엔(90년 12월 감정액)으로 끌어올렸다.

도쿄·오사카에 오래 근무한 조일제 전 의원은 나스 지역 75만평도 도호쿠(東北) 신간선 개통에 따라 수백억 엔에 이를 것이라고 말해 외환은행은 한때 멍들었지만 동아상호 측과 정건영 씨는 거부가 된 게 분명하다. 김용환 의원도 오늘날 "내가 앞장서 부도를 낼 때는 나를 증오했을지 모르나 결과적으로는 그런 결심을 했기에 외환은행도 더 곯지 않고 채권을 확보했고 정건영 씨는 땅값이 올라 전화위복이 된 것"이라고 말하고 있다.

권치금융의 상처

그러나 1심재판에서 진 정건영 씨 측은 즉각 88년 10월 항소(일본 표현으로는 控訴)를 제기해 2심재판에 들어갔다. 정건영 씨 측은 "롯본기 부동산을 개발하여 환은 빚부터 갚겠다"며 외환측에 재판연기를 사정해 가면서 지금까지 지연작전을 펴고 있는 중이다.

91년 황창기 외환은행장도 "재판에 이긴 후에도 대출원리금 회수에는 난관이 예상된다. 도쿄의 담보부동산 처분이 쉽지 않을 것 같아 수년이 걸릴 가능성도 있다"고 말했다.

90년 12월 말 현재 집계로 외환은행이 받을 돈은 이자 216억 엔을 합쳐 모두 365억 엔. 롯본기 부동산 등 근저당설정액이 208억 5,000만 엔이므로 적어도 법적으로는 그 액수만큼 되찾을 수 있을 전망이나 150억 엔 가까이는 담보설정이 안 돼 있다.

이 사건은 13대 국회에 들어와서야 도쿄 YMCA 건물 부채 문제 때문에 야당의원들의 눈에 띄었다.

도쿄 YMCA건물은 1919년 3·1운동의 도화선이 된 2·8재일 유학생 독립선언 장소로 유서 깊은 곳. 그런데 외환은행 빚 때문에 넘어갈 위기에 처하자 재일유지들이 이를 국고로라도 보전해달라고 국회의원들에게 호소,

의원들이 현지를 방문하기도 했다.

이때 현지 교포들은 임춘원(林春元) 의원에게 "정인숙·박종규 때문에 진 360억 엔 빚은 못 받으면서 수십억 엔 YMCA 빚은 이리도 가혹하게 받으려 하는가"고 호소했다.

임춘원 의원은 "그때 도쿄에서 정건영씨 관계 대출을 알아보는 과정에서 처음으로 관치금융의 폐해를 실감했다. '피스톨 박'의 완력으로 그토록 거액의 부실대출이 생겼으니 권치(拳治)금융이라고 할만도 했다"고 회고했다.

외환은행의 도쿄지점 부실대출의 진상을 소상히 알고 정직한 답변을 할 수 있는 사람은 박종규, 정건영 두 사람뿐이다.

전자는 85년 이승을 떠났고 후자 역시 심장에 보조 모터를 달고 말년을 보내다가 2002년 사망했다. 2,300억 원에 달하는 거액의 소송은 금융계를 뒤흔들어 온 '끗발'들의 횡포가 빚은 그 생채기가 되었다. 2012년 10월 외환은행에 확인해보니 아직도 미해결이란다.

"1999년 6월 대손상각을 실시했고 록본기 건물에 대한 채권은 30억 엔을 받고 일본 채권회사에 팔았다. 정건영 사망에 따라 상속인을 상대로 채권회수가 진행 중이다"라는 답변이다.

궁정동 드나든 여인 백 명도 넘는다

'배꼽 아래에 인격이 있나'

박정희 시대 권력 상층부를 맴돈 사람들은 이 말을 들으면 빙긋 웃는다. 이것은 본시 일본말이었다.

"헤소노 시타니 진가쿠가 아루카(臍の下に人格があるか)."

사나이 세계에서 관능(官能)의 발산은 죄가 되지 않는다는 일본적인 섹스관을 담은 반어법이다. 일본 육사를 다녔고 일본적인 무사정신이 몸에 배어 있던 박정희는 섹스에 관한 한 자신에게나 부하에게나 매우 관대했다.

70년의 정인숙 여인 사건은 그런 의미에서 박정희 시대의 작은 상징일 수도 있다. 힘깨나 쓰고 위에서 노는 사람들은 '공유(共有)'를 부끄러워하지 않았으니까.

10·26으로 박 시대가 막을 내린 80년 1월25일. 육군고등군법회의 **김재규**(8대 중정 부장) 재판에서 박선호(80년 5월 사형집행)는 이렇게 증언했다.

"궁정동 식당을 가리켜 어느 검찰관이 '그 집은 사람 죽이는 곳이냐'고 질문 아닌 질문을 했다. 그 집은 그런 집이 아니다. 대통령이 오시는 곳이다. 그곳에는 수십 명의 연예인이 드나든다. 그 명단을 밝히면 시끄러워질 것이다. 거기에서 있었던 일을 폭로하게 되면 세상이 깜짝 놀랄 것이다. 박 대통령은 한 달이면 열 번이나 그곳에 왔다."

박선호는 예비역 대령으로 중정 의전과장이었다. 벼슬 이름은 그럴 듯 했지만 스스로 말했듯이 '각하'를 위한 '채홍사'였다.

대통령의 사생활을 관리한 박선호의 재판 증언은 결코 엄포나 과장이 아니었다. 김재규의 증언에서도 대체로 뒷받침되는 내용이었다.

박정희 암살을 '민주혁명'이라고 스스로 이름 지은 김재규는 재판에서 비굴하지 않았다. 평생 모셨던 박에 대한 개인적 비방도 사생활 폭로도 삼갔다.

그러나 재판 과정에 자신의 '민주혁명론'이 먹혀들지 않아 초조하고 우울해 몸부림치던 때가 있었다. 80년 1월15일 꼭 한번 강신옥 변호사(민자당 국회의원)에게 박정희의 사생활 몇 가지를 얘기했다.

"궁정동 안가를 다녀간 연예인은 100명 정도 된다. 임신해서 낙태한 사람도 있고…. 징징 울고 불응하겠다고 해서 배우 K모, H모 양은 오지 않은 일도 있었지만 간호 여성이 임신해서 애먹기도 하고…"

강 변호사의 접견 메모 마지막에 언급된 '간호 여성' 부분은 보안사령관을 지낸 A씨에 의해 좀 더 소상히 설명된다.

"박 대통령은 청와대에서 가까운 통합병원에서 안마를 받은 일이 많다. 안마를 받고는 사령관실로 직접 걸어오셔서 정보 보고를 받거나 관심사항을 묻곤 했다."

그러나 거기서 일어난 복잡한 일에 대해서 A씨는 증언을 거부했다.

이제 변호인 접견 기록을 토대로 당시 궁정동 안가운영을 햇볕에 드러낼 때도 된 것 같다.

박선호의 진술에 의하면 이 집은 암살사건으로부터 10년 전인 60년대 말 이후락(6대 중정 부장)이 대통령 비서실장으로 있을 때부터 그런 용도로 쓰여져 왔다.

박은 "이씨가 일본대사로 가면서 대통령의 비사(秘事)를 맡고 있던 남(南)이라는 사람을 여기에 남겨놓고 갔다"고 보충설명도 했었다.

세검정에도 비슷한 안가가 있으나 청와대와의 거리가 멀어 궁정동이 주로 쓰였다.

박의 '채홍' 작업은 주로 주간지 표지 사진이나 TV시청에서 시작됐다. 대상 선정이 끝나면 주로 궁정동에서 가까운 내자호텔로 불렀다. 부르는 과정에 회유도 압력도 있었다.

예컨대 79년 10·26 당일 오후 5시20분 가수 심수봉은 내자호텔 커피숍에서, H대학생 모델 신재순은 프라자호텔에서 각각 궁정동으로 인도됐다.

차지철이 TV 보다 찍은 여자가 30%

박선호는 연예인을 골라와서 '각하' 접대하는 방법을 교육시키고 다음 날 이후의 보안교육을 시키느라 진저리를 쳤던 것 같다. 그는 "영화 촬영이다 뭐다 스케줄 때문에 못 오는 경우도 있고 그래서 굉장한 부담이 됐다"고 변호인에게 밝혔다.

박은 그런 일이 한 달에 열 번이라고 했다. 그것도 술집에서 데려올 수는 없게 돼 있었기 때문에 나중엔 구인난이었던 것이다.

박선호에 대한 변호인 접견 메모 일부.

"부장님(김재규)에게 도저히 더 하기 힘드니 그만 두겠다고 했다. (다녀간) 여자들 때문이라도 보안상 (좋지 않으니) 물러나야겠다고 했다. 1년 동안 하느라고 했습니다마는 더는 못한다고 했다. 그러나 부장님은 '궁정동 일을 자네가 없으면 어떻게 하느냐'고 말리면서 조금만 더 고생하자고 했다."

"경호처장이 여자를 되돌려보낸 적도 있다. 안 되겠다고 보낸 적도 있다. 그래서 네(경호처장)가 고르라고 신경질을 내기도 했다. 그게 20~50명이나 되고…."

박선호는 당시 재판에서 궁정동을 박 대통령의 밀실 환락장소로 강조하는 게 유리한 입장이긴 했다. 말하자면 '계획적인 암살', '정권 탈취를 위한 거사'에 가담한 게 아니라 박 대통령의 은밀한 사생활을 관리하던 중 우발적으로 10·26에 연루됐다고 해야 살아날 가망 있는 처지였다.

때문에 얼마간 과장도 있지 않을까 의문도 가져 볼 수는 있다.

어쨌든 박의 증언은 리얼하다.

그는 79년 정초 사흘을 포함해 박 대통령 시중을 위해 하루도 쉰 적이 없다고 했다. 언제 오실지 모르니까 늘 대기상태였다.

"올해 여름 각하는 진해 휴가도 안 갔다. 정인형(10·26 당일 밤 사살된 경호처장)이도 귀찮고 지쳤다는 얘기를 했다."

박은 자신의 귀가 시간도 늦고 불규칙했다고 불평하기도 했다.

10·26이 나자 '대행사', '소행사'라는 말이 유행했었다. 대행사는 박 대통령, 김재규 부장, 김계원 비서실장, 차지철 경호실장이 연예인을 앉혀 놓고 술 마시는 것. 소행사는 박 대통령이 경호처장과 경호원 두 명만 데리고 와서 연예인과 가흥(歌興)을 즐기는 것을 말했다.

궁정동의 부하들은 보통 박 대통령의 오른쪽에 미인을, 왼쪽에 보조미인을 앉혔다. 그러나 어찌된 영문인지 '왼쪽'이 낙점되는 경우도 적지 않았다고 박선호는 증언했다.

미인 선발에는 지명 케이스도 있었다.

박은 "차 실장이 TV를 보거나 하다 지명한 경우가 30%쯤 된다. 이름을 대고 돈은 얼마든지 준다고 하면서 다음번에 부르라고 한다. 돈이라곤 10원도 주지 않으면서…"라고 차 실장을 탓했다.

결국 경호실에서는 접대비를 지출하지 않고 중정에서 썼다는 얘기가 된다.

10·26날 밤 해병대령 출신 박선호는 '영원한 해병' 동지 정인형과 안재송(安載松)을 쏜 죄로 결국 극형을 맞았다.

정인형은 해병 16기 동기고 경호부처장 안재송은 해병 24기였다. 특히 안재송은 올림픽 파견 국가대표 사격선수였으나 박선호의 선제사격을 당해내지 못했다.

입이 무겁기로 유명한 경호실팀. 그러나 안재송은 생시에 딱 한 번 박 대통령의 여염집 밤나들이에 관해 결정적인 증언을 했다.

'74년 육 여사 사후 '채홍 충성' 불붙어

박정희 대통령의 서울 압구정동 H아파트 출입 염문이 귀에서 귀로 번진 것은 70년대 후반이었다.

'H아파트에 사는 배우 J양을 만나기 위해 깊은 밤 대통령이 나타난다', '그분의 여염집 나들이 때는 잠시 X동의 전깃불이 나간다' 'K여고를 나온 재벌집 며느리가 목격담을 퍼뜨리다 혼쭐이 났다'는 소문들이 꼬리를 물었다. 이 귀를 의심할 만한 소문들이 대체로 사실로 확인된 것은 81년께 서울민사지법에서였다.

현직 법관 H씨의 얘기.

"81년경 기이한 민사소송이 들어왔다. 그 아파트 6동엔가 사는 한 주부가 경찰관을 상대로 갈취당한 돈에 대한 반환청구소송을 낸 것이었다. 그 주부는 승강기에서 박정희 대통령을 목격했고 즉각 경호원들로부터 발설하지 말라는 경고를 들었다. 그런데 참지 못하고 동네 주부들에게 귀엣말을 해 이 사실이 한 경찰관 귀에 들어갔다. 문제의 경관은 발설한 아주머니를 유언비어 사범으로 입건하지 않고 눈감아준다는 조건으로 돈을 갈취했다. 상당기간 뜯어 낸 액수가 1,000만 원도 넘었던 것으로 기억된다. 대통령이 죽고 세상이 바뀌자 주부는 분한 생각에…."

또 다른 증인은 그때의 대통령 경호실 부처장 안재송(10·26때 피살).

그는 민자당 의원이었던 김 모 씨와 어린 시절 진해에서 함께 자란 막역지우였다. 안은 이북에서 태어났으나 6·25 때 월남한 가족과 진해에서 살았었다. 김 전 의원의 얘기다.

"78년엔가 하도 박 대통령의 H아파트 밤나들이 소문이 많아서 친구 재송이한테 '소문이 사실이냐'고 물었다. 입이 무겁고 순진하기 짝이 없는 재송이가 깜짝 놀라며 '어디서 그런 얘길 들었느냐', '다시는 그런 소리 하고 다니지 말라'고 했다. '천기(天機)아니냐'면서, 장소를 바꾸어야겠다고 했다."

이미 밝힌 바 있는 중정 의전과장 박선호의 '최후진술'들을 살펴보면 믿을 수 없을 정도로 놀라운 대목도 있다.

"궁정동 미녀 파티는 초창기(70년대 중반) 중정 부장의 비서실장이 직접 주관했다. 그런데 윤 모 비서실장은 대통령 사생활 뒷바라지를 하다가 자기도 사생활이 복잡해져 그만 부인에게 들켰다. 그 부인은 성격이 괴팍해 윤씨를 도끼로 찍은 일이 있다. 이 사고가 난 뒤 의전과장 자리를 만들고 그 일을 전담시켰다. 나는 이, 김 과장에 이어 세 번째 의전과장인데…"

박의 각종 진술을 종합해 보면 권력자의 측근들이 74년 육영수 여사 사망 이후 충성 경쟁을 벌이며 홀로 된 박 대통령을 '혼미한 핑크빛 밀실'로 잡아 끈 흔적이 엿보인다.

"저 달력의 미인 다 왔었다"

궁정동 세검정의 안가에 박 대통령을 '모셔' 초저녁엔 말동무를 하다가 밤 9시께 슬그머니 대통령과 미녀만 남겨두고 밀실을 빠져 나오는 식이었다는 것이다.

배우, 탤런트가 대부분이어서 박은 79년 겨울 "저기 걸린 달력에 나온 미녀 모두가 안가를 다녀갔다"고 진술하기도 했다.

70년대 말 그 숨막히는 유신 공포 분위기 속에서 하마터면 밀실 비사들이 터질 뻔한 적도 있었던 모양이다.

박은 "A양의 경우 부모들이 안가 출입을 알고 들고 일어나서 부장이 몇 백만 원 주었다는 말을 들었다"고 밝혔다.

육 여사가 없는 청와대의 박 대통령은 심신양면으로 쓸쓸해지고 피폐해져 갔다. 사리분별이 바르고 오늘날까지도 여러 사람의 뇌리에 깨끗한 퍼스트레이디로 남아 있는 육 여사가 살아 있을 때는 분명히 달랐다.

다시 71년으로 거슬러 올라간다. 그해 6월16일부터 모 일간지에 〈세화의 성〉이라는 연재소설이 시작됐다. 여류 작가 손장순(孫章純) 씨(한양대 교수)가 쓴 것이었다.

소설 도입부는 '어떤 죽음'이라는 소제목으로 정인숙 피살 사건을 옮겨 놓고 있었다. 짙은 에로티시즘도 묻어 있는 이 작품은 시작부터 구미를 돋운다.

'죽은 여자는 어딘가 다른 데가 있는 모양이야. 그렇지 않고서야 진상하는 대상이 그렇게 하늘 높은 줄 모르고 올라갈 수야…긴차쿠(巾着)라고…'

등장인물들도 홍 장관, ○당무위원, △총장 등 정치인을 내세우고 그 시절 상류층의 애정과 성취 욕구를 그리고 있었다. 꽤나 인기를 끌었다. 연재소설이 두 달쯤 계속됐을 때 육 여사는 작가 손씨를 청와대로 정중하게 초청했다.

육 여사는 장관부인들과의 식사 모임에서 여러 번 〈세화의 성〉이라는 소설얘기를 들었노라고 했다. 그러면서 손씨에게 넌지시 소설의 밀도와 흐름을 바꾸어 줄 것을 바란다는 투였다.

손씨의 증언.

"오후 4시께부터 저녁식사 하고 8시경까지 육 여사가 예의를 갖추어 가면서 압력을 넣는 것이었다. 나는 단번에 작가 양심대로 글을 쓸 것이고 나는 겁나는 일도 없을 뿐더러 희생당할 가족도 없노라고 했다. 아마도 그분은 나를 위해 돈봉투도 준비한 눈치였는데 하도 내가 당당하게 나와서인지 꺼내지도 못하는 것 같았다."

그러나 손씨는 지금도 진지하게 남편 박 대통령을 위해 '정치적 내조'를 시도하던 육 여사를 잊지 못한다고 말했다. 영부인 육 여사는 그처럼 세심하게 대통령 주변을 챙기고 살폈던 것이다.

그 후로도 손씨는 문제의 소설 때문에 우여곡절을 겪었다. 소설 중 '혁명은 낭만'이라는 표현을 놓고 중정요원이 "혁명이 또다시 일어나라는 얘기냐"고 협박한 적도 있었다.

당시 소설이 연재된 신문사의 문화부장이 여러 차례 불러 '기관의 압력'이 있다고 해서 손씨는 "정 위험할 때나 부르시오"라고 짜증을 내기도 했다. 또 편집국장도 압력을 받다 못 참겠다는 듯 손씨에게 '불쾌하기 짝이 없어 지금도 소개할 수조차 없는 편지'를 써 보내기도 했다고 한다. 손씨는 "**선우휘** 편집국장님이 같은 작가 입장에서 내게 소설 청탁을 해준 게 고맙기도 했지만 편지를 보고 화를 참을 수가 없었다. 물론 내게 독한 편지를 내야 효험이 있으리라고 믿으셨겠지만…"이라고 말했다.

그 시절은 대중소설의 내용에도 중정이 관여했다.

결국 이 연재소설은 주인공인 가난한 출세주의자 지범호가 엉뚱하게도 '마을 지도자'로 낙향, 새로운 생활을 시작한다는 것으로 대미를 맺는다. 이 때문에 작가 손씨는 "왜 잘 나가던 소설을 엉뚱하게 변질시켰느냐", "한국판 줄리앙 소렐(스탕달의《적과 흑》주인공)이 새마을 지도자가 된다는 말이냐"고 항의를 듣기도 했다. 출발부터 파란의 여인 정인숙을 내세운 이 소설은 72년 유신 이후 부분 개작되는 수난도 겪었다. 모 출판사가 작가 몰래 당국의 판매금지를 피하기 위해 정계 인물을 마치 대학교수처럼 손질해서 팔았다.

그리고 세월이 바뀌어 80년대에야 문예출판사에서 원작대로 찍어 팔기 시작했다.

죽은 정인숙이 김대중 신변 지켰다

71년 3월, 4·27대통령 선거(7대)를 앞두고 박정희-김대중 후보가 각축을 벌이던 때였다.

미국의 한 유력 일간지가 정인숙 양 피살 사건 1년이 지났는데 느닷없이 특집기사를 실었다. 정 양의 아이가 박 대통령의 아들이냐, 정일권 총리의 아들이냐로 서울에서 화제가 끊이지 않고 있다는 내용.

당시 신민당 기관지《민주전선》은 연일 박 후보를 겨냥, 포격을 가하고 있었다.

편용호 주간(78년 작고 7,8대 의원)은 미국 언론 기사를《민주전선》1면 톱으로 올리기 위해 편집에 들어갔다.

김대중 후보 비서실장이었던 김상현은 편 주간이 만든 초벌인쇄지를 받아들고 깜짝 놀랐다. 즉각 편 주간에게 그 톱기사를 빼라고 했다.

편 주간은 "유진산 당수의 구두결재도 받았는데 무슨 소린가. 이런 기사거리를 빼고 뭘 싣자는 건가"라며 이해할 수 없다는 식이었다.

편 주간이 버티자 김상현은 잠시 후 "김 후보의 지시이니 빼야 한다"고 우겼다. 물론 김 후보의 지시는 없었다. 우여곡절 끝에 결국 그 기사는 나가지 않았다. 여기에는 배경이 있었다.

김상현 의원의 증언.

"김대중 후보 진영에서 볼 때 가장 우려스럽고 취약한 점은 경호 문제였다. 당시에도 강경한 중정과 군 정보 수사기관이 있었으므로 김 후보를 해치려고 하는 일부 과잉 충성 분자가 없으리라는 보장이 없었다. 그래서 내가 이후락 정보부장(70년 12월 주일대사에서 중정 부장으로 왔다)을 만난 자리에서 신변 안전을 보장하라고 요구했다. 그랬더니 이 부장은 박 대통령의 사생활, 정 여인 사건 같은 것을 들추지 말아달라는 얘기였다. 그건 흔쾌히 받을 만했다. 김 후보도 '정책 대결의 선거전'을 외쳐 왔기 때문에 인신 비방은 안 하는 편이 유리하다고 믿고 있었다. 밀약이 가능했던 것이다."

박 후보 사생활 폭로 삼가기와 김 후보 신변안전보장. 양측 톱 브레인들은 서로의 아킬레스건을 쥐고 있었던 셈이다.

그런데 그것도 '무용한 짓'이었음을 나중에 알았다고 김상현 씨는 말했다. 72년 유신이 나고 그가 조윤형, 조연하 등과 함께 안양교도소에 갇혔을 때였다. 73년 4월 수경사령관 윤필용이 그곳에 수감됐다.

한 시절 풍미하던 권세도 꿈도 거품처럼 날아가고, 서로 적수공권이 되어 마주하게 됐다. 그들은 테니스장에서 함께 정치범 대우를 받으며 자주 정구를 쳤다.

김·조 등은 윤에게 참으로 궁금한 게 한 가지 있다면서 물었다. '만약에 4·27때 야당 후보가 당선됐다면 군을 좌지우지했던 윤 장군 같은 박 통의 충복들은 어쨌을 거냐'고.

판사 법복도 벗긴 그녀

그러자 윤은 대번에 '따르륵'이라며 기관총 쏘는 시늉을 하더라고 김씨는 회고했다. 윤은 덧붙여 "71년 대통령 선거 직후 미8군 사령관도 그런 질문을 해 똑같이 응답했다"고 하더라는 것. 김씨는 "겉모양만 민주주의의 옷을 입혔을 뿐 내용은 친위대 정권임이 실증되는 것만 같았다"는 얘기다.

변호사 **목요상**(11, 12대의원)은 정인숙 사건 때문에 정치에 얽혀들었다. 그가 법조를 벗어나 정치입문을 하게 된 것은 판사 시절 김지하 시인 등의 〈오적〉시 사건을 다룬 것, 또 《다리》지 사건 무죄선고를 한 것과 직결된다고 말한다.

그는 "그런 의미에서 정 여인 사건이 오적의 사건적 배경이기에 나의 인생행로와도 무관하지 않다"며 웃었다.

70년 그는 서울형사지법 6단독 판사로 있었다.

목 판사는 김지하, 부완혁 등 4명이 반공법(제4조) 위반혐의로 기소됐으나 '박 정권의 신경질적 반응'으로 느꼈다고 한다.

"재판을 열어 이범석 장군 등과 저명 문인들의 감정증언을 들었다. 그러나 부정부패한 고위층 인사들과 재벌들이 육공(六孔)에 피를 토하며 쓰러졌다는 신랄한 현실비판이 북한을 이롭게 할 목적이나 의도로써 그들의 대남 전술전략에 동조하거나 고무찬양한 것으로 볼 수는 없었다. 풀어주어야겠다고 마음먹었다."

목 판사의 보석허가 낌새를 눈치 챈 법원 담당 중정 요원인 구(具)모(사망)가 목 판사를 찾아와 "풀어주면 안 된다. 상부 지시니 우리 입장을 살려달라"고 강압했다. 그러나 목 판사는 김지하 등 4명을 구속 석 달 만에 보석으로 풀어주었다. 그리고 71년 잇따라 《다리》지 무죄판결(나중에 상술)을 내리자 72년 유신과 함께 그를 법원에서 쫓아냈다.

'8장 7절을 거부한 화려한 여인'

88년 7월 서울 H소극장에서 무대에 올랐던 희한한 연극의 제목이었다.

8장 7절은 성서 요한복음의 간음녀 부분을 가리키고 있었다. 예수가 "너희 중 죄없는 자만 돌을 던지라"고 한 대목에서 딴 것이었다.

두말할 것도 없이 지난 70년 살해된 정인숙을 대통령의 정부로 등장시킨 연극. 권력과 돈, 에로티시즘이 얽혀 음모와 죽음을 낳는 줄거리는 잔잔한 화제를 불러일으켰다.

88년 3월에는 정 여인을 주제로 한 영화도 기획됐었다.

제목은 '정인숙 23시 5분'. 23시 5분은 그녀가 살해된 시각. 부제도 '나는 너를 천사로 부른다'로 돼 있던 이 영화 제작 기획은 김대진(金大鎭) 감독에 의해 시도됐다.

특히 시나리오작가 장사공(張史公) 씨의 전력이 많은 이들의 관심을 끌었다. 그는 63년 18세의 정인숙과 약혼까지 했다가 헤어진 인물. 70년 정 여인 사건 이후 계룡산에 숨어 살며 TV와 라디오 드라마 200여 편을 써 왔다. 그러나 이 영화는 나오지 못했다.

김대진 감독의 얘기.

"정인숙 가족들의 반대가 심했다. 문제가 됐던 오빠 종욱 씨도 아직 풀려나지 않은 때였고 특히 아들 성일 씨(88년 20세)가 편지를 보내면서까지 중지해 달라고 했다. 특별한 기관을 밝히며 압력을 가한 사람은 없으나 영화를 만들지 말라는 협박전화는 많았다."

그녀의 아들 성일 씨는 85년부터 미국에서 대학을 다녔고 89년 서울에서 결혼식도 올렸다. 외삼촌 종욱 씨(89년 출소)가 밝힌 얘기.

| 제7장 |
정치공작 사령부와 선거판 여우

공작특명 "진산을 대권후보로 세우라"

제15대 중정 부장 김계원은 70년, 재임 1년 만에 경질됐다.

중정 식구들의 기억에도 그는 뚜렷한 발자국을 남기지 못했다. 당시 한 간부는 '칼 수집 취미가 있었던 분'으로만 기억하고 있다. 국내외의 진기한 도검을 서울 원효로 집에 많이 모아둔 게 김 부장에 대한 기억이라는 것이다.

김계원 씨 스스로도 "중정 부장이 적성에도 맞지 않아 '언해피'한 시절이었다"고 말했다.

결코 대가 세다고 말할 수 없는 김씨의 성격이었다. 그런 그의 입장에서 정치공작의 대상이 되는 야당의 직업정치인들은 '거칠고 모질고 더러는 의뭉한 뒤집기의 명수들'로 보였다.

79년 10월26일 오후 서울 궁정동. 대통령 살해 두 시간 전 김계원 대통령 비서실장이 김재규 정보부장에게 한 말이 있었다.

"나도 정보부장을 해보았지만 마음대로는 안 되는 게 정치요."

그는 김재규가 그 무렵 야당 공작에 온 힘을 쏟았으나 여의치 못해 고통스러워하는 것을 그렇게 위로했던 것이다.

70년 김계원 정보부장에게 부여된 사명은 신민당 대통령 후보로 유진산 당수를 밀어올리는 것이었다.

박정희 대통령이 40대 기수인 **김영삼**이나 **김대중** 등과 맞서길 꺼려했기 때문이다. 분명 박 대통령에게는 40대들보다 진산이 구미에 맞는 상대였다.

그러나 중정의 유형 무형의 뒷받침에도 불구하고 진산은 후보경쟁에서 버티질 못했다. 그리고 두 김씨 중에서도 현저히 열세에 놓여 있던 김대중 의원이 후보를 따냈다.

박 대통령이 보기에는 실망스럽기 짝이 없는 중정이었다. 공작도 성공시키지 못할 뿐더러 도대체 예측도 맞지 않는 중정 믿을 수도 내버려둘 수도 없었다.

그 시절 중정의 파워 자체는 막강했다. 공화당이라는 여당과 신민당이라는 야당 위에 별도의 '정치사령부'로서 중정이 군림하고 있었다.

사쿠라 만화의 주인공

박 대통령의 권력을 직접 받아 행사하고, 정보를 총체적으로 장악하며, 돈과 힘으로 여야 정치인을 주무른다는 점에서 중정은 하나의 '슈퍼 정당'이었다.

요원들은 정당과 정당주변 다방에서 명함과 얼굴을 밝히고 함께 생활했으므로 정보정치는 글자 그대로 그 시절의 콘셉트이기도 했다.

따라서 야당 내에서도 "당권을 겨룰 만한 세력들은 반드시 중정을 고려하고 그들과 접촉하는 걸 불가피한 현실로 받아들여야 했다"고 당시 신민당 대변인 김수한 씨는 말했다. 그런 중정이 왜 김계원 시대에는 무력했을까.

무엇보다 진산의 정치적 이미지가 너무 구겨져 있었다. 윤보선과의 60년대 당권싸움으로 가열된 선명 경쟁에서 무너져 힘을 쓰지 못하고 있었다.

제7대 대통령 선거를 앞두고 선명성 시비로 신민당 대통령 후보경쟁을 포기했던 유진산 당수.
사진은 70년 9월 5일 후보지명대회를 앞두고 출마 여부로 고민하던 유씨.

박 정권의 3선 개헌 강행 그리고 공작정치의 발호 때문에 국민은 보다 선명한 야당을 선호했지만 진산은 회색빛 타협정치를 추구했다.

진산을 지칭한 '사쿠라'는 만화에도 등장했다. 안의섭 화백은 68년 서울신문회관에서 '한국인물 50인전'을 열었다. 그중 진산의 모습은 벚꽃이 그려진 화투의 '광'(光·사쿠라) 한 장을 들고 있는 포즈였다.

진산 부대의 직계인물 신동준(申東準, 12대 의원) 등이 이 만화가 너무하다고 항의까지 했다. 박정희의 경우 중국의 장제스(蔣介石), 일본의 사토 에이사쿠(佐藤榮作)를 배경으로 넣어 큰 인물처럼 그렸다. 그때 정계은퇴를 선언했던 JP는 느티나무 밑에서 우울하게 아코디언을 연주하는 모습을 그린 데 비하면, 화투짝의 사쿠라 한 장이라니 진산은 우스꽝스럽기 짝이 없었다.

박 대통령은 이 코믹한 만화를 보고 기분이 느긋해져 도청 소재지 마다 순회 전시토록 했다. 그러나 진산은 전시회 1년이 지난 뒤에야 비원 근처 요정에서 술상을 차려놓고 "앞으로나 잘 그려달라"고 웃더라고 안 화백은 회고했다.

국민들 사이에 정치를 중정이 좌지우지하는 것으로 인식돼 갈수록 진산의 '타협정치'는 더욱 잿빛을 띠었다.

그걸 간파한 김영삼은 진산을 겨냥, "정권획득을 포기한 채 만년 들러리 야당을 추구할 순 없다"며 최초로 40대 기수론을 내세웠다.

김대중, 이철승이 김영삼과 40대 연합전선을 구축해 '선명야당 젊은 후보'를 부르짖고 나섰다.

진산이 반박했다.

"나는 장관을 지낸 일도, 장사를 한 일도 없다. 그런 내가 어째서 선명하지 않다는 건가. 그들에게 선명한 걸 보여주기 위해서라도 대통령 후보로 나서야겠다."

진산은 그때 당수로서 당권을 장악한 확고부동한 최대 파벌의 보스였다. 거기에 박 대통령과 중정의 물심양면에 걸친 지원도 있었다.

진산은 평소 후배 정치인들에게 "돈(정치자금)을 만들 줄 몰라도 정치인이 못 되고, 돈을 정치에 쓰지 않고 챙겨버리는 자도 정치인이 아니다"고 말했다.

말하자면 정치공작 성격의 돈이 들어오더라도 계파세력 확장을 위해 '잘' 써버리면 된다고 가르쳤던 것이다. 실제로 진산 사후에 금전적인 나름의 결백은 입증됐다.

진산의 등 뒤에서 '물적' 지원을 아끼지 않은 인물은 김계원 부장, 김성곤 의원이었다.

그 내용을 가장 잘 아는 사람들은 양일동, 김진만 씨 등이었다고 한다.

한편으로 진산 자신도 인간이기에 대통령 후보를 하고 싶었다.

자존심 때문에라도 40대 '정치적 미성년자'(진산은 후보 자격을 정치 경륜이 아닌 나이 문제로 치고 나선 40대 3인을 그렇게 몰아쳤다)들에게 지고 싶지 않았다. 그래서 그는 김계원, 김성곤을 직간접으로 접할 때마다 '굳세게 싸워서 40대들을 누르겠다'고 다짐했다.

'진산 후보'를 기대하는 박 대통령의 입맛을 알고 있는 김계원 부장 등은 몸이 달았다. 진산 특유의 꿍꿍이속을 헤아리기도 어려울 뿐 아니라 워낙 '뒷거래' 이미지 때문에, 여론조사에서 자꾸만 40대들에게 쫓기는 것으로 분석됐다.

기발한 아이디어가 나왔다.

70년 9월29일의 대통령 후보지명대회를 한 달 앞둔 8월 유 당수를 해외에 순방시켜 국제적인 안목의 정객으로 이미지 쇄신을 꾀한다는 것이었다.

박 정권의 정보 외교망이 총동원되고 정부훈령이 내려지는 가운데 유 당수는 베트남에서 티우 대통령, 필리핀에서 마르코스 대통령, 일본에서 사토(佐藤榮作) 수상을 만났다. 상대 나라의 극진한 예우 속에 국제적인 지도자들과 사진을 찍게 함으로써 이미지 세척을 꾀했던 것이다.

사기가 오른 유 당수는 귀국 직전 도쿄에서 기자회견을 갖고 한반도 주변 4강의 안전보장론을 제의하는 등 대통령 '후보' 다운 냄새도 풍겼다. 또 귀국 후 후보 경쟁 의사를 강하게 비췄다.

"정치란 변화하는 여건에 따르는 것이다. 내가 몇 달 전에 불출마 얘기를 했다 해서 대통령 후보에 대한 나의 공민권까지 박탈하려는 것은 심히 불쾌하다. 40대 3인의 단일화가 성공하지 못하면 나는 후보로 나서라는 당명(黨命)을 거역할 입장에 있지 않다."

DJ 돌연 후보로 '진산 후보' 공작 물거품

40대 3인은 유진산이라는 벽을 무너뜨리기 위해 파상공세를 펼쳤다. 진산이라는 벽은 두꺼웠다. 나이 50세에 초선이었으면서도 보수 야당의 큰 맥으로 굵어온 진산은 원외 시절이나 비당권파 때도 맨손으로 일정한 세력을 거느리면서 오뚝이처럼 당권을 탈환하는 불가사의한 괴력의 소유자였다.

진산은 어림잡아 신민당 조직의 3분의 2를 장악해낼 수 있는 현직 당수이기도 했다. 당권을 쥐고 있는 만큼 당연히 자금동원력도 앞서 있었다.

게다가 중정을 비롯한 박정희 대통령의 대야 채널들이 '진산 후보'를 열망하고 지원했다.

70년 8월 진산이 동남아 순방에서 돌아오자 이번에는 박정희-유진산 회담이 기다리고 있었다.

당시 중정 간부 A씨의 증언.

"박-유 여야 영수 회담은 외형상 국가안보와 선거법을 논의하는 모양새로 돼 있었다. 그러나 서로의 솔직한 관심은 야당 대통령 후보일 수밖에 없었고 사실은 그 문제 때문에 성사된 것이라 할 수 있다. 박 대통령은 어떤 형태로든 진산이 후보로 올라오길 바랐기 때문에 회담에서 유당수의 다짐을 받으려 했을 것이다."

이미 김계원 정보부장은 69년 10월 취임 인사차 서울 상도동 진산 집을 들른 데 이어 밤중에 '서너 차례'나 드나들었다. 두말할 것도 없이 신민당의 대통령 후보 문제 때문이었다.

한밤중에 드나들었지만 야당판에는 비밀이란 없는 법이다. '정보책임자가 진산 댁을 심야에 출몰한다'는 소문이 돌았다.

70년 9월 신민당 대통령후보 지명 전당대회는 김대중 의원의 승리로 끝났다. 김 후보가 김영삼, 이철승 씨의 양팔을 들어 '40대 기수'들의 단결을 과시하고 있다.

김영삼, 김대중, 이철승 40대 3인 측에서는 이를 놓칠 세라 공세를 폈다.

'공작정치가 야당을 잠식하고, 신진 기예를 짓누르려 한다'고 진산을 들이쳤다. 만일 선명한 색깔의 40대 후보가 실현되지 않으면 당을 깰 수밖에 없다는 기세로 진산과 노장층을 압박해갔다.

40대 세 사람은 70년 9월29일로 후보지명 전당대회가 공고되자 인천 올림프스호텔에서 '선의의 경쟁'을 다짐하며 일전불사를 별렀다. 그리고는 진산의 정치색깔을 혹독하게 매도하며 선명야당의 바람을 일으켰다. 뒷날 진산은 이들에게 당한 아픔을 회고록에 썼다. 젊은 층과의 진검(眞劍)승부에서 당한 65세 노정객의 신음이 배어 있었다.

"신민당 대통령 후보는 꼭 40대라야 된다는 인위적인 조건 자체가 일견

첨단의 시대감각처럼 보일 수도 있지만 기실은 후진 사회에나 있을 수 있는 변칙풍조였다. 연령 문제를 자신들의 이익에 결부시켜 당에 충격을 부각시키고 후보지명을 노림으로써 보수야당의 인화와 서열에 금이 가게 한 것이다." (진산회고록 264쪽)

어찌됐든 '40대 기수' 바람은 거셌다.

진산계인 신민당 사무총장 **고흥문**(高興門)은 9월 어느 날 진산에게 후보 경쟁에서 물러서라고 권유했다. 60년 대통령 선거를 앞두고 유석 조병옥이 "나의 영달을 위해 당원을 희생시킬 수 없고 나 개인보다는 당, 당보다는 국민이 소중하다"며 후보를 사퇴했던 일을 상기시켰다.

마침내 진산이 물러섰다. 전당대회를 1주일 앞둔 9월21일 40대 후보자가 단일화된다면 후보경쟁에 나서지 않겠다고 선언한 것이다.

이것은 박 정권에게는 중대사태였다.

69년 9월 3선 개헌안을 날치기 처리한 뒤 1년여 정성을 기울인 공작이 물거품이 되는 순간이었다.

박 대통령이 불같이 화를 냈다.

남산의 중정에 날벼락이 내렸다.

"애송이와 싸우라고?" 박정희 격노

"청와대에서 전화가 오고 김계원 부장이 불려 올라가고 온 남산이 발칵 뒤집혀 초긴장 상태에 들어갔던 기억이 지금도 생생하다. 중정은 박 대통령의 뜻대로 진산이 신민당 후보로 나와주길 바랐고 여러 갈래로 손을 썼으나 결국 수포로 돌아갔으니 면목없게 돼버렸다." (당시 중정 부장 비서실 관계자 증언)

진산이 왜 물러섰을까.

박 정권과의 '위약'(違約)을 무릅쓰고 40대들에게 굴복하는 길을 왜 택했을까.

당시 진산의 측근 김수한 씨는 '40대 3인과 끝까지 후보경쟁을 벌이면 당이 깨질 수밖에 없었기 때문'이라고 해석했다. 진산으로서도 당수와 후보를 겸하고 싶은 욕심과 야망이 있었다. 하지만 40대의 도전이 너무 강력했기에 40대 3인 중 한 명을 찍는 후보추천권을 행사함으로써 당권만이라도 보전하려 했다는 것이다.

진산 스스로의 해명은 이렇다.

"당내 정치도의가 파괴적으로 동요하는 상황에서 내가 끝까지 후보경쟁을 한다는 것은 나의 양식이 허락하지 않았다. 후보로 나서라는 권유도 많았고 지명이 될 공산도 컸다. 하지만 후보만 놓고 아집과 독선으로 경쟁을 벌였다고 할 때 예상되는 노소상투(老少相鬪)하는 신민당을 국민에게 보일 수 없었다. 나의 공명심과 야망을 희생시켜야 했다."(진산회고록 267쪽)

진산이 최대 파벌을 거느리고 자금에서도 가장 앞섰으면서도 후보에서 물러나 신민당의 파국을 막은 대목은 지금도 긍정적으로 평가하는 이가 적지 않다. "정치공작을 현실로 받아들이면서도 거기 완전히 놀아나지만은 않은 결과"라는 것이다.

진산이 물러섬에 따라 70년 9·29 전당대회에서 뽑힐 대통령 후보는 누가 보더라도 김영삼이었다.

박 대통령도 진산이 후보를 포기하자 대뜸 "내가 김영삼이 같은 애송이와 어떻게 싸우라는 말이냐"고 중정에 호통쳤다고 한다.

진산은 후보추천권을 행사하겠다고 할 때부터 김영삼 후보 옹립을 통해 당권을 유지할 심산이었다. 그러나 이철승은 진산의 포커페이스에 말려 자신이 낙점되길 은근히 기대했다.

김대중은 진산이 결코 자신을 후보로 점찍지 않으리라고 꿰뚫어보고 있었다. 그는 비주류 정일형, 홍익표 등이 가담하는 '6인 지명단'의 결정이라면 승복하겠노라고 했다.

끝까지 경선을 노리는 전략이었다.

지명대회를 하루 앞둔 9월28일 오후 4시 진산은 '김영삼 후보'를 추천한다고 발표했다. 겉으로는 대의원의 3분의 2가 김영삼을 밀게 돼 있었다. 김영삼이 지명을 받는 건 시간문제였다. 9월29일 석간신문들도 기정사실처럼 보도했다.

그러나 김대중은 김상현, 이희호 등과 밤새도록 대의원 숙소를 돌았다. 또 후보추천에서 밀린 이철승계의 **조연하**(趙淵夏), 김준섭(金俊燮)을 접촉했다.

1차 투표에서는 총투표 885표 가운데 김영삼 421, 김대중 382, 백지 78표로 아무도 과반수를 못 얻었다. 김대중은 즉각 이철승에게 '김 후보 – 이당수' 체제를 명함에 써서 건넸다. 그 밀약에 따라 김대중은 2차 투표에서는 김영삼보다 48표나 많은 458표를 얻어내 뒤집기에 성공했다.

실로 예측하기 어려웠던 정치 드라마였다.

김계원 씨의 증언.

"김대중 씨가 후보가 될지 모른다는 건 하나의 우려였다. 그건 가능성으로서 보고되고 있었지만 결코 대세는 될 수 없다고들 보았다"

당시 중정의 예측은 맞지 않았고 또 한번 박 대통령에게 누를 끼친 결과였다. 김계원 부장은 즉각 69년 9월 이래 정치공작을 지휘해온 3국장 정무식(鄭茂植·8, 9대 의원·88년 사망)을 바꾸었다.

그렇게라도 해서 뭔가 만회하지 않으면 안 될 정도로 박 대통령의 신임을 잃고 있었다.

김형욱, 권토중래 노려 DJ 밀었다

러시아혁명이 성공할 수밖에 없었던 이유를 따지고 보면 1백 가지도 넘는다던가.

70년 가을 신민당 대통령 후보경쟁에서 김대중이 대역전승을 거둔 후에 많은 승인(勝因)들이 지적됐다.

최대 파벌 진산계의 자중지란(自中之亂). 진산계 '황태자'가 된 김영삼의 방심(그는 대의원 포섭보다는 수락연설 연습에 열중했다). 김대중을 멀리 하던 이철승계의 합류. 심지어 김영삼이 방한 중인 에티오피아의 셀라시에 황제의 행렬에 갇혀 막판의 대의원 접촉을 못하고 통금을 맞았다는 등등의 분석이 있다.

거기에 야인이 된 60년대의 정보부장 김형욱의 작용설도 있었다. 그것이 승부에 얼마나 영향을 미쳤느냐는 별론으로 치더라도….

당시 김영삼 진영의 참모장이었던 고흥문(신민당사무총장)은 회고록 《못다 이룬 민주의 꿈》(1990년 발간)에 이렇게 썼다.

"김형욱은 중정 부장의 자리에 있으면서 이북 서부세력을 대표하고 있었지만 3선 개헌 직후 공화당 4인 체제에 의해 정보부장에서 쫓겨나 있었다. 그래서 그는 4인 체제와 통하는 진산계와 김영삼을 누르기 위해 김대중에게 무교동 삼일빌딩에 있는 자신의 사무실을 빌려주고 대통령 후보지명에 나서도록 권유했다." (215쪽)

이 대목은 김형욱이 김경재에게 구술한 회고록과도 웬만큼 맞아 떨어진다.

"나는 김상현에게 몇 가지 충고도 해주고 김대중의 대통령 선거자금 모금에 발벗고 나섰다. 절친한 사업가들을 설득해 자금을 모으고 나도 가능

김형욱은 정보부장을 그만둔 뒤 김대중의 환심을 사려고 노력한 흔적이 있다.

한 대로 얼마를 보냈다. 그 액수와 사업가들의 이름은 밝히지 않겠다. 다만 이것이 뒷날 선거가 끝나고 유신이 나서 김상현이 중정에서 죽도록 얻어맞고, 내가 미국망명을 결행한 주요 이유 중의 하나였다." (회고록 3부 77쪽)

김형욱은 70년대 후반 미국 뉴욕에 머물면서 "김대중 후보에게 3억 원을 밀어주었다"고 한 교포에게 말한 적이 있다. 그 액수는 부풀린 것인지 혹은 순전히 김의 돈이었는지, 아는 실업인의 지원금까지 합친 것인지 불분명하다.

어쨌든 세월이 지나 김대중 총재도 기자에게 김형욱과의 '각별한 관계'를 설명한 적이 있었다. 그는 "나와 김형욱 관계를 제대로 쓰면 좋은 기사거리가 될 것"이라고 말했다.

김대중은 68년 임자도(荏子島) 간첩사건 때에 선거참모였던 최영길(崔永吉)이 연루, 김형욱 부장에게 신문을 당한 적이 있었다. 김형욱은 서울 세종호텔의 한 방에서 김대중 의원을 직접 만나 '조사'한 뒤 별다른 문제가 없음을 확인했던 것이다.

그 뒤 두 사람 사이에는 김상현이 밀사로 오가며 고급 정보교환이 있었다. 두 사람은 서로를 '유용'한 상대로 여겼던 것만은 분명하다. 김대중은 "김형욱이 스스로 김상현 의원을 통해 500만 원 정도를 정치자금으로 보낸 적이 있다"고도 밝혔다.

그러나 김형욱의 막후 '응원'이 대세를 움직인 것은 결코 아니었다. 고홍문은 '김형욱이 사무실까지 김대중 측에 제공했다'고 하나 확인되지 않는다. 또 오늘날 김영삼 진영 인사들도 "DJ에게 김형욱이 큰 힘은 못됐을 것"이라고 평가하고 있다.

김형욱이 주장하는 '지원 규모'도 크게 부풀려진 것이라고 김상현 씨는 증언했다.

"김형욱은 당시 나를 만나는 것도 주위를 살피며 꺼리고 벌벌 떨었다. 자기가 정치자금이라고 준 일은 거의 없고 다만 내가 선거운동 자금이 달릴 때 어음 300만 원짜리를 가지고 가서 바꿔온 일은 있다. 그가 선거자금 모금에 앞장섰다는 주장은 당시 엄혹했던 박정희 시대의 분위기에 비추어 보더라도 있을 수 없는 일이다."

사우나서 만난 기업인에 "DJ 도와!"

그가 기업인을 소개해 주려고 시도한 것은 딱 한 번 있었다. 그가 어느 사우나탕에서 기업인 A씨의 등을 툭치며 "김대중이 좀 도와줘"라고 부탁했다. 그러나 A씨는 다른 사람도 아닌 김형욱이 야당 대통령 후보 뒷돈 대라는 소릴 하자 놀랐고 크게 의심했다. 함정을 파서 자기를 죽이려는 걸로 짐작한 A씨는 "내게 전화를 걸어 '당분간 나를 아는 체도 말아 달라'고 호소하는 것이었다. 그뿐이었다." (김상현의 증언)

그 무렵의 중정 간부들도 김형욱의 DJ지지는 사실이었다고 말한다.

"그는 중정 부장으로 롤백하는 것이 꿈이었으므로 김계원 부장이 밀었던 유진산, 김영삼과 반대되는 김대중을 후원했던 것이다. 김계원의 공작이 무능한 것으로 판명되고 예측이 빗나가야 자기 몫이 있다고 믿었다"고 당시 모 국장은 증언했다.

하여튼 야인이 된 중정 부장 출신 김형욱이 권토중래(捲土重來)를 노리며 야당 대통령 후보 김대중을 지원했다는 건 아이러니가 아닐 수 없다.

70년 10월 김계원 부장은 김대중이 후보로 확정되자 정치담당 3국장 정무식을 밀어내고 전재구(全在球·9대의원)를 기용했다.

충북 옥천 출신의 육사 8기인 전재구는 60년대 정치 전반을 배후에서 '요리'해온 베테랑이었다. 5·16직후 10년 가까이 3국장을 맡은 그는 이미 두 번의 대통령 선거, 두 번의 국회의원 선거를 치렀다. 굵은 정치사건의 뒤에는 대체로 그의 그림자가 있었다.

그런 전재구가 69년 3선 개헌 마무리 단계에서 김형욱의 눈 밖에 나 대구 분실장으로 밀렸다.

전의 3국장 롤백에는 중정 부장비서실장 김동근(육사 8기·대사를 거쳐 90년대 김종필 민자당 대표의 비서실장)의 힘이 컸다. 김동근은 김계원 부장의 배재중학교 후배이며 김계원의 육대총장 시절부터 모신 부하. "전재구가 다시 와야 정치문제가 해결된다"고 김 부장에게 건의했던 것이다.

전재구가 70년 10월 대구에서 발령을 받고 서울행 열차 특실을 타자 때마침 국회 내무위원들이 상경 중이었다.

박병배, 송원영, 김수한, 김상현, 박주현 등은 제주도 국정감사를 가려다 악천후로 비행기가 뜨지 못해 귀경 중이라는 얘기였다.

지난 10년간 '정치공작사령부' 중정을 대표해온 전재구와 여야의원들은 '반갑게' 악수를 나누었다. 야당 의원들은 김대중 붐을 자랑했다. 확실히 극적으로 대통령 후보로 떠오른 40대 후보 김대중의 산뜻한 이미지와 웅변은 국민 사이에 바람을 일으키고 있었다.

김상현이 이죽거리듯 말했다.

"전 국장. 우리 김 후보가 꼭 이길 겁니다. 예비군 폐지 정책만 해도 대단한 바람을 일으키고 있어요. 권불십년(權不十年)이라고 안 합니까. 대통령 선거로 정권교체 되면 전 국장도 몰릴 테니 우리 집에 와서 숨으시지오."

농반 진반의 얘기였지만 전 국장은 썩 기분이 좋지 않았다고 한다.

김계원 부장은 역시 육사 8기 **강창성**(姜昌成) 장군(73년 보안사령관·14대 의원)을 불러다 대통령 선거를 치르자고 건의했다.

강창성은 중정 초기 정보학교장, 기획조정관을 맡다가 그때 육본으로 나가 있었다. 강은 곧 초대 국내담당 보안차장보(기획관리실장 겸임)로 되돌아왔다. (당시 해외 담당 차장보는 **이철희**)

강창성-전재구-김동근, 친구이기도 한 육사 8기 3인을 요직에 꽂고 김계원은 뭔가 보여줄 기세였다.

그러나 두 달도 못가 70년 12월 박정희는 끝내 사람만 좋은 김계원을 밀어내고 주일대사 이후락을 정보부장으로 앉혔다.

"선거판의 여우 엄창록을 포획하라"

박정희는 정보부장 김계원을 바꾸기로 결심했다.

정보총수로서 그 막강한 힘과 조직을 갖고도 역할을 못해주는 김계원을 믿을 수가 없었다. 더구나 박정희로서는 껄끄러운 상대 김대중과의 한판 승부를 앞둔 터였다.

박정희는 이미 김대중과의 한차례 승부에서 정신적으로 패배한 경험도

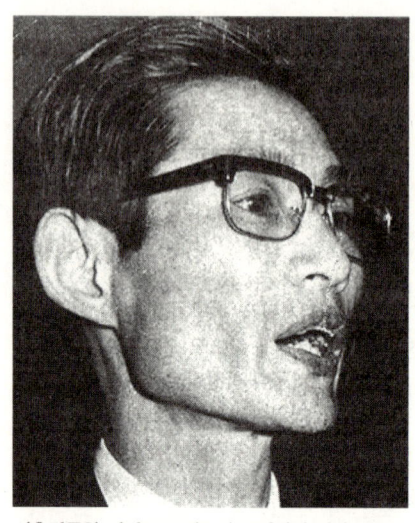

신출귀몰한 선거운동 전술과 조직관리 비법으로 정보부의 주목을 받은 DJ 조직 참모 엄창록 씨(88년 사망). 그는 '선거판의 여우'로 불렸다.

있었다. 3년 전인 67년 총선(6·8 국회의원선거)에서 박정희는 목포를 '정책 지구'로 점찍어 김대중을 떨어뜨리기 위해 혼신의 힘을 기울였다.

박은 정구영에게 이런 말을 했다.

"6·8선거에서 야당 몇 명을 국회에 못 들어오게 하기 위해 공화당 후보 몇 명을 특별 지원했습니다. 그런데 김대중 같은 마타도어 흑색선전에는 당해낼 재간이 없어요." (정구영 회고록 174쪽)

박정희의 고백처럼 그는 졌다. 대통령 스스로 목포에서 국무회의도 열고 선거공약도 해가며 공화당 후보(김병삼)를 밀고 막대한 자금도 쏟았으나 끝내 김대중을 꺾지 못했던 것이다. 박정희에게는 온갖 관권 금권 공세에도 죽지 않고 살아난 김대중은 분명 불쾌한 상대였다.

70년 11월 어느 날 박정희는 중정의 보안차장보(3인자)로 온 강창성을 불렀다.

"야당 사람들이 김계원 부장을 "남산골 샌님"이라고 한다면서?"

자꾸만 정치공작에 실패하고 신민당의 노회한 중진들에게 농락이나 당하는 김계원에 대한 짜증이고 불평이었다. 박정희는 대통령 선거를 치르기 위해서는 일본대사로 가 있는 책사(策士) 이후락을 부를 결심을 굳혔다.

그러나 김계원은 박정희의 눈 밖에 나 있었지만 끝까지 신임을 회복하기 위해 애를 썼다.

김대중의 조직 참모 엄창록에 대한 회유 공작 같은 것도 그런 예였다.

엄창록(嚴昌錄).

지난 88년 60세로 이승을 떠난 그의 이름 석 자는 지금까지 중정 간부들과 야당 중진들 사이에 신화처럼 남아 있다.

엄창록은 세간의 지명도는 낮지만 이 땅의 선거사를 연구하는 데 반드시 거명되어야 할 인물이다. 그의 '신출귀몰'에 가까운 조직선전 전술은 중정에 의해 정리 출간돼 공화당과 청와대에 은밀히 납본되기도 했다.

엄창록은 61년 강원도 인제 보궐선거에서 김대중의 첫 당선을 도운 이래 70년 대통령 후보가 될 때까지 3선을 가꾸었다.

엄창록은 부메랑 되어

박정희가 불평했던 것처럼, 6·8 총선이라는 지옥에서 김대중을 살려낸 자가 바로 엄창록이었다. 엄은 상상을 초월하는 흑색선전과 뒤집어씌우기로 관권 금권 공세를 무력화해버리며 스스로 '선거 게릴라'라고 자처했다. 김대중의 정치 컬러 가운데 부정적인 그림자는 상당부분 엄의 탓이기도 했다.

그런 엄창록은 김대중과 손잡은 지 딱 10년 만인 71년 배신해버렸다. 김대중을 등지고 중정과 손잡은 엄은 71년 4·27 대통령 선거전에서 김대중 진영을 거꾸로 교란하는 '부메랑'이 되었다.

소설보다 기구한 운명들이었다. 그는 죽는 날까지 동교동에 나타나지 않았다. 88년 그의 빈소에 김대중은 이용희(李龍熙·9, 10, 12대 의원)를 보내 명복을 빌었다.

엄은 함북 주을 출신으로 원산사범학교를 중퇴했다고 한다(더러 엄 스스로 김일성대학을 나왔다고 말하는 것을 들은 이도 있다). 그는 스스로 북에서 좌익조직을 경험했고 전향한 사람이라고 밝혔다. 중정에서 대공문제를 다룬 **이용택** 전 의원도 철저한 '전향자'라고 증언했다.

다음은 권노갑 의원의 증언.

"엄씨가 김대중 총재를 만난 건 우연이었다. 그는 인제 보선 때 우리를 돕던 현지 신 사장 밑에서 일하고 있었다. 그런데 조직방식이 뭔가 배운 가락이 있고 치밀하기 짝이 없었다. 목소리는 낮고 남 앞에 나서지 않으면서 배후에서 일하는 스타일이었다. 폐결핵을 심하게 앓아 수술도 한 병약한 사람인데…"

엄창록이 61년 김대중 진영에서 설파한 내용을 간추리면 이렇다.

"대한민국 집권당의 선거운동은 앞장서서 법을 어기는 범죄 바로 그것이다. 60년 3·15 부정선거와 같이 공무원 동원, 돈 봉투 살포를 넘어 투개표 조작까지 멋대로 해내는 권력의 범죄적 선거방식을 깨야 한다. 집권당의 선거 범죄는 지금도 앞으로도 근절되지 않는다. 이유제강(以柔制强)의 전술을 개발해서 관권 금권에 대응하지 않으면 야당은 살 길이 없다."

엄창록은 몇 가지 전술을 창안했다.

예 1, 야당 운동원이 양담배를 물고 거드름을 피우며 여당후보를 지지하라고 권유한다. 유권자들에게는 값싼 담배를 피우라고 내민다. 여당후보에 대한 반감을 유발한다.

예 2, 야당 운동원이 극소액(요즘 같으면 1천 원)을 봉투에 담아 여당 후보 이름으로 밤중에 돌린다.

예 3, 야당 운동원이 여당 후보 이름으로 고무신 같은 선물을 돌린 뒤 다음 날 일제히 '딴 집에 갈 게 잘못 전달됐다'며 회수해간다. 역시 철저히 여당 후보에 대한 반감을 유발한다.

지금은 상식적인 '선거판 잔꾀'처럼 되어버린 이 수단들이 대부분 엄에 의해 창안됐다는 것이다.

예 4, 돈 많은 여당 후보의 식당 초청 막걸리 대접에 빈털터리 야당 후보가 맞서는 방법도 있다. 가령 야당운동원이 여당 후보의 이름으로 수백 명의 유권자를 특정 음식점으로 초청해 헛걸음한 유권자들의 격분을 유발하는 방법이다.

조직 관리 방법도 독특했다.

후보는 누구나 조직원이 자금을 정직하게 쓰고 성실히 유권자 접촉을 했느냐에 신경을 쓴다. 엄은 예컨대 10명의 조직원에게 각각 10명의 유권자 접촉을 지시할 때마다 반드시 유령유권자(虛無人)를 한두 명 끼워 내려보낸다. 제대로 뛴 조직원은 유령인을 보고하게 되고, 놀다 돌아온 조직원은 "10명이나 만나느라 땀깨나 뺐다"고 으스댄다는 것이다. 이상이 엄을 조직의 귀재로 불리게 한 일화다.

공화당 정권에서 엄창록을 최초로 주목한 인물은 신용남(愼鏞南·7대 의원)이었다. 중정도 그를 통해 엄을 은밀히 캐기 시작했다는 것이다.

신씨의 증언(그는 67년 총선에서 부정선거로 지목돼 다음 해 야당 후보 김상흠과 재선거를 치렀다).

"고창 재선거에 야당 김상흠의 조직책임자로 엄창록이라는 사람이 왔다. 떠도는 말에 선거의 귀재요, 신비스런 인물이라고 해서 목포에서 싸운 김병삼 씨를 만나 물어보았다. 그러나 엄씨를 모른다는 얘기였다. 말하자면 김병삼 씨는 적을 알지(知彼)를 못한 채 어느 귀신에 당한지도 모르고 있는 눈치였다.

국회에 있는 김대중 의원 관계기록에도 엄씨는 '보좌관', '서대문 거주' 정도밖에 안 나타나 있었다. 심지어 사진 한 장도 안 붙어 있어 참으로 신비한 인물이구나 느꼈다. 그러다가 64년 서울 서대문 보선에서 김상현 후보가 임흥순 후보(2, 3대 의원)를 이길 때 엄창록이 참모장을 한 것을 알았다. 그때 그의 조직 선전 교육을 받은 유(柳)모 씨를 만났다. 듣고 보니 조직을 지휘하는 방법은 마치 사이비 교주처럼 원격조종이요, 행정관권을 무력화시키는 술책은 가히 유격전 방식이었다."

정보부, '엄창록 선거전략' 책 펴내

김대중의 조직 참모였던 60년대의 '선거귀재' 엄창록의 명성은 멀리 80년대에까지 소리없이 떨쳤다.

그가 동교동에서 자취를 감추고 다시는 정치일선에 나타나지 않은지 무려 16년 세월이 흐른 87년, 6·29선언으로 대통령 직선제를 마지못해 받아들인 민정당 정권이 서울 서초동 S아파트 엄의 집 문을 두드렸다.

노태우 후보를 당선시키기 위한 기관들의 머리 짜내기 속에 전설적인 인물 엄창록이 떠올랐다는 것이다.

그의 아내 장○혜씨(37년생)의 증언.

"87년 가을 안기부 간부가 찾아왔다. 그 간부는 미리 사람을 넣어 방문해도 좋은지를 물은 뒤 직접 왔다. 내가 남편(嚴)과 손님 사이를 오가며 들은 내용 중 남편의 얘기가 기억난다. '김대중, 김영삼이 다 나오기로 됐으니 노태우 당선은 끝난 얘긴데 내게 뭘 물을 게 있는가. 당신네 당선은 확실한 것 아닌가. 당신들이 정권 내놓을 사람들도 아니고…'라고 남편이 대꾸하던 것을 기억한다."

언제나 정보기관은 현실 정치에서 야당보다 한 발짝을 앞서 갔다.

왜냐하면 안기부 간부가 엄을 만나고 간 직후 참으로 오랜만에 DJ 진영의 이용희가 엄창록의 꾀를 듣기 위해 다녀갔으니까.

다시 신용남 전 의원이 엄에 관한 67년 경험담.

"엄의 야당 요원 교육 중 특이한 것은 유권자 접근 요령이었다. 가령 처음 들르는 집에서 세수하는 척하면서 고급비누를 놓고 돌아간다. 그 집에서 놓고 간 비누를 잘 쓰고 있을 무렵 다시 방문해 서로의 거리감을 좁힌다.

그 다음 가족사항을 상세히 파악해서 서울 발신으로 야당 후보 이름의 편지를 낸다. 편지내용은 예를 들면 '댁의 이번 대졸 아이 취직은 내가 책임지겠습니다. 절대 동네 누구에게도 비밀입니다'라는 것이다. 그걸 받은 유권자는 열렬한 운동원이 되고 만다. 한 마을에 그런 편지 몇 통이 들어가면 신기할 정도로 효력을 발휘하는 것이다. 이른바 점조직이라는 걸 선거에 활용한 최초의 인물이었다."

특히 엄의 조직관리는 매섭고 철저했다. 그는 쉴 새 없이 조직이 순조롭게 가동되고 있는지 점검하는 스타일이었다고 이용희 전 의원은 회고했다. 이른바 'OX 조직 점검'이라는 것이 엄의 독보적인 일면을 보여준다.

별주부 지혜

선거 때마다 후보는 여야 양쪽에 한 다리씩을 걸치고 돈을 우려내는 이중 스파이 때문에 애를 먹는다. 그런데 엄만은 특별처방으로 이중성 조직을 단일화해버렸다.

A가 공화 신민 후보 양쪽을 오가며 돈을 뜯을 경우. 어느 날 밤 A의 집 대문에 커다란 X표를 그려 놓곤 사람을 넣어 '공화당 쪽에서 쓸모없는 이중간첩들을 표시해서 돈을 주지 말라고 한 것'이라고 귀띔한다. 화가 난 A

는 두 번 다시 공화당에 얼씬거리지 않고 신민당 후보만을 응원하게 된다.

엄창록은 늘 자신의 꾀를 용궁사지(龍宮死地)에서 달아나는 별주부전의 토끼 지혜에 비유했다. "대한민국 집권당의 범죄적인 선거에는 케네디도 이순신 장군도 떨어질 수밖에 없다"고 스스로를 합리화했다.

그는 67년 고창(高敞)에서 신용남 후보를 꺾기 위해 선거 막판에 자해극(自害劇)도 뒤에서 연출했다고 한다.

신씨의 증언.

"엄이 유세장에서 피를 흘리게 하는 작전을 쓸 것 같다는 정보가 있어 우리 공화당원에게 널리 홍보했다. 예상은 적중했다. 불량기가 있는 술취한 야당 청년을 데려와서 유세장에서 트집 잡고 시비하는 척하게 하곤 머리로 기둥을 들이 받아 피가 나게 했다. 공화당원들한테 얻어맞아 그랬다는 식으로 소문을 퍼뜨리는 것이었다. 즉각 경찰을 시켜 청년을 붙잡아 각본에 따른 것이라는 자백을 받아냈다. 그래서 내가 유일하게 원정나온 선거참모장 엄에게 1패를 안겼는지 모르겠다."

대통령 박정희도 "당해낼 재간이 없다"고 푸념했던 엄창록의 선거기법은 오늘날까지도 일부 후보들에게 전승돼 오고 있다.

엄은 조직선전전술을 신민당에서 강의하기도 했다.

'제자' 가운데에는 태완선(88년 작고·전 기획원 장관·3선의원)도 있었다. 야당 시절 을지로파의 일원으로 김영선, 김세영과 함께 움직였던 태완선은 매우 꼼꼼한 사람이었다.

그는 엄의 강의를 숨소리만 빼놓고 깨알처럼 메모했다.

뒷날 중정 3국장이 된 C는 태완선의 노트를 얻어 남산간부들만 보도록 '내가서(內家書)'를 펴냈다. 이 책은 너무도 인기가 있어 청와대와 공화당에서 절찬리에 읽혀졌다.

1년 대선 직전 김대중 후보 집 폭발물 사건 이후 DJ 참모들에 대한 집중조사 과정에서 엄창록(왼쪽 끝)은 정보부에 공략당했다고 DJ 측은 밝히고 있다. 사진은 국회 특조위에서 증언하는 엄 등 DJ 비서진.

C의 회고담.

"엄의 아이디어 가운데 현지 유권자의 지역 자존심을 살려 접근하라는 대목이 인상 깊었다. 가령 대전(大田)을 들르기 전에 반드시 현충사를 들르라는 식이었다. … 직접 만나보면 매우 냉철하고 깔끔해 보이는 사람이 웬 꾀가 그리 많은지…."

보안차장보를 지낸 K씨가 뒷날 엄창록 조직론을 읽은 독후감.

"첫 장을 펼치니 입이 딱 벌어졌다. '선거란 유권자를 여하히 조작하느냐의 기술'이라는 게 제목이었다."

중정이 엄을 주목하기 시작한 것은 김형욱 부장 말기부터였다고 한다. 뒤이어 부장이 된 김계원은 엄의 이름 석 자를 여러 번 보고받아 지금껏 선명히 기억하고 있다. 김계원 부장은 김대중이 대통령 후보로까지 떠올랐기 때문에 엄을 동교동에서 격리해야 한다는 간부들의 건의를 수용하지 않을 수 없었다.

그 무렵(70년 11월) 육본 정보참모부차장으로 있다가 중정 보안차장보로 옮겨온 강창성 (당시 소장)은 엄에 관한 공작을 보고받았다.

강씨 증언.

"남산에서는 엄을 회유해 놓았다고 하는데 부임 직후 내가 보기에는 오히려 정보부가 속고 있는 것 같았다. 그는 머리가 좋고 약아서 끝까지 DJ후보에 밀착돼 있는 듯했다. 우여곡절의 공작 끝에 결국은 DJ와 결별했지만…"

김대중이 후보가 된 뒤 신민당 내에는 엄 문제로 몇 가지 논란이 있었다. 첫째, 엄의 비선(秘線) 조직방식은 효과가 확실하지만 비용이 엄청나게 들어 전국을 커버하는 대선에는 맞지 않는다는 반론이 제기됐다. 국회의원 선거구 크기에서는 공조직(A선)보다 비선(B선)이 위력을 발휘할 수 있으나 전국 규모에서는 힘을 쓰지 못한다는 논리였다.

둘째, 엄이 전국구의원 보장을 요구했으나 여러 가지 여건의 제약으로 김대중이 그런 요구를 들어주긴 어려웠다. (동교동측은 엄이 떠나기 위한 구실로 전국구의원을 요구했다고 해석하고 있다.)

어쨌든 엄창록은 70년 가을 이후 회유와 정분의 갈림길에서 방황했던 것임이 분명했다.

그의 부인 장씨에 따르면 서울 번동 집 앞에는 무전기 달린 차가 떠날 줄을 몰랐고 경찰관 방범대원이 상주하다시피 했다는 것이다.

그러던 중 엄의 운명을 바꾸어 놓은 사건이 터졌다. 71년 1월27일 김대중 후보 집 폭발물 사건이다.

'DJ의 제갈공명' 엄창록, 투표 직전 사라져

4·27 선거 석 달을 앞두고 터진 김대중 후보 집 폭발물 사건은 지금까지도 수수께끼로 남아 있다.

정보기관의 테러냐, 김대중 측의 자작극이냐. 40년의 세월이 흐른 지금까지도 쌍방의 주장은 평행선이다.

당시 중정간부들은 '정치적 시선을 끌기 위한 자작극'이라고 주장한다. 김대중 진영은 "사건수사를 구실로 김 후보의 조직 자금관계 등 전력(戰力)을 파악하기 위한 기관의 음모"(권노갑 의원)였다고 반박한다.

당시 대통령 선거를 앞두고 요즘의 '관계기관 대책회의' 원형이라고 할 수 있는 당정요인회의가 구성돼 있었다.

이후락 정보부장, **박경원** 내무부장관, **신직수** 검찰총장(7대 중정 부장), 백남억 공화당의장서리, **길재호** 공화당사무총장, **김성곤** 재정위원장, **김정렴** 대통령비서실장, **강창성** 중정 차장보 등이 주요 멤버. 70년 12월 이후락이 정보부장으로 와서 '대통령 선거 필승'을 다짐하며 만든 이 회의체는 이 부장 스스로 주재했고 그 결과는 김정렴 비서실장이 박정희에게 보고하는 식으로 운영됐다.

이 회의에서 동교동 폭발물 사건도 논의됐다.

이후락이 내무장관 박경원에게 따지듯이 "도대체 누가 한 거요. 경찰이 한 게 아니오"라고 물었다. 박경원은 "경찰이 어찌 그런 짓을 합니까. 할만한 데라고는 정보부밖에…"라고 받아넘겼다.

당시 회의 참석자 중의 한 사람은 그런 대화로 미루어 볼 때 기관의 소행이 아니었던 것 같다고 주장했다. 경찰이나 중정이 그런 사건을 만들어 가면서 세상의 이목을 끌고 정치적 소란을 유발하면서 과연 무엇을 얻으

71년 야당의 다섯 요인. 왼쪽부터 김대중 후보, 유진산 총재, 고흥문 총장, 이철승 의원, 김영삼 총무.

려 했겠느냐고 반문한다. 한마디로 김 후보 측의 자작극이라는 주장이다.

그러나 김대중 진영은 펄쩍 뛰었다. 당시 기관이 열네 살짜리 조카 홍준군(당시 청운중 2년)을 범인으로 찍어 고문까지 하며 사건을 조작하려 했다고 주장했다.

당시 홍준군에 대한 구속영장을 둘러싸고 법원과 검찰의 승강이도 벌어졌다.

기이한 인연일까. 6공의 안기부장이 된 서동권 검사와 손꼽히는 인권변호사 조준희 판사가 무려 5시간 46분간 영장을 '떼라', '못뗀다'며 시비를 벌인 것도 이때였다.

정보부에 사로잡힌 엄창록

어쨌든 폭발물 사건을 계기로 조사받은 김대중 진영의 조직원은 51명에 달했다. 특히 중정의 주목을 받고 있던 조직담당보좌관 엄창록은 자신뿐만 아니라 부인 장씨, 가정부 김춘자까지 불려가 조사를 받았다.

중정의 엄에 대한 본격회유가 시작된 것은 이때부터였다. 이후락은 6국장 김성주(金聖柱·치안본부장·9대 의원)팀에 김대중과 엄을 격리시키라는 특명을 내렸다. 필요한 '예산'도 적지 않게 주었다고 당시 한 간부는 증언했다.

엄은 71년 2, 3월 중정의 회유에 시달리면서도 김 후보편에 서 있었다. 그러다 4·27 선거를 열흘 앞둔 4월16일 참모회의부터 나타나지 않았다.

엄이 김대중을 배신하고 사라진 직후 대구 부산지방에서 이상한 일이 일어나기 시작했다.

권노갑 의원의 증언.

"대구에서 선거 막바지인데 '호남인이여 단결하라', '백제권 대동단결' 같은 유인물이 호남향우회 명의로 나돌아 다녔다. 심지어 럭키치약을 사지 말자고 하는 등 지방색을 자극하는 고약한 유인물이 무제한으로 살포되는 것이었다. 부산에서도 '호남후보에게 몰표를 주자', '호남인이여 단결하라'는 구호가 전봇대에 나붙는다는 보고가 왔다. 현지 여론이 하루아침에 들끓기 시작하는데 시간이 없어 손쓸 겨를도 없었다. 아, 이게 자취를 감춘 엄창록의 수작이구나라고 단정하지 않을 수 없었다."

당시 중정 간부들은 끈질긴 공작으로 막상 엄을 손에 넣었으나 의외로 활용도는 낮았으며 "실무자 선에서 한두 가지 아이디어를 얻은 정도"라고 말하고 있다.

그러나 김상현 같은 김대중 진영 참모들은 엄창록을 빼앗긴 것이야말로

'김종필의 유세가담' '박정희의 마지막 출마라고 하는 공약', '신민당 중진들의 태업' 등과 함께 4대 패인으로 꼽고 있다.

엄이 서울에 모습을 나타낸 것은 선거 후 한 달이 지난 6월께였다. 그는 속리산에 '납치' 당했다가 돌아왔노라고 했다. 그러면서 일본으로 건너가 조총련계 동포들을 우리측 거류민단으로 전향시키겠다는 말도 했다. 그러나 중정에 회유당해 협력하지는 않았다고 주장했다.

그의 아내 장씨는 필자에게 "남편은 71년 대통령 선거 직전 정치를 그만둔 뒤 함께 일한 조직참모들에게 미안하다는 말을 자주 했다. 그는 매수당한 게 아니고 조직내부 갈등으로 그만둔 것이다. 남편은 88년 1월3일 타계하기 직전까지 13대 대통령 선거 결과 김대중 후보가 어찌 됐나 궁금했던지 산소호흡기 때문에 말은 못하고 글로 써서 묻곤 했다"고 주장했다.

그러나 **이용희** 전 의원과 김원식씨 등 엄창록의 옛 동료들은 한결같이 "서글프게도 건강과 생활이 궁해 회유공작에 굴복해버린 것이며 정치적으로는 김대중 후보에 대한 철저한 배신"이라고 잘라 말했다.

김계원 정보부장 때 시작된 엄에 대한 공작은 이후락 부장 때에야 마무리되었다. 그 또한 일에 대한 집념과 솜씨 차이라고 말하는 중정 간부들이 있다.

김계원 부장은 부하들 때문에 애를 먹었다.

취임 후 얼마 되지 않아 박 대통령이 김 부장을 청와대로 불렀다.

"중정차장 이병두가 호화주택에 살면서 일본인 정원사를 데려다 놓았다는데 사실이냐"고 꾸짖듯 물었다. 박 대통령은 보안사나 경호실 같은 정보채널의 투서로 그런 내용을 알게 된 모양이었다.

김 부장은 남산으로 돌아와 이 차장에게 대통령의 하문(下問)을 들이댔다.

뜻밖에도 이 차장은 "그렇게 말하면 그런 얘기도 될 겁니다"라고 순순히 시인하면서 사표를 내겠다고 했다.

후임 차장은 **김치열**(후에 법무·내무장관 역임)이었다. 김계원이 법조 출신 전임 차장 이병두로부터 추천받는 김치열 카드를 들고 박 대통령에게 올라갔더니 흔쾌히 받아들였다.

김 부장은 감찰실장으로 김해영(金海榮·예비역 대령)이라는 동향(경북 영주) 친구를 앉혔다.

김 부장 자신이 정보부를 잘 모르기 때문에 대학동문이기도 한 김해영을 기용했던 것이다.

그런데 김이 말썽이었다. 감찰실장의 직위를 이용해 무리하게 이권에 개입, 간부들 간에 불화를 빚었다.

김은 자신의 친구가 갖고 있는 시가 10억 원 정도의 부동산을 신탁은행 산하 방계회사인 한신부동산에 20억 원에 사들이라고 압력을 넣었다. 김은 한신부동산 측이 이에 불응하자 감찰실장의 직위를 이용해 폭력을 행사했다. 결국 한신 측은 15억 원에 사들이겠다고 굴복했는데 이 내용이 국세청의 세무감사에서 적발되고 말았다.

적발시점의 정보부장은 이후락이었고 국세청장은 오정근(吳定根), 김계원은 주중(駐中)대사로 떠난 뒤의 일이었다.

궁지에 몰린 김해영은 김계원과 김종필에게 차익금 5억 원 중 일부를 상납했노라고 둘러댔다. 이 바람에 김계원은 지극히 난처한 지경에 빠지고 말았다.

김계원은 그 사건 이후 김해영이 한두 번 찾아왔으나 결코 만나주지 않았다. 그는 "지금도 JP만 보면 그 사건 때문에 엉뚱한 누를 끼쳐 미안하기 짝 없다"고 말했다.

'반혁명' 추방당한 강영훈·박정희의 화해

70년대 중앙정보부의 힘은 가히 천하무적이었다.

내각도 국회도 사법부도 '남산'의 실력에 비추어 보면 실로 껍데기 일 뿐이었다. 중정 부장들은 최고권력자 박정희 대통령을 제외하고는 꿀릴 데가 없었다.

비교적 유약했던 정보부장 김계원이 그의 끗발을 한껏 발휘했던 예가 있다.

연희전문 출신 김계원은 평소 보성전문 출신 김성곤 당시 공화당 재정위원장이 모교인 고려대 자랑을 하는 데 신물이 나 있었다.

김성곤은 스스로 앞장서서 모교 교문을 고풍스럽게 꾸며 옮겨준 일을 뽐냈다. 그리고 특히 고대체육회 기금이 800만원이나 된다고 자랑했다. 김성곤이 주동이 돼 조성한 고대체육기금은 우수선수 스카우트 등에 유력한 수단이 되기도 했다.

그러나 당시 연대에는 그런 게 한 푼도 없었다. 정보부장 김계원은 연전 출신 국세청장 오정근을 만났다. "독수리가 고양이(호랑이를 빗대 깎아내린 말)보다 못해서야 되겠나. 우리 둘 힘이면 연대체육기금을 충분히 모을 수 있겠지…"라고 오정근을 부추겼다.

두 사람은 연대 출신 대기업 오너 설원식(대한방직, 대한산업 회장) 등 20여 명의 쟁쟁한 재력가 명부를 만들었다. 그러고는 영빈관호텔로 불러냈다. '천하'의 정보부장과 재계의 숨통을 쥐고 있는 국세청장이 식사대접을 한다고 초청장을 냈으니 '큰손'들이 종종 걸음으로 달려올 수밖에….

호텔 입구에서 김 정보부장과 오 국세청장이 정중히 맞으며 연세체육회 기금모금에 대한 협력을 구했다.

연대 출신 기업인 설씨 등은 거금을 쾌척했다. 그 결과 단번에 고대기금의 세 배 가까이 되는 2,000여만 원이 조성됐다. 이런 연고 때문에 오정근은 국세청장을 그만둔 뒤 73년 연대체육회 부회장이 되었다.

그래도 정보부장 김계원의 애교심은 미담가화(美談佳話)에 속했다. 중정이 박정희라는 최고권력자의 '더듬이'가 되다보니 요원들도 무소불위로 굴었다.

요원 비리를 다스리는 게 감찰실이었다. 그런데 감찰실장 김해영은 스스로 사리를 챙기기 위해 '남산 끗발'을 동원하기 일쑤였다.

당시 중정간부 박 모 씨(정보이사관)의 증언.

"김해영은 간부들 사이에도 악명이 높았다. 자신은 이권에 개입해 이런 저런 원성을 사기도 하면서 다른 남산 간부와 친한 기업인이 자기를 몰라준다고 데려다 두들겨 패기도 한 인물이다. 당시 로켓트건전지 사장으로 있던 심상수씨도 단지 나와 친하다는 이유만으로 끌어다가 몽둥이 찜질을 했던 것이다"

부서장급 아래의 조정관들의 횡포도 심했다.

원호처 담당 중정 조정관의 월권사고 때문에 김계원 부장이 국회의원 김상현에게 사과한 일도 있었다.

70년 김상현은 가칭 4·19민주상이라는 것을 제정하기 위해 재단법인을 만들고자 했다. 그런데 기존의 4·19단체들이 벌떼처럼 일어나 방해하고 협박했다. 단체 배후에는 원호처 조정관이 있었다.

조정관은 홍수원이라는 청년을 매수해 김상현에 대한 테러공작을 벌였다. 그러나 공교롭게도 김의 한영고 후배였던 홍은 돈만 받고 말아버렸다. 그러자 조정관은 또 다른 깡패를 매수해 뉴코리아호텔에서 홍에게 뭇매를 가했다.

한밤중에 부상한 홍이 김상현의 신촌집에 찾아와 울면서 전말을 고백했다. 김은 홍의 고백을 녹음한 뒤 세브란스병원에 입원시켰다. 그랬더니 하루 만에 홍수원이 증발해버렸다. 조정관이 다시 깡패들을 시켜 제주도로 납치했던 것이다.

김상현은 중정에 전화를 걸어 항의했다. 정무식 3국장이 세운상가에 있던 김상현의 사무실로 찾아와 전후 사정을 듣고 돌아갔다. 얼마 후 김계원 부장이 세종호텔에서 만나자는 연락이 왔다.

김계원은 한마디로 사과한다고 했다. "진상을 알아보니 원호처에 나가 있는 요원이 저지른 일이었다. 그러나 진실로 아랫선에서 한 짓이지 국장 이상은 내용도 몰랐다. 일낸 자들은 내가 파면할 테니 양해해 달라. 홍수원이라는 자는 제주도에 있다니 우리가 치료하도록 하겠다"고 김상현에게 이해를 구했다.

김계원과 노신영의 노력

김계원은 정보부장 시절 5.16 이후 야인이 된 **강영훈**(전 국무총리)을 박정희 체제로 끌어들이는 데 한몫을 했다.

61년 육사교장이었던 강은 반혁명으로 몰려 미국으로 쫓겨났다. 그는 귀국하지 않고 공부를 계속해 69년 남(南)캘리포니아대학에서 박사학위를 받고 이 대학 공산주의연구소 아시아지역 연구원으로 일했다.

그런 강을 박정희와 화해시키고 손잡도록 설득한 것은 김계원과 당시 로스앤젤레스 총영사 **노신영**(2대 안기부장·전 국무총리)이었다.

김계원씨 증언.

"군사영어학교시절부터 좋은 친구로 사귄 강영훈씨는 내가 68년경 육참총장을 할 때도 미국에서 어렵게 지내고 있었다. 총장 시절 서던 캘리포니아대학까지 가서 그를 만났더니 공부만 알고 사는 것 같았다. 부부가 궁색한 셋방에서 딱하게 살고 있었다. 그래서 귀국해가지고 뭔가 보람있는 일을 해 보자고 권유했다."

김계원 정보부장은 미국에서 공부하고 있던 강영훈 예비역 중장을 박정권에 연결시켰다.
사진 왼쪽부터 김계원 중장, 박종규 경호실장, 박 대통령.

그러나 강영훈은 김계원의 제의를 뿌리쳤다.

68년 8월 박정희 대통령이 샌프란시스코를 방문해 닉슨과 회담했다. 이때 총영사 노신영은 강영훈에게 박정희를 만나보라고 권했다. 강은 "3선 개헌 찬양이나 할 바에야 뭣 땜에 만나느냐"고 거절했다.

이번에는 노신영이 박정희의 사신(안부편지)을 강에게 전했다. "이제 박사학위도 받고 공부도 끝냈으니 옛일(5.16쿠데타 반대)은 잊어버리고 사회에 참여하고 국가발전에 이바지해 달라"는 내용이었다.

강영훈씨의 회고.

"막상 박정희의 편지를 받고 보니 중간에서 애쓴 노신영씨에게 미안한 생각이 들어 그해(69년) 말 크리스마스 카드를 청와대로 보냈다. 그랬더니 박 대통령은 금방 답장을 보내 뭘 도와주었으면 좋겠느냐고 내게 물었다. 나는 '미국에서 일본, 중국연구는 활발하지만 한국관계 연구가 뒤처진다. 자꾸만 우리나라가 소홀하게 다루어지는 것을 막기 위해서는 미국 내의 한국관계연구를 지원하는 방도를 마련해야 한다'고 답변했다.

그 무렵 정부차원에서는 대미 로비를 활성화하는 방안이 정일권 총리, 최규하 외무장관 차원에서도 논의됐던 모양이었다. 박 대통령은 청와대에 때마침 몇백만 달러(비자금으로 추정된다)가 있으니 로비활동과 한국연구소 활동을 함께 하라고 권했다. 김계원 정보 부장을 통해 달러를 보내겠다고 하면서…. 그러나 나는 연구소나 할 수 있을 뿐 로비는 못하겠다고 했다. 집 사람은 '당신이 박정희 돈을 왜 쓰느냐'고 반대도 했다. 나는 그 귀한 달러를 유용하게 안 쓰면 어느 사람인가 술먹고 탕진할 테니 나라 위해 실속 있게 써야 한다고 우겼다. 어쨌든 로비는 떨어져 나가고 연구소만 하는 걸로 낙착됐다. 자금은 박 대통령에게서 나왔지만 중정을 경유해 송금되었다."

강영훈이 움직인 한국문제연구소는 이렇게 출범했다. 그리고 거기에서 나온 영문 학술논문들은 비교적 호평을 받았다. 친정부적 논문도 없지 않았지만 뉴욕대학의 강치원 교수 같은 날카로운 반박정희 인사들의 글도 싣고 북한의 행사일지도 새겨 넣었기 때문이다.

그러나 77년 코리아게이트가 미국의 뉴스 초점으로 달아오르면서 강영훈은 KCIA(중정)의 '끄나풀'로 대서특필됐다.

4성 장군의 추락엔 날개도 없었다

10·26사태.

79년 늦가을 궁정동을 울린 총성 몇 발은 수많은 사람들의 운명을 바꾸어 놓았다. 18년 절대권력의 주인공인 대통령 박정희의 시신을 역사에 묻었다. 공수단 대위로 입신해 권력의 2인자로 군림하던 경호실장 **차지철**을 낙엽지는 산야로 운구했다.

그 후 방아쇠를 당긴 정보부장 **김재규**도 교수대에 섰다. 김재규 수사 주도권을 쥐었던 국군 보안사령관 **전두환**은 '12·12' 광주사태 등 우여곡절을 거쳐 대통령이 되었다.

대통령 비서실장 김계원의 명운도 나락으로 굴러 떨어졌다. 10·26 현장의 한 사람이었기에 그가 마주할 수밖에 없었던 오욕, 그것은 박정희 시대 18년의 명암과도 같은 것이었다.

김계원. 육참총장, 중앙정보부장, 대통령비서실장을 지낸 그가 감옥의 수인이 되었다. 헌병의 계호 아래 법정에 선 수의 차림의 그를 지켜보는 사람들은 권력무상을 되씹었다.

군법회의에서의 그의 최후진술은 권세의 부질없음을 절절이 느끼게 한다. "재판장님, 심판관님! 부질없는 생명이 붙어 있어서 검찰관이 제시한 공소장에 의해서 이와 같은 모양으로 재판정에 선 것을 대단히 유감스럽게 생각하며, 한편 돌아가신 각하께 또 하나의 누를 끼치지 않는가 싶어서 대단히 가슴 아픕니다.

10월26일 각하를 모시고 왜 죽지 못했던가 하는 것이 천추의 한이 됩니다. 김재규 피고가 왜 각하와 같이 나를 사살하지 않았는가 원망스럽기 한이 없습니다.

각하로부터 말할 수 없는 총애와 신뢰를 받아오던 저입니다. 하해(河海) 같은 은덕으로 본인 자신이 생각해보지도 못했던 영광된 자리에까지 저는 올라와 있었습니다. 그와 같은 각하께 홍모(鴻毛)의 조언도 드리지 못하고 마지막에 국립묘지까지 모시고 가지 못한 불충을 지금 백 번, 만 번 사죄한들 무슨 소용이 있겠습니까. 다만 각하의 명복을 빌고 그 유족에게 하나님의 위로와 가호가 같이 하길 바랄 뿐입니다.

정보부장 기용 배경과 정보부장 시절을 필자에게 회고하는 김계원씨.

광명한 20세기 대한민국에서 이번과 같은 끔찍한 사건이 있으리라고 누가 생각했겠습니까. 상상인들 했겠습니까. 중세기, 암흑세기 시대에 일어나던 궁중 모반 사건과 같은 것이, 그것도 공산당에 의해서 일어난 것이 아니라 가장 친근하고 누구보다도 믿는 각하 주변에서 일어났다는 것, 과연 상상인들 할 수 있겠습니까.

이것이 민주주의로 가는 바른 길이라면 우리는 방법을 고쳐야 될 줄 압니다. 한 나라의 지도자를 시해하고 민주주의가 쉽게 획득된다면 이런 사건은 앞으로 우리나라에 두고두고 일어날 것이라고 생각됩니다. 명분이 제아무리 좋고 여하한 미명 하에서도 이와 같은 인륜, 도덕을 무시하는 모반 사건이 다시는 이 나라에서 재연되어서는 안 되겠습니다…"

그에게 사형이 선고됐다. 내란목적 살인 및 내란 중요임무 종사 미수죄.

한 시절 떨치던 위세도, 빛나던 훈장도 무력하기 짝이 없었다. 을지, 충무무공훈장, 1등보국훈장, 미국공로훈장, 태국1등왕관훈장, 월남참전훈장, 수교훈장 홍인장 같은 것도 한낱 추억의 갈피에 접혀질 뿐이었다.

오직 죽음과의 싸움뿐이었다. 궁정동 술자리의 4명 가운데 마지막 한 사람으로 살아날 수 있느냐가 문제였다.

80년 1월 계엄고등 군재(軍裁)는 김계원의 '내란목적' 살인을 '단순' 살인으로 바꾸어 무기징역을 선고했다. 목숨을 건진 것이었다.

그 무렵 김계원의 아내 서봉선씨, 아들 병덕씨는 '역적' 일가가 되어 있었다. 그의 동생 김계일 장군(777부대장)도 군복을 벗었다.

전두환 육군소장이 움직이는 합동수사본부는 12·12 성공 직후 김계원, 김재규의 재산을 몰수하기로 했다. 이미 10·26 직후부터 합수부는 두 사람 가택수색에서 값이 나갈 만한 그림, 소장품, 현금, 예금통장, 등기권리증, 인감도장 등을 압수해 간 터였다.

합수부 요원들은 80년 12월 중순 서씨 모자를 서빙고분실로 연행, 재산을 국가에 헌납하라고 요구했다. 회유와 폭언과 가혹 행위가 곁들여졌다. 병덕씨는 10여 일이나 독방에 갇혀 "재산헌납에 동의하는 도장을 찍어야 아버지가 산다"는 요원들의 강압에 시달렸다. 그의 어머니 서씨는 낮에 불려가 조사받고 밤에 귀가하는 '서빙고 출퇴근'을 10여 일가량 했다.

합수부는 끝내 '기증서'를 받아냈다.

그로부터 10년이 채 못 된 89년 1월 서씨와 병덕씨는 "끝까지 헌납을 거부했는데도 합수부가 허위로 기증서를 만들어 강제로 인감을 날인케 해 재산을 강탈당했다"며 소송을 냈다.

과천 정부종합청사 부근 땅 1만3천여 평과 양재동 땅 1천여 평(어림잡아도 50억 원어치가 넘는다고 한다)에 대한 소유권 등기말소청구소송이었다.

김계원씨의 얘기.

"과천 땅은 70년경부터 아내가 푼푼히 주고 사 모은 것이다. 노후에 집이나 짓고 살자던 과수원이었다. 본시 그 땅에 묘지가 수십 개나 있었는데 아내가 연고자에게 이전비를 주고 설득해 가며 어렵게 옮겼다. 그만큼 애정이 있는 곳인데 합수부가 강제로 등기이전을 해간 것이다. 그래서 시효 10년이 차기 직전에 되찾는 소송을 낸 것이다. 다행히 아직 국가(국방부)소유로 되어 있고 한 평도 분할 매각되지 않은 상태다."

말을 매는 나그네야, 해가 졌느냐

김계원씨 가족은 한동안 소송결심을 하고도 땅 번지를 몰라서 애먹었다. 10년 전 합수부가 등기권리증을 모두 가져가 버려 소장을 쓸 수가 없었다는 것이다.

국방부에 물어보니 골치아프다는 듯 "그런 기록 보관하지 않고 있다"는 답변. 그래서 서씨가 옛 기억을 되살려 겨우 현장 확인이 된 번지부터 소송을 시작했다고 한다.

이미 양재동 '금싸라기 같은 땅' 1천여 평은 택지로 낱낱이 쪼개져 팔렸다. 그리고 승소전망도 결코 밝진 않다. 소송 대리인 김수룡 변호사는 "김재규씨의 동생이 제기한 비슷한 소송이 1심에서 패소한 후 인지 대금이 없어 확정돼 버린 게 아주 찜찜하다. 그 재판은 당시 보안사 요원까지 원고측 증인으로 나와 강박에 의한 재산헌납임을 밝혔는데도 결국은 졌다"고 말했다.

법률적으로 합수부가 밟은 김재규, 김계원 재산몰수절차는 허술하기 짝이 없는 것이었다. 억지 기증서에 인감도장을 찍는 것으로 돼 있어서 뒷날 재판에서 깨지기 쉽다는 건 이미 10년 전부터 감지되고 있었다.

그 뒤 있은 80년의 5·17 이후 '권력형' 부정축재자 재산환수 때 이후락, 김진만, 김종필 등의 경우는 '제소전 화해' 조서가 활용됐다. 뒷날 재판이 붙어도 국가가 지지 않도록 방책을 둘러친 것이다.

80년 5월 대법원은 김계원의 무기징역(김재규 사형)을 확정했다. 대법원 전원합의체는 피고인들의 상고를 기각, 고등군재선고를 확정했던 것이다.

대법원판사 양병호, 임항준 등은 이때 소수의견을 달았다.

그 줄거리는 이렇다.

"첫째 정보부장 김재규와 비서실장 김계원이 경호실장 차지철 살해를 공모했다고 인정할 수 없다. 김재규가 '차를 해치워 버릴까'라고 했다고 하나 깡패 사회가 아닌 국가고위직 인사간에 그게 죽여 없앤다는 뜻으로 새길 수는 없을 것이다. 둘째 김재규가 '다 끝났으니 보안유지를 해달라'고 부탁한 뒤 김계원이 내란 중요임무종사미수를 범했다고 한다. 그러나 대통령을 총격 살해한 돌발적인 공포 분위기에서 보안유지 요구에 그저 '알았소'라고 할 수밖에 다른 도리가 있었겠는가."

양 대법원판사 등 5명은 이 판결 후 기관원들로부터 사퇴압력을 받았다. 판결 석 달 후인 80년 8월9일 모두 '자진사퇴' 형식으로 쫓겨났다. 그런 이유로 김재규, 김계원 재판소수의견 기록은 80년대 후반까지 판도라상자처럼 감추어졌다.

김계원은 예비역 육군대장 계급도 날린 채 2년 6개월여의 옥중생활을 마치고 82년 5월 풀려났다. 무기징역이 10년으로 깎이고 곧 특사로 풀려났던 것이다.

그 뒤 6년이 다시 지나 88년 2월 노태우 정부가 출범하면서 비로소 계급이 회복되었다. 그는 89년 30여 년간 살던 원효로 집을 팔았다. 그리고 강남의 압구정동 현대아파트로 옮겼다.

46년 나이 스물셋에 군사영어학교에 들어가 군인의 최고영예인 참모총장까지의 행운. 그리고 사형선고를 받고 감방생활을 해야 했던 불행. 김계원씨는 "한 인간의 인생에 너무나도 대조적으로 엇갈린 빛과 그림자를, 영광, 긍지 그리고 수모와 오욕을 조용히 반추하며 산다"고 말했다.

김씨는 수십 년을 다닌 승동교회(종로 4가) 일에만 몰두하고 있다. 밤낮으로 성경을 읽고 찬송가를 부르며 신앙생활에 몰두하고 있다.

젊은 시절 군악대에도 있었던 그의 취미는 악기연주와 음악감상. 요즘도 TV가요무대를 비디오로 녹화해 놓고 즐긴다.

김씨가 손수 차를 준비하며 부르는 노래가 필자에게 인상 깊다.

"버들잎 외로운 이정표 밑에

말을 매는 나그네야 해가 졌느냐."

| 제8장 |
이후락·김재규·윤필용의 충성경쟁

청와대로 초밥 진상한 이후락 주일대사

김계원에 이어 제6대 정보부장에 오른 사람은 **이후락**이었다.

70년 12월 19일 **백두진**(白斗鎭) 내각 출범과 함께 이후락(李厚洛)은 남산의 정보부장으로 롤백했다.

대통령비서실장에서 밀려나 주일대사로 일한 지 1년여 만의 일이었다. 대통령 박정희는 71년 4·27 대통령 선거라는 한판 승부를 앞두고 마침내 빼어난 지모와 당찬 추진력의 HR(이후락)을 불러들이기로 결심한 것이었다.

도쿄에 머물면서도 HR의 '안테나'는 줄곧 청와대를 향해 있었다. 주파수는 박 대통령의 입맛과 흉중에 맞추어졌다.

도쿄 아자부(麻布)의 주일대사관 부근에 이즈미(泉)라는 생선초밥이 있다. 이 초밥은 HR이 대사 시절에도 들르던 곳이었다. 생선초밥을 먹으면서도 그는 박 대통령을 잊지 않았다.

HR은 맛있는 생선초밥을 청와대에 올려야겠다고 마음먹었다. '이즈미'에서 정성스럽게 포장된 초밥은 대사관 사무관에 의해 간이 냉동상태로 비행기편으로 서울에 보내졌다.

이렇게 해서 청와대까지 공수된 초밥은 박 대통령의 입맛을 돋우었다.

참으로 갸륵하다 싶을 정도의 'HR정성'이 대통령의 가슴을 사로잡았음은 물론이다.

그 당시 초밥 심부름을 하던 사무관 이씨는 훗날 주 이탈리아 대사도 지낸 고위 외교관.

"그 무렵 몇 차례 초밥을 나르면서 곰곰 생각하니 이게 도대체 외교관이 할 짓인지 울화가 치밀었다. 그래서 이후락 대사가 얄밉기까지 했는데 또 한편으로는 그 정도의 마음을 쓰기란 아부심만 갖곤 안 되고 하늘도 탄복할 정성이 없이는 안 되는 일이라는 생각도 들었다."

이즈미 가게의 주인은 와이즈미 다케시. 지금도 40년째 스시를 파는 노인을 필자가 만나 보았다. 와이즈미씨의 얘기.

"65년 국교정상화로 한국대사관이 설치되기 전에도 대표부가 바로 저기 있었지요. 대표부라고 했던 그 시절에도 한국분들이 우리 집 스시를 맛있게 먹었습니다. 이후락씨는 매우 인간적인 분이었습니다. 식사가 끝나면 몇몇이 화투놀이도 했는데 짝이 없으면 나도 끼었지요. 이후락씨의 내 솜씨에 대한 평가가 대단해서 그분은 큰 호텔에서 모임을 가질 때도 호텔 스시를 안 먹고 운전사를 시켜 우리 이즈미 스시를 갖다 드셨지요. 대사에서 정보기관의 책임자로 간 후에는 전혀 여기 오지 않았어요. 일본을 다녀갈 일이 있으면 오셔도 좋을 텐데요."

HR이 박정희를 섬기는 자세에 관해 **정일권**의 한 측근이 전하는 일화.

64년 국무총리가 된 정일권은 이후락 등과 함께 미국 워싱턴DC 등지를 순방했었다. 그런데 처신이 매끄럽고 언변도 괜찮은 정 총리와 그 일행의 방미활동이 지나치게 언론에 부각돼 본국 박 대통령 주변 실력자들의 시샘을 유발했다. 박정희의 심기도 불편해졌다. 정일권 일행도 서울의 심상찮은 공기를 느낄 수 있었다. 일행 중에 이후락이 박 대통령의 마음을 풀도록 총대를 메겠노라고 자청했다.

이후락은 박정희에게 특유의 더듬는 말투로 직접 전화했다.

"각하. 저, 저, 정 총리가 아주 열심히 하고 있습니다. 제, 제가 옆에 있으니 걱정하지 않으셔도 됩니다."

HR은 계속 고개를 굽실거렸다. 마치 코앞에 박 대통령을 모신 듯 이마로 벽걸이 전화통을 자꾸만 들이받는 것도 모르더라는 것이다.

70년 가을 정보부장이던 김계원은 박 대통령의 뜻을 받들어 중요한 식사모임 하나를 만들었다. 김종필의 정계 복귀문제를 그의 정적들인 4인 체제(백남억 등)와 협의하는 자리였다.

신출귀몰의 정보 감각

사실 JP는 69년 3선 개헌 지지연설로 박정희 대열에 섰으나 '총재 수석 고문'이라는 어정쩡한 타이틀이었다. 박정희는 김대중과의 대권승부 한판을 앞두고 다시 JP를 이용할 필요를 느끼고 있었다. 그러나 JP의 롤백에는 4인 체제라는 거대한 벽이 가로놓여 있었던 것이다.

김계원이 서울 종로 어느 요릿집에 4인조를 불러 JP와 '다리'를 놓기로 한 날, 도쿄에 있어야 할 주일대사 HR이 초대되지도 않은 자리에 싱긋이 웃으며 나타났다.

김계원씨의 회고.

"HR은 참 코가 밝아. 냄새를 어찌나 잘 맡는지…. 자기에게 이해관계가 있는 일이라면 귀신처럼 알아내는 천부적인 정보감각을 가진 인물이야."

이후락은 70년 가을 이미 정보부장 기용을 알고 있었다. 서울에 들어와 박 대통령과 대선전략 및 70년대 정치구상을 충분히 논의한 듯했다.

예춘호(공화당 사무총장 지냄) 전 의원은 말한다.

"70년 가을 정구영씨를 모시고 유럽을 다녀오는 길에 도쿄의 오쿠라 호텔에 묵었는데 주일대사 이후락씨가 거기로 찾아왔다. HR은 그때 벌써 'JP가 곧 요직을 맡게 된다. 3선 개헌을 반대한 당신들(JP계) 문제도 희망적으로 풀려 나갈 거다'고 얘기하는 것이었다. 물론 나중에 알게 된 것이었지만 HR은 이미 박 대통령으로부터 JP 총리-HR 정보부장 라인업을 확인하고 있었던 것이다."

정구영, 예춘호의 당시 유럽여행은 정보부장 김계원의 도움으로 이루어진 것이기도 했다. 정구영은 아들들의 재북(在北) 문제로 외유에 장애가 있는데다 3선 개헌 반대를 앞장섰기 때문에, 그가 비록 독일통일을 연구하기 위해 유럽을 가보고 싶다고 입버릇처럼 말했지만 쉽사리 실현되지 않았다. 김계원 부장은 이러한 사정을 전해 듣고 "서울에서 곧바로 독일을 가는 건 나로서도 어려우니 일본여행으로 나가서, 도쿄의 중정 공사 김기완(나중에 김대중 납치사건에 연루)에게 다 연락해 놓았으니 협력을 얻어 구라파에 다녀오시라"고 도와주었다. 김계원은 자신의 성의와 재량으로, 청와대에 알려지면 나중에 해명할 요량으로 협력해준 것 같다고 예춘호씨는 말했다.

어쨌든 HR의 정보부장 부임은 많은 정계인사들의 경계심과 관심을 불러일으켰다. 1년 전 3선 개헌의 일등공신이면서도 '악역'을 뒤집어쓰고 밀려나야 했던 HR. 그는 대통령비서실장을 물러나는 자리에서 눈물을 훔치

이후락 주일대사는 동경에서도 정보안테나를 청와대로 향해 놓고 권부 롤백을 염원했다고 한다. 사진은 66년 박 대통령 동남아 순방 중 태국에서 찍은 것. 왼쪽부터 이동원 외무장관, 이만섭 공화당의원, 한 사람 건너 HR, 홍종철, 공보장관 홍영기 민중당의원.

며 이렇게 비서팀에 말했었다.

"박 대통령을 교주로 하는 박정희교를 신앙하는 기분으로 일해야 한다. 어려운 일에 부닥쳤을 때는 남의 눈치를 보지 말고 각하를 위해 도움이 된다고 생각하면 한걸음 더 나아가고…."

박정희와의 끈이 떨어진 1년 동안 절치부심하며, 권좌복귀를 노리던 HR, 그가 남산의 정보총수로 되돌아온다는 건 그를 내몬 세력에는 분명 심상치 않은 일을 예고하고 있었다.

HR의 정보부장 롤백엔 육영수 여사도 반대했다고 한다.

당시 정보부 고위간부 K씨의 얘기.

"육 여사는 청와대 내의 정보부 역할을 했다. 부속실을 통해 들어오는 민원과 민심동향을 파악하고 나름대로 박 대통령을 보좌했다. 그랬기 때문에 이후락씨 같은 세도가들의 부정혐의나 월권, 무리한 행정 등을 투서 등으로 꿰뚫어보는 입장이었다. 따라서 이후락 김형욱씨에 대한 세간의 비판을 익히 듣고 있었던 것이다. 게다가 육 여사는 HR을 기본적으로 불량끼, 장난끼가 있는 사람으로 보았다. 대통령의 판단을 좌지우지해 무슨 짓이든 할 수 있는 사람으로 의심했다. 박 대통령이 HR을 정보부장으로 기용한 것을 안 육 여사가 놀라고 반대했다는 얘기는 사실일 것이다."

HR 정보부의 3김 운명감정과 역학 점괘

주일대사 이후락이 정보부장이 되어 서울로 되돌아온 날은 70년 12월21일이었다.

추운 날이었지만 김포공항은 붐볐다.

박경원 내무, 김보현 농림, 김기형 과기처장관 그리고 **김택수, 이병희** 의원 등 기라성 같은 환영객 2백여 명이 HR을 맞았다. 3부 요인도 그런 마중은 없었다.

치밀한 HR은 이미 도쿄에서 부장발령 소식을 듣자마자 용산집으로 전화를 걸어 '축하화분이나 선물을 절대 받지 말라'고 엄명을 내린 터였다. 그러나 예나 지금이나 권력 주변은 약삭빠르게 힘을 좇는 이들로 뜨겁기 마련이다.

HR의 참 실력과 '남산'의 위상이 드러나는 장면이었다.

HR은 공항에서 곧바로 집이나 남산으로 가는 게 아니었다. 곧장 청와대로 올라가 대통령 박정희에게 문안을 올리고 '보필'을 다짐했다. 그리고 용산집에 들러 측근 몇과 술 몇 잔을 나누곤 남산 부장실에 나타났다.

김계원 부장을 모시던 간부들은 줄줄이 HR의 방에 들러 사임의사를 표했다. 새 부장에 대한 예의의 표시이기도 했다.

현역 육군소장으로 보안차장보를 맡고 있던 **강창성**도 사표를 냈다. 강은 벌써 김포공항에서 HR이 마중 나간 자신을 외면하는 걸 보고 그만둘 생각을 굳혔다. 차장 김치열과 악수한 HR은 강에겐 손도 내밀지 않고 지나갔던 것이다.

강은 짚이는 대목이 있었다.

강창성과 3국장 전재구 등은 김계원 부장 밑에서 71년 대통령 선거 필승대책을 세우면서 HR과 김형욱, 박종규를 '부패 3적'으로 몰아갈 것을 은밀히 주장했었다. 장기집권에 대한 국민의 염증을 풀어주고 부정부패에 대한 공세를 꺾어놓기 위해서는 '속죄양'이 필요하다는 의견이었다.

강창성은 또 HR 정보부장설이 나돌자 박 대통령에게 "전쟁 중에 왜 야전사령관(김계원)을 갈아치웁니까. 더욱이 이후락 대사는 말이 많은 분 아닙니까"라고 김계원을 감싼 적도 있었다.

귀밝은 HR이 강창성, 전재구 등의 '괘씸한' 짓을 모를 리 없다고 강은 지레 짐작했다.

HR은 강 차장보의 사표를 반기듯 챙겨 넣었다. 그러나 다음 날 청와대를 다녀오더니 HR은 강을 불러 사표를 되돌려주었다. 그는 "각하께서 강 장군을 계속 쓰래. 잘 도와줘"라고 부탁했다. 짐짓 아무 일도 없었다는 표정이었다.

강씨의 회고.

"과연 HR은 박 대통령의 뜻에 충실한 인물이라는 생각이 들었다. 그만큼 눈치도 빠르면서 자신이 어찌할 수 없는 사람도 대범하게 수용해서 부리는 스케일을 갖춘 큰 그릇이었다. 아무튼 그 후 내가 차장보로 있는 동안 단 한 번도 싫은 내색이나 적대시한 적이 없었다."

72년 12월 주일대사에서 정보부장으로 기용돼 김포공항에 내린 HR(왼쪽)과 마중나간 김치열 차장 (오른쪽).

그리고 전재구도 71년 4·27 대통령 선거까지 넉 달여를 3국장으로 계속 썼다. 그 후에 잘라버려 결국 전재구는 국회의원(維政會)이 됐지만….

중정차장 **김치열**에 대한 사표 처리도 HR다운 방법이었다.

김 차장은 1년 가까이 남산 생활을 해보니 영 '생리와 체질'에 맞질 않았다. HR 부장에게 "진심으로 그만두고 싶다"고 사표를 냈다.

HR은 박 대통령이 아끼는 김치열을 계속 쓰고 싶었다. 연말이 며칠 안 남았으니 그때까지만 도와달라고 김 차장에게 부탁하듯 말했다.

세밑 어느 날 HR 부장은 김 차장에게 청와대로 올라가자고 했다. '각하'께 이임인사를 올리자는 것이었다.

둘이서 대통령 집무실에 들어서니 박 대통령이 맞았다.

박 대통령이 김치열 차장에게 다가왔다. 두 손으로 김 차장의 어깨를 붙잡아 가볍게 흔들면서 두 눈을 맞댔다.

"어이, 무슨 잡념이 그리 많아. 임자가 날 도와줘야지. 왜 그만두겠다는 소릴 해."

김치열은 굴복했다. 그렇게 주저앉은 그는 그로부터 3년이나 차장을 지내고 검찰총장이 되었다. 김치열씨 얘기.

"나도 어지간해선 내 고집과 논리를 꺾지 않는 편인데 박 대통령의 제스처엔 숨도 옳게 못 쉬고 꺾이고 말았다. 아마도 이후락씨는 사전에 대통령과 짜고서 나를 그런 식으로 주저 앉혔던 것 같다."

"선거와 중정은 아무런 관련 없다"

HR이 정보부장이 된 것은 한마디로 71년 선거용 포석이었다. 그가 주일대사에서 남산 부장으로 가는 배경을 일본신문들도 '선거체제 강화'라고 쓰고 있었다.

당시 동아일보 도쿄특파원 신용순(92년 동아일보 이사)이 정보부장이 되어 귀국하는 HR에게 그 점을 물었다.

HR의 답변은 지극히 세련된 것이었다.

"그 점에 대해 나는 선거와 중정이 아무런 관련이 없다고 말하겠습니다. 일반이 선입견을 가지고 사물을 보기 때문에 엉뚱한 오해가 빚어지는 것입니다."

그러나 이는 앙증맞은 거짓말이었다.

HR은 부임 즉시 대통령 선거에 대비한 요즘의 '관계기관대책회의'와 같은 회의체를 만들어 스스로 주재했다. 박경원 내무장관, 신직수 검찰총장, 김정렴 비서실장, 백남억 공화당 의장서리, 김성곤 재정위원장, 길재호 사무총장 등이 그 멤버였다.

HR 주재의 회의체는 경찰, 검찰, 지방관리 등 선거에 유용한 행정인력의 '효율적' 관리와 배분을 총지휘했다. 한마디로 관권선거 지휘부였던 셈이다. 그리고 당시 규모로 600억~700억 원에 이르는 엄청난 선거자금 모금 배분도 바로 이 '선거사령부'가 주도했다.

정보부장 HR은 참으로 기발한 아이디어맨이었다.

넉 달 뒤의 누구도 알 수 없는 대통령 선거 표의 향방을 역술로 점쳐 보기도 했다. 김성락(金成洛) 국장(9대 의원·89년 5월 사망)을 시켜 운세감정을 은밀히 시도했다. 김성락은 유신선포나 선거택일 등을 점쟁이한테 물어 길일을 고른 탓으로 남산 동료들 사이엔 '김운학'(역술인 백운학을 빗댄 별명)으로 통했다.

강창성씨에 따르면 운명감정 대상인물은 대통령 후보인 박정희, 김대중 그리고 유진산, 김종필, 김영삼, 이철승 등 6인이었다.

김성락 휘하의 요원은 6인의 생년월일 생시를 적어 국내굴지의 역술가를 찾아다녔다. 그리고 일본 홍콩의 내로라하는 점성가 관상쟁이에게 6명의 사주팔자와 사진을 내보이며 '대권'운을 감정했다.

당시 차장보였던 강창성씨의 기억.

"운명 감정결과를 종합해보니 박 대통령과 당시 YS가 톱클래스였고 김대중 후보를 비롯한 다른 분들은 강운이었지만 '톱'이 될 수 없다는 내용이었다. 박 대통령도 이 내용을 보고받고 장난 같은 점술이나마 자신이 DJ를 누를 운세라는 데 썩 만족해했다. 그 후 70년대 후반 박 대통령이 YS를 때려눕히기 위해 제명 가처분하는 걸 지켜보면서 운세감정보고서 탓이 아닌가도 생각해 보았다."

1971년 대선자금 국가예산의 1할 600억 썼다

재미 정치학자 길영환(吉榮煥) 교수는 지난 84년 남북한 정치를 비교한 저서에서 한국을 '프리토리언 국가'라고 정리했다.

프리토리언(praetorian) 이란 '친위대' 혹은 집정관을 뜻한다.

이 용어는 주로 후진국의 군벌독재를 분석하는 데 쓰인다. 법과 제도에 의한 국가운영이라기보다 정치군인들끼리 멋대로 나라를 주무른다는 의미로 통한다.

길 교수는 남한 대 북한을 권위주의↔전체주의, 친위대국가↔스탈린주의국가, 억압정권↔유일체제라는 나름의 도식으로 비교했다. 경제적으로도 남쪽은 '국가자본주의 시장경제 정부경영'의 특징을, 북쪽은 '국가사회주의 명령경제 중앙계획'의 특징을 보여 왔다고 분석했다.

길교수가 한국정치의 중심세력으로 본 '친위그룹'은 두 말할 것도 없이 중앙정보부와 대통령비서실, 경호실 등. 따라서 비서실장, 정보부장을 지내며 국회와 내각을 능가하는 막강한 실력을 과시하고 대통령 박정희의 '판단과 입맛'을 법과 제도보다 우선시했던 이후락씨는 대표적인 '프리토리언'에 속한다.

70년 말 HR은 정보부장으로 돌아오자 남산 핵심멤버, 즉 부장, 차장, 차장보, 실장, 국장급 이상의 집무실부터 정부종합청사로 옮겼다.

세종로 정부중앙청사는 당시 3공의 행정적 비대와 경제적 성취를 상징하는 큰 건물로 갓 지어졌다.

거기 19층 전체를 남산지휘부가 들어가 쓰기로 했다. 남산의 위엄과 힘은 19층으로 오르는 전용승강기에서도 드러났다.

HR이 내세운 이유는 "대통령 보위그룹이 청와대와 가까이 있어야 한다"는 것이었다. 그러나 당시 남산이나 세종로나 청와대와의 차편거리는 큰 차이가 날 리 없었다.

HR 밑에서 국장을 지낸 모씨의 증언.

"HR 부장은 아예 남산 집무실을 안 쓰다시피 하고 궁정동과 종합청사

19층에 상주했다. 김형욱, 김계원 부장 때보다 박 대통령의 호출에 빨리 응할 수 있는 위치가 그곳이었다. 그렇게 되니 자연히 남산의 중정참모들도 궁정동 가까이 불러다 놓아야 편했던 것이다. 그리고 또 한 가지는 중정이 행정부의 상징건물 꼭대기에 앉아 '천하'를 굽어보는 모양을 갖춤으로써 각료들을 통제하는 데 도움이 된다고 보았기 때문이었다.

정부중앙청사 19층의 실내장식이나 가구의 호사스러움은 지금도 3공 고위직들의 기억에 생생하다. 가령 HR에 대해 비난을 삼가는 당시 3국장 **조일제**(趙一濟) 전 의원(그는 HR 부장이 국내보안담당 차장보로 발탁했던 인물)도 "당시 19층 꾸밈새는 손 크고 보스 기질도 있는 이 부장의 성격을 반영하는 대목"이라고 시인할 정도다.

어쨌든 HR은 박 대통령의 신임을 바탕으로 모든 면에서 중정의 권위와 실력을 떨침으로써 요원들의 사기를 드높였다.

청사 19층의 이 부장 집무석은 청와대가 있는 북쪽을 향해 앉도록 돼 있었다. "한시라도 박정희와의 '교감'을 놓치지 않기 위해, 그리고 의자 한 개라도 박 대통령과 등지는 자세로 놓지 않으려는 치밀한 HR의 아이디어는 탄복할 만한 것이었다"고 강창성 씨(당시 차장보)는 회고했다.

이 무렵 친위그룹의 한 사람은 **신직수** 검찰총장이었다.

대통령 박정희는 HR을 정보부장으로 앉힌 70년 12월 개각 때 배영호(裵泳鎬, 작고)를 법무장관으로 기용했었다. 그런데 배 장관은 명목상 아랫사람인 신 총장을 상하계통으로 대했고 그래서 나중엔 사사건건 마찰을 빚었다.

친위그룹의 힘에 부딪치려는 배영호는 바위를 들이받는 '계란' 신세가 되고 말았다. 장관, 총장의 힘겨루기는 '실세' 총장의 승리로 끝났다.

배영호는 1년도 못 채우고 신 총장에게 장관 자리를 넘겨야 했다. 신 총장은 검찰총수로서 HR 주재의 대통령 선거 대책회의(궁정동 안가에서 열렸다)

박정희 대통령(오른쪽)은 이후락(오른쪽 두 번째), 박종규(오른쪽 네 번째) 등을 '프리토리언'으로 삼은 통치 스타일을 보였다.

멤버가 돼 박정희의 3선을 뒷받침한 프리토리언이었다.

그는 법무장관으로 있던 72년 유신헌법 초안에 핵심적인 역할을 했으며 정보부장(73~76년), 대통령특보(76~79년)를 지낸 3공, 4공을 통틀어 빼놓을 수 없는 '박정희 맨'이었다.

박정희 친위그룹이 국회의원이나 장관을 우습게 여기고 그 위에 군림하려 했던 배경은 여러 말할 것 없이 인사에 영향을 미치는 '힘'과 '돈'(정치자금 조성과 배분) 운용에서 제도상의 국회나 내각을 앞지르기 때문이었다.

김형욱, 이후락, 김재규, 박종규, 윤필용, 차지철 같은 측근 친위세력들은 분명 '박정희의 신임'이 법제도상의 권한보다 우월하다고 믿고 살았다.

나아가 국회의원이나 장관조차도 남산 부장, 경호실장, 수경사령관 등 프리토리언들이 자신들보다 한 '끗발' 높다고 인정하는 판이었으니 박정희 시대가 '프리토리언 스테이트'였다는 분석은 지극히 당연한지도 모른다.

71년 대통령 선거 대책도 HR을 비롯한 친위세력이 주도했다. 당시 선거자금은 바로 이들이 조성하고 또 나누어 뿌렸다.

선거자금 규모가 얼마일까.

박 "돈을 얼마나 썼는데 표가 겨우"

87년 겨울 1노 3김이 맞싸운 대통령 선거전이 한창일 때 김종필 공화당 후보는 기자들에게 이렇게 말했다.

"도대체 민정당이 노태우 당선을 위해 나라를 거덜 내도 좋다는 말인가. 이렇게 돈을 쏟아붓고 나중에 민생경제를 어찌 수습하겠다는 건지 도무지 무책임한 사람들이야. 선거는 선거고 나라는 나라 아닌가…. 야당은 군중을 떼로 몰고 다니고 집권당은 돈을 봇물처럼 터뜨리는 이런 짓(대통령 직선제)은 그만 해야 돼. 71년 선거에서도 박 대통령 당선을 위해 무려 600억 원이나 썼다는 걸 나중에 확인했어. 그 이후 16년 만의 선거가 이 지경이니…"

그때 김종필 후보는 "71년 선거전에서 나는 고문 타이틀을 달고 유세만 불려다니면서 돈 쓰임새도 잘 몰랐더니 그렇게 많이 썼다더라. 박 대통령도 71년대선 개표 결과를 놓고 '우리가 쓴 돈이 얼마인데 내 표가 이것뿐이냐'고 하더라"고 말했다.

강창성 씨는 최근 기자에게 71년 대선자금이 모두 '700억 원'이었다고 밝혔다.

JP의 증언보다 100억 원이나 많은 액수였다. 강씨는 당시 선거전을 전후해 자금살포계획을 세우고 득표점검 결과분석을 하는 과정에서 집계한 액수가 700억 원이었다는 얘기다. 당시의 경제규모로 보아 선거자금 600~700억 원이 얼마나 큰돈인가.

71년 국가예산이 5,242억여 원. 공화당 정권이 예산의 1할이 넘는 액수를 털어넣은 선거가 71년 박정희-김대중 대결이었던 것이다.

바로 그해 공화당의 명목상 재산이 2억 8,000만원, 신민당이 4,000 만원, 전경련의 선관위 정치자금 기탁액이 모두 3,000만원(공화 1,600만 원, 신민 1,400만 원으로 나뉘었다)뿐인 점을 살펴보면 실로 엄청난 자금살포였다.

당시 중정 국장을 지낸 B씨의 얘기가 실감난다.

"연탄 한 장 20원, 커피 50원, 정부미 80킬로그램 7,000원, 입석버스요금 15원 시절에 600억 원을 쓴다는 건 과연 문제였다. 하지만 '집권전쟁'에선 질 수 없다는 집권세력이 있는 한 71년이나 87년이나 무제한 자금살포전이 되고 마는 건 정해진 이치다. 나라고 뭐고 눈이 뒤집혀 정권만 얻자는 식인데…."

DJ '예비군 폐지' 공약에 '안보 위기' 맞불

71년 대통령 선거는 분명 김대중과 중앙정보부의 대결이었다.

겉으로는 집권 공화당과 야당 신민당의 정권경쟁이었지만 기실 DJ와 중정의 싸움으로 전개됐다.

70년 9월29일 신민당 전당대회에서 극적인 역전승으로 후보를 따낸 김대중은 수락연설에서부터 중정을 겨냥해 포문을 열었다.

"오늘 우리는 신민당의 발전과 성공을 시기하는 '정보정치'의 마수로부터 승리를 거둔 것입니다."

달포가 지난 11월14일 김대중은 서울 효창운동장에서 대통령 후보로 첫 선을 보이는 연설에서 본격적으로 중정을 포격했다.

"중앙정보부는 언론을 간섭하고, 공화당의원들도 3선 개헌을 반대했다 해서 지하실에 끌고 가 발길로 차고 몽둥이로 두들기고…. 잡으라는 공산당은 잡지 않고 야당 잡는 데만 열중하고 있다. 중정은 북경 평양 같은 데서는 큰 소리 못하고 서울 신민당사 앞에서나 큰 소리 쳐. 정치, 경제, 문화, 모든 걸 지배하고 은행융자, 외국차관 도입까지, 심지어 배우협회장 뽑는 것까지… 남자를 여자로 바꾸는 일 빼고는 다 하고 있어(웃음)."

이어 김대중은 "정권을 잡는다면 중정의 수사기능을 분리시켜 소속을 법무부로 환원하고, 부장을 국무위원으로 만들어 국회에서 그 비위를 따지고 불신임할 수 있게 하겠다"고 공약했다.

대통령 후보 김대중은 향토예비군(68년 4월 창설) 폐지를 공약으로 내걸어 큰 바람을 일으켰다. 격려 지지편지가 신민당과 동교동으로 하루 수천 통씩 날아왔다.

이를 역공해서 야당바람을 잠재운 곳도 '선거사령부' 중정이었다.

3국장(국내보안, 즉 정치담당) 전재구(나중에 9대 의원)는 북한 전문가인 **강인덕**(康仁德) 부국장(97년 김대중 정부때 통일부장관으로 기용됐다)에게 이북의 비정규 전력인 로농적위대 전투력에 관해 자문했다.

강인덕은 "로농적위대 병력이 130만 명, 장비는 현역 보병사단 수준, 72시간이면 전선동원 가능한 막강전력"이라고 답변했다. 전재구는 쾌재를 부르며 로농적위대를 지렛대 삼아 김대중에게 대응해 나갈 것을 상부에 건의했다.

"홍 장관! 정신있나, 없나"

즉각 대통령 박정희의 재가가 떨어졌다.

국방장관 정래혁(丁來赫)이 나섰다.

"예비군 폐지는 김일성의 남침을 촉진하고 유도하는 이적행위다. 이를 폐지하려면 20개 정규사단이 창설돼야 한다. 북괴의 1백여 만 로농적위대도 정규군과 같은 화력이며 그들은 게릴라도 3만 명이나 양성했다. 야당은 예비군 폐지라는 이적행위를 철회하라."

김대중의 예봉을 꺾기 위한 초강경 성명은 효험을 발휘했다.

북을 지렛대 삼은 정부의 위기논리는 '안보논쟁'을 유발해 야당진영을 크게 위축시켰다. 김대중은 예비군 폐지공약 한 달 만에 '향토방위대' 창설이라는 대안으로 후퇴했다.

국민여론은 이제 "예비군이나 김대중의 '방위대'나 그게 그것 아니냐"고 돌아버렸다. 김대중은 다시 투표일 40일을 앞두고 제주 유세 때 '예비군 전면폐지'로 돌아섰으나 이미 오락가락으로 김 샌 공약이 되고 말았다.

정부종합청사 19층에 자리 잡았던 중정 3국은 '선거사령부' 상황실이었다. 그만큼 국장 전재구의 목소리도 셌다.

문교부장관 홍종철은 대한체육회장 민관식과 함께 중정이 있는 19층으로 올라간 일이 있었다. 거기서 마주친 전 국장으로부터 '호통'을 맞았다.

"홍 장관, 도대체 정신이 있소, 없소. 학생군사훈련이 뭐가 그리 시급해서 선거통에 발표해서 이 소란을 몰고 옵니까. 선거에서 치명타가 됐으니 책임져야 하지 않겠소."

까닭인즉 이랬다. 문교부장관 홍은 4·27선거를 두 달 앞두고 대학 교련을 필수과목으로 해 4년간 711시간(7학점)을 이수토록 하는 법 시행령을 밀

김대중은 71년 대선 유세에서 예비군 폐지를 주장했다가 후퇴, 승기를 놓쳤다고 당시 정보부 간부는 밝혔다.

어붙여 대학생들의 격렬한 교련반대 데모를 유발했던 것이다. 게다가 야당후보 편에 서서 구호를 외쳐주던 대학생들은 '공명선거 감시 참관인단'(6,139명)을 투표소에 파견하기로 했다.

중정은 크게 불안했다. '대학생들이 야당의 기세를 높여 투표구마다 박정희 후보표를 500표씩 깎아 먹으면 6,000여 투표소에서 300만 표가 날아간다'는 그럴싸한 분석도 나왔다. 홍 장관이 '원망'스럽기도 했던 것이다.

전 국장은 그래서 "대학생부대를 야당대열로 몰아준 책임이 홍 장관에게 있다"고 다그쳤던 것이다. 비록 양인이 육사 8기 동기생이긴 하지만 당시 중정 국장의 파워를 보여주는 장면이 아닐 수 없다.

그때 중정의 역할 중의 하나는 김대중의 돈줄을 죄는 것이었다.

후보 김대중은 청중들에게 폭로했다.

"오늘날 독재의 총본산은 중앙정보부다. 요즘 경제인 수백 명을 불러다가 '김대중에게 돈 주지 마라. 만일 돈을 주면 사업을 망쳐 놓겠다'고 협박하고 절대로 돈을 안 주겠다는 각서를 받고 있어. 그 각서를 썼다는 말이 안 새나가도록 또 각서를 씌우고…"(71.4.18. 장충단공원 유세).

그를 도왔던 신민당 선거대책본부장 정일형(82년 작고)도 증언했다.

"전국적으로 포스터 플래카드 값만도 1억 2,000만 원이 들 것 같았다. 그리고 강연회, 운동원 실비를 따지면 엄청난 자금이 필요했다. 경제인들의 성금을 기대했으나 어찌나 정보부의 압력이 심했던지 나와 절친한 경제인들까지도 면회조차 어려웠다."(정일형 회고록《오직 한길로》420쪽)

정일형의 경우 선거운동 기간 중 이른바 '고양이 방화' 사건으로 집 한 채를 날리기도 했다.

71년 2월5일 밤 발생한 이 의문의 화재사건을 놓고 변호사 김선태(신민당 인권옹호 위원장)등 야당측은 "정보부의 야당진영 교란음모"라고 주장했다.

그러나 경찰은 김종완(金鍾完·14대 민주당의원), 조홍규(趙洪奎·14대 민주당의원) 등 정일형의 측근들을 연일 신문조사한 뒤 결과는 "고양이가 추워서 쏘시개를 발로 긁어 아궁이목에 당겨 일어난 것"이라고 발표했다. 이 우스꽝스런 추론은 그해 신문의 10대 뉴스로, 해외 토픽으로 널리 소개되기도 했다.

이후락 정보부의 또 다른 주요임무는 김대중 연설의 청중 숫자에 관한 보도통제였다. 강창성 차장보 등은 직접 언론사를 드나들며 연일 김대중의 유창한 웅변에 쏠리는 인파가 보도에 부각되지 않도록 압력을 가했다.

그 바람에 4·27선거를 열흘 앞두고 기자들의 불만이 폭발. '정보 요원의 신문사 출입금지' '정보부의 언론간섭 중지'를 결의하는 사태가 빚어지기도 했다.

박정희의 승부수 '마지막 출마' 카드

71년 4·27 대통령 선거가 끝나고 박정희는 "하마터면 정권을 도둑맞을 뻔했다"고 말했다.

김대중과의 싸움이 뜻밖에도 만만찮게 전개되고 득표수도 100만표 차이가 나지 않았기 때문이다. 94만표 차이로 김을 이긴 뒤 박정희는 불만을 터뜨렸다.

"김대중이가 뭔데, 내가 무슨 역적질을 했나… 돈을 또 얼마나 썼는데, 표차가 이것밖에 안돼. 말 잘하는 김대중한테 당할 뻔했잖아. 이런 식의 선거제도라면 안 되겠어."

김대중도 마찬가지였다.

"이번 선거는 소리 없는 '암살선거'였다. 중앙정보부와 온갖 관권 금력이 총동원되어 야당후보인 나를 때려잡은 폭거였다. 나는 국민의 지지를 도둑맞은 것이 분명하다."

김대중은 언제나 "71년 선거는 분명히 도둑맞은 것"이라고 주장했다. 국민의 지지를 얻는 데는 박 후보를 이겼지만 중정 같은 권력기구의 농간으로 낙선했다고 믿었다.

왜 그런가. 서로가 도둑맞을 뻔했다거나, 도둑맞았다고 불평한 이유가 어디 있는가.

한마디로 박은 '10년 치적'을 자부하고 있었고 야당의 그 누구도 적수가 될 수 없다고 생각했다. 그러나 야당 내 후보경쟁에서부터 아슬아슬하게 이긴 김대중이 의외로 줄기차게 따라붙어 막판엔 난전을 벌여야 했던 것이다.

김대중의 입장에선 또 달랐다.

70년 9월 신민당 전당대회에서 대통령후보로 뽑혀 대의원들의 환호에 답례하는 김대중씨.

비록 처음엔 당선까지 내다보기 어려운 선거(이 점은 오늘날 DJ진영을 비롯해 많은 옛 야당중진들도 수긍한다)였지만 막판엔 대권고지도 보이더라는 것이다. '10년 세도 썩은 정치, 못살겠다 갈아보자' '논도 갈고 밭도 갈고 대통령도 갈아보자'는 캐치프레이즈를 내걸고 장기집권 부패에 싫증내는 민심을 마구 흔들었다. 그 결과 구름 같은 청중을 모으고 김대중 바람을 일으켰는데도 이후락 정보부가 월계관을 빼앗아 박정희 후보에게 바쳤다는 것이다.

HR정보부는 김대중 진영을 끊임없이 교란하기에 부심했다.

4·27 선거를 두 달 앞둔 71년 2월12일 문학평론가 임중빈(任重彬)을 반공법 위반혐의로 구속했다. 임의 '사회참여를 통한 학생운동'이라는 글을 실은 《다리》지 편집인 윤형두(尹炯斗·현 범우사 사장), 발행인 윤재식(尹在植·방적

협회 전무)도 구속했다.

70년 11월호 《다리》에 글이 실린 지 석 달 뒤에야 공작차원에서 잡아넣은 것이었다.

"침묵이 미덕이며 안정만이 특효약이라는 기만적 발상. 희망의 좌절, 욕망의 좌절, 지성의 좌절 속에 좌절은 기교를 낳고 그 기교 때문에 다시 좌절하는 이 나라 사이비지식인의 작태나 언론인의 곡필, 한낱 오락산업에 동원되고 있는 문화예술인의 추태… 아메리카의 문화혁명은 단순한 광기의 발산…"

임중빈의 이런 비판이 "북한의 활동을 고무 찬양하거나 동조하여 북을 이롭게 한 내용이며 반공법 제4조 1항 위반이라는 것"이었다.

그러나 기실 나중에 HR이 국회의원 김상현에게 고백한 대로 김대중 견제작전의 하나였다. 김 후보 비서실장인 김상현이 《다리》의 고문 직함을 가진 오너격이었던 것이다.

중정은 김상현도 구속할 것을 고려했으나 그는 때마침 도쿄에 있었다. 양회수(6, 7대 의원)는 도쿄의 김에게 전화를 걸었다.

"김 의원, 아무래도 중정 낌새가 이상하니 들어오지 마시오. 3월29일 김 후보댁 폭발물사건 등을 따지기 위해 임시국회(제76회)를 열기로 돼 있으니 그 후에 와요. 의원이니까 회기 중 불체포특권이 있지 않아요."

김상현씨는 필자에게 말했다.

"《다리》지 사건은 김대중 진영의 기를 꺾고 압박하기 위한 것이었다. 그러나 나는 형식상 고문으로 돼 있어 회기 후에도 구속으로까지 책임을 지우기가 어려웠다고 한다. 그러나 이후락씨는 대통령 선거가 끝나고 나에게 '우리 쪽에서 김상현도 구속해야 한다는 의견이 많았으나 내가 말렸다'고 생색을 내곤 했다."

정권 뺏기느니 승부수로…

《다리》지 사건은 71년 7월16일 서울지법판사 **목요상**에 의해 전원 무죄 판결이 났다. 그래서 그해 유명한 사법파동의 한 실마리가 되고 만다. (중정과 사법파동 관계는 나중에 상술한다)

우여곡절 속에서도 71년 봄 선거전은 뜨겁게 달아올랐다. 김대중은 예비군 폐지, 4대국 안전보장론 등을 공약하며 능변을 무기삼아 기염을 토했다.

공화당 정권의 반격도 거셌다.

국회의장 이효상은 "영도자란 모름지기 군부 지지를 받아야 한다"(경남도 당대회)고 하는가 하면 "경상도 대통령을 뽑지 않으면 우리 영남인은 개밥에 도토리신세가 된다(대구유세)"고 노골적으로 지역감정을 부추겼다.

대통령 선거 한 달을 남겨 놓고 박–김 각축은 영호남 대결로 발전했다.

중정 3국장 전재구는 4월에 접어들면서 서울 중부 여론이 공화당에 불리하게 돌아가는 것을 느꼈다. 영호남 대결이 되면 결국 '캐스팅보트'가 될 서울 중부 민심이 '장기집권 부정부패' 염증으로 신민당에 쏠리는 것을 파악했다.

그는 "박 대통령이 '마지막 출마'를 선언하기 전에는 승리를 장담할 수 없다"는 보고에 주목했다. 보고에 따르면 그 길만이 박 대통령의 당선을 담보할 수 있다는 여론이 일선 공화당원 경찰관에 이르기까지 퍼져 있다는 것이었다.

당시 3공 정권의 선거작전참모인 전재구는 '자칫 정권을 빼앗기는 것보다야 낫지 않은가, 그리고 이기더라도 압승하는 것이 박 대통령의 통치기반을 위해 좋지 않은가'라고 생각했다.

71년 4월7일께 그는 이후락 부장에게 의견을 냈다.

"부장님. 제가 도청 소재지마다 출장을 다녀보니 각하의 업적은 모두 인정하는데 장기집권엔 염증이에요. 감표요인이 분명합니다. 지방 중정 분실장과 기관장, 말단공무원, 유지들이 한결같이 '마지막 출마' 선언을 하길 희망합니다. 대통령각하께 꼭 건의해 주십시오."

HR은 '겁도 없이 그런 엄청난 얘길 입에 담느냐'는 듯 기막히다는 표정으로 전재구를 쳐다봤다. 그리곤 묵묵부답이었다. 닷새를 기다리던 전 국장이 다시 HR 부장에게 같은 주장을 폈다.

HR은 벌컥 화를 냈다.

"8년이나 비서실장으로 보좌한 내가 '각하, 이번만 하시고 고만두십시오' 소릴 어떻게 건의해. 그런 것 안하고 이겨 보려고 백방으로 뛰고 고생하는 게 아닌가. 보좌하는 사람으로서 할 도리가 아니야."

전 국장은 며칠 후 속이 타서 이 부장에게 또 채근했다. HR의 답변.

"건의드렸는데 아무 말씀이 없어. 그 분도 충격을 받은 것 같고 상당히 생각에 잠기신 것 같아. 현명하신 분이니 또 자신 문제니까 각하께서 결정하시겠지. 이젠 더 이상 날 조르지 마."

그러나 박정희 후보는 쉬 결심하질 않았다.

실제로 3선 이후도 권력을 놓고 싶지 않다는 집착 탓이었을까?

막판으로 갈수록 김대중 열기는 더했다.

그는 전주유세에서 박 정권이 '종신 총통제를 꾸미고 있다는 증거가 있다'고 폭로했다. 김 후보의 4·18 서울 장충단공원 유세에는 80만 명 가량 (중정 간부들도 60만 명은 넘었을 것이라고 증언) 의 청중이 몰려 박정희 진영의 간담을 서늘하게 했다.

김재규 보안사, 간첩 발표로 대선 거들어

4월18일 김대중 후보 유세에는 저 유명한 해공 신익희의 한강백사장 유세인파보다 훨씬 많은 군중이 모였다.

군중 속에 파묻혀 장탄식을 금치 못하는 이들이 있었다. 중정 출신 강성원(康誠元·나중에 8대 의원)을 비롯한 공화당 당료 출신 지종걸(池宗傑·9대 의원), 박근영(朴根永), 조용직(趙容直·14대 의원·92년 민자당 부대변인)이었다. 강은 넉달 전 70년 12월부터 대통령 박정희의 특명으로 야세가 특히 강한 서울지역 대통령 선거기획반을 만들어 움직여 왔다.

4월25일 박 후보의 이곳 유세를 앞두고 강성원 팀은 적정을 살피다가 그만 군중수와 열기에 아연실색하고 말았다.

김대중의 유세가 끝난 뒤 청중 1만여 명은 밤중까지 시가행진을 벌였다. 박 후보 진영의 '부정불법선거운동 중단'을 요구하는 시위는 김 후보측의 공화당 정권에 대한 조직적인 세과시였다.

시위대는 동대문 종로4가 화신 앞을 거쳐 청와대로 향한다고 별렀다.

세종로 정부중앙청사 19층 중정본부에 비상이 걸렸다. 부장 이후락은 자리를 비웠고 차장보 강창성과 3국장 전재구가 상황을 장악하지 않으면 안 되었다.

군중이 화신 앞에 이르고 일부가 안국동, 세종로까지 진출하자 현장 경찰간부들은 강 차장보에게 연방 전화를 걸어 대책을 호소했다. 이 다급한 순간에 내무부장관 박경원(朴璟遠)과 치안국장 정상천(鄭相千)은 연락이 되지 않았다.

강 차장보와 전 국장이 치안총수들에게 불평과 험담을 내뱉으며 허둥지둥 하는 사이 화신 앞 대치가 2시간이 넘어서고 밤이 깊어졌다. 다행히 큰

불상사 없이 시위대는 흩어졌다.

바로 그날 나중에 8대 정보부장이 된 육군 보안사령관 김재규 중장도 단단히 '한 건' 올렸다. '선거를 틈타 민중봉기를 일으켜 정부를 전복시키려고 암약'해온 재일교포 대학생 서승(徐勝·당시 27세·서울대 대학원 2년, 나중에 일본 교토의 리츠메리칸 대학 교수), 서준식(徐俊植·24세·서울대 법대 3년)형제 등 간첩 10명에 대한 구속영장을 청구한 게 71년 4월18일이었다.

서 형제 간첩사건은 그 뒤 20년간이나 분단시대의 정치와 인권을 상징하는 비극으로 남게 되었다. 김재규가 정보부장을 하다 극형에 처해지고 3, 4, 5공 정권이 흘러간 6공 시대까지. 더 정확히는 서준식이 풀려나 전민련 인권위원장이 되었다가 다시 갇힌 오늘날까지….

숨 막히도록 기구한 인과의 실타래는 70년 8월30일부터 9월9일까지 서 형제가 몰래 평양을 다녀오면서부터 얽히기 시작했다.

그들은 67, 68년에 남한을 모국으로 택해 서울유학을 왔기 때문에 애초부터 금단의 땅 평양을 디딜 일이 아니었다. 형제 중에도 서승은 공교롭게도 야당의원 김상현의 집에 10개월 가량 기거했다.

서승 –서준식 형제의 비극

서씨 형제가 보안사에 붙잡힌 것은 71년 2월 말이었다. 둘은 체포당해 조사를 받는 '역공작' 명목으로 풀려났다. 형 서승은 '밖에 나돌아 다니며 TV인터뷰 녹화도 하고 다녔다' (83년 대구교도소 면회에서 김상현씨 및 함께 간 안기부 직원에게 진술)고 한다.

동생 서준식은 풀려나 50일 가량 보안사 요원의 감시를 받으며 서울대 법대 교련반대 데모에 관한 정보를 수집해 보안사에 제공했다(서준식 저《나의 주장》242쪽).

그러다 선거열기가 달아오른 4월 중순 서형제는 나락으로 떨어졌다.

준식은 '북의 지령을 받고 교련반대 투쟁을 배후 조종·선동한 간첩'이라는 혐의.

서승은 일본의 '북괴공작지도원'인 큰형 서선웅(徐善雄)에게 포섭돼 67년 8월 첫 입북한 이래 70년에도 동생 준식까지 데리고 입북한 간첩이라는 죄. 게다가 북과 김대중의 연결고리가 아니냐는 다그침.

71년 보안사령관 시절의 김재규 중장. 그는 박정희-김대중 선거전의 와중에 재일동포 서승-서준식 형제 간첩사건을 발표, 공화당에 유리하도록 거들었다.

"보안사 신문과정에선 없는 사실을 자백하라고 고문했다. 김상현씨 집에 기거했다는 꼬투리를 잡아 김대중씨와의 관련여부를 집중 추궁했다. 죄 없는 학우들이 나에게 포섭됐다는 이유로 옆방에 끌려와 고문을 당하고 비명을 질렀다.

더이상 고문을 당하면 내 뜻과는 달리 무슨 이야기가 나올지 모른다는 공포감이 생겼다. 밤샘 조사 뒤 수사관이 식사하러 가고 경비병도 방을 비운 사이 경유난로 기름을 끼얹고 분신자살을 시도했다."(90.2.28 가석방 직후 서승 인터뷰)

김대중 진영의 비서실장이던 김상현도 서울 무교동 S호텔에서 밤샘 조사를 받았다.

김은 '북에서 어떤 지령을 받았고, 북에 어떤 메시지를 보냈느냐'는 보안사 요원들에게 "차라리 날 38선에 끌고가 사살해버리고 간첩이라고 발표하라"며 대들었다.

김상현 회고.

"만일 박정희 후보가 질 경우 서승사건과 연계시켜 선거 자체를 뒤엎어 버리려는 전략이었다고 한다. 50년 말에 대통령후보였던 조봉암이 그런 식으로 간첩으로 몰려 죽어 갔던 것 아닌가."(2012년 7월 서울 고법 민사 14부는 조봉암에 대한 국가의 불법행위를 인정해 유족에게 29억 원을 지급하라는 배상 판결을 내렸다.)

서승은 얼굴에 끔찍한 화상흉터를 남긴 채 '무기징역'을 사는 동안 동생 준식과 함께 끈질기게 사회안전법의 보안감호제도와 싸웠다. 형제에 대해 일본 내 인권단체의 이목이 집중되고 김영삼씨의 선처요구도 있었다. 둘은 6공 출범 후인 88년 5월(준식), 90년 2월(승) 각각 석방됐다. 형제는 지금도 입북죄는 자인하면서도 간첩행위는 부인하고 있다.

윤필용과 김재규, 철천지 원수된 사연

보안사령관 김재규가 등장한 김에 만만찮은 프리토리언 친위대 **윤필용** 수경사령관의 71년 근황을 살펴보자.

보안사가 정보부를 충성경쟁의 대상으로 의식한다면, 수경사 윤필용 역시 누구에게도 각하 신임을 내주고 싶지 않은 실력자였다.

수경사 윤필용 소장과 김재규 보안사령관은 극도로 사이가 나빴다.

50년대 박정희 소장의 5사단에 오래 근무한 윤필용은 5·16 후 최고회의 의장비서실장을 지내며 손영길, 전두환 대위를 거느렸다. 63년 민정이양

69년 윤필용 장군이 주월맹호사단장으로 있을 때 3대대장을 하던 노태우 중령(왼쪽)과 박희도 중령(오른쪽).

후 군에 복귀해 **정승화** 후임으로 육군방첩부대장으로 있다가 68년 1월 21일 김신조 등 북한특공대의 청와대 습격사건을 예방하지 못해 20사단장으로 밀렸다.

그 방첩부대장 후임이 바로 **김재규** 소장이었다. 김재규 시절에 육군 보안사령부로 이름이 바뀌게 된다. 전 후임자라는 우연한 인연은 뜻밖에도 앙화의 불씨가 되곤 한다.

윤필용은 68년 10월 20사단장에서 주월 맹호사단장으로 나갔다.

윤필용 맹호사단에는 그를 따르는 후배 **노태우** 중령(맹호 1연대 3대 대장), 박희도 중령(노중령 후임, 나중에 육군참모총장), **권익현** 중령(대대장, 나중에 국회의원 민정당 대표역임), 안교덕 중령, 유재구, 김관중(대우그룹의 총수였던 김우중씨의 형) 등이 몰려 있었다. 얼마 후에 **전두환** 대령은 백마사단 29연대장으로 월

제8장 이후락·김재규·윤필용의 충성경쟁 | 315

남에 갔다.

이 무렵부터 김재규-윤필용의 충성경쟁은 불꽃이 튀었다.

김재규 방첩부대장은 비서실장으로 데리고 있던 황인수 중령(국방부차관 역임·육사 12기)을 맹호사단 보안부대장으로 내보냈다. 그러나 윤필용은 "김재규가 나를 감시하려고 심복을 월남까지 보낸다"고 서울의 요로에까지 힘을 써 황 중령의 부임을 막았다. 끝내 황 중령이 자기 사단에 부임하자 이번에는 CID 손(孫) 모를 시켜 황 중령의 뒤를 캐기도 했다고 한다.

이때 서울의 김재규 비서실장에는 유명한 **김복동** 중령(육사교장 중장예편·14대 의원, 노태우 전대통령의 처남)이 오게 된다. 김복동이 80년 이후 윤필용의 직계 하나회 보스로 이름을 떨친 11기생들과 빗나가는 응달의 길을 걷게 된 연유를 여기서 찾는 이도 있다.

71년 윤필용이 수경사령관으로 있을 때 김재규와의 해묵은 갈등은 폭발한다.

도청 붙잡은 윤필용의 역공세

당시 수경사 보안반 근무 김충립 중위의 기록.

"김재규 보안사령관이 윤필용 장군을 은밀하게 감시하기 시작했다. 71년 8월 어느 날 515통신보안부대의 사병 2명이 녹음기를 들고 수경사 보안반 사무실에 나타났다. 수경사에 통신보안 점검을 나왔다는 것이었다. 당시는 오늘날과 같은 감청장비가 없어서 전화선에 작은 녹음기를 연결하는 게 고작이라 비밀리에 감청할 능력이 없었다. 별수 없었다. 나는 수경사 통신참모에게 정식으로 보안감청을 통보했다. 단자판에서 통신보안 위반자를 적발할 경우 그에게 알려주겠다고 약속하고 협조를 구했다. 보안부대에서 임무수행을 한다는데 하지 말라고 할 수도 없고, 또 수경사령관에게 보고를 하자니 그것도 난처하다는 것이었다. 어쨌건 반 강제로 515 보안부 대원 2명을 교환대 뒤 단자판에 밀어 넣은 것은 임무를 부여받은 지 1주일 뒤였다.

처음 2, 3일은 여러 전화를 감청했지만, 며칠 지나고 나서는 윤 사령관의 전화만 녹음해서 모두 퇴근한 뒤 녹음기의 대화내용을 발췌하여 사령부에 보고했다. 부대원들은 불안해하고 약간 겁을 먹고 있는 모습이었다."

김재규의 명을 받아 도청을 하던 김충립 등 보안반은 수경사령관 윤필용에게 들통나 쫓겨나고 만다.

그리고 김재규 보안사령관도 도청사건 한 달여 만인 71년 9월 3군단장으로 밀려나고 후임 보안사령관엔 정보부차장 강창성 장군이 앉게 된다. 그리하여 강창성 소장이 윤필용과 하나회를 혁파하고, 거기서 숨죽이고 살아남은 전두환, 노태우 같은 하나회 회원들은 80년대를 휘어잡고 다시 강창성을 감옥에 가둔다.

김재규 사령관의 당시 비서 이 모에 의하면 서종철 육참총장이 윤필용과의 불화를 알고 중재를 서기도 했다는 얘기다.

"김 장군은 사람에 대해 좋고 나쁜 게 분명한 편이었다. 특히 월권하고 무례한 후배를 싫어했는데 윤 장군에 대해 늘 불만이었다. 김 장군은 '내가 윤필용이 소령 때 사단 연대장으로 있으면서 군수참모대리로 천거도 했는데 그 자의 처신이 틀려먹었다'고 불만스러워했다.

그러던 어느 날 서 참모총장이 윤필용 장군과의 화해를 권했던지 김 장군이 버럭 소리지르기를 '내가 8기생과 화해하란 말이요? 총장이 그런 식이니까 군기가 안 잡혀 윤필용이가 저러는 거요. 선후배가 있고 기강이 있어야 군대지, 후배한테 세배 다닌다는 소리가 그래서 나온다고요!'라고 하며 문을 박차고 나왔다. 승용차 안에서도 김 장군이 한참 분을 삭이지 못하던 모습이 눈에 선하다."

정보부와 지역감정 딛고 3선 고지에

71년 4월22일 박정희의 유세가 있던 광주공설운동장 분위기는 썰렁했다. 김종필, **이도선**(공화당 전국구 의원역임, 김대중회고록에 악연(惡緣)의 사나이로 나온다) 등의 유창한 웅변에도 호남유권자들의 반응은 냉담했다.

중정 3국장 전재구는 '동원'된 청중 사이를 빠져나와 서울의 이후락 부장에게 어려운 '전세'를 보고했다. 이 부장은 군용기라도 빌려 타고 곧 전주의 중정 지부장실로 오라고 했다.

전이 전주에 닿자 벌서 내려온 이 부장과 지부장 강명현(康明賢)이 기다리고 있었다. HR 부장이 '한 가장의 심정'이라는 제목의 연설초고를 전 국장에게 내밀었다. 박 후보의 방송연설 원고를 함께 검토하자는 것이었다.

"나에게 '마지막 기회'가 될 이번 대통령 선거에서 다시 뽑아준다면 4년 임기 중에 3차 5개년 경제계획을 완수하여 조국 근대화를 매듭짓겠다. 여당내의 유능한 '후계인물'을 육성할 것이며 야당에게는 정권인수태세를 갖추도록 지원할 것이다."

전 국장은 자신의 '마지막 출마' 건의가 끝내 받아들여져 자못 기뻤다. 거기에 마지막 '기회'라는 표현보다 '출마'가 낫겠다고 의견을 내 그렇게 고쳤다.

이때 HR 부장, 전 국장 일행은 박정희 일행이 전주관광호텔에 도착했다는 보고를 듣고 그곳으로 갔다.

호텔 별실에 HR, 전, 그리고 공화당 사무총장 길재호, 내무장관 박경원 4인이 문을 닫아걸고 마주앉았다.

이후락이 대통령 박정희 후보의 연설원고에 '마지막 출마'를 넣어야 하는 이유를 설명했다. 전재구가 그 문안을 읽어 내려갔다.

박경원은 흠칫 놀란 기색이었지만 아무 말도 하지 않았다. 그러나 길재호는 달랐다.

"무슨 짓들이오. 나도 전국 지구당 다 돌아봤어. 이런 비겁한 소리 안 해도 우리가 김대중을 이겨요. 자신 있어. 자금도 충분하고 다 배정도 끝냈어. 이 마당에 무슨 날벼락 같은 소리야. 고작 묘안이란 게 이런 건가"

HR이 길재호를 설득하려 했으나 허사였다. 할 수 없이 전 국장이 거들고 나섰다.

"총장님. 우리가 겨우 이기거나 질지도 모르는 상황입니다. 겨우 이긴댔자 정권 반토막은 야당에 가고 4년 후엔 정권 내놓을 수밖에 없어요. '마지막 출마' 선언을 해놓고 크게 이기면 될 게 아닙니까. JP가 후계자 될까봐 겁먹는 모양인데 꼭 그렇다는 보장이 있나요. 우선 이기는 게 급하지 않습니까."

길의 반대는 완강했다. HR이 벌떡 일어섰다.

"길 총장. 이젠 결론 났어요. 내가 L19경비행기를 보내 서정귀(徐廷貴)씨(작고·호남정유 사장)를 오라고 했으니 이미 도착했을 겁니다. 내가 서씨와 각하의 승낙을 받겠습니다. 당신들은 백남억 당의장 모시고 요정 행원에서 한잔 하고 있으시오."

과연 HR이었다. 서정귀야말로 박정희에게 '마지막 출마'를 권유할 적임자였다. 박의 대구사범 친구요 허물없는 사이인 서를 벌써 전주로 불러놓고 있었다.

행원 주연이 꽤 오래 돼도 HR과 서는 나타나지 않았다. 전재구는 속이 탔다. 세 시간이 흐른 뒤에야 HR과 서가 왔다.

"겨우 각하께서 승낙하셨어"

HR이 전에게 말했다.

"그러면 전주유세(4월23일)부터 터뜨릴 겁니까"라고 전이 물었다.

HR은 "모레(4월24일) 부산에서 슬쩍 비치고 25일 서울 장충단공원 유세에서 극적으로 선언할 계획"이라고 했다. 전은 성미가 달아올랐다.

"선거날이 닷새 앞인데 농촌까지 여론을 확산시켜 분위기를 뒤집으려면 시간여유가 없지 않습니까."

HR은 "각하께 날짜까지 강요할순 없지 않은가. 그 정도 재량은 드려야지…"라며 오히려 짜증을 냈다.

'마지막 출마' 선언은 그렇게 확정됐다. 4·25장충단공원 유세준비는 중정 출신의 강성원 팀이 도맡았다.

지종걸, 박근영, 조용직 등 강 휘하의 조직참모들은 군중동원에 부심했다. 80만 군중을 모아놓고 '7월1일 취임식날 청와대서 만납시다'라고 기세를 올린 김대중의 콧대를 꺾으라는 특명이 있었기 때문이다.

100만 군중 동원을 목표로 막대한 자금이 뿌려졌다. 강성원 팀은 효과를 높이기 위해 아이디어를 냈다. 시가지에서 장충단으로 이르는 길은 차량수송이 아닌 도보로 동원한다는 것이었다. 그렇게 함으로써 동원청중 숫자를 늘리고 서울 시민들에게 '대군중'이라는 시위효과도 거둔다는 전략이었다.

확성기 장치가 유세 성패를 좌우하던 시절이었다. 기쁜 소리사라는 일류업체에 도급을 주었다. 장충단에서 남산을 가로질러 서쪽 능선 남산 야외음악당까지 수십 개의 스피커를 가설했다.

온통 '야도'(野都) 서울 천지를 박정희 붐으로 바꾸어놓기 위한 작전이었다.

장충단 유세 전날인 4월24일 오후 돌연 공원 바닥에 가마니를 깔아 청중 서비스를 한다는 아이디어가 나왔다. 조용직 일행은 부랴부랴 수십대의 트럭을 몰고 당시만 해도 농촌이었던 이문동 인근에서 대대적인 가마니 수집에 나섰다. 밤새도록 1만2,000장의 가마니를 깔았다. 2만 장 목표에는 다소 못미치는 것이었지만….

4·25 장충단 유세날, 박 후보는 마침내 '이번이 마지막 출마이며 후계자를 기르겠다'고 선언했다.

군중 수도 김대중 후보 유세 때보다 결코 뒤지지 않았다. 유세효과도 컸다. 중정과 자금, 조직의 승리였다.

이 무렵 중정의 고민거리가 하나 있었다.

DJ 도운 5·16 주체 문재준

5·16 주체였던 문재준(文在駿)이 김대중을 돕고 있었다. 문은 5·16때 6군단 포병사령관으로 박정희 소장이 한강다리를 넘어오도록 하는 데 결정적 공을 세운 인물. 육사 5기였던 문은 5·16 달포 뒤 '얼굴마담' 장도영 중장 편에 섰다가 8기생과 JP정보부의 역습을 받아 '반혁명'으로 옥살이를 했다.

문은 김대중의 웅변이 큰 바람을 일으키고 박정희 진영을 뒤흔들자 71년 4월3일 스스로 김대중 진영 문을 두드렸다. 대전유세를 하던 김대중은 '덩굴째 굴러온 호박' 문을 맞기 위해 밤중에 상경했다. 둘은 굳게 손을 잡고 협력을 다짐했다. 곧 다가오는 국회의원 선거에서 문이 전국구 의원이 되도록 김이 노력한다는 약속도 있었다.

문은 신민당에 입당하고 김대중 유세에 합류했다. 5·16 주체들의 '10년

폭정'을 비판했다.

박 후보와 HR은 당황했다. 국가재건최고회의 최고위원이자 헌병감을 지낸 문재준이 김대중편에 섰다는 건 득표효과야 차치하더라도 상징적인 의미가 있었다.

중정요원들이 문의 원효로 집을 24시간 감시에 들어갔다. 그러나 강력하게 손을 쓰기엔 너무 막판이었다. 자칫 무리수를 두다 역공세라도 당하면 '마지막 출마' 선언으로 살얼음 승부를 가리던 박정희 진영에 어떤 역풍이 불어 닥칠지도 몰랐다.

4·27 결과는 박정희의 승리였다.

박정희 634만여 표, 김대중 539만여 표.

김계원에서 이후락 정보부장으로 이어지는 남산 선거사령부의 개가였다. 반년 동안의 정권수호공작은 마침내 성공을 거둔 것이었다.

영호남 지역감정 부추기기, 김대중 조직참모 엄창록 격리, 향토예비군 폐지를 둘러싼 안보논쟁 유도, 박 후보 유세장의 청중동원, HR 주재의 고위 선거대책회의 운영을 통한 행정조직 동원, 박 후보 '마지막 출마' 선언 그리고 신민당 지도부 이간공작 등.

핵심전략은 모두 이후락의 중정 작품이었고 대부분 적중했다.

뒷날 조윤형 의원(국회부의장 지냄)은 당시 야당의 패배는 '신민당 지도부의 분열' 때문에 예고된 것이나 다름없었다고 회고했다.

그 지도부 갈등공작을 남산이 지휘했음은 두 말할 것도 없었다. 조 의원 자신은 중정으로부터 "김대중 유세반에 가담하지 말라"는 압력을 받았으나 뿌리쳤다. 그 대가를 한 해 뒤 유신선포 후 옥살이로 치르게 된다.

4·27 득표결과는 이 나라 정치의 '숙환'이 된 지방색을 처참하게 드러내고 있었다.

박정희는 김대중보다 경북에서 92만 표(박 133만, 김 41만표), 경남에서 58만 표(박 89만, 김 31만 표)씩 이겼다. 이 영남지역 승리는 전체 승리득표 95만 표보다 55만 표나 많은 것.

김대중은 박을 전북에서 23만 표(박 30만, 김 53만 표) 전남에서 40만 표(박 47만, 김 87만표) 그리고 서울에서 39만 표(박 80만, 김 119만 표)를 이겼다. 이는 어느정도 예고된 결과였다. 이미 67년 박과 윤보선 대결에서 박은 영남표만 136만 표를 앞섰다. 그것은 전국적으로 박이 이긴 116만 표보다 20만 표나 웃도는 것이었다.

그리고 40년이 더 지난 2012년 오늘까지도 골수에 번진 정치의 지역대결은 치유되지 않고 있다.

| 제9장 |

HR의 괴력과 스위스 비밀계좌

야당 공천 주무른 HR 정보부의 괴력

71년 4·27 대통령 선거 승리로 박정희는 3선 고지에 올랐다.

야당은 관권을 동원한 원천부정선거라고 아우성쳤지만 늘 그렇듯 공허한 메아리일 뿐이었다.

사흘 뒤 국무회의는 8대 국회의원 선거를 5월25일 실시키로 의결했다. 공화당 정권으로서는 서둘러 야당과 국민의 관심을 총선쪽으로 돌려놓을 필요가 있었다. 같은 날 미국의 입김을 받는 언커크(유엔 한국통일 부흥위원단) 도 '4·27선거는 질서정연했다'고 성명을 내 박의 승리를 추인했다.

당시 크게 보아 대선이 중앙정보부의 책임이라면 총선은 공화당의 몫이었다.

다양하고 복잡한 낱낱의 지역구 사정을 중정이 커버하는 건 무리였다.

공화당이 집권여당으로서 제 몫을 해주어야 하는 것이다.

그렇다고 정보부가 뒷전에만 처져 있었던 것은 아니었다. 나 몰라라 할 이후락도 아니었고, 가공할 파워의 중정이 먼산 보듯 할 메커니즘이 아니었다.

5·25 총선 오래 전부터 HR은 막후공작을 하고 있었다.

예춘호, 양순직, 박종태 등은 3선 개헌 반대 이후 줄곧 박정권의 골칫거리였다. 예, 양은 공

대통령비서실장과 중앙정보부장을 지낸 이후락에 대한 평판은 사람에 따라 극명하게 엇갈린다. 사진은 10대 의원 시절의 이씨.

화당에서 제명(69.5)당했기 때문에 71년 대선, 총선을 앞두고 신민당의 입당 유혹을 받았다.

유진산 당수, 김대중 후보가 집요하게 손을 잡자고 했다. 지역구 공천도 해주겠다, 전국구도 원한다면 보장한다, 당직도 줄 수 있다고 전신(轉身)을 권유했다. 정치인에겐 정치활동이 생명보다 중하다. 정치인들 스스로 농담하듯이 '의원직에 사상과 이념을 초월하여 매달리는' 이유가 거기 있다. 예춘호, 양순직은 솔깃했다.

HR은 70년 12월 정보부장이 된 직후 이 심상찮은 사태에 주목했다. 예춘호는 명색이 집권 공화당 사무총장을 지냈고 양순직은 중정고문 공화당 재경위원장을 지낸 인물. 그들이 신민당에 넘어가면 큰일이었다. 박정권의 얼굴이 깎이는 일이요, 야당엔 날개를 달아주는 일일 테니까….

3국장 전재구가 한밤중에 이태원 콜트 장군동상 부근 양순직의 집을 방

문했다. 예춘호를 불러 셋이 된 자리에서 전 국장이 설득했다.

"3선 개헌은 어쨌거나 국민투표로 확정된 것이오. 두 분 의원께선 반대했지만 국민이 새 헌법을 확정한 것이니 그걸 지키는 게 각하의 음덕을 입고 모시던 도리요, 국민의 도리 아니겠소. 이제와서 야당에 가서 거꾸로 총을 들이댄다면 될 일입니까."

그리고 HR의 공화당 공천보장안도 제시했다. 두 사람은 야당행을 단념했다. 약속대로 5·25 총선에서 공화당 공천을 받았다.

그러나 양인은 모두 낙선했다. 예춘호는 부산 영도에서 신민당의 김상진(金相鎭)에게 졌고 양순직은 충남 논산에서 김한수에게 졌다. 애당초 야당에 못가게 할 공천일 뿐 당선시킬 의욕까지는 없었던 것이다. 양인은 그 뒤 20여 년이나 여당에 발을 디디지 못하고 재야와 김대중 진영 그리고 더러는 감옥생활로 불운을 되씹으며 떠돌게 되었다. 예춘호씨의 회고.

"지금 생각해보면 8대 총선 때 공화당이 공천은 주었지만 당선은 바라지 않았던 것이 분명하다. 야당의 우리에 대한 손길을 차단하는 것이 목표였던 것이다. 자유당 때 껍데기 공천 있고 알짜 공천 따로 있었다는 식으로…"

박종태의 사연은 더 복잡 야릇했다.

그는 3선 개헌에 반대했다가 나중에 돌아서 제명은 면했다. 그러나 71년 2월 김대중 후보와 손잡기로 하고 공화당 탈당계를 지구당에 냈다. 어찌된 영문인지 탈당계는 중앙당에서 수리되지 않고 중정 HR 손에 들어가 있었다.

전재구가 박종태를 만나자고 했으나 "뻔한 얘기니 만날 필요가 없다"고 뿌리쳤다.

농장 줄 테니 야당 그만둬!

이번엔 HR이 직접 만나자고 했다. HR은 점심식사를 함께 하자는 제의였다. 박종태는 정보부라면 가지 않겠다고 버텼다. HR은 중앙청 후문에 검은 지프를 대겠으니 남산 아닌 곳에서 만나자고 했다.

박종태가 지프로 안내된 곳은 궁정동 안가였다. 살림집처럼 생겼는데 무전시설이 갖춰진 곳이라 의아해했다.

HR은 "개헌반대 당사자인 JP가 돌아섰는데 JP 시대가 오면 박 의원도 잘될 게 아닌가"하고 구슬렀다.

HR은 박이 지구당에 냈던 탈당계도 남산에서 쥐고 있으니 탈당효력도 발효하지 못할 것이라고 했다.

박은 "JP에게 기회가 오건 말건 난 손뗐다. 이제 다시 정식으로 탈당계를 등기우편으로 내겠다"고 우겼다.

HR은 박에게 시골에 농장이라도 마련해줄 수 있다고 했다. 박은 거절했다. HR은 '사적(私的)'인 약점을 들추어가며 위협도 했다. 박은 그래도 막무가내였다.

HR이 단호하게 말했다.

"나는 진산(珍山)하고 쇼부(勝負) 볼 거요. 박 의원이 아무리 용빼는 재주가 있어도 당수한테 당신 입당 못하게 하는 각서도 받을 수 있소."

한마디로 박종태가 몸부림 쳐봐야 남산 손아귀에서 벗어날 수 없다는 태도였다. HR은 박이 그동안 김대중을 접촉하는 과정을 24시간 미행추적한 내용도 겁주기 위해서 소개했다.

박종태씨의 증언.

"버티고 버텼지만 끝내 신민당 입당도 못하고 국회도 들어갈 수가 없었다. 뒷날 김대중 후보 말로도 정보부 때문에 공천이 불가능했다고 했다"

71년 대통령 선거개표 직전 김대중 진영에 들어간 5·16주체 문재준도 곡절을 겪었다.

4·27 대선이 끝나도 원효로 문재준 집 앞의 중정요원들을 철수하지 않고 계속 진을 쳤다.

김 후보는 문의 신민당 전국구 공천을 약속했으나 유진산 당수가 틀어 뜻을 이루지 못했다.

"김대중씨는 공천약속을 지키려고 노력한 게 사실이었다. 나중에 여러 갈래로 들어보니 당수가 박 대통령의 부탁을 받고 나에 대한 공천을 틀었다는 것이었다"고 문씨는 회고했다.

국회 진출도 좌절되고 중정의 미움만 사게 되자 문은 HR에게 백기를 들었다. 스스로 '박 대통령께 사과드리고 싶으니 뵙게 해달라'고 요청했다. HR에게 미안하다는 말도 했다.

문은 반혁명사건으로 주체군락에서 밀려난 뒤 동두천에서 무소속으로 출마했다 떨어진 적이 있었다.

그 빛은 71년까지도 그를 짓누르고 있었다. 아이들 굶기지 않고 권력에 시달리지 않고 싶었다.

청와대에서 박 대통령을 만났다. 문은 섭섭했다는 소리가 나올까 걱정했으나 의외로 관대했다.

박 대통령은 담배만 피우면서 주월 한국군 문제를 화제로 꺼낼 뿐이었다. 정말이지 처음부터 끝까지 야당이나 김대중 얘기는 한 마디도 없었다. 그만큼 문을 꿰뚫어보고 있다는 뜻일까.

박 대통령은 헤어지면서 봉투를 하나 내밀었다. 생활비에 보태라고 했다. 나중에 열어보니 거금이었다. 문은 선거빚을 갚고도 남아 첫 사업으로

동선산업이라는 벽시계 제작회사를 차렸다. 불티나게 팔렸고 대성공이었다. 종로거리에 대리점도 냈다.

그 인연으로 문씨는 자동차 내장용 시계를 만들어 90년대까지 현대자동차에 납품하는 안정궤도에 오른 사업가가 되었다. 잠시나마 야당 김대중과 손잡고도 드물게 '행복'을 누린 성공사례였다.

"8대 국회, 이거 시끄러워 오래 갈까"

이후락의 전성시대에 그를 겪었던 인사들의 평가는 사뭇 대조적이다.

스케일 크고 담력이 출중했던 인물. 직계 부하들을 철저히 감싸주었던 '오야붕'(親分). 머리 회전이 빠르고 판단 분석이 날카로웠던 정략가. 이처럼 매우 긍정적으로 말하는 이들이 있다.

역시 정보부장을 지낸 김계원씨 같은 이도 'HR은 박정희 대통령이라는 인물을 통해 인생관을 실현하려 했던 그 시대엔 필요했던 인물'이라고 평가한다.

HR 부장의 총애를 받았던 3국장 출신 조일제 전 의원은 '누가 뭐라 해도 한 시대를 주름잡을 만한 판단과 그릇을 갖춘 이가 HR'이라고 추켜세운다.

그러나 반론도 악평도 만만치 않다.

HR과 한때나마 정적으로 맞섰던 한 인사는 'HR은 자기가 살아남고 정치적으로 이기기 위해서는 무슨 짓이든 가리지 않는 사람이었다'고 말했다. "'박통'의 마음을 사로잡고 '힘과 돈'을 포착하기 위해서는 설사 범죄에 해당해도 밀어붙이는 인간형, 말하자면 삼국지의 표현대로 간웅형(奸雄型)"

5·16 주체가 아니면서도 박정희의 그림자가 되어 파워맨으로 군림했던 이후락은 73년 정보부장을 끝으로 몰락했다. 사진 오른쪽부터 홍종철, 박정희, 이후락, 박종규씨.

이라고 이 인사는 혹평했다. 10·2 항명 때의 공화의원 폭행, 유신추진, 국회의원 고문(拷問), 김대중 납치사건 등이 HR 부장의 성격을 보여주는 것이라는 것이다.

분명 HR에 할퀴었던 이들은 '적어도 정치적으로는 맹사(猛蛇)처럼 사나웠던 인물'로 보고 있다. 가령 HR을 지극히 못마땅해 했던 공화당 초대총재 정구영 같은 이는 HR에게 당했던 유감들을 회고록 여러 곳에 남기고 이승을 떠났다. 댐 준공식에 갔다가 나이 들어 발 느린 정구영을 떼내버리고 박 대통령 일행이 떠나버린 일, 박정희 접견을 알게 모르게 가로막은 일 등등.

이만섭씨도 HR의 맹독성 보복을 겪었던 경험을 얘기한다.

71년 5·25 총선 때였다. 이만섭은 69년 3선 개헌 막판에 이후락 비서실장, 김형욱 정보부장을 부정부패 원흉이라고 몰아세운 적이 있었다. 유명한 영빈관의 공화당의원 총회에서 그 무서운 고양이들의 목에 방울을 단 게 이만섭이었던 것이다.

앙갚음은 혹독하게 다가왔다. 명색이 집권당 의원인데도 이만섭의 선거전은 고전의 연속이었다.

선거기간 중 이의 선거구에 있던 고속버스터미널이 동대구로 옮겨졌다. 이만섭이 대구시장에게 찾아가 선거 후에 옮기라고 호소해도 막무가내였다.

그 선거구민들에게만 유독 과중한 세금고지서가 발부되었다. 유권자들의 불만을 증폭시켜 이만섭을 떨어뜨리려는 공작이 분명했다. 교통단속을 강화한답시고 자전거 타고 가던 사람을 붙잡아 장시간 길거리에 세워 놓고 골탕을 먹였다.

어느 날 밤 대구시내 모 구청장이 이만섭의 집에 찾아왔다.

"이 의원님 죄송합니다. 하지만 이 의원을 떨어뜨려야 한다는 비밀지령이 내려왔으니 우린들 방도가 없습니다. 여당이지만 도와줘도 봐줘도 안 된다는 내용입니다. 개표시에 제가 대구에 없더라도 양해해 주십시오"라고 고백했다.

이만섭씨의 증언.

"결국 한병채 씨에게 7,000표 차이로 지고 말았다. 패인은 한동안 3선 개헌에 반대한 것과 이후락 정보부장의 보복 때문이었다. 어찌나 선거 치르기가 힘들던지 공화당 공천을 받지 말고 무소속으로 나섰으면 동정표라도 더 얻지 않을까 생각도 해봤지만 이미 엎질러진 물이요…"

5·25 총선 공천과정에서도 박정희의 친정체제 구축의도는 드러나고 있었다.

지역구 공천 88명 가운데 군 출신이 41명, 청와대 경호실 출신 8명, 대구

사범 출신 3명이었다. 특히 중정 출신의 경우 부장을 지낸 김형욱이 전국구 5번에 랭크됐고 주일공사 이상익(李相翊)과 정무식(鄭茂植), 채영철(蔡榮喆), 김상년(金尙年) 등 분실장이 지역구 공천을 받았다.

당시 HR 정보부는 이들 '당선용' 공천자들은 뜨겁게 지원한 반면, 이만섭, 양순직, 예춘호, 정태성 등 낙선대상엔 가혹했다고 당사자들은 증언하고 있다.

회사원 사표도 받는 남산

총선에서 전남보성 출신 야당의원 **이중재**(李重載)(15대 국회의원 평민당 선대본부장 역임, 서울 강남의 이종구 전 의원의 부친)도 곤욕을 치르고 있었다. 황성수(2, 3, 4대 의원)를 내세운 공화당 정권은 깐깐한 재정통 이중재를 국회에서 내쫓기 위해 전력을 기울였다.

이로선 비상수단이 필요한 전세였다. 동향 출신 대학후배인 유준상(柳晙相·4선 의원)은 당시 대농(大農)의 외자과 사원이었다. 그의 취직은 이 의원이 도운 결과였다. 유는 서울대, 고대, 연대 등 대학생 200여 명으로 공명선거 감시반이라는 걸 조직해 보성에 내려갔다.

대학생 200여 명은 총선 막바지에 좁은 보성읍내를 휘젓고 다니며 '부정선거 배척'을 외쳐댔다. 밤낮을 가리지 않고 관권·금권 개입 차단공세를 편 결과 이중재는 겨우 2,000여 표 차이로 낙선을 모면했다.

문제는 그 후였다.

총선 후 유준상은 남산으로 끌려갔다. '왜 회사원이 선거판에 대학생을 끌고가 소란을 피웠느냐', '넌 전화하면서 신민당 전당대회 소란이 중정공작이라고 했는데 증거가 있느냐'고 다그쳤다. 2박3일 동안 곤죽이 되도록 얻어맞았다.

HR 정보부는 유준상에게 대농에 못 다니게 한다며 사표를 강요했다. 조사실에서 결국 사표를 썼다. 회사 주(朱) 모 전무가 남산으로 불려와 사직서를 갖고 갔다. 유는 그 길로 실업자가 되고 말았다.

5·25총선을 일주일 앞두고 중정과 공화당 사이에 '전황'을 놓고 혼선이 일었다.

3국장 전재구는 HR부장에게 정세 판단서를 올리면서 "공화후보 중 당선권이 90, 백중이 20 정도이므로 도합 110석 가량 당선될 것으로 전망된다"고 보고했다.

HR이 놀라면서 "길재호 총장은 130석도 넘게 나온다고 각하께 보고했는데 무슨 소리요"라고 반문했다. HR은 박정희 대통령이 오히려 공화당을 견제하는 '공명선거' 강조 성명도 내기로 했다고 말했다. 전 국장이 성명발표를 막아야 한다고 했다.

HR은 때마침 진해에 가 있던 길에게 급히 전화를 걸었다. 그러나 길은 '이미 각하의 승낙이 떨어져 중지할 수 없는 시점'이라는 대답.

총선결과는 중정이 내다본 대로였다. 공화당 113석, 신민당 89석, 국민당 1석, 민중당 1석. 공화당은 52.45%를 득표해 전국구 27석을, 신민당은 47.55%를 얻어 전국구 24석을 따냈다.

실질적으로 야당의 대승이었다.

공화당 정권의 입장에서는 국회의장단과 상임위원장 그리고 겸직장관을 빼면 거대야당과 국회에서 더불어 가야 하는 부담이 생겼다.

초선의원 **최형우**는 당선 직후 HR의 단독면담 요청을 받았다. HR 비서실장 이장우가 최의 동향선배로 중간에 들어 주선한 결과였다. 이장우의 강권에 못 이긴 척 HR을 만났다. 세도가 드센 HR을 굳이 거스를 필요가 없다고 생각했다.

장소는 궁정동 안가였다(최는 82년 김영삼 씨의 단식투쟁 무렵 노신영 안기부장을 이곳에서 만나는 인연을 맺었다. 안 부장은 당시 입각 혹은 민정당 공천을 조건으로 YS 곁을 떠나라고 종용했다).

HR이 안방 보료 위에 버티고 앉아 다짜고짜 한마디 했다.

"국회. 이거 시끄러워 어디 오래 가겠습니까."

실제로 8대 국회는 1년여 만에 유신계엄으로 해산되는 비극을 맞게 된다.

스위스 비밀은행에 맡긴 정치자금은 얼마?

정치자금. 예나 지금이나 뒷말이 많다.

내용이 무엇이건 간에 뒷거래와 검은 이권이 얽힌 정치판의 돈. 우리 정치사에도 마치 필요악처럼 존재해온 정치자금. 특히 역대 집권여당이 표밭을 가꾸기 위해, 상대 야당을 제압하기 위해 '실탄'을 마련하는 과정은 혐오스럽기조차 하다.

이후락은 80년 봄 '떡고물' 발언으로 유명했다. 자신이 부정부패 정치인으로 지목되는 상황을 타개하기 위해 이렇게 말했다.

"떡을 만지는 사람의 손에 떡고물이 묻는 건 당연하다. 내가 정치자금에 관여해서 돈 많은 것 같지만 솔직히 남보다 조금 잘 살았을 뿐이다. 수년간 놀고 있으면서 나도 좀 썼다. 소문난 잔치에 먹을 게 없더라고 실상 난 가진 게 별로 없다."(80.3.24 기자회견)

정치자금은 그 조성과정이나 용도도 문제지만 더 뒷말이 많을 수밖에 없는 것은 만지는 자들의 손에 들어가는 '떡고물' 때문이다.

HR은 60년대 대통령비서실장, 70년대 초반 중정 부장으로 있으면서 정치자금 조성에 깊숙이 관여했다. 국내외 기업들의 이해관계를 교통정리하고 '검은 돈'을 주물렀다.

대미 로비사건으로 한미 관계가 극한상황으로 치닫던 70년대 후반 미의회 국제(한미) 관계 소위보고서에도 HR은 가장 빈번한 '주어'였다.

"이후락은 스위스에 비밀정치자금을 예치하고 관리함. 김성곤은 수표로 지불되는 정치자금을 수집. 김형욱은 수표를 현금화하고 현금으로 지불되는 정치자금을 수집"(소위 보고서 346쪽)

정치자금원으로서의 HR의 역할과 스위스은행 비밀계좌는 HR의 아들 **이동훈**(李東勳)의 소위(小委) 증언에 의해 상세히 확인됐다. "이동훈은 소위에서 스위스 은행자금은 박정희 대통령이 사용하기 위한 '정부자금'이었다고 진술했다(청와대 고위측근들에 의해서도 비밀계좌 존재는 확인됐다). 그 자금이 대통령의 사용(私用)은 아니었다는 것이다. 더불어 이후락의 아들은 자신이 아버지를 위해 일본에 2백만 달러를 예치했다고도 말했다. 이동훈에 의하면 돈을 주어 물리쳤던 야당 지도자들뿐만 아니라 박정희의 지지자들에게도 자금을 건네줄 필요가 있었다고 한다. 행정보고서에 따르면 한 한국 기업인이 '1970년에 실질적으로 모든 야당의원이 자금을 받고 있다'고 진술했다는 것이다. 박은 군부의 불충에 대한 두려움 때문에 핵심지휘관에게 대가를 지급했다"고 보고서는 쓰고 있다. (미의회 소위보고서 351쪽)

박 정권의 71년 4·27 대선자금 600~700억 원(그해 예산 5,242억 원의 1할이 넘는 액수)에 미국의 기업들도 한몫 거들었음을 보고서는 보여주고 있다.

석유사인 걸프는 선거자금 1,000만 달러를 요청받고 결국 300만 달러를 냈다. 걸프는 67년 선거 때도 100만 달러를 현금으로 스위스은행 비밀계좌에 넣어달라는 이후락 비서실장의 요청에 따라 정치자금을 냈다(걸프사 극동조정관 허버트 굿맨의 75년 소위증언). 걸프는 헌금 대가로 유공과 손을 잡고 엄청난 폭리를 취했음은 두 말할 나위도 없다.

71년 3월 칼텍스 석유사들도 정치자금 100만 달러를 스위스 은행에 넣었다. 이는 한국 내 합작회사인 호남정유의 서정귀가 공화당에 선거자금을 주어야 한다고 칼텍스에 요청함으로써 이루어졌다. 칼텍스는 또 400만 달러를 호남정유에 차관이나 원유중개료 선불형식으로 빌려주어 정치헌금이 가능하도록 했다.

미국의 다른 3개 회사 한국대리점도 71년 대선 3주 전에 총 150만 달러를 뜯겼는데 모두 공화당 정권으로 들어간 것으로 보고서는 판단했다. "따라서 소위가 확인한 미 기업의 71년 선거헌금만 총 850만 달러이며 이것이 박정희의 김대중에 대한 승리마진 8%(92만 표)를 만들었을 가능성이 있다"고 보고서는 비꼬았다.

이 무렵 총기메이커 콜트도 경호실장 박종규측으로부터 71년 선거자금 헌납요청을 받았으나 거절한 사실이 드러났다.

흥미로운 대목은 일본의 지하철 전동차메이커 미쓰비시 등도 71년 4월 120만 달러를 미 은행계좌로 이전시켜 정치자금을 낸 사실이 밝혀진 점이다. 서울지하철 첫 개통(74.8.15) 3년 전부터 검은 거래는 이루어지고 있었던 것이다.

사위 정화섭 국장이 돈 관리

어쨌든 HR과 미 석유사 간의 정치자금 관계가 한미 관계보고서 도처에 소상히 드러나고 있다.

게다가 HR 둘째 아들 이동훈은 한국화약그룹 **김종희** 회장의 사위. HR

의 큰아들 이동진은 고 서정귀씨 사위. 나중에 유공을 흡수한 SK재벌 창업주와도 HR은 사돈을 맺었다. 정유 3사 재벌 창업주들과 모두 사돈이 된 것은 HR과 석유 '파이프라인'의 특별한 관계를 일목요연하게 보여준다.

HR의 스위스은행 비밀계좌 이용은 그의 사위 정화섭(鄭華燮·그는 HR부장 시절 중정 국장도 지냈다)이 스위스은행으로부터 계좌명세서를 받은 사실에서도 입증됐다. 바로 이 부분에 대해 이동훈은 소위에서 "정씨는 장인(HR)을 위해 돈을 관리한 적이 있다"고 진술했다.

HR의 정치자금 징발대상은 물론 국내 재벌기업이 우선이었다.

그의 중정 부장 시절에도 군납업자들(물품 건설 용역)은 여전히 중정 손바닥에 있었다. HR은 군납 커미션을 떼기 위해 상공부에 분실을 설치하기도 했다.

국내 재벌기업으로부터 정치자금을 모금하는 방식을 보안사령관을 지낸 A씨로부터 들어보자.

"HR, 김성곤, 김진만씨 셋이서 반도호텔(지금의 롯데호텔 자리)에 자리를 잡고 기업인을 불렀다. 대개 선거라든지 하는 계기로 모금 목표액을 정해 놓고 기업오너를 한 사람씩 불러 할당하는 식이었다. 기업인은 죽는 시늉을 하며 그만큼은 못 내겠다고 울상을 짓는다. 흥정하듯이 내라, 못 낸다고 승강이가 벌어지고 기업인에겐 반대급부로 조달청 공사 같은 것이 제시된다. 여기에 '떡고물'이 끼는 일도 있다. 가령 A기업인이 반도호텔 3인 앞에 나타나기 전에 HR과 은밀히 짜고서 우는 소리를 하면 HR이 앞장서 깎아주기로 하는 것이다. 그리고선 A가 HR에게만 깎은 액수의 반쯤을 떡고물로 건네는 식으로…"

이런 요지경 속 같은 정치자금 거래가 뒷말이 없을 리 없다. 항상 '3인 합의체'로 모으는 것도 아니었다. 김형욱, 박종규도 개별적으로 기업인을 만나 일 대 일로 자금수집을 하곤 했다.

대통령 박정희도 필요악일 수밖에 없는 정치자금 때문에 뒷말을 낳는 측근들을 의심하지 않을 수 없었다. 측근들이 적지 않은 떡고물을 챙기는 것이 분명했다.

박은 때로는 친위대들 사이에 크로스체크도 시켰다.

HR이 챙긴 '떡고물' 194억 원

71년 대선 총선이 끝난 뒤 어느 날 박 대통령은 국군보안사령관 A를 불렀다. 정보부장 이후락이 보고한 정치자금 제공기업의 명단과 액수를 크로스체크 해보기 위해서였다.

청와대 집무실에서 박은 각반을 차고 말총 지휘봉을 쥐고 있었다. 군문(軍門)에 청춘을 바친 향수 때문이었을까. 박정희는 이런 특이한 차림으로 가까운 측근들을 맞는 경우가 더러 있었다.

박은 오른발을 탁자 위에 올려놓고 말총채로 각반을 가볍게 툭툭 쳤다.

그리곤 담배를 꺼내 들고 주위를 두리번거렸다. A가 라이터 불을 댕겨 올렸다. 박은 A의 라이터 든 두 손을 감싸쥐고 담뱃불을 붙였다. 박통 특유의 신임과 사랑을 표시하는 방법이었다. 마치 당신만이 내 사람이라는 태도로….

박은 HR이 보고한 200여 명의 기업인 명단과 헌금액 리스트를 A에게 내밀었다. 총 200억 원이 넘는 액수였다.

"조용하게 내용을 확인해야겠어…"

A는 청와대를 물러나와 은밀히 뒷조사 할 방도를 궁리했다. HR과 친한

기업인에게 잘못 묻다간 거꾸로 정보가 새나가 불꽃이 튈 가능성도 있었다. A는 자신과 친한 기업인 몇 명만 표본조사를 벌이는 게 좋겠다고 생각했다.

경기도 광주군 도평요에서 도자기를 굽고 작품을 만드는데 열중하는 HR.

A는 S재벌 이씨(작고), D재벌 박씨, 그리고 H제과 박씨(작고) 세 사람을 조용히 접촉해 액수를 확인했다.

놀랍게도 세 재벌기업인들이 냈다고 하는 액수의 20% 이상이 달아나 있었다.

HR의 손에 수십억 원에 달하는 '떡고물'이 들어갔거나, 기업인들이 거짓 진술했거나 둘 중 하나였다. 그러나 서릿발 같은 대통령 박정희의 특명으로 비밀조사를 벌이는 A를 기업인들이 속이지는 않았을 것이다.

A씨의 증언.

"71년 양대 선거를 치른 뒤 벌써 박 대통령은 HR을 신임하지 않는 것 같았다. 가뜩이나 뒷말이 많은 중에서도 재주와 일솜씨 때문에 중정 부장으로 다시 썼는데 의심스런 일들을 저지르고 있었기 때문이다. 나중엔 HR만 경계하는 게 아니라 김성곤씨를 비롯해 정치자금을 만지고 쓰는 4인 체제 모두를 불신하기에 이르렀다. 4인 체제는 70년을 전후해 JP주류를 완전히 밀어내고 막강한 힘을 쓰고 있었고 자금 면에서도 풍족하기 이를 데 없었다. 박 대통령은 '4인 체제와 가까운 중앙 지방의 공무원들은 국록보다 SK(김성곤)한테 받는 돈이 더 많다던데…'라며 우려하는 경우도 있었다. 그래서인지 유신 이후에는 박 대통령 자신이 직접 정치자금도 관리하는 방식이 되었다."

확실히 대통령 박정희는 깐깐한 교장선생님처럼 측근들을 챙겼다. 보고의 허점을 날카롭게 찔러 오고 납득이 가지 않는 수치나 자료는 스스로 납득될 때까지 되묻곤 했다.

공업단지나 고속도로 남산타워 같은 대형사업은 손수 구상도를 그려놓고 공정을 지켜보았다. 더러는 나무를 심어 조경할 곳까지 지시하는 꼼꼼한 일 욕심을 보였다.

적어도 72년 유신 이전까지 박 대통령의 진지하고 집요한 일 욕심은 측근들 사이에 경외심을 불러일으켰다.

측근 비리에 대한 뒷말에도 예민했다. 특히 정치자금 모금을 둘러싼 추문이 생기면 반드시 그 내막을 캐보곤 했던 것이다.

HR 정보부장의 정치자금 조성에 관해서는 지금도 여러 말이 많다. 놀랍게도 '장군의 아들' 김두한 전 의원이 '검은 돈'이 오가는 길목을 서성이다 HR 중정에 불려가 혼쭐이 난 일도 있었다.

지하실 갇힌 '장군의 아들'

이에 관한 증인은 건설업자 출신 송(宋) 모 전 의원. 송씨에 따르면 김두한은 72년 무렵 이권을 거간하는 정치브로커 비슷한 처지였다. 66년 국회의원 시절 오물 투척 사건으로 실직해버린 김의 인생 석양은 불우하기 짝이 없었다.

당시 공화당 정권의 정치자금은 김진만(김성곤의 실각 이후)이 주로 관리했던 것 같다고 송씨는 기억한다. 김진만이 반도호텔에 있으면 건설업자들이 정치자금을 바치고 조달청으로부터 공사를 따내는 판이었다.

정부공사는 대체로 수의계약이었으므로 반도호텔 길목을 모르면 도무지 돈벌이가 불가능했다. 업자들은 김진만을 만나기 위해 혈안이 될 수밖에 없었다.

송씨의 형이 어느 날 동생에게 말했다.

"김두한이가 김진만을 잘 아는 처지이니 한 건 따주겠다고 한다. 김두한에게 커미션을 주고라도 공사를 따내자"

송은 결심을 하지 못한 채 차일피일 미루었다. 구전(口錢)을 줄 바에야 직거래가 오히려 싸게 먹히고 공사확보도 쉬울 게 아닌가 하는 망설임 때문이었다.

그러던 어느 날 남산 요원들이 송씨 형제를 덮쳤다.

김두한에게 공사수주를 부탁해서 몇 건이나 땄느냐, 거간비는 얼마나 주었느냐고 다그치는 것이었다. 형제는 매를 맞았다.

그 시각 김두한도 남산에서 고문과 구타에 시달리고 있었다.

한 시절 장안 뒷골목을 뒤흔들었던 폭력 대부의 위용은 참담하게 일그러지고 있었다. 장군의 아들은 지하실에 갇힌 한낱 가련한 피의자로 전락한 것이었다.

송씨 형제와 김두한의 관계는 본시 별거래가 없었던 것이므로 곧 일단락됐다.

신문이 끝나고 김두한은 HR 부장실에 불려갔다. 송 형제가 나중에 들은 얘기에 의하면 HR은 김두한의 눈물을 스스로 손수건을 꺼내 닦아주었다는 것이다.

80년 신군부의 정권장악과 더불어 HR과 김진만도 된서리를 맞았다. 연기(緣起)의 실오라기는 누구에게도 예외없는 것일까.

조사과정에서 HR도 김진만도 가혹하게 더러는 억울하게 당했다. 80년 6

월 18일 계엄사의 권력형 부정축재자 발표.

이후락=축재액 합계 194억3,510원. 내용은 가옥 6동 10억3,000만 원, 임야·전답 등 땅 117만 평(29억8,000만 원), 현금·귀금속·주식 20억6,000만 원, 울산 육영재단, 우석장학회 등 133억4,000여만 원.

계엄사는 "고위관직을 이용한 적극적인 이권개입으로 수뢰했으며 64~69년 대통령 비서실장으로 재직하는 동안 S자동차 K 사장(신진의, 김창원이 분명하다)으로부터 자동차공장 인수 협조금 명목으로 5,000만 원을 받는 등 이 본인이 자술액만 45개 기업 및 개인으로부터 29억5,000여만 원을 수수했다"고 발표했다. 계엄사 발표에 HR의 중정 부장시절 축재는 전혀 나타나지 않고 있다. 그 이유는 전두환 합수본부장이 바로 그때 중정 부장 겸임(80년 4월부터 7월까지. 현역 소장이므로 부장서리였다)이었기 때문에 남산의 '명예'를 고려한 것이 아닐까.

계엄사는 HR의 육영사업 투자에 대해서도 "면세 등 특혜조치로 재산증식을 꾀하고 장래의 정치활동기반을 조성하며 부정축재 인상을 모면하려는 일석삼조의 수법"이라고 사시(斜視)로 보았다.

김진만도 예외가 아니었다. 그 역시 총 103억3,706만 원을 부정축재한 자로 발표됐다.

그 후 오늘날까지 HR과 김진만 등 '80년 피해자'를 자처하는 인사와 가족들의 재산반환 청구소송이 심심찮게 보도되었다.

정치판의 검은 돈 그리고 '떡고물'을 둘러싸고 한과 원망을 주고받는 서글픈 연기(緣起)는 언제나 끊길 것인가.

| 제10장 |
"이 부장 선생, 영웅이십니다"

HR 평양 밀행의 내막

"서울의 이후락 정보부장은 72년 5월2일부터 5일간 평양을 방문했다. 이 부장은 평양에서 **김영주** 노동당 조직지도부장과 회담했으며 김일성과는 두 차례 회담했다. 평양의 김영주 부장을 대리해 박성철 부수상이 5월29일부터 6월1일까지 서울에 왔다. 박성철은 이 부장과 두 차례, 박정희 대통령과 한 차례 회담했다.

72년 7월4일 오전 10시 중앙정보부. 이후락 정보부장은 내외신 기자회견을 갖고 실로 엄청난 뉴스를 터뜨렸다.

그 이후락씨는 80년 이후 세상을 등지다시피 살다 2009년 10월31일 사망했다. 이승을 떠날 때까지 경기도 광주의 도자기 굽는 도평요(島坪窯)를 근거로 등산, 여행, 골프로 소일했다.

생전에 그가 약간 공적모임에 참석하는 일이란 6월 초 중정 창립기념일에 역대 부장들과 얼굴을 마주하는 정도. 현직 안기부장이 마련하는 모임이었다.

그리고 HR이 빠뜨리지 않는 연례 일정이 하나 있었다. 해마다 7월 4일이면 72년의 남북공동성명을 기념해 도평요에 평양밀행 '동지' 정홍진 씨(鄭洪鎭·당시 중정의 북한담당 국장)와 경호원 의사 등을 불러 식사를 함께 하는 것이다.

한때는 극적으로 판문점을 넘어 북으로 갔던 5월2일에 그날을 기념해 식사모임을 갖곤 했으나 말년엔 7월 4일에 모였다.

1972년의 평양밀행과 7·4공동성명은 개인 HR에게 있어서 기리고 싶은 사건이었던 것 같다. 실제로 HR 공직생활에서 가장 극적이고 화려하고 인상 깊었던 '업적'이다.

더러는 "HR의 국제정세에 대한 안목, 정보 분석력, 기지와 담력이 아니면 성사되기 어려웠던 일"이라고 극찬하는 이도 있다. 그러나 찬사만 뒤따르는 건 아니다.

HR의 정치행태를 못마땅하게 생각하는 한 인사는 "HR 자신만이 전유(專有)할 영역을 개척해 박정희 대통령과의 관계를 얽어 두려는 발상에서 북한을 끌어들인 것"이라고 비판하기도 했다. 이 인사는 "지금 돌이켜보면 HR은 72년 남북대화가 제대로 될 리 없다고 내다보면서도 박정희, 김일성을 동시에 현혹해 정치적으로 한 건 올렸던 것"이라고 주장하기도 했다.

HR이 북한문제에 관심을 기울이기 시작한 것은 70년 주일대사 시절부터였다고 한다.

스파이 천국이라고 하는 도쿄에서 그는 많은 국제정보에 접했다. 특히 친북세력인 조총련이 그의 소관이었으므로 북에 대해서도 관심을 쏟지 않을 수 없었을 것이다.

더욱이 HR은 본시 정보전문가였다. 50년대 주미대사관 무관으로 '정보'를 배웠다. 5·16이 나기 전 민주당 정권 장면 총리 직속기구였던 정보연구실 실장을 맡기도 했던 그다. 당시 HR(소장예편) 밑에서 일했던 이계익 전 장관에 따르면 미 CIA와 국방정보국 등은 매일 HR을 수취인으로 한 영문 정보를 제공해왔다. HR은 이 자료들을 묶어 분석해 장 총리에게 보고하곤 했다. 그리고 5·16이 난 다음 날 미측의 정보는 뚝 끊겼다.

HR이 주일대사를 마치고 정보부장으로 돌아오던 70년 12월 도쿄 기자회견에서 그는 "북괴에 대한 대책도 국제적인 협조를 고려해 적극적으로 해나갈 작정"이라고 분명히 밝혔다. '대북괴 적극책 쓸 터' 이것이 동아일보의 HR인터뷰 제목이었다.

그는 도쿄에서 이미 북과 김일성을 요리할 정보와 나름의 복안을 갖고 들어왔지만 그것이 평양 밀행으로 이어질지는 그 누구도 몰랐다.

정홍진의 단신 월북

HR은 중정 부장으로 앉은 뒤 **강인덕**(김대중 정부의 첫 국토통일부 장관), 정홍진 등 북에 정통한 부하들과 남북대화를 검토하기 시작했다.

71년 4월 중공이 미국 탁구선수를 부르더니 10월에는 닉슨 대통령의 안보보좌관 키신저가 북경에 들어갔다. 그리고 석 달 뒤 닉슨 자신이 베이징을 방문, 50년대 이래의 냉전으로 꽁꽁 얼어붙은 아시아 정세는 급변하기 시작했다.

69년 김계원 부장시절부터 중정은 북의 경제력을 종합평가하는 작업을 벌이고 있었다.

70년 말 HR 부장 때 작업을 마무리한 결과 남북 경제력은 69년을 고비로 남이 앞질러 가고 있었다. 그러나 군사력은 여전히 북이 우위였고 주한미군 감축이 시작되고 있었다. 월남에선 미군이 밀리고 패색이 짙어가고 있었다.

HR은 남북대화를 시도해 북의 발목을 잡아야 한다고 판단했다. 강인덕 국장 등과 협의를 거쳐 한국 적십자사를 앞세워 이산가족찾기 남북회담을 제의(71.8.12)했다. 놀랍게도 북은 이틀 뒤 회담을 열자고 응답해 왔다.

남북적십자 제1차 예비회담이 열린 것은 71년 9월20일. 남북 5명씩 모두 10명 가운데 남측 실세는 정홍진, 북측 실력자는 김덕현(金德賢)이었다.

양측 10명이 대좌해서 선전전에만 치우치게 되자 회담은 교착상태에 빠졌다. 정은 김에게 비밀접촉을 타진했다.

두 사람은 판문점에서 만나 중정 국장(鄭), 노동당 조직담당 책임 지도원(金)이라는 진짜 신분을 털어놓았다.

이 무렵 HR은 북측이 정치적 비밀접촉을 희망하는 데 착안해 상대가 될 북측의 실력자를 찾는 데 혼신의 힘을 기울였다.

그래서 떠오른 인물이 **김영주**(金英柱)였다.

"김일성의 동생이고 노동당 조직지도부장인 김영주가 실력자이고 실권자로 파악됐다. 여러 갈래로 알아본 결과 그렇게 판단했다. 그래서 내가 그를 만나겠다고 비밀리에 제안했다. 장소는 제삼국이 좋다고 했다."(HR의 증언)

HR은 정홍진을 통해 정치대화 채널을 이후락-김영주로 확정했다. 그리고 양자 회동의 전단계로 남측의 **장기영**(張基榮)부총리와 수행원으로 장기영이 추천한 정태연(鄭泰演·당시 한국일보 기자)을 북에 보내겠다고 제의했다. 궁극적으로 이후락-김영주 회담을 파리나 제네바 같은 제삼국에서 열자고도 북측에 타진했다.

북측 반응은 대체로 긍정적이었다. 그러나 이-김 회담 장소를 굳이 제삼국으로 할 게 아니라 평양이나 원산으로 하자는 답변이었다.

그런데 HR은 72년 3월17일 돌연 '예비 방북팀' 장기영, 정태연을 내리고 바로 정홍진을 보내겠다고 북에 수정 제의했다.

북이 이를 받아들여 정홍진의 단신밀행이 확정됐다.

72년 3월28일 오전 10시 정홍진은 비장한 각오로 북행에 나섰다. 북측 판문각을 들어설 때는 서류 제시나 입북절차도 없었다. 필기구와 세면도구만 지닌 채 단신으로 적지에 들어선 것이다.

청산가리 움켜쥐고 평양 3박4일

아직 봄이 무르익지 않아 날씨는 쌀쌀했다.

72년 3월28일. 20여 년 분단세월 동안 꽁꽁 얼어붙었던 판문점 군사 분계선을 넘는 북행밀사 중정의 정홍진(대외직명은 한적 회담운영부장)의 심중은 착잡했다.

그러나 두려움은 없었다. 이미 북적 회담대표이자 실력자였던 김덕현과의 비밀접촉에서 많은 얘기가 오갔기 때문이다.

둘은 판문점 북측지역 판문각과 남측의 자유의 집을 오가며 무려 11차례나 비밀회담을 했었다.

두 사람은 이미 남북을 오가며 '떨 것 없다'는 농담도 했다. 하다못해 차이코프스키, 리스트 같은 음악가도 화제로 삼은 적도 있었다. 김덕현은 처제가 첼리스트라고 자랑도 했다. 소설가 도스토예프스키, 톨스토이의 작품도 토론했다.

72년 비밀 입북한 HR을 맞는 북한 수상 김일성(오른쪽). 뒤쪽에 그의 동생 김영주 노동당 조직부장.

 남의 정보부장 이후락과 북의 노동당 조직부장 김영주 간의 회담을 성사시키는 과정에서 정홍진은 적어도 신변위험이 생길 가능성은 없다고 믿게 되었던 것이다.
 북이 내준 승용차로 30여 분을 달려 개성 인근 공군 헬리포트에 도착했다. 김덕현과 함께 탄 헬리콥터는 객석에 탁자까지 달린 꽤 큰 소련제였다.
 정은 평양의 모란봉 초대소(국영호텔)에 안내됐다. 능라도가 내려다보이는 옛 절터에 지은 건물이었다. 여장을 푼 뒤 정은 다시 대동강 기슭 산속에 있는 흥부초대소로 인도됐다. 노동당 조직부가 쓰는 '영빈관' 쯤으로 보였다.
 거기서 김영주를 만났다. 김은 형 김일성과 좀 닮은 모습이었고 옆자리에 노동당 대남연락부장 김중린(金仲麟)이 배석해 있었다.
 "이후락 정보부장님께서 한번 만났으면 한다"고 정홍진이 HR의 제의를 전했다.

김영주는 '나도 만나고 싶다. 제삼국에선 비밀보장이 어려우니 평양이나 원산에서 만나는 게 좋겠다'고 말했다. 정은 나름대로 평양에서 회담이 열려야 김일성을 만날 수 있다는 뜻으로 새겼다.

정은 모란봉 초대소에 머문 3, 4일 동안 북측이 안내하는 대로 김일성 생가, 만경대, 농공업 전시관, 극장 등을 구경했다.

거리에서 본 남자들은 모두 인민복, 여자들은 하얀 저고리에 검정 치마 일색이었다.

72년 3월31일 눈발이 내리는 가운데 정은 김영주와 작별인사를 하고 판문점으로 내려왔다. 눈 때문에 헬기 출발이 늦어져 예정귀환 시각에 정을 기다리던 중정은 일시 긴장하기도 했다.

정은 서울에 닿자마자 HR부장에게 이끌려 박정희 대통령에게 보고했다. 박 대통령은 "수고했다"는 말과 함께 연신 술잔을 권했다.

72년 4월19일 북의 김덕현이 정홍진처럼 밀사로 서울에 왔다. 숙소는 조선호텔. 김의 잠입이 드러날까 걱정한 중정은 호텔 투숙객 엘리베이터를 피해 아케이드 출입문만 쓰게 했다.

HR은 세검정 안가에서 김에게 저녁식사 대접도 하고 손수 승용차를 몰아 3.1빌딩 꼭대기 식당에도 데리고 갔다.

청계천 판잣집이 사라진 대신 고가도로가 들어선 것. 그리고 서울의 야경을 보여주기 위해서였다.

남북의 밀사들이 오가는 동안 HR의 방북일정이 5월2일로 잡혔다. HR이 단김에 쇠뿔 뽑듯 서둘러 정한 일정이었다.

HR의 증언.

"김영주를 실력자로 보고 회담상대로 정해 내가 제삼국에서 만나자고 했더니 북은 평양이나 원산을 제의하고 나왔다. 이상하다고 생각했다. 그러나 공산주의자와 회담할 때는 시간여유를 두고 우물거리면 될 일도 안 된다. 그래서 서둘러 '좋다, 내가 5월8일 평양으로 간다'고 몰고 갔다. 그들이 깊이 생각할 여유가 없도록 밀어붙인 것이다. 결국 절충 끝에 5월2일 내가 판문점을 넘어가기로 날짜가 정해졌다."

HR의 북행 1주일 전인 4월26일 박 대통령은 '특수지역 출장에 관한 대통령 훈령'을 하달했다. 비밀월북협상의 법적 근거를 마련한 것이다.

'빨치산'의 깊은 밤 집무

72년 5월2일 아침 10시, HR은 정홍진과 경호원 1명, 의사 1명과 함께 북으로 갔다. 앞서의 정과 같은 교통편으로 모란봉 초대소에 도착했다. 초대소에서 HR은 서울의 아내 정윤희에게 일부러 전화를 걸어 대동강변의 경치를 소개하며 안전하다는 사인을 보냈다. 북으로부터 신변보장 각서까지 받았지만 도무지 긴장은 풀리지 않았다.

바로 그날 김영주와 첫 회담을 가졌다.

HR은 김에게 '정치적 회담을 통한 평화통일', '서로 다른 체제를 인정하는 바탕 위에서의 제반문제 해결', '경제·문화 등 비정치문제 논의 후 정치문제로 이행', '무력 불사용' 등을 주장하며 남북공동성명을 만들자고 했다.

5월3일 두 번째 김과의 회담에서도 HR은 공동성명 작성을 주장했다. 그러나 김영주와의 회담은 진전이 없었다.

다시 HR의 증언.

"도무지 진전이 없었다. 공동성명서를 만들자고 하니까 김영주는 웬일인지 피했다. '이 부장선생. 남북통일 하려는데 곧 끝날 것을 갖고 공동성명은 만들어서 뭘합니까' 이런 식으로 비켜나갔다. 소득 없이 빈손으로 서울에 돌아가나 생각하니 초조한 생각도 들었다."

김과의 2차 회담이 있던 5월3일 저녁 HR 일행은 평양대극장에서 가극을 보았다.

밤늦게 초대소에 돌아와 저녁식사를 마쳤다. 이제 오늘, 내일 밤만 자면 빈손으로 서울에 돌아가야 할 판이었다.

여름도 아닌데 소나기가 퍼붓는 밤이었다.

자정이 가까워 오는데 북측 유장식(柳章植·노동당 조직부 부부장 겸 대외사업부장)이 정홍진을 깨웠다. 이후락을 깨워서 어디론가 가자는 것이었다. 목적지도 말하지 않고 무조건 가야 한다는 유의 태도는 굳어 있었다.

HR의 얘기.

"빗소리가 요란한 밤인데 시커먼 옷을 입고 유가 내 방에 들어오더니 '옷을 갈아입으시오, 양복을 입으시오' 하는 것이었다. 수행원도 따라갈 수가 없다고 하고…. 평소에는 차를 타면 대동강 다리쪽 큰길로 다녔는데 그 밤엔 모란봉 쪽 샛길로 차가 가는 것이었다. 자정이 넘은 시각 같은데 빗속에 으슥한 샛길로 인도되니 기분이 아주 나빴다. 인간적으로 소인배 같은 생각이지만 최소한의 욕망같은 것이 떠올랐다. 제발 깨끗하게 죽여주었으면…"

그래서 유장식에게 "죽일 거면 술이라도 한 잔 주쇼"라고 했다. 그러자 유는 "죽을 사람이 무슨 술 한 잔…"하고 받았다.

정홍진도 바싹 긴장했다. 최악의 상황이나 아니었으면 하고….

차가 닿은 곳은 김일성 집무실이었다.

"여기가 수상관저입니다"라고 유장식이 소개할 때야 HR과 정은 살았다는 생각이 들었다고 한다. 차는 HR과 정을 만수대 집무실까지 빨리 데려오기 위해 지름길로 달렸던 것이다.

집무실 승강기를 타려다 보니 어떻게 된 일인지 HR의 경호원과 의사도 허둥지둥 도착해 있었다.

3, 4층쯤 승강기가 올라가자 김일성이 승강기 앞에서 HR을 맞았다. 그곳엔 제2 부수상 박성철 그리고 김영주, 김중린도 있었다.

72년 5월4일 0시 15분이었다. 김일성은 HR에게 밤늦게 모셔서 미안하다고 했다. 자신이 본래 밤늦게 일하는 습관이 있다고 양해를 구했다.

김의 심야집무는 만주의 항일빨치산 시절부터 형성된 습관이라고 한다. 낮이면 조직적이고 대규모인 일군(日軍)을 피하고 어둠이 짙어지면 유격전을 펴는 젊은 시절 이래의 습관이 권력자가 된 뒤에도 이어지고 있다는 것이다.

"청와대 습격 뒤 정찰국장 철직시켰다"

HR은 잠시 당황했다. 김일성이 반갑게 맞았으나 HR은 손을 내밀지 못했다.

손에 쥐고 있던 극약 캡슐이 땀에 젖어 떨어지지 않았기 때문이다. 만일의 사태에 대비해 자살용 극약 캡슐을 준비, 심야에 빗길을 이끌려 가는 동안 꼭 움켜쥐고 있었던 것이 그만 손바닥에 달라붙어 버렸다.

그날 밤 1시간45분 동안 진행된 회담은 배석자 정홍진에 의해 상세히 기록되었다. 이 회담기록은 비밀문건으로 분류돼 19년 동안 파묻혀 있었다. 아직도 '비밀' 분류가 해제되지 않은 이 기록은 정홍진씨의 말마따나 '영문 모를 경로로 새어나가' 91년 세상에 얼굴을 내밀었다.

먼저 김일성을 '유인'하는 HR다운 수인사가 눈길을 끈다.

"평양에 와서 사회주의 국가 건설에 노력과 공이 크시다는 것을 잘 알았습니다. 대통령께서도 인사말씀 전하라고 하셨습니다. 오늘 오페라에서 수상의 항일투쟁, 만경대 생가를 보고 느낀 점이 많았습니다. 외람된 말씀이나 수상께서 조국을 사랑하던 그런 생각, 내가 평양을 찾아온 것도 그런 생각에서 온 것입니다."

김일성의 화답 간추림.

"남북으로 흩어져있는 동족끼리 만나니 반갑습니다. 박 대통령께서도 안녕하십니까. 박 대통령께서 이 선생을 파견한 것은 우리에 대한 신임의 표시이고 통일에 대한 결심이라고 봅니다. 좋은 결심을 하셨습니다. … 이 부장이 대담한 사람이라고 생각합니다. … 이 부장선생은 영웅이십니다. … 이 부장은 대단히 대담한 사람입니다."

뒷날 HR의 회고담.

"웬 영웅 소리가 그리 많았는지, 말끝마다 치켜세우는 것이었다. 그러나 북한에선 '영웅' 칭호가 대단히 고귀해서인지 김일성의 그런 호칭을 듣고 난 뒤 평양요인들의 나를 대하는 태도가 달라지는 것 같았다."

"어디서나 맹동분자가 문제"

어쨌든 그날 밤 북녘 '카리스마'와 남의 '최고 재사' 김일성-이후락 간의 장군 멍군은 기록만으로도 흥미진진하다.

"우린 어떻고 하니 통일문제의 외세의존 반대입니다. 우선 이것이 박 대통령과 의견일치입니다. 우린 오랫동안 격폐되어 있었으니 오해가 많습니다만…."(김일성)

"박 대통령께서도 항상 우리 민족문제는 제삼국이 왈가왈부할 문제가 아니라고 말씀하시고….'(이후락)

"닉슨(미국대통령)이 중국 만리장성에 갔을 때 '만리장성은 어느 땅에도 없어야 하고 우리가 평화적으로 살아야 한다'고 말했는데 이것 좋은 말입니다. (미국은) 뭣 때문에 엠피(MP·헌병) 모자 쓰고 군사 분계선을 만들어 놓고 있느냐 한마디로 닉슨이나 중·소(中·蘇)가 조선문제를 결정할 수 없습니다."(김)

"옳은 말씀입니다. 누구도 결정할 수 없습니다. 수상은 자본주의 제국주의는 말과 행동이 다르다고 했는데, 우리는 자본주의지만 말과 행동이 같습니다."(이)

"내가 말한 것은 제국주의인데 남조선엔 제국주의가 없지 않습니까."(김)

"38선은 열강들이 만들었습니다. 우리가 열강의 힘을 빌려 38선을 깨려 한다면 얼마 안 가 또 다른 장벽이 생깁니다."(이)

"옳은 이야기입니다."(김)

"수상님, 싸움하지 않기 위해 제가 온 것 아닙니까."(이)

"옳습니다. 싸움으로 문제가 해결되지 않습니다. 박 대통령께도 전하십시오. 싸움하지 말고 비방도 말자…. 조국문제, 평화적으로 해결해야 합니다. 그 방법문제, 여러 논쟁이 있을 수 있습니다. 단결을 위한 논쟁, 해결을 위한 논쟁…."(김)

"논쟁 없는 단결, 그건 값싼 단결입니다."(이)

돌연 이 대목에서 김일성은 68년 1·21 청와대 습격사건을 꺼냈다.

남북 양쪽에서 무력충돌을 유발할 수 있는 '모험주의자'들을 경계해야 한다면서….

"모험주의자들이 생길 수 있지요. 박 대통령께 말씀드리시오. 청와대 사건이던가, 그것은 대단히 미안한 사건이었다고. 이것은 전적으로 우리 내부의 좌경 맹동분자들이 한 짓이지 나나 당의 의사가 아닙니다. 보위부 참모장, 정찰국장 다 철직하고 지금 다른 일 하고 있습니다."

김일성은 "나를 죽인다고 공산주의자가 없어지는 게 아니지 않느냐"고 반문도 하면서 박 대통령을 죽이려 하지 않았다고 주장했다.

HR의 답변도 순발력 있게 이어졌다.

"말씀 도중 죄송합니다만, (김영주)부장 선생께도 말씀했습니다. 이 사회에도 좌경 기회주의자, 우경 기회주의자, 좌경 맹동분자가 있지요. 남쪽도 마찬가지입니다. 오늘 내가 수상님과 같이 앉아 얘기한 걸 안다면 테러할 사람이 있습니다. 그런 사람들을 눌러가면서 해나가야 합니다."

이날 회담에서 7·4공동성명의 뼈대가 된 '민족대동단결', '평화통일', '외세배격' 등이 타결됐다.

그리고 한 가지 시빗거리가 있었다.

북의 서울 방문자를 김영주로 할 것이냐 박성철로 할 것이냐를 놓고 줄다리기가 벌어진 것이다.

HR은 북한 공산주의 체질로 미루어 김일성의 동생이고 노동당 조직지도부장이며 후계자가 될지도 모르는 실력자인 김영주를 카운터파트로 삼아야 한다고 굳게 믿었다. 그래야 회담의 장래도 보장되고 김일성의 결심도 얻기 쉬우며 HR 자신의 정치적 위상도 강화된다고 판단했던 것이다.

그러나 김일성은 김영주가 '식물신경불화증'(자율신경실조증)을 앓고 있다며 한사코 '40년 동지인 박성철 부수상'을 서울에 보내겠다는 것이었다.

HR 일행은 꾀병을 내세워 김영주를 뒤로 빼돌리는 것으로 보았다. 그래서 집요하게 김영주 밀파를 요구했다.

뒷날 김영주의 병은 꾀병이 아님이 판명됐다. 그러나 HR은 자꾸만 박성철을 남으로 보내겠다며 칭병하는 김영주를 의심했다. 그래서 HR특유의 재치로 술도 먹여 보았다.

김영주는 술자리에서 자신은 마시지 않고 HR만 마시게 했다. 김은 '자, 한잔 듭시다' 하고선 잔은 비우지 않았다.

한번은 HR이 놓칠세라 되받았다.

"김 부장선생, 지금까진 잔만 들었으니 이젠 한잔 마시지요." 하는 수 없이 병중의 김영주도 잔을 비우지 않을 수 없었다.

김일성은 지금도 폭격 노이로제

김일성은 평양에 온 밀사 이후락을 두 번 만나 주었다.

5월4일 자정 넘어 한번, 그리고 그날 오후 1시부터 한 시간 가량 접견했다.

두 번째 만남에서 김은 HR을 '이 부장동지'라고 불렀다. 지금 돌이켜 보아도 '북의 수령'이 남의 정보부장을 '동지'라고 치켜 부른 것은 야릇한 대목이다.

"이 부장동지, 박정희 대통령께 공산주의 친구 하나 사귀어도 좋지 않은가…. 우리는 박 대통령 개인을 반대하지 않고 친우가 될 용의가 있다고 전해주시오. 누가 누구를 이기느냐 하는 것이 아니고 민족이 단결하고 적대시하지 않아야 합니다. 나도 박성철 동지를 서울에 보내겠으니 비밀을 지켜주십시오."

그러나 이때의 비밀접촉은 HR에 의해 미국, 일본에 이미 통보돼 있었다. HR의 기억에 의하면 미국에는 72년 4월 말, 일본에는 5월2일 HR 자신의 북행을 알려주었다. 다른 우방들에는 7·4공동성명 발표 무렵에야 통보했다.

김일성은 이날 대담하게 "남침하지 않겠다"는 말도 했다.

"그동안 우리가 박 대통령이 오해할 만한 일 많이 했습니다. 그러나 그건 우리 내부 맹동주의 종파분자 탓이었습니다. 남조선에선 '남침한다'고 하고 6·25같은 동란을 염려하는데… 우리는 절대 남침하지 않습니다. 과거에 이러쿵저러쿵 한 것은 내가 한 것이 아니라는 말씀입니다. 서로 군대축소, 군비축소 해야지. 지금 상태 그대로 두면 모험주의자가 한번 '통탕' 불지르기 시작하면 그것이 위험합니다. 이 위험을 없애려면 대책을 강구해야 합니다."

HR의 북행, 그리고 한 달 뒤 박성철의 남행은 그해 7·4남북공동성명으로 이어졌다.

공동성명은 72년 당시의 분단상황이 반영된 산물이었다. 가령 서명란엔 '서로 상부의 명을 받들어 이후락, 김영주'로 되어 있다.

성명서 초안을 북측 김덕현과 함께 다듬은 정홍진씨의 회고.

"7·4성명을 공식문서로 만들 경우 불신과 대결로 이어진 남북관계가 급선회하고 통일정책이 크게 바뀌는 인상을 국민들에게 줄 우려가 있었으므로 실질적으로 박 대통령의 '위임'을 표기하자는 데 양해가 이루어졌다. 북측은 정보부장 직위도 쓰라고 했으나 우리 측에서 뺐고 결국 외형은 공문서인지 사문서인지 구별하기 어려운 형식이 됐다."

HR의 기억에 의하면 '상부의 명…'은 우리측 원안에 '상사의 명'이라고 돼 있던 것을 북측이 '상사'라는 말을 쓰지 않는다고 해 바꾼 것이다.

7·4공동성명에 관해 나중에 학자들은 결정적인 흠이 있다고 지적했다. 통일 3원칙을 ①자주 외세배격 ②평화통일 ③민족대동단결로 한 것까

72년 남북조절위 평양회담 때 북측이 걸어준 머플러를 매고 있는 남측대표들. 오른쪽 두 번째부터 이후락 장기영 최규하씨 등.

지는 좋으나 거기에 '민주적 방식'을 집어넣지 않은 것은 허점이라는 지적이다. 남한의 우월성을 대북협상에 두고두고 반영할 대목을 놓친 것이라는 얘기다.

그러나 HR은 지금도 "한일 협정문에도 해석상 논란이 있는 부분이 있지 않은가. 누가 뭐래도 남북통일 뼈대는 7·4성명정신으로 되돌아가지 않을 수 없을 것이다. 오늘날 남북 어느 쪽도 7·4성명이 무효라고 하지 않는 것은 그걸 버리면 배신자로 낙인찍힐까 두려워하기 때문이 아닌가. 나는 당사자로서 조용히 지켜보고 있다"며 자부심을 갖고 있다.

그는 이런 말도 했다.

"남북 서로가 머리를 맞대고 대화한다는 게 중요하지 않은가. 가령 그때 설치한 직통전화 같은 것도 매우 중요한 구실을 했다. 한번은 북에서 내게 전화가 왔다. 국군이 비오는 밤에 북에 기관총을 2천 발이나 쏜다는 것이었다. 나는 대응사격을 말도록 당부하고 진상을 알아보았다. 그랬더니 부슬비 속에 고목에서 인광이 떨어지는 소위 도깨비불을 보고 우리 군인이 놀라서 사격을 한 것이었다. 전화 한 통화로 전쟁을 막을 수도 있는 것 아닌가."

72년 후반기부터 남북조절위가 구성되고 본격적인 정치회담이 시작됐다.

남측 회담대표가 된 HR은 북에 갈 때마다 김일성을 만났다. 김은 북측의 지도급 인물 김일, 양형섭, 박성철, 김중린 등이 배석한 자리에서 "박 대통령 주변에 이 부장 말고 어떤 참모들이 있느냐"고 물어 HR을 즐겁게 했다. HR은 "마치 옛 삼국지의 주인공들이 누가 인재를 많이 데리고 있느냐에 관심을 갖듯 김일성은 부러운 시선으로 물었다"고 말했다.

HR이 보기에 김일성은 '폭격 노이로제' 비슷한 공포를 갖고 있었다고 한다. 걸핏하면 평양 어느 쪽을 가리키며 "미제가 폭격한 곳인데 지금은…"이라고 말하더라는 것이다.

HR은 폭격 노이로제를 꿰뚫어보곤 "수상님, 다시는 전쟁이 벌어져선 안 됩니다. 오늘날 파괴력은 옛날에 비교할 수 없이 가공할 만한 것입니다. 아름다운 평양이 망그러져서야 되겠습니까"라고 겁을 주기도 했다고 회고한다.

그러나 남북조절위는 오래가지 못했다. 북은 73년으로 접어들면서 판문점에서 평양까지 헬리콥터 대신 승용차편을 내주기 시작했다. 한 시간이면 갈 거리를 4~5시간이나 끌어 영접하는 북은 확실히 회담에 성의를 잃어가고 있었다.

72년 11월까진 김일성이 남쪽 대표들을 만나주었으나 73년 이후부턴 그런 대우가 없어졌다.

남북대화가 오히려 남한의 '공존전략'에 맞아떨어질 뿐 북측엔 소득 없는 일이라고 계산하는 듯했다.

그러다 73년 8월 일본에서 김대중 납치사건이 터지면서 남북대화는 깨지고 말았다.

그해 8월28일 북은 김영주 명의의 성명에서 이후락을 납치주역으로 지목하면서, 대화를 거절하고 나섰던 것이다.

4인 체제, HR 덫에 걸려들다

HR의 72년 10월 유신으로 이르는 길목은 굵직한 사건과 정치적 기복의 연속이었다.

71년 4월 '마지막' 대통령 선거가 있은 뒤부터 유신까지 1년 반 동안 정치·사회적 격동은 가파르게 이어졌다.

정보부장 이후락이 북한수상 김일성을 만난 남북대화만이 아니었다. 사법파동, 실미도(實尾島) 특수군 난동, 10·2항명파동, 서울 10개 대학에 군부대진주, 국가비상사태 선포, 국가보위법파동, 광주(성남)대단지폭동, 대연각호텔 화재 167명 사망, 8·3사채동결 조처 등….

박정희 정권 10년의 모순과 그림자 그리고 속성을 드러낸 사건들이었다.

71년 7월의 사법파동은 법원에 대한 권력의 간섭에서 비롯되었다. 그것은 71년 6월22일 대법원의 국가배상법 위헌판결에서 불붙기 시작했다.

당시 국가배상법(2조 1항)에는 '현역 군인이 직무수행 중 사고로 다치거나 순직할 경우 국가는 손해 배상책임을 지지 않는다'는 규정이 있었다. 이 규정이 위헌이라는 판결이었다. 대법원은 이와 함께 위헌판결을 대법원 판사 3분의 2 찬성으로 하게 돼 있는 것도 위헌이며 일반 판결처럼 과

반수로 해야 한다고 판시했던 것이다. 이러한 국배법 위헌 판결을 당시 파월장병 사상자가 많아 국가재정에도 적지 않게 영향을 미치는 것이어서 박 정권이 크게 당황한 대목이었다.

그 직후 법원은 두 건의 정치성 사건에 대해 주목할 만한 무죄판결을 내렸다.

하나는 신민당 당사에서 총선거부를 주장하며 농성을 벌여 구속기소됐던 서울대생 정계성(丁啓聲·현재 변호사) 등에 대해 무죄를 선고(6·29)했던 것이었다. 서울지법 양헌(梁憲) 부장판사의 결단이었다.

또 하나는 《다리》지에 '사회참여를 통한 학생운동'을 썼다가 반공법위반혐의로 구속기소된 임중빈 등에 대한 무죄선고였다. 역시 서울지법 **목요상** 단독판사의 판결(7·16)이었다.

목 판사의 경우 무죄결심을 눈치 챈 검찰과 정보부로부터 갖은 회유와 압력을 받았다.

요원들은 "서울에서 열리는 세계펜클럽 대회에 각국 문인들이 참가할 것이므로 임중빈이 무죄가 되면 안 된다"고 압력을 가했다. 임중빈 관련 사건을 다른 합의재판부로 사건을 넘기라고 요구하기도 했다.

목요상 변호사의 증언.

"그들은 박 정권의 치부를 공격한 글을 반공법으로 옭아 넣었기 때문에 임씨가 무죄를 받으면 국제적으로 망신이라고 판단한 모양이었다. 요원들은 내가 타고 다니던 친구 소유의 자동차 봉인이 잘못된 것까지 들추고 나를 미행하며 약점을 캤다. 감시가 어찌나 심한지 무죄판결문도 친구집에 숨어서 쓸 수밖에 없었다. 판결 직후 양 부장판사와 나에 대한 뒷조사가 계속됐으나 별것이 드러나지 않자 불똥은 이범렬(李範烈) 부장판사 등에게 튀었다."

공안당국은 7월28일 이 부장 등 재판부가 제주 출장시 사건담당변호사로부터 '접대' 받은 것을 꼬투리 잡아 구속영장을 신청했다.

판사에 대한 구속시도는 법원을 발칵 뒤집어 놓았다.

서울형사지법 판사 42명 중 37명이 즉각 사표를 썼다. 민사지법 판사들도 "사법부의 독립을 위협하는 이런 상황에서 재판을 할 수 없다"며 집단 사퇴를 결의했다.

법관에 대한 검찰의 구속영장 신청이 동료 판사들에 의해 거부되자 검찰은 접대부와의 '관계'까지 들추며 집요하게 공세를 폈다.

판사들은 그동안의 재판권 침해 사례폭로로 맞섰다.

①반공법 등 사건에서 검찰의 뜻과 다른 판결을 한 법관은 용공분자로 취급, 압력을 가하고 뒷조사를 했다. ②법관이 구속영장기각 무죄판결을 하면 '부정한 판사'라고 공공연히 비난했다. ③법관을 미행하고 함정 수사, 가정 조사, 예금조사까지 하는 일이 있었다. ④구속영장을 법원 창구에 신청하지 않고 판사실로 가져와 강청 하는 일이 잦다. ⑤법원 내에 사건이 생기면 무고한 법관을 피의자 취급해서 모욕·협박·폭언을 서슴지 않는다. ⑥담당검사가 법관에게 자신의 '명맥이 걸려 있다'는 말까지 하며 재판결과에 영향을 끼치려 한다.

돌연한 사법부의 소용돌이는 박 정권에 정치적 부담으로 작용했다. 본때를 보인다는 게 그만 되감긴 격이 되었다.

SK는 총리나 수상 원했다

사태 닷새만에 신직수 법무부장관과 이봉성 검찰총장이 서울 혜화동에 있는 민복기 대법원장을 찾아갔다.

문제의 '법관독직(瀆職)사건'을 모두 백지화, 불기소처분하고 이 사건 처리는 대법원장의 재량에 맡긴다는 정부측 방침을 전달했다. 이면에는 이 부장판사가 법복을 벗음으로써 행정부와 사법부가 한 발짝씩 물러서는 명분을 찾기로 막후 합의가 있었던 것이다.

사법파동은 가라앉았다. 그러나 유신이 나고 문제의 양헌, 목요상 판사 등은 법원에서 쫓겨났다. 두 사람은 서울에서 변호사 개업도 못한 채 대전(梁), 대구(睦)에서 객지생활을 해야 했다. 변호사법을 의도적으로 고쳐 '통산 법원 검찰재직 15년이 안 된 경우 임지에선 3년간 개업을 금지'해 버렸기 때문이다. 이 변호사법 조문은 6공 노태우 정권 시절에야 헌재(憲裁)에서 위헌판결이 났다.

유신 이후 사법부의 위상은 더욱 곤두박질쳤다. '사실상 입법·사법·행정 3권이 박정희 대통령 1인에게 귀일된 체제'(이는 고 정구영의 말이다)에서 재판권의 독립은 말뿐이었다.

71년 10·2항명파동도 유신독재로 치달아가는 박 정권의 단면을 보여 주었다.

그리고 정보부장 이후락의 진면목이 여실히 드러난 사건이었다.

'항명'이란 내무장관 오치성에 대한 국회의 해임결의안 표결 시 여당 내에 반란이 일어날 것을 말한다. 4인 체제 그룹의 공화의원 다수가 박정희의 뜻을 거슬러 야당과 손잡고 가결시켜버린 것이다.

표면상 그 발단은 김성곤 등 4인 체제와 오치성의 대립이었다. 그러나 따지고 보면 그 뿌리는 박 대통령의 4인 체제에 대한 경계심이었다. 오를 장관으로 기용해 4인 체제를 견제하라고 한 것은 박 대통령이었으니까…'.

당시 공화당 정권의 핵심 김 모 씨의 증언.

70년 초반 4인 체제는 공화당 전면에 뚜렷이 부상했다. 그 무렵 공화당 중진회담에 포진한 4인 체제(좌로부터 길재호, 김성곤, 백남억, 윤치영, 오치성, 김진만씨).

"4인 체제는 내무공무원, 특히 지방 경찰조직에 이르기까지 세력 기반을 쌓았다. 김성곤, 길재호씨 등의 지역구 경찰서장은 치안국장이나 내무장관을 받들기보다 '오야붕'만 아는 사병(私兵)처럼 돼 있었다. 4인 체제는 자금도 풍족했기 때문에 충성하는 공무원들에게 봉급보다 훨씬 많은 액수를 뿌렸다. SK(김성곤)는 또 총리를 한번 해보고 싶은 욕망도 갖고 있었다. 내각제 개헌을 유진산에게 던져 보기도 하면서 총리를 꿈꾸었고 박 대통령을 모시는 국무총리라도 해보고 싶다는 뜻이 있었다. SK는 그래서 많은 공무원을 거느렸고 야당의원까지 매수, 자신의 편을 들게 하는가 하면 '나도 사람세력이 있다'고 자부하는 일이 있었다. 그런 언동은 HR에 의해 박 대통령에게 보고되고 경계심과 미움을 사는 원인이 되었다."

박정희-김성곤의 진검 승부, 4·8항명

이후락 정보부는 71년 '10·2항명'에 이르는 반란의 길목을 숨죽이며 지켜보고 있었다. 김성곤, 길재호 등 4인 체제의 대통령 박정희에 대한 도전 움직임을 소상히 읽고 있었다. 박정희가 4인 체제의 막강해진 세력을 경계하고 그들의 방자함을 치기 위해 소리없이 벼르고 있다는 것도 HR은 꿰뚫어보고 있었다.

내무부장관으로 기용된 오치성은 내무부의 4인 체제 조직에 칼을 대기 시작했다. 장관에 오른 지 두 달여 만에 경찰간부 220명을 권고 해임시키거나 인사이동(71.8.16)해버렸다. 고령자와 비위척결이라는 명목이었다. 이어 시장, 군수, 구청장 및 도청 국·과장 204명을 인사이동(71.8.19)했다. 4인 체제 세력의 밑뿌리를 송두리째 흔들어 놓은 것이었다.

오 장관은 4인조와 해묵은 갈등이 있었다. 69년 3선 개헌 파동 시 길재호가 공화당 사무총장에서 물러나자 오치성이 자리를 이어받았다. 그러나 개헌성공 후 4인조의 합세로 오치성이 밀리고 사무총장으로 길재호가 복귀했던 것이다.

게다가 박정희의 밀명도 있었다. 행정조직의 골격이요, '선거시 집권자의 손발'이 돼야 할 내무경찰 관료 상당수가 4인 체제의 영향권에 놓여 있다는 건 박정희로서 도무지 용납할 수 없는 일이었다. 오치성은 '장관에 앞서 4인조에게 정보 보고를 하는 내무경찰 사조직' 명부를 만들어 박 대통령의 재가를 받아놓은 터였다.

그들을 모조리 자르고 좌천시킨 것이었다.

분노한 4인 체제는 반격을 시도했다. 특히 김성곤은 야당에도 돈을 뿌려 '인심'을 얻고 있었다. 야당에 선을 대 오를 공략하기 시작했다. 때마침 야

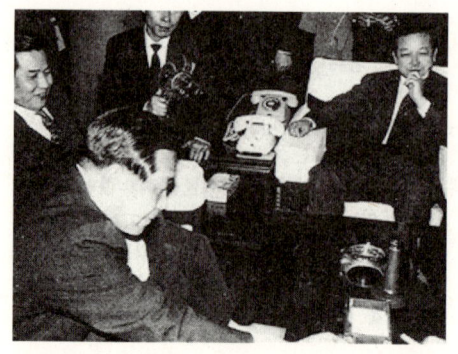
총리 JP는 71년 SK등 4인 체제의 10·2 항명조짐을 읽고 신문로 SK 집을 찾아가 말렸으나 무위에 그쳤다. 왼쪽부터 SK, 길재호, JP.

당은 사법파동을 이유로 법무장관 신직수와 차관업체 부실 및 통화 팽창 책임을 물어 경제기획원 장관 김학렬 해임결의를 벼르고 있었다. 4인 체제가 거기에 오치성까지 곁들여 해임운동을 벌이도록 작용했다.

오에 대한 표면상의 해임안 이유는 '실미도 특수군난동, 광주(성남)대단지 시위, 한진빌딩 난동, 기동경찰 총기난사, 무장공비의 마을점거, 독침간첩 자살 등 흐트러진 치안에 대한 문책'이라는 것이었다.

4인 체제는 야당의 오 장관 해임안에 편승해 그를 날려버린다는 계략이었다. 낌새를 눈치챈 공화당 원내총무 김재순(金在淳)은 초조했다. 이미 HR 정보부로부터 '수상쩍은 4인조의 언동' 보고를 받은 박 대통령은 김 총무에게 표 단속을 잘해야 한다고 지시해놓고 있었다.

김재순은 어느 날 HR을 만났다. '오 장관 해임안이 어찌될 것 같은가"라고 물었다. HR은 '절대로 오 장관이 날아가는 사태는 없을 것'이라고 단언했다. 김재순 의원의 증언.

"이후락씨는 세월이 흐른 뒤에도 그 해임안이 가결될 줄은 몰랐다고 말하곤 했다. 그러나 HR은 그렇게 될 걸 알고 있었던 것 같다. 박 대통령의 심중을 잘 읽고 있던 그가 SK를 치려고 했던 대통령의 뜻에 충실했던 게 아닌지…"

그 무렵 SK는 박정희의 신경을 자극하고 있었다.

"우리(4인 체제) 빼놓고 누구하고 정치할 거야"라는 말을 자주했다. 박정희의 기분이 좋을 리 없었다.

SK는 직접 박정희에게 75년 이후를 대비해 "대통령 권한을 축소한 절충식 내각제, 드골식 헌법으로 고쳐 각하께서 권한이 적어진 대통령으로 남아 계시고 국회가 정치의 본산이 되도록 해야 한다"는 주장도 냈다. SK는 당시 동아일보 편집국장 박권상(朴權相)에게 이런 사실을 털어놓기도 했다.

모두가 박정희로서는 당돌하게만 여겨지는 일들이었다. SK를 용납할 수 없는 인물로 간주하기 시작했고 HR이 이를 모를 리 없었다.

오 장관 해임안은 71년 9월30일 신민당에 의해 제안됐다.

JP 총리, SK 집 심야 방문

4인 체제의 소리 없는 조반(造反)을 국무총리 김종필도 알고 있었다. JP는 항명을 말리기 위해 해임안이 국회에 제안된 날 밤, 신문로 SK집을 찾아갔다. 술상을 앞에 놓고 단둘이 마주앉았다.

"오 장관을 밀어내려거든 박 대통령을 설득하든지 해야지 도전하는 식이어선 큰일 날 것이다. 당신도 박 대통령 성격을 알다시피 권위에 대드는 것만은 매우 예민하신 분 아닌가. 지금도 늦지 않으니 해임안을 가결시키려는 계획은 버리는 게 좋겠다.'

SK는 오치성이라는 말만 나와도 격앙하는 표정이었다. 고개를 가로저었다. 돌이킬 수 없다는 것이었다.

JP는 그래도 말렸다.

"백남억 당의장이 이 일에 참모장격이라는데 그 분을 설득해서 그만두도록 해야 한다. HR도 믿지 말라. 내가 이런 소리 하더라고, 당신 곧 HR에게 말하겠지만 두고 보면 당신이 계산착오요, 오판이라는 걸 알게 된다. 나 당신네(4인조)들의 모략에 당해만 온 사람이고 내가 당신들 해코지한 적 있는가. 오죽하면 이 집까지 와서 만류하겠는가. 꼭 내 말을 듣는 게 좋을 것이다."

그래도 SK는 뜻을 굽히지 않았다. 두 사람은 떨떠름하게 헤어질 수밖에 없었다. SK는 이미 '진검승부'를 결심하고 있었다. 어쩌면 마지막이 될지 모를 이번 기회에 자신의 위력을 과시하지 않으면 박정희에 대한 영향력은 영영 잃어버릴지 모른다고 믿었다. 이래저래 야당의원들에게 '항명'을 약속까지 한 막다른 골목에서 발을 뺄 수 없다는 한판 승부결심. 그러나 언제나 그렇듯이 진검승부란 상대의 피를 보지 못하면 스스로의 출혈이 불가피한 법이었다.

71년 10월2일 오전 국회의사당. 3부장관 해임안 표결을 앞두고 있었으나 여야의원의 관심은 오치성 내무가 날아가느냐에 쏠려 있었다.

항명 참모장격이었던 백남억은 돌연 박정희의 서슬에 질린 듯 '거사 포기'를 주장했다.

길재호가 SK가 있는 휴게실에 달려가 계획변경을 제의했다. 이미 김진만은 정보부장 HR을 만나 물어보겠다며 자리에 없었다.

"이 마당에 어쩔 수 없지 않는가?"

SK가 단호하게 고개를 끄덕여 돌격을 지시했다.

공화당 의원 23명, 벌거벗고 매맞다

오치성 내무장관 해임안 표결을 앞두고 긴장이 더해가는 순간 김진만은 궁정동의 이후락에게 달려갔다.

"오 장관 해임안이 가결될 것 같은 분위기인데 어떻게 하면 좋겠습니까."

HR의 답변은 짐짓 태평했다.

"부결됩니다. 오 장관 목은 달아나지 않아요."

"그렇지 않다니까요. 틀림없는 가결이오."

"정말 오내무가 날아가요?"

HR은 천연덕스레 반문했다. 뒷날 김진만은 "참으로 정보부장 HR은 진상을 모르는 듯이 말했다. 솔직히 HR이야 그 일이 아무래도 좋았던 게 아닌가. 가결되면 항명한 4인 체제가 박정희 대통령의 노여움으로 무너질 것이고, 부결되면 되는 대로 중정이 실력 발휘한 것으로 될테니…"라고 HR의 '더블 플레이'를 깨달은 듯이 말했다.

그 전날 같은 장소인 궁정동에서 공화당 원내총무 김재순은 더욱 확실하게 HR의 수법에 녹아났다.

"집권당인 민주공화당 원내총무로서 대한민국 정보부장에게 묻습니다. 국회표결이 어찌될 것 같습니까"고 물었던 것이다.

HR은 벌떡 일어나 거수경례까지 붙여가며 군대식으로 답변했다.

"대한민국 중앙정보부장 이후락, 공화당 원내총무에게 보고합니다. 절대로 반란표는 나오지 않습니다. 책임집니다."

그 직후 김재순은 김성곤, 길재호 등 4인 체제의 동향을 되짚어본 결과 '항명'이 이미 되돌아올 수 없는 다리를 건넜음을 확인했다. 항명조직책이랄 수 있는 김창근, 강성원, 문창탁 의원 등이 자정 넘도록 '부재중'이라는 이유로 원내총무의 전화를 받지 않고 있었던 것이다.

김재순은 HR 부장에게 다시 전화를 걸었다. 항명으로 가고 있음이 분명하다고….

정보부 지하실에서 공화당 4인 체제 계열 의원들이 고문당한 데 대해 야당 김대중 의원이 '국회모독'이라며 따지고 있다. 71년 10월23일 국회 본회의. 정부측 총리 JP 신직수 법무장관이 보인다.

그러나 HR은 "나는 피치 못할 일이 있으니 김동근 차장보와 상의해 보라"는 답변뿐이었다. 그러고선 영영 통화가 이루어지지 않았다.

당시 중정에서 상황을 지켜본 G씨의 증언.

"4인 체제의 항명 움직임은 남산에서 소상히 들여다보고 있었다. 오 장관이 당하게 돼 있는 상황은 시시각각 보고되고 있었던 것이다. 오히려 해임안이 부결돼서 자칫 막강해진 4인 체제를 꺾어버릴 기회를 놓치면 큰일이라는 감도 갖고 일했던 것이 사실이다. 박 대통령 통치권을 보위하는 남산이나 이 부장 입장에서는 절호의 기회였다."

표결장에는 국회의원 정수 204명 가운데 오치성 장관(포천에서 당선돼 의원 겸직 장관) 본인을 제외한 203명이 모여 있었다. 그만큼 여야의 긴장은 팽팽해 있었다.

표결이 시작됐다. 국무총리 김종필도 의원 겸직이었으므로 한 표를 행사했다. 부(否)표를 단단히 찍어 기표소를 나서다 대구 출신의원 강재구(姜在邱)와 마주쳤다.

강이 접지도 않고 들고 있는 투표용지에는 '가(可)'가 선명했다.

"강 의원, 어찌된 일이오. 아까 의원총회에서도 백남억 당의장, 김재순 총무가 그러면 안 된다고 신신당부하지 않았소."

"경북은 다 이러기로 돼 있습니다."

JP는 큰 난리가 벌어졌구나 직감했다.

세찬 광풍이 휘몰아칠 것이라는 예고였다. 개표결과는 총투표수 203, 가 107, 부 90, 무효 6표. 내무장관 오치성 해임결의안은 마침내 통과되고 말았다.

JP가 서둘러 청와대로 올라갔을 때 중정 부장 HR은 벌써 대통령 박정희의 하명을 기다리듯 그곳에 대기중이었다. 박정희는 격노해 있었다.

JP의 보고를 받고는 곧 HR을 불러 항명 주동자를 색출해 '엄중' 조사할 것을 명령했다.

HR은 곧바로 남산에 전화를 걸어 김성곤, 길재호 등 주동자 전원을 끌어다 조사토록 조처했다. 남산은 이미 조사대상 의원 20여 명의 명단을 작성해 놓고 있었다.

오빠 육인수 구금에 육 여사 항의

요원들이 나서 맨처음 강성원을 골프장에서 연행했다. 김형욱은 회고록에서 "HR이 보안사 요원을 행동대원으로 차출했다"고 말했으나 관계자들의 증언에 의하면 전원 남산팀이 움직였다.

SK는 신문로 집에서 잡혀갔다.

한남동에 살던 길재호도 거칠게 연행됐다. 둘이 연행된 시각은 71년 10월3일 자정 조금 넘어서였다.

현오봉, **구태회**, 이병옥, **신형식**, 김창근, 윤재명, 문창탁 등이 줄줄이 끌려갔다.

참고인으로 총무 김재순, **육인수**까지 모두 23명의 의원이 중정에서 조사를 받았다.

예우도 구속영장도 없는 조사였다. 벌거벗은 권력 앞에 엎드린 국회의원은 헌법기관도 아니었다.

육인수는 영부인 육영수의 오빠였다. 그는 SK의 진술 때문에 조사를 받았다. SK는 "오 장관을 해임시키는 것이 각하의 짐을 더는 것으로 믿었고 육 의원한테 비슷한 얘길 들었다"고 했다.

조사팀장인 중정 김모 국장의 '육인수 연루' 보고를 받은 HR은 거침없이 데려다 대질 조사할 것을 지시했다.

이 바람에 HR은 영부인 육영수의 항의전화를 받기도 했다.

당시의 조사 상황에 관한 문창탁 전 의원의 증언.

"10월 3일 새벽 3시께 연행됐다. 어찌나 구타가 심하고 가혹한지 정치에 발을 디딘 게 한스럽기도 했다. 실제로 우리는 오 내무 문제에 관해 여야를 막론하고 표결권을 행사하는 것이 박 대통령을 돕는 길일 수 있다고 믿었는데…. 어쨌든 조사과정에선 김성곤, 길재호를 정치적으로 죽이려는 음모가 진행되고 있는 게 환히 보였다.

그 노련한 SK나 명석한 길재호도 결국 HR에겐 당하는구나 하는 생각이 들었다. HR이 이중삼중으로 일을 꾸미고 연막을 쳐 함정으로 빠뜨렸던 것이다."

10월6일까지 나흘간 의원들은 무참하게 당했다. SK와 길재호는 강요에 의해 탈당계를 썼다. 탈당계는 지체없이 둘의 지구당에 접수돼 정치적 사망신고를 받았다.

항명파동의 진원이 된 오치성과 김창근, 강성원, 문창탁 네 의원에게는 6개월 정권(停權)처분이 내려졌다.

HR 정보부의 항명의원 조사는 야당의 반발을 불러왔다. 신민당의 김한

수 등이 진상조사에 나서 국회에서 이를 터뜨렸다.

김한수의 당시 국회발언 속기록.

"김성곤, 길재호 두 선배는 기관의 철권에 의해 타살(打殺)되었다. 이는 의회민주주의를 박탈하려는 민주 반역행위 아닌가. 9명의 국회의원이 보자기에 씌워져 발길에 채이고 몽둥이에 맞는 고문을 당했다. 얼마나 치고 때렸는지 생으로 무엇을 쌌다는 얘기입니다. 나는 개를 잡아 몽둥이질을 할 때 생으로 싸는 것을 본 적이 있다…"

10·2항명파동으로 SK와 4인 체제의 막강한 파워는 붕괴됐다.

박정희의 확고한 친정체제 구축, 이후락 정보부의 몽둥이에 의해 유신의 문이 열리는 순간이기도 했다.

| 제11장 |

암호 '풍년사업' 밀실의 유신공작

궁정동 유신공작과 유기천의 폭로

대통령 박정희의 권력은 명실상부하게 우뚝섰다. 거추장스런 중간 보스들도 모두 쓸어냈다.

비록 4인 체제가 3선 개헌을 도와 마음빚을 안겼다고는 하나, 그 때문에 그들 중간 보스의 도발을 참아내고 끌려 다닐 박정희가 아니었다. 그는 이미 10년 전 목숨을 걸고 5·16을 성사시킨 권력 승부사가 아니던가.

박통의 친정체제 확립은 곧 이후락 정보부의 힘도 절정으로 치닫고 있음을 뜻했다.

75년 3선 임기 만료 후를 내다보던 중간 보스 토벌, 그 '정치폐허'를 딛고 중정은 더욱 막강해졌다.

HR의 전성기였다.

울산의 중농 아들로 태어나 광주 도평요에서 낙백(落魄)의 세월을 보낸 만년에 이르기까지, 71, 72년 같은 화려한 시절은 다시 없었다. 김일성과의 회담, 유신 성사 등 거침없는 성취감을 만끽하며 보낸 시절이었다.

그리고 늘 그렇듯이 절정은 내리막의 시작이다.

HR이 욱일승천으로 뻗어가는가 싶던 그 무렵 그의 권도에 그림자가 드리워지고 있었다. 73년 윤필용장군 구속사건, 김대중씨 납치사건으로 HR은 급전직하고 만다.

HR 정보부가 주도한 72년 10월17일의 유신 쿠데타.

그로부터 7년 뒤 대통령 박정희에게 총을 겨눈 그의 충복 정보부장 김재규의 참으로 아이러니컬한 '유신 소감'을 들어보자.

"내가 79년 10월26일 혁명을 결행했지만 내 마음이 움직인 것은 72년 10월 3군단장 때였다. 유신헌법을 세 번이나 읽다가 하도 화가 나서 '더러운 놈의 나라, 이것이 무슨 헌법이냐. 독재하자는 것이지'하고 고함을 치면서 책을 내던져 자고 있던 애 엄마가 놀라서 깨어났다."

김의 이 진술은 처형당하기 전날인 80년 5월23일 옥중에서 동생 김항규(金恒圭)에게 한 것이다. 그 진실성은 신(神)과 저 세상의 김재규만이 입증할 수 있는 부분일 것이다. 그러나 뒤늦게 공개된 이 옥중 면담록 한 부분은 너무 역설적인 감회를 안겨준다.

또 하나의 '역설'이 있다. 유신작업의 산실이 바로 궁정동 중정 별관이었다는 점이다. HR은 이곳에 판단기획국 부국장 김영광(전 국회의원)을 팀장으로 해 5명을 이곳에 배치, 철저한 보안 속에 마스터플랜을 뽑아냈다. 유신헌법의 산실이고 요람인 바로 궁정동 그곳에서 박정희가 살해당함으로써 '유신의 무덤'이 되고 말았다는 것은 정녕 아이러니가 아닐 수 없다. 수미쌍관(首尾雙關)은 이를 말함인가.

72년 극비 유신공작이 진행됐던 궁정동 정보부 안가. 이곳에서 육 여사 사후 '대행사', '소행사' 등 미녀 파티가 열렸고, 79년 박 대통령은 최후를 맞았다.

71년 10·2항명 이후 친정체제 구축과 강권통치 신호는 대학에서부터 엿보였다. 사흘 뒤 수경사령관 윤필용의 부하들이 고려대에 들어가 데모 주동학생 5명을 연행해갔다. 10월15일에는 위수령이 발동돼 서울대에 대령 김복동 부대가, 연세대엔 공수특전단장 **정병주** 부대가 진주했다.

71년 12월6일 대통령 박정희는 돌연 국가비상사태라는 것을 선포했다. 특별담화 형식으로 발표된 '비상사태'는 북의 위협을 빗대 체제 강화를 꾀한, 말하자면 제1차 유신이었다.

놀랍게도 이는 헌법적 근거가 박약한 것이었다. 청와대측은 궁색한 나머지 당시 대통령 취임선서의 '나는 국가를 보위하고…'라는 구절에 비상사태 선포의 법적 근거가 있다고 우겼다.

그러나 야당은 거세게 반발했다.

"취임선서에는 '국헌을 준수하고 국민의 자유를 신장…'하도록 돼 있는데 유독 이 부분을 빼놓고 '국가보위'만 내세우는 건 배를 움켜쥐고 웃다 쓰러질 일"(홍영기 당시 의원), "국헌을 준수하면서 국가보위를 하라는 게 헌법의 취지다. 비상사태 선포가 초헌법적이고 탈헌법적이라는 사실은 아무리 어용학자라도 부정할 수 없을 것이다"(나석호 당시 의원)라고 비판했다.

박 정권은 뒤늦게 법적인 뿌리를 갖추기 위해 '국가보위에 관한 특별조치법'을 내놓아 돌풍을 몰고 왔다.

박정희에게 광범한 비상대권을 부여하는 이 법에 대해 야당은 '독일 히틀러 시대의 수권법(授權法)' '군국 일제의 국가동원법'에 비유하며 맹렬히 공격했다.

유신 리허설…보위법 파동

당시 중정의 다섯손가락 안에 드는 핵심간부 K씨의 증언.

"박 대통령은 드골 같은 외국 대통령들이 휘두를 수 있는 비상대권에 매력을 느끼고 큰 관심을 가지고 있었다. 법률이론가 가운데도 우리 실정에 비추어 그것이 필요하다는 사람들도 있었다. 그래서 몇몇을 동원해 외국 예를 수집하고 비상대권을 부여할 수 있는 작업을 중정이 주도하게 됐다. 그런데 일부 극비내용이 밖으로 흘러나갔다. 서울대 총장을 지낸 유기천(劉基天) 교수가 학생들에게 '총통제를 시도한다…'는 발언을 해 정보부에 의해 내란선동혐의로 입건송치된 것도 그때였다. 중정이 유 교수 조사결과를 발표한 날이 71년 12월6일. 비상사태 선포일과 같았다. 그런데 야당의 역공세가 심해 법적 근거를 마련한다는 것이 또 심한 후유증을 가져왔다. 당시 박 대통령이나 이후락 부장은 보위법으로 권력기반 강화를 마무리하려 했는데…. 허술한 비상대권이 야당에 의해 무력화되자 더 강력한 유신헌법으로 가게 된 것이다."

보위법은 야당의 육탄저지 속에 공화당 단독으로 의결됐다. 신민당 의원 최형우의 새끼손가락이 국회 제3별관 철문에 으깨져 나간 것도 이때였다.

신민당은 국회의장 **백두진**에 대해 불신임결의안을 내 인책공세를 폈다.

야당은 보위법 무효화투쟁을 위해 임시국회도 추진했으나 공화당이 기피했다. 세 차례의 임시 국회(제79, 80, 81회)가 야당단독국회가 되는 기현상이 벌어졌다.

거칠어지는 야당을 휘어잡기 위한 중정의 공작도 바빠졌다. 72년 5월 81회 임시국회에선 신민당의원 88명 이름으로 '야당탄압에 관한 질문서'가 정부에 넘어갔다.

주요내용은 △야당의원들에 대한 흑색 코로나 승용차의 미행 △의원집에 검침원, 엿장수를 가장한 염탐 △보위법 파동시의 협박전화 △야당의원 사무실과 가택 도청녹음 △야당의원과 친한 사업자 세무사찰 및 대출제한 등.

국가보위법은 파동 속에 통과됐지만 단 한 번도 시행되지 못했다.

72년 7월의 국회 속기록.

"김일성이 서울에서 환갑잔치를 한다, 그러니 나(박정희)한테 비상대권을 주지 않고는 국가를 보위할 수 없다, 그래서 통과시킨 것을 한번도 써먹지 않고 대통령도 공포하지 않은 까닭이 무엇인가. 그러니 보위법은 순전히 야당 두드려 잡고, 불쌍한 신문과 언론인 두드려 잡고, 그리고 국회의원을 슬쩍슬쩍 공갈하기 위한 유령이나 도깨비에 불과한 것이다." (72.7.3 신민의원 홍영기). 그러나 이런 발언이 나올 무렵 이미 진짜 유신공작이 은밀히 추진되고 있었다.

8·3 사채동결과 김형욱의 손재(損財)

서울 궁정동 중앙정보부 안가 뜰엔 감나무가 심어져 있었다.

72년 감나무잎이 필 무렵, 그러니까 5월 중순께 이후락 정보부장은 안가에서 판단기획국 부국장 김영광을 불렀다.

"국가와 대통령 각하의 운명을 좌우할 중대사안이니 보안을 생명처럼 여겨 일하시오. 이 헌법 개정 작업이 끝날 때까지 당신 팀은 여기서 숙식을 해야 합니다."

코드네임(암호명)은 '풍년사업'. 이른바 10월 유신(이는 나중에 붙여진 이름이다)의 시작이었다.

"우리는 새로운 체제를 창조하는 것이오. 쓸데없는 정쟁(政爭)을 지양하고 행정 능률을 극대화하며 수출과 경제 발전에 박차를 가할 체제, 대통령 각하께서 마음놓고 일하실 수 있는 정치환경을 조성하는 겁니다. 북괴와의 대결이나 국제사회의 변화에도 효율적으로 대처할 수 있는 체제정비가 우리의 과제요."

이렇게 말하면서도 HR은 일전(72.5.2~5)의 평양밀행은 김에게 털어놓지 않았다. 그러나 김은 HR의 김일성 극비접촉을 다른 경로로 알고 있었다. 김은 '북에서 보고 느낀 권력집중을 통한 체제의 공고화 방안이 우리 쪽에도 추진되는구나' 하고 생각했다.

HR은 김일성을 만나고 돌아와 박 대통령에게 보고하는 자리에서 유신개헌을 부추겼다. 나중에 '유신'으로 구체화된 또 하나의 쿠데타 논의를 이 무렵 파악한 사람은 청와대 비서실장 김정렴 등 극소수였다.

김씨는 91년 필자에게 말했다.

"이후락씨가 평양 갔다온 직후 그 작업은 구체화되기 시작했다. 이북은 바위덩이 같은 단단한 체제인데 우리는 뭐냐. 민주주의라 해서 중구난방으로 혼란과 정쟁만 거듭하는 상황에서 북과의 대결에 승산이 있겠느냐, 이런 것이 박 대통령 결심의 배경이었다. 국제적으로도 닉슨 미국대통령, 다나카 일본수상이 북경을 방문하고 동서독이 기본조약을 체결하는 그런 때였다. 해빙조류에 따라 북과 대화는 해야 하는데 국론이 흔들려서는 어렵다는 것이다. 따라서 내부결속을 강화할 수 있는 체제 정비가 당시의 출발점이었고 '장기집권' 문제는 나중에 덧붙여진 것일 뿐…"

김 부국장은 궁정동 상주요원 4명을 확보했다. 그 가운데에는 브리핑차트를 만드는 필경사도 있었다.

김의 팀은 프랑스, 스페인, 대만의 헌법들을 참조하며 입법·사법·행정 3권이 박정희 1인에게 집중되는 권력구조를 기안했다. 그리고 그런 조건하에서 정치·경제·사회 등 여러 분야가 어떻게 운용될 것인지, 대대적인 체제변경에 따른 마찰과 부작용, 등을 분석해 HR에게 보고했다.

그리고 '풍년사업'의 핵심은 기존의 헌법을 폐기하고 국회를 해산해버리기 위한 사전조처. 그 과정의 반발 무마, 사후수습과 대국민 홍보를 어떻게 하느냐였다.

말하자면 유신의 마스터플랜을 세우는 것이 궁정동 작업이었다.

당시 한 참여자의 진술.

"우리들의 관심은 기존의 정치권을 헐어버리고 새롭게 구축하는 일을 어떻게 순조롭게 성사시키느냐에 집중되었다. 국회의원들이 반발하고 국민들도 의아해 할 것이 뻔하므로 전광석화처럼 작전을 전개하고 긴장을 유발시켜 국민의 새로운 체제에 대한 기대를 이끌어내는 것이 가장 중요하다는 결론이었다."

궁정동 밀실 작업 결과는 거의 매주 박정희, HR 부장, 김 비서실장 3인 회의에 넘겨졌다. 브리핑차트를 보면서 3인은 새 아이디어나 보완점을 토론하곤 했다. 그것은 다시 궁정동 팀에 의해 손질돼 청와대로 올려졌다. 더러는 정무비서 홍성철(洪性徹), 유혁인(柳赫仁) 등도 작업에 참여했다.

유신 공작과 더불어 경제에 일대혁명이랄 수 있는 사채동결조치(72.8.3)가 내려졌다. 당시

김형욱은 69년 6년여 동안의 정보부장에서 밀려난 뒤 원한에 사무친 사람들의 협박을 받았고 관직도 주어지지 않자 73년 4월 미국으로 망명했다.

기업에는 고도성장과 고금리의 그림자가 드리워졌다. 기업들이 과중한 고리사채에 짓눌려 부도를 내고 쓰러지는 일이 허다했다. 눈덩이처럼 부푸는 사채 부담으로부터 기업을 잠정적으로 보호하는 조처가 시도된 것이었다.

사채전주 가운데에는 60년대의 실력자들도 끼어 있었다. 정보부장을 지낸 김형욱과 길(吉) 모, 오(吳) 모, 장(張) 모 등 5·16주체들의 부정축재 규모가 꼬리잡힌 것도 이때였다. 야당의원 홍영기는 72년 1월15일 서울 소공세무서 국정감사에서 "8·3사채동결조치와 관련, 출처불명의 자금 수십억 원이 전직 정보부장 김모씨, 내무장관 김모씨 등 권력층의 것이라는 증거가 있다"면서 자료를 내놓으라고 호령한 일이 있었다.

이 빠진 김형욱의 '절치부심'

그 무렵 8대 국회의원이던 김형욱은 어느 날 정보부장 선배이기도 한 김재춘을 찾아가 하소연했다.

"참모장님, 이럴 수가 있습니까."

김형욱은 군선배였고 5·16 당시 6관구 참모장이었던 김재춘을 그렇게 부르는 일이 많았다." 내가 명색이 정보부장도 오래 했고 현역 의원인데 간밤에 가택수색을 당했어요. 돈이 묶인 것도 억울한데 그 돈이 어디서 났느냐고 자료를 찾겠다는 겁니다. 청와대에서 내 돈이 너무 많다고 노발대발했다나."(김형욱)

"대통령이 일 잘하겠다고 하는 일이고 그 양반 명령이니 참고 견뎌야지…. 뭘 그리 흥분해."(김재춘)

"글쎄, 삼선교 집을 몽땅 뒤져 권총이 나오니까 그것마저 가져가 버렸소. 이후락이 애들을 시켜서 그런 짓을 할 수 있느냐 말입니다. 혁명은 누가 했는데 엉뚱한 자들이 차고 앉아 이런 짓이니 울화통이 터질 일이오."(김형욱)

"그래도 참고 지내야지…. 나 같은 사람도 당신들한테 그리 당하고도 이렇게 살지 않나."(김재춘)

"이후락이는 만나려 해도 만나주지도 않고 비서실장 김정렴이도 면회는커녕 전화도 안 받고…. 대통령이야 날 피한다 해도 그들이 그럴 수 있소?"(김형욱)

김형욱은 분을 참지 못해 HR에게 욕설을 퍼부었다. 그의 신경은 날카로워져 있었다. 박정희는 그를 멀리했고 권력상실의 무력감과 보복의 공포에 휩싸이게 했다.

그 무렵 JP가 그를 위로할 겸 골프모임에 초대했을 때도 김형욱의 불안한 심리는 엿보였다.

김성곤과 신진자동차 오너 김창원 넷이 모인 자리였다. JP가 김창원에게 농담처럼 말했다.

"여보, 이제 이빨 빠진 호랑이를 누가 무서워할까. 김 부장 봉노릇 그만해도 안 되겠소."

김창원은 김형욱의 골프상대를 해주며 늘상 돈을 잃어주었다. 김형욱은 남산 정보부 안에 인도어 연습장을 만들어 '칼을 간' 프로실력이었다. 뛰어난 운동신경의 김형욱은 필드에 나선 첫날 84개를 쳤다는 전설을 남겼다. 김창원이 JP의 농담을 받아 조심스럽게 한마디 했다.

"저도 압지요."

순간 김형욱이 굳은 표정으로 되받았다. 그는 머리회전도 빨랐다. 자신의 IQ(지능지수)가 늘 300이라고 자랑하곤 했던 그다.

"이 친구야, 이빨은 빠졌어도 손톱 발톱 다 있어. 무시 말아."

73년 미국으로 소리 없이 망명해버린 김형욱. 박정희 유신정권은 70년대 후반 내내 그의 '손톱 발톱'에 할퀴다가 무너지고 만다.

김형욱이 절치부심하는 동안에도 유신작업은 계속되고 있었다.

72년 8월께 마스터플랜이 마무리되면서 법무부장관 신직수, 중정 차장 김치열 등은 새 헌법 골격을 짜기 시작했다. 실무자는 검사 **김기춘**(6공 검찰총장·법무부장관 지냄) 등이었다. 유신헌법과 새 법령정비 포고령 준비가 모두 이들 팀에 의해 준비되었다.

궁정동 안가의 감나무 열매들이 붉어갈 무렵 작업은 막바지에 접어들었다.

최형우의 폭로와 보안사의 고문

세상에 비밀이란 지켜지기 어려운 법이다.

이후락 정보부가 그토록 인적 드문 궁정동 안가 문을 닫아걸고 '풍년사업'(유신공작)을 추진했건만 곧 새나갔다.

72년 7월 임시국회를 앞둔 때였다.

신민당의원 **최형우**(崔炯佑·YS집권기에 정무 1장관, 내무부장관 역임)는 본회의 대정부 질문 준비에 바빴다. 사회분야 질문을 맡았기 때문이었다.

어느 날 밤 옛친구이기도 한 신아일보 기자 전(全) 모가 찾아왔다.

"이번 임시국회에서 발언하기로 돼 있지? 내가 좋은 자료 한 건 주면 발언할 수 있겠나?"

"뭔데 그래, 내가 발언 못하면 누가 하겠나."

나이 서른일곱의 혈기방장한 최형우는 패기있게 대답했다. 하지만 전은 미심쩍어했다.

"누구처럼 엿 바꿔먹거나 하는 게 아니란 말이지?"

전은 궁금증만 더하게 하며 계속 꼬리를 뺐다. 그러더니 "시국과 관련이 있는 매우 중요한 정치문제니까 너 아니면 떠들 국회의원도 없을 것 같다"고 했다.

그리곤 제보내용을 털어놓았다.

"한태연, 갈봉근(葛奉根) 교수 그리고 청와대 특보 몇 사람들이 새 헌법을 만들고 있다는 거야. 개헌을 해서 영구집권을 한다는 구상이지. 만천하에 터뜨려야겠어."

기자 전은 몇 가지 핵심을 메모로 적어주기도 했다. 최형우는 전의 이종 사촌형이 박정희 정권의 실력자 JP 측근이었으므로 분명 근거가 있는 것으로 믿지 않을 수 없었다.

국회 본회의에서 그것을 폭로했다. 국무총리 김종필에게 묻는 형식이었다.

"본의원은 한(韓) 모, 갈(葛) 모 교수와 청와대 측근들이 모여 프랑스의 드골식 헌법과 유사한 영구집권을 위한 개헌시안을 현재 구상 중이라는 얘기도 듣고 있습니다. 3선 개헌 당시 지금의 총리가 그걸 지지하지 않는다 해서 공갈 협박을 받은 사실을 우리는 알고 있습니다. 또 이런 개헌사태가 벌어진다면 총리는 어떻게 할 것인가, 김 총리의 결의와 태도에 대해 묻고 싶습니다."

최형우는 80여 일 후 유신비상계엄이 선포되고 국회가 해산되면서 서울 영등포 군부대에 끌려갔다. 문제의 발언 제보자를 대라는 혹독한 고문에 시달렸다.

고문은 광기에 가까웠다. 실오라기 하나 걸치지 않은 알몸으로 벗겼다. 두 손을 모아 무릎을 끌어안고 깍지 끼게 한 뒤 포승으로 묶었다. 각목을 최의 팔과 다리 사이에 끼워 양편 책상 사이로 통닭 바비큐처럼 매달았다. 얼굴에 수건을 덮고 그 위에 물을 부었다. 숨이 막혀 어쩔 수 없이 물을 들이켜야 했다. 살려달라고 애원하자 시멘트 바닥에 팽개쳤다. 잠을 재우지 않고 구타하며 전기고문도 가했다. 제보자를 대라, 김영삼의 조직을 불라고 요구했다. 핀셋으로 국부를 잡아당기고 툭툭 치며 굴욕감을 주었다.

"아, 아, 내가 인간의 세상에 살고 있는가."

최형우는 그렇게 탄식했다고 한다. 그래도 제보자 전 모의 이름은 불지 않았다.

그러면 국무총리 JP는 언제쯤 유신공작을 알았을까.

그의 기억에 의하면 72년 7·4남북공동성명 전, 그러니까 HR이 평양밀행 후 '풍년사업' 팀을 만든 5, 6월께였다고 한다.

어느 토요일 정오께 대통령 박정희의 전화를 받았다.

"오후에 무슨 예정 있나."

"별 예정이 없습니다. 운동이나 할까 하는데요."

"나 하고 가지. 좀 후에 올라와."

박 통과 JP는 뉴코리아 컨트리클럽에 갔다.

박이 조심스럽게 말했다.

"내가 좀 획기적인 체제를 구상하고 있어. 우리나라는 선거를 잘못하면 망할지도 모르겠어. 또 70년대는 순탄치 않은 시기일 것 같아. 국력을 키우고 대응해 나가기 위해서는 체제정비가 불가피하겠어. 그러면 반대도 많고 도전도 있겠지만 나중에 가면 용단으로 70년대를 잘 극복했다는 말도 들을 거야. 지금 구상단계인데 나중에 자세히 얘기해줄게. 그때는 임자(JP)도 검토 멤버로 머리를 써줘야 할 거야."

남산 간부도 유신 몰랐다

그러나 JP는 숫제 겉돌았다.

그저 HR 정보부를 중심으로 '심층부에서 꾸미고 다듬는'것을 느낄 수만 있을 뿐이었다고 한다. JP가 유신 마스터플랜을 본 것은 박정희-HR 정보부-청와대 비서진들에 의해 골격이 짜인 10월께였다.

10·17 발표날짜를 잡는 자리에는 그도 합석했던 것이다.

HR 정보부는 치밀한 수순을 밟아갔다.

유신을 앞두고 북과의 새로운 대결이 필요하다는 설명이 필요했다.

이문동 분실에 현직 장관, 국회의원, 청와대 특보 등 '한국의 요인' 대부분을 불러 '북괴현황'을 브리핑했다.

HR부장이 직접 브리핑차트 앞에 서서 보고 느낀 북의 실정, 그리고 북에 비해 남의 체제는 취약하기 짝이 없다고 강조했다.

야당은 야당끼리 극렬하게 싸우던 때였다.

유신 20일 전, 72년 9월27일 신민당 전당대회는 당을 반으로 쪼개는 '반당(半黨)대회'였다. 유진산과 김대중의 당권경쟁은 극한으로 치닫고 세간의 손가락질을 받았다. 그 뒤에 HR 정보부의 보이지 않는 이간질도 작동했다.

당시의 야당의원들은 '유진산이 당수로 선출된 직후 서울 전역에 사이렌이 울려 퍼진 것은 박 정권과의 유착증거'라고 증언하고 있다.

유신공작은 중정 내부에서도 극비로 다루어졌다.

국장들이 그것을 안 것은 72년 10·17비상계엄 일주일 전쯤이었다. 최형우가 국회에서 폭로하긴 했지만 중정 간부들은 긴가민가했다. 당시 국장이었던 K씨는 "갈봉근 교수가 드골헌법 연구를 위해 프랑스에 다닌 것은 71년부터였다. 그 비상대권이론은 이미 71년 말 국가보위법에 반영된 것이므로 새롭게 국회를 깨고 개헌까지 추진하는 사실은 까맣게 몰랐다. 최형우 의원의 질의내용도 돌이켜 분석해 보면 뼈대만 맞춘 것일 뿐 소프트웨어는 모르고 있었던 것 같다"고 증언했다.

HR이 국장단을 소집해 말 그대로 비상한 조처를 소개했다. 발표 시까지 '절대보안'을 강조하면서 그가 말문을 열었다.

"이번 특별조처는 냉전시대에서 남북 대화시대로 넘어가기 위한 체제강화가 목표입니다. 헌법도 바꾸고 거기에 따라 국회도 해산해버리고 새로 구성하는 것입니다."

국장들은 어안이 벙벙했다. 엄청나고도 충격적인 사태가 빤하므로 각 국단위의 일도 바쁘고 복잡해질 것이다.

간밤에 일본작가 시바 료타로(司馬遼太郎)의 소설을 늦도록 읽은 조일제 국장은 머릿속이 어지러워졌다. 앞으로 헤쳐 나갈 일이 아득하게 느껴졌다. 갑자기 이때 HR이 그를 불렀다.

"하잇."

엉겁결에 조일제는 일본말로 대답하며 벌떡 일어섰다. 살얼음판 같은 분위기 속에서도 폭소가 터졌다.

보안사령관 강창성이 유신을 통보받은 것은 9월2일이었다. 그는 중정 차장보로 71년 대선, 총선에서의 전과를 거둔 공으로 8월13일 보안사령관이 돼 있었다.

박 대통령의 부름을 받았다.

박은 강을 앉힌 뒤 한동안 침묵했다. 말총 지휘봉을 탁자에 두드리며 뭔가 더듬듯 말했다. "강장군, 말야… 그런데 말야… 이후락이가 이번에 하는 일이 빗나가면 이민 가겠다고 그래…"

"무슨 말씀이십니까."

그제야 박은 HR 정보부가 꾸며 온 개헌작업의 전모를 소상하게 설명했다. 그것은 앞으로 보안사가 거들어야 할 정치소탕작전을 통보하는 것이기도 했다.

보안사의 맞수인 HR 정보부가 주도한 일이지만 박 대통령 자신을 돕는 마음으로 마찰 없이 과업수행에 앞장서라는 독려였다.

그 자리에서 '질 나쁜 야당의원 몇 명'을 비상계엄 직후 달아매는 역할은 보안사가 맡게 되었다.

박정희 "유신헌법, 뼈 없는 어묵됐다" 불평

폭풍전야의 적막이었다. 72년 10·17 유신비상계엄이 다가오고 있었으나 세상사람들은 낌새를 모르고 있었다.

구중심처(九重深處)에서 음모를 꾸미는 몇몇만 초조하고 바빴다.

정보부장 이후락은 미 CIA 지부장 리처드슨에게 '특별조처'를 예고했다. HR에게 있어서 리처드슨은 첫손에 꼽지 않을 수 없는 카운터파트였다. 한미관계가 그만큼 비중이 컸고 정보부의 권능이 엄청나게 셌던 때였다.

리처드슨은 여섯 달 전 HR의 평양밀행 시 목숨을 담보한 인물이기도 했다. 당시 청와대 비서실장 김정렴씨는 다음과 같이 회고했다.

"72년 5월2일 아침 10시 이 부장은 평양으로 가면서 신고차 청와대에 왔다. 김종필 총리와 **최규하** 특보 그리고 나 셋이서 배석했다. 박정희 대통령은 이 부장에게 '미국 CIA책임자한테 잘 알려주었지' 그리고 '잘 갔다 와' 두 마디뿐이었다. 이 부장은 미 CIA와 협조가 잘되고 있다면서 윗저고리 주머니를 가리키며 '여기 준비돼 있습니다'라고 비장한 태도로 복명했다. 만일의 사태에 대비해 청산가리를 준비했다는 뜻이었다."

HR이 리처드슨에게 '정보연락'을 한 뒤 특별조처 내용은 최규하 특보에 의해 미대사관에 공식 통보됐다.

미국에 이어 곧 일본대사관에도 통보됐다. 그리고 10월17일.

그날 아침 대통령 박정희는 청와대 특보와 주요 비서진을 불렀다. 특별선언문이 처음으로 배포됐기 때문에 그동안 겉돈 특보들은 깜짝 놀라지 않을 수 없었다. 발표문 앞부분 국제정세 변화에 따른 체제변경 논리를 들추며 토론을 벌이던 참이었다.

정보부장 이후락이 회의장으로 들어왔다.

'유신의 대변인'이었던 김성진 당시 청와대 대변인이 72년 10월 새헌법안에 관해 기자회견을 하고 있다.

"미국 쪽에서 닉슨대통령의 중공방문이 우리 특별조치의 동기처럼 오해될 수 있다고… 닉슨 중공방문 얘기는 발표문에서 빼달라고 합니다."

박정희는 불쾌한 표정을 감추지 못했다.

"미국놈들이 안 그랬으면 내가 뭐가 답답해서… 우리가 거짓말했나…"

미군 철수다, 미중 수교다 하는 사태가 없었으면 왜 체제변경을 하겠느냐는 뜻으로 참모들은 새겨들었다.

그래서 못 빼겠다는 태도였다. 참모들은 불안했다. 가뜩이나 국내의 반발과 마찰도 거셀 판에 미국과 등지고 일이 될 것 같지 않아서였다.

비서실장 김정렴이 조심스럽게 건의했다.

"그게 그리 중요한 건 아니지 않습니까. 빼주지요."

결국 닉슨의 중공방문 등 국제 데탕트 조류를 걸어 체제강화를 꾀한다는 묘한 논리는 사라지고 말았다. 그리고 잠시 후, 회의장으로 또 일본대사관의 요구가 들어왔다.

이번에는 일본-중공 수교와 다나카 수상의 방중이 한국의 권위주의 체제강화의 빌미가 될 수 없으니 빼달라는 얘기. 일본이 벌써 미국의 기민한 뒷손질을 눈치챘던 것일까.

박정희는 또 한번 불쾌해졌다. '한국적 민주주의'는 첫 페이지서부터 외세의 압력에 시달리는 운명인가.

"혼네누키노 곤냐쿠다." (骨ぬきの嵐蒻)

일본의 요구도 들어주자는 참모들의 진언을 받아들이며 박정희가 중얼거린 말이다.

알맹이도 빼고 뼈다귀도 빼니 흐물거리는 어묵처럼 돼버렸지 않느냐는 탄식이었다. 그러나 일찍이 '영도자' 자신에 의해 '곤냐쿠'로 명명된 유신헌법은 그 뒤 7년 동안 이 땅을 쇠몽둥이처럼 지배했다.

더러는 궤변과 이설로 어르고, 더러는 살의와 폭력으로 반체제세력을 무찌르며 국민 위에 군림했다.

당시 특보 중의 한 사람이었던 박진환(朴振煥) 교수(새마을담당 경제특보)의 증언.

"국제정세와 유신의 당위성을 맺어주는 페이지에 닉슨, 다나카를 빼고 나니 앞뒤가 맞지 않아 상당부분이 삭제되고 말았다. 그러다 보니 남북대화 추진이 동기처럼 되고 장기집권 부분만 선명하게 노출되었다. 박 대통령을 비롯해서 모두가 찜찜했지만 어쩔 수 없었다."

10월17일 오후7시 비상계엄이 선포됐다. 헌법을 휴지조각처럼 짓밟고 국회를 해산, 정당과 정치활동도 금지시켰다.

그날 8대 국회는 '최후'의 국정감사를 벌이다 변을 당했다(국정감사는 무려 16년 뒤인 88년에야 부활됐다).

정치판의 대재앙이었다.

의원직만 날아간 게 아니었다.

대통령 박정희는 이미 본때를 보이겠다고 별러온 15명의 야당의원 명단을 보안사령관 강창성에게 건네주었다.

박이 손수 쓴 명단을 받으면서 강은 조심스럽게 숫자를 줄여달라고 진언했다.

"우선 계엄하라도 군수사 요원들은 능란한 정치인을 다루기가 쉽지 않을 뿐더러 보복인상을 줄 수 있으므로 온건한 몇 명을 빼도 될 것 같습니다."

강은 윤길중, 박한상, 이기택, 김상현, **이세규**는 제외시키자고 말했다.

그러나 박은 '이세규만은 안 돼'라고 단호하게 잘랐다. 실미도 특수군 난동을 폭로하고 김대중 편에 서온 데 대한 미움이었을까.

HR한테 받은 돈 대라!

강은 계엄선포 후 윤길중과 박한상을 사령관실로 불러 경위를 설명하곤 새로운 체제를 지지할 것을 종용했다. 두 사람은 "찬성할 수는 없고 정치에선 손 떼겠다"고 버텼다. 김상현도 "정치를 그만두면 두었지 원칙을 버리고 타협할 수는 없다"고 저항했다. 결국 김상현은 10·17 한 달여가 지난 뒤 가혹한 고문을 당했다.

계엄 직후 고문 타깃은 11명으로 압축됐다.

이세규, 조윤형, 조연하, 이종남, **강근호**, 최형우, 박종률, 김한수, **김녹영**, **김경인**, 나석호.

이들에 대한 조사 초점은 대략 네 갈래.

첫째, 정치자금원을 밝힐 것

둘째, 부정·비리·파렴치 행위를 캘 것

셋째, 정부나 공화당 요인 중에서 이들에게 뒷돈 댄 사례를 캘 것

넷째, 김대중의 군관계 인맥, 김영삼의 조직 등을 캘 것.

박정희에 의해 '악질'로 분류된 이들 11명은 HR의 돈을 받았는지도 조

사받았다.

이들이 지옥 저편 같은 밀실에서 당한 혹독한 고문은 단편적으로나마 널리 소개됐기 때문에 생략한다. 다만 이제 고문자나 당한 자나 인간에서 수성(獸性)으로 돌아서고 마는 고문의 정치를 모두가 잊고 싶어 한다. 법과 제도의 그늘에 숨어 인간성을 파괴하는 권력의 광기를 기억하고 싶어하는 이는 아무도 없다. 세상은 돌고 돈다.

대통령 박정희가 79년 이승을 떠난 후, 유신계엄 하에서 악역을 맡았던 강창성은 80년 5·17세력에 의해 보복수감을 당했다. 5·17주도세력 전두환, 노태우는 과거 윤필용 수경사령관의 직계부하들이었다. 강창성 보안사에 7년 전 윤필용 일파가 당한 만큼 강창성에게 되갚아주고자 했다. 강창성은 김녹영과 같은 장소(치안본부 특수대 건물)에서 조사 받다 마주쳤다.

강과 김 그리고 최형우, 김상현은 80년 겨울 서대문 구치소에서 제행무상(諸行無常)의 쓸쓸함을 되씹었다.

10·17계엄과 더불어 악질 야당으로 분류되지 않은 정치인들은 군인들에 의해 가택연금됐다.

그러나 유진산 등 몇몇 유순한 야당 정치인의 집 앞엔 병력조차 보내지 않았다. 새 체제 출범을 지지 또는 인정하거나 쌍수로 환영한다는데 그럴 필요가 없었던 것이다.

당시 중정 모 국장의 증언에 따르면 야당의원 중 혈서를 써 '유신지지'를 결의해온 인물도 한 명 있었다는 것이다.

어쨌든 유진산은 어느 날 고위 당국자 A씨에게 전화를 걸었다.

"여보, 날 진짜 왕사쿠라 만들거요. 왜 정치를 그리 몰라. 왜 우리집만 보초가 없느냔 말야…"

그래서 곧 '요청'에 의한 파병이 이루어졌다. 새로운 체제의 아이러니한 단면이었다.

그리고 10월26일에야 일본의 명치유신을 본뜬 '10월 유신'이라는 명명이 이어졌다. 문공부장관 **윤주영**이 그것을 발표했다.

유신 지지 각서 쓴 야당 의원들

정치판을 쓸어버리는 군사작전은 신속하게 전개됐다.

매서운 입과 당찬 기백으로 야당 전열 앞줄에 섰던 10여 명이 계엄군에 끌려가버린 뒤 정가는 공포에 휩싸였다.

72년 10월 하순 유신계엄군의 탱크가 요로에 배치된 서울시가는 황량했다. 쌀쌀한 가을바람을 타고 고문당한 의원들의 참담한 소문이 전해졌다.

이후락 정보부의 작전계획은 착착 실행에 옮겨지기 시작했다.

"전광석화처럼 빠른 속도로 정치인에겐 긴장과 공포를, 국민에겐 새 시대 희망과 호기심을 안겨주는 환경을 조성해야 한다"는 궁정동 밀실 팀의 유신 마스터플랜대로 역사는 움직이기 시작했다.

중정의 정치담당 3국장 C는 야당의원들의 각서를 받기 시작했다. 유신을 지지하고 묵은 야당처럼 놀지 않겠다는 '관제야당 원서'에 도장찍기를 종용하는 것이었다.

더러는 거부했다.

C는 HR의 지침대로 제법 이론을 세워 야당의원들을 설득했다.

"이제 남북대화와 통일의 시대가 왔지 않소. 냉전시대의 헌법으로는 새 시대를 맞을 수가 없소. 국회도 그래서 해산된 겁니다."

대통령 박정희의 영구집권 음모에 가담할 수 없다는 야당의원들도 있었다. C는 이렇게 얼렀다.

"유신은 민주주의로 가는 징검다리요. 생각해봐요. 통일주체 국민회의에서 공정한 선거로 뽑히는 대통령은 누구라도 될 수 있지 않아요. 그 대통령이 박씨든 김씨든 국회의원 3분의 1 지명권을 갖는 건데 무슨 영구집권이오. 앞으로 통일 외교 안보를 책임질 대통령은 김일성만큼이나 힘이 있어야 하지 않습니까."

빤한 감언이설이었다.

하지만 선택의 폭은 좁았다. 유신에의 귀순이냐, 정치 포기냐를 고를 수 있을 뿐이었다. 정치인은 현실을 중요시한다.

유신 이후 첫 국회인 9대 야당의원을 지낸 H씨의 솔직한 고백.

"일본에 '원숭이는 나무에서 떨어져도 원숭이지만 의원은 떨어지면 사람도 아니다'라는 말이 있다. 그만큼 의사당 바깥에선 정치고 나발이고 불가능하고 생계부터가 어려워지기 때문에 정치인은 선거에서의 승리와 의원직에 연연해 한다는 뜻이다. 어디나 마찬가지 아니겠는가. 중정 국장의 논리가 말짱한 꼼수라는 걸 알지만 넘어가는 척하는 수밖에…. 더구나 박정권이 싫다고 정치 그만둔다면 당장 거꾸로 매달거나 약점을 찾는 뒷조사가 들어올 테니 손들 수밖에…. 그렇게 굴욕적으로라도 국회에 들어가서 실낱같은 희망을 찾아 막판에는 반유신투쟁을 벌일 수 있었으니…. 역사란 다 그렇게 흘러온 게 아닌가."

야당의원이 하나 둘씩 유신에 '투항'하기 시작하자 나중엔 뒤질세라 각서에 도장들을 찍었다. 어차피 도장 찍을 바엔 미움 살 까닭도 없지 않느냐고….

72년 10·17계엄 후 미국정부는 한국정세에 관해 비상한 관심을 쏟았다. 10월20일 미 CIA의 서울지부장 리처드슨은 보안사령관 강창성을 찾았다. 리처드슨은 정보부장 HR얘기만으로는 박정희의 특별조치의 숨은 뜻을 알기 어려웠던 것이다.

"이번 계엄조치의 진의가 무엇입니까."

강이 정부의 홍보논리로 설명하자 리처드슨은 말했다.

"강 장군은 이런 체제하에서 국민의 인권, 자유가 보장되리라고 봅니까. 우방이 납득할 수 있는 환경으로 빨리 환원돼야 한다는 게 미 정부의 입장입니다."

리처드슨은 이어 협박도 했다.

"미국 내 여론때문에 군사원조가 감축되거나 중단될 수도 있습니다. 나아가 주한미군 감축이나 철군도 불가피할지 모릅니다. 양국 관계의 불행을 미리 막기 위해 박 대통령의 적절한 조치가 있어야 하겠습니다."

그건 대통령 박정희에게 보고하라는 뜻이었다.

강창성은 곧 청와대로 올라가 리처드슨의 언동을 그대로 보고했다. 그 줄거리를 타자용지에 옮겨 박에게 올렸다.

반대표 찍어도 사단서 바뀐다

그러나 박정희는 단호했다.

"그자에게 이렇게 설명하시오. 우리가 민주복지국가를 지향하고 월남처럼 먹히지 않도록 하기 위해 체제를 강화하는 것이라고…. 2년 후에나 우릴 평가하라고 하시오. 미국이 뭐라고 간섭해도 우리는 일보도 후퇴하지 않을 거라고 분명히 전하시오."

박정희는 돌아서 나가는 강창성에게 한마디 덧붙였다.

"미 CIA 그자들, 당분간 누굴 만나 뭘 하는지 예의 감시하시오."

강은 리처드슨을 만나 대통령의 뜻을 그대로 전했다. 리처드슨은 다시 나타나지 않았다.

10·17헌법 파괴에 따라 유신헌법을 세우기 위해서는 겉치레나마 국민투표를 거쳐야 했다.

국민을 유혹하는 여러 가지 청사진이 펼쳐지고 새 유신정부의 '각오'가 선전됐다. 새마을사업지원금 3,686억 원 확정(11.3), 박 대통령의 '80년 국민 1인당 국민소득 1,000달러, 수출 100억 달러 달성' 지시(11.7), 병역기피자 1만7,834명 적발(11.16), 모두가 HR 정보부 주도로 꾸며진 홍보거리였다.

국민뇌리에 남북대화와 통일의 꿈을 심기 위해 HR 자신은 11월3일 남북조절위원장 자격으로 평양에 올라가 김일성을 만났다. 그리곤 11월11일 0시를 기해 남북이 비방 방송을 중지한다는 극적인 합의도 발표했다.

궁정동에서 치밀하게 준비된 수순을 북이 알 리 없었다. '공산주의자들에겐 생각할 여유를 주어서는 안 된다'는 HR의 지론에 따른 번개 같은 작전에 김일성도 코가 꿰일 수밖에 없었던 것일까.

11월22일 국민투표를 한 달쯤 앞두고 HR은 3국장을 지낸 전재구를 궁정동으로 불렀다. 전은 정보부장 특보로 밀려나 남북대화나 유신음모에서 겉돌고 있던 때였다.

"전 국장, 국민투표를 치러본 경험자가 없소. 앞으로 우리의 지부를 순회하면서 국민투표가 압도적 찬성으로 끝나도록 지도해 주시오. 일 끝나면 부산시장으로 각하께 천거할 테니…"

전은 오랜만에 일거리를 찾은 셈이었다. 그는 한 달 동안 지방 곳곳을 두 차례나 돌았다. 지역별 '투표대책사령부' 격인 중정 지부와 정부·공화당 중진으로 구성된 '중앙국투대책위'의 연결고리 역할을 했다.

11월22일 국민투표 결과는 예상대로 '유신 압승'이었다. 찬성률 91.5%.

박정희는 이를 놓고 '통일을 향한 국민의지의 발현'이라고 담화를 냈다.

그러나 투표 아닌 '작표'도 있었다.

"나는 10월 유신 때 전방근무 사병이었다. 국민투표 때 반대표를 찍으려 했더니 중대장이 붓뚜껑을 빼앗았다. '네가 아무리 반대표를 찍어도 사단에 가면 모두 찬성표로 바뀐다. 나만 죽일 거냐?'면서 중대장이 찬성표를 찍었다. 유신잔재는 국민 앞에 사과하고 물러가야 한다."

1980년 1월16일 수경사 계엄보통군법회의에서 이른바 YWCA 위장결혼 사건 공판 중 양관수(梁官洙)는 이렇게 증언했다.

61년의 5·16주체들은 자유당 정권의 60년 3·15부정선거를 '군사혁명'의 동기로 꼽으며 말했었다.

"어떤 장군은 자기 부대에서 102% 지지가 나왔다고 자랑하는 군대였다. 어떤 부대에선 천장에 붓뚜껑을 매달고 투표인이 야당에 찍으려 하면 끈을 잡아당기며 여당 찍으라고 하는…. 그런 정치와 군대를 바로 잡아야 하지 않겠는가"

그러나 5·16으로부터 10년 후 그 '깨인' 주체들이 움직인 71년 투표도 거기서 거기였던 셈이다.

72년 11월 들어 유신홍보는 뜨겁게 달아올랐다.

벌써 시골 벽지 국민학교에까지 홍보용 동요(童謠)가 시달되었다.

"10월의 유신은 김유신과 같아서

조국통일 되듯이 남북통일 이뤄요.

우리 몸에 알맞은 민주나라 만들어…"

청와대 대변인 김성진은 언론사에 대통령 박정희의 '말씀'을 보도할 때 존대보조어간을 쓰도록 지시했다. 북의 김일성은 로동신문이나 평양방송에서 '…말씀하셨다'고 보도하는데 우리는 '… 밝혔다'는 식이니 되겠느냐는 얘기였다. 한동안 "박 대통령이 … 하셨다" 방송이 계속되었다.

그 무렵 특히 방송사의 박정희 육성녹음을 거는 자는 누구나 손을 떨었다. 방송인끼리 '잘못 건드리면 죽는 물건'은 폭약이 아니라 박의 육성으로 통했다(당시 KBS아나운서였던 L씨 증언).

김일성 치하나 다름없이….

'99.99% 찬성'한 유신 대통령

정치 암흑시대가 오고 있었다.

72년 10월 유신은 국회, 사법부 그리고 행정부 3권을 대통령 박정희 한 사람에게 종속시키는 새 수법의 친위쿠데타였다.

남북대화를 볼모로 '개발독재'를 합법화함으로써 박정희는 왕정시대의 짐(朕)으로 군림하게 되었다. '짐이 곧 국가다'라는 상징어는 역사책의 옛 이야기가 아니었다.

헌법과 법률의 3권 분립과 민주적 절차는 완전히 형해화(形骸化)하고 법과 제도는 모두 박정희 일인 중심으로 재편되었다.

그리고 정보부장 경호실장 보안사령관 등 프리토리언(친위그룹)들이 3권을 딛고 박정희를 중심으로 판치는 친위그룹 정치가 막을 올렸다.

그러나 이후락 정보부가 유신의 대로를 닦는 데도 크고 작은 장애가 없을 수 없었다.

8대 때 신민당의원 홍영기도 유신과업 중 장애물의 하나였다. 변호사인 홍은 72년 7월 궁정동에서 밀실공작이 진행될 때 정보부법 폐지안을 윤길중과 함께 만든 요주의 인물이었다.

홍은 국회 재무위 소속으로 계수에도 밝았다.

그 무렵 외환은행 도쿄지점이 교포사업가 정건영(鄭建永·그는 일본에서 알아주는 암흑가의 큰 주먹으로 경호실장 박종규와 친해 서울에선 각별한 대접을 받고 있었다)에게 무담보로 50억 엔을 대출한 일(정인숙 여인 사건 참조)을 캐내 국회 예결위에서 터뜨린 것도 홍영기였다.

72년 10·7 유신계엄 후 홍영기는 불안했다. 깐깐한 야당의원들이 모두 잡혀갔기 때문에 언젠가 자신도 덮치리라는 예감 때문이었다.

한 달여가 지난 11월 말 홍은 부산에서 변론을 마치고 김포공항에 내렸다. 귀빈실에서 가죽점퍼 차림의 요원 2명이 기다리고 있었다.

"당신이 홍영기야?"

다짜고짜 반말로 묻더니 양팔을 끼고 검은 지프에 태웠다. 요원들은 무전으로 상부에 보고했다.

"화물 실었음. 곧 도착할 것임."

홍이 항변했다.

"명색이 국회의원이 짐짝이란 말이냐."

"우리 암호를 갖고 뭘 그래. 정신 좀 들게 해야겠구만."

도착한 곳은 서울 서빙고, 악명 높았던 보안사 분실이었다. 홍은 양복이 벗겨지고 카키색 군작업복으로 갈아 입혀졌다.

"과거는 불문에 부칠 테니 유신 지지연설을 해달라"고 홍에게 요구했다. 홍이 소신과 다른 유신체제를 찬성할 수 없다고 하자 "당신 고향 순창 여관방에서라도 주민을 모아 유신교육을 해 달라"는 주문이었다.

홍은 완강히 거절했다. 그러자 고문실로 데려갔다. 노련한 변호사인 홍은 위기를 맞아 꾀를 냈다.

"나 혈압 높아요. 당신들도 나 때리다 죽으면 책임져야 할 거야."

군의관이 들어와 혈압을 쟀다. 홍은 아랫배에 힘을 주어 혈압을 높였다. 군의관이 두세 차례 고개를 가로 저으며 재더니 위험판정을 내린 듯했다.

다시 조사실로 끌려가 '경을 쳤다'. 정보부 폐지법안을 내고 정건영 융자문제를 터뜨린 경위를 캤다. 김대중의 조직관계를 대라고 하는가 하면 "의원생활 중 받은 뇌물을 5,000만 원어치 이상 자술서에 쓰라"고 강요했다.

홍은 또 꾀를 냈다.

뇌물이라고 할 수 없고 공소시효도 지난 것만 4천여만 원어치 자술서에 썼다. '박순천 여사로부터 1,000만 원, 고문변호사로 있는 신진 자동차에서 500만 원…' 등.

홍은 유신 지지연설을 안 하는 대신 "비상계엄기간 중에는 정치활동도 않겠다"는 약속을 하고 풀려났다. 끌려간 지 9일 만이었다.

73년 2월 9대 국회의원 선거 때 홍은 출마를 시도했다. 그러나 연일 까만 지프 2~3대에 분승한 요원들이 홍의 유권자 접촉을 차단해버렸다. 홍은 중도에 포기해버렸다. 법 아닌 힘으로 피선거권을 빼앗는 시대가 열린 것이다.

미국정부의 유신에 대한 견제와 관심도 만만치 않았다.

비상계엄이 언제까지 계속될지, 겉치레나마 대통령과 국회의원 선거는 계엄이 풀린 상태에서 치러질지 예의 주시했다.

사실 선거를 앞두고 계엄을 풀 것이냐 말 것이냐는 유신 주도세력 간에도 논란거리였다.

10·17계엄 이후 청와대에 기획소위라는 것이 생겼다. 청와대 정무비서 홍성철, 유혁인과 정보부차장보, 주요부처 차관들이 매일 유신 과제를 세우고 스터디하는 모임이었다. 기획소위의 토의내용은 국무총리 주재의 비

상대책회의에 넘겨져 공식시책으로 확정되곤 했다.

이 과정에서 "내친 김에 국제여론이고 나발이고 눈 질끈 감고 계엄하 선거를 치러야 편하다"는 강경론이 대두됐던 것이다.

그러나 HR부장은 역시 고단수였다.

그는 계엄을 풀고 양대 선거를 치러야 유신체제의 모양이 좋아진다고 판단했다. 총리 JP도 같은 의견이었다. 결국 비상대책회의의 결론도 그렇게 났다.

HR은 중정 차장보 K를 시켜 미 CIA 지부장 리처드슨에게 '생색'을 내도록 했다.

K는 당시 정부종합청사 19층 중정수뇌부 사무실로 리처드슨을 불렀다.

"우리는 귀국이 원하는 대로 결론 냈습니다. 대통령 선거, 의원 선거 모두 계엄을 풀고 나서 치를 것입니다."

리처드슨은 손뼉을 치며 반겼다. 그리곤 선거일정을 물었다.

"대통령 선거는 12월 하순, 의원 선거는 73년 2월 말에 할 것입니다."

다른 것은 별로 묻지도 않고 리처드슨은 희색만면이 되어 돌아갔다.

형식적이나마 민주적인 분위기에서 선거를 치른다면 악화된 미국 내의 대한(對韓) 여론도 어느 정도 누그러뜨릴 수 있으리라, 또 그 자체가 불행 중 다행이요 훌륭한 보고거리 아닌가, 리처드슨은 그렇게 생각한 모양이었다.

이 무렵 중정 부장 특보 전재구는 유신이 성공하기 위해서는 획기적인 정책을 내걸고 국민을 설득하는 것이 필요하다고 판단했다. 나름의 '미래지향적'인 아이디어를 정리해 정책건의서를 작성했다.

줄거리는

① 복지국가 건설을 국정비전으로 제시해야 한다
② 유신헌장을 만든다
③ 한국적 민주주의를 강조한다
④ 북의 로동당 사노청(社勞靑)과 대결할 수 있는 조직화가 필요하다
⑤ 돈 안 드는 선거제도로 바꾼다(의원 중선거구제 등)
⑥ 부정부패 일소를 위한 감찰원, 대통령 자문기구로 국가원로원을 대통령 직속기구로 두고 노동부, 관광부 등을 신설한다
⑦ 대통령은 당적을 갖지 않고 초당적 통치권자가 된다는 것 등이었다.

HR은 이 건의서를 곧 박정희에게 올렸다. 박은 전재구의 건의가 그럴 듯하다고 여겼다. 전과 청와대 특보진이 머리를 맞대고 타당성 검토를 하도록 했다.

72년 12월 초 청와대의 최규하 특보 주재로 중정의 전재구 특보, 그리고 철학교수 출신의 박종홍 특보, 박진환, 장동환, 장위돈, **임방현**, 서종철 특보가 토론에 들어갔다.

빈민 구제 사회당 육성도 남산 몫

'복지국가'를 내세우는 데는 어렵지 않게 합의가 이루어졌다.
그러나 유신헌장은 철학교수 출신 박종홍이 반대했다.
"이미 국민교육헌장에 망라돼 있는 것을 다른 헌장으로 꾸밀 필요가 없다"는 주장. 결국 유신헌장은 따로 만들지 않기로 했다.
가장 논란이 치열했던 부분은 박정희가 공화당 당적을 계속 갖게 할 것인지 여부였다. 논란 끝에 청와대 특보들은 일단 공화당측 의견을 들어보

자며 사무총장 길전식과 정책위의장 구태회를 불렀다.

두 사람은 예상대로 박 대통령이 공화당을 떠나면 안된다고 주장했다.

"각하께서 당을 영도하지 않으면 당은 하루아침에 풍비박산 날 수가 있다. 절대 총재직을 계속 가지시도록 해야 한다."

그러나 중정의 판단은 달랐다. 대통령이 국회의원 3분의 1을 지명할 수 있게 된 판에 공화당 총재직은 고수할 필요가 없다고 보았다. 이른바 '영도적 대통령제'를 채택하면서 굳이 집권당 대표를 겸하면 여야균형도 안 맞는다고 판단했다는 것이다. 당시 3국장 조일제도 같은 의견이었다고 한다.

전재구는 반박했다.

"각하께서 공화당 총재도 겸하셔야 한다면 3분의 1 지명케이스도 대통령이 책임져야 한다는 말인가."

길, 구가 답변했다.

"150만 당원이 있는 공화당과 3분의 1 케이스(나중에 유정회로 명명되었다)는 엄연히 성격이 다르다."

설왕설래가 거듭되자 최규하는 어정쩡하게 결론을 냈다.

"일단 공화당의 주장대로 총재직을 겸하시게 하고 후일 탈당하는 방법도 있을 테니 유보합시다."

그래서 박정희의 권한과 책임은 갈수록 막중해졌다.

유신 이후 모든 정치 사회현상을 박정희 개인의 능력과 통찰로 다스리는 것처럼 하기 위하여 백화점 식의 정책개발에 나선 것도 정보부였다.

그것은 당시 정보부를 비롯한 친위그룹이 김일성 체제를 곁눈질한 결과이기도 했다.

당시 보안차장보 조일제씨는 필자에게 말했다.

"이후락 부장 시절 유신헌법을 만들 때 나는 **김철**씨 중심의 민주사회주의 운동을 체제 안에서 허용하자는 정책건의서를 만들었다. 이 부장은 이것을 받아들여 청와대에까지 올렸다.

의석의 3분의 1을 무조건 보장받는 집권당이, 공산당도 아닌 민주사회주의조차 못 받아들일 게 없다는 의미였다. 김철씨는 그러한 보장을 조건으로 유신찬동 서명을 했던 것이다.

김철씨의 사회주의 인터내셔널(SI)가입 노력도 우리가 뒷받침하기로 하고 영문기록도 도와주었던 것이다. 그러나 박 대통령은 이것이 다소 말썽을 낳을 수 있는 혁신적 아이디어로 판단했던 것 같다. 내가 청와대에서 최종보고를 하는데 결국은 보류하라는 것이었다."

조씨의 회고는 계속된다. 그 시절 성장과 분배의 갭에도 정보부가 주목했다는 얘기다.

"유신이 2년째로 접어드는 74년 대통령 초도순시를 앞두고 있을 때였다. 우리는 동대문시장과 청계천 일대 빈민 구제 운동을 하는 **김진홍** 목사(두레마을)를 주목했다. 보고를 보니 버린 음식찌꺼기를 삶아 빈민들과 나누어 먹는다는 내용이었다. 성장의 그늘에서 허덕이는 낙오병들에 대한 복지정책이 시급하다고 판단했다.

현장 사진을 찍고 나서 김관석 목사, 함세웅 신부 등으로부터 비판을 들어 정보부 나름의 대책을 짜보았다. 70년 **전태일**이 분신자살한 이후 계속 확대되고 있는 성장과 분배의 문제, 사회구조의 질적 변화에 본격적으로 눈을 돌렸던 것이다. 그러나 현장 사진이 너무 처참하다 해서 신임 신직수 부장은 보고를 반대했다. 그 보고서는 폐기되었다."

72년 12월13일 0시를 기해 비상계엄이 해제됐다.

열흘 뒤 통일주체 국민회의는 장충체육관에서 박정희를 8대 대통령으로 뽑았다. 체육관 선거의 시작이었다. 통대의원 2,359명 중 단 두 표만 빗나가고 2,357명이 '지지'한 결과였다. 99.99%의 순도를 자랑할 만했다. 투표가 북한을 닮아가고 있다고 통탄하는 이들이 적지 않았다.

12월27일 역시 장충체육관에서 대통령 취임식이 있었다. 단상의 태극기 깃대가 부러지는 이변이 일어났다.

불길한 조짐이었다.

너무 높이 오른 용 HR의 후회

산꼭대기는 오르막의 끝이다. 그래서 내리막의 시작이기도 하다.

72년 유신쿠데타를 완성한 이후락 정보부장의 기세와 파워는 절정에 달했다.

남한의 대통령 박정희의 최고 측근이요, 군사분계선을 거침없이 넘어가 북한의 김일성을 요리하는 HR. 박정희는 공언했다.

"72년 이후락 정보부장을 평양에 보낸 것은 큰 모험이었다. 나는 그때 우리나라의 삼국시대 역사를 회상해 보았다. 신라·고구려·백제 3국의 정립상태하에서도 소위 남북대화가 있었다. 훗날 신라의 태종무열왕이 된 김춘추가 단신으로 당시의 고구려 수도 평양을 방문했다.

그때 고구려는 김춘추를 억류하고 돌려보내지 않아 뒤에 간신히 탈출해 왔는데 이러한 고사(故事)를 생각해 보면서 민족의 비극을 미연에 막기 위해서 큰 모험을 강행했던 것이다." (73.1.12. 연두 기자회견)

HR은 하늘 높이 올려졌다. 그러나 하늘 높이 올라간 용은 후회하는 법(亢龍有悔)이었다. 주역(周易)이 그렇게 말하고 있다.

73년 이후는 분명 HR의 전성시대가 열려야 했다. 그러나 가파른 내리막이 기다리고 있었다.

첫 시련이 수도경비사령관 윤필용 체포사건이었다.

73년 3월2일 보안사령관 강창성은 박정희의 부름을 받고 청와대로 올라갔다.

강은 혹시 JP나 수도권 군부대의 동향 중 타 기관이 보고한 특이 사항을 묻는 게 아닐까 추측해 보았다. 박 대통령은 보안사령관을 강에게 맡게 하던 71년 8월13일 'JP와 수도권부대'를 각별히 챙겨보도록 당부한 바 있었다.

"강 장군, 윤필용이와 동기생(육사 8기)이지?"

"네."

"친한 사이야?"

"네."

"하지만 동기생이고 뭐고를 떠나 철두철미하게 파야 할 일이 있어. 분명히 말해 두지만 사심없이 딱 부러지게 조사하고 매듭지어야 해."

박정희는 수도경비사령관 윤이 괘씸한 짓을 하고 다닌다는 얘기였다. 박은 신범식(당시 서울신문사장·9, 10대의원)이 진술한 윤의 불경스런 발언 메모를 강에게 건네주었다.

강은 보안사로 신범식을 불러 기초조사를 했다. 신은 메모내용을 시인하면서 신변안전 때문에 경호병 한 명을 붙여 달라고 했다. 윤필용의 힘이 막강했던 때였다. 윤은 박정희를 비서실장 등으로 15년이나 모셨고 육군 방첩부대장(보안사 전신), 사단장을 거쳐 수경사령관을 하고 있었다.

그 전해 설날 문 모 대장이 아래 계급이요 후배인 윤의 집에 세배를 갔을 정도였다. 박정희는 군요직 인사 때 윤의 의견을 참고함으로써 윤은 8기생의 선두가 아니라 군부 전체의 실력자였다.

윤씨 자신도 당시의 파워를 이렇게 말한 적이 있다.

"내가 윗분 신임이 좀 있다고 소문이 나니까 정계·재계 인물들도 사무실로 찾아오고 군선배들도 술자리의 상석을 내게 권하는 식이었다. 공식 행사장에 가보면 군의 선배계급이 뒷줄, 내가 앞줄에 앉게 좌석배치가 돼 있기도 하고…"

어쨌든 보안사령관 강은 윤을 조사하지 않을 수 없었다. "퇴근시간에 보안사 내 방으로 들러 달라"고 윤에게 전화했다.

"윤 장군, 각하명령이니 할 수 없이 알아봐야겠소. 얼마 전에 이후락 정보부장 등과 술자리를 하면서 '형님'이라고 부르고, '각하가 연만하셔서 노쇠하기 전에 청와대를 물러나도록 해 영원한 대통령이 되도록 모셔야 한다' '이후락 형님이 후계자'라고 말한 적이 있나요."

윤필용은 펄쩍 뛰었다. 결코 자기가 한 얘기가 아니라고 했다. 다만 HR 정보부장을 형님이라고 부른 사실은 시인했다.

윤은 72년 10월 유신 선포 직후 HR의 초대로 요정 오진암에 갔었다. 거기엔 박용학(대농그룹) 김창원(신진자동차) 서정귀(호남정유) 김종희(한국화약) 같은 재벌기업인과 서종철 그리고 재일동포주먹 정건영 등이 있었다.

윤이 농담삼아 호기 있게 말했다.

"계엄하니까 두 사람 이상 모이려면 수경사령관인 내 허락을 받아야 하는데 왜 불법집회요"라고.

이를 HR이 재치 있게 받았다.

"그래서 윤 장군을 모신 게 아니오. 계엄 하느라 윤 장군 고생 많은데 우리 주머니 털어 격려금이나 냅시다."

모두들 지갑을 꺼내 모은 돈이 거금이었다. 격려금도 얻고 분위기 좋게 술을 얻어 마신 윤은 그 자리에서 군선배 HR을 '형님'이라고 불렀다는 얘기였다.

공교롭게도 72년 말 HR과 윤의 관계는 최고조였다.

HR의 오른팔격인 감찰실장 이재걸과 윤의 참모장 **손영길** 준장은 모두 울산 출신으로 초등학교 이래 친한 친구였다. 둘은 보스들이 통하도록 애를 썼다. HR의 동생인 이구락(李龜洛)이 수경사 근무 중령으로, 중정 보안과장으로 왔다갔다 한 것도 이 무렵이었다.

HR-윤필용 밀월은 친위그룹 내부의 질시를 유발했다. 둘의 결합은 일본말로 '오니니 가나보'(鬼に金棒·귀신에 금방망이. 곧 범이 날개 단 격이라는 뜻)로 통했다.

하나회장 전두환 준장의 역할

대통령 박정희의 경계심조차 불러일으켰다.

HR과 윤의 측근들은 윤필용 체포 사건을 뒷날 '까치작전'이라고 불렀다. "타깃은 HR로 정해놓고 의심 많고 귀 얇은 박통을 움직여 윤을 쳤다"는 것이다. 거기에 경호실장 박종규의 HR에 대한 악감정이 맺혀 있었다고 보는 이들이 많다.

그때 박종규는 분명 HR을 버르고 있었다.

72년 10월17일 유신계엄 한 달 전쯤 서울의 귀밝은 사람들은 끊임없이 중대 조치 임박설을 듣고 있었다. 보안이 깨질 공산이 크자 HR 정보부는 느닷없이 '박 대통령 방일 계획'(11월 13~18일)을 발표하게 했다. 그건 양동작전이었다.

그 작전 내막을 천하의 경호실장 박이 모르고 있었다. 그는 10·17 당시 도쿄에서의 경호계획을 세우고 있었다. 저녁이면 일본 정계인사나 교포실업가들과 잔을 나누며 실력을 과시하는 나날이었다. 그런데 유신이 터졌고 10월20일 방일계획은 취소한다고 발표가 났다. HR에게 뒤통수를 얻어맞은 것을 뒤늦게 알았다. 일본에서 체면이 깎이고 '겉도는 피스톨'이 되고 만 박종규의 분노는 대단했다. "대통령각하야 그렇다 치더라도 이후락이 그럴 수 있느냐"며 허공에 주먹을 내질렀다고 한다.

어쨌든 강창성의 조사를 받게 된 윤필용은 다급해졌다. 윤은 '각하를 물러나시게…' 운운한 것은 자기가 아니라 딴 사람이었다, 그 자리엔 청와대 수석비서관 정소영(경제), 김시진(민정), 수경사 대령 지성한 등도 같이 있었다고 설명했다

강은 윤에게 말했다.

"말이 트집 잡혀서 각하 노여움을 샀으니, 각하를 오래 모신 윤 장군이 직접 사과해서 문제를 풀어야 합니다."

윤은 '선처'를 부탁하며 돌아갔다.

강은 HR을 만나 진술을 들었다.

"부장님, 지금까지 알아본 바로는 윤 장군과의 술자리에서 '각하가 노쇠하시니 건강이 더 약해지기 전에 물러나시게 하고 후계자를 세워야 한다. 후계자는 형님이 있지 않습니까. 신라의 김춘추도 고구려 갔다와서 왕이 됐는데…'라는 말을 윤 장군이 했다고 합니다."

"아니야. 말 같지 않은 소리 말라고 했어. 윤 장군 그 사람 여러 말도 많지 않아… 잡아넣어야 하는 것 아냐"

HR은 딱 잡아뗐다. 기초조사에 나온대로 'HR부장이 윤 장군의 얘기를 기분 좋은 듯 들었다'는 내용과도 달랐다. 병력동원을 전제한 쿠데타 성격은 발견할 수 없었다.

강은 보고서를 만들어 올라갔다. 박정희는 궁정동 안가에서 박종규와 비서실장 김정렴을 곁에 앉히고 기다리고 있었다. 보고를 들으며 박정희

는 화를 냈다.

"이후락이도 조사해."

강이 만류했다.

"비서실장, 정보부장으로 오래 각하를 모셨는데 그를 조사하면 국내외적으로 좋지 않은 반향이 생길 것입니다."

그러나 박종규는 강경하게 거들었다.

"이 부장이나 윤 장군을 추종하는 군인들을 모조리 잡아넣어야지…"

박정희는 김정렴의 얼굴을 쳐다보며 의견을 구했다. 김 실장은 조심스럽게 HR 조사는 말아야 한다는 의견을 냈다.

박정희는 "그러면 알아서 해"라며 더 고집하지 않았다. 그리고선 "강 장군, 거 **전두환** 준장을 불러 얘기 좀 들어 봐. 많이 알고 있는 것 같아"라고 덧붙였다.

강창성 보안사는 전두환을 비롯한 군내부의 사조직 하나회 수사에 본격적으로 착수했다. 천하가 알아주는 남산 감찰실장 이재걸을 보안사 지프가 남산에 들이닥쳐 싣고 가버린 것도 이때였다.

일명 일심회(一心會)로 불린 하나회 멤버는 장성에서 중위까지 무려 220여 명에 달했다. 이 조직은 박정희로부터 그전부터 인정을 받았고 그 때문에 커온 것이었다.

박은 멤버 중 진급자를 위해 축하파티를 열어주거나 승용차나 금일봉을 선물했고 특히 지휘관으로 나가면 군도(軍刀)나 지휘봉을 기념으로 주었다. 멤버들은 대통령이 하사한 표시가 있는 군도를 걸어놓고 신임을 과시했다.

문제는 박정희가 편애한 하나회 멤버 대다수가 윤필용을 따르고 있다는 데 있었다. 준장 손영길(11기·수경사 참모장), 김성배(육본진급인사보좌관), 대령

권익현(11기·연대장), 지성한(육군범죄수사단장), **신재기**(13기·육본진급인사실 요원) 등 장교 10명이 횡령·수뢰·직권남용·군무이탈죄 등으로 구속됐다.

정동철, 안교덕, **배명국**, 박정기, **김상구** 등 31명의 장교들이 군복을 벗었다. 윤필용과 가까웠던 한양대 총장 김연준은 구속되고 그의 대한일보는 폐간됐다. 하나회 멤버와 친했던 제일은행차장 **이원조**가 민간인으로 직업을 잃은 케이스였다.

윤은 재기불능으로 꺾였고 HR은 신임에 금이 갔다.

윤필용의 나락과 하나회의 시련

박정희 시대 군부내에서 '하나회' 장교들의 힘은 막강했다. 그 넘치는 힘은 정치판에서도 알아주었다.

파워의 원천은 두말할 것도 없이 대통령 박정희가 비밀조직 하나회 회원들을 각별히 아낀 데 있었다.

유신 말기인 78년 1사단장을 지낸 전두환 장군은 대통령이 된 뒤 회고했다.

"내가 사단장을 할 때 부대가 있는 파주 국회의원은 공화당 소속 박○○이었다. 10대 국회의원 선거를 앞두고 이 사람이 공천을 부탁해 내가 '군인이 어떻게 그런데 관여하느냐'고 거절했지. 그 뒤에 말이야, 지프를 타고 가는데 길거리에서 누가 고개를 숙여 절을 꾸벅 하더란 말야. 찬찬히 보니 바로 그 국회의원 박이었어." (84.12.11 저녁 청와대에서 민정당 중집위원들에게) 전두환 이름 석 자는 그 무렵 세간에 낯설었지만 그 파워를 아는 사람은 알고 있었던 것이다. 그가 71년 장군 진급시 박 대통령은 축하파티를 열어주었고 고급승용차도 선물로 주었다.

전두환은 유신 말기 '부각하'로 행세했던 경호실장 차지철 밑에서 경호실 작전차장보를 지냈다. 차가 권력에 맛들여 후계자를 꿈꿀 때였다. 차가 국기강하식이라는 명목으로 경복궁에 고관들을 불러, 사열식을 즐길 때 우렁찬 목소리로 제병지휘를 한 것도 전두환이었다.

박정희와 수도권 안전을 책임지는 '천하 제1사단' 사단장 시절 전두환의 관사(문산)에는 서울 직통다이얼 전화가 가설돼 있었다고 한다. '전 장군은 박 대통령의 양아들'이라는 당시 소문은 지금도 간간이 보안사 간부들의 증언으로 보도되고 있다(전 보안사장교 김충립 증언).

전 장군은 79년 파격적으로 사단장에서 곧장 군단장급 보직인 국군 보안사령관으로 기용됐다. 그는 이미 '정신적'으로 박정희의 후계 반열에 올라섰던 것 같다.

"나는 보안사령관으로 있으면서 부정부패에 관한 종합보고서를 만들어 박 대통령께 보고하려 했다. 그때 KCIA부장(김재규), 경호실장(車), 비서실장(김계원) 등의 권력관계를 분석하고 각 부처의 부정 유형을 조사해 보았던 것이다. 그런데 10·26사건이 터져 그날 밤 김재규를 잡아넣고 이튿날 새벽 보고서를 절단기에 넣고 없애버렸다. 그게 있었으면 지금도 쓸모가 있었을 텐데…내가 은퇴해 자서전을 쓸 때라도 자료가 될 것이고…하지만 지금도 그때 보고서를 만든 일이 도움이 되고 있다."

81년 10월 대통령 전두환이 공개석상에서 한 얘기다. 주목할 만한 대목은 바로 그 무렵 김재규나 차지철 같은 '대선배' 실력자들의 뒷조사를 할 수 있었다는 점이다.

바로 그 전두환은 1년 뒤인 80년 정보부장(서리)이 되고 대통령에도 오르게 된다.

11기 이전 사관생도 교육훈련 및 진급

기별	교육기간	입교일	졸업생 수	전사자	장성 수
제1기	45일	1946. 5. 1	40명	9(23%)	19(48%)
2	80일	1946. 9. 24	196명	40(20%)	79(40%)
3	3개월	1947. 1. 13	296명	88(30%)	63(21%)
4	4개월	1946. 5. 16	107명	38(36%)	16(15%)
5	3, 6개월	1947. 7. 1	380명	97(26%)	59(15%)
6	3개월	1948. 5. 6	235명	94(40%)	21(9%)
7	3, 6개월	1948. 8. 9	561명	137(24%)	41(7%)
7(특)	8주	1948. 8. 17	190명	42(22%)	41(22%)
7(후)	4주	1948. 11.22	345명	75(21%)	16(5%)
8	6개월	1948. 12. 7	1,335명	402(32%)	111(9%)
8(특1)	3주	1948. 12. 7	11명	2(18%)	9(82%)
8(특2)	5주	1948. 12. 7	145명	32(22%)	9(82%)
8(특3)	12주	1948. 12. 7	181명	45(25%)	11(6%)
8(특4)	5주(1차)	1948. 12. 7	148명	53(21%)	17(7%)

'하나회'는 92년까지 2명의 대통령과 5명의 안기부장(정보부장서리 1명 포함) 4명의 경호실장 등을 배출했다.

육사 11기 핵심장교 전두환 등 10여 명은 61년 5·16혁명 이래의 아랫기수 10여 명씩을 은밀히 뽑아 그 하나회를 만들었다.

4년제 정규 육사라는 자부심에 찬 11기 이후 장교들의 응집력은 대단했다. 그들은 기껏해야 6개월 속성코스(10기만 1년 코스)로 임관한 선배장교들과 다른 대접을 받길 원했다.(도표 참조)

당시 12, 13기 생도들에게 영어를 가르쳤던 김종운 교수(92년 서울대 총장)는 이렇게 회고했다.

"6·25전란 중에 집안형편이 어렵지만 비교적 우수한 젊은이들이 상당한 경쟁을 거쳐 4년제 육사에서 숙식 걱정 없이 공부했다. 그들 중에는 학과

성적도 괜찮고 명문대학에 다녀도 손색없을 정도의 머리와 학구열이 있는 생도가 있었다."

그래서인지 11기 이후 장교들은 일종의 엘리트의식을 지녔고 당시 무능 부패한 병영의 상급자들을 경멸하는 경향도 생겼다.

81년 노태우 보안사령관도 '12·12주체'의 성격을 다음과 같이 설명했다.

"육사 졸업생 중 50년~60년 사이에 거쳐 나온 사람들은 모두 엘리트다. 당시 돈 있는 집의 자식들은 모두 외국유학을 갔지만 돈 없고 우수한 학생들은 육사에 갔다. 50~60년 사이에 졸업한 육사생들은 대개 11기에서 20기 사이인데 이 사람들이 현재 군의 요직에 다 앉아 있다.

우리 군의 역사상 이처럼 우수한 교육을 받은 엘리트 지휘관을 확보한 것은 전례 없는 일이다. 50~60년도에 육사를 거쳐 나온 사람 중에 외국에 가서 박사학위를 받은 사람이 70명이 넘는다.

따라서 군지휘관들은 사명감에 불타고 있다. 현재 육사졸업생 중 대령급인 사람도 집이 없는 사람이 많다. 그런데도 불만없이 사명감을 갖고 국가에 충성을 하고 있다." (81.3.24 국방부 출입기자 11명에게)

"정규 1기를 뽑는다고 해놓고 왜 11기라고 졸업시키느냐"는 불만은 12, 13, 14기 대대로 이어졌다.

이들은 초급장교 시절부터 병영의 '검수관'으로 발탁되면서 한층 콧대가 세졌다.

검수관이란 병영의 쌀·부식·피복·탄약 등 보급품 반입을 독찰하는 자리였다. 50년대의 부패한 병영에선 공급상인과 보급장교들이 짜고 돈을 빼먹는 것을 막기 위해 검수관을 두지 않을 수 없었다. 그런데 검수관마저 상인들의 뒷돈질에 넘어가버려 쓸모가 없어졌다. 그래서 4년제 육사를 나와 '돈보다 장래'를 내다보는 깨끗한 청년장교들을 검수관으로 앉히게 됐다는 것이다.

하나회, 엘리트 군벌의 위용

이런 식의 검수관 발탁은 5·16 후 박정희 최고회의 의장의 아이디어라는 것이 통설이다.

어쨌든 11기 이후 정규 육사 출신들은 검수관을 지냄으로써 선배장교들을 한층 더 얕잡아보게 되고 선배들이 그들을 더욱 시기하고 아니꼽게 볼 것은 뻔한 이치였다. 5·16후 최고회의 정보부 방첩대에 선두그룹이 배치돼 63년에는 겨우 대위 정도인데도 7·6친위쿠데타도 시도할 정도로 컸다.

11기 이후 기수들은 67년 김계원 육참총장, 정래혁 육사교장 시절에도 단체행동으로 군수뇌부의 간담을 서늘하게 했다.

김계원씨의 증언.

"그들은 늘 왜 우리가 육사 1기지 11기냐는 식으로 불평을 했다. 한번은 육사 졸업식 무렵인데 정 장군이 전화를 걸어왔다. 졸업생들이 기수배정에 불만을 표시하기 위해 박 대통령도 참석하는 졸업식장을 비우겠다는 것이었다. 나는 화가 나서 '그런 육사라면 문 닫아야지요'라며 수습하라고 했다. 11기 이래의 하나회인지 일심회인지가 작용한 일이라 기억한다. 겨우 무마해 소리없이 졸업식을 치렀지만…"

하나회 인맥은 기라성 같았다. 결과적으로 두 명의 대통령을 배출하기도 했지만 현역군인 시절에도 정보부·보안사·수경사·경호실·특전사 등 핵심부서와 1사단, 9사단 같은 수도권부대 요직을 독차지하다시피 했기 때문이다.

하나회 주요멤버를 보자. (괄호 안은 주요 경력)

육사 12기

박세직(수경사령관·총무처장관·안기부장·서울시장·14대의원)

박준병(보안사령관·민자당사무총장·3선 의원)

박희도(특전사령관·군사령관·육참총장)

장기오(특검단장·군단장·총무처장관)

정동철(감사원사무차장·노동부차관)

육사 13기

신재기(수협부회장·13, 14대 의원)

윤태균(도로공사사장·14대 의원)

정동호(대통령경호실장·육참차장·13, 14대 의원)

오한구(국회내무위원장·3선 역임)

최세창(육참차장·합참의장·국방장관)

이우재(통신단장·체신부장관)

육사 14기

박정기(한전사장·한국중공업사장)

이종구(보안사령관·육참총장·국방장관)

배명국(청와대민정비서·국회건설위원장·14대의원)

이춘구(내무장관·민자당사무총장·4선의원)

안무혁(국세청장·안기부장)

육사 15기

이진삼(정보사령관·육참총장·체육부장관)

고명승(보안사령관 · 육참총장)

이대희(특검단장 · 병무청장)

김상구(오스트레일리아대사 · 12, 14대 의원)

육사 16기

정순덕(청와대 정무수석 · 민자당사무총장 · 4선 의원)

장세동(경호실장 · 안기부장)

최평욱(산림청장 · 철도청장)

육사 17기

허화평(보안사비서실장 · 정무수석 · 14대 의원)

허삼수(청와대 사정수석 · 14대 의원)

안현태(경호실장)

이현우(경호실장 · 안기부장)

김진영(92년 육참총장)

육사 18기

조남풍(보안사령관 · 1군사령관)

구창회(기무사령관 · 3군사령관)

성환옥(육본헌병감 · 경호실차장)

육사 19기

서완수(특전사령관 · 기무사령관)

육사 20기

허청일(11, 12대 의원)

안병호(수방사령관)

　윤필용과 하나회의 관계는 72, 73년 수경사 근무장교의 면면을 살펴보면 확연해진다.
　윤필용 사건 당시의 수사 주요지휘관 및 참모는 참모장 손영길 준장, 정보참모 윤태균 대령(육사 13기·14대 국회의원), 작전참모 안필준 대령(육사 12기·훗날 보안사령관), 군수참모 노정기 중령(육사11기·손영길 준장 후임 참모장), 30대대장 이종구 중령(훗날 육참총장·국방장관), 부대대장 안현태 소령(훗날 경호실장), 33대대장 이대희 중령(80년대 병무청장), 부대대장 조남풍 소령(훗날 보안사령관), 5헌병대장 조명기 중령, 부대대장 성환옥 소령(훗날 경호실차장), 방공포대대장 김상구 중령(육사15기·전두환 장군 동서·오스트레일리아 대사·국회의원), 본부사령 정봉화 소령, 비서실장 박정기 대령(훗날 한전사장). 전속부관 신양호 대위였다.
　윤필용은 80, 90년대 이 나라의 간성(幹星)을 모두 품에 넣고 있었다.

하나회 장교들의 반격과 강창성 함몰

　60년대 말 '하나회'장교 집단은 정보부장 김형욱과 보안사령관 김재규의 눈에도 띄게 되지만 대통령 박정희의 비호로 별 탈 없이 넘어갈 수 있었다. 하나회가 70년대 초반 군부의 실세가 된 수경사령관 윤필용을 맏형처럼 모시다 73년 초 윤이 박정희로부터 호된 매질을 당하자 하나회도 된서리를 맞게 됐다.

윤필용 사건의 전말을 비교적 소상히 아는 Z장군의 증언.

"사건의 뿌리는 박종규 경호실장이 이후락 정보부장을 견제하고 윤필용을 질시하는 데 있었다고 본다. 박 실장은 5·16당시 소령이고 윤 장군은 벌써 8기생 대령이었기 때문에 그랬는지 줄곧 윤장군을 상당히 불편해했다. 그런데 HR과 윤 장군이 가깝게 지내 더욱 긴장하게 되고 신범식 씨의 '불경(不敬)발언' 제보가 도화선이 되어 그만 터져버린 것이다. 박 실장의 기초 조사 내용을 보고받은 박 대통령은 대로했고 그때부터 걷잡을 수 없이 진행됐다. 윤 장군은 수습을 위해 뛰었으나 대통령의 노여움은 풀리지 않았고, 박 실장이나 수사책임을 맡은 강창성 보안사령관도 윤 장군을 비호할 역학관계에 있지 않았기 때문에 사건은 극한으로 치달았던 것이다."

하나회를 캐는 과정에서 권익현, 신재기 대령 등이 혹독하게 당했다.

그러나 하나회 회장이었던 전두환 준장(73년 1월 진급) 등은 무사했다. 그 전두환은 79년 12·12사태를 주도, 권력을 장악하고 대통령에 오르게 된다.

이 때문에 윤필용 사건을 수경사 참모장 손영길 준장과 전 준장의 대립으로 좁혀 보는 시각도 있다. 하나회가 줄줄이 당하는 판에 왜 회장이 무사했느냐는 얘기다. 거슬러 올라가면 전 준장은 박 실장을, 손 준장은 윤 소장을 끈으로 잡고 있었으므로 당연한 해석이라고 말하는 사람도 있다.

전 준장이 박종규맨이었다는 증거는 많다.

가령 중앙정보부 과장이었던 T는 68년 초 모종의 독직사건으로 구속된 일이 있었다. T는 석방 후 72년 남북대화가 본격화되면서 북측 손님을 관리(사실상 우리 종업원들과 그들의 접촉을 통제)하는 영빈관 보안책임자로 다시 복직했다. 그러자 오래 전부터 알고 지내던 전 준장은 박 실장에게 "T같은 일꾼을 제자리에서 일하게 해야 합니다. 각하께 건의해 주십시오"라고 부탁했다. 박 대통령의 결심으로 T는 곧 중정 국장으로 롤백하게 됐다.

강창성 씨도 박 실장-전 준장의 돈독한 관계에 관한 기억을 갖고 있다. 윤필용 사건 초기 강씨가 박 대통령에게 불려갔더니 "박 실장이 들여보내서 전두환 준장이 내 집무실을 다녀갔다"고 하더라는 것이다. "박 대통령은 전 준장이 윤필용을 비판하는 보고하는 걸 듣고는 '싸움질에 끼지 말고 일이나 열심히 하라'고 했더니, 전 준장 말이 '그래도 윤필용 장군은 군대 안에서 문제가 있다'면서 박종규처럼 제거를 주장했다더라"고 강씨는 회고했다.

손영길 씨 측도 전씨에 대해 얼마간 섭섭한 감정은 갖고 있다.

"73년 윤 장군 사건은 정치적 음모가 분명하고 오랫동안 밀실 모함이 있은 뒤 터졌다. 가령 전두환 장군은 깍듯이 모신 박 실장 중심으로 상황의 초기부터 그걸 알았을 게 아닌가. 또 사건화되면서 곧바로 전 장군이 우리와 공동대응을 하고 함께 항변하면 방어했을지도 모를 일을, 그만 자기만 불똥을 털어내는 듯 빠지는 식의 처신을 해서…. 그렇다고 이제 와서 누굴 탓하는 것은 아니지만…"

강창성 보안사의 수사는 하나회 쪽으로 초점이 옮겨졌다. 73년 3월부터 7월까지 각급부대 220명의 내로라하는 장교를 조사해 들어가자 반향이 컸다.

그러던 차에 보안사의 '약점'이 수경사에 되잡히고 말았다. 강창성 보안사는 이것이 하나회의 반격이라고 믿었다.

이른바 군용기름 유출사건. 당시 보안사는 김재규 사령관 시절 이래 군원(軍援)으로 나오는 휘발유 잉여분을 중정이나 민간에 팔아 수사비로 쓰는 관행이 있었다. 보안사 '끗발'로 배정받는 월 300여 드럼분의 잉여 휘발유를 밖에 내다파는 것이었다.

12·12사태 인물들과 하나회의 관계

성명	당시 직위	하나회와 관계	성명	당시 직위	관계
전두환	보안사령관	회원	노태우	9사단장	회원
황영시	1군단장	후원자	유학성	국방부차관보	후원자
차규헌	수도군단장	후원자	박준병	사단장	회원
백운택	방위사단장	회원	정동호	청와대경호실차장	회원
장기오	공수여단장	회원	박희도	공수여단장	회원
장세동	수경사30경비단장	회원	최세창	공수여단장	회원
허삼수	합수본부총무국장	회원	김진영	수경사33경비단장	회원
이학봉	합수본부수사국장	회원	우경윤	육본범죄수사단장	회원
신윤희	수경사헌병부단당		허화평	보안사령관비서실장	회원
성환옥	육본헌병감실 기획과장		조홍	수경사 헌병단장	
이종민	헌병대장		최석립	수경사00헌병단장	
고명승	청와대경호실 작전담당관		※ 이상 강창성 의원 작성		

 그런데 바로 73년 7월 무렵 인천에까지 유출된 보안사 휘발유가 수경사 헌병에 걸려 보고됐다. 진종채는 하나회를 감싸고 강창성을 벼르고 있던 참이었다.

 진종채 신임 수경사령관은 이를 즉각 박 대통령에게 보고했다.

 진종채는 하나회를 감싸고 강창성을 벼르고 있던 참이었다.

 박 대통령은 이 내용을 중정 6국장 이용택의 조정하에 육군헌병감이 철저히 수사하도록 엄명을 내렸다. 이것은 강창성에게 결정타를 먹였다.

 강씨의 주장.

 "내가 보안사령관으로 간 뒤 '육본에서 잉여분을 100드럼 이상은 받지 말고 팔지도 마라'고 지시했는데도 자꾸만 잉여가 쌓여 홍릉과 인천의 탱크에까지 나누어 보관했다고 한다. 그건 약점이 될 수도 없었다. 왜냐하면 전임 사령관 때부터의 관행이었으니까. 그런데도 정보부와 하나회 장교들이 나의 뒤를 캐다가 기름을 트집 잡은 것이다. 참모장 김귀수 준장과 군수참모 이 대령 군수과장 이 소령 등이 구속됐으나 3심에서 무죄가 났다."

73년 8월10일 강은 박정희의 부름을 받고 태릉골프장에서 함께 라운딩했다.

"강 장군 때문에 경상도 장교들 씨가 마르겠다고들 그래."

박은 보안사령관 교체를 시사했다. HR과 하나회의 반격에 강창성이 무너지는 순간이었다.

강 사령관이 보안사에 도착하니 이미 3관구 사령관으로 명령이 나있었다.

하나회 수사에서 강창성 보안사의 서슬을 피한 전두환, 노태우 장군은 공수여단장, 청와대 작전차장보, 사단장을 거쳤다.

79년 10·26 이후 하나회는 다시 뭉쳐 계엄사령관 정승화 육참총장을 가두는 12·12를 주도한다.

그리고 정권을 잡더니 윤필용을 복권시키고 강창성을 독직혐의로 체포(80.8.4.)했다.

남산의 부장들
KCIA

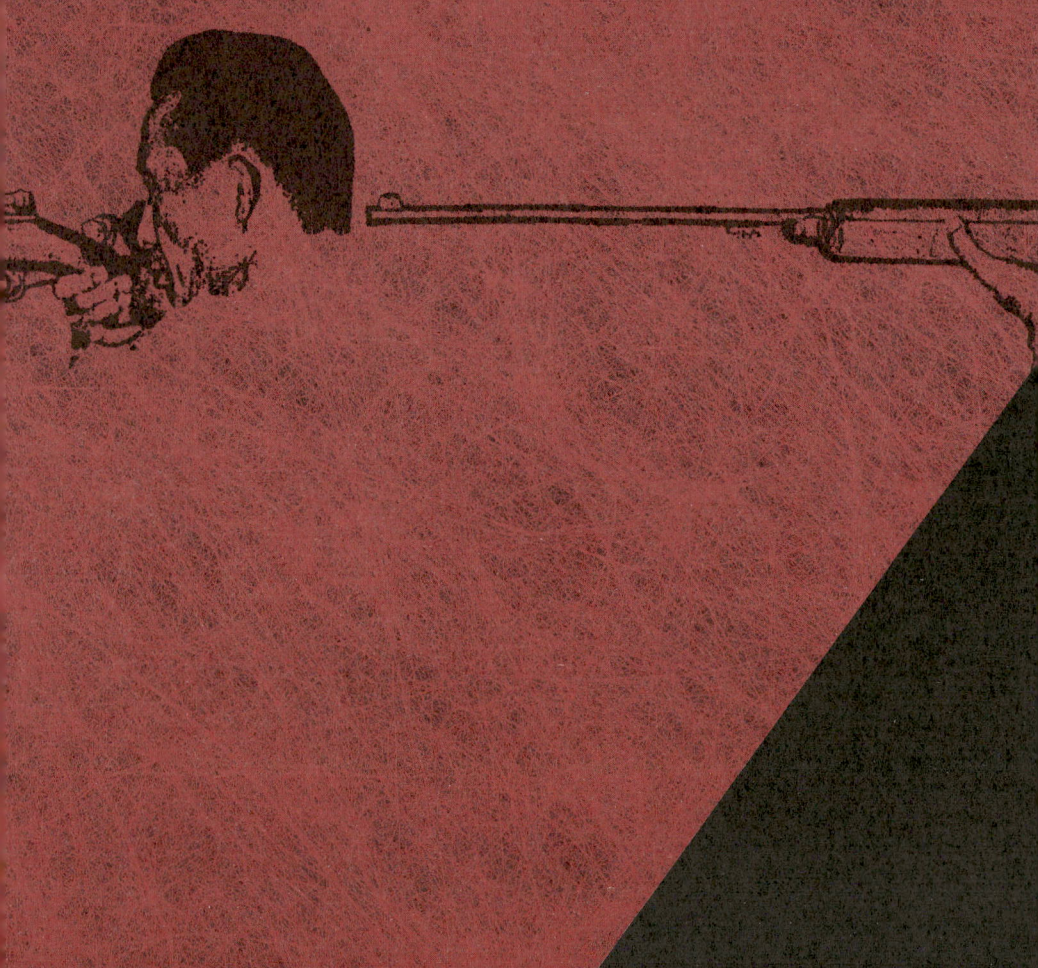

1 | 2012년 대선 당시 새누리당의 박근혜 대통령후보. 그는 박정희 시대를 추억하는 수많은 '친박' 충성 지지자 및 열성적인 지역 팬들과 보수기득권층, 노령세대의 굳건한 지지를 받았다. 그러나 박정희 시대의 인권유린으로 생채기를 입은 '과거사' 피해자들의 가슴에 쌓인 앙금과 불복을 씻어내지 못했다.

2 | 하비브 주한 미국대사가 김용식 대사(나중에 외무부장관) 주한 외교사절 모임에서 환담하고 있다. 하비브는 1973년 8월, 중앙정보부의 김대중 납치사건이 벌어지자 시시각각 정보부의 긴박한 동태를 워싱턴에 보고해 김대중 살해를 막았다. 워싱턴에서는 나중에 주한 대사가 된 도널드 그레그가 구명에 결정적으로 기여했다.

3 | 미국의 서울 주재 성 김 대사는 김대중 납치사건(1973년, 도쿄)으로 유명한 김기완 중앙정보부 파견 공사(도쿄 주재)의 아들이며 한국 이름은 김성용. 아버지 김기완은 1973년 이후락 정보부가 김대중을 도쿄에서 납치하려고 기획하는 단계에서 극구 반대했다. 그러나 이후락의 주도로 납치가 강행되고, 한일 간에 외교문제로 번지자 미국으로 도피해서 아들을 키웠다. 김대중은 살아 있을 때, 미국 국무부 한국과장이던 성 김에 대해 "아버지의 일로 연좌해서 아들에게 책임을 물을 수도 없고, 그래서는 안 된다"라고 관대한 입장을 보였다.

4 | 성 김 주한 미국대사(오른쪽)와 김성환 외교통상부 장관. 성 김은 1980년 미국시민이 되고, 국무부에 취직하여 동아시아부 중에서도 가장 많은 직원을 거느린 한국과의 과장을 지냈다. 빅터 차 백악관 국가안보회의 아시아 담당 보좌관, 유리 김(한국명: 김유리) 북한 팀장과 함께 미국 행정부에서 손꼽히는 한국 전문가. 친형 김준용(1954년생) 미국 변호사는 글로벌 로펌인 스카이어샌더스의 서울사무소 대표. 준용, 성용 두 형제의 어머니는 문화방송 아나운서로 이름 떨친 임택근의 누나 임현자 씨다. 그래서 임택근의 아들인 가수 임재범과 그의 이복동생인 탤런트 손지창과는 외사촌이 된다.

5 | 원칙과 신뢰의 정치를 내건 박근혜 2012년 당시 새누리당 대통령후보. 대한민국의 1960, 1970년대를 이끈 박정희의 딸로서, 그 시대의 빛과 그림자를 고스란히 물려받았다. 아버지의 자산(친박 충성부대)과 부채(과거사 피해자)를 송두리째 안고, 문재인-안철수 연합군과 2012년 12월 대선에서 힘겨운 한판 승부를 벌였다.

6 | 18대 대선 당시 박근혜 새누리당 대통령후보와 서경석 목사(오른쪽 끝), 김진홍 목사(박 후보 옆), 박세일 전 서울대교수. 서, 김 목사는 박정희 정권이 주목했던 유신체제 반대세력이었으나 박근혜와는 정치적으로 화해했다. 박세일 교수는 김영삼 정부의 청와대수석, 한나라당 여의도연구소장을 지내고, 한반도선진화재단 이사장을 맡았다.

7 | 이명박 대통령과 박근혜 후보. 2007년 한나라당 대통령후보 경선에서 치열하게 맞싸운 두 사람은 살아온 인생궤적, 가치관 인생관이 매우 대조적이어서 한 목소리를 내지 못하고 늘 불협화음을 빚었다. 양인 간의 뿌리 깊은 불신과 은근한 불화는 이명박 정권 5년 내내 친이·친박의 반목과 질시, 갈등을 유발하는 씨앗이 되었다.

8 | 노무현 대통령과 비서실장 문재인. 2012년 민주통합당 대통령후보 문재인은 원래 정치와 거리가 먼 변호사였으나, 친구인 노무현의 요청으로 청와대에 민정수석비서관으로 들어가게 된다. 그는 홀로 히말라야 트레킹을 다니는 선승(禪僧) 기질이 있어, 노무현이 자살하지 않았다면, 국회의원이라든지, 대통령 후보로서 정치 전면에 나서지 않았을 것이다. 그리고 마침내 2017년 박근혜 대통령이 탄핵되고 치러진 '장미대선'에서 대통령에 당선되었다.

9 | 강창일 국회의원(민청사건으로 복역)
이강철 전 청와대수석(민청사건으로 복역)
황인성 전 청와대수석(민청사건으로 복역)

10 | '70년대의 투사' 이해찬 국무총리와 '80년대의 투사' 노무현 대통령. 두 사람은 나란히 수감생활을 경험한 전력으로, 동시대에 대통령과 국무총리를 지낸 최초의 정치인들이다. 역사상 가장 과감한 권위주의 타파를 내건 노무현은 통 큰 권한이양을 통해 이해찬을 '실세총리'로 대접했다.

11 | 문재인 비서실장과, 친구이자 정치스승 노무현 대통령. 노무현은 1977년 진주 교도소에 수감되어 있던 김대중을 목숨 걸고 변호하던 김광일 변호사(김영삼 대통령 시절의 마지막 비서실장)의 소개와 권유로 정치에 입문하였다. 김영삼 문하에서 정치를 시작한 노무현은 1990년 노태우-김영삼이 손잡은 3당통합에 따라가지 않고 '꼬마 민주당'에 남아, 2002년 마침내 대통령 자리에 올랐다.

12, 13 | '노짱'이라는 별명의 노무현은 싸우되 후퇴가 없는 전이불항(戰而不降)의 투사였다. 그는 1988년의 제13대 국회의원 선거에서 '부산 3허' 중의 일인으로 유명한 거물 허삼수 의원(민정당 소속, 1979년 12·12 때 보안사령부의 대령으로 쿠데타에 가담)을 꺾고, 이어 국회에서 청문회 스타로 떠올라 대권후보의 반열에 오르게 된다. (사진/위는 첫 국회의원 당선 때 헹가래를 받는 노무현, 아래는 국회 5공비리 청산 청문회에서 비분강개하는 노무현)

14 | 세계인권운동가들이 박정희-전두환 시대 때 한국의 비참한 인권상황의 상징으로 삼았던 '산 증인'들인 서승(왼쪽)과 서준식 형제. 서승은 1971년 보안사령부에서 극심한 고문을 당하고 19년 동안 투옥되었다. 그의 얼굴의 화상 흉터는 고문에 못 이겨 자해로 생긴 것이며, 이 때문에 출소가 더욱 늦어졌다. 동생 서준식 역시 같은 혐의로 17년의 감옥살이 끝에 1988년 출소하여 인권운동가로 활동하고 있다. 막내 동생이자 진보적 지식인 서경식은 현재 도쿄경제대학 교수로 있으며《역사의 증인 재일조선인》,《디아스포라의 눈》등 왕성한 저술활동을 하고 있다.

15 | 1974년 유신독재에 항거하는 민청학련의 배후로 지목되어 수배되었던 손학규 전 민주당 대통령후보(오른쪽)와 천정배 민주당 전 최고위원. 손은 전두환정부 때 영국 옥스퍼드대학에 유학을 떠나 서강대 정치학교수가 되었고, 김영삼의 발탁에 의해 경기도지사, 보건복지부 장관을 지냈으나, 한나라당(여당) 대통령 후보 경선과정에서 등지고 나왔다. 그 후 민주당에서 대통령후보로 두 번이나 나섰지만 실패했다.

16 | 1974년 박정희 유신독재에 항거했던 민청세대의 정동영 의원(오른쪽)과 김대중의 측근 권노갑 부총재. 정동영은 김대중 정부 시절 권노갑을 수구이권 세력으로 몰아세워 소원한 관계가 되었다. 정은 2007년 대선에서 한나라당의 후보 이명박과 맞서 싸웠으나 500여만 표 차이로 패퇴했다.

17 | 전설적인 재야투사 김근태(왼쪽, 2011년 작고)와 국회의원 이해찬. 일찍이 민청학련의 배후로 수배당했던 김근태는 1985년 고문의 귀재로 유명한 이근안 경감에게 붙잡혀 인간 이하의 처절한 고문을 당했다. 이 지독한 고문은 2012년 〈남영동, 1985〉라는 영화로 되살려졌다. 김은 국회의원, 복지부장관을 지냈고, 아내인 인재근은 민주통합당 공천으로 당선된 19대 국회의원.

18 | 민청학련사건의 주역 유인태 의원. 한때 사형선고까지 받았던 그는 노무현정부의 정무수석을 지냈다. 그는 매우 낙천적인 성격으로 노 대통령이 회의를 주재하는 동안에도 눈을 붙이고 졸아 '엽기 수석'이라는 애칭이 붙었다.

19 | '박정희 시대에 정보부 차장보와 보안사령관을 지낸 강창성 국회의원(가운데)과 '민청학련사건의 사형수' 이철 국회의원(오른쪽). 강창성은 1973년 보안사령관 재직 시에 윤필용 불충(不忠)사건 수사를 계기로 전두환, 노태우, 김복동 등의 군부 사조직인 하나회에 메스를 가했다. 그러나 1980년 전-노 신군부가 집권하자 삼청교육대에 끌려가는 앙화를 입었다. 강창성은 김영삼 캠프의 권유로 국회의원이 되어, 다시 전-노와 하나회를 비판하는데 앞장섰으며, 그들로부터 당한 수모와 고통을 설욕했다. 이철은 국회의원 선거에서 '돌아온 사형수'로 돌풍을 일으켰고, 나중에 코레일 사장을 지냈다.

20 | 민청학련세대의 대표주자로 정치일선에서 활약한 이해찬 민주통합당의 이해찬 대표. 그는 엄혹한 10월유신 이후 첫 대학가 시위인 72년 10·2시위, 민청학련, 그리고 80년 서울의 봄에서 세 차례에 걸쳐 앞장서서 불의의 군사정권에 항거한 투사였다.

21 | '2012년 대통령 선거'에서 집권여당의 박근혜 후보에 맞서 단일화 동맹을 맺은 민주통합당 문재인 후보와 무소속의 안철수 후보. 문 후보는 정세균, 손학규, 김두관 등을 물리치고 본선에 올랐으며, 안철수 후보는 청년실업에 신음하는 젊은 층의 열렬한 환호 속에 어느 날 갑자기 혜성처럼 나타나, 손에 땀을 쥐게 하는 문-안 단일화 드라마를 연출했다.

22 | 민주통합당의 문재인 대통령후보와 이해찬 당대표, 그리고 박지원 원내대표. 2012년 10월29일 국회에서 열린 민주통합당 의원총회에 정치혁신 방안을 설명하기 위해 참석한 문 후보(왼쪽)가 이 대표, 박지원 원내대표(오른쪽부터)와 인사하고 있다. 가운데 앉은 이는 이용섭 정책위의장.

23 | 1974년 박정희 유신독재에 항거하는 전국규모의 대학가 시위조직, 민청학련 대학생들에 대한 재판정. 중앙정보부 주도로 검경이 검거에 나서 184명이 구속되었으며, 군사재판에서의 형량은 사형, 무기 빼고도 15년 이상을 선고받은 사람의 합계만 총 330년에 이르렀다. 변호사 한승헌은 검찰의 구형에 기다렸다는 듯이 그대로 판결하는 유신재판을 '정찰제' 재판이라고 비판했다.

24 | 민청학련을 주축으로 한 유신반대 투쟁이 벌어진 이듬해인 1975년 경희대 법대 문재인(총학생회 총무부장)도 반정부 시위주동으로 제적당해 공수부대에서 복무했다.

25 | 김영삼은 대도무문(大道無門), 즉 큰 길에는 문이 없다, 대범한 것이 최고의 가치라는 글귀를 붓글씨로 자주 쓰곤 했다. 그는 통 큰 승부사, 감각의 정객으로 유명했지만, 그만큼 디테일에 약하고, 시작은 있되 끝이 미약하다는 평을 들었다. 그의 집권 말기에 외환위기가 닥치고 끝내는 국제통화기금(IMF)의 구제금융을 받는 사태에 이른 것은 그러한 성격 탓이라고 분석하는 사람도 많다.

26 | 김영삼과 김대중. 두 정치인은 천신만고의 시련을 딛고 1990년대 전반과 후반에 기어이 대통령에 당선되었다. 박정희가 얕잡아 보았던 야당투사 김영삼은 1990년 쿠데타 세력인 노태우 정권과 '3당 합당'을 통해 대권의 꿈을 이루었다. 박정희가 혐오했던 김대중은 1997년 박정희의 '수족'과도 같았던, 쿠데타 원조(元祖) 김종필과 손잡는 'DJP 연합'으로 숙원을 이루었다.

27 | 1992년 대통령에 오른 김영삼. 그는 담대하고 뚝심 있는 스타일에 걸맞게 군부의 암적인 사조직 '하나회'를 하루 아침에 혁파했다. 치밀하고 전격적인 하나회 숙정은 전두환, 노태우 두 대통령을 낳은 군벌집단을 무너뜨렸다는 점에서 획기적인 구시대 청산으로 평가되었다. 그는 또 역사적인 금융실명제를 도입하는 개혁을 단행했다.

28 | 하나회 군벌의 대표 주자였던 박희도 장군(오른쪽)과 이종구 장군. 박희도는 1공수여단장으로 근무하던 1976년 8월, 북한군이 판문점 공동경비구역에서 미군을 도끼로 살해한 사건을 계기로, 북한의 개성과 연백평야까지 보복공격을 펼치는 작전의 현장지휘관으로 낙점되었다. 이러한 대통령 박정희의 비밀작전계획을 뒤늦게 알게 된 스틸웰 주한 미군사령관은 "전쟁이 날 뻔했다. 박희도는 군법회의에 넘겨야 했다. 내 부하라면 군복을 벗겼을 것이다"고 울분을 털어 놓았다.

29 | 김대중은 2000년 6월 평양을 전격 방문하여 김정일 국방위원장과 남북정상회담을 했다. 평소 남북분단 통일문제에 특히 관심이 많았던 김대중은, 평양에서 민족자주와 민족대단결에 합의하고 낮은 단계의 연방제를 추구하는 6·15공동선언을 채택하고 돌아왔다. 6·15선언은 박정희 시대의 7·4공동성명과 노태우 정부 시절의 남북기본합의서가 폐기되다시피 한 상황에서, 경제협력과 교류의 활성화, 민간교류의 대폭적인 확대, 남북 서로간의 대결과 갈등을 해소하기 위한 다각적 대화채널을 합의했다는 데 의미가 컸다.

30 | 70년대 후반 미국을 떠들썩하게 했던 코리아게이트의 한 주역 김한조. 그는 주한미군 철수를 막기 위해 중앙정보부와 손잡고 로비에 나섰고, '미국 국회의원 매수자금 60만 달러'를 뿌린 혐의로 1978년 4월 미국검찰에 피소되었다. 50년대 미국에 홀로 건너가 화장품 회사를 일으켜 거부가 되었으나 이 사건으로 몰락, 서울 흑석동 단칸방에서 빈곤과 병마에 시달리는 만년을 보냈다. 2012년 7월 스스로 곡기를 끊고 91세의 나이로 사망. 사진은 그의 자서전《백만장자의 빚》표지.

31 | 김대중은 김영삼에 비해 개인적으로나 정치적으로 자산이 빈약하고 불운한 편에 속했다. 부모나 지역의 유산에 힘입지 못하고, 사형선고를 받기까지 했던 그의 파란만장한 삶은 매우 드라마틱하다. 그는 늘 조심하고 살피며 걸었지만 맞닥뜨리는 바람은 매우 거셌다. 김대중의 대통령 당선은, '고졸 학력까지를 포함해 극소 자원의 핸디캡을 이기고 최고권좌에 오른 입지전적 스토리'일 수밖에 없다.

32 | 현대그룹 창업주 정주영은 박정희 정권이 키운 대표적인 재벌기업인. 그는 경제인으로서의 성취를 넘어선 '정권창업'을 노려 1992년 김영삼, 김대중과 함께 대통령 선거에 출마했으나 실패했다. 그의 아들 정몽준(새누리당 의원)도 대통령후보로 경합했으나 예선에서 물러났고, 정주영이 훈련시킨 기업인 이명박은 박근혜와 정동영을 차례로 물리치고 2007년 대통령에 당선되었다.

33 | 현대그룹 정주영회장과 '현대맨' 이명박. 이명박은 1965년 한일회담 반대시위로 투옥되고 나와서, 천신만고 끝에 건설업자 정주영 휘하에 들어가 고속승진, 샐러리맨 사회의 신화를 창조했으며, 〈야망의 계절〉이라는 드라마의 소재가 되기도 했다.

| 제12장 |
"김대중을 납치하라" 극비지령

도쿄 팔레스 호텔의 6인조 납치범

73년 8월8일 정오.

도쿄의 큐단노사카에 있는 그랜드 팔레스호텔 22층.

투숙객 **양일동**(梁一東·80년 4월 사망·5선의원)의 방 2212호실에는 **김대중**이 와 있었다.

72년 10·17유신이 선포될 때 김대중은 도쿄에 머물고 있었다. 그는 돌연한 사태를 맞아 귀국을 포기하고 즉각 유신반대 성명을 발표했다. 그리고 미국과 일본을 번갈아 오가며 반(反)유신 강연과 조직 활동으로 소일하는 망명객이 되어버렸다.

양일동과 김대중은 오랜만에 만났지만 필담을 섞어 대화했다. 정보부의 도청을 의식해서였다. 대화 내용은 유신치하에 어떻게 정치적으로 싸우고 대처해 나가느냐 하는 것이었다.

"미국, 일본의 유력 인사들이 한국 문제에 관심을 갖고 나를 적극 지지하고 있으니 함께 유신반대 운동을 합시다. 미국의 라이샤워 교수나 일본 자민당의 아아(亞阿·아시아-아프리카) 연구회 국회의원들이 나를 밀고 있습니다."

김대중은 양일동에게 그렇게 권했다. 그러나 양은 협력을 약속하면서도 망명투쟁은 반대했다.

둘의 밀담 중에 국회의원 **김경인**(金敬仁·8, 9대의원)이 들어왔다. 그는 2028호 투숙객이었다. 그는 김대중이 양일동의 방에 온 것을 몰랐던 듯 놀라는 기색이었다. 김대중의 친척이기도 한 김경인은 일본 방문 중 김대중을 만났다고 귀국 후 정보부로부터 조사당할 것이 뻔하기 때문이었다.

어쨌든 세 사람은 그 방에서 점심식사를 함께 했다. 오후 1시쯤 김대중이 시계를 들여다보며 일어섰다.

"기무라(木村俊夫·자민당의원) 씨와 약속이 있어서 가봐야겠습니다."

양일동이 방 안에서 배웅했다.

김경인이 김대중을 따라 복도 엘리베이터 쪽으로 걸어 나왔다. 로비까지 배웅하기 위해서였다.

둘이서 엘리베이터 쪽으로 몇 발짝을 옮기는 순간, 양일동의 방과 붙은 2210호실에서 괴한 2명이 튀어나왔다. 건너편 2215호실에서도 3명의 건장한 사나이들이 뛰쳐나왔다.

모두 5명이었다. 김대중에게 달려들어 팔과 목을 붙잡고 2210호실로 끌고 갔다. 그 방에는 현장 지휘자 격인 남자 1명이 또 있었으므로 범인은 모두 6명이었다.

"무슨 짓들이냐. 너희는 누구냐?"

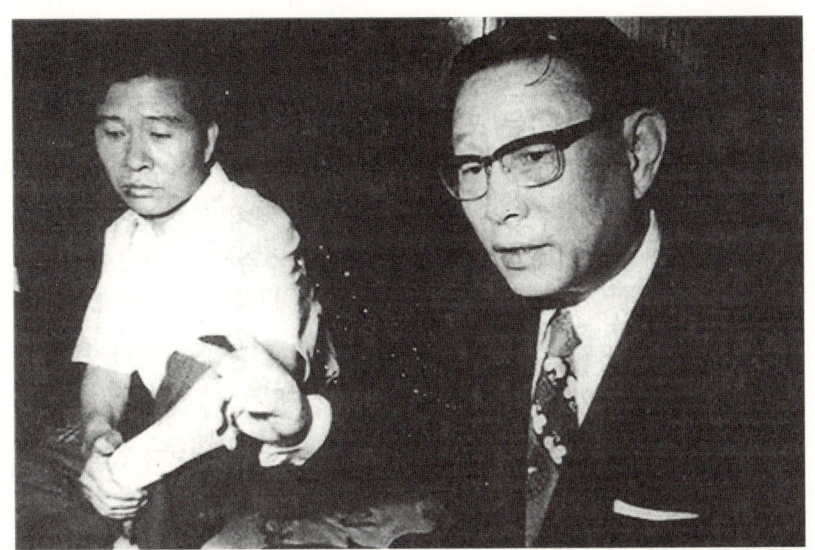

양일동 씨(오른쪽)가 73년 8월15일 서울 김대중 씨 자택에서 기자들에게 자신은 납치사건과 무관하다고 해명하고 있다.

놀란 김경인이 소리치자 범인 6명 중 2명이 김경인을 양일동의 방에 밀어 넣었다.

"떠들면 한국의 수치가 된다. 국제적으로도 곤란한 문제니까 조금만 참아. 우린 서울서 왔다."

유창한 서울 말씨였다.

양과 김경인은 2210호 김대중이 끌려간 방에 접근하려 했으나 두 사내에게 완강히 제지당했다. 사내들은 잠시 후 걸려온 전화를 받곤 "밑에 차를 보고 오겠다"는 말을 남긴 뒤 사라져버렸다.

그제야 양과 김경인은 한국대사관 등에 전화를 하고 호텔 측에 신고할 수 있었다.

한편 김대중은 2210호에 끌려가면서 "조용히 해. 말을 듣지 않으면 죽일 거야"라는 협박을 받았다. 괴한들의 말투가 재일한국인의 발음이 아니라고 생각했다.

김대중을 침대에 눕힌 괴한들은 마취를 시도했다. 눈과 입을 틀어막고 마취약을 코에 들이댔다. 그러나 다소 의식만 흐려졌을 뿐 깨어 있었다.

괴한들은 엘리베이터로 끌고 갔다. 눈을 감은 채 끌려 내려가던 김대중은 잠시 엘리베이터가 서고 일본인 남녀가 타자 "살해된다. 살려달라"고 호소했다. 그러나 남녀는 폭력단의 시비에 끼지 않겠다는 듯 반응 없이 내려 사라져버렸다.

김대중은 지하 주차장으로 끌려갔다. 범인들은 승용차보다 좀 큰 차(品川55も2077) 밑에 김을 엎드리게 해 처박곤 발로 짓밟았다. 그리곤 급히 차를 몰고 호텔을 빠져나갔다. 주차증 확인도 없이 질주했기 때문에 주차계원은 그 번호를 메모해 두었다.

양일동과 김경인은 뒤늦게 호텔 측의 도움으로 김대중이 끌려갔던 2210호실 문을 열었다. 납치범들은 자취를 감춘 뒤였다.

방 안에서 코를 찌르는 마취약 냄새가 났다. 김대중이 들고 다니던 담배 파이프가 화장거울 밑에 놓여 있었다.

유류품들이 널브러져 있었다. 면세품 양담배(켄트와 팔멀 30갑), 영양제 신그로먼트 작은병(수면제 용액이 3분의 1 가량 남아 있었다), 32구경 권총 실탄 7발이 든 탄창(탄창은 서독제였고 실탄 3발은 미 레밍턴사, 4발은 스미스 앤드 웹슨사 것이었다), 녹색 류색 2개(각각 폭1미터 20센티미터, 높이 60센티미터), 갈색 등산배낭 1개, 로프 한 두루마리(13미터), 대형 차(茶) 봉투, 피 묻은 휴지 등.

김대중 납치사건이 터진 것이었다. 미국과 일본 정계를 발칵 뒤집어 놓고 70년대 내내 대통령 박정희를 괴롭힌 사건. 결과적으로 정보부장 **이후락** 자신의 정치생명을 끊어놓고 유신체제의 명운까지 단축해버린 사건.

HR 정보부 주도로 씻을 수 없는 국제적 망신이 저질러진 것이었다.

　사건 당일 서울의 정보부차장보 J는 모처럼 여름휴가를 얻어 춘천에 머물고 있었다.

이희호 통한 귀국 종용 실패

　J는 군단장 김종환(金鍾煥) 중장의 안내로 휴전선 초소를 둘러보았다. 오후 늦게 춘천시내 호텔에 돌아와 보니 남산에서 급전이 와 있었다. J가 본부에 전화하니 '김대중 납치사건'으로 비상이라는 얘기였다.

　HR 부장의 비서실장 이장우에게 전화했다.

　"차장보가 서울에 급히 돌아오면 괜한 오해가 가중될지 몰라요. 오지 말고 며칠 더 휴가나 보내세요. 항상 연락은 되도록 해놓고…"

　이의 만류 때문에 J는 포항, 남원, 전주, 대전을 사나흘간 더 돌아보고 상경했다.

　사전에 해외파트가 주도한 DJ 납치 낌새는 채지 못했지만 남산의 공기로 미루어 전후 사정은 뻔했다. 이제 뒷수습이 문제리라, J는 그런 생각이었다.

　납치사건이 난 8월8일 오후의 청와대 동정에 관해 비서실장 **김정렴**(金正濂) 씨는 다음과 같이 회고했다.

　"**김성진**(金聖鎭) 공보수석비서관이 사건에 관한 영문 통신 속보를 입수하자마자 내 사무실에 올라왔다. 나는 늦게 점심을 끝내고 집무실에 든 박대통령께 긴급 보고했다. 대통령은 "정말이야? 무슨 일이야?"라며 놀라워했다. 30, 40분 후 다시 인터폰으로 나를 부르셔서 후속보도를 물었다. 나는 김성진 대변인으로부터 받은 세계 유수의 통신 속보를 보고했다. 그랬더니 곧 집무실로 오라고 하는 것이었다."

김 비서실장에게 박 대통령이 말했다.

"이 사건은 첫째 중앙정보부의 공작이거나 둘째 일본 우익단체 소행, 셋째 재일거류민단의 과잉 충성, 아니면 김대중 하부계열의 조작극일 수 있다. 지체 없이 이후락 정보부장 그리고 일본 우익을 잘 아는 박종규 경호실장, 민단 관련부서에 관련 여부를 알아보도록…"

비슷한 시각 남산정보부의 O국장 X도 혼란에 빠져 있었다.

X는 몇 달 전부터 이후락 부장의 특명으로 김대중 귀국 공작을 벌여온 당사자였다. HR이 '미국 일본에서 밤낮을 가리지 않고 유신반대 강연회다 뭐다 해서 떠들고 다니는 김대중이 서울로 오도록 가족을 통해 설득하라'고 지시했던 것이다.

X는 주로 김대중의 아내 이희호(李姬鎬)를 통해 귀국을 종용했다. 남의 이목을 피하기도 할 겸 X는 이희호를 김정례(11, 12대의원·80년대 보사부장관) 집으로 불러내곤 했다.

"미국, 일본서의 그동안 활동이나 발언은 일체 불문에 부칠 테니 귀국해서 정치하도록 하시지요. 상부의 결심과 명을 받아 하는 얘기니 내가 책임지고 보장하겠습니다."

X는 그렇게 설득했다. 이희호는 그 내용을 7월 초 망명객 김대중에게 편지로 전달했다. 그러나 김대중은 '귀국 후 정치활동 보장'이라는 것을 믿을 수 없었다. 그것은 올가미일 뿐이라고 판단했다. 박정희 정권은 가나야마(金山政英) 전 주한 대사를 통해서도 "귀국해야 하고 안 하면 좋지 않을 것이다"며 비슷한 제안을 김대중에게 던졌다. 그러나 "망명 정객의 발언들을 실정법적으로 문제 삼으면 무기징역일 것이고, 일단 귀국부터 하라는 얘기는 나를 포박하려는 함정이다"고 김대중은 단정했다.

X는 그런 막후공작을 해 오던 차에 터진 납치사건을 놓고 종잡을 수 없었다. 전후 사정으로 보아 중정의 공작이 틀림없어 보였기 때문에 X는 HR 부장에 대해 일종의 배신감 같은 것을 느꼈다. 불과 얼마 전까지만 해도 자신을 매개로 김대중 귀국 공작을 벌인 부장이 그럴 수 있단 말인가.

바로 그 즈음 서울 남산의 민주공화당 중앙당사 정책위 부의장실. 부의장 **이만섭**은 김대중이 도쿄에서 괴한들에 의해 납치됐다는 보도를 접하곤 경악을 금치 못했다. 필시 중정 소행이라고 짐작되자 '중앙당사의 기둥이 무너지는 소리가 귀에 들리는 듯' 했다.

"명색이 대통령 후보를 지낸 사람을 백주에 복판에서 납치하다니 유신도 얼마 못 가겠구나." 이만섭은 탄식했다.

이 시각 김대중은 생사 갈림길을 헤매고 있었다.

납치 요원과 용금호의 비밀

김대중은 어디론가 실려가고 있었다.

73년 8월8일 입추라고는 하나 불볕이 내리쬐는 오후였다.

도쿄 시내 그랜드 팔레스 호텔을 빠져나온 납치범들은 아무 말도 하지 않았다. 공포와 긴장에 사로잡힌 김대중에게 그래서 에어컨 소리는 더욱 크게 들렸다.

범인들은 도쿄에서 간사이(關西)로 가는 고속도로를 달렸다.

김은 손발이 묶여 차 속에 눕혀져 있었다. 소리 지르지 못하도록 입은 헝겊으로 물려 있었다. 그리고 밖을 알아볼 수 없도록 얼굴은 웃옷으로 덮여 있었다.

김이 때때로 허리를 뒤척이면 주먹으로 때리거나 발길질을 해댔다.

도중에 차량 검문이 있는 모양이나 범인들은 옆길로 빠져나갔다. 그러다가 길을 잘못 들었다.

김의 기억대로 피랍 5, 6시간 뒤인 8일 저녁 7시45분께 길 잃은 범인들을 목격한 사람은 야마모토(山本)라는 도로공단 직원이었다.

오쓰(大津) 인터체인지에서였다. 휴게소 부근 일방통행 길을 역주행해온 범인들이 야마모토에게 길을 물었다.

"이리 가면 오쓰, 저쪽으로 가면 오사카, 교토."

야마모토는 그렇게 대답했다. 그는 고속도로에서 길을 묻는 차가 아무래도 수상했다. 힐끗 번호판을 쳐다보았다.

'시나가와(品川)…'. 수은등 아래서도 그는 '品川' 두 자를 읽을 수 있었다.

차량은 다시 출발했다. 범인 중 누군가가 "안씨 집(安の家)으로 가자"고 말했다.

"어떤 큰 도시인데 어떤 건물에 끌려들어갔다. 눈을 치떠 위를 보니 천장에 철골이 있어 차고 같은 곳이었다. 엘리베이터에 태워 다다미방에 데려갔다. 젊은 한국 여자 목소리가 들렸다. 범인들은 포승을 풀었다간 다시 죄어 묶었다. 코를 제외한 온 얼굴에 포장용 테이프를 붙였다. 양손 양발이 묶인 채로 이 건물에서 끌려 나와 다시 차에 태워졌다." (김대중 증언)

문제의 '안씨 집'은 뒷날 고베 시(市) 도나다 구(區)의 오카모토 엑셀맨션 3층 302호실로 지목돼 일본 참의원과 수사기관에서도 논란거리가 됐다. 이 집은 오사카 총영사관 영사인 박종화(朴宗華) 명의로 돼 있었던 것이다.

더욱이 ①건물 뒤쪽에 주차장이 있고 곧장 승강기로 올라갈 수 있는 구조 ②운전사가 안용덕(安龍德)이라는 점 ③한국인 여자가 있는 점 등이 DJ의 증언과 일치했다.

김대중 납치사건은 즉각 일본 신문에 의해 대대적으로 보도됐다. 그러나 서울의 중정은 사건 발생을 외신이 전하기 시작한 지 8시간 동안 보도를 통제했다.

그러나 뒷날 일본경찰은 '안씨 집' 수사를 흐지부지해버렸다. 바로 그 집이 범행에 쓰인 건지 아닌지를 단정하지 않았던 것이다.

70년대 후반 오사카의 한국 정보기관 책임자를 지낸 Q씨는 최근 기자에게 말했다.

"바로 고베 시에서 문제가 됐던 집은 우리 안가(安家 : 안전가옥)였다. 세이프티 하우스가 어떻게 김대중 씨의 귀에는 '안씨 집'으로 들렸는지 잘 이해되지 않는다. 어쨌든 김대중 씨 훗날 진술에도 '운전사가 말을 잘못 알아들었는지 야스카와(安川) 집으로 가라는 거냐고 되물었다'는 대목이 있다. 미루어 짐작해볼 때 안가를 야스이에라고 했고, 그게 야스노이에(安の

제12장 "김대중을 납치하라" 극비지령 | 449

家)로 오인된 것도 같다."

범인들은 화물처럼 묶은 김대중을 태우고 어둠 속을 1시간가량 달렸다. 다시 어느 해안에 닿았다. 모터보트 같은 작은 배에 실렸다. 또 1시간가량 바다 위를 달려 큰 배에 옮겨졌다.

중정(中情)이 운영하던 공작선 '용금호(龍金號)'였다.

용금호는 오사카 외항 S8구역에 정박 중이었다.

이 배가 오사카항에 나타난 건 열흘 전인 7월29일 이른 아침이었다. 명색이 화물선이었지만 빈 배로 입항했다.

선적항(船籍港)은 부산(釜山). 총 톤 수 536.04톤. 길이 51.897미터. 항해속도 11노트. 승무원 이순계(李淳桂) 선장 등 20명. 7월24일 여수 출발 – 다카마쓰항(港) – 오사카 입항. 다음 입항지는 부산(釜山).

선장의 구술에 따라 일본통운 직원이 쓴 입항신고 카드엔 그렇게 적혀 있었다. 확실히 수상한 배였다.

우선 승무원 동정이 이상했다. 그 더운 여름에 넥타이 양복 차림의 '신사' 선원들이 5명 내렸다. 항구의 풍속으로는 너무 낯설었으므로 통운 직원들은 고개를 갸웃했다.

그리고 나폴리 호텔이라는 곳에 묵었다. 화물선 승무원의 호텔 숙박도 이해가 안 되는 일이었다. 날이 궂을 때도 선장이 호텔에서 자는 일조차 드물다. 하물며 5명의 선원들이 10일 가까이 육지 호텔에서 빈둥거리다니, 항구의 일인(日人) 직원들은 의아해했다.

나폴리 호텔 지배인의 아내로 역시 호텔 일을 함께 한 하타케야마도 수상쩍게 생각했다.

"저런 식으로 묵었던 선원이란 한 번도 없었다. 10년이나 호텔일을 했지만…"

이상한 선원들의 질주

자칭 선원 5명은 예약도 없었다. 짐도 없는 빈손이었다. 하는 짓도 의문 투성이였다.

5명 중 보스처럼 보이는 박이라는 자는 일본말이 유창했다. 하타케야마에게 물었다.

"도쿠야마(德山)에 가려면 어떻게 가야 합니까?"

"어디요?"

"일본인이신데 잘 모르십니까? 통운대리점에 물어볼걸…."

"선원이시지요?"

"아니요."

"그럼 직업이 무엇이죠?"

"네에…."

그런 식이었다.

5명은 매일 아침에 나갔다가 프런트에 들어서면서 물었다.

"전화 없었습니까. 도쿄에서 걸려온 게 없었습니까?"

박이 도쿄로, 고베로 전화하는 일도 있었다. 하타케야마는 8월5일 혹은 6일께 무심코 엿들었다. 박과 고베 어떤 이와의 통화였다.

"선장이십니까?" (박)

"……" (상대방)

"그 보트를 보내십니까?"

"……"

"사례는 얼마라도 하겠습니다."

이것은 어쩌면 김대중을 싣고 큰 배 용금호로 끌고 온 모터보트 준비에 관한 얘기였는지도 모른다.

납치사건이 난 8월8일 오후. 용금호 선장 이(李)는 통운에 전화를 걸었다. "9일 아침 7시경 출발하고 싶다"는 내용이었다. 도쿠야마에 화물이 확보돼 거기까지 가려면 아침 일찍 떠나야 된다는 얘기였다.

이날 나폴리 호텔의 '신사' 선원 5명도 이상한 체류를 끝냈다.

아침 9시 다섯이서 몰려나가더니 저녁 무렵 되돌아왔다. 프런트에 "도쿄에서 전화가 없었습니까"라고 묻곤 방으로 올라갔다.

방에서 TV 뉴스를 지켜보던 이들이 밤 9시 카운터로 내려왔다. 보스 격인 박이 말했다.

"오늘 밤 모두 놀러갑니다. 돌아오지 않으니까 계산하지요."

장기체류였지만 요금은 한 푼도 깎으려 들지 않았다. 예약도 없이 와서 언제까지 있을지도 몰라 매일 저녁 선불로 숙박비를 주던 이상한 한국인 5명은 그날 밤 사라졌다.

이들은 용금호로 돌아갔다. 돌아가면서 항구 내 택시라고 할 수 있는 임시 통선(通船) 보트를 이용했다. 임시 통선료 4,275엔은 선장 이의 사인으로 외상했다.

9일 새벽 일본통운 직원은 용금호의 부탁에 따라 7시 출항을 돕기 위해 4시 반부터 서둘렀다.

그러나 통선 보트를 얻지 못해 아침 8시에야 겨우 용금호에 도착했다. 기름양과 출항 시 선체 조건들을 기록하고 출항허가증을 넘겨주었다.

용금호 승무원들은 무엇에 쫓기듯 서두르고 있었다. 통운 직원이 타고서 간단한 절차를 밟는 동안 벌써 닻을 다 말아 올리고 배는 움직이기 시작했다.

통운 직원이 서둘러 통선 보트로 뛰어내렸다. 그만 도쿠야마 상륙허가

중도 용금호 선장에게 주지 않고서….

"선장!"

통운 직원이 놀라 큰 소리로 외치자 용금호 선장 이순계가 얼굴을 내밀었다.

"상륙허가증이 여기…."

이의 대답이 기묘했다.

"아니 그쪽에서 상륙하지 않으니 괜찮아요."

어제는 도쿠야마에 들른다고 출항절차를 빨리 해달라더니 오늘은 기항에 필요한 서류도 팽개치고 거길 안 간다? 통운 직원은 고개를 흔들었다.

다음 날인 10일 0시10분. 용금호는 일본통운 지점으로 텔렉스를 보냈다. '엔진 클러치 고장으로 도쿠야마에 기항하지 않고 부산으로 곧장 간다.'

용금호는 김대중을 싣고 세토나이카이(瀨戶內海)를 거쳐 부산으로 향하고 있었다.

그리고 김대중의 생사는 용금호에서 결판났다.

그레그 대사 "나는 DJ를 두 번 살렸다"

73년 8월9일이었다.

"예상대로 바다에 던져지는구나 하고 생각했다. 모터보트로부터 큰 배에 옮겨 눕혀 놓고 한없이 고속으로 항진했다. 어쩌면 북태평양이나 사모아 같은 곳으로 가는지도 모를 일이다. 그들은 결박을 풀더니 다시 온몸을 단단히 묶고 입에 재갈을 물렸다.

바다에 던져질 각오로 십자가를 그었더니 그들은 나를 때렸다. 납치팀은 너무 훈련이 잘돼 있어서 다음 행동을 눈치챌 수 없게 했다. 식사를 주는 사람은 친절했으나 날짜나 항해 해상에 대해서는 한마디도 하지 않았다. 다시 배 밑바닥으로 옮기는 것 같았다. 묶은 것을 풀고 다시 본격적으로 묶기 시작했다.

두 팔을 앞으로 결박하고 50킬로그램 정도의 물체를 달아 상하좌우로 꼼짝 못하게 했다. 저희들끼리 '그렇게 하면 빠진다', '솜이불을 둘러야 안 떠오르지', '후카(상어)…' 어쩌고 떠들었다. 전부 한국말이었다. 발음으로 미루어 교포들은 아니었다.

나는 예수님께 살려달라고 기도했다. 이때 갑자기 비행기 엔진 같은 소리가 터지면서 롤링이 없이 달리던 큰 배가 요동했다. 이게 생사의 고비라고 느꼈다."(김대중 증언)

김대중 납치사건이 이후락 정보부의 몇몇 하수인들에 의해 이루어졌다는 건 이미 87년 HR(이후락) 자신이 기자들에게 밝혔다.

그러나 아직도 엇갈리는 증언 때문에 가닥이 잡히지 않는 의문점 두 개가 남아 있다.

첫째, 김씨를 죽이려는 살의(殺意)가 있었느냐 없었느냐.

둘째, 대통령 박정희의 지시가 있었느냐 없었느냐.

두 갈래의 의문은 의도적인 해석과 교묘한 변명이 뒤죽박죽된 채 오늘에 이르고 있다.

먼저 '살의'와 관련해 김대중은 용금호 선상에서의 경험을 내세워 "수장(水葬)하려 했다가 미국의 압력으로 포기한 것"이라고 말하고 있다.

그러나 HR은 '살해미수'가 아니라 당초부터 납치사건이었다고 주장한다. "처음부터 납치였지 죽이려는 건 아니었다. 호텔 방에서 죽이려 했다는 그런 것은 상상하기도 어려운 일이다. … 김씨는 배를 타고 가다 죽을 뻔했는데 미국 때문에 살았다. 비행기가 떠서 어쨌다 하는데 그것도 낭설이다. 비행기는 뜨지도 않았고. 설사 떴다 해도 배에 김대중씨가 실려 있고 죽음의 길로 간다 했을 때 그걸 아는 비행기가 항진을 내버려둘 수 있겠는가. 그 비행기는 관광하러 왔나? 그냥 돌아갈 리 없는 것 아닌가. … 그래 미국놈 비행기는 빙 한번 돌고만 가도 사람 살리나?"

도널드 그레그 주 한미국대사는 "73년 납치사건 때 나는 김대중을 살려냈다"면서 당시 사건이 단순납치가 아닌 살해 음모였음을 밝혔다.

HR은 용금호에서 김대중의 몸에 무거운 물건을 달았다는 부분에 대해서도 말했다.

"그때 김씨의 그런 말을 듣고 확인해보았다. 돌을 단 일도 없었고 또 돌을 달아 물에 던질 생각이면 밀어넣어야지 왜 안 넣었겠는가."

HR은 호텔방에서 발견된 배낭, 노끈, 탄창도 모두 "납치를 위한 준비지, 만일 살해하려는 준비라면 달랐을 것"이라고도 했다.

과연 그럴까.

73년 사건 당시 미 CIA 서울 책임자는 오늘의 주한 대사 **도널드 그레그**였다. 그는 75년까지 한국에서 일했다.

그레그의 역할에 대해 김대중 납치 당시 일본 법무대신을 지낸 다나카 (田中伊三次)는 78년 중요한 증언을 한 적이 있다.

다나카는 그때까지 변호사 50년, 의원재직 30년이 되는 노련한 정객이었다. 바로 그가 사건 발생 보름 뒤인 8월23일 참의원 법무위 회의에서 '나의 육감으로는 어떤 나라의 비밀경찰이 한 짓'이라고 밝혔다. 한국 중정(KCIA)을 넌지시 지목했던 것이다.

국가최고기밀을 다루는 다나카 법무대신의 이 발언은 큰 논란을 불러왔다.

왜냐하면 공화당 박정희 정권과 유대가 든든한 자민당의 보수우익 그룹인 청람회(青嵐會) 멤버들은 아직도 '김대중 자작·자연설(自作·自演説)'을 흘리고 있었고, KCIA의 범행을 희석시키려는 분위기였으므로 더욱 민감한 반응을 불러일으켰다.

예컨대 청람회의 후지오(藤尾正行)는 "한국 정치체제가 캄캄한 암흑이라든가 일본의 원조가 잘못 쓰이고 있다든가 하는 것과 김대중이 갑자기 없어진 것과는 아무 관계가 없는 일이다. 그가 갑자기 일본에서 없어졌다가 서울에 나타났다는 것은 미스터리 소설처럼 재미있는 것에 틀림없고 탐정소설로서 그 원인을 추구해 나가는 건 흥미로울지 모른다. 그러나 정치적으로는 그만한 가치가 없는 것이다."라고 말하고 있었다(이 후지오는 86년 9월 '한일합방이 침략이 아니다'고 발언, 한국 정부의 항의로 문부상에서 파면된 인물이다).

어쨌든 다나카는 법무대신을 그만둔 뒤 78년 일본의 《마이니치 신문》에 다음과 같이 증언했다.

미 CIA가 김대중 살해 저지

"내가 김대중 납치사건을 KCIA의 범행으로 절대 확신한 이유는 강대국의 정보와 관계가 있다. 세계 제일의 강대국(미국)정보가 사건이 난 8월8일 저녁 무렵 들어왔기 때문이다.

강대국은 두말할 것도 없이 납치를 돕지 않았으며 '죽여서는 안 된다'고 지시를 내렸다. 미 CIA가 한국 중앙정보부에 대해 지령한 것이다. 나는 김대중 씨의 생명이 이렇게 해서 살아났다고 생각했다. 작은 배에서 큰 배로 옮기기 전에 배에 지령을 내렸던 것이 아닐까.

'살해' 계획을 사전에 알고서 바닷속에 던져버릴 우려가 있으므로 배에서는 위험하다고 판단하여 지시를 내렸을 것이다. 어쨌든 죽이지 말라고 하니 엄청나게 당황했을 것이다. 예정에 없었는데.

이렇게 되니 큰소동이 났지 않을까. 그래서 큰 배(용금호)가 출항해서 한국에 도착하기까지 시간이 걸린 것이다."(다나카 증언)

다나카는 도쿄의 미 CIA 정보를 믿었으므로 우쓰노미야(김대중과 친했던 의원)에게 "절대 살해되진 않는다"고 말할 수 있었다고도 밝혔다.

미 CIA와 그레그의 김대중 구명(救命) 역할에 대해 그레그 자신이 미 의회의 한국대사 인준 과정에서 밝힌 내용도 있다.

미 상원 외교위 그레그 대사 인준청문회(89년 5월)에서 김대중 당시 평민당 총재가 권노갑(權魯甲) 의원을 통해 그레그에게 보낸 서한이 공개됐다.

김 총재는 그레그에게 '73년과 80년 두 차례에 걸쳐 나의 목숨을 살려준 데 대해 깊이 신세지고…'라고 밝혔던 것이다.

이에 대해 그레그는 "나는 김대중 씨가 80년 일에 대해선 내가 받을 점수보다 더 후한 점수를 주었다고 말하겠다. 다른 쪽(73년 납치사건)에 대해선 공정한 점수를 주었다"고 답변했다.

그레그는 91년 봄 주한미대사관 주최 모임에서 국회의원 황병태(黃秉泰), 이부영(李富榮) 등에게 똑같은 얘기를 했다.

"나는 73년 김대중 씨가 납치되어 죽게 돼 있을 때 CIA 일을 하면서 목숨을 구해줬다. 80년에는 사형당할 위기에 처했으나 내가 백악관 안보회의(NSC)에 관계하면서 생명을 건지게 했다. 나는 그를 두 번 살렸다"는 취지의 말을 했다는 것이다.

그레그의 역할은 당시 주한대사 하비브의 공전(公電)에 의해서도 확인되고 있다.

하비브가 국무부에 보낸 73년 8월 전문에는 "우리가 접촉한 소식통의 대부분은 KCIA(한국 중앙정보부)가 관계했다는 추측으로 기울고 있다"(10일), "KCIA가 범인임을 특정하는 증거를 잡았다", "김대중은 아직 살아 있는 것 같으며 우리는 그의 생명과 석방기회가 상실되는 것을 결코 바라지 않는다"(11일)는 표현이 있다. 이는 76년 미 의회 한미관계 청문회에서 밝혀진 내용이다.

미 국무부가 김대중 납치사건에 공식입장을 밝힌 것은 도쿄 시간 9일 새벽 1시 반.

그러니까 사건발생 후 12시간이 지날 무렵이었다. 이때 김대중 구명 입장을 분명히 밝히게 된 것은 미 대통령 특별보좌관 헨리 키신저의 역할이 컸다. 키신저는 하버드대의 제롬 코헨 교수, 에드윈 라이샤워 교수 등으로부터 전화로 구명 부탁을 받았다.

두 교수는 사건발생 직후 그레고리 헨더슨(그는 50년대 주한 미대사관에 근무한 경력이 있다)의 전화 연락을 받았고, 헨더슨은 도쿄에 머물고 있던 임창영(林昌榮·민주당 정권 때의 유엔 부(副) 대표로 반체제 인사)으로부터 국제전화로 김대중 피랍소식을 접했다는 것이다.

한편 HR 자신도 한때는 '살의'를 인정했었다.

지난 80년 DJ가 복권되고 정치 전면에 나서자 구린 짓이 걸렸던 모양이다. 이후락은 자신과 친하고 김대중과도 친한 최영근(崔泳謹) 전 의원(민주당)을 통해 73년 사건을 털어놓았던 것이다. 그때 HR은 "박정희 대통령이 '김대중을 해치워버려'라고 해 한 달여를 머뭇거렸더니 다시 박 대통령이 '총리하고도 얘기가 돼 있는데, 왜 안하느냐'고 다그쳤다. 하는 수 없이 지상명령을 수행하지 않을 수 없었다"고 밝혔다.

그러나 HR은 87년 기자들과의 접촉에선 '박 대통령 지시도 없었고', '살의도 없는 단순납치범행'이라고 번복하면서 "최영근 씨에게 그런 얘기한 사실이 없다"고 부인했다.

최영근은 필자에게 말했다. "나는 이후락과 동향 친구로 오래 사귀어왔다. 그 친구가 우리와는 틀려 머리가 너무 빠르게 돌아 이렇게 저렇게 말하는 바람에 내가 난처해지기도 했다. 그러나 80년에 이후락이 스스로 하지 않은 말을 내가 지어내서 했다는 말인가?"

은폐 본부가 된 납치사건 수사본부

이후락 정보부 안에서도 73년 8월 김대중 납치사건 직후 전모를 파악할 수 있는 사람은 많지 않았다.

부서장급 간부들도 해외 담당 차장보 이철희(유정회 의원을 거쳐 5공 초기 이철희-장영자 부부 어음사기사건으로 복역하고 출소)가 HR 집무실을 부산하게 드나드는 걸 보고 짐작이나 할 수 있을 뿐이었다.

조직 내부의 보안이라는 벽이 그만큼 두꺼웠다.

남산이 절체절명의 위기라는 걸 느끼면서도 간부들은 감히 입을 열 분위기가 아니었다.

다섯 손가락 안에 드는 간부 A는 넌지시 HR에게 취재(取材) 삼아 물었다.

"뭘 그리 서툴게 해 가지고 이리 시끄럽게 합니까. 바다에 내던져 버렸으면 간단할 걸 갖고…."

HR이 버럭 화를 냈다.

"이봐, 사람이 사람 죽이는 게 그리 쉽나."

A는 HR의 얼떨결에 한 답변이 어쩌면 중정이 저질렀다는 '최초의 확인'이라고 생각했다.

납치사건이 터진 8월8일 이후 HR 정보부의 핵심 인물들이 이 문제를 회합에서 논의한 것은 '보도통제' 때문이었다. 도쿄에서 쏟아져 들어오는 외신뉴스를 언제까지, 어느 정도 봉쇄하느냐를 논의할 때에야 간부들은 '아하, 큰일 냈구나'고 느꼈다는 것이다.

따라서 사건의 그림을 통째로 보고 있었던 사람은 HR과 액션그룹(실행조)뿐이었다.

75년 일본 중의원 외무위에서 사건주모자 및 하수인이라고 밝힌 사람은 다음과 같다.

△이철희 차장보 △김기완(金基完) 주일(駐日) 공사(中情소속·일명 김재권 2012년 현재 주한 미대사관 성김 대사의 아버지) △윤진원(尹鎭遠·현장 지휘 책임자) △윤영로(尹英老·하수인·참사관) △김동운(金東雲·하수인·서기관) △홍성채(洪性採·하수인·1등서기관) △유춘국(柳春國·하수인·요코하마 영사) △유영복(劉永福·차량 운전·2등서기관)

유(劉)는 HR 오촌 질녀의 남편으로 납치 차량 '品川55も2077'의 소유자로 뒤늦게 밝혀졌다.

여기에 호텔 예약을 한 한춘(韓春·1등서기관)과 국내관리를 담당한 하태준(河泰俊·국장), 김진수(金振洙·중령) 등의 이름도 나오지만 이들은 사건 진행 당시 전모를 파악하지 못했을 공산이 크다.

그러나 남산의 부서장급 가운데 드물게 사건 전모를 꿰어볼 수 있는 사람이 있었다. 국장 X였다.

X는 도쿄에서 소동이 난 직후 대통령 박정희의 부름을 받았다. 청와대로 올라갔다. 박은 HR보다도 X를 먼저 부른 듯했다.

"내가 여러 군데 물어보아도 안 했다고 한단 말야. 첩보부대, 보안사에도 물어보고 박종규 실장도 추궁해보았지만 그런 일 없대…. 정보부가 한 게 아닌가."

X가 답변했다.

"외국 경험도 없는 남산 요원들이 무얼 할 수 있겠습니까. 동백림사건 때도 보니 엘리베이터 단추도 못 누르는 요원이 있었습니다. 해외 파트가 끼지 않으면 안 되는 일이겠지요."

격노한 표정으로 박 대통령이 말했다.

"앞으로 누구에게도 보고하지 말고 내게 진상을 밝혀 보고해. 이후락에게도 보고할 필요없어."

X는 청와대를 물러나와 궁정동 안가로 갔다. HR 부장이 줄담배를 피우며 앉아 있었다.

"부장님, 방금 각하 지시를 받고 내려오는 길입니다. 아시다시피 저는 특명사건 아닌 것도 해결 못한 게 없습니다. 아시는 대로 모두 말씀해 주십시오."

HR은 곧 전후 사정을 털어놓았다. 일을 꾸미게 된 이유는 북한과의 관계를 우려한 때문이었다고 해명했다.

"나는 남북조절위원장 아니오. 북쪽 사정은 내가 다 보고 있는데 김대중이가 미국, 일본 다니면서 한민통(韓民統)이다 뭐다 하는데 이북의 관심이 대단해요. 이래 가지곤 우리 정부가 대북협상을 할 수가 없겠다, 그래서 결행 하게 된 거요."

HR은 서둘러 청와대로 올라가 보고해야겠다며 X에게 "빨리 남산으로 가 있으라"고 했다.

X가 남산에 닿자 곧 박 대통령의 전화가 왔다.

"이 부장이 들어오겠다고 그러는데 혹시 만난 일 있나."

"없습니다, 각하."

전화가 끊기자 X는 '과연 HR구나'라며 탄복했다.

HR의 박 대통령에 대한 첫 보고 상황을 HR 자신은 '박 대통령이 찡그리시며', '험악하게 말씀하시고', '짜증냈다'고 밝힌 적이 있다(87년 10월호 《신동아》).

대통령의 특명을 받아 김대중사건 전말을 보고해야 하는 X는 HR 부장의 자백을 들은 후에도 증거를 수집하고 정황을 낱낱이 확인했다.

가령 김대중을 실은 용금호 입항지가 부산임을 확인한 것도 X였다.

X의 증언.

"밤중에 부산 부두에 김대중 씨를 내리면서 외항선원이 술취한 것처럼 위장, 몇 요원이 부축해서 앰뷸런스에 실었다. 그런데 항만경찰이 '외항선원이 술취해 뻗었다는 게 말이 되나'라고 수상하게 생각해서 앰뷸런스 번호를 메모했다. 이것이 경찰계통을 거쳐 보고됐던 것이다. 그 번호를 추적하니 가담자와 동교동까지의 수송 루트가 환히 나왔다."

김대중사건의 핵심적인 의문, 즉 살의 여부와 박 대통령의 지시 여부에 대해 X는 이렇게 말했다.

"내가 확인한 바로는 단순한 납치계획은 아니고 살의가 있었다. 상식적으로 보더라도 망명객이 떠들고 다니는 게 문제가 돼서 없애 버린다는 작전이야 있을 수 있겠지만 요원을 시켜 서울 한복판으로 끌어다 놓는다는 계획은 있을 수 없는 것 아닌가."

그러면 당초의 '살해계획'이 변경될 수밖에 없었던 이유는 무엇일까.

X는 "전혀 나타나리라고 예상치 못한 김경인 의원의 현장 목격이 가장 큰 원인이었다. 그외에도 서울과 도쿄 그리고 공작선 간에 오가는 통신이 미국에 감청당하고 사건정황이 중정의 짓이라는 정황으로 흐르고 있어 계획을 변경하지 않을 수 없었던 것"이라고 설명했다.

X는 박 대통령의 지시는 없었다고 단언한다.

"박 대통령의 지시는 없었던 것 같다. 이후락 씨 자신도 87년에 '하늘에 맹세코' 박 대통령의 지시는 없었다고 했지 않은가. 다만 청와대 고위관계자회의에서 김대중 씨의 해외활동을 놓고 대통령이 극도로 민감한 반응을 보였고 '죽일 놈' 하는 식으로 극언을 한 사실도 있었다"고.

그러나 김대중 씨는 '박 대통령의 지시'가 있었다고 지금도 굳게 믿고 있다. "이후락 씨처럼 두뇌회전이 빠른 사람이 왜 그런 일을 자청해서 할 것인가. 책임과 위험이 따르는 짓을 왜 하겠는가. 그가 80년에 말했듯이 '지상(至上)명령'이 있으니까 한 것이지"라고.

김형욱도 그의 회고록에 박 대통령의 지시에 의한 것으로 썼다.

그러나 총체적으로 볼 때 HR 단독 소행이라는 해석이 유력하다.

이를테면 사건 당시의 중정차장 **김치열**(金致烈) 씨는 김형욱의 해석을 이렇게 반박했다.

"76년 후반기인가 내가 장관으로 청와대에 보고를 갔더니 박 대통령이 얼굴이 험악해지면서 '왜 쓸데없이 납치사건 같은 걸 해가지고 김형욱이까지 외국서 저렇게 떠들게 만드는지…'라고 했어요. 프레이저 청문회로 골머리를 앓던 때지요. 사실 나는 그때까지 박 대통령의 지시가 있었는지 없었는지 정확히 모르고 있었는데 그때서야 '아, 대통령의 지시가 없었구나'라고 확신하게 됐지요."

대통령비서실장이었던 김정렴 씨도 "박 대통령은 지시도 않고 잘 알지도 못하는 김대중 씨 납치사건 때문에 대내외적으로 도덕성에 큰 손상을 입었다. 정적을 납치한 것처럼 오해를 받고 그 후 큰 정치적 부담이 되었다"고 회고했다.

어쨌든 HR 휘하의 액션그룹은 도쿄에서 납치한 지 닷새가 지난 73년 8월13일 김대중을 서울 동교동 집에 데려다 놓았다.

김대중을 귀가시키면서 행동대는 동아일보 편집국에 첫 전화를 걸었다. 8월13일 밤 10시14분경 '구국동맹 행동대'를 자처한 액션그룹의 제보전화는 두말할 것도 없이 HR 정보부의 각본에 의한 것이었다.

그래서 김대중 귀가 소식은 동아방송에 의해 특종보도됐다.

그로부터 경찰과 검찰의 겉치레 수사가 시작되었다.

김동운의 지문과 한일외교 분쟁

김대중 납치사건 수사본부가 서울 마포경찰서에 설치된 것은 73년 8월14일이었다.

이후락 정보부의 액션그룹이 김을 동교동 집에 데려다 놓은 다음 날이었다.

검찰총장 이봉성(李鳳成)이 수사본부 설치를 발표하고, 부장검사 정명래(鄭明來) 등이 현장검증이다, 진술을 듣는다 하며 수선을 피웠다.

검찰, 경찰은 '철저수사 조속해결'을 외쳤으나 누구도 코웃음치는 분위기였다. 정치사건에 관한 한 검경은 남산의 바람잡이에 지나지 않는다는 걸 모르는 이가 없었다.

김대중은 매우 노련하고 치밀하게 증언했다. 중정이나 남산을 지목하지 않으면서도 누구나 HR 요원들의 소행으로 알아듣게끔 진술했다.

'매우 훈련이 잘된 조직', '다음 행동을 알아볼 수 없게 하는 조직'이라는 건 무엇을 의미하는지 뻔했다. 삼척동자도 HR 정보부를 의심할 수밖에 없도록 유도하는 김대중의 진술은 얄미울 정도로 지능적이었다.

HR 정보부는 DJ의 입을 막아야 했다.

수사를 이유로 DJ의 기자 및 외부인 접촉을 차단했다. '수사' 때문에 일본에도 보낼 수 없다는 방침이 외무차관 윤석헌(尹錫憲)을 통해 일 측에 전달됐다. 이 출입제한 조처는 두 달도 넘게 10월 26일까지 계속됐다.

북한은 납치사건을 구실삼아 남북대화를 깨버렸다. 평양측 조절위원장 **김영주**(金英柱)는 8월 28일 HR을 납치 주역으로 지목하며, '깡패'와는 더 이상 대화할 수 없다는 성명을 냈다. HR이 청산가리까지 품고 평양에 가서 쌓아올린 남북대화 물꼬가 흙탕으로 메워지는 순간이었다.

다음 날 HR부장은 기자회견을 열어 김영주를 반박했다. "중정은 결코 납치사건과 무관하므로 북은 생떼 쓰지 말라", "나의 부하는 한 사람도 개입하지 않았다. 한 사람이라도 관계했다면 내가 전부 책임지겠다"는 내용이었다.

도쿄는 폭염 속에 더 끓고 있었다.

'주권침해' 사건이라며 정가(政街) 외무성, 경찰청이 김대중 납치사건에 비상한 관심을 쏟고 있었다. 일본측은 8월 24일 벌써 한일각료회의를 연기함으로써 한국중앙정보부(KCIA)를 의심하고 나왔다.

주일대사 **이호**(李澔)는 9월 초 어느 날 외무차관 호겐(法眼晉作)으로부터 은밀히 만나자는 연락을 받았다.

납치사건 당시의 주일 대사 이호 씨는 "중정의 개입을 일본 측이 지문 등을 증거로 제시할 때야 비로소 알았다. 요원들은 내 소관 밖에 있었다"고 증언했다.

이호 씨의 증언.

"호겐을 만난 곳은 외무성이나 대사관이 아니고 사적인 장소였다. 아마 밤이었다. 그가 주머니에서 뭔가 명단을 꺼내보였다. 도쿄 외교관 명부였는데 그중 김동운(金東雲) 서기관을 가리키며 '호텔 그랜드 팔레스 현장에서 김동운의 지문이 나왔고, 그것이 외국인 등록카드와 일치한다'는 얘기였다. 그게 최초로 문제의 핵심(중정 범행)을 파악하게 된 계기였다. 김기완 공사가 호텔 사건 현장에서 첫 '김대중 납치 발생'을 전화로 나에게 보고한 이래 두 번째 놀라운 일이었다. 청천벽력이라는 말이 딱 맞았다. 도무지 사건이 난 뒤 김기완조차도 중정이 했다, 안했다 대사인 나에게 보고하는 체계가 아니므로 나는 실로 아무것도 몰랐던 것이다."

일본경찰청은 마침내 지문확인에 성공한 것이었다. 그들은 김동운의 왼쪽 검지손가락 지문을 채취해 목격자 사진 대조를 통해 범인임을 지목했던 것이다.

일본 정부는 지문을 내세워 서울 측의 '소리없는 항복'을 받으려 했다. 주한대사였던 우시로쿠(後宮虎郞)도 78년 이렇게 말했다.

"(도쿄 외무성에서)전보로 '(한국)대사관원이 참여했다는 유력한 증거가 있으니 조속히 선처하도록 한국에 제의하라'는 훈령을 받았다. 일본경찰로서는 유력한 증거를 발표하지 않을 수 없으니 그 전에 한국 측에서 자발적으로 선처해주었으면 좋겠다는 훈령이었다. 김용식(金溶植) 외무장관을 만난 것은 도쿄에서 김동운 이름이 밝혀지기 직전이었다.

그래서 한국측이 분노했던 기억이 난다. '선처하라고 하고서는 2, 3일가량 고려할 시간을 주어야 하는 것이 외교의 상도(常道)가 아니냐'며 감정적으로 틀어졌던 기억이 있다." 《《마이니치신문》인터뷰)

이호 대사와 우시로쿠 대사는 거의 동시에 통보받았다.

그런데 대통령 박정희와 HR 등의 가슴앓이와 망설임이 너무 길었던 것일까.

9월5일 일본정부는 공식으로 김동운 서기관 출두 요청을 해버렸다. 외무성을 통해서였다. 그러나 김동운이 이미 하네다공항을 거쳐 서울로 달아나버린 뒤였다.

서울의 신문들은 HR 정보부의 서슬에 눌려 맥을 못추고 있었다.

8월23일 납치 관련 보도로 중정의 비위를 거스른 〈요미우리신문〉 서울 지국이 폐쇄되기도 했다.

일본의 격앙된 분위기가 서울에 전해진 건 9월6일 아침이었다. 그것도 제목도 붙이지 못한 채 세계소식을 전하는 난에 실로 조그맣게 썼다.

'도쿄, 비, 24~20도, 경찰 한국외교관 소환 결정'

당황한 서울 측은 9월6일 외무장관 김용식을 앞세워 김동운의 범행 가담을 완강히 부인했다. 우시로쿠에게 통고했던 것이다.

도쿄와 서울의 공방이 벌어지는 사이 도쿄의 남산 '구로'(黑)요원(비노출 요원을 가리킨다)들은 서둘러 일본을 빠져나갔다. 이호 씨에 의하면 "그들 '구로'의 출입국은 대사의 소관 밖"이었다고 한다.

윤영로가 8월31일, 유영복이 9월5일 각기 하네다공항을 통해, 홍성채와 유춘국은 9월6일 아타미공항을 통해 떠났다. 일본경찰의 포위망을 일찌감치 벗어나 버렸던 것이다.

남산 팀 가운데는 '시로'(白·노출요원)에 속하는 김기완(대외적 이름은 김재권 공사)만이 가슴을 죄며 외교공방을 지켜보았다. 납치사건을 계획 단계부터 알고 있던 그는 뒷날 이렇게 말한 적이 있다. 자신은 '시로'였기 때문에 반대했다는 취지로….

"남산 본부에서 윤진원 씨가 특명을 받고 부하들을 데리고 도쿄에 와서 김대중 씨를 미행하고 있다는 것을 알고 있었다. 이에 따라 이후락 부장에게 이 사건이 미칠 국제적 영향을 생각해서 공작을 중단해야 한다는 견해를 보고했으나 회신조차 받지 못했다.

나는 직접 서울에 가서 말하겠다고 귀국을 서둘렀으나 오지 말라는 상부 연락을 받았다. 실행 책임자 윤씨는 공작을 강행했다. … 당일 그 순간까지 김동운과 유춘국이 강행하면 안된다고 사정하고 반대했다고 한다. '현지에 밝은 김기완 공사가 중단해야 한다고 했으니 그 말을 따르자'고 했으나 윤진원이 결행했다고 한다."

그 김기완 자신도 곧 미국으로 도피하고 만다. 그해 말 서울행 비행기표를 쥐고 하네다공항을 떠난 그는 공항 구내에서 미국행으로 갈아타고 날아갔다. 환송나간 이호 대사조차도 그의 도피계획을 까맣게 몰랐다. 김기완이 미국에서 김형욱을 만나 김대중 납치사건을 귀띔해주어, 그것을 김형욱이 폭로한 듯하다고 보는 중정 간부가 많다.

일본은 김대중 원상회복을 요구했다.

도쿄에 데려다놓으라는 얘기였으니 서울 측은 난처할 수밖에 없었다.

법무대신 다나카는 공세를 폈다.

"김대중 씨는 자유의사로 귀국한 게 아니고 납치당한 것이다. 사건 발생 이전 상태로 신병을 되돌려 놓아야 한다. 누가 했는지는 별문제로 치더라도 그 책임은 한국에 있다. … 원상복구부터 하라. 그 후에 범인을 확정하

고, 그 후에 김대중의 일본에서의 행동을 따지면 될 게 아닌가."(중의원 법무위 답변)

박정희 대통령도 한일관계가 심각하게 꼬여가자 더욱 노발대발했다. 그래서 웃지 못할 일이 벌어지기도 했다.

"박 대통령이 짜증을 내고 연일 믿을 만한 사람을 불러 수습대책을 짜내보았으나 묘안이 없었다. 그러자 대통령은 더욱 진노했다.

그래서 남산 일각에서는 납치 때와 마찬가지로, 소리 없이 귀신도 모르게 김대중을 도쿄에 갖다 놓으면 될 게 아닌가 하는 아이디어가 나왔다. 납치사건 책임자가 실행팀장 윤진원에게 '도로 갖다 놓을 수 없느냐'고 타진, 윤씨가 울화를 터뜨리며 권총을 빼들고 '너 죽고 나 죽자'고 대들기도 했다고 한다."(중정 부서장 출신 Q씨의 증언)

이 무렵 한일 정부 간에 밀사들이 오가고 있었다.

서로 좋은 방식으로 풀어보자는 인식하에 상대의 복심을 헤아리고 두드려보는 비밀특사들이 현해탄을 넘나들고 있었던 것이다.

가나야마(金山政英) 전 주한 대사. 그는 8월 말과 9월 16일 서울에 왔다. 일본 측은 박 대통령의 신임이 있는 그를 비공식 채널로 은밀히 기용했던 것이다. 그러나 박 대통령과 HR은 못 만나고 김종필 총리를 만날 수 있었다.

JP는 말했다.

"김동운은 관계없다. 어쨌든 일본의 의혹을 느끼게 한 것은 미안한 일이며 내가 도쿄 가서 다나카 총리와 만나 유감의 뜻을 표시하겠다. 총리가 국가를 대표해서 유감 표시하는 게 최고 해결책 아닌가. 나는 이완용이라는 말을 들어도 좋다."

JP가 가나야마에게 밝힌 결심은 박 대통령의 재가도 얻은 것이었다. 그 재가 자리엔 HR도 끼었는데 HR은 JP의 방일(訪日)을 반대했다고 한다.

그때 JP는 "난들 배알도 없는 줄 아나. 알지도 못한 일 수습하는 데 앞장서고 싶은 사람 있겠는가. 한일관계가 당신 때문에 이 지경이 돼가니 가는 거지"라며 화를 냈다고 한다.

어쨌든 가나야마는 도쿄로 돌아갔다.

하비브 대사 'HR 정보부의 납치' 단정

밀사 가나야마(주한대사 역임)가 JP 방일 카드를 들고 도쿄로 간 것은 73년 9월18일이었다.

그러나 외무차관 호겐은 고개를 저었다. 일본 국내여론 때문에 그 정도로는 안 되겠다는 것이었다.

김대중 납치현장에서 지문이 나온 서기관 김동운 문제를 얼버무릴 수 없다는 게 호겐의 판단이었다.

그것은 '국무총리 JP의 방일 유감 표시만으로 정치적 외교적 문제의 완전종결'을 꾀하려는 서울측과는 너무도 거리가 멀었다.

JP 카드는 깨지고 말았다.

9월26일 서울의 임시국회에선 정일형(鄭一亨·8선 역임·작고·정대철(鄭大哲) 의원의 부친)이 김대중 납치사건을 들어 정보부를 몰아세웠다.

정일형은 발언대에 서기 전부터 압력과 회유에 시달렸다. 유정회 의원들이 "납치사건 질의는 마시오", "당국(중정)을 자극하면 무사하지 않을 거요"라고 경고했다. 중정과장 김 모의 면담요청도 있었다.

"정치적 피해는 정권에 그치지만 정권으로 인한 외교적 피해는 우리나라가 오래도록 국제사회에 빚지고 약점 잡힐 일이다. 도쿄에서 김대중 씨를 납치해서 서울 복판에 데려다 놓은 범인들은 한국 사람들이야. 이쯤 되면 상식문제고 삼척동자도 알 만해. 외국은 물론이고 국민들도 중앙정보부 소행이라고 단정하고 있어. 내 생각도 그런 것 같아. 총리는 범인만 잡으면 될 것 아니냐고 답변하겠지. 그러나 범인 잡으려 애쓰지 마시오. 정부 당국자만 못 잡았지, 국민들도 외국사람들도 다 잡았고 나도 누군 줄 알겠어…."

정일형의 면책특권을 빌린 강경발언은 여당의원들의 아우성 속에 14차례나 중단됐다.

여당의원들이 벌떼처럼 일어나 고함지르며 대통령 박정희와 정보부장 이후락을 의식한 충성경쟁을 벌였다. 정일형은 **황명수**(黃明秀·14대 민자당 의원·3선) 노승환(盧承煥·5선역임) 등 야당 엄호대의 맞고함에 힘입어 발언을 계속할 수 있었다.

"정부는 구차한 소리 그만두고 과잉충성한 관계자들을 처벌해서 정부가 통째로 범인 취급받고, 우리 국민이 몽땅 무뢰한으로 취급당하고, 나라조차 깡패 나라로 취급되는 사태만이라도 일단 수습해야 합니다."

사건발생 직후부터 HR 정보부의 소행으로 워싱턴의 국무부에 보고해 온 주한대사 필립 하비브는 며칠 뒤 정일형을 격려했다. 하비브는 HR에 대해 단단히 수틀려 있었다.

미국 측이 당시 'HR을 겨냥한 어떤 액션'(action directed against him)을 취하려고 했다는 기록이 나중에 밝혀졌다.

당시 미국 국무부 한국과장이던 레이너드의 증언에도 하비브의 심중이 드러나고 있다.

레이너드는 그 무렵 한미간의 정기 업무협의차 서울에 와서 하비브와 함께 국회의장 정일권을 만난 일이 있었다. 정일권이 "김대중 사건에 한국

김대중 납치사건 수습을 위해 일본 측은 주한 대사를 지낸 가나야마를 밀사로 서울에 띄웠다. 김용식 외무장관(왼쪽)과 만난 가나야마.

정부는 관여하지 않았다"고 했다.

하비브는 불쾌한 표정으로 "당신은 우릴 바보로 아는가. 그 사건을 당신들이 했다는 걸 이미 알고 있다. 당신도 잘 알고 있을 것이다. 관여하지 않았다는 거짓말은 그만두라"고 대꾸했다는 것이다.

한일관계는 여전히 일촉즉발의 위기였다.

그때 기시(岸信介) 전수상 등 친한파 일행 12명이 돌파구를 열었다. 9월28일 한일협력위원회 서울회의에 그들이 왔다.

박 대통령은 청와대를 예방한 기시 일행에게 말했다.

"사건을 흐지부지할 생각은 없다. 성의를 갖고 해결되도록 노력하고 만일 잘못이 발견된다면 예컨대 정부의 관리일지라도 처벌하겠다"는 얘기를 했다.

사건 이후 박정희의 일본 요인 접견은 이것이 처음이었다. 옆에서 얘기를 듣던 주한대사 우시로쿠는 박 대통령의 발언이 의미가 있다고 느꼈다고 한다.

이틀간 열린 한일협력위회의는 9월29일 폐막되면서 의미심장한 결의문을 남겼다. 거기에 김대중 사건으로 무기 연기된 한일정기각료 회의를 조속히 열도록 양국 정부에 요청한다는 표현이 있었다.

정치적 매듭을 짓기 위한 타협이 가까워진 것이었다. '김대중 납치는 과거 사건이고 한일정부의 밀월은 그보다 중요하다'는 인식이 넓어지고 있었다. 무임소장관 **이병희**(李秉禧)와 일본 NHK의 마에다(前田義德) 전 회장이 막판의 밀사로 등장했다.

밀사들의 거중조정으로 총리 JP의 방일 준비가 진행됐다.

김동운 면직(10월25일), 김대중 연금(軟禁) 해제(10월26일) 등의 모양을 갖추는 절차가 진행되고 11월2일 JP는 다나카 수상을 만났다. 이병희의 기억에 의하면 그 정치적 봉합과 결착(結着)의 날도 순탄치만은 않았다.

"오히라 군, … 시끄러워져요"

외상 오히라(大平正芳)는 실눈을 치뜨며 아시아국장에게 뭔가를 물었다. 국장의 훈수를 얻어 JP에게 말했다.

"김대중 사건을 한국 정부가 앞으로도 계속해서 수사해 매듭짓겠다면 그 중간 결과를 일본에 통보할 수 있도록 해야지요."

총리 JP는 그것이 문제를 끝내는 것이 아니라 복잡하게 끌고 갈 수 있음을 직감한 듯 말했다.

"그런 통보가 국제적으로 관례가 있는지도 모르겠고, 오히려 문제를 시끄럽고 복잡하게 할 소지가 있지 않겠소."

수상 다나카는 역시 빠르고 굵게 대처하는 인물이었다. 오히라에게 손을 내저으며 말했다.

"오히라 군(君), 됐지 않아요. 시끄러워져요. 신문도 시끄러워질 테고."

밀사들이 거중조정한 대로 끝내자는 얘기였다.

박 대통령으로부터 "김대중 사건은 불행한 일이며 각하와 일본 국민에게 유감의 뜻을 표한다. 한국 정부는 다시 이런 사태가 일어나지 않도록 최선을 다하며…"라는 친서도 받았으니 그만두자는 것이었다.

일본 정부의 정치결착 배경에 대해 뒷날 외무차관을 그만둔 호겐은 이렇게 밝혔다.

"한일관계는 김대중 사건만이 아니다. 박 정권이 하는 일에 동의할 수 없는 일이 많더라도 그건 역시 남북대립의 산물이다. 한국에서 미국식 민주주의를 기대할 수는 없다. 우리는 인접국의 안정된 정권을 바라게 된다. 박 정권을 무너뜨리게 되면 곤란하다는 인식이 컸다." (78년《마이니치신문》인터뷰)

서울 측은 김대중의 신변에 대해 '출국까지도 할 수 있는 자유'라고 발표했다. 그러나 우시로쿠의 회고에 의하면 일본 측도 김대중의 출국이 가능하리라고는 기대하지 않았다고 한다.

그것은 사실로 나타났다. 김대중은 10월30일 에드윈 라이샤워 교수(미 하버드대)로부터 초청 전보를 받고 11월13일 유학 및 신병치료 목적으로 여권발급 신청을 했으나 여권을 내주지 않았다.

일곱 달 뒤 여권 대신 김대중에게 떨어진 것은 법원의 소환장이었다.

3년에서 혹은 7년이 지난 선거법 위반 사건의 공판에 출두하라는 소환장을 받았다. 74년 6월 서울지법 박충순(朴忠淳) 부장판사(13대 민자의원)가 발급한 것이었다.

HR 정보부의 김대중 납치는 HR 스스로도 헤어날 수 없는 함정이 되고 유신정권이 국민과 우방으로부터 이반당하는 속도를 재촉했다.

당시 중정 고위책임자 K씨의 증언.

"이후락 씨 자신이 어려움에 처한 것은 둘째치고라도 유신정권의 정통성 도덕성에 일찍 금이 가버렸다. 유신에 관한 저항을 극소화하는 데 미리부터 많은 노력을 쏟았기 때문에 유신선포 1년 만에 서울대를 비롯한 학생·재야가 들고 일어나리라고는 꿈에도 예상하지 못했다.

납치사건 후 민심이 나빠지고 특히 미국관계가 악화된 것은 큰 부담이 되었다. 덩달아 유언비어, 불신풍조가 만연하고 야당의 기세도 살아나고. … 그런 악순환이 74년 이후 긴급조치 남발로 나타난 것이며 79년 10·26까지 치달았다고 볼 수 있다."

박 대통령도 10·26 직전 비슷한 '유언'을 남겼다.

그는 부마사태 등으로 민심이 흉흉할 무렵 한 국영기업체 박 모 사장에게 비통한 목소리로 한탄했다.

"이렇게 된 건 따지고 보면 김대중이와 이후락 때문이야…."

증오했던 정적 김대중은 그렇다 치더라도 삶의 황혼에 문득 측근 중의 측근 HR을 탓한 박정희의 심중엔 73년 납치사건이 스쳐갔던 것 같다고, 인간 박정희를 아는 이들은 풀이하고 있다.

DJ 납치가 육 여사 피격 불렀다

'오카네 300엔'의 문제.

김대중 납치사건은 한때 밀실에서 그렇게 불렸다. 한일 간의 팽팽한 외교적 긴장을 정치결착으로 마무리한 쌍방 밀사들은 암호처럼 그렇게 말하곤 했다.

왜 그랬을까.

73년 도쿄에서 장갑 한 켤레를 사려면 그 값이 300엔이었다.

폭염 속에 무슨 장갑이 필요했던 것일까. 지문을 남기지 않기 위해선 장갑을 끼고 범행했어야 했다는 희화적인 표현이었다.

이후락 정보부의 납치 요원 김동운이 그랜드 팔레스 호텔 현장에 지문만 남기지 않았던들, 장갑이라도 끼고 그런 범행을 했던들, 밀사들의 뒤치다꺼리는 보다 쉬웠을 것이라는 얘기였다.

한일 밀사들의 고충과 한숨은 누구라고 다를 바 없었다.

오물을 끼얹은 자가 누구든, 또 납치 범행의 부도덕성이 어떻든, 사건 자체에 국가주권의 마찰이 있었든 없었든 간에 서울과 도쿄 정부 간의 밀월 선린을 빨리 회복하는 게 임무였다.

300엔이라면 요즘의 엔고(高)를 감안해도 고작 4,000원 남짓의 액수. 그러나 '300엔짜리' 사건치곤 복잡했다.

파문은 컸고 상처도 깊었다.

당시 한일 간의 긴박했던 교섭을 지켜본 H씨의 증언.

"지문이 나온 것은 서울 쪽만의 부담이 아니었다. 도쿄 치안이 유린당했다 해서 자존심을 걸고 싸우려는 일본경찰이 외곬으로 치닫게 되는 원인이 됐다. 그랬기 때문에 외무성은 융통성있게 덮어보려는 태도였지만 법무대신과 경찰이 자존심 때문에 강경하게 몰고가려 했다.

또 지문이 나왔으니 KCIA의 짓임이 입증됐다는 일본 내의 여론도 폭발했다. 오죽했으면 친한파로 납치사건 정치결착에 노력했던 기시 전 수상이 '요즘 외무성은 경찰 좋아하는 대로 하는가. 옛날엔 군부가 좋아하는

박 대통령, 육영수 여사 부부가 72년 새해를 맞아 청와대에서 포즈를 취했다. 박 대통령은 김대중 납치 사건이 74년의 피격 사건을 불러왔다고 말한 적이 있었다.

대로 하다니…'라며 우시로쿠 주한대사를 질책했겠는가. 아무튼 일본측 밀사들도 김동운의 지문이 발표됨으로써 수습이 더 어려워졌다고 푸념하곤 했던 것이다."

납치사건 때문에 일본에서 한국인의 이미지는 너무 형편없이 구겨졌다.

다시 H씨의 증언.

"밀사로 현해탄을 오갔던 이병희 무임소장관이 험한 꼴을 많이 당했다. 도쿄에서 대한(對韓) 여론이 얼마나 나빴던지, 현직 장관인 이씨와 전화로 면담 약속한 일본요인들이 양해 한 마디 없이 약속 장소에 나타나지 않는 것이었다. 또 이 장관의 호텔방엔 일본 의원이 윗도리를 어깨에 걸치고 와

이셔츠 차림으로 나타나는 일조차 있었으니. 보통때 같으면 그런 무례가 있을 수 있겠는가."

당시 이병희는 도쿄에서 당하고 서울에 오면 HR에게 또 당하는 '동네북' 신세였다고 한다.

어느 날 궁정동에서 HR부장이 이를 부르더니 "당신이 뭔데 날 잡는거야. 왜 날 희생시키려고 해. 나 다 알고 있으니 조심해요"라고 흥분했다.

HR 경질을 담보삼아 정치결착으로 가고 있음을 안 HR이 화를 내더라는 것이다.

지문을 남긴 김동운에 대한 처리는 그야말로 유신 스타일이었다.

서울 정부가 도쿄에 통보한 내용은 '김이 일본경찰당국의 혐의를 받는 등 국가공무원으로서 자질을 상실하고 품위를 떨어뜨렸기 때문에 공무원에서 해임시켰다', '해임 후 계속 수사를 했으나 혐의를 입증할 확증을 얻지 못해 불기소 처분했다', '수사해도 기대했던 결과를 얻지 못해 74년 8월 14일 수사를 일단 중지했다'는 것이었다.

눈 가리고 아웅 하는 식의 한일결착은 '피랍된 김대중' 처리를 놓고도 우스꽝스럽게 전개됐다.

가령 74년 6월 김대중이 법원소환장을 받을 때였다.

일본 정부는 '김대중이 자유라더니 웬 재판을 받으라는 건가', '옛날 김대중의 행위는 문제삼지 않기로 했지 않나', '법원소환장 발부를 유감스럽게도 일본에 사전에 알리지 않았다'고 서울측에 불평했다.

서울의 유신정부 답변은 "대법원이 사법부의 독자적 입장에서 한 것이라 모르겠다"는 뻔뻔하고도 기만적인 것이었다.

또 "김대중 귀국 전 해외에서의 행위(유신반대)를 문제삼지 않는다고 했지 국내에서 선거법 위반한 것까진 한일 양해사항이 아니다"는 궤변이었다.

공교롭게도 유신정부가 '김대중 사건 종결'을 일본에 선언한 다음 날인 74년 8월15일 한일정부가 공수(攻守) 위치를 바꾸어 다시 맞붙는 대사건이 터진다.

일본 오사카 부의 한 파출소에서 잃어버린 권총을 교포 문세광(文世光)이 갖고 들어와 대통령 부인 육영수를 살해했던 것이다.

미국 간 김형욱의 정보망

73년 8월의 납치사건과 74년 8월의 저격사건. 두 사건의 인과성을 믿었던 사람은 뜻밖에도 대통령 박정희였다.

"육 여사가 돌아가시고 난 뒤의 얘기였다. 장례식을 치르고 난 다음 각하께서 '납치사건이 없었더라면 이런 끔찍한 일은 일어나지 않았을 텐데…' 하시면서 굉장히 비통해했다. … 납치사건이 발생하지 않았다면 육 여사가 돌아가시지 않았을 것으로 박 대통령은 생각하고 계셨다."《신동아》 87년 11월호 335쪽·육인수 씨 증언)

70년대 중정의 도쿄 책임자를 지냈던 Y씨도 "육 여사가 비운에 간 사건은 73년 납치사건의 연장선상에서 보아야 한다"고 필자에게 밝혔다.

그는 "일본의 소수민족인 한국인들이 납치사건 이후 모멸당하고, 특히 젊은 교포 2세들은 좌절감이 컸으며 유신정권과 정보정치에 대한 반감이 증폭되는 가운데 터진 게 저격사건"이라고 설명했다.

8·15 저격사건은 결과적으로 육 여사가 숨졌을 뿐이지만 실은 대통령 박정희를 겨눈 사건이었다.

유신정부의 권위가 도전받고 국권이 흔들린 이 사건 수습에서 HR 정보부의 납치사건은 결정적인 마이너스 요인으로 작용했다. 서울 측의 대일

공세에 맞서 도쿄측은 김대중 문제를 다시 들고 나왔던 것이다(저격사건 관련 비화는 나중에 상술한다).

79년 10·26으로 유신이 끝날 때까지 김대중 납치사건은 두 차례 말썽거리가 된다.

하나가 김형욱 증언.

73년 미국으로 망명한 전 중정 부장 김형욱은 77년 6월22일 미 하원 프레이저 청문회에서 김대중 납치범 명단을 터뜨리며 그가 아는 사건 전모를 **김경재**(金景梓·필명 朴思越·나중에 국회의원 역임)에게 구술, 회고록에 남겼다.

김형욱 증언이 시작되자 77년 7월 일본 중의원 외무위에서 야당의원 도이 다카코(土井たか子·80년대 말 사회당 위원장이 됨) 등이 납치사건을 또 물고 늘어졌다.

미일 양쪽에서 납치사건을 들쑤시는 바람에 박 정권으로서는 국제적으로 곤혹스러울 수밖에 없었던 것이다.

다른 하나는 78년 12월의 10대의원 총선거를 앞두고 벌어졌다.

그해 9월 30일 박 대통령은 청와대 출입기자 6명과 술잔을 나누면서 말했다.

"이후락이는 본인이 (울산에서) 국회의원에 나가보겠다고 해서 해보라고 했다. 공화당 공천은 주지 않겠고 무소속으로 뛴다면 방해는 않겠다. 김대중 납치사건은 나는 알지도 못하는데 내가 시킨 게 아닌가 생각하는 국민도 있어. 이후락일 공천하면 내가 오해받을 거야."

HR의 출마의사를 중간에서 박 대통령에게 전한 것은 정보부장 김재규였다. 그리고 '무소속 출마 가(可)'를 HR에게 전한 사람도 김재규였다.

HR은 공화당 공천을 못준다는 데 실망했다. 하지만 곧 선거진용을 갖춰 무소속으로 당선되기 위한 전략을 세웠다. 울산의 식자층에 '당선 후 공화당 입당해서 남북대화를 다시 맡는다', '각하께서 체면 때문에 공천은 안주 었지만 밀어주시기로 했다'는 소문을 퍼뜨렸다.

HR의 힘을 받아 9대의원을 지낸 김원규(金元圭)는 출마를 포기했다. 중앙당 농수산경제담당 전문위원 서영수(徐英沫·92년 대영 엔지니어링 대표) 에게 공천장이 떨어졌다.

서씨의 체험담.

"나는 명색이 집권당 공천장을 받았으나 야당 취급을 받았다. 정보부장, 내무장관이 모두 이후락 씨와 친해서인지 시장, 군수, 기관요원 모두가 그 편이었다. 지구당에서 조직도 나한테 안 넘겨주는 관이니 공화당 공천장 은 휴지 조각이나 다름없었다. 그럴 줄 알고 공천장 받는 날 박 대통령에 게 직소(直訴)했더니 길전식(吉典植) 씨를 향해 '사무총장, 잘 도와주시오' 한 마디뿐이었다."

도저히 판세를 뒤집기 어렵다고 본 서씨는 유세장에서 비상수단을 썼다.

| 제13장 |
HR의 삼십육계 줄행랑

최종길 교수 고문치사의 미스터리

죽기 살기로 당락을 다투는 선거판에선 말문이 열리게 마련이다. 유신 말기 같은 살얼음 시국에도 어쩔 수 없는 일이었다.

78년 12월 10대 총선에서 무소속 후보 이후락과 맞선 공화당 후보 서영수는 열세에서 헤어나기 위해 극약 처방으로 나왔다.

"이후락 씨는 7·4 남북공동성명을 만든 주인공이라고 공적 자랑을 하고 있으나 그건 정치쇼에 불과한 것입니다. 그건 대단치 않은 것이고 기실 73년에 남북대화가 깨져 실효도 거두지 못했던 것입니다. 이북이 그 직후부터 땅굴을 팠다는 사실이야말로 7·4 성명이 별 게 아니라는 증거 아닙니까."

서영수는 울산 유권자들의 동요를 지켜보면서 다시 한 번 거물 '무소속' HR을 향해 '헤딩'했다.

"야당 정치인 김 모씨(김대중)가 밉다고 납치한 사람이 누굽니까. 외국에 있던 김씨가 밉기로서니 태평양 물속에 빠뜨리려고 꾸민 사람이 누굽니까. 정치에는 여야가 있고 서로 충고 견제 비판해야 하는 법인데 정적을 말살하려는 게 말이나 됩니까."

울산 삼남면(三南面) 장터와 농소초등학교 유세에서 두 차례 김대중 납치사건을 터뜨렸다.

이것은 국회에서의 정일형 발언을 제외하곤 국내 공공장소에서 처음 공표한 내용이었다. 물론 당시 언론은 이런 유세조차도 보도할 수 없었다.

농소초교 유세가 끝나자 현지 중정책임자가 서영수를 불러 말했다. "도대체 집권여당 후보가 정신이 나갔나? 한일 간 문제가 났을 때도 공권력이 관여 안했다고 하는 판에…"라며 나무랐다.

HR도 유세가 끝나고 잔뜩 찌푸린 채 자기 참모들에게 일갈했다. "서영수는 두 가지에 관해 책임질 수 없는 소릴 함부로 했어. 법에 따라 처벌받을 거야"라고.

서는 이 말을 전해 듣고 가슴이 철렁 내려앉았다. HR의 보복이 올 것만 같았기 때문이었다.

개표가 시작되고 HR 당선이 확정되자 서는 찾아갔다. "선거기간 중에 한 얘기니 이해해 달라"고 통사정했다. 인신공격을 한 데 대해 사과도 했다.

그러나 6개월 후 문제가 터졌다. 서는 지금도 HR측이 '선거관련 제소기간'을 넘겨 서의 이후락에 대한 반격이 불가능하게 묶어놓고 보복한 것이라고 믿고 있다.

79년 여름밤 서가 서울 동작동집에서 자고 있는 참에 정보형사들이 들이닥쳤다. 지프에 태워 울산으로 끌고 갔다.

유언비어 유포로 긴급조치 9호를 위반했다는 것이었다.

78년 12월 10대총선에서 울산의 공화당 공천후보 서영수는 무소속 후보 HR을 누르기 위해 김대중 납치사건을 거론. 긴급조치 9호 위반으로 입건되었다. 사진은 합동연설회장의 HR(오른쪽)과 서영수씨.

유언비어란 '7·4 남북공동성명 발표가 정치쇼'라고 한 대목. 김대중 납치폭로는 포함시키지 않았다. 그것은 법정공방에서 김대중 이름이 들먹여져 오히려 시끄러워질까 우려한 것으로 짐작되었다.

부산지검에 넘겨졌다.

1심에서 불구속으로 재판받았는데 징역 1년에 자격정지 1년이 선고됐다. 서영수는 무죄를 주장하며 대구고법에 항소했다.

"도무지 판사도 줏대있게 판결을 내릴 수 없어 고민하는 것이 역력했다. 변호사에게 소신있는 판결이 어렵다는 투로 고백도 했다. 중정이 뒤에서 작용했던 것이다. 그래서 우리 쪽은 지연 작전으로 자꾸만 재판기일을 연기해 나갔다."(서영수 증언)

그러자 10·26 총성과 함께 유신시대가 닫혀버렸다. 대통령 박정희가 역사 속에 묻히면서 긴급조치도 사라졌다. 서영수는 감옥살이를 면할 수 있었다.

73년 쟁쟁하던 HR 권도(權道)에 그림자를 드리운 것은 윤필용(尹必鏞) 사건과 김대중 납치사건만이 아니었다.

서울대 법대 최종길 교수 사망 사건도 정보부장 HR을 곤경에 빠뜨렸다.

그리고 남산 감찰실에서 벌어진 가짜 정보부원 구타 사건이 HR을 수렁으로 빠뜨렸다.

최 교수(당시 42세)가 남산에 불려간 것은 73년 10월16일 오후 1시45분. 그는 마침 중정 감찰실에 근무하던 동생 종선(鍾善·당시 29세)과 함께 다방에서 만나 남산으로 갔다.

동생 종선은 그 전날 5국 안 과장으로부터 "유럽 거점 간첩단 사건의 이재원 수사에 필요하니 형의 협조를 바란다"는 얘기를 들은 터였다. 종선은 그 직전 선배 요원 박 모로부터 "수사팀에서 이재원과 중학 동기이며 유럽 유학 시기가 비슷한 종길 형에 대해 관심을 갖는 것 같다."는 귀띔도 들은 적이 있었다.

동생 종선의 얘기를 들은 최종길은 "조사 목적이 이재원 때문이 아니라 다른 데 있는 게 아니냐"면서도 수사엔 협조하겠다고 했다. 동생은 "형님이 지난번 교수회의에서도 강경발언(유신반대)을 하시고 평소 자유주의적 성향이 강해 정치적으로 그런지도 모르지만 별일 없겠지요"라며 위로했다.

형제는 16일 오후 '영원히' 헤어졌다.

동생 최종선은 사흘이 지난 19일 아침 형의 죽음을 통보받았다.

수사단장 장송록(張松祿)이 황망히 손을 내밀며 설명했다.

"밤중에 빨리 들어오라는 전화 연락을 받고 나도 지하실에서 물을 먹이다 벌어진 일로 생각했더니 그게 아니고 투신자살했다는 얘기요. 처음 이틀 동안 범행을 부인해 지하실서 조사했으나 어제부터 순순히 자백해 아늑한 7층 호텔방으로 옮겨 조사하던 중 벌어진 일이요. 용변을 보겠다고 해 변소엘 데려갔더니 감시원이 한눈파는 사이에 변기를 밟고 창문턱에 올라서 있더라는 겁니다. 그래서 수사관이 '교수님, 가족도 있고 하신 분이 왜 그러십니까'라고 회유도 했는데 그만 투신하셨다는 겁니다."

동생 최종선은 고문치사를 확신했다.

중앙정보부는 가족의 시체 확인도 거부했다. 형은 간첩 혐의를 시인하는 자필 기록 하나도 남기지 않았다. 최종선은 투신 현장이라는 데를 가보았으나 핏자국은 흔적도 없었으므로 그는 형이 억울하게 죽었다고 믿을 수밖에 없었다.

정보부원 동생이 의문 제기

그러나 그는 억울함을 호소하기에 국회도 언론도 대학도 외국 대사관도 마땅치 않은 현실임을 절감했다. 어디에나 유신의 두꺼운 벽이 버티고 있었고 정보부의 통제력이 미치고 있었다.

중정은 10월25일 "서울대 법대 교수 최종길은 정보부에서 간첩임을 자백, 여죄를 조사받던 중 화장실 창문에서 투신자살했다"고 발표했다.

그날 정보부원인 동생 종선은 세브란스 병원 정신병동에 쇼크 정신질환을 가장해 입원했다. 자신의 안전을 꾀할 궁리 끝에 솔제니친의 소설 《수용소군도》가 떠올라 정신병동을 적소로 택했다. 정보부의 감시와 통제가 미치지 않는 그곳에서 종선은 사건전모를 시간대 별로 기록했다.

그는 이듬해 12월 명동성당으로 찾아갔다. 인권회복기도회가 열리기 직전 사제단을 찾아가 양심선언이라고 밝히고는 기록을 건네주었다. 사흘 뒤 《뉴욕타임스》가 '서울법대 교수의 의문의 죽음'을 보도했다.

정신병동을 나온 최종선은 81년 1월까지 중정에 복직해 계속 근무했다. '형의 간첩혐의가 분명하다면 나는 쫓겨났을 것이다. 형은 유신에 맞서 싸우다 죽은 것'이라고 확신하면서….

그는 88년 10월 공소시효 15년 완성을 앞두고 다시 한 번 형 최종길의 진짜 사인을 밝혀 달라고 신원(伸寃)을 호소했다.

6공 검찰이 손을 댔으나 다시 흐지부지 끝났다. 검찰의 수사결론이란 '자살이냐 타살이냐에 대해 아무런 확증도 잡을 수 없었다' '간첩혐의 부분에 대해서도 아무런 객관적 증거가 없다'는 것이었다.

최종길 교수의 아까운 죽음은 영구미제 사건이 되었다. 당시 중정 간부들은 필자에게 '냉전체제의 희생이지만 자살은 분명했다'고 일치된 주장을 했다.

그러나 가족은 말한다.

"법에 시효는 있을지언정 하느님의 세계에 시효란 없다."

"정의가 살아 있는 한 원한의 의문사는 풀리고 만다."

이 비극적인 사건은 정보부장 HR에게도 비극으로 작용했다.

8월의 김대중 납치사건 수습으로 온통 뒤숭숭한 판에 벌어진 사건이었기 때문이다. 뒷날 미국 측 기록에 밝혀진 것처럼 '한 교수의 의문의 죽음'은 미국도 관심을 쏟았으므로 HR 입장은 더욱 곤란해졌다.

설상가상. 불운은 겹쳐 오는 것일까.

참으로 대통령 박정희가 크게 노해 HR과 감찰실장 손종호(孫宗浩·92년 현재 개인사업)를 친히 불러 친국(親鞫)을 벌이는 또 하나의 사건이 바로 그때 터졌다.

73년 11월10일 을씨년스런 날씨였다.

때아닌 진눈깨비가 흩날리고 있었다. 그날은 월드컵 예선에서 맞붙은 한국과 오스트레일리아의 축구 시합이 서울운동장에서 벌어진 날이기도 했다.

운동장 로열박스에 앉아 축구를 보던 감찰실장 손종호는 무전연락을 받았다. 청와대로 들어오라는 전갈이었다. 오후 3시가 조금 넘어서고 있었다. 키다리 선수 김재한이 막 선취골을 뽑은 참이었다.

아쉬웠지만 손은 대기 중인 차에 올라탔다. 잠바를 벗고 넥타이를 갈아맸다. 그때 또 무전이 왔다.

HR 목조른 가짜 요원 구타 사건

정보부장 이후락이 감찰실장 손종호를 무전으로 부른 것이었다.

HR은 골프장에 있노라고 했다. 자신도 방금 청와대 각하의 부름을 받았으므로 될 수 있으면 함께 올라가자는 연락이었다.

손은 궁정동 쪽에서 HR을 기다렸다. 곧 HR이 도착해 함께 청와대로 들어갔다.

집무실의 대통령 박정희는 TV를 켜놓고 한국과 오스트레일리아의 축구 경기(월드컵 예선)를 보고 있었다.

박 대통령이 TV를 끄지 않고 있었으므로 HR과 손도 잠자코 TV를 지켜볼 수밖에 없었다.

그 사이 포워드 고재욱 선수가 한 골을 더 넣었다. 전반 27분에 추가골이 터져 2대 0, 이제 난적 오스트레일리아를 꺾은 것이다. 더 볼 필요가 없게 됐다. 박정희는 TV를 껐다.

축구선수들의 선전으로 잠시 밝았던 표정들이 굳어졌다. 박 대통령은 자기 책상 위에 있던 서류 5장을 들고와 두 사람 앞에 펴보였다.

HR과 손이 짐작했던 대로였다. 바로 이희기(李希基·가명) 구타 사건 때문이었다.

이는 두 달 전 감찰실에서 가짜부원 사건으로 조사받다 '성불구가 되도록 얻어맞았다'고 요로에 진정해온 인물. 검찰, 서울시경, 청와대 비서들이 온통 남산 감찰요원들을 조사했으나, 감찰실 자체 조사로는 '때린 일 없다'는 결론이었다.

진상규명을 놓고 마침내 친국이 시작된 것이었다.

"이봐 감찰실장, 이의 자술서 다섯 장 가운데 앞에 석 장은 자필이 맞아. 나도 그렇게 판단하고 있단 말야. 그런데 뒤에 두 장은 필적이 다르지 않은가. 당신이 보기에도 분명히 다르잖아."

손이 대답했다.

"전번에도 자체 조사해서 올린대로 모두 이희기가 쓴 것입니다. 감찰계 직원들도 때리거나 자술서를 조작한 일이 없다고 하소연하고 있습니다. 가부원사건(가짜부원 사칭 사건이라는 뜻)을 진정에 따라 다룬 것일 뿐인데요."

HR은 말이 없었다. 73년 11월 그 무렵 그는 모든 것을 체념해가고 있었다. 변명하고 다투어도 자신이 눈 밖에 났고 정보부장에서 밀려나는 것만은 분명했다.

며칠 전부터 손종호도 보고하지 않았던가.

'부장님, 여러 채널로 확인한 바 밀리고 있습니다. 후임 부장엔 신직수(申稙秀) 씨가 오게 돼 있습니다.'

어떤 부서장은 경호실장 박종규, 법무장관 신직수를 비롯한 요인들의 전화 감청보고서를 들고와 손을 써야 한다고도 했다.

HR 정보부장은 73년 김대중 납치사건으로 치명상을 입고 박 대통령의 버림을 받았다. 사진은 69년 김유신 장군 동상 제막식에서의 김성곤, 박 대통령, HR, 조상호, 박종규 씨(오른쪽부터).

그러나 HR은 미동도 하지 않았다. 자신은 박 대통령을 누구보다 잘 알았다. 그가 한번 버리기로 한 이상, 윤필용 사건, 김대중 사건이 쌓여 천하의 HR이 꺾이는 줄 알고 덤벼드는 권력 주변 프리토리언(친위대)들의 스퀴즈 합동 공격이 시작된 이상 만사는 끝이었다.

박 대통령이 다시 말했다.

"보란 말야, 눈으로 봐도 나중 두 장은 감찰실 조사관이 쓴 것 같아. 이희기가 말한 대로 지가 앞에 것 석 장 쓰고 얻어맞다 까무러쳐 있는데, 조사관이 나머지 두 장을 쓰고 개 손가락을 끄집어다 지장 찍은 게 아냐?"

"그런 직원은 감찰실에 없습니다. 있을 수 없는 일입니다. 만일 제가 틀렸다면 어떤 책임이라도 지겠습니다."

그래도 박 대통령은 의심했다.

"글쎄 감찰실장, 당신이 조사하고 신문하는 게 아니잖아. 안 보는 데서 뺨이라도 때릴 수 있는 것이고, 또 실장에겐 적당히 보고할 수도 있는 것이고…."

박 대통령이 손을 달래듯 말했다. 그렇게 우길 필요가 있느냐, 답답하다는 듯 덧붙였다. 그러나 손도 긍지에 사는 5·16 주체였다. 육군소령으로 거사에 가담해 목숨 걸고 한강다리를 넘어온 사나이였다. '까짓 덤으로 사는 인생, 구질구질하게 무릎 꿇고 굽히면서 살 수야…' 하는 오기가 일었다.

'안 때린 걸 안 때렸다고 보고 드리고 있습니다. 저도 혁명 대열에 서서 한강다리 넘어온 놈으로 분명히 말씀드립니다. 허위보고라면 모든 책임지겠습니다.'

울컥 치민 손도 막다른 골목으로 가고 있었다.

그는 참으로 억울하다는 조사요원 임은희(林銀會·가명)를 믿을 수밖에 없었다. 일개 '가부원사건'을 놓고 각하의 판단이 흐려지고 친국이 벌어지다니….

HR은 여전히 말이 없다. 눈만 껌벅거리며 한심해진 신세를 자탄할 뿐이었다.

박 대통령도 물러설 사람이 아니었다. 고지식한 성격의 손을 의심하는 건 아니었으나 지금까지 영부인 육영수와 그녀 비서관 김두영(金斗永)이 조사한 바로는 감찰실에서 구타한 것만은 분명해보였다.

그렇다면 누가 거짓말을 하고 있을까. 손이 또 말했다.

"이희기는 교활하고 질이 나쁜 사기꾼에 불과합니다. 스무 살 남짓한 놈이 정보부원을 사칭해 자동차에 안테나를 일곱 개나 달고 다녔고, 그래서 개가 사는 대조동(서울 은평구) 파출소장이 잘 보이겠다고 조석으로 경례까지 했던 것입니다."

박 대통령이 인터폰을 눌렀다.

"대조동 파출소장을 대봐."

잠시 후 전화 저쪽에 파출소장이 나온 모양이었다. 박 대통령은 대뜸 "이희기란 자한테 아침저녁 문안 경례를 붙였느냐"고 물었다.

파출소장은 난데없는 불벼락에 놀랐을 것이다. 하늘 끝에서 울리는 듯한 각하의 노기 띤 추궁.

이게 뭘까. 잠시 궁리한 파출소장은 "그런 일 없었습니다. 각하"라고 부인했다.

수화기를 내려놓은 박 대통령이 짜증스럽게 말했다.

"파출소장이란 자, 그런 일 없다고 그래."

HR과 손은 난감해졌다. 분명히 대조동 파출소장은 감찰실 조사 때 가짜 정보부원 이희기에게 조석 문안드린 것을 시인했는데 막상 박 대통령에겐 부인해버렸으므로.

손은 등에 식은땀이 났다. 허위보고로 몰리고 있다. 깐깐한 '각하'가 오해하고 있다. 어떻게 난국을 풀어간담!

손은 HR이 원망스럽기도 했다.

이런 때 필적감정 결과라도 펼쳐보이면 될 게 아닌가.

박정희, 정보부장-파출소장 전화 대질

손은 감찰실 재조사 과정에서 필적감정도 의뢰했었다. 국립과학수사연구소에 보냈더니 '모르겠다'는 애매한 답변이었다. 그러나 육군과학수사팀은 '앞 3장과 뒤 2장 필적이 같다'고 판정, 육참총장 도장까지 찍어 보내주었던 것이다.

며칠 전 손은 HR에게 그걸 주었었다. 그러나 HR 부장이 '각하'께 필적 감정 보고를 했는지 안 했는지도 모르고 손 스스로 나설 순 없는 노릇 아닌가.

박 대통령이 또 추궁했다.

"감찰실장, 그건 그렇다 치고 왜 시경에서 조사하는 걸 방해했나."

또 날벼락이었다.

"제가 감히 각하 특명을 방해하다니요?"

손은 모략이라고 생각했다. 그러나 즉각 짚이는 대목이 있었다. 일전에 자체 재조사를 하면서 요원들을 불러 모았을 때 시경에서 조사 나왔다는 얘기를 들은 적이 있었다. 아마도 시경은 "각하 특명을 수행하려 했으나 남산 감찰실에서 사람을 붙잡아놓고 방해하니 도리가 없습니다"라고 보고한 모양이었다.

손이 저간의 사정을 군색하게 설명하자 대통령 박정희는 또 인터폰을 눌렀다.

"시경국장 전화로 불러."

시경국장 고동철(高東哲)이 수화기 저편에 대령했다. 또 전화로 대질 확인이었다.

박정희가 파출소장, 시경국장, 비서, 검사를 닥치는 대로 불러 친국을 벌이기를 4시간, 벌써 시계는 저녁 7시를 가리켰고 밖은 어두워졌다.

박 대통령으로서는 그만큼 화가 날 만도 했다. 그는 육 여사로부터 "정보부 직원이 남의 재산권 문제에 개입, 이희기를 데려다 구타하여 성불구자가 되게 했다"는 진정서를 받았다.

곧바로 정보부장 HR에게 진상조사를 지시했다. HR 보고인즉 "이가 정보부원을 사칭하고 다니고 사기 피해자가 생겨 불러 조사했으나 평소 심장이 나쁘고 간질이 있어 신문중 졸도했으므로 병원에 입원시켰다"는 것이었다. HR은 이가 타고 다닌 차(비상 라이트와 안테나가 달린 것) 사진도 붙여 보고했다.

박 대통령은 육 여사를 나무랐다. 육 여사도 김두영 비서를 불러 "이희기씨 그 사람, 나쁜 사람이군요. 진정서는 잘 쓰면서. 찾아가서 그럴 수 있느냐고 주의를 주세요"라고 지시했다. 배신감을 느낀 듯했다.

김 비서는 적십자병원으로 갔다.

"이희기는 비상 라이트를 붙이고 다닌 것만 인정할 뿐 기관원 사칭을 한 일이 없다고 했다. 심장 간질도 앓은 적이 없다고 했다. 의사 진단소견에도 심장 간질 언급은 없고 쇼크로 입원한 것으로만 돼 있었다. 이씨 가족은 그동안 검찰, 경찰 등 여러 군데 진정했으나 소용이 없어 마지막으로 육 여사에게 호소한 것이라고 하며 '육 여사도 결국 이렇게밖에 못하는군요'라며 낙담했다." (김두영 증언)

김 비서의 보고를 받은 육 여사는 박 대통령을 다시 움직였다. 박은 HR을 불러 김두영 비서와 함께 적십자병원도 가보도록 했다. 그런 HR이 다시 보고한 건 '구타 없음'이었다.

어디가 거짓인가.

진실은 하나뿐이다.

박 대통령으로선 울화가 치밀고 자존심 상하는 일이었다. 그런데 오늘 친국 결과도 별무신통이었다.

어두워진 서울 시가를 창밖으로 내다보며 박 대통령은 한숨지었다.

"이 부장, 감찰실장, 가는 길에 서대문 적십자병원 들렀다가 가시오."

두 사람은 청와대를 나서 '분부'대로 병원엘 들렀다. 명령이니 갈 뿐이지 만나본다고 달리 결론이 바뀔 것도 아니었다. 둘이는 한심해진 얼굴로 마주보며 쓴웃음을 지었다.

귀가 차 속에서 두 사람은 라디오를 켰다. 그 사이 축구시합은 비긴 채 끝나 있었다. 2대 0으로 앞서가던 스코어가 언제 두 골이나 먹혔는지.

육 여사가 보낸 암행어사의 진상규명

남산을 발칵 뒤집어놓은 가짜 요원 이희기 사건 발생시점은 73년 9월이었다.

절대권력자 박정희 시대의 한 단면을 보여주는 이 사건은 우선 '배역'부터 화려하고 극적이었다.

대통령 박정희, 영부인 육영수, 중앙정보부장 이후락, 중정 감찰실장 손종호, 청와대 사정비서 최대현, 서울시경국장 고동철, 그리고 암행어사격으로 청와대 부속실 비서 김두영이 '실연'했던 것이다.

얼핏 추리소설도 같고 궁중비화 냄새도 풍기는 이희기 사건은 수십 년이 흐르도록 아직도 진상이 밝혀지지 않고 있다. 실로 권력에 기대어 힘을 부리는 이들이 되씹어볼 만한 연구거리다.

김두영씨는 "이 사건이야말로 중정이 원성을 사고 비난을 받게 된 대표적인 사례의 하나이며 권력남용이 무엇인지를 보여주는 케이스"라고 단언한다. 그러나 이희기를 붙잡아 조사했다가 중정에서 파면당하고 재판까지 받은 감찰실 요원 임은희씨(가명)는 전혀 상반되는 주장을 펴고 있다.

"나는 이를 구타했다는 누명을 쓰고 직장에서 쫓겨나고 징역 살고 자동차 정비업 등을 해오며 곤궁하게 살고 있다. 나는 억울하기 짝이 없다. 그래서 교회에 나가 하느님이 계시다면 이 원통함을 풀어주시라고 기도한 적이 한두 번이 아니다. 세월이 흘러 내가 원망했던 박 대통령, 육 여사 그리고 우릴 조사하고 기소한 최대현, 문호철 검사도 이제는 모두 이 세상 사람이 아니다.

나는 정치를 모르지만 정치란 좋고도 더러운 것인지 모른다. 선을 악으로, 악을 선으로도 만들 수 있는 것이 정치요 권력이니까. 또 만인 앞에 평등해야 할 법을 불공평하게 적용하고 범죄증거와 증인도 묵살해버릴 수 있는 게 통치권이니까…. 왜 정보부장이 미우면 밉고 정치 싸움을 하면 했지 정보부 일선 공무원의 목을 치고 죄를 갖다붙여 재판까지 받게 한단 말인가.”

마치 고문 피해자 가족이나 민가협의 절규처럼 말하는 임씨는 스스로 정치적 희생양이라고 확신하며 살아왔다고 한다.

우선 감찰실 요원들이 말하는 '사건 개요'부터 들어보자.

73년 9월 서울시청 앞 상가에서 토산품 가게를 하던 S는 가짜 정보부원 이희기에 관해 중정에 진정했다. "승용차에 비상 라이트를 켜고 사이렌과 안테나를 달고 다니는 20대 청년 이희기가 정보부처장 행세를 해왔다. 그에게 속아 800만 원의 재산 피해를 보았다"고 호소했다.

임은희와 김두영 증언은 여기서부터 엇갈린다.

임은희는 "가짜 정보부원이 있다는 진정서가 공식적으로 접수돼 하달 계통을 밟아 감찰실 우리에게 떨어진 것"이라고 한다. 그러나 김은 "이희기와 S는 원래 동업자였는데 이해관계가 틀어지자 S가 친구인 진짜 정보부 요원에게 호소, 중정이 재산권 문제에 개입하게 된 것"이라고 말한다.

어쨌든 이를 붙잡아 온 것은 임 등 감찰실 요원 3명이었다.

이희기의 형 이선기(李宜基·가명)는 때마침 고교동창이자 감찰실 보안 계장으로 있던 이응삼(李應三·문구 메이커 바른손 대표)에게 전화를 걸었다. "동생 이 거칠기로 유명한 감찰실에 불려갔으니 얻어맞지 않도록 잘 얘기해 달라"고 부탁했다. 이응삼은 임은희 등 3명에게 "이희기를 때리지 말고 잘 봐달라"고 거들었다. 이는 비록 계장으로 상급자였으나 임 등이 나이가 위였기 때문에 매우 정중하게 부탁했다(이 한마디 때문에 이응삼도 두 달 뒤 남산에서 억울하게 쫓겨났다. 사건 재 조사과정에서 연루 요원 8명 중 하나로 분류됐기 때문이다).

오후 2시께부터 시작된 이희기 조사는 겨우 2, 3시간 걸렸다. 이 짧은 시간 동안 구타 고문을 당했느냐, 아니면 이희기가 엄살을 부렸느냐가 문제일 뿐…. 임은희의 말로는 '때리고 말 것도 없는 가짜 요원 사건이니 간단히 조사를 해서 경찰에 넘기면 된다고 생각했다. 이가 순순히 자백하고 자술서를 석 장쯤 썼을 때 보안계장(이응삼)이 들어와 부탁을 했다. 그런 뒤 잘 나가던 이희기가 영 달라졌다. 간질 발작을 하는 것처럼 쇼를 하고 해서 보통내기가 아니다 싶어 나머지 자술서를 두 장쯤 더 받아 빨리 경찰에 넘기로 했다. 이응삼 계장을 다시 찾아 때리지 않았는데도 쓰러진 시늉을 하고 있으니 가족을 불러 병원에 함께 가주도록 했다."는 것이다.

"이희기가 쓰러졌으니 가족들에게 설명하고 입원시키라"고 이응삼에게 지시한 것은 감찰실장 손종호였다. 이응삼은 퇴근길에 이희기와 가족들을 차에 태우고 국립의료원으로 갔다. 그러나 입원실이 없어 소란만 떨고는 서대문 적십자병원으로 가 입원시켰다.

문제는 그때부터 벌어졌다.

이희기의 처는 병원에서 진정서를 써 육 여사에게 보냈다. "중정 감찰실 요원들이 남편을 고문하고 때려 거의 성불구로 만들었다"는 내용을 애절하게 썼다.

대통령 부부의 눈물

청와대에서 편지를 발췌해 육 여사에게 보고한 것은 부속실 비서 김두영이었다.

눈물을 글썽이며 편지를 읽은 육 여사는 그걸 박 대통령에게 넘겼다. 편지는 다시 이후락 정보부장에게까지 갔다. 그렇게 시작된 '때렸다', '안 때렸다'는 공방은 두 달을 끌었던 것이다.

답답해진 박 대통령은 서울시경에 조사를 지시했으나 진척이 없자 고동철 시경국장에게 친서도 내려보냈다.

"앞으로 이희기 건에 관해서는 김두영 비서관의 지시만 받으라."

이는 남산의 압력을 차단하는 조처였다. 그리고 김두영을 암행어사처럼 썼다.

"나는 대통령으로서 억울한 국민을 보호할 의무도 있지만 공무원을 보호할 책임도 있으니 정보부 직원은 무조건 잘못했을 것이라는 선입견을 갖지 말고 공명정대하게 조사해서 보고해"

수사 경험도 없는 김두영은 직접 현장을 뛰어다녔다. 민정비서실에선 김에게 "남산을 잘못 건드리다 테러당할지 모르니 조심해라", "자리 걸고 일하느냐"고 경고도 했다. 그러나 김두영은 '각하 내외분'의 특명을 받은 암행어사였다. 육 여사는 용의주도했다.

김 비서가 보고할 땐 대통령 집무실 정문으로 다니지 않게 했다. 반드시 정원 쪽으로 나 있는 뒷문으로 드나들도록 시키곤 육 여사 자신이 먼저 기다리고 있다가 안에서 뒷문을 열어주었다. 정문으로 드나들면 경호원 입을 통해 박종규 경호실장에게 보고되고 정보부에도 정보가 흘러가 김 비서가 다치지 않을까 해서 배려한 것이었다.

김두영 씨 증언.

"중정의 자체 진상보고서는 이희기의 기관원 사칭 제보가 3인으로부터 들어온 것으로 돼 있었다. 나는 그들을 만났다. 제보자라는 대조동 파출소장 안 경위와 임씨라는 그 동네 노인 등을 만나보니 자발적으로 중정에 제보나 진정을 한 일이 없다는 것이었다. 그래서 최초로 정보부 직원 만난 날을 물었더니 둘 다 이희기가 입원한 다음 날이라고 했다. 이가 쓰러진 뒤 제보자를 사후 조작한 것이 드러났던 것이다."

육영수 여사는 어쩐 이유에서인지 대통령 비서실장과 정보부장을 지낸 HR을 좋게 평하지 않았다고 한다. 육 여사는 73년 정보부의 가짜 요원 구타사건을 끈질기게 파고들어 HR 해임을 재촉했다. 사진은 74년 8월20일 육 여사 빈소를 들른 '자연인' HR.

박 대통령은 이 보고를 받고 "이것은 억울하구만"이라고 확신이 선 듯 말했다. 즉각 국방장관을 전화로 불러 임은희 등 현역준위 2명을 예편시켜 검찰이 수사할 수 있도록 하라고 지시했다.

73년 11월26일께 최대현 사정비서관실에서는 임 등 3명에 대해 검찰로 하여금 구속기소 절차를 밟도록 했다. 감찰실장 손은 사표를 냈고 나머지 '연루자' 이응삼 등 4명도 모두 잘리거나 군으로 원대복귀했다.

수일 뒤 HR도 신직수에게 정보부장 자리를 내주어야 했다. 10년 권좌의 끝이었다.

임은희는 항변한다.

"누가 무슨 말을 해도 이희기가 가짜 요원 행세를 하고 비상 라이트, 안테나, 사이렌을 달고 다녔고 그 피해자도 명백히 있는 사건 아닌가. 그러한 악이 선으로 둔갑하고 나 같은 공무원이 거꾸로 감옥에 가야 한다는 건 나쁜 정치 탓이었다. 토산품 가게 주인은 돈을 떼인 피해자이면서도 나와 함께 서대문 구치소에서 징역을 살았다. 그런 억울한 일이 법치국가에 있을 수 있는가. 나의 경우 최대현 비서관, 문호철 검사가 공소유지가 안될 것 같았던지 과거 군복무 시절 비위까지 캐고 합정동 집을 어떻게 샀느냐고 조사하는가 하면 가택수색에다 커피 한잔 같이 한 사람도 뒷조사했다. 왜 그랬는가. 절대권력자가 한번 결심한 사안일 뿐더러 우리 셋이 풀리면 이희기가 당해야 했기 때문이다. 얻어맞지도 않은 자의 엄살에 모두들 속아가지고…"

쌍방의 비판과 주장은 강산이 몇 번 바뀔 세월이 흘러도 팽팽히 맞서 있다.

김두영은 여전히 "정보부가 적법절차를 밟지 않고 월권 폭력을 행사함으로써 박 대통령에게 누를 끼친 일이 적지 않았다. 이 사건도 그런 케이스였다. 이희기에 대해 나 자신도 좋은 인상을 갖고 있진 않았다. 그러나 백 보를 양보하더라도 정보수사기관이 남의 재산권 문제에 개입한 건 잘못된 일이고 그런 문제는 검경 같은 적법기관이 처리하도록 해야 할 게 아닌가"고 말한다.

과연 진상은 무엇인가. 이희기는 얻어 맞은 것인가 아닌가. 당시 중정 톱 5인 그룹에 드는 Q씨의 설명을 들어본다.

"나는 때리는 걸 본 일은 없다. 다만 감찰실에 불려가 귀뺨 한 대라도 안 맞고 나온다는 건 당시로서는 상식을 벗어난다. 맞았을 개연성이 있다. 다만 이희기란 자는 고문이라고까지 할 정도가 아닌데도 엄살과 꾀로 문제를 일으키고 온 동네를 시끄럽게 했던 것이다. 그러니 조사요원들은 '가짜 요원 주제에 별로 맞은 것도 없이…'라고 생각할 것이다."

그럴듯한 '재판'인 것도 같다.

바하마 휴양지에서 박정희와 귀국 협상

이후락이 정보부장에서 밀려난 날은 73년 12월3일이었다.

새로 남산을 장악한 사람은 법무부장관이던 **신직수**였다.

HR이 예상한 대로였다. 그는 휘하의 충성스런 부서장들로부터 신직수에 관한 여러 정보보고를 듣고 있었다. 감청(전화도청) 보고서를 들고와 신직수를 미리 견제해야 한다고 건의했던 것이다.

국장 X는 영부인 육영수 여사가 HR 부장을 매우 비판한다는 보고도 했다. "이 부장님께서 일본대사로 계시다 정보부장 발령을 받을 때부터 육 여사는 반대했답니다. 육 여사께선 '이후락 씨가 정보부장으로 온다니 어떡합니까'하고 몇 사람에게 불만스럽게 말했다고 하십니다. 아시다시피 신 장관은 혁명 전 각하께서 5사단장으로 계실 때 법무참모였고 그때부터 육 여사의 평이 좋았다고 하지 않습니까. 옥천(육여사 고향)이나 신 장관 고향인 서천이나 가까운 충청도 아닙니까. 부장님께서 손을 써야 합니다"라고 '앙청'했던 것이다.

하지만 이미 HR은 회복하기 어려운 상처를 입고 있었다.

그해 봄의 윤필용 사건, 여름의 김대중 납치사건으로 치명상을 입었다. 게다가 최종길 교수 사망, 이희기 사건 같은 것이 HR을 헤어나기 어려운 늪으로 밀어넣었다.

신직수 정보부의 차장은 **김재규**였다. HR 밑에서의 차장 김치열은 검찰

73년 12월3일 정보부장에서 밀려난 HR은 비밀리에 출국해 청와대와 남산을 발칵 뒤집어 놓았다. 그는 보복당하지 않는다는 다짐을 받고 74년 2월 말 바하마에서 귀국했다. 그리고 야인생활을 시작했다. 사진은 최고회의 공보실장 시절인 62년에 꽃을 돌보는 HR.

총장으로 올라갔다. 대통령 박정희는 72년 김재규를 예편시켜 유정회 의원으로 앉혔다가 다시 남산 차장으로 보냈다(그러나 김재규는 남산 생활이 체질에 맞지 않았던지 1년도 못 채우고 건설부장관으로 나갔다).

신직수 정보부장도 곧 시련에 부닥쳤다.

최초의 난관은 전임 정보부장 HR의 비밀 출국 사건이었다. 취임 보름만의 일이었다.

소리 소문없이 HR이 김포공항을 빠져나간 것은 73년 12월19일이었다. 가족은 국내에 둔 채 단신 출국해버렸다. 신 정보부장은 물론 박 대통령도 까맣게 모르는 일이었다.

"김형욱이 이미 그해 봄 미국으로 몰래 빠져나가 망명했기 때문에 뒤이은 이 부장의 줄행랑은 대단한 쇼크였다. 남산이 발칵 뒤집히고 밀출국을 도운 자의 색출에 나섰다. 당장 공항분실장 박모씨(육사11기)가 감찰조사를 받았다. 울산 출신이기도 한 박은 역시 HR 사람이었고 HR 부장이 밀출국을 도와달라고 하자 두말없이 목을 걸고 도와주었다고 한다. 그는 즉각 정보부에서 쫓겨났다." (중정간부였던 B씨 증언)

중정이 언론에 재갈을 물려 보도를 못하게 하고 진상조사에 들어간 게 비밀 출국 사나흘 뒤였다.

왜 나갔을까. 어디로 갔을까. 온통 궁금스러울 뿐이었다. 그래서 서울의 HR맨들은 서슬퍼런 추궁을 피할 수 없었다.

"HR은 부장에서 밀려나자 신변의 위협을 감지했다. 사방의 적들, 특히 박 대통령을 둘러싼 충성 경쟁에서 HR에게 심하게 당한 인사들이 쫓겨난 HR의 목까지 조르려 했던 것이다. 청와대든 어디든 HR 뒷조사가 은밀히 시작되고 주변 인물들이 당하는데 HR이 가만 있을 분이 아니다."

스스로 HR맨을 자처하는 당시의 한 고위 간부의 증언이다.

권세의 뒤끝은 항상 개운찮은 맛을 남겼다.

김형욱처럼 잘 드는 칼을 세차게 휘두른 세도가일수록 몰락은 참담한 모습이었다. 이후락도 예외가 아니었다. 결국 권력이란 남도 치고 더러 자기도 베는 양면의 칼날임을 증명하고 있었다. HR맨의 증언은 계속된다.

정권 비밀 쥐고 있다 … 건드리면

"박 대통령도 모르게 빠져나간 데는 작전도 숨겨져 있다고 본다. 일종의 땡깡(투정)을 부림으로써, HR이 망명이라도 하는 경우 어쩔거냐, 이렇게 대들어본 것이다. 국가 기밀, 정권 비밀 다 알고 돈이든 뭐든 손바닥처럼 꿰보는 HR을 함부로 다루지 말라, 이제 책임지고 정보부장 물러났으니 건드리진 말라, 그런 협상을 하기 위해 자구책으로 빠져나간 것이다. 물론 애써 보좌해온 박 대통령에 대한 섭섭한 감정도 없진 않았을 것이다."

HR을 찾아라.

신 정보부장의 지령은 유럽 미주를 비롯한 해외공관에 떨어졌다. 런던의 주영대사관에선 때마침 정보부 차장보를 지내고 공사로 와 있던 김동근(14대의원)이 전화를 받았다.

남산에서는 "HR이 9일 홍콩으로 혼자 떠난 사실이 확인됐다. 미국, 일본은 비자가 필요하기 때문에 아마 비자가 필요 없는 영국으로 갔을 가능성이 있다. 건강이 나쁘고 특히 심장병이 있다고 했다니 현지 요양기관을 체크해 달라. 또 영국 출입국 여부도 확인되는 대로 본부에 통보하라"는 것이었다.

런던의 김동근 공사와 이종찬 참사관(14대의원)은 곧 활동을 개시했다. 영국의 공항이나 정보수사기관은 서울의 관행과는 달라 개인에 관한 정보를 쉽게 신속히 주는 데가 아니었다. 둘은 할 수 없이 맨발로 뛰다시피 해 안면 있는 소스들에게 HR의 '흔적'을 아는 대로 알려달라고 매달렸다.

그리고 요양기관을 전화로 체크했다. 김동근과 이종찬은 그제야 영국에 리(LEE 혹은 RHEE)라는 성을 가진 이가 그토록 많은 것을 알고 깜짝 놀랐다. 수일 걸려 확인해보아도 HR은 없었다. 영국의 시골 구석까지 이잡듯 전화로 뒤졌으나….

남산에선 시시각각 독촉이었다. HR 소재를 포착했느냐는 것이었다.

"영국이 너희 집 안방인 줄 알아."

화가 난 김동근은 서울 전화통에 대고 소리쳤다. 차장보까지 지냈으므로 그쯤 말할 수 있었다.

서울 남산 본부는 초조해졌다. 국내 보도는 막아놓고 있었지만 도쿄에

'이후락 망명설'이 파다하고 외신기자들이 벌떼처럼 쏘다녔기 때문이다.

우선 홍콩 요원들로부터 HR이 그곳을 거쳐 영국으로 갔다는 탑승 기록만 확인된 상태였다.

서울의 가족 친지 부하들은 한결같이 "심장이 나쁘다고 했고 서너 달 후에 돌아온다고 했다"고만 진술했다. 우선 그것만이라도 발표해야 박정희 정부의 망신을 줄이고 망명설 확산을 막을 수 있을 것 같았다.

12월29일 서울발 뉴스가 터졌다.

"이후락 씨(49)가 지병인 심장병 치료를 위해 12월19일 정부의 허가를 얻어 출국, 홍콩을 거쳐 영국에 머물고 있다."

"이씨는 가족을 동반하지 않고 혼자 떠났으며 치병(治病)에 소요되는 기간은 3개월 정도로 잡고 있다."

"일본신문은 영국 망명을 위해 갔다고 보도하고 있으나 사실과 다른 허무맹랑한 얘기다."

'정부의 허가'를 얻어 나갔다는 대목은 거짓이었다. 이런 내용을 발표한 정부 측 인사는 '서경석(徐京錫) 외무부 대변인'으로 당시 신문에 기록돼 있다. 그러나 80년대 칠레대사도 지내고 정년퇴직, 집에서 쉬고 있는 서씨는 놀랍게도 그런 발표를 한 기억이 전혀 없다. "그런 문제로 기자들에게 발표한 사실이 없다. 지금 생각해보아도 당시 그런 미묘한 사안을 외무부가 다루거나 외무부 대변인이 떠맡아 발표했을 것 같진 않고 청와대나 다른 곳에서 발표했을 것이다."(서씨의 증언)

서씨에 따르면 자신의 이름은 도용당했다는 것이다. 이후락 씨의 소재가 런던에서 확인됐기 때문에 외무부 대변인 이름을 빌렸을 공산이 크다는 얘기다.

런던의 김동근 공사는 HR의 영국 입국 여부를 확인했으나 도착 사실조차 분명히 드러나지 않았다. 이민국도 외무부도 모르겠다는 답변뿐이었다. 심장병 전문병원과 요양소를 뒤졌으나 별무소득이었다.

74년 1월 말께 김동근은 'HR 소재 확인 불가능'이라고 본부에 보고했다. 그리고 나서 2월 중순 어느 날 밤 잠결에 전화를 받았다.

"나 이후락이요."

HR 목소리가 분명했다. 반가웠다.

"지금 도대체 어디십니까?"

"날 찾는다고 그러던데, 내 곧 런던 거쳐 서울에 갈 거요. 이틀 뒤 도착합니다. 몸이 아파 나왔는데… 남산에도 이걸 보고하세요"

주영대사관에서 황급히 본부보고를 마쳤다.

HR은 약속 날짜에 런던에 닿았다.

HR과 대사 최경록(74년 교통부장관·80~85년 주일대사) 그리고 김동근 공사가 함께 앉은 식사 장소에서 HR이 말했다.

"남북대화하다가 심장병을 얻었어요. 평양에 처음 갔을 적에 비가 오는 새카만 밤에 어디로 끌려갔단 말이에요. 별별 극단적인 불길한 생각이 다 들고 긴장하고 있는데 김일성이한테 데려가더라고요. 그날 밤 이후 가끔 심장이 좋질 않아요. 그래서 좀 쉬고 병 고치러 나온 것이지…."

그는 박 대통령에 대한 충성심이 변함이 없으며 "바깥에서라도 도울 일은 도와드릴 것"이라고 했다. 박 대통령과 남산을 대경실색케하고 국제정보기관의 관심을 한몸에 받았던 HR은 마치 '아무 일도 없었던 것처럼' 말했다.

그는 홍콩으로부터 런던 히드로 공항에 닿자 곧 공항 옆 홀리데이인 호텔에서 잠을 자고 다음 날 중미 휴양지 바하마로 날아갔음이 확인됐다. 두 달 가까이 바하마의 나소에 머물며 미국에 있던 아들과 접촉, 우회적으로 서울 박 대통령과 '귀국 후 신변안전 보장' 교섭을 벌였다.

그가 런던을 거쳐 서울에 도착한 것은 74년 2월 28일. 용산 집으로 돌아오자마자 외부 접촉을 끊고 두문불출했다. 그리고 정치보복도 당하지 않고 안전하게 지냈다.

권력세계에서 몰리는 자에겐 줄행랑치는 '36계'가 육도삼략(六韜三略) 중 최고라는 진리가 통한 셈이었다.

| 제14장 |
신직수 정보부, 유신 수호 칼 뽑다

박정희 "난 경제, 안보는 정보부가 맡아"

73년 12월 들어선 신직수 부장체제의 중앙정보부엔 '정권 안보'가 최우선 과제였다.

대통령 박정희는 신 정보부 핵심들에게 말했다.

"부질없는 정쟁(政爭)으로 인한 국력손실을 막고 경제 도약을 해보자고 유신을 한거야. 국가 안위는 정보부가 맡아. 난 경제에 전념할 거야."

신 정보부의 간부들은 국가 안위란 곧 정권안보를 말하는 것이며 실제로 '박 대통령이 무너지거나 망하면 나라도 망한다'고 굳게 믿었다. "그것이 우스꽝스런 착각이었음을 10·26 후에야 깨달았다"고 한 간부는 술회했다.

그러나 72년 10월 공포된 유신헌법의 잉크도 마르기 전에 체제에의 도전은 시작됐다.

유신 이후 박 대통령은 '경제 대통령'을 자임했다. 77년 포항제철에 들른 박 대통령과 최각규 상공부장관(왼쪽). 그리고 오른쪽은 박태준 포철사장.

73년 10월2일 서울대 문리대에서 대대적인 반(反)유신 데모가 터졌던 것이다. 이후락 부장 말기에 터진 10·2시위는 그해 8월의 김대중 납치사건의 영향을 받은 바 컸다.(서중석 교수, 유인태 의원 분석)

말하자면 학원에선 유신 자체를 '정권 연장을 위한 속임수'로 보고 있던 판에 납치사건이 반유신운동의 분위기를 살리는 계기를 제공한 셈이다.

'정보 정치 중지 하라', '기본권 보장하는 민주체제 확립하라', '김대중씨 납치 진상을 밝히라'는 게 당시 구호였다. 서울대생 이해찬(李海瓚·국무총리 민주통합당 대표), 나병식(羅炳湜·도서출판 풀빛 대표), 정문화(鄭汶和·월간《말》편집장·작고), 이근성(李根成·한국기자협회장 지냄. 프레시안 고문) 김병곤(金秉坤) 등이 주도한 유신 철권통치하의 첫 시위는 썩 '성공적'이었다.

그 열기와 참여도가 대단했다.

서슬퍼런 유신 공포정치 초기였지만 보통 때 데모에 소극적인 의대, 공대생들도 뛰쳐나오고 여대생들까지 가세해 주동자들에게 용기를 갖게 해

주었다.

10·2시위로 180명이 연행돼 23명이 제적당하고 18명이 자퇴, 56명이 무기정학처분을 당했다. 구속 학생도 21명.

하지만 서울대 시위는 11월 각 대학으로 번져 동맹휴학, 수업 거부, 시험 거부를 불러일으켰다. 언론계에선 자유언론 실천운동(정보부의 보도통제에 대한 저항)이 터졌다. 종교계, 교육계의 유신비판 성명서가 나왔다.

12월3일의 개각과 HR 경질은 그런 분위기 속에서 이루어졌다. 정부 발표문에도 '최근 국내의 사태와 관련하여' 개각을 단행했다고 명시했다.

당시 문교장관 민관식(閔寬植)은 이미 4선의원을 지낸 정치인으로 뭔가 짚이는 게 있었다. 그는 대학생을 가두고 엄벌만 한다고 해서 능사가 아니라고 생각했다.

청와대로 가서 박 대통령을 독대(獨對)했다.

"각하. 지난번 데모로 구속한 대학생들을 풀어 주는 게 앞으로를 위해 좋을 것 같습니다."

"그게 무슨 소리요?"

"이제 장관들도 바뀌었으니 정부가 심기일전해서 잘해 보겠다는 뜻을 국민에게 보여야 합니다. 그리고 각하께서 말씀하시는 국민 총화(總和)를 위해서도 데모로 구속된 학생들을 과감하게 풀어주고 다시는 데모를 못하게 설득하는 게 좋을 듯합니다."

12월7일 10·2시위 구속학생 전원이 풀려났다. 학칙위반으로 처벌당한 학생도 모두 백지화됐다. 민관식이 건의한 이유제강(以柔制强) 책략을 박 대통령이 그대로 받아들인 결과였다.

그러나 이미 학생운동에 관성과 힘이 붙고 있었다. 구속 학생 석방은 "박 정권이 5·16 쿠데타 이후 최초로 백기를 든 굴복"(유인태 의원 얘기)으로 받아들여졌다.

"10·2시위는 반유신투쟁을 쉬지 않고 진행시켜야 하고 전국의 학생이 힘을 모으면 전국민의 항쟁을 만들 수 있으며 제2의 4·19혁명도 가능하다는 낙관과 자신감을 가져다주었다." (이철 전 의원 얘기)

망원렌즈로 미행 촬영

73년 11월경부터 정보부 6국(특명수사국)은 사회학과 복학생 이철을 주목, 감시에 들어갔다. 서울대 모 교수로부터 이철이 10·2시위를 배후에서 움직인 리더의 한 명이라는 제보가 있었기 때문이다.

"우연히 서울대의 어떤 교수와 점심을 함께 하는데 '지난번 데모 때 왜 현장 애들만 잡았는가', '카투사 제대하고 복학한 이철도 진짜 리더던데'라는 것이었다. 또 그가 반미(反美) 색깔이 있다는 얘기도 했다. 남산에 돌아와 파일을 뒤져보니 이철에 관한 게 전혀 없었다. 할 수 없이 미군부대에서 카투사 근무중의 신상명세서를 얻어오고 원적지 조회를 하는 한편 망원렌즈까지 동원해 미행 감시에 들어갔다." (당시 6국 관계자)

이철 자신도 추적당하는 낌새를 챘다. 그는 10·2시위 때 도종수(都鍾洙)를 현장주동자로 내세우고 깊이 개입했으므로 서울대 의대구내 기숙사 정영사(正英舍) 생활을 청산하고 피신다녔던 것이다.

73년 12월 닻을 올린 신 정보부는 당장 줄기찬 반유신 공세에 시달리게 된다. 납치사건 이후 줄곧 근신하던 김대중도 "정치가 회복되면 다시 활동하겠다"(12월11일)고 밝히는가 하면 윤보선, 백낙준, 김수환 등 재야인사들이 민주회복과 개헌을 겨냥한 대통령 면담을 요구해왔다.

국무총리 김종필이 "유신체제에의 도전은 용납 못한다"(12월19일)고 하자 신민당이 즉각 "그 이유를 대라"고 반박성명, 체제논쟁이 일었다. 유정회 의원들은 '반체제 결사반대' 결의문을 냈다.

12월 24일 **장준하**, **백기완** 등이 개헌청원운동본부를 발족하자 닷새 뒤 박정희가 직접 담화를 통해 '개헌청원운동 즉각 중지'를 촉구했다.

그러나 재야 학원가의 운동은 걷잡을 수 없이 번져갔다.

74년이 밝아왔다.

1월7일 민주공화당 초대 총재였던 정구영(鄭求瑛)과 사무총장을 지낸 예춘호(芮春浩)가 공화당 탈당계를 냈다. 10여 년 전 군복 입은 박정희 소장의 옷을 갈아입혀 정권을 일으키는 데 이바지한 정구영의 탈당은 박 정권의 정당성을 뿌리에서부터 흔드는 것이었다. "유신체제는 민주주의 기본원리인 입법·사법·행정 3권분립을 무시한 3권귀일(三權歸一)체제"라는 정구영의 비판은 아플 수밖에 없었다.

같은 날 신민당 정무회의는 '민주회복을 위해 개헌 투쟁에 나설 것'을 결의했다.

신 정보부는 방어 무기로 법이라는 이름의 칼을 들었다. 군법무관→정보부차장→검찰총장→법무장관을 지낸 신직수는 젊고 '명석한 검사' **김기춘**(金淇春·법무부장관 지냄), **현홍주**(玄鴻柱·주미대사 지냄)를 거느리고 남산에 들어왔었다. 두 검사는 신 법무장관 밑에서 HR 정보부가 만든 유신헌법 뼈대에 살을 붙이고 매무새를 가다듬었다.

74년 1월8일 오후 5시. 유신이 6년 뒤 무너질 때까지 긴급조치라는 이름의 칼자국으로 얼룩지게 만든 비극적인 역사의 기산점이었다.

유신헌법에 터 잡은 긴급조치 1, 2호가 발표되었다.

1호는 유신헌법을 부정 반대 왜곡 비방하거나 개정 폐지를 주장 청원하

73년 10월2일 서울대 문리대생들의 데모는 삼엄한 유신체제에 대한 최초의 대규모 저항이었다.

지 말라는 것.

2호는 1호 위반자를 영장 없이 체포해 새로 만든 비상 군법회의에 넘겨 15년 이하의 징역에 처한다는 내용.

"유신체제 방어를 위해 최초로 칼을 뽑은 것이 '징역 15년'이라는 중형이었다. 그러나 내가 분명히 기억하기론 이 최초의 착검도 사실은 사형과 무기징역을 최고형으로 하자고 했다. 몇몇 사람들이 '그래 가지고 나중엔 어쩔 거냐, 정치란 그렇게 끌고 갈 수 없다'고 만류해 15년형으로 낮아진 것이다." (중정 핵심인사였던 Z씨)

신 정보부의 차장 **김재규**가 긴급조치에 대해 떨떠름한 반응이었다는 증언도 있다.

"김재규 장군(차장)이 갑자기 물어 왔다. '자네는 좋은 대학 나왔으니 묻겠네. 지금 발표된 긴급조치에 대해 어떻게 생각하나'라고 물었다. 아무 대답도 못하고 있으니 김 장군이 '헌법과 긴급조치 중 어느 게 위냐'고 물었다. 우물쭈물하고 있으니까 김 장군이 '나는 도무지 모르겠어'라고 고개를 젓는 것이었다." (당시 중정 간부 J씨)

김재규의 반응이야 어땠건 '법이 많을수록 공정성이 적어진다'(The more laws, the less justice)는 서양의 법언(法諺)에 비추어 보더라도 서글픈 현상이 벌어지고 있었다.

"신직수 부장이 이후락 씨 때의 화려하고 요란한 집무 스타일과는 달리 '조용하고 내실 있는 남산'을 지향한 것만은 분명하다. 역대 부장 가운데 복지후생에도 힘써 저변 직원들의 평판도 좋은 편에 속한다. 그러나 만사를 법으로 풀어가려 하고, 정치 논리로 풀 일도 법으로 대응하는 결함이 있었다. 신 부장의 법가적(法家的) 스타일이 유신시대를 법률 중독에 빠뜨렸다고도 할 수 있다. '법은 많을수록 국가나 정권이 안전하고 처벌이 셀수록 체제도전이 사라진다'는 사고가 지배하지 않았나 생각된다." (70년대 차장보를 역임한 Q씨)

긴급조치라는 이름의 미친 법

유신헌법에 반대하면 군재(軍裁)에 넘겨 15년간 징역을 살린다는 긴급조치 1, 2호. 74년 1월 8일에 대통령 박정희 이름으로 내린 살벌한 엄포였다.

그러나 바로 이틀 뒤인 1월 10일 **서중석**, 유인태, 이철, 나병식 등 73년

10·2 서울대 문리대 시위 핵심들은 유인태의 집에 모였다. 그리곤 긴급조치에도 불구하고 유신반대 시위는 계속 준비해 나가기로 했다.

"학생이 아니면 안 된다. 박 정권에 과감히 맞설 수 있는 세력은 학생이므로 전국 여러 대학이 동시에 데모하는 방식으로 가야 한다"고 결의했다.

뒷날 중정 수사에서 이날이 민청학련(민주청년학생연맹) 결성일이 되었다.

그 모임을 전후해 민청학련 핵심들은 전국 규모의 시위를 위해 서울과 지방 대학 조직화에 박차를 가하고 있었다. 유인태, 정문화, 황인성 등이 서울과 지방 대학 연결에 치중하고 **김효순**(金孝淳·한겨레신문 도쿄특파원·편집인 역임)은 이철과 서울대 단과대 조직을, 나병식은 기독교계와 전남대 연락을 주로 맡았다.

서중석은 67학번으로 가장 선배격이었으므로 **조영래**(趙英來·변호사·90년 43세로 작고), 이현배(李賢培), **김지하**(金芝河) 등을, 사회 저명인사 윤보선, 장준하, 백기완 등을 만났다. 그리고 윤보선과 원주 팀(지학순 주교 중심)으로부터 얼마간의 활동 자금을 조영래를 통해 받곤 했다.

10·2시위 주동자인 이근성도 조직 및 유인물 제작을 위해 은밀히 뛰었고 정윤광(鄭允洸), 안양로(安亮老), **제정구**(諸廷坵·대의원), **서경석**(徐京錫), 안평수(安平洙), 김병곤(金秉坤·작고), 강구철(姜求哲) 등이 움직였다.

역시 서울대의 1973년 10·2시위 주동자였던 이해찬을 비롯해 **손학규**(정치학과, 배후조종혐의로 수배, 민주통합당 대통령 후보), **김근태**(경제학과, 배후조종혐의로 수배), **정동영**(국사학과, 기소유예, 민주당 대통령후보), 정찬용(언어학과, 1년 복역, 청와대 인사수석 역임), **유홍준**(미학과, 1년 복역, 문화재청장 역임), **강창일**(국사학과, 1년 복역, 배제대교수를 거쳐 현재 2선 국회의원) 등이 같이 뛰었다. 서울대 이외에도 장영달(국민대 행정학과, 7년 복역, 4선 국회의원, 열린우리당 원내대표 역임), 이재웅(연세대 행정학과, 전 국회의원), **이강철**(경북대 정치외교학과, 8년 복역, 청와대 시민사회수석

역임)과 이상수(고려대 법학과, 노동부장관, 3선 국회의원) 등도 유신독재에 항거한 민청학련 주동 세력이다.

정보부 6국도 뛰고 있었다.

이미 이철을 미행 감시하는 데 망원렌즈 카메라까지 쓰고 있었다. 유신 이후 학원·언론·종교 등 12개과로 세분해 기구와 인원을 늘린 6국은 정권보위기구의 첨병이었다.

대통령 박정희는 6국장 이(李) 모를 직접 청와대로 불러 '이군'이라고 친밀하게 호칭하곤 했다. 그만한 신임의 표시였다.

그러나 당시 학원사찰에는 한 가지 장애가 있었다. 유신을 단행한 직후 박 대통령은 중정 요원이 대학에 사무실을 두고 상주한다는 사실을 보고 받고 노발대발했다.

"정보부가 그래 가지고 무슨 정보를 얻을 수 있겠나. 소리 없이 그림자도 안 남기고 돌아다녀야 요원이지. 버젓이 대학 구내에 방을 얻어 쓴다고? 그러니까 정보부가 민폐 끼친다고 신문으로부터 욕먹는 거야. 헛정보나 쓰게 되고 정작 정보는 놓치고…. 앞으로 내 허가 없인 대학에 한 발짝도 들여놓지 마."

그것은 엄명이었다.

6국이라고 그걸 어길 순 없는 노릇이었다. 그러니 원격 미행밖에 안되고 대학생 '끄나풀'을 쓰지 않을 수 없었다.

74년 3월 들어 남산과 민청학련 학생들은 적정(敵情)을 서로 들여다보며 싸우고 있었다.

서중석은 어느 날 비밀 회합에서 말했다.

"우리는 서로를 알고 싸우고 있는 것 같다. 동지인지 아닌지 구별하기 어려운 사람도 있다. 아무래도 정보부가 우릴 키워서 먹으려는 것 같다. 학

74년 이른바 '문인간첩' 사건 공판정. 왼쪽부터 이호철(작가), 임헌영(평론가), 김우종(평론가), 장백일(평론가), 정을병(작가) 씨. 이들은 유신시대의 희생자들로 1년여 만에 모두 풀려났다.

생운동에 빨간색을 칠해서 뿌리를 끊으려 하는 것 같다. 그러나 그만둘 순 없는 시점이다. 끝까지 유신반대 데모를 하고 감옥에 가는 길을 선택할 수밖에 없다."

결과적으로 매우 정확한 상황 판단이었다. 중정은 74년 신학기 학원 데모가 심상치 않으리라고 예측, 이철 등을 붙잡지 않고 먼발치에서 발톱을 세우고 거동만 살폈던 것이다.

신직수 정보부의 기획은 치밀한 데가 있었다.

가령 긴급조치도 '때려잡는' 데만 쓰는 게 아니었다. 1, 2호 선포 후 국민생활 안정을 꾀한다는 명목으로 3호를 냈다. "월 5만 원 이하 소득자에 대한 소득세 면제 등을 굳이 긴급조치로 취한 것은 '긴급조치도 선량한 구석이 있다. 정권 안보적 목적으로만 발동되는 게 아니다'고 선전하는 용도" (중정간부였던 K씨 증언)였다.

3호가 난 다음 날 74년 1월15일 유신헌법에 반대한 장준하, 백기완 등 11명을 1, 2호 위반자로 옭아넣었다. 문공부장관 **윤주영**은 그 무렵 "일본신문들도 유신을 비방하면 긴급조치로 다스릴 것"이라고 경고했고 마침내 2월 4일 《아사히신문》국내 수입허가를 취소했다.

바로 그달 이호철(李浩哲), 임헌영(任軒永) 등 문인 지식인 '간첩단' 5명이 검찰에 구속당하게 된다.

구형대로 때리는 '정찰제 재판'

1년간 옥고를 치르고 나온 이호철은 "71년 초 민주수호국민협의회 문단 쪽 대표로 운영위원을 맡으면서 박 정권과 맞선 것이 74년 얼토당토않은 이른바 문인간첩으로 몰린 이유"라고 증언했다.

일본의 대한(對韓) 여론은 나빠지고 있었다. 반년 전 김대중 납치사건에 이어 《아사히신문》 반입금지, 문인 구속(일본 조총련과의 접촉 명목으로 간첩이라고 했다) 등은 일본 지식인사회의 좌파 친북 성향과 엇물려 반박(反朴)-반유신 감정으로 치닫고 있었다.

긴급조치를 어긴 반유신사범 처벌도 신속히 진행되고 있었다. 장준하, 백기완은 최고형인 징역 15년, 목사 **김진홍**(金鎭洪·활빈교회·나중에 두레마을 대표)을 비롯한 대학생들에게도 10~15년이 선고됐다.

이때부터 양심범 공안사범에 대해 검찰이 구형하면 법원이 깎지 않고 징역을 때리는 엄벌주의 '정찰제 재판'(한승헌 변호사의 표현)이 자리잡게 됐다.

법이 정권보위용 칼로 휘둘러지던 74년 봄.

3월 하순 어느 날 서울 원서동 창경궁 앞길 버스 정류장에서 작은 사건이 벌어진다.

이화여대 학생 한 명이 치마 밑에 전단 한 뭉치를 숨기고 가다 그만 아래로 떨어뜨리고 말았다. 때마침 종로경찰서 정보과 형사 한 명이 그걸 주웠다. 여대생에게 건네주려니 그녀는 벌써 놀라 달아나고 있었다. 형사는 그녀를 붙잡았다.

'4월 3일 전국적으로 대학생 총궐기.'

전단 내용은 그런 것이었다. 정보부의 관장하에 정밀 신문에 들어갔다. 놀랍게도 이철을 미행하며 찍은 사진 가운데 바로 그녀가 들어 있었다. 사진을 들이대며 윽박지르자 그녀는 아는 대로 자백했다.

당시 중정 6국 간부의 증언.

"4월의 대대적인 대학생 시위가 기획되고 있는 것은 알았지만 그처럼 전국 규모로 크게 하는 걸 알고 다들 놀랐다. 3월21일 경북대에서 **이강철**(李康哲) 중심으로 예비 시위가 일어났을 때 이미 민청학련의 규모는 크다는 게 확인됐다. 유인물에 타 대학과의 연계 전략이 엿보였던 것이다. 그 무렵에 이화여대 학생이 붙잡혔던 것이다."

그 여대생은 전단을 운반하다가 잡힌 것이다. 민청 핵심들은 시내버스 천장 통풍구에 유인물을 쌓아놓고 내려 바람에 날리게 하거나 고층 건물 화장실에서 뿌리는 방법을 쓰도록 했다.

정보부는 '4·3 총궐기' 계획을 파악하고 비상태세에 들어갔다. 공교롭게도 그 무렵 박 대통령은 지방에 머물고 있었다.

6국장 이(李) 모는 보안사령관 진종채(陳鍾埰), 치안국장 최석원(崔錫元)에게 병력 지원을 요청했다. 육본 헌병대에도 수사 요원을 달라고 했다. 남산 요원만으로는 손이 달렸기 때문이다.

정보수사기관간의 마찰이나 혼선이 생길 경우 그 교통정리는 남산 6국장이 할 수 있었다. 그 중정의 막강한 '협의조정권'때문에 다른 기관들은 기꺼이 도울 수밖에 없다.

이 국장은 1,000명에 달하는 '합동부대'를 투입해 4·3거사를 막을 작정이었다.

신 정보부장이 타기관 요원까지 불러들인 데 놀라면서 학원 내 투입은 삼가야 한다고 했다. 각하의 '대학 구내를 밟지 말라'는 지시를 어길 수 없다는 얘기였다.

그러나 이 국장은 "제가 책임지겠습니다. 사표낼 각오로 일하겠습니다"며 합동수사대를 서울을 비롯, 전국으로 보내 주동자를 색출토록 했다.

맨 먼저 붙잡힌 '수괴' 급은 **서중석**이었다.

그는 3월28일 논산 고향 집에서 잠복 중인 요원들에게 잡혔다. 서울에서 검거 선풍이 이는 걸 보고 황급히 내려가 쌀과 된장을 챙겨 산으로 들어가려다 그만 걸려들었다. 노루목에서 덫에 걸린 격이었다.

4월1일 저녁 민청 지도부 정문화, 황인성, 김병곤 등이 긴급회의를 열었다. 대세는 비관적이었지만 예정대로 4·3데모를 강행키로 했다.

4월3일 오전 10, 11시를 기해 서울대·성균관대·이화여대·고려대 순으로 산발적인 시위가 진행됐다. 〈민중민족민주선언〉 〈민중의 소리〉 〈국민에게 드리는 글〉 등을 뿌리면서.

4월3일까지 1,000여 명이 붙잡혀갔다.

현상 붙은 사나이 이철·유인태의 도주

74년 4월2일 청와대.

대통령 박정희는 정보부장 신직수와 6국장 이(李) 모의 보고를 받았다.

"대학생들이 전국적으로 데모를 일으켜 체제전복을 시도했습니다. 북괴의 민민전 전술과도 연계된 것으로 보고 캐고 있습니다"라는 내용이었다.

이 국장은 특히 대학생 이철의 '폭력 혁명적' 성격을 강조해 보고했다. 비록 그를 붙잡진 못했지만 반드시 뒤를 캐야 할 주동자라고 보고했다.

"이철이가 쓰다가 놓고 달아난 혁명론이나 리포트 제출 시 쓴 글 〈테러리즘에 관한 평가〉는 놀랄 정도입니다. 그자는 화염병을 만들기 위해 의대생과 함께 도화선을 구하러 다닌 위험인물입니다."

박 대통령은 놀란 표정을 지었다.

즉석에서 비서실을 인터폰으로 부르더니 '특별수사비'라며 1,000만 원을 내주는 것이었다. 격려금인 셈이다.

합동수사대의 대학구내 '무단' 진입도 완전히 양해되었다. 두 사람은 가벼운 걸음으로 청와대를 물러나왔다.

4월 3일 밤 10시 박 대통령은 긴급조치 4호를 선포했다.

"민청학련과 그에 관련되는 단체를 조직하거나, 가입·고무·찬양·동조하거나 대학생이 출석·수업·시험을 거부하거나, 집회·시위·성토·농성하거나 이 조치를 비방한 자는 5년 이상의 유기징역에서 최고 사형까지 처할 수 있다."

드디어 '사형' 포고령이었다.

대통령 긴급조치를 비방하면 사형. 그것은 정치적 자유의 사망선고를 의미했다.

이제부터 '유신의 법'은 벌거벗은 폭력 그 자체였다.

"정의의 여신은 한 손에 칼을, 다른 손에 저울을 든다. 권리를 주장하는 칼과 권리를 달아 비교하는 저울을 쥐고 있다. 저울을 갖지 못한 칼은 단순히 물리적 폭력에 지나지 않는다. 반대로 칼 없는 저울도 무력한 것이

74년 4월 대대적인 반유신데모를 시도한 '민청학련'사건을 발표하는 신직수 중앙정보부장.

되고 만다. 칼과 저울이 함께 갖추어질 때 법이 지켜진다."

법철학자 R. 예링의 말이다.

유신시대 신 정보부가 기획한 긴급조치는 저울 없는 '칼'일 뿐이었다. 따라서 법은 '물리적 폭력'으로 전락해갔다. 75년까지 1년 동안 긴급조치는 무려 9호까지 내려졌다. 그럴수록 유신정권은 정당성과 권위를 잃어갔다. 저항도 거세졌으니까.

4월3일 긴급조치 4호가 선포된 바로 그날밤이었다.

이철, 유인태, 여정남은 서울 광화문 어느 술집에서 소주를 마시고 있었다. 청와대 중대발표라는 긴급 라디오 방송을 들었다.

"공산주의자들의 배후조종을 받은 민청학련이 화염병과 각목으로 시민폭동을 유발, 정부를 뒤엎고 노농(勞農) 정권을 수립하려는 국가변란을 기도했다."

청와대 대변인 김성진(金聖鎭)은 TV를 통해 그렇게 말했다.

셋은 반박성명을 만들기로 했다.

"긴급조치 4호라는 명목의 최후 발악을 규탄한다. 반민중, 반민족, 반민주 집단을 규탄하는 학생들의 의거에 혼비백산한 자들은 이제 마지막 광태(狂態)를 보이고 있다. 학생의 떳떳한 구국운동을 왜곡 선전하고 또 하나의 학원간첩단 사건을 조작 발표하려 하고 있다. 저들이야말로 불순집단이다…."

흩어져 도망다니던 정윤광, 나병식, 정문화, 이근성, 황인성과 은밀히 다시 모여 유인물을 만들어 뿌렸다.

숨겨주어도 사형

경계가 삼엄해 숨어다닐 곳도 인쇄 장소도 물색하기 어려웠다. 이철, 유인태, 강구철 3인은 이미 현상금 50만 원씩이 걸려 있었다. 수배전단에는 "이들이 있는 곳을 알고도 신고하지 않거나 숨겨 주면 사형 또는 무기…"라고 씌어 있었다.

'미친 법'의 시대였다. 데모 학생이 생긴 학교는 폐교할 수 있도록 한 것이 긴급조치 4호였다.

이철은 안경을 사서 끼고 옷을 바꿔 입는 등 변장을 하고 다녔다.

그는 몇 달 동안 쫓겨 다니면서 은신처도 눈여겨 보아두었다. 광화문의 '그루터기'라는 레코드 가게도 그중의 하나였다.

가게 주인 박두칠(오늘의 목우스님)은 친구였다. 며칠 숨어 지낼 수 없느냐고 했더니 가게 뒤편 창고로 데리고 갔다. 너무 오랫동안 쓰지 않아 습기가 차고 퀴퀴한 냄새가 가득했지만 안전해 보였다.

이철은 창고에 갇혀 지냈다. 아침에 박두칠 형제가 먹을 것을 넣어 주고 밖에서 문을 닫아걸면 하루를 그 속에서 지내야 했다. 뉴스도 듣지 못해 바깥이 궁금하기 짝이 없었다.

그러나 라디오를 사려다 큰일날 뻔한 경험이 있어 참을 수밖에 없었다. 창고방에 숨기 전 라디오를 사러 갔더니 주인은 수상히 보았던지 주민등록증을 보여달라고 했다. 이는 친구가 구해준 주민증을 갖고 다녔다.

그 주민증의 인물은 40대였다. 아무래도 주민증 사진과 이의 얼굴이 달라 보일 수밖에 없었다. 라디오 가게 주인이 "잠시 기다리라"며 밖으로 나갔다. 이는 경찰에 신고하러 가는 걸 직감하고 냅다 뛰었던 것이다.

창고 속 '생징역'을 벗어나기 위해 이는 궁리했다. 스님이나 신부로 변장할까 하다 신분증 검사도 피할 수 있는 고교생 복장이 좋을 것 같았다. 박두칠에게 변두리 고교 제복을 맞춰달라고 하고 교모, 가방, 헌책까지 구했다. 교모가 낡아 보이지 않아 땅에 놓고 밟고 챙을 구기기도 했다.

'고교생' 이철이 시험삼아 시내버스를 탔다. 버스문에는 어김없이 유인태, 강구철과 3인조로 현상이 나붙어 있었다. 며칠 사이 현상금이 한 사람당 50만 원에서 100만 원씩으로 올라 있었다.

이철이 시험삼아 승객에게 물었다.

"이 사람들을 왜 잡으려고 하는 거지요?"

승객은 힐끔 보더니 말했다.

"학생은 알 것 없어."

이철은 '사형'을 면하기 위해 프랑스 망명을 시도했다. 박두칠을 통해 불어학원 강사로 있는 외국인을 매개로 프랑스대사관과 접촉했다. 그러나 불가능하다는 회신이었다. "망명은 환영하지만 한국 영토 내에서 사람을 빼돌릴 방법이 없다"는 답변이었다.

4월14일 이는 막막한 심정으로 신설동 어느 곳에서 여정남, 유인태와 만나 점심을 먹었다. 라디오방송을 들으면서.

"아니, 현상금이 200만 원씩이라니!"

"세 사람(李, 柳, 姜) 합쳐 200만 원 아니겠어? 간첩 현상금도 100만 원인데…"

"아니야, 각 200만 원씩이라고 분명히 그랬어."

한 시간 뒤 뉴스에서 '각 200만 원씩'으로 인상되었음이 확인되었다. 이철이 말했다.

"어차피 잡힐 테니까 아는 사람에게 신고나 하게 할까. 현상금은 나누어서 어려운 살림 보태기로 짜고서…."

현상 붙은 청년들의 피신길은 험했다.

유인태는 4월16일 저녁 장승백이 친구 집을 가다 파출소 앞에서 불심검문을 당했다. 유가 태연히 남의 주민증을 내보였다. 형사는 플래시로 힐끔 비춰보고는 보내주었다.

30분쯤 지나 파출소 앞을 지나다 다시 걸렸다. 아까 그 형사였다.

"조금 전에 보여드렸잖아요."

"아, 미안합니다."

잠시 후 등산복 차림의 두 청년과 사복형사 간에 언쟁이 붙었다. "당신이 뭔데 주민증 보자 말자냐"고 항의했던 것이다. 순간 형사는 주머니에서 수배자 명단을 꺼내 펼쳤다. '유인태'라는 석 자를 곁눈으로 본 유는 소스라치게 놀랐다.

유는 호흡을 가다듬고 한마디 거들었다.

"그 몇 놈들 땜에 고생들 하시는군요."

"전국적으로 수만 명 고생시키지요. 빨리 잡혀야 할 텐데."

그날 밤 유는 삼선교 한성여고 앞의 안양로가 가정교사를 겸하던 하숙집으로 갔다. 그때만 해도 안(安)은 수배되지 않았다.

갈 데라곤 거기뿐이었다. 하숙집 아주머니는 "양로 학생이 이 앞에 갔으니 들어와요. 기다려요"라고 마음씨 좋게 말했다. 그리고 "나 잠시 마실 나갔다 올게"라며 나섰다.

유는 여우굴에 들어선 예감이 들었다. 안이 가르친 학생(경동고)에게 "내가 수배된 걸 아나?"라고 물었더니 겁에 질린 채 고개를 끄덕였다.

유는 순간 발길을 돌렸다. 10미터쯤 걸어가자 벌써 사복형사 인솔하에 '앞에 총' 자세로 정복경찰 6명이 나타났다. 유는 며칠 전부터 준비해 다니던 싸구려 안경을 주머니에서 꺼내 쓰고는 비껴 지나쳤다. 뒤통수에서 바로 '저놈 잡아라' 소리가 터질 것만 같았다.

유는 정신없이 내뺐다. 경기중고 시절 100미터를 12초 5에 달리던 실력이었다. 주머니 동전 소리가 요란했다. 큰길에 나설 무렵 고함 소리가 났다.

"저놈 잡아라."

동도극장 뒤쪽에서 빈 택시를 잡았다.

"중랑교 갑시다. 어휴 깡패새끼들 땜에 큰일날 뻔했네."

유는 택시 기사가 파출소로 차를 몰 것만 같아 숨을 헐떡이며 한마디했다.

중랑교 친구 **유홍준**(俞弘濬·미술평론가·노무현 정부 때 문화재청장 역임)의 집에 닿으니 그의 부모가 놀라며 맞았다. "방금까지 형사들이 잠복하다 갔는데 어떻게 무사히 왔느냐"는 것이었다. 거기도 숨을 곳은 못되었다.

유홍준 아버지와 함께 문밖을 나섰다. 붙잡히면 "자수하러 가는 길"이라고 하기로 했으나 다행히 형사들은 모두 떠나고 없었다.

유는 미아리 자신의 집 근처 버스 정류장에서 내렸다. 빵집에 들어가 성북동 암자에서 고시 공부하는 친구에게 전화를 걸었다. 그러나 친구는 귀향했다는 것이었다.

수화기를 놓는 순간 건장한 사내가 소리쳤다.

"너, 유인태지."

수갑을 내밀었다.

파출소장 이마에 권총 겨눈 중정 국장

유인태 손목에 수갑이 채워졌다.

"어이, 김 형사 우리 공동 체포야."

다른 형사가 거들며 기쁜 목소리로 말했다. 북부경찰서 형사들이었다. 이들은 유가 살던 미아 10동 주변을 헤매다 '한강 모래밭에서 바늘 줍듯' 유를 낚아챈 것이었다. 유는 곧 지프에 실려갔다.

북부서 3층 정보과로 올라가는 계단마다 유의 사진이 촘촘히 붙어 있었다.

"만세!"

정보과장은 소리쳤다. 잠시 후 남산 정보부 팀이 유를 데리러 왔다. 자정이 지날 무렵 신문이 시작되자 이철이 있는 곳부터 대라는 것이었다. 이철, 여정남과 마지막으로 헤어진 신설동으로 수사팀에 이끌려갔다.

관할 보문파출소로 한 무리가 몰려갔다. 꼭두새벽에 놀란 파출소장 엄 경위가 불청객들을 맞았다. 중정 수사팀장이 주머니에서 뭔가를 끄집어내 엄 경위의 이마에 들이댔다. 권총이었다.

"너 죽고 싶냐. 왜 이철이를 못 잡았어. 가가호호 체크하랬잖아!"

공교롭게도 유, 이 등 셋이서 헤어진 곳이 파출소 지척이었다. 엄 경위는 꼼짝달싹 변명의 여지도 없었다. 온몸을 후들후들 떨며 말문을 열지 못했다.

권총을 겨눈다고 멀리 달아난 이철이 돌아올 리 만무했다.

수사팀장은 당장 치안국을 전화로 불렀다.

"썩어빠진 정신 상태의 파출소장을 당장 잘라야 한다"고 통보했다. 다음 날 엄 경위는 직위해제당해 징계위에 넘겨졌다. 그런 그를 사경에서 구해 준 은인은 정보부차장 김재규였다.

바로 그 파출소는 김재규의 보문동 집 골목 입구에 자리잡고 있었다. 엄 경위는 아침 저녁 김재규의 출퇴근 때 문안 경례를 올려온 처지였다. 또 김재규의 집은 주차장이 없었으므로 승용차를 파출소 옆에 세워 두는 일이 잦았다.

그 김재규 중정차장은 민청학련사건의 특별수사본부장을 맡아 법무 내무부치안국 등 차관급회의를 주재하고 있었다. 김은 수사본부장을 맡으면서 "내가 왜 이런 걸 맡아야 해? 날 이럴 수 있는 거야"라고 측근에게 불만을 터뜨렸다고 한다.

대통령 박정희와 같은 육사 2기인 김은 군 후배인 신직수 정보부장 밑에서 중정 차장을 맡길 꺼렸고 늘 탐탁하지 않게 생각했다고 한다.

주된 이유는 김이 박정희 5사단장 밑에서 대령 달고 36연대장을 할 때 전입한 하급장교 신 법무관이 함께 근무해 당시는 대단한 선후배 차이가 났는데 세월이 흘러 거꾸로 신 부장을 모시게 된 까닭이다.

당시 신 부장 - 김 차장 라인이 서로 어려워한 사이임은 분명하다.

74년 4월18일 민청 수사본부장 김재규의 운전사 L은 평소 낯익은 엄 경위 '파면' 소식을 듣고 김재규에게 말했다.

"보문파출소장 건 보고받으셨습니까?"

"파면이라던데…"

"파출소장이 무슨 죄가 있습니까. 장군님께서 선처해주십시오."

L은 김과 사별할 때까지 '장군님'이라고 불렀다.

"무슨 소리야?"

"큰 나무 밑에 덕 보는 나무는 없지만 큰사람 밑에 해 입는 사람 없다는 옛말도 있습니다. 파출소장이 무슨 죄가 있습니까. 부하는 데모 방지 훈련 나가고 방범 나가고 파출소는 소장 혼자 종일 지키는 판에 무슨 재주로 순찰 돕니까."

L이 이처럼 '세게' 건의한 데는 나름의 계산이 있었다. 며칠 전 김재규 차장은 이렇게 말했던 것이다. "도무지 큰일이야. 자수만 하면 불문에 부친다 해도 고개조차 내밀지 않으니…. 대학생들이 이러니 간첩이 자수하겠나? 대통령도 못 믿고 나라도 못 믿는 불신풍조가 망국병이야."

김재규 차장은 그 무렵 대통령 박정희에 대해 냉소적인 반응도 보였다고 측근들은 전한다.

어느 날 B보고(A보고는 박 대통령에게도 간다) 중 '각하 동정'을 측근이 김에게 보고했다.

"대통령 각하께서 군 요인들과 한잔 하시는 자리에서 '육사 8기생(JP 동기)들이 군단장쯤만 나가 있어도 마음을 놓겠는데…'라고 말씀하셨습니다. 8기가 3성 장군 그룹을 이루고 있다면 내놓으실 마음을 가지실 수 있다는 건가요?"

"허어, 그래?"

김재규는 픽 웃으며 말했다.

그 측근은 김 차장이 '쇼하지 말라고 그래'라고 말하는 것처럼 느꼈다고 한다. 어쨌든 운전사 L의 얘기를 듣던 김은 최석원 치안국장을 즉각 무전으로 불렀다. 그리고 엄 경위 '선처'를 지시했다.

엄은 목숨을 건져 혜화동 파출소장으로 나가 김재규가 사형당한 이후인 81년께 총경까지 올랐다.

달아난 이철 때문에 유인태는 치도곤을 당하고 있었다.

얻어맞다 지쳐 "개 고향 부산으로 간다고 했다"고 얼버무렸다. 경부선 열차와 고속도로에 비상이 걸리는 대소동이 났다.

유가 잡힌 다음 날 여정남이 또 다른 친구 집에 숨어다니다 잡혔다.

여는 남산의 다른 조사실에 갇혔다.

여는 자신과 이, 유 셋이 신설동에서 헤어지며 "서로 잡히지 않는다면 모레 오후 4시 어린이대공원 후문에서 만나자"고 했던 약속을 불었다. 유가 이미 잡혀갔으므로 그건 이미 비밀이 아닌 것으로 짐작했던 것이었다.

그건 오판이었다. 유의 방에서 매타작이 벌어졌다.

"이 XX, 여정남이 불었는데 넌 왜 여지껏 입 다물고 있었어. 엎드려 죽어봐, 이 XX."

아베크족 위장 남녀 요원들

3인의 약속시간에 어린이대공원 일대에 수색작전이 펼쳐졌다. 유도 볼모 신세였으므로 수사관들의 차에 실려 현장에 끌려갔다.

정보부는 택시 수십 대를 빌려 곳곳에 세워놓고 남녀 수사관들을 아베크족처럼 위장해 배치했다.

작전 개시 한 시간이 넘어도 이철은 나타나지 않았다. 허탕친 수사팀은 유를 다시 남산 조사실에 처박았다.

이철은 숨가쁘게 쫓기고 있었다.

유사 이래 가장 강력한 정보 경찰망의 박 정권이 거액의 현상금을 걸고 고교생으로 위장한 그를 쫓고 있었다.

이는 박두칠 형제의 레코드 가게 신세도 오래 질 수 없었다. 워낙 가난한 그들은 가게 수입도 변변치 않았기 때문이었다.

돈을 구해 인천 부근으로 나가 장기 은신할 계획을 세웠다. 고시준비생으로 독서실이나 암자에 숨어 들어가는 것이 안전할 것 같았다.

경기고 시절의 친구 K를 찾아가 돈을 얻기로 마음먹었다.

K가 사는 사직동 집 앞에서 한참 기다렸으나 첫날은 실패였다. 고교생 복장이므로 K의 식구들에게 물을 처지도 못됐다.

둘째 날 저녁 어둠이 깔려 올 무렵에야 겨우 K를 만날 수 있었다.

K는 이철을 몰라보았다. 그러다 고교생 모자 깊숙이 감춰진 이의 얼굴을 알아보고는 질린 표정으로 뒷걸음질쳤다.

"야, 가라 가."

만나고 신고 안 해도, 감춰만 줘도 '사형'까지 한다는 판이므로 K의 심정도 이해는 갔다. K는 허둥지둥 대문 안으로 사라져버렸다.

샛노랗게 질린 K를 본 부모들은 까닭을 물었다.

"철이가 고등학생 옷을 입고 집 앞에서 서성거렸다"고 말했다.

'이철이 고교생 복장으로 다닌다.'

신직수 정보부는 긴급전통을 전국 정보 수사망에 때렸다. K의 부모 제보를 바탕으로 한 것이었다.

이철은 K로부터 외면당하고 고대병원 간호사인 친척 동생으로부터 돈 몇 푼을 얻기로 했다. 그녀로부터 돈을 받을 장소가 언뜻 떠오르지 않아 사직공원으로 정했다. 그것은 실수였다. 이미 K의 부모 제보로 사직동 일대엔 경계망이 펴져 있었기 때문이다.

74년 4월24일 오후 6시20분, 이철은 6시 반 약속 시간에 대기 위해 사직공원 앞에 나타났다. 책가방까지 반듯이 든 단정한 고교생 차림, 키 1.65미터의 그를 누구도 눈여겨보는 것 같지 않았다.

그러나 공원 입구 쪽엔 사직파출소가 있었다. 눈매 날카로운 파출소장이 이의 모습을 포착했다.

"학생, 신분증 좀 꺼내."

우물쭈물하는 이를 끌고 파출소 안으로 들어가더니 모자를 벗겨 이마를 확인했다. 흉터를 발견했다.

"너, 이철이지."

파출소장이 소리쳤다.

검사 앞의 전기고문 – 인혁 8명 형장 이슬로

이철은 붙잡힌 뒤 후회했다.

사직파출소장 나상오 경위가 뜻밖의 '횡재'에 흥분, 귓불부터 벌겋게 달아오르는 모습을 보면서 이는 후회막급이었다.

불심검문을 당할 때부터 밀치고 도망칠까 궁리하다 그만두었던 것이다. 돈이 떨어져 차비도 없는 판에 달아나 숨을 방도가 막막해 몸을 내맡긴 것이 그만 최악의 상황을 몰고온 것이었다.

74년 4월24일 저녁 이철은 종로경찰서 대공과로 넘겨졌다.

"잡았다", "만세" 환호 소리와 함께 이는 흠씬 얻어맞았다. 고교생으로 변장해 수사망을 뚫고 다녀 수만명의 경찰관들을 괴롭힌 데 대한 쾌씸죄였다. 간단한 신상확인을 마친 뒤 정보부로 끌려갔다.

그때는 이미 민청학련 수사 막바지였다. '수괴' 중의 한 명 이가 잡히지 않은 상태에서도 '윤곽'은 짜여지고 있었다.

다음 날인 4월 25일 **김지하**도 흑산도 예리여관에서 붙잡혔다. 그는 영화 〈청녀(靑女)〉 촬영팀에 은신해 다니다 체포됐다.

김지하는 70년 담시 〈오적〉을 써서 갇혔다 풀려나 72년 담시 〈비어(蜚語)〉를 써 또 중정에 잡혔다.

'비어'는 가톨릭계 월간종합지 《창조》 4월호에 실렸다. 중정은 그것이 "북괴의 선전활동에 동조한 것"이라는 이유로 《창조》지 배포를 금지하고 발행인 유봉준 신부와 주간 구중서(具仲書)를 연행조사 했다.

중정은 김지하를 구속하는 대신 폐결핵 치료 명목으로 마산의 국립 결핵요양원에 격리했다. 두 달여 동안 요양원 생활을 끝내고 나온 김은 〈나폴레온 코냑〉, 〈금관의 예수〉 등 비판적인 글을 계속 발표했으며 73년 11월에는 지식인 15인의 '시국선언문'에 서명하고 개헌국민운동에 가담하면서 부터 쫓겨 다녔다.

73년 말 그는 은밀히 **서중석**(당시 서울대 국사과 4년·현재 성균관대 사학과 교수) 그리고 **조영래** 등과 만나 반유신투쟁을 기획했다.

그리고 74년 1월 긴급조치 1, 4호가 공포되자 철저히 도피 생활을 해오다 넉 달여만에 체포된 것이었다.

김지하, 이철이 잡혀 들어올 때까지 먼저 잡혀온 서중석, 유인태, 이근성, 나병식 등은 극심한 고문에 시달려야 했다.

"밤낮으로 신발을 벗겨 얼굴, 머리를 때리거나 몽둥이 찜질, 볼펜을 손가락 사이에 끼우기, 몽둥이를 다리 사이에 끼우고 뭉개는 고문을 했다. 몇날 며칠이고 잠을 못자게 하고 흰 벽을 쳐다보게 하는 고문도 있었다. 물고문도 했다. 발가벗긴 몸을 나무 사이에 묶어 대롱대롱 매달리게 한 뒤 수건을 얼굴에 씌우고 주전자로 물을 붓는 것이었다. 숨이 막혀 발광하

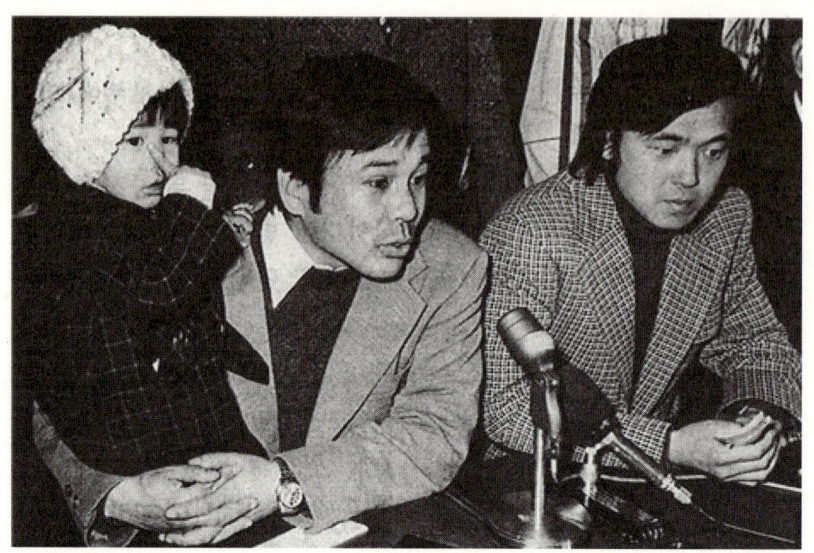

민청학련을 도운 혐의로 구속됐다 풀려나 주한 일본대사관에서 기자회견을 하는 하야카와(왼쪽)와 다치카와. 74년 대통령 긴급조치 위반으로 구속된 이들은 비상군사재판에서 20년 징역형을 선고받았으나 75년 형집행정지로 풀려나 일본으로 갔다.

면 '너, 군대에 있을 때 이북 갔다 왔지?' 하는 것이었다. 견디다 못해 고개를 끄덕이면 물붓기를 중단하고 진술서를 쓰라고 했다. 거부하면 또 물고문…. 지하실에서 사정없이 로프로 등을 후려갈기기도 했다. 터진 살갗에 뭔가 조금만 닿아도 맞을 때보다 더 고통스러웠다. 며칠 지나 안티프라민을 발라주고…."(유인태 의원 증언)

중정 조사실에서 얼마나 가혹하게 당했던지 서중석과 이철은 서대문구치소에서 솜이 삐져나온 푸른 이불을 뒤집어쓰면서 말했다.

"정말 천당 아니면 특급호텔 같다."

이철이 잡혀 들어온 4월 24일 시점에는 민청학련의 두 갈래 배후 세력이 수사팀에 의해 '확정'돼 있었다.

"재야 혁신계 그리고 여정남을 통한 이른바 인혁당의 배후 조종, 그리고 다치카와 마사키(太刀川正樹·당시 28세·자유기고가), 하야카와 요시하루(早川嘉春·당시 37세·경기대 일어강사) 등을 통한 재일 조총련의 배후 조종으로 이미 '그림'이 완성돼 있었다."(이철 전 의원 증언)

이른바 제2차 인혁당 사건이 시작되고 있었다.

이 땅의 분단 역사상 자유당 정권에 의해 조봉암이 교수대에 올려진 이래 또 한 번의 '냉전 살인'으로 꼽히는 비극적인 인혁당 사건. 75년 4월 대법원의 사형 확정 다음 날 새벽 도예종(都禮鍾), 서도원(徐道源), 하재완(河在浣), 송상진(宋相振), 이수병(李銖秉), 김용원(金鏞元), 여정남(呂正男) 등 8인은 '민청학련 배후조종죄'로 형장의 이슬이 되었다.

인혁당사건의 출발은 이보다 10년 전 역시 김형욱 정보부에 의해서였다. 그게 이른바 1차 인혁당사건이었다.

64년 한일협정반대 데모의 피크였던 6·3사태 두 달 뒤 중정은 도예종 등 37명을 반공법 위반혐의로 붙잡았다고 발표했다. 북괴 지령을 받아 인혁당이라는 '반국가단체를 이롭게 할 단체 구성을 예비'했다는 것이었다.

1차 인혁당 사건에는 **김금수**(金錦守), **박현채**(朴玄採·92년 조선대 교수), 김중태(金重泰), 현승일(玄勝一·92년 국민대 총장), 김도현(金道鉉), 김정강(金正剛) 등 6·3세대들도 연루돼 있었다.

그러나 당시 검찰의 사건담당 이용훈(李龍薰·80년대 민정당 의원) 김병리(金秉?), 장원찬(張元燦) 검사 등은 중정의 무리한 수사에 제동을 걸었다. 이들 공안부 검사들은 "공소유지에 자신이 없다"는 이유로 기소를 거부, 사표를 내기까지 했다.

중정과 공안 검사들의 대립 속에 검사 교체로 기소가 이루어진 1차 인혁당 사건은 1심인 서울 형사지법에서 '사실상 무죄 선고'를 받는다. 도예종 등 2명만 징역 3년과 1년을 받고 전원 무죄판결을 받았던 것이다. 2심에선 다시 '전원 유죄'로 뒤집히게 되지만 1차 인혁당 사건의 성격은 어느 정도 냉전 논리에 의한 우격다짐임이 드러났다.

64년의 '인혁' 유령이 10년 만인 74년 민청사건에 의해 되살아나게 됐다.

이철, 유인태가 대구 학생운동 중심 인물로 접촉한 여정남이 대구의 도(都), 서(徐), 하(河) 등과 알고 지냈다는 게 '인혁'과 '민청'을 연결하는 실마리가 됐다.

실제로 인혁그룹(이는 중정이 붙인 이름이라고 연루자들은 밝히고 있다)이 대학생들의 반정부 반유신운동에 '정서적 응원'을 보낸 것은 사실이었다. 그러나 "민청이 엉성하고 개방적인 대학생 조직이기 때문에 기성 혁신 그룹이 적극 연계는 꺼렸던 것"이라고 한다.

그러나 중정은 한 묶음으로 다루었다.

박정희 "빨갱이 학생 놈들 총살하라"

74년 4월 25일 신직수 중앙정보부장의 민청학련 수사 상황 발표.

"공산주의자들은 스스로 공산주의자라고 말하지 않기 때문에 그들의 행동으로 가려낼 수밖에 없다. 민청학련은 통일전선 형성 공작 4단계 전략을 그대로 쓰고 있다. 민청은 지하 공산당과 공산주의자들이 합쳐 일부 학생 교수, 기독교 인사들을 선동, 조직적인 투쟁을 편다는 1단계 전략을 끝냈다. 그리고 시민까지 끌어들여 2단계 전략을 펴다가 우리의 치안으로 막게 된 것이다."

박정희 정권의 입장에선 '당연한' 반응이었는지도 모른다. 그러나 인혁 그룹과 민청을 하나로 묶는 데는 무리와 매질이 뒤따랐다.

75년 2월 김지하의 폭로.

"나는 뺑끼통(감방 속 변소)으로 들어가 창에 붙어서 나를 부르는 사람이 누구냐고 큰소리로 물었죠. '하재완입니다'. '하재완이 누굽니까' 하고 나는 물었죠. '인혁당입니다' 하고 목소리는 대답하더군요. '아항, 그래요'. 나와 하씨 사이의 통방(재소자끼리의 대화)이 시작되었죠. '인혁당 그것이 진짜입니까' 하고 물었죠. '물론 가짜입니다' 하고 하씨는 대답하더군요. '그런데 왜 거기 갇혀 계시우' 하고 나는 물었죠. '고문 때문이지러' 하고 하씨는 대답하더군요. '고문 많이 당했습니까' 하고 물었더니 '말도 마이소. 창자가 다 빠져나와버리고 부서져버리고 엉망진창입니다' 하고 하씨는 대답하더군요. 내가 혀를 차는데 하씨는 '저그들도 나보고 정치 문제니께로 쬐끔만 참아달라고 합디더' 하고 덧붙이더군요. 나는 법정에서 경북대 학생 이강철이 그 또릿또릿한 목소리로 분명하게 '나는 인혁당의 인자도 들어보지 못했는데 그걸 잘 아는 것을 시인하지 않는다고 검사 입회하에 전기고문을 수차례나 받았습니다'라는 말을 듣고 소위 인혁당이란 것이 조작극이며 고문으로 이루어지는 저들의 전가비도(傳家秘刀)의 결과였다는 걸 확인할 수 있었죠."(75년 2월26일《동아일보》보도〈고행(苦行) 1974〉)

끝내 교수형을 당했지만 여정남은 74년 여름 지독한 고문과 극형 남발의 재판이 불길하다는 느낌을 받았던 것 같다.

구치소에서 마주친 유인태가 "아무리 독살스런 사람들이지만 설마 사형시키기야 하겠느냐"고 위로했다.

그러자 여정남은 "아냐. 박정희는 지금 몇 명을 죽이려고 하는 것 같아"라고 대답했다는 것이다.

실제로 박 대통령은 74년 4월5일 군포 야산에서 식목일을 기념, 오동나무를 심으면서 말했다. "민청학련 대학생 놈들은 보고를 들어보니 순 빨갱이들이야. 잡히기만 하면 모두 총살이야"라고 공언해 경기도지사와 기자들을 대경실색케 했다. 비록 대변인을 통해 "없었던 얘기로 해달라"는 보도관제가 뒤따랐지만….

그 무렵 한일관계가 다시 굳어지기 시작했다. 김대중 납치사건으로 요동치던 양국 관계가 다시 다치카와, 하야카와 등 두 일본인을 민청사건 관련자로 구속하면서 긴장을 불러일으켰던 것이다.

살인법정 '사형 14명, 무기 15명' 구형

일본인 2명이 민청학련 사건에 얽혀든 것은 73년 12월24일이었다. 그날 서울 제일교회(박형규, 권호경 목사 소속)에선 김지하가 쓴 〈청산별곡〉을 무대에 올렸다.

유인태, 이철, **김민기**, **임진택** 등이 교회에 구경간 그날 일본인 하야카와 요시하루와 다치카와 마사키도 거기 나타났다.

유, 이에게 일인들을 소개한 건 경기고 후배 조직희(趙直熙·가명)였다. 조는 일본인 어머니에게서 태어나 일어에 능통했다. 그는 경기중 시절 문예반에서 선배 이를 알게 됐다.

"일본 기자가 한국 학생운동 리더를 만나고 싶다고 합니다."

조는 그렇게 말하며 두 일인을 소개했다.

다음 날인 25일 유, 이는 정릉에 있던 하야카와의 하숙집으로 가서 그 일본인들을 만났다. 조의 통역으로 학생 운동에 관한 인터뷰에 응한 것이었다.

두 일인 좌파 청년들은 알고 보니 취재엔 별 관심이 없는 혁명주의자들이었다.

"매우 낭만주의적인 사고를 가진 듯한 그들은 실제로 우리에게 도움을

주겠다고 하고, 무장의 필요성도 얘기했다. 그걸 받아들이는 건 문제가 있다고 느껴졌다."(유인태 증언)

이 말을 전해들은 서중석도 반대했다.

"앞으로 그들을 만나지 말라. 꼭 필요하면 인태만 만나기로 하자. 그네 나라 일본에서야 사회주의자, 공산주의자가 대수롭게 여겨지지 않지만 우리나라 현실에서는 자칫 우리가 공산주의자로 조작될 가능성이 있다. 또 그들의 편의 제공을 받아들였다가는 국외 공산계열의 지원을 요청한 것처럼 되니 준다고 해도 받지 말자."

민청 관련자들에 따르면 그것이 '민청'과 두 일본인 관계의 전부였다고 한다.

그러나 통역을 맡았던 조의 '엉뚱한 자백'이 터져나왔다.

조가 "유, 이는 일인으로부터 폭력 혁명을 사주받았으며 자금도 받았다"고 말함으로써 '민청과 국외 공산계열의 연계'는 확정되었다.

오늘날까지도 유, 이는 조가 수사당국의 공작에 넘어간 것으로 믿고 있다. "조가 왜 그런 소릴 하게 됐는지 모르지만 그의 자술서에 별별 희한한 소리가 다 들어 있었다"(유), "공작에 넘어갔다고 본다. 우릴 최악의 구렁텅이로 몰아넣는, 사실도 아닌 조작된 진술을 했으니까"(이)라고 두 사람은 말했다.

유, 이가 제아무리 부인해도 소용이 없었다. 중정은 조의 진술 구도에 두 사람의 진술을 꿰맞추었다.

두 일인이 구속되자 일본 조야는 시끄러워졌다. 도쿄의 신문들은 연일 하야카와 등 두 명의 '자국민 보호'를 외쳐대며 대서특필했다.

도고 후미히코(東郷文彦) 외무차관 우시로쿠(後宮虎郎) 주한 대사가 바쁘게 기자들 앞에 나섰다. 가뜩이나 일곱 달 전 이후락 정보부의 김대중 납치사

민청학련 주요 관련자

이해찬 국무총리	정동영 통일부 장관	김근태 복지부 장관	손학규 경기지사
10년 선고, 1년 복역	기소유예	배후조종 혐의로 수배	배후조종 혐의로 수배

장영달 열린우리당 4선 의원	유인태 열린우리당 재선 의원	이철 국회의원 역임. 철도공사 사장	유홍준 문화재청장	이강철 전 청와대 시민사회수석
7년 선고, 7년 복역	사형선고, 4년 복역	사형선고, 1년 복역	7년 선고, 1년 복역	15년 선고, 8년 복역

민청학련 관련자 중 정치권으로 간 주요 인물들 －출처: 국민일보 2005년 12월 7일

건으로 흐려진 한일관계가 먹구름 천지로 변했다.

그리고 '민청을 움직인 국내 공산주의자'들로 분류된 이른바 인혁당 피의자들이 울고 있었다.

"중정이 조작하려니 소위 인혁계는 엄청나게 당할 수밖에 없었다. 중정 프로그램에 짜맞추다 안 맞고 엉성하면 다시 시작하고…. 솔직히 말해 우리 혁신그룹의 실체가 없었던 것은 아니었다. 4·19 이후 합법운동을 해온 통민청, 민민청, 민통 등이 뿔뿔이 흩어져 있어서 그걸 묶어보자는 조직에 착수한 판인데 민청학련에 갖다붙여 죽이고 깬 것이다. 그러나 우린 인혁 같은 이름은 붙인 일도 그럴 필요도 없었다. 중정 조사 때도 '지하서클' 어찌고 하다 나중에 '인혁 비슷한 지하 서클'이 되더니 나중에 '인혁당'이 나타났다. 도예종은 당시 '1차 인혁'으로 살고 나와 쉬고 있었고 서도원도 민청과는 관계가 없었는데 나중에 보니 무슨 '인혁당 재건 지도위원'이 됐다."

당시 인혁 멤버로 붙잡혀 무기징역형을 받았다 출감한 이(李) 모의 최근 증언이다. 그는 "나의 경우 중정의 수사가 완료된 이후 붙잡혀 '그림'을 다시 그릴 수 없었기에 사형을 면할 수 있었다. 초기에 잡혔으면 나도 그들과 같은 길을 밟았을 것"이라고 말했다.

김찬국 연세대 부총장의 증언. 그는 신과대 학장이던 74년 민청 학생들에게 '내란선동'을 한 혐의로 5년 징역형을 받았었다.

"내가 들었던 서대문교도소 감방 같은 층 방 하나 건너에 서도원, 또 건너에 이철이 있었다. 내가 74년 5월8일 붙잡혀가 조사받을 땐 중정의 '그림'이 완성돼 있었다. 그림엔 인혁 보스가 서씨, 민청 보스가 이철로 돼 있는데 내가 감방에 들어 '통방'해보니 둘은 거기서 처음 만났다는 것이었다. 서씨는 몇 번 '억울하게 죽을 것 같다. 애들은 아직 어리고 우리 마누라는 미인인데…'라고 했다.

나는 서씨 등에게 형이 집행된 날 뉴스를 듣고 통곡했다. 언젠가는 그들 인혁계에 드리워진 역사의 그림자도 걷혀야 한다."

인혁 사건의 '본질'에 다가가기 위해선 당시 중정 고위간부의 증언에 귀기울일 필요가 있다.

해방 직후 행적 서로 알기에…

그는 '냉전이 과거지사가 돼버린 오늘날의 눈으로는 인혁당 관련자 사형집행을 설명하기 어렵다'고 전제하면서 말했다.

"그들의 뿌리는 46년 대구의 10·1폭동까지 거슬러 올라간다. 6·25 이후 지하로 들어간 남로당계, 근로인민당계 등 혁신좌익 계열은 60년 4·19와 더불어 대구를 중심으로 지상에 올라와 혁신운동을 벌였다. 민민청, 통민청 등 모조리 노출된 혁신계 조직 가운데 심지어 '피학살 유족회'라는 것도 있었다. 좌익의 목소리가 커졌던 것이다. 61년 5·16이 나자 그들은 다시 지하로 움츠러들었다. 그게 64년 6·3사태 때 배후에서 움직였던 것이다. 그러한 인맥과 역사를, 특히 대구의 좌와 우가 서로를 환히 들여다 보면서 살았었다. 그중 우가 중정에 있으니 잘 아는 도예종, 서도원 그리고 하재완 등 혁신계(좌)가 항상 경계의 대상이 된 것이다. 그들 머릿속의 혁신 사상, 그것이 북과 연결돼 있건 아니건 반공의 보루인 중정으로서는 좌시할 수 없는 것이다. 게다가 북괴는 대남도발에 실패하자 지하당 민민전 전술로 바꿔 반정부 세력에 편승하고 나오고, 미군은 빠져나가겠다고 하고, 인도차이나 전쟁터에선 붉은 깃발이 오르고, 국내 반정부 소요는 커져가고 해서 '머릿속에 있는 혁신사상도 처단하자', '안보 위협 요인은 잠재적인 것이라도 뿌리뽑자'는 발상이 나온 것이다."

사람의 세상에선 서로가 과거와 비밀을 알면서 자란 것이 때로 앙화를 불러온다.

6·25전쟁 때 한 마을에서 벌어진 피의 보복, 붉은기와 대한(大韓) 깃발이 교차할 때마다 쌓인 주검들이 그것이었다. 75년 교수대에 설 수밖에 없었던 대구 '인혁당'의 비극, 그 서글픈 복선은 어떤 의미에서 해방 후부터 깔려왔다는 설명이다.

민청학련 재판은 74년 초여름부터 시작됐다.

단일 사건으로는 사상 최대규모의 피의자 1,024명을 조사, 745명을 훈방하고 253명을 비상 군법회의(그해 74년 1월 긴급조치 1호로 설치)에 넘긴 것이었다.

6월25일 첫 공판.

국방부 구내 비상보통군법회의 공판정은 피고인 32명(민청 관련자)만으로도 꽉 메워졌다.

일반인 방청은 허용되지 않았고 피고인 가족이 약간 들어와 있었다. 피고인 한 명에 가족방청권은 한 장씩만 내주었다. 그리고 국방부 출입기자 몇 명만이 현장을 지켜보았다.

삼엄한 분위기였다. 대통령

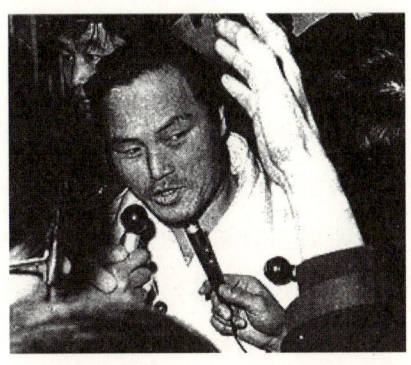

74년 민청학련사건을 맡은 강신옥 변호사는 '사법살인' 등 강경변론이 문제되어 대통령 긴급조치위반 및 법정모독 혐의로 구속됐다. 그는 유신체제가 막을 내리고 5공도 끝난 88년 3월에야 무죄선고를 받았다. 사진은 75년 2월 형집행정지로 풀려날 때의 강 변호사.

긴급조치 1, 4호 위반에다 국가보안법 위반, 반공법 위반, 내란 예비 음모, 내란선동 등 무시무시한 죄목의 '국사범(國事犯)' 재판이었다.

이어 이른바 '인혁당재건위' 22명의 재판도 따로 열렸고 일본인 2명도 별도 심리되었다.

민청 피고인들은 서슬퍼런 분위기 속에도 그들의 주장을 굽히지 않았다. 발언 제지, 경고, 퇴정 명령, 휴정이 잇달았다. 그러나 재판은 빠르게 진행됐다.

7월8일(인혁), 9일(민청)에 벌써 구형공판이었다. 구형량은 인혁 피고인만 사형 7명, 무기징역 8명, 징역 20년 6명이었다. 다음 날 민청 피고인 중 7명에게 사형, 또 7명에게 무기, 12명에게 징역 20년, 6명에게 징역 15년이 구형됐다.

"자기네들이 사는 징역 아니니까. 사형, 무기 빼고도 우리(민청)만 330년이나 징역 살라는 거군."

호송차에 실려 구치소로 돌아가며 누군가가 말했다.

그 구형공판날 변호인 황인철, 홍성우, 강신옥은 흥분했다.

한두 명쯤 사형, 무기가 나오려니 짐작했으나 결과는 너무 의외였다.

홍이 강경한 논조로 변론했고 이어 강신옥이 나섰다.

강은 이 사건을 맡으면서부터 별러왔다.

강의 태도에 대해 아침 출근을 같은 차로 하는 친구 A판사(92년 대법관)는 '세상 험한데 하필 그 사건을 맡느냐'고 말렸다. 그러나 강은 신상에 닥칠 환난을 무릅쓰고 한 차례 유신정권에 대들 것을 각오했다. 그는 원래 유근일(柳根一·조선일보 주필 역임·당시 중앙일보 논설위원으로 있다 나병식 등을 만나 내란선동 혐의로 구속기소됐다), 김지하를 담당했다가 국선 변호인만 있던 여정남도 자진해서 맡았다.

여를 맡았던 선배 B변호사는 "너무 나가진 말게. 모르고 사람들에게 당할라…"고 걱정해 주었다. 그러나 강은 굳은 각오로 사나운 '우상(偶像)의 시대'에 도전할 구상을 가다듬어 왔던 것이다.

"나는 오늘 과연 법은 정치나 권력의 시녀가 아닌가 생각한다. 지금 검찰관들은 나랏일을 걱정하는 애국 학생들을 내란죄, 국가보안법, 반공법 위반 등을 걸어 빨갱이로 몰고 사형이니 무기니 하는 형을 구형하고 있다. 이것은 법을 악용하는 '사법 살인' 행위가 아닌가."

재판장 박희동 중장이 제지했다.

"변론 중지하시오."

그러나 강은 계속했다.

"본 변호인은 기성세대이기 때문에 또 직업상 이 자리에서 변호하고 있으나 차라리 피고인들과 뜻을 같이해 저 피고인석에 같이 앉아있고 싶은 심정이다."

강의 폭탄발언은 아연 긴장을 몰고왔다.

법정의 정보부 요원들의 걸음이 부산해지더니 강신옥, 홍성우 변호사를 끌고 나갔다.

강신옥 변호인, 피고석에 서다

74년 7월9일 저녁 서울 용산의 국방부 비상 보통 군법회의 공판정에서 벌어진 강신옥 변호사의 '변론 항거'는 실로 누구도 예상 못한 담대한 저항이었다.

재판장 박희동 중장이 휴정을 선언하자 정보부와 보안사 요원들은 강신옥 그리고 홍성우 변호사를 끌고 나갔다. 그날 재판은 아직도 피고인들의 최후진술을 남겨놓고 있었다.

피고인들은 놀라고 흥분했다.

인류가 재판 제도를 발전시켜온 이래 드문 사태, 변호사가 변론 도중 끌려가는 상황이 눈앞에서 벌어졌기 때문이다.

최후진술은 격앙될 수밖에 없었다.

"유신체제에는 목숨걸고 반대할 것이다. 그 자체가 반민주, 반민족적인 것이다. 반유신을 이유로 빨갱이로 몰지 말라. 나는 떳떳이 죽겠다."

이철 등은 그렇게 진술했다.

강과 홍 변호사는 군사법정에서 가까운 빈 방으로 연행됐다. 조사 요원들은 긴급조치 위반이니 어쩌고 하며 정보부에 전화로 보고하고 지침을 받았다. 국방부와 정보부 간의 연락 책임자는 국방부 법무관리관 이양우(5공때 사정수석·법제처장 역임 후 전두환 전담 변호사) 준장이었다고 민청 변호인들은 밝혔다. 한 시간 남짓 구금이 끝나고 강신옥 등을 돌려보냈다.
"아들놈은 행여 법대 보내지 말아야겠어. 더러운 직업이야."
강 변호사는 밤늦게 저녁식사를 하며 아내에게 그렇게 말했다.
자정께 초인종이 울렸다. 문밖에는 검은 지프가 서 있었다. "신직수 부장님께서 잠시만 뵙자고 합니다"라는 얘기였다. 남산에 당도한 곳은 부장실이 아닌 지하실이었다.
실컷 얻어맞았다. 그 시각 홍성우도 다시 불려와 구타당했다.
한참 구타당한 뒤 강은 수사책임자(국장) 앞에 세워졌다.
"우리는 당신 같은 변호사를 육체적으로 괴롭힐 생각 없어. 하니 사실대로 조사에 응해."
"아니, 벌써 얻어맞고 올라오는 길인데 무슨 소리요."
"어떤 새끼가 때렸나? 그러지 말랬잖아!"
수사 책임자는 짐짓 주변에 대고 소리쳤다. 강 변호사는 지금까지도 그게 제스처였는지 진담이었는지 궁금하다고 했다.
정보부에서 강 변호사는 일주일간 조사를 받았다. 하지만 배후가 있을 리 없고 동기도 단순했다. "법이 법 같지 않으니 그렇게 말했을 뿐"이라는 진술만 되풀이했다.
변호사회의 움직임도 심상치 않아서인지 정보부에서는 강 변호사를 풀어주었다.
그런데 2, 3일 뒤 또 잡으러 왔다. 이번엔 정식 구속(홍 변호사는 제외)이었다. 대통령 박정희의 결심에 따른 것이라고 했다. 전례없이 변호사를 구속할까 말까 토론하고 연구하고 망설이다 "다른 변호사에게 본때를 보여야 한다"는 결론이 났다고 한다.
강신옥 구속은 정보부의 보도통제로 신문에 단 한 줄도 실리지 않았다.

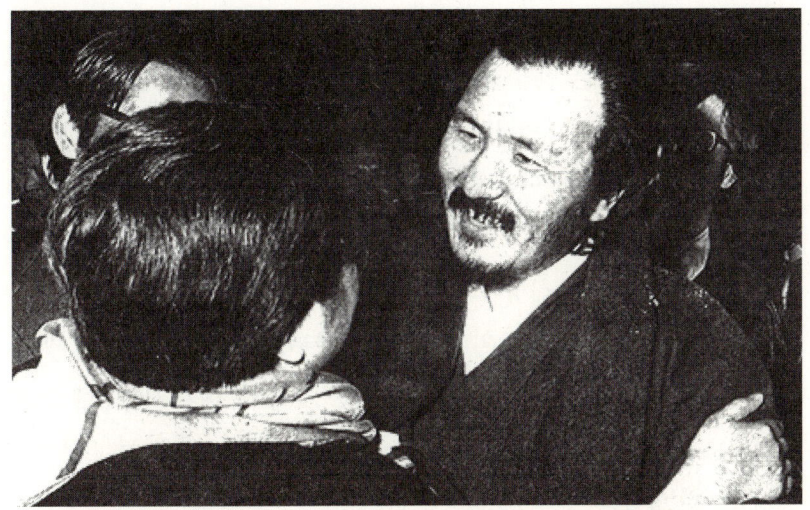

74년 연세대 김동길 교수(오른쪽·전 국민당 의원)는 '민청학련' 배후로 지목돼 긴급조치위반 혐의로 갇혔다가 75년 2월 풀려났다. 석방된 김 교수를 맞는 김옥길 교수.

긴급조치 위반 사실을 허가 없이 보도하는 것 자체가 긴급조치 위반이었다.

구속 20여 일 뒤 법무장관 이봉성이 국회 답변 형식으로 구속 사실을 처음 공표(74.8.7.)했다.

"강신옥이 비상군재와 법관을 모독하고 긴급조치 위반 발언을 해 법정 구속했다."

7월 중순 민청과 인혁 피고인 46명에게는 사형·무기·20년 징역 등 구형량대로 선고됐다. 일본인 2명도 구형대로 징역 20년을 선고 받았다. 살벌한 '정찰제' 재판이었다. 검찰이 구형하는 대로 에누리 없이 선고하는 '정찰제 재판'은 한승헌 변호사의 조어(造語)였다.

7월16일부턴 민청 배후 지원세력으로 기소된 전 대통령 윤보선, 박형규 목사, 김동길(14대국회의원), 김찬국 교수 재판이 열렸다. 지학순 주교 재판도 8월1일부터 이어졌다.

윤보선과 지학순은 민청 학생들에게 돈을 준 것이 내란선동 그리고 긴급조치 위반이라는 것이었다. 당시 돈이 전해진 경로는 '지 주교→김지하→서중석' 라인과 '윤씨→박 목사→나병식' 라인이었다.

윤보선은 진술했다.

"학생들에게 씌운 공산당이라는 죄목은 사실이 아니다. 그들에게 밥이라도 사먹으라고 돈을 준 것은 사실이지만 정부를 전복해 정권 잡을 생각은 해본 적도 없다. 그들의 죄를 내가 대신 쓰고 싶다. 내가 사형장에 끌려가더라도…."

지학순도 말했다.

"나는 조금도 나쁜 일을 하지 않았다. 결코 폭력혁명을 지원하지 않았다. 평화적인 민주운동을 하는 학생들에게 돈을 준 건 사실이다. 선의의 건의권은 하느님이 준 기본권이고 백성과 나라를 위해 건의한 것이지 정부를 뒤집고 정치하려 한 일은 없다."

박형규의 최후진술도 분명했다.

"학생들이 올바른 일을 하고 있다고 생각했기에 그들을 도왔다. 그들이 희생과 고통을 무릅쓰고서라도 민주주의가 수립돼야 한다고 믿었다."

김동길은 연세대 학생들과 73년 10월 천마산에 함께 등산하다 반유신 토론을 한 것이 꼬투리가 되어 '내란 예비 음모'로 몰렸다. 그는 반정부 교수의 한 명으로 미움받아온 터였다.

그가 군사법정에 섰을 때 그의 누님 김옥길(나중에 문교부장관)은 방청석에 앉아서 말했다.

"하나님은 살아계시다. 하하."

적막을 깨는 한마디는 분명 동생과 다른 피고인들에 용기를 주었다.

김동길은 특유의 반어법과 능변으로 재판부를 압도했다.

"존경하는 재판장님. 이 무더운 날씨에 우리들을 재판하시느라 얼마나 수고가 많으십니까. 나는 형무소 가는 건 두렵지 않지만 법을 어긴 일은 없소이다. 1·8조치(개헌청원 금지)를 지키려 노력하고 애썼는데 저촉됐다면 나가봐야 또 들어올 테니 들락날락하는 것보다 갇혀 있는 게 낫겠습니다."

김찬국도 대표적으로 '찍힌' 교수의 하나로 잡혀와 군사법정에 섰다. 민청사건이 터지던 해 제자 김학민(金學珉), 김영준(金永晙), 송무호(宋武鎬) 등이 김 교수의 집에 세배를 와서 그들끼리 개헌청원 서명을 한 것을 '내란선동'이라고 몰았다. 김찬국 자신은 장준하의 권유로 개헌청원서명(백낙준, 박두진, 김동길과 함께)을 했지만 제자들의 서명운동은 오히려 말렸다고 한다.

악법은 지킬 필요없다

김찬국은 박정희 정권에 오래 전부터 밉보여왔다.

그는 72년 7·4공동성명 발표 때 통일원에서 교육을 받던 중 "이번 남북성명은 혹시 '정권 연장'과 관계있는 게 아닙니까"라고 질문한 것도 문제가 되었다.

김은 군사법정에서 울면서 최후진술을 했다.

"대학생들에 무슨 죄가 있다고 수백 명을 공산당과 관계있는 것처럼 몰고 가는가. 비민주적인 헌법부터 고쳐야 한다."

변호인 강신옥도 수의를 입고 피고인석에 서서 말했다.

"악법은 지키지 않아도 좋다. 악법과 정당하지 않은 법에 대해서는 저항할 수도 투쟁할 수도 있다. 대학생들인 피고인에게 그 악법을 적용해 다루는 것은 뒷날 역사적으로 심판을 받을 것이다."

'역사적 심판.'

그 예언은 맞아떨어졌다. 유신정권은 75년 2월 민청 학생들과 강 변호사 등 대부분을 풀어주지 않을 수 없었다. 사형 무기를 마구 때리는 극형 만능의 '법가주의(法家主義)'가 오히려 국내외의 거센 저항을 불러왔기 때문이다.

그리고 79년 10·26 총성과 함께 유신은 실효되었다.

긴급조치도 모두 해제되고 갇혔던 사람들은 사면복권되었다. 실로 그때는 박정희와 유신을 옹호하는 자를 찾아보기 어려웠다.

그게 역사의 심판이 아니었을까.

그러나 강신옥 사건은 처참했던 시대의 상흔으로 88년 3월까지 오래도록 남았다.

"비상 군재 2심까지 징역 10년, 자격정지 10년을 때려 74년 11월 대법원에 상고했다. 우리 사법사상 최대 규모라고 하는 125명의 변호인단 명의로 상고 이유서를 냈다. 논점은 '국민 기본권 보호를 위한 변호사의 변론은 국회 의원의 원내 발언처럼 면책특권이 있다', '군법회의법 28조에도 변호인은 재판에 관한 직무상 행위로는 징계 등 어떤 처분도 받지 않는다고 돼 있다'는 것이었다.

그런데 민청관련 학생 등은 모두 형이 확정되거나 해 10·26 후인 79년 12월8일 긴급조치 9호 해제 후 불기소 공소기각 무죄가 되거나 사면복권이 됐다.

그러나 내 사건은 대법원이 파기한 후 되돌려 보낼 비상군재 2심이 긴급조치 해제로 없어져버려 공중에 뜨게 되었다. 85년 1월에야 대법원 전원합의로 '군재 2심을 서울고법이 대행해서 긴급조치가 실효됐으니 면소(免訴)판결하라'고 결론지었던 것이다." (강신옥 증언)

강 변호사 사건은 10년을 끌고도 마무리가 안 돼 있었다.

긴급조치 문제는 판결이 났으나 '법정모욕' 부분은 손대지 않았기 때문이다. 그로부터 3년 1개월이 더 지나 88년 3월 6공 출범 직후에야 '법정모욕'도 무죄가 났다.

사건 발생 14년만의 서울고법 재항소심 판결은 사뭇 역사의 시차를 읽게 해준다.

"'법이 정치 권력의 시녀'라고 한 것이나 '사법 살인'등의 발언은 법관의 오판 위험성을 환기시키고 정당한 판결을 호소한 것이다. 도저히 법정모욕으로 볼 수 없다.

또 법은 반드시 지켜져야 한다는 법치주의 입장에서 '악법도 법'이라는 명제가 나왔지만 현대에 이르러 입법자가 악법도 만들 수 있다는 법실증주의의 약점이 드러나고 있다. 따라서 (악법은 지킬 필요가 없다는 식의) 저항권 이론일지라도 변론으로 말하는 것은 재판 방해 목적이 있다고 볼 수 없다…." (판결문 중에서)

74년 여름 군사재판이 진행될 때 유신정권에 대한 '역사의 심판'을 예언한 또 한 사람의 특이한 인물이 있었다. 역시 긴급조치 위반혐의로 재판을 받던 김인한(金寅漢)이라는 인물. 그는 정보부 3국과장이었다.

"우리 민청이나 인혁관련 피고인들보다 지독하게 박정희와 유신을 매도하는 인물이 있었다. 그는 정보부에서 오래 근무한 간부였는데 박 정권이 자기 공로와 능력을 몰라주고 이렇게 대접 하는 걸로 미루어 '얼마 안 남았다', '곧 망하고 말 거야'라며 박 정권을 우리보다 더 증오했다." (김씨와 함께 복역했던 이 모씨 증언)

김이 붙잡혀간 경로에 관해 중정 간부들의 기억은 엇갈린다. 당시 3국에 있었던 이들은 "전화로 말을 함부로 하다 도청당해 긴급조치로 들어간 것이라고 했다.

그러나 당시 6국 간부였던 L씨는 "주한미국대사관과 8군에 관한 허위 정보를 써 감찰에서 문제된 것"이라고 기억하고 있다. 어쨌든 특무대 출신으로 중정 창설 무렵부터 일했던 그는 모든 정보에 통하는 것처럼 행세해, '도사(道士)'라는 별명으로 통했다고 한다.

도사의 옥중 '저주'가 끊이지 않을 때 공교롭게도 영부인 육영수가 총격을 받아 세상을 뜨게 된다.

| 제15장 |
"일본과 외교 끊고 도쿄 폭격하라"

육영수 피격사건, '도쿄 폭격론' 대두

서울 장충동의 국립극장에 돌연 총성이 울렸다.

74년 8월15일 오전 10시23분 광복절 29주년 경축 기념사를 읽던 대통령 박정희를 향해 권총을 발사한 것이다.

범인은 재일 한국인 문세광(文世光 : 당시 23세·일본이름 南條世光). 본적 경남 진양군 대평면 산촌리 3의 24, 살고 있는 곳은 일본 오사카. 여권은 일본인 요시이(吉井行雄) 이름으로 된 것이었고 비자는 관광비자.

문의 총격에 박 대통령은 연단 뒤로 몸을 피했다. 그런데 잠시 후 영부인 육영수의 몸이 기울어졌다. 총에 맞은 것이었다.

"당시 경호실의 노련한 멤버들이 많이 바뀐 상태였다. 그 얼마 전 바로 그 국립극장에서 〈성웅 이순신〉이 공연됐는데 경호실에서 외교관 부인들

육영수 여사는 소박하고 진지하게 박 대통령을 내조, 국민들의 가슴에 가장 인상적이었던 퍼스트 레이디로 자리잡고 있다. 아직도 가난하고 힘없는 사람들에 대한 육여사의 마음 씀씀이를 기억하는 사람들이 많다. 사진은 74년 피격 1년 전의 육여사.

의 핸드백을 뒤졌다 해서 '과잉 경호'라고 항의를 받았다. 그 때문에 박종규 경호실장이 대통령한테 혼났던 것이다.

그 이전에 고한(古汗) 탄광에서의 청와대 출입기자들에 대한 과잉 경호가 말썽나 한 차례 박 실장이 얻어터진 판이었다. 8·15 저격사건은 5·16 이후 단 한 번도 사고가 없는 데다 공교롭게도 경호팀이 주눅들 만한 계제에 터진 것이었다."(당시 청와대출입 C기자)

육영수는 천둥 번개 속에 소나기가 퍼붓는 그날 오후 서울대병원에서 49세 나이로 숨을 거두었다.

신직수 정보부의 6국은 비상이 걸렸다.

실로 엄청난 이 사건 수사의 본부장은 서울지검장 김일두(金一斗).

그리고 핵심은 공안부장 정치근(鄭致根), 정보부국장 이 모 등이었다. 수사 진행 중 중부경찰서 정보과장 최종환(崔鍾換) 경정이 구속(직무유기)되고 40여 명이 면직됐다.

저격사건은 한 해 전의 김대중 납치사건과 민청학련 사건의 상처가 아물어가던 한일관계를 또 비틀어놓았다.

"범인이 일본 권총을 가졌고 권총은 일본경찰이 도난당한 것이며, 범인이 한국인이지만 일본에서 태어나 교육을 받았고 일본에서 범행이 준비되고, 그곳에 공동정범(正犯)이 있으므로 일본 책임"이라는 게 한국정부의 입장이었다.

그러나 일본은 무슨 소리냐며 딴전을 피웠다.

그 때문에 한일관계는 벼랑으로 치달았다.

무임소장관 **이병희**는 한일의원연맹 소속의원 **김수한**(金守漢), **최영철**(崔永喆·노태우 정부 때 부총리 통일원장관) 등과 함께 밀사 자격으로 도쿄에 갔다.

외상 기무라 도시오(木村俊夫)를 만났다. 73년 김대중 납치사건 이래 그는 매우 깐깐한 자세로 한국정부를 대해왔다.

"우리 일본에 무슨 책임이 있습니까. 기본적으로 일본에 사는 한국인의 한국 내 범죄 아닙니까?"라고 하는 기무라에게 이병희가 맞받았다.

"일본의 법 테두리에서 사는 자의 범행 아닌가요. 일본 오사카의 파출소에 있던 권총으로 대한민국의 국모가 피격당해 돌아가신 겁니다. 왜 책임이 없습니까?"

기무라도 버티었다.

"우린 도의적으로 할 일을 다했어요. 다나카 수상이 서울까지 가서 문상하고 왔다 이겁니다."

저격사건 후 10여 일이 지난 8월 말이 돼도 실마리는 풀리지 않고 있었다.

공식 외교채널 즉 서울의 김동조(金東祚) 외무장관 - **노신영**(盧信永) 차관 - 우시로쿠 도라오 일본대사, 혹은 도쿄의 기무라 외상 - **도고 후미히코** 차관 - 김영선(金永善) 주일 대사 라인의 교섭은 교착상태에 빠져 있었다.

아내를 잃은 박 대통령의 슬픔과 울분은 쌓여가고 있었다.

"일본 사람들은 법도 예의도 모른다는 말인가. 이게 어째서 사죄할 수 없는 일이란 말이야. 도대체 교섭들을 어떻게 하고 있어!"

측근들에게 화를 내곤 했다.

박 대통령의 마음을 풀어보기 위해 일본통(日本通)들이 총동원됐다. 굴지의 기업인들까지 도쿄로 날아가서 거들었다.

장기영(張基榮), 김성곤(金成坤), 이병철(李秉喆), 정주영(鄭周永)이 모두 현해탄 저편에서 이병희, 최영철 등과 머리를 짜냈다.

그러나 어쩌랴. 현해탄 이쪽과 저쪽의 시각차는 엄청났다.

일본 사람들은 바로 정확히 1년 전의 김대중 납치사건이라는 색안경을 통해 문세광 사건을 보고 있었던 것이다. 그들은 "납치사건이 한국 국가기관(정보부)에 의한 일본의 주권침해이며, 그 요원 김동운의 지문까지 나와도 서울 정부가 오리발을 내밀고 버티는 판국 아닌가. 왜 문세광이라는 한국인의 한국에서의 범행을 일본이 책임지고 사죄하란 말인가"라고 대들었다. 하필이면 저격 하루 전날인 8월14일 한국 정부는 김대중사건 수사 중지(사실상 종결)를 일본에 통보했던 것이다.

그것이 교착의 원점이었다. 불행하게도 일본인들의 그러한 본심과 여론은 박 대통령에게 전달되지 못하고 있었다. 아무도 정보부라는 고양이 목에 방울을 달 수 없는 분위기였으니까.

단교(斷交) 위험이 다가오고 있었다.

실제로 당시 차관 노신영은 그렇게 회고했다. 80년 말 그가 외무부 장관이 되어 김대중 사형 판결과 관련, 미일(美日)의 구명 압력이 거셀 때 "난 팔자인 모양이야. 차관으로 있을 땐 문세광 사건으로 단교 직전까지 갔는데…"라고 농반진반 말했다.

74년 8월30일 박 대통령은 우시로쿠 대사를 불렀다. 강경하게 말했다.

"저격사건의 책임을 인정하고 조총련의 반한(反韓)활동 규제에 관해 납득할 만한 조치가 있어야 합니다. 우리 국민감정이 격화일로이므로 한일

기본 조약 정신에 따라 일본이 필요한 조치를 신속히 취해야…."

한국정부는 '단교도 고려'하고 있다는 통보도 했다.

박 대통령의 '대일(對日) 단교' 얘기에 가장 놀란 것은 미국이었으며 그 때문에 미국이 한일분쟁 수습에 적극 나섰다. (이병희 증언)

대통령의 흐느낌

9월 들어서야 일본도 서두르기 시작했다.

'도쿄 폭격론'까지 나오는 판이었다.

"동경 폭격 못할 줄 알아!"

박 대통령은 청와대에서 그렇게 말했다고 Y씨는 뚜렷이 기억하고 있다. 그러나 이병희 씨의 기억은 다르다. 그는 자신이 도쿄에 가서 한일의원연맹 일측 의원 30여 명을 모아놓고 한 말이라는 것이다.

"우리 공군이 쓰시마(대마도)를 때리고 동경을 폭격할지도 모르오. 서울에서 일장기가 찢기는 심각한 사태를 제대로 봐야 해요."

참석 자 중 우노 소스케(宇野宗佑·나중에 총리 역임) 의원의 눈이 휘둥그레지며 그가 물었다.

"이 장관, 정말입니까?"

위협이든 과장이든 '도쿄 폭격' 얘기는 그때의 절박한 한일관계를 그대로 드러낸 실화였다.

9월 8일 우시로쿠 대사가 귀국해서 기무라 외상과 타개책을 숙의했다.

도쿄에 있던 기업인과 이병희 장관, 최영철 의원 등 밀사들은 돌파구가 열리고 있다고 느꼈다.

하지만 여전히 일본측은 김대중 납치사건의 연장선상에서 문세광 사건

8·15저격사건에 대한 일본 측 진사특사 시나 에쓰사부로 자민당 부총재(왼쪽) 등이 서울에 도착, 국립묘지 故 육영수 여사 묘소에 분향 참배하고 있다.

을 덮으려 했다. 한국 정부는 퍼스트레이디 사망으로 인한 국가적 체면과 국민감정 차원에서 일본의 항복을 받아내려 하고 있었다.

그 간극을 해소하지 않는 한 끝내 봉합은 어려울 것이다.

최영철이 서울의 청와대로 올라가 도쿄 사정과 현지 여론 등을 소상히 보고할 인물로 뽑혔다.

"일본이 왜 그리 버티는 거야? 뭘 잘했다고…."

박 대통령은 굳은 표정으로 물었다.

"각하, 작년의 납치사건이 장애가 되고 있습니다."

"왜 난데없이 김대중이 얘기가 나와? 그런 얘기는 처음이야."

최영철은 숨을 가다듬고 보고했다.

"각하, 저희가 만난 일본사람들은 '납치범의 지문까지 나와도 한국이 무관하다고 손을 내저으면서 한국인 2세 문세광이 서울에서 저지른 일을 왜 일본이 책임지느냐'고 하고 있습니다. 그래서 우리 도쿄 일행들은 납치사건 주모자들을 극형에라도 처해야 할 반국가적 범죄자들이라고 흥분하고 있습니다."

박 대통령은 눈물을 쏟았다. "내가 짐작은 했지만 그런 소릴 듣기는 처음"이라며 최의 손을 잡았다

둘은 부둥켜안고 울었다. 최영철로서는 처음이자 마지막으로 본 국가원수의 눈물이었다.

"최 의원. 다나카 수상을 직접 만나게. 절대 중간에 사람 넣지 말고…."

그러면서 박 대통령은 다나카에게 보낼 한 통의 편지를 구술했다.

눈물이 밴 호소문이었다.

"…내가 3선개헌을 하겠다고 할 때 야당보다도 반대를 한 것은 기미(君 · 육 여사를 지칭)였다. 나는 절대 빈곤을 퇴치하고 나라 기반이 설 때까진 욕을 먹더라도 내가 끌고 가야 한다고 했지만 그래도 기미는 반대였다. 우리 가정의 가장 노릇도 해야 할 게 아니냐고 했다. 내가 가장으로 기미에게 해준 게 무엇인가. 아무것도 없다. 그런데 기미가 내 대신 흉탄에 갔다. 대통령이고 남편인 나의 입장과 체면을 보더라도 일본 정부는 그럴 수 없다…."

통절한 내용의 사신(私信)을 품고 최영철은 도쿄로 갔다. 다나카의 비서 와타나베 하지메를 만났다. 비공식 접견이므로 새벽에 관저에서 만나자는 연락이 왔다.

다나카는 가운 차림으로 밀사를 맞았다.

박 대통령의 메시지를 충분히 전달받은 다나카는 고개를 한 번 끄덕였다.

"쇼오치!" (承知: 알아들었다는 뜻)

다나카 친서와 진사(陳謝) 사절 파한(派韓)은 급속히 추진되었다. 다만 일본 내의 조총련 규제가 쟁점이 되어 엎치락뒤치락, 미국까지 나선 거중조정이 있었다.

도쿄의 밀사들 그리고 기업인들은 파한 특사로 자민당 부총재인 거물급 시나 에쓰사부로(椎名悅三郎)를 꼽았다.

방일 밀사들간엔 시나를 지칭하는 암호가 있었다.

'윤보선.'

원로 시나의 생김새가 윤보선과 비슷했기 때문이다. 서울의 진짜 윤이 긴급조치 4호위반 혐의로 불구속 상태에서 군사재판에 불려다닐 때 그 이름이 도쿄에서 '암호'로 통했다는 건 흥미로운 대목이었다.

시나는 8·15 총격 발생 한 달 남짓 지난 9월19일 서울에 왔다. 쓰보카와(坪川信三), 가네마루(金丸信). 우노(宇野宗佑), 나카무라(中村弘海) 등 의원들과 함께 오자마자 육 여사 묘소부터 참배했다.

하루 뒤인 9월20일 시나 일행은 박 대통령을 만났다. 다나카 친서 전달에 이어 진사(陳謝).

그러나 사절단은 박 대통령으로부터 혼이 났다. 외교 교섭 과정에서 쌓인 울분을 터뜨리며 일본의 무례를 탓했던 것이다.

청와대를 나설 때 고령의 시나는 이병희의 부축을 받았다. 이에게 말했다.

"내 평생 이런 모독은 처음이요."

경호실장 피스톨 박, 14년 세도 끝

74년 8·15저격사건으로 천하의 '피스톨 박'이 무너져 내렸다.

50년대 이등중사로 박정희, 김종필, 김용태 등과 인연을 맺은 **박종규**(朴鐘圭). 61년 5·16과 더불어 최고회의 박 부의장 경호부대 책임자로 최고권력의 '그림자' 노릇을 해온 피스톨 박.

그의 14년 위세는 대단한 것이었다. 수틀리면 장관, 도지사라도 정강이를 차기 일쑤였다. 실제로 육사 8기 혁명 주체로 문공장관도 지낸 홍종철(洪鍾哲)은 박종규의 피스톨에 맞아 발목 관통상을 입기도 했다.(전 무임소장관 김모씨 증언)

전북지사를 지낸 이춘성(李春成·작고)은 박 대통령 초도순시 때 가스라이터 불을 켜올리다 불꽃 조절이 잘 안 됐다. 불꽃이 너무 커진 것이다. 그는 '각하를 흠칫 놀라게 했다'는 죄목으로 박종규 경호팀으로부터 흠씬 얻어맞았다.

한을 품은 이춘성은 나중에 박 대통령을 독대해서 경호실의 폭력을 호소했다. 그러나 박 대통령은 씨익 웃으며 말했다.

"나한테 한 대 맞은 것으로 치게."

60년대 후반 하늘을 찌를 듯한 권세의 정보부장 김형욱도 피스톨 박에겐 '밥'이었다

"어느 날 밤 요정 앞에서 김형욱을 샌드백 치듯 패는 것을 목격했다. 박은 어찌나 몸이 빠르고 주먹이 날쌘지 둔한 김형욱을 이리 철썩 저리 퍽 하고 때리는데 김은 속수무책이었다. 나는 말릴 겨를도 없었다. 아, 누구에게나 천적은 있는 법이구나 하고 실감했다"라고 김 모 전 장관은 밝혔다.

대통령의 목숨을 책임진다는 경호실의 힘은 그만큼 막강했다.

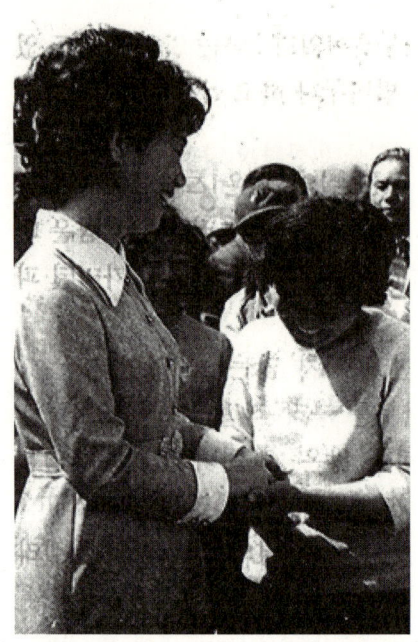

육 여사는 청와대로 들어오는 많은 민원 진정서를 성실하게 처리하고 답변하는 자세를 잃지 않았다. 그리고 정보부장 등 고위직을 견제할 수 있는 '작은' 힘도 있었다. 10·26 후 비서실장을 지낸 김정렴 씨는 합수부 진술에서 "박 대통령의 민의 수렴 채널은 정보부, 보안사, 육 여사로 3분할 수 있었다"고 했을 정도로, 육 여사 생존시 그녀는 청와대 안의 합리적인 민심 분석 및 균형추 역할을 해냈다고 한다. 사진은 72년 새마을 사업 격려 현장의 육 여사.

박 대통령 같은 철권통치 권위주의 지도자를 둘러싼 경호팀은 더욱이 그랬다. 그리고 무엇보다 박 대통령 자신이 폭력성이 가미된 피스톨 박과 경호실 풍토를 즐겼다.

따라서 '각하 경호 목적'이라면 통하지 않는 게 없었다.

박종규는 신직수 정보부의 간부를 불러 직접 브리핑도 들었다.

73, 74년께 유신정권이 골머리를 앓은 게 하나 있었다. 일본의 이와나미(岩波) 출판사에서 나오는 《세계(世界)》라는 잡지 월간 《세계》에는 72년 10월 유신 이후 익명의 칼럼 하나가 실리고 있었다.

제목은 〈TK생(生)으로부터의 편지〉.

한국 유신정권 치하의 온갖 유언비어와 더러는 고급 정보가 거기에 망라되어 박 대통령의 권위를 훼손하고 정보부를 바쁘게 했다. 73년의 김대중 납치 이후 흐려진 박 정권 이미지에 매달 나오는 이 잡지의 기사는 결정적으로 먹물을 뿌려댔다.

그 이름 KT란 정보부가 김대중을 부르는 암호. TK생이란 김대중 지지

자라는 뜻일 수도 있었다.

정보부 5국(국장 김기춘, 부국장 현홍주)은 국내 소스 추적에 나서는 한편 도쿄의 필자를 추적하기 위해 애썼다. 그 칼럼 때문에 《세계》의 성가는 날로 오르고 있었고 조총련 계통에서 대량 구매, 반한(反韓) 홍보물로 이용하는 흔적도 있었다.

정보부는 국내 소스를 기독교 계통 반(反)정부 인사들로 지목했다. 그건 놀랍도록 정확한 포착이었다. 오늘날 KNCC 관계자들도 "그 시절 '5가 사람들'(종로5가 기독교회관을 나다니는 반정부인사를 말한다)이 반유신투쟁의 방편으로 국내 인권 문제 등에 관한 정보를 도쿄로 빼돌렸다. 왜냐하면 국내 보도가 완전히 통제된 상태였기 때문에 국제 여론을 환기, 박 정권에 우회적으로 압력을 가하기 위해서였다"고 밝히고 있다.

그러나 정보부는 일본의 집필자를 잘못 짚은 것 같다. 대표 집필자를 정경모(鄭敬謨)로 보았다고 한다. 하지만 당시 5가 사람들은 재일 지명관 교수(나중에 귀국해서 한림대 교수, 노무현 정부 때 KBS 이사장 역임)였다고 말하고 있다.

어쨌든 박종규는 5국 수사단장 김근수(13대 국회의원)를 불렀다.

"각하의 안위에 관한 문제니까 내가 알아야 돼."

수사단장 김은 브리핑 차트를 만들어 청와대 경호실장실에 올라가 《세계》의 '불온 기사'에 관해 조사한 결과를 보고했다.

"반드시 잡아야 해. 사대주의 근성을 뿌리 뽑아야지. 수사단장이 책임지시오."

박은 그렇게 격려 겸 지시를 했다. 그러나 박종규 시대가 가고 차지철(車智澈) 실장 시대가 유신과 함께 쏠려가도록 중정은 손을 쓰지 못했다. TK생이 원체 치밀하게 움직여 확증을 잡을 수 없기 때문이었다. 박정희 시대 '충성과 완력'의 상징 피스톨 박의 파워가 문세광의 총성 몇 발에 흩어져

버린다는 건 확실히 알다가도 모를 세상사의 오묘함이었다.

정주영의 정치력

박종규의 전성시대, 그 피스톨 박도 정작 각하 박 대통령에게는 꼼짝 못했다.

궁지에 몰린 피스톨 박을 '기민한' 사업가 **정주영**이 구출해준 적도 있다고 한다.

청와대 부속실 비서를 지낸 김두영의 목격담.

72년 여름 박 대통령은 진해 저도(猪島)로 휴가를 갔다. 낮엔 저도서 쉬고 밤이면 진해 숙소에서 잤다. 그러나 이동 중엔 해군 엄호가 따르는 등 여러 사람이 수고하는 것을 본 박 대통령은 저도의 일제강점기에 지은 목조건물을 수리해서, 잠잘 수 있도록 하라고 박 경호실장에게 지시했다.

73년 여름휴가를 맞아 박 대통령은 밤늦게 저도에 도착했다. 그곳엔 목조건물이 사라지고 새집 한 채가 번듯하게 서 있었다.

"경호실장을 불러!"

박 대통령은 박종규에게 화를 냈다.

"집을 수리하라고 했지 누가 돈을 들여 새로 지으라고 했나? 넌 뭘 시키면 꼭 이렇게 하더라. 짐 내리지 마! 난 도로 나간다."

김정렴 비서실장이 나서서 만류했다.

"오늘밤 진해공관은 준비가 돼 있지 않습니다. 여기서 주무시고 가시지요."

불쾌해진 '각하'가 못 이긴 채 그곳에서 하룻밤을 지내는 사이 측근들의 대책회의가 열렸다. 때마침 집을 지은 현대건설의 정주영 회장이 저도에

74년 8·15 육 여사 피격사건으로 14년간 경호실장을 해온 박종규가 물러나고 차지철이 뒤를 이었다. 그것이 또 박 대통령의 비극을 불러왔다.

대기 중이었다. 측근들은 박 대통령이 좋아하는 정 회장이 해결사로 나서면 화가 풀릴 수도 있다고 결론지었다.

다음 날 아침, 정 회장이 아뢰었다.

"각하, 제가 새로 짓도록 했습니다. 각하께서 쓰시는데 저의 사재(私財)인들 아깝겠습니까? 돈이 많이 들지도 않았습니다."

박 대통령을 그렇게 해서 진정시킬 수 있었다는 것이다.

'피스톨 박'과 '왕(王) 회장' 정주영의 인연은 깊었다.

박종규는 5·16 직후 공수단 대위 차지철 그리고 김인식, 김상묵, 유국진 등과 경호팀의 주축일 때부터 실세로 굴었다.

쿠데타 직후 왜소한 체구의 신인 실력자 박정희 소장의 권위를 살리기 위해 그들은 방자하다 싶을 정도로 거칠었다.

쿠데타군에 저항했던 1군사령관 이한림(李翰林) 중장이 덕수궁엔가 '잡혀'온 날 경호대(GDT)는 이를 마구 두들겨 팼다.

보다 못한 김용태(민간인으로 5·16에 가담한 당시 정보부 고문)가 말리자 이번엔 김용태를 향해 사정없이 주먹을 내지르고 발길질을 했다. '혁명동지'끼리의 얼굴이 익혀지지 않은 탓도 있었겠지만 "한마디로 5·16 후 한 몇 달간은 위도 아래도 없던 개판"(당시 육사 교장 강영훈 씨 회고)이었다.

총과 주먹으로 새 권위질서를 구축해간 GDT. 그런데 정작 그 '와일드'들이 기거할 사무실이 없었다.

최고회의 건물(옛 태평로 국회의사당)은 비좁았고 주변 가까운 건물에 상주하며 박 소장을 경호해야 할 판인데 사무실이 없었던 것이다.

그때 건설업자 정주영은 기민하게도 경호팀에게 사무실을 제공했다. 언터쳐블들의 둥지를 마련한 곳은 세종로의 전에 K은행이 들었던 건물이었다고 한다.

박 대통령은 그를 아꼈다. 정주영도 "최고권력자와 직거래를 좋아하는 스타일"(6공의 청와대 경제수석 X씨 표현)이었고 기실 박 대통령을 끔찍이 존경했다고 한다.

그런 의미에서 박종규, 차지철, 이후락, 김형욱, 윤필용 등이 정치적인 프리토리언(Praetorian : 친위그룹)이었다면 정주영은 '업계의 프리토리언'이었다.

박정희 사로잡은 정주영 그리고 차지철

대통령 박정희는 고속도로를 건설하면서 정주영의 아이디어와 추진력에 감탄, "정주영 회장이야말로 조국 근대화의 일꾼"이라고 치켜세웠다. 건설 장비와 자금, 기술이 모자라는 상황에서도 정주영은 일이 되도록 꾸려갔다는 것이다. "예컨대 소양강 댐 공사에서 원래 일본 사람의 설계는 콘크리트 댐이었다. 그러나 정 씨는 모래와 자갈로도 더 튼튼한 댐을 만들 수 있다고 건의해 박 대통령을 감동시켰다"고 당시 관계자는 필자에게 밝혔다.

박 대통령의 생존시 비공개 어록에도 현대와 정주영에 대한 신뢰와 특혜가 엿보인다.

"현대 양행이 방위산업 분야 장갑차를 제작한 게 있으나 성능이 좋지 않다. 정부가 요청한 것이 아니고 자기들이 자체 개발했다. 성능이 나빠 세계적으로 장갑차 제작기술이 뛰어난 서독, 이탈리아 등과 교섭 끝에 이탈리아와 합작 생산하라고 했다." (76.7.31.)

77년 기업의 주식공개 기피가 물의를 빚을 때도 박 대통령은 유독 현대와 정주영을 감쌌다. 역시 당시의 비공개 기록.

"정주영 씨가 자기 구상을 재무부에 내놓은 것 같다. 그의 구상에 따르면 계열기업만 공개한다는 뜻 같다. 그리고 모기업은 주식의 절반을 장학회에 내고 나머지 주식은 정씨의 소유로 갖고 있다가 나중에 장학회에 집어넣는다는 구상인 것 같다. 일부에선 그것이 기업공개 기피라는 말이 있는 것 같으나 정부가 그때 그때 진의를 알아서 대처해 나갈 것이다. 정씨는 모기업을 가져야 총수 노릇을 한다는 생각인 것 같다." (77.8.8.)

이 기록자는 끝에 "대통령은 현대의 기업공개를 강제할 뜻이 없는 것 같다"고 적고 있다.

박 대통령이 정씨로부터 집권 18년 내내 정치자금을 얻어쓴 것은 분명하다. 정씨도 부분적으로 폭로했지만, 유신시절인 70년대 중반 공화당 원내총무였던 김모씨는 필자에게 이렇게 말했다.

14대 국회에서 국민당을 이끌고 있는 정주영 씨(왼쪽). 그는 과거 박 대통령 및 경호실장 박종규, 차지철과 각별히 돈독한 관계를 맺고 있었다.

"유신 이후 정치자금은 박 대통령이 직접 받은 거나 다름없었다. 김정렴 비서실장을 통해 돈을 받고 명단과 액수를 보고받는 방식이었다. 그렇게 돈을 받으면 한 달에 1억 3,000만 원 정도, 즉 공화당에 1억 원, 유정회에 3,000만 원 정도씩 내려왔다. 그런데 보아하니 정주영 씨 같은 이가 상식에 벗어나는 액수를 베팅하듯이 내는 것 같았다. 박 대통령께 진언하기를 '각하, 기업인은 정치인보다도 무섭고 나중에 무슨 수작을 할지 모릅니다. 직접 다루시느니 고재일(당시 국세청장)을 시켜 얻어쓰시는 게 좋을 것 같습니다'라고 했으나 소용없었다."

그러나 박 대통령은 말기로 접어들수록 누구도 믿지 않았고 정치자금도 스스로 관리하는 편이 깨끗하고 뒷말이 적다고 판단했던 것 같다. 그리고 정치자금을 낸 현대 등 20여 개 기업은 반드시 국세청에 명단과 액수를 통보, 세금감면 혜택을 받게 했다.

기업 중에서도 유독 현대와 정씨를 편애한 흔적이 있다. 가령 78년 미국 잡지가 세계 100대 기업의 하나로 현대를 꼽자, 박 대통령은 기자들에게 "현대의 1년 매출액 30억 달러는 5·16때 우리나라 GNP와 맞먹는 규모야. 김일성이는 이북을 통틀어 김일성 회사를 만들어도 턱도 없을 것이다"(78.8.3.)라고 말했던 것이다.

현대 숙소가 '지방 청와대'

70년대 청와대 비서관을 지낸 C씨가 필자에게 밝힌 바에 따르면 박 대통령은 지방 공식 출장때 정주영이 짓거나 소유한 집에서 자는 일이 많았다고 한다. 강원도를 순시할 때면 으레 강릉 비치호텔에 묵고 그때마다 주인장 정씨가 '진객(珍客)' 박정희의 아침 식탁에 마주하곤 했다는 것이다. 그것은 박 대통령이 제주도에 들를 때 KAL호텔에 묵으면서 오너 조씨들의 영접을 받는 거나 마찬가지이지만 빈도수로 따져볼 때 정씨의 영접 횟수가 월등했다고 한다. 박 대통령은 경남이나 울산에 들를 때도 현대조선소 영빈관에 묵는 게 보통이었다. 나중엔 포철 영빈관도 썼지만 빈도수는 현대 숙소가 압도적이었다.

그처럼 정씨의 신세도 지고 자주 무릎을 맞대온 박 대통령은 어찌 보면 군부의 친위장교 이상으로 현대를 키우고 정씨의 성공을 자기 일처럼 기뻐했다.

정씨 역시 일취월장하는 사업 규모와 절대권력자의 신임에 들뜨고 권력자에게 정치자금을 제공한다는 자부심이 드높아졌을 건 뻔하다. 90년대 현대 관계자들이 "전두환·노태우 대통령이 별 하나 둘 달고 공수여단장,

작전차장보나 사단장 할 때 정 회장 신세를 안졌겠느냐"고 말한 것도 정치에 나선 정씨의 시각을 반영하는 것 같다.

유신 말기 정주영에 대한 박 대통령의 신임과 정의 권부(權府) 요리 솜씨를 엿볼 수 있는 증언이 있다.

이번에는 후임 경호실장 차지철과 얽힌 얘기다. 차가 79년 비명에 간 뒤 그 시신을 수습하고 가족 뒷바라지를 한 '마지막 차지철 맨' 정동성(鄭東星) 전 의원이 전하는 줄거리는 다음과 같다.

"차 실장은 박 대통령에게 나름의 충성을 다하고 밤이면 노모를 보살피는 효자였다. 그러나 박 대통령은 홀몸이 되어 적적해진 듯 늘 차 실장에게 청와대에 들어와 살라고 권했다. 그러나 노모를 핑계대고 신촌집에서 출퇴근했다. 이 낌새를 정주영 회장이 어떻게 알았는지 청와대 뒤 삼청 터널 너머 일본대사관저 옆 150평 가량 부지에다 이층집(80평 정도)을 지어 차 실장에게 주었다고 한다. 차 실장은 살아 있을 때 내게 이 말을 하면서 '정 회장에게 안 받겠다고 거절, 당신 일이나 잘 보시오'라고 뿌리쳤다고 했다."

그런 일이 있은 뒤 박 대통령이 차에게 권유했다고 한다.

"정 회장이 지은 집에 들어. 가까이 와서 살지 그래."

차는 박 대통령과 정주영 사이에 무슨 얘기가 있었구나 직감했다. 그렇다면 경호실장 공관으로 생각하고 잠시 들어가 살겠다는 조건으로 이사 들어갔다고 정동성 의원은 전했다.

그런데 79년 10·26이 터진 뒤 차지철은 국립묘지에 눕지도 못했다.

세상인심은 야박했고 군부 실세들도 국립묘지 매장을 반대했기 때문이다.

정동성이 수발해 겨우 영락교회에서 차의 장례를 치르고 삼청 터널 너머 차지철의 가족을 돌보러 갔다.

차의 식구들이 말했다.

"정 의원님, 정주영 회장 측에서 빨리 집 비우래요."

차의 가족은 곧 강남의 아파트로 옮겨졌다.

정주영 회장은 이어 80년 개혁 주도 세력이 세도를 부리게 되자 그중 황(黃) 모 장군에게 접근하기 위해 그가 독실한 기독교 신자라는 점에 착안해, 군부대에 교회를 짓겠다고 생색을 내기도 했다. 그렇게 접근한 5공 세력과의 유착관계 확대로 84년 일해재단을 지을 무렵에는 경호실장 **장세동**과 함께 부지를 물색하러 다니는 실력을 보여 주었다.

정씨가 4공 때 진해 저도의 대통령 휴양지에 별장을 지어 박 대통령에게 상납하고, 5공 때 청와대 영빈관을 지었어도 공사비에 대한 뒷말이 없었으나, 6공 때 지은 청와대 본관 신축공사비 100억여 원은 소송 시비까지 가는 걸 보면, 정주영 씨의 '정경흥정'은 집짓기로 이루어진다는 공통점을 보여준다. 5·16 직후 정보부 경제고문이었던 김 모씨는 당시 정주영 씨로부터 "집 한 채 지어드릴까요"라는 제의를 받았으나 사절했다고 말한다.

5·16 직후 박정희 소장 경호부대에게 사무실을 내준 것부터 기산하면 정씨의 가옥 서비스는 30여 년 동안 변함없이 구사하는 '절기(絶技)'인 것도 같다.

92년 '정주영 정당'이 국회 원내 교섭단체로 떠오르고 정씨가 대통령 선거 후보로 내달은 것을 지켜보면서 후세 사가(史家)들은 무엇이라고 말할까.

"한국은 귀중한 80년대를 박정희가 낳은 '안하무인의 군벌' 때문에 허송하고, 90년대를 박정희가 키운 '기고만장의 재벌' 때문에 탕진해 버렸다." 고 기록하지나 않을까.

그래서 박정희의 공(功)과 과(過)는 상계되어 '제로섬'으로 나아갔다고 하지나 않을까.

김영삼, 차지철 실장 공작 이겨 총재 되다

74년 여름, 민청학련사건 피고인들이 질곡의 나날을 보내고 영부인 육영수의 사망으로 나라 안팎이 뒤숭숭한 때였다.

그해 여름의 한가운데 8월22일, 신민당의 **유진산** 사거(柳珍山 死去·74.4.28.) 이후 당권을 겨루는 전당대회가 열렸다.

야당의 전당대회를 앞두고 뜻밖에도 정보부장 신직수는 몇 번이나 중정 고위간부에게 다짐하듯 말했다.

"신민당 전당대회 손대지 마시오. 절대…."

오랜 세월 야당 정치를 배후에서 요리해온 중정 3국(물론 빗나가기도 했지만) 간부들은 의아해 했다.

"도무지 야당 전당대회를 남산이 방관한다니 이해가 되지 않았다. 그래서 이쪽저쪽 공기를 살펴보니 청와대 비서실과 국회 내무위원장 차지철이 8·22 전당대회를 만지고 있었다."(전 중정 차장보 K씨 증언)

차는 경호실장 부임 전부터 국회에서 나름의 야당공작을 맡고 있었던 것이다. 30대에 외무, 내무위원장을 거친 그는 '각하' 신임이라는 힘과 뿌릴 돈을 갖고 있었다. 그래서 젊은 차지철을 백(白) 모, 장(張) 모, 문(文) 모, 강(姜) 모 의원 등 나이 지긋한 중진의원들이 국회에서 수발들고 있었다.

유신시대 무임소장관을 지낸 김모씨는 "차지철 휘하의 그 의원들은 유신 말기에 국회 밀정 노릇을 했다"고 증언했다. 그리고 덩달아 야당의 신진기예로 꼽히던 이 모 의원 같은 이들도 신민당 총재보다 차지철을 섬기는 사태가 생겼다.

진산 사망 이후 당수 출마를 선언한 이들은 **김영삼, 고흥문**(高興門**), 이철승**(李哲承**), 정해영**(鄭海永)이었다. 이들 외에 정일형이나 김의택(金義澤) 추대

움직임도 있었다.

김영삼과 정해영은 선명야당론을 제창했다. 김은 그렇다 치더라도 정은 개인적으로 한 시절 떨치던 정보부장 이후락 등과 왕래가 잦았지만 겉으로는 선명투쟁을 신나게 펼치는 장기가 있었다.

정해영은 "신민당 의원 가운데 30명이 지난번 선거 때 모 기관에 각서 써주고 출마했다. 그 각서는 당선 후 유신헌법 개정 대열에 안 나서겠다는 내용이다"고 폭탄발언(6.7. 충주)을 했다.

부끄럽게도 유신야당의 치맛자락을 들춘 격이었다.

다 아는 '각서 의원'이라도 막상 공표되어버리자 소란이 일었다. 정해영은 "와전됐다"고 넘겨버렸으나 선명야당론은 불붙어 있었다. 학원, 종교계 재야의 반유신 입김이 신민당에도 거센 압력이 되었다. 김, 고, 이, 정 4파전의 힘겨루기가 시작됐다.

어느 날 새벽 청와대 정무비서 유혁인(柳赫仁)이 고흥문의 돈암동 집을 예고없이 찾아왔다.

"웃어르신 심부름 왔습니다. 각하께서 고 부총재님을 물심양면으로 돕겠다는 의지를 갖고 계십니다."

이른바 '오더'(지령)를 제시했다.

다른 후보와는 달리 정권 측의 힘과 돈을 이용할 수 있는 배타적 권한. 말하자면 박정희의 비밀 낙점이 오더로 통했다. 고흥문은 그 달콤한 유혹을 거절했다고 한다.

"청와대의 밀사가 다녀간 뒤 이번에는 김성곤 씨가 편용호(片鎔浩·7, 8대 의원·78년 사망) 씨를 보내왔다. 김씨는 71년 공화당 내의 10·2 항명파동으로 정계에서 쫓겨나 있었지만 박 정권의 속성을 환히 알고 있으므로 내게 관심이 생겼던 모양이었다. 편용호을 통해 '최근 청와대에서 사람을 보낸 일

김성곤의 '그릇'의 크기나 대야 정치협상력은 비범한 데가 있었다고 전해진다. 그러나 SK도 박 대통령에게 승부를 걸다 화를 당했다. 사진 오른쪽부터 SK, 고흥문, YS, 이재형. 왼쪽부터 유진산, 김진만, 길재호.

이 있느냐'고 물어왔다. 그래서 오긴 왔는데 거절해서 보냈다고 사실을 말해주었다.

며칠 후 SK는 다시 편을 보내 '도움을 거절했다면 총재를 바라볼 수가 없겠다, 돈과 정력 낭비 말고 후보를 사퇴하는 게 낫겠다, 괜히 사업체도 있는 사람이 다른 후보 손 들어 주었다가 청와대 미움이나 사지 말라'고 충고해 주었다. 그러나 나는 고마운 충고였지만 멈출 수가 없었다." (고씨의 증언)

4인의 총재 경쟁자들은 맹렬히 뛰었다.

"당을 정권적 차원으로 끌겠다." (김영삼) 그 구호에는 유신치하 깡마른 '불임(不姙) 야당'을 벗어나려는 애절한 톤이 배어 있었다.

"수권(受權) 정당으로 키우겠다." (이철승)

"야당다운 야당을 만들겠다." (정해영)

"국민의 뜻을 받드는 야당으로…." (고흥문)

8월 중순대회 일주일을 앞두고 돌연 당수 권한대행 김의택이 당권 도전을 선언했다. 고는 자신에게 떨어질 뻔했던 '오더'가 그에게 갔다고 직감했다. 이충환(李忠煥) 등이 김의택 추대파로 움직이기 시작했다.

'오더' 조와 싸워야 할 비(非)오더 조들의 합종연횡(合縱連衡)이 시작되었다'하고는 김영삼에게 접근했다.

"나는 비밀리에 YS에게 후보 경쟁을 벌이되 1차 투표에서 표를 많이 얻는 쪽에 서로 밀어주기로 하자고 제안했다. YS도 선뜻 받아들였다. 그러나 상대측에서, 특히 청와대 '오더'에 따라 뛰는 진영에서 이런 밀약 낌새를 못 채도록 보안을 유지하기로 했다. 서로 적대적인 자세를 보이는 길밖에 없었다. 우리 사이에는 이중재(李重載·고 측)와 황낙주(黃珞周·YS 측)가 전권대표로 오가며 비밀협력을 계속했다." (고씨 증언)

YS 당선에 신직수 짜증

신민당의 당권 향방은 혼전이었다.

남산 정치파트의 공작 '프로'들은 이상한 공기를 감지했다.

그러나 신직수 부장의 '손대지 말라'는 엄명에 우두커니 지켜만 볼 뿐이었다.

"아무리 청와대 '오더'가 김의택에게 갔더라도 김영삼-고흥문 합작은 파괴력이 크고 우려할 만한 대목이었다. 김영삼 씨의 경우 유신체제에 정면도전을 시도하지 않고 예봉은 피하고 있었지만 긴급조치 해제, 김대중 정치활동 허용 등의 슬로건을 내세우고 있었다.

71년 40대 기수의 이미지와 야당가의 분위기가 어우러져 대의원들 사이에 바람이 일고 있었다. 최형우(崔炯佑), 서석재(徐錫宰), 유성환(兪成煥), 박희부(朴熙富)가 밤낮으로 물불을 가리지 않고 전국 대의원 집을 누비고 있었다. 그런 밑바닥의 흐름을 남산 아닌 청와대나 국회 차지철 쪽에서 알 도리가 있겠는가?"〈전중정간부 J씨 증언〉

김-고 비밀합작은 대회가 임박하자 노출될 수밖에 없었다. 그 때문에 김의택-이철승 합작이, 뒤이어 김의택-신도환(辛道煥) 연횡이 이루어졌다.

8월22일 명동 예술극장 전당대회에서의 1차투표 결과는 예상대로였다. 총투표 727표 중 김영삼 197, 김의택 143, 정해영 126, 고흥문 111, 이철승 107표였다. 표의 고른 분산으로 누구도 과반수를 얻지 못하고 있었다.

그러나 YS가 '오더' 조를 눌렀다는 것은 큰 의미가 있었다.

'바람'이 돈과 공작을 앞서고 있다는 얘기였다.

고흥문이 YS를, 이철승이 김의택을 밀기로 하고 후보를 사퇴했다. 2차 투표 결과는 YS 324, 김의택 203, 정해영 185표. 역시 과반수 미달이었다. 대세는 YS 쪽으로 향하고 있었지만 캐스팅보트는 정해영이 쥐고 있었다.

전당대회 의장 이충환이 결선투표를 선언했다.

그러나 김의택 지지파인 신도환계 당원 30여 명이 단상으로 뛰어올라갔다. "하루에 세 번이나 투표하란 말이냐"고 결선투표를 다음 날로 연기할 것을 우겼다.

밤은 공작의 무대였다.

하룻밤은 돈과 힘을 구사하는 공작 측에겐 대세를 뒤집고도 남을 만한 시간이었다. 예술극장 측에서도 저녁공연을 핑계 삼아 대회장을 비워줄 것을 요구했다.

혼선은 거듭되었다.

"김영삼"을 연호하는 대의원들은 결선투표를 촉구했다. 계파간 막후 협상이 긴박하게 벌어졌으나 소란만 이어졌다.

김영삼이 자못 고무된 표정으로 단상에 올라섰다. 결선투표 연기라는 결단을 선언했다.

"나는 죽어도 신민당은 죽을 수 없습니다. 오늘밤 어떤 유혹과 박해가 있더라도 내일 오전까지만 참읍시다. 그리고 내일 위대한 승리를 쟁취합시다."

고흥문이 걱정스러워 말했다.

"하룻밤이면 역사가 바뀌고도 남을 시간이요. 당장 결선투표로 끝장을 보아야 하오."

고는 김영삼이 아무렇지도 않게 넘겨버리자 김의택에게 "대세는 결정되었소. 밤사이에 뒤바뀔 수도 있지만 그렇게 되면 당은 파멸이오"라고 설득했다.

김의택도 고개를 끄덕이며 대범하게 돌아서서 패배를 인정했다. 극적으로 결선투표 없이 최연소 야당총재(47세)를 탄생시키는 순간이었다. 만장일치의 박수로 김영삼이 뽑혔다.

김영삼의 총재당선을 보고받은 신직수 부장은 짜증을 냈다고 한다.

당시 보고자였던 한 간부는 말했다.

"전화로 즉각 결과를 보고했으나 신 부장은 자리를 비우고 없었다. 잠시 후 연결이 되어 상황을 말했더니 화를 냈다. 아랫사람이었지만 나도 치미는 게 있어서 '손대지 말라고 하였으니 우린들 어떻게 합니까'라고 했다."

고흥문은 말했다.

"김 총재 당선 다음 날 새벽 내 동생이 경영하고 있던 성동금속에 기관원들이 들이닥쳤다. 공장의 모든 장부들을 압수해 갔다. 청와대의 '오더'를 뿌리치고 김영삼을 민 데 대한 보복이었다."

74년 8월의 야당의 당권투쟁과 차지철의 공작 실패는 결과적으로 상징적인 의미를 담고 있었다.

차는 전당대회 바로 전날 경호실장 박종규의 뒤를 이었기 때문이다. 공수단 대위로 5·16에 뛰어들어 63년 6대의원으로 국회의사당에 들어간 이래 줄곧 국회의 '박정희 친위파'(당시 신문의 프로필 표현이다)를 자임해오던 차지철.

그가 정보부를 밀치고 야당 정치를 주무르다 실패했다는 것, 박 대통령은 후임 경호실장으로 오정근(吳定根) 등이 물망에 올랐으나 결국 차를 신임해 점찍었다는 것(차는 비서실장 김정렴과 한병기 등이 밀었다고 한다), 그리고 엎치락뒤치락 끝에 김영삼이 결국 총재가 되었다는 것, 이 모든 것이 유신과 박정희의 파멸로 치닫는 79년 10·26 직전과 닮은꼴이 아닌가.

기밀 누설로 지하실 끌려간 노신영

74년 8월 출범한 신민당 김영삼 지도부는 개헌투쟁의 고삐를 당겼다.

선명야당을 내걸고 당권을 차지한 그로서는 반유신투쟁이란 당연한 공약의 실천이었다.

대통령 박정희는 개헌을 앞세운 체제 저항 정권 도전이 심상찮음을 감지했다.

밀려서는 안 된다, 약세를 보이면 야당은 벼랑으로 몰고갈 게 뻔하다, 신직수 정보부와 차지철 경호실 등 친위 그룹들을 그렇게 독려했다.

그 자신이 청와대 출입기자들에게 공언했다.

"야당은 싫든 좋든 현 체제를 받아들여야 해. 그들도 국회의원 선거 때는 유신헌법을 받아들이겠다고 선서하지 않았는가 말야. 의원 당선 선서 시에 '헌법을 준수하겠다'고 해놓고 이제 와서 뜯어 고치라는 기만적인 사람도 있어. 그게 무슨 정치인이야. 협잡배지."

박 대통령은 72년 유신 때 모든 야당의원이 각서를 쓴 약점을 넌지시 들추고 있었다.

그리고 그는 한술 더 떴다.

"따지고 보면 말야. 야당 가운데 현 체제의 선거법이라든지 헌법이 아니면 당선 안 됐을 사람도 많잖아…."

그렇다고 물러설 야당의원들도 아니었다.

72년 유신계엄의 공포에 질려 각서 쓰고 도장들은 찍었을망정 유신정권의 인기가 떨어지고 국제적으로 고립돼가는 약점을 지켜보며 파상공세를 늦추지 않았다.

신민당은 74년 11월 '개헌 대강(大綱)'을 마련했고 총재 김영삼은 "개헌 추진 원외투쟁도 하겠다"고 나섰다.

박 대통령은 "개헌 획책 체제 도전은 용납 못한다"고 거듭 으름장을 놓았다. 수출의 날(11.30.) 검사장회의(12.13.)에서 쉴 새 없이 불퇴전(不退轉)의 '유신헌법 수호' 의지를 밝혔다.

박정희 친위그룹은 민주회복 선언에 도장을 찍은 서울대 교수 **백낙청**(白樂晴)을 파면케 했다. 유신을 비난해온 미국인 목사 오글이 입을 다물고 각서를 쓰지 않는다는 이유로 출국시켰다.

75년 1월 들어서도 개헌공방은 멎지 않았다.

김영삼은 개헌추진 지부 현판식에 다니며 바람을 일으켰다. 광주와 대구에선 돌연 상이군경들이 나타나 호헌을 외치며 '김영삼 타도'를 절규했다.(10년 뒤 5공 정권은 개헌 서명운동 및 현판식을 도로교통법 위반이라며 방해했다)

초대 정보부장 김종필 씨가 손수 운전하는 승용차에 탄 80년대 안기부장 노신영 씨. 노씨는 75년 김종필 내각 때 외무부차관으로 있으면서 국회의장 정일권 씨에게 '유신 찬반 국민투표 실시'를 귀띔했다는 이유로 정보부에서 조사를 받았다.

박 대통령은 75년 1월14일 연두 기자회견에서도 말했다. "현행 헌법을 고쳐서는 안 된다는 것이 소신"이라고.

그러나 이 무렵 국무총리 김종필은 정면 돌파밖에 길이 없다고 박 대통령에게 은밀히 건의했다.

"드골처럼 국민투표를 다시 해서 국민들이 유신체제가 나쁘다고 하면 고쳐야지요. 그러나 우리가 투표엔 이깁니다."

"총리가 그런 식으로 물러서니 이놈 저놈 다 덤비는 거야."

JP는 박 대통령이 겉으로는 그렇게 펄쩍 뛰면서도 뭔가 그렇게라도 해야 할 것 같다고 생각하는 듯한 표정을 읽을 수 있었다. 며칠 뒤 박 대통령이 말했다.

"날짜는 언제가 좋을까. 국민투표해서 지지가 안 나오면 내가 그만두지."

극적인 개헌 찬반투표를 실시한다. 투표야 백전백승할 수 있으므로 야당의 입을 원천봉쇄할 수 있을 것이다. 야당과 재야는 계엄하에 유신헌법을 만들었다고 하니 계엄 없이 찬반투표해서 이기면 될 게 아닌가?

박정희는 그런 결론에 도달한 것이었다.

청와대 비서실과 정보부가 곧 국민투표 완승(完勝) 작전을 짜기 시작했다.

유신정권의 운명을 건 극비 공작, 모험적인 '고위 결단'이 그만 새나가 버렸다.

국회의장 정일권(丁一權)은 전혀 이런 낌새를 몰랐다. 그는 유유자적, 외유 계획을 마련해 발표할 참이었다.

어느 날 외무차관 **노신영**(80년대 중앙정보부의 후신인 국가안전기획부장, 국무총리 역임)이 긴박한 얼굴로 의장실을 찾아왔다.

"노 차관은 전화가 도청당할 것을 우려해서 여의도까지 직접 갔다. 그는 국민투표가 곧 있다는 극비 정보를 어떻게 알았는지 정 의장에게 귀띔했다. 그러면서 정 의장의 외유 계획을 취소하는 게 좋겠다고 권유했다. 그건 노 차관의 충정이었다. 그는 같은 이북 출신이어서인지 평소 정 의장과 각별한 처지였다. 각하(박정희)를 모시는 정 의장이 망신하거나 당황해 하지 않도록 배려한 것이므로 정 의장은 고마울 수밖에…." (당시 중정 X씨 증언)

문제는 그 다음에 터졌다.

국회 출입기자 몇 명은 정 의장의 외유가 돌연 중단되자 궁금해졌다. 그중 이 모 기자는 의장 비서실에 며칠간 끈질기게 들러붙어 그 배경을 캐냈다.

"유신헌법을 국민투표에 부쳐 찬반을 묻는다."

1월21일 보도가 터졌다.

당황한 곳은 청와대 비서실과 경호실 정보부였다. 박 대통령은 대로(大怒)했다.

신직수 정보부가 곧 진상규명에 들어갔다. 당시 정보부의 실력으로 그 정도를 캐는 것은 손바닥 뒤집기보다 쉬운 일이었다.

곧 의장 비서실장 김종하(金鍾河·14대 국회의원)가 라이온스 호텔로 잡혀갔다. 사무총장 **선우종원**(鮮于宗源·변호사)도, 의장비서 신경식(辛卿植·14대 국회의원)도 조사받았다.

이 기자는 멀찌감치 달아나버렸다.

"어차피 한시적인 조사이므로 고생할 필요가 없다는 게 주변의 권유였다. 대통령에게 진상을 알아서 보고하는 게 중정 조사의 처음이자 끝일 테니까. 10여 일 친구집을 전전하며 피신했다"고 지금은 모 방송사 이사가 된 이씨는 말했다.

신경식은 조사받기 시작하자 짐짓 시치미를 뗐으나 요원들은 노 차관의 방문 시각, 의장실 좌석배치도까지 그려놓고 있었다.

"허튼 수작 마. 죽는 수가 있어."

머리를 쥐어박힌 신경식은 더 감추고 말 것도 없었다. 이미 노 차관도 정보부의 그 '깊은 방'에서 조사받고 있었던 것이다.

3박 4일 정도의 조사가 끝나고 정일권은 '각하'께 송구스러움을 표하며 사의를 표명했다. 노 차관도 사표를 썼다. 그러나 처벌은 더 이상 없었다.

뒷날 정 의장은 성우회장(星友會長·예비역 군장성 친목회)으로 있을 때 제네바 대사로 떠나는 노신영에게 '영원한 형제'로 지내자고 다짐하며 75년 일에 고마움을 표했다. 그리고 노신영은 5공대통령 전두환(全斗煥)의 발탁으로 안기부장이 되어 자신을 조사했던 '깊은 방' 요원들을 오히려 승진시키고 후대했다고 한다.

"공항에서 김영삼 구속하라"

75년 1월17일 공교롭게도 야당총재 김영삼은 미일 순방을 위해 출국했다. 따지고 보면 국민투표 공작 자체가 그의 출국 공백기를 노려 짜여진 것이기도 했다.

총재 권한대행은 정무회의 부의장 고흥문이었다. 샌프란시스코에 있던 김은 박정희의 '유신찬반 국민투표' 기습에 놀랐다.

투표의 형식을 빌어 모처럼 달아오르는 개헌 열기에 찬물을 끼얹으려는 작전이 분명했다.

재야인사가 된 김대중은 벌써 동교동에서 '국민투표 반대'를 외치고 있었다.

김영삼은 현지에서 성명을 발표했다.

"국민투표를 시도하는 것은 기만적인 정치쇼다. 귀국하는 대로 신민당의 당력을 집결해 국민투표 거부운동을 벌이겠다."

총재 권한대행 고흥문도 서울의 중앙당을 지키며 호응했다.

1월 하순 국민투표 공고 전날 새벽 정보부 차장보 양두원(梁斗源)이 고흥문의 돈암동 집을 찾아왔다. 그리곤 성명서 한 장을 내밀었다.

"이걸 발표하면 성동금속의 세무사찰도 끝날 겁니다. 상부와 협의가 끝나 재가가 난 것입니다."

성동금속은 고흥문의 동생이 하는 기업이었다.

총재 권한대행 고흥문이 국민투표 거부운동을 않겠다는 성명을 내라는 것이었다. 필생즉사(必生則死). 고는 그 제안이 독약이라는 걸 직감했다. 고개를 흔들며 말했다.

"번지수를 잘못 찾았구려."

곧 보복이 왔다.

사돈 전응규(全應奎)의 청주방적에 세무서 직원이 들이닥쳐 장부 일체를 트럭에 실어가 버렸다. 그리고 성동금속 세무사찰은 그뒤 더욱 강화돼 관련 장부를 3년간 되돌려받지 못했다.

김영삼은 미일 순방일정을 단축, 귀국을 서둘렀다. 그는 도쿄까지 와서도 "귀국 즉시 박 대통령을 면담해 국민투표 중지를 요청하겠다"고 기자들에게 말했다.

그 무렵 서울지검장 김일두는 검찰총장 김치열에게 올라와 물었다.

"정보부에서 김영삼이 김포공항에 도착하는 대로 잡아 조사하라고 합니다. 총장님께서 지침을 주십시오."

김치열도 처음 듣는 얘기였다.

박 대통령이 그런 중대한 결심을 했다면 정보부장 신직수만이 아니라 필시 검찰총장에게도 상의하거나 알렸으리라고 생각했다.

"총장이 알아서 할 테니 그것은 조치할 필요 없습니다. 그 문제라면 정보부 얘기는 무시해도 좋아요."

70년대 신직수, 김치열 양인의 '뻑뻑한 관계'(이모 전 법무부장관의 표현)는 아는 사람은 다 아는 비밀이었다.

물론 박 대통령은 그 둘의 까칠한 관계를 꿰뚫어보고 중용했다고도 한다. 양인의 상극의 관계는 대조적인 스타일과 경력 차이(신 부장은 50년대 군법무관. 김 총장은 서울지검장)로 파악되기도 한다.

어쨌든 김영삼 총재는 쇠고랑 차지 않고 귀가했다.

며칠 뒤 법무장관 황산덕(黃山德)이 김 총장에게 말했다.

"김영삼 문제로 신직수 부장이 얘기하던데요. 신 부장이 각하로부터 야단맞았다고 그럽디다. 왜 김영삼을 그만 내버려 두느냐고 질책하시더라는

75년 2월 신민당은 박 정권의 기습적인 유신찬반 국민투표에 반대, 거부운동을 벌였다. 이를 주도한 김영삼 총재는 자칫 정보부에 의해 구속될 뻔했다. 지도부에 속한 고흥문 씨(사진 왼쪽)도 세무사찰을 당하는 등 곤욕을 치렀다.

겁니다."

"그거 이상하지 않습니까, 장관님. 각하께서 그런 뜻이시라면 검찰을 책임지는 저에게도 하명하셨을 게 아닙니까. 각하의 뜻이 아니겠지요. 저는 서울지검장한테도 모른 체하라고 했습니다."

황산덕은 그 다음 날인가 '각하'를 모시는 기회가 예정돼 있었다. 그 모임은 박 대통령이 동갑내기 황 장관과 교수 이용희(李用熙) 셋이서 막걸리를 곁들여 저녁식사를 함께하는 자리였다.

김치열이 아이디어를 냈다.

"내일 각하 뜻을 좀 살펴보십시오. 반드시 그렇지 않을 겁니다. 야당 당수야 정치적으로 투표 보이콧이다 뭐다 말할 수 있는 것이고 내버려두면 그만이지요. 그걸 졸렬하게 법으로 걸어서야 해결나나요. 오히려 복잡한 일이 생길지도 모르지요."

청와대 만찬이 끝나고 황 장관은 김 총장을 불렀다. 신직수 정보부의 도청을 걱정한 듯 전화로 통화하는 것도 아니고 아침 일찍 모처에서 직접 만나자는 것이었다.

황 장관은 소리죽여 말했다.

"김 총장, 참 감각이 좋습니다. 탄복했어요. 투표 기권하는 것도 자유인데 야당총재 김영삼이가 그 정도는 말할 수 있지 않으냐, 그렇게 각하께서 반문합디다."

야당의원 10여 명의 고문 폭로 대회

75년 1월 22일 유신헌법 찬반 국민투표가 공고되었다.

대통령 박정희는 야당의 의표를 찔러 기습적으로 공고하면서 특별 담화도 곁들였다. 반대가 많아 투표에서 지면 물러나겠다는 하야(下野) 조건을 내걸었다. 일종의 위협이었다.

투표일은 20일 뒤인 2월 12일. 전광석화 같은 작전수행이었다. 그리고 야당의 투표 거부운동을 예방하기 위해 찬반토론도 금지시켰다.

당시 청와대 비서관 김두영 씨는 다음과 같은 내용을 밝힌 적이 있다.

그는 **박근혜**를 통해 박 대통령에게 건의했다. "헌법에 관한 찬반토론을 허용하는 게 좋겠습니다. 그렇게 해도 압도적으로 찬성이 많을 것입니다." 라고 했다.

박 대통령이 어느 날 김두영을 불렀다.

'72년 유신헌법을 제정할 때 국민투표에서 90% 이상 찬성을 얻었으나 지금 야당은 계엄하의 투표였다고 트집 아닌가. 그때 나는 계엄령을 해제하고 투표를 실시하자고 했으나 수석비서관들이 유신의 정당성은 역사가 증명할 것이라고 반대하여 그냥 두었다. 자네 얘기도 일리는 있지만 찬반토론을 허용하면 이 겨울에 내가 고무신과 밀가루 들고 전국을 돌아다녀야 하지 않겠나?"

대통령 박정희는 자유로운 선거와 투표로 빚어지는 소란과 번거로움을 혐오했다. 정보부 차장보를 지낸 K씨도 유신시절 '각하'로부터 들은 선거 부정론(否定論)이 기억에 생생하다.

"과거 선거제도는 국민기강에도 영향을 미쳤다. 선거에 이기려고 이것저것 해준다고 빌 공자(空字) 공약을 남발해서 기강이 흐려져. 내가 지금도 잊지 않고 있는건 군산-장항 다리를 놓아주겠다 한 거야. 도무지 놓을 필요가 없는 것을 기공식까지 해 놓고 사람들이 기다린다기에 해준다고 했는데 … 아직도 약속을 못 지킨 대목이야."

2월12일, 그러니까 정확히 20일 만에 '국투(國投)작전'은 신속히 완료되었다.

누구도 의심하지 않았던 대로 가결. 투표율 79.8% 찬성 73.11%.

겉으로나마 유신헌법이 국민의 '압도적 지지'를 받고 있음이 의도대로 검증된 것이었다. 박정희는 일기에 썼다.

"신은 나에게 또다시 중책을 맡기시다. 신명을 다해 중책 완수에 헌신할 것을 서약하다." (75.2.13.)

그러나 김영삼은 "이번 투표결과를 진실이라고 믿을 국민은 없다. 국민투표는 무효임을 다시 확인하며 계속 개헌투쟁을 벌여 나가겠다"고 선언했다. 2월14일 신민당 정무회의도 이를 당론으로 삼았다.

75년 박정희 대통령은 유신찬반 국민투표 때 큰딸 박근혜 양과 함께 투표했다. 74년 8·15 저격사건으로 육영수 여사를 잃었기 때문이었다. 그러나 국민투표에서는 여당과 공무원들의 '찬성운동'만 허용되고 반대는 허용되지 않았으며 무더기 대리투표가 자행되는 등 불공정하게 진행됐다.

박 대통령은 체제 도전이 끊임없이 지속되자 정부여당 연석회의에서 이렇게 말했다.

"시끄럽게 떠든다고 발전하는 게 아냐. 시끄럽게 하는 건 학생과 정치인뿐이야. 이미 유신체제에 관해서는 두 번이나 국민투표에서 국민 의사를 물었지 않나?"

국민투표가 끝난 지 사흘 뒤인 2월15일 박 대통령은 민청관련 긴급조치 위반 구속자 석방을 발표했다.

"유신헌법에 반대하다가 구속된 사람들이 바로 그 유신헌법에 대한 국민의 '지지'가 확인되었다는 이유로 풀려난 것은 참으로 시니컬한 결과였

다."(민청관련 변론을 맡았던 한승헌 변호사의 증언)

그러한 정치적 선심도 모두에게 베풀어진 게 아니었다.

볼모가 남겨져 있었다. 민청 가운데서도 대학생이 아닌 졸업생 유인태, **이강철, 김효순**(나중에 한겨레신문 편집인) 등은 풀어주지 않았고 당국에 의해 붉게 채색된 인혁당 관련자들은 전원 감옥에 남겼다.

풀려난 김지하는 곧《동아일보》(75.2.25~27.)에 인혁당 사건 고문 조작을 폭로했다. 밖에 나온 다른 민청 학생들도 의기양양해져 기자회견을 하곤 했다. 외신은 그들의 주장을 쉴 새 없이 타전, 유신정부를 어렵게 만들었다.

야당의 최형우, 김상현은 정치인 고문 폭로대회를 기획했다.

유신정권의 고문이 국내외의 화제인 만큼 8대국회 해산 시 야당의원 10여 명이 당한 한(恨)을 털어놓자는 것이었다.

최형우는 이세규(李世圭), **조윤형**(趙尹衡), 이종남(李鍾南), 김한수(金漢洙)를, 김상현은 **박종률**(朴鍾律), **김녹영**(金祿永), **강근호**(姜根鎬), **조연하**(趙淵夏), **김경인**을 만났다. 신직수 정보부의 도청을 피해 놀러 다니는 척 길거리 다방에서 의사소통을 했다.

대회 장소가 문제였다. 김영삼의 비서 문정수(文正秀·3선의원·부산시장 역임)가 뉴서울호텔 회의실 하나를 회사 간부 모임 용도로 예약했다.

디데이인 75년 2월28일 아침 최형우의 집전화가 울렸다.

"조윤형인데… 남산 사람들이 우리집 골목을 지키고 있어 처형집에 있어. 이리로 좀 오지."

최는 박희부(14대의원)와 조윤형이 있는 곳에 갔다. 조의 아내가 "출감 몇 달도 안 됐는데 하필 당신 아니면 안 된답니까"라며 흐느끼며 말렸다.

셋이서 뉴서울호텔에 도착하자 김대중, 김영삼, 양일동 그리고 고문피해 동료들이 나와 있었다. 내외신 기자와 기관원들도 있었으나 신직수 정보부는 더 이상 손을 쓰지 않았다.

민주회복국민회의는 3·1절 56주년을 맞아 '민주국민헌장'이라는 것을 발표했다. 문인 156명도 체제도전적인 선언문을 냈다.(75.3.15.)

유신의 흉기 국가모독죄

이런 분위기 속에 '국가모독죄'가 나왔다.

신직수 정보부의 '법률을 무기삼은 정권 방어' 냄새가 물씬 풍기는 대목이었다.

75년 3월18일 공화당과 유정회 의원들은 국가모독죄를 신설하는 형법 개정안(제104조)을 국회에 냈다.

"국외에서 대한민국 헌법기관을 모욕 비방하거나, 왜곡 허위사실을 유포하거나, 대한민국의 안전 이익 또는 위신을 해치거나 해칠 우려가 있는 자는 7년이하 징역", "외국인이나 외국단체를 이용해 국내에서 그런 행위를 한 자도 같다."

야당은 그것이 "해외교포의 민주회복 유신반대를 막고 김영삼 총재 김대중 씨 등이 외신기자와 만나지 못하게 하려는 것"이라고 반대하고 나섰다.

공화당 정책위의장 **박준규**(노태우 정부 때 국회의장)는 "사대주의자를 처벌하자는 것일 뿐"이라고 해명했으나 신민당은 성명을 통해 "근본적으로 나라 망신의 원인을 제거할 생각은 않고 그 잘못이 해외에 드러나는 게 두려워 악법을 만드는 것 자체가 사대주의"라고 맞섰다.

개정안 제출 하루 만인 3월19일 여당은 의원 휴게실에서 야당 몰래 날치기 처리했다.

어렵사리 만들어진 이 법이 유신정권에 의해 한 번도 구사되지 못한 것은 하나의 역설이었다.

이 정권의 무기는 정보부의 뒤를 이은 5공 안기부에 의해 쓰여졌다.

국가모독죄가 생긴 지 7년 만인 82년 김철기(金喆基·당시 26세, 기독교청년협의회 총무)가 첫 구속기소된 케이스였다. 그는 콘트롤데이타 노사분규와 관련 "정부가 외국인 기업의 폭력사태에 대해 동조 지원하면서 근로자와 국민권익을 희생시키는 등 다국적 기업에 나약한 태도를 취해 외세 의존적이다"는 유인물을 만들었다. 이것을 구로다 가쓰히로(黑田勝弘·훗날 산케이신문 서울지국장) 등 외신기자 10여 명에게 준 것이 '국가모독'이라는 것이었다.

1심에서 징역 1년 6월 유죄선고가 난 이 사건은 83년 2월 2심(서울 형사지법 항소3부)에서 무죄로 됐다.

당시 재판장이었던 신진근(辛湊根) 변호사의 증언.

'주심 이신섭(李信燮) 판사를 비롯한 재판부는 정치적 색깔을 고려하지 않고 그저 심리를 했다. 유인물이 외신기자에게 전해지긴 했으나 그 내용이 외신에 보도된 일은 없었다.

그렇다면 문건 전달 자체만으로는 국가모독이 아니지 않는가, 실정법을 존중하더라도 미수범 처벌 규정이 없는 한 죄형법정주의에 따라 무죄라고 의견을 모았던 것이다. 그런데 판결이 나자 뒤숭숭하고 미묘한 파장(탄압)이 생겼다."

당장 83년 가을학기 미국연수를 가게 결정돼 있던 주심 이판사의 출국에 제동이 걸렸다. 신 부장판사도 무죄판결 몇달만에 변호사 개업을 할 수밖에 없었다.

이 사건은 대법원에서도 논란이 됐다. 결국 대법원 전원합의체 심리로 넘겨졌다.

대법원판사 13명 중 11명은 유죄를, 이일규(李一珪), **이회창**(李會昌·훗날 한

나라당 총재와 대통령 후보 역임)만 무죄를 주장했다. 결론은 유죄로 뒤집혀버렸다. 두 이 대법원판사는 2심처럼 "외국인에게 유인물을 준 것 자체를 처벌하는 건 확대해석이며 부당하다. '외국인의 행위를 통해' 국익 손상이 이뤄져야 국가모독"이라는 소수 의견을 달았다.

83년 6월14일 대법원에서 국가모독죄 유죄판결이 난 지 사흘 만에 **김덕룡**(金德龍·당시 김영삼 씨 비서·훗날 YS 정권의 정무장관)이 '국가모독'과 정치풍토쇄신법 위반 혐의로 잡혀갔다. 김영삼의 단식투쟁 사실을 유인물로 만들어 외신기자들에게 알렸다는 것이었다.

86년 11월8일 민추협 대변인 한광옥(韓光玉·나중에 3선국회의원 정통민주당 대표)도 5공 규탄성명을 낸 것이 '국가모독'이라는 이유로 구속됐다. 1심에서 징역 1년 집행유예 2년을 선고받고 풀려나 한광옥은 김덕룡과 같이 88년 13대 국회에 진출했다.

국가모독죄는 87년 4월 이철(당시 12대의원), 8월에는 연세대 학생회장 **우상호**(禹相虎·2012년 민주통합당 최고위원)에게도 적용되었다.

그러나 첫단추부터 잘못 꿰인 이 '유신의 흉기(凶器)'는 13년 만인 88년 법전에서 사라졌다. 13대 국회악법개폐특위가 대표적인 악법으로 분류, 여야 만장일치로 없앴기 때문이다.

그러나 유신시절의 여당의원 수십 명이 고스란히 13대 국회의사당을 지키고 있었으나 아무도 국가모독죄를 옹호하지 않았다.

"75년에 여당의원들은 국가모독죄를 통과시키기 위해 도둑질하듯이 법사위는 도서실에서, 본회의는 휴게실에서 열었다. 우리 야당 의원들은 본회의장에서 농성을 하다 당했던 것이다. 그렇게 사기극 같은 날치기 입법을 주도했던 사람들이 88년 본회의장에도 몇 명 있었다. 그런데 그쪽은 기억도 감회도 없어 보였다. 세월의 변화를 더욱 실감했다. 그리고 그 법 때문에 징역 살고 멍든 피해자는 있는데 그 법을 정권 방어용 무기로 써먹은 가해자들은 어디로들 사라져 버렸는지…." (이기택 민주당 공동대표)

| 제16장 |

김영삼, 함정에 빠지다

광고주 목 졸라 저항 신문 못내게 하라

75년은 신직수 정보부의 법가적(法家的) 스타일이 두드러진 한 해였다.

법을 무기삼은 박정권 유신체제 수호. 분명 그 시절 법은 재야와 운동권을 때려잡는 무기였다.

변호사 강신옥이 민청학련 변론사건으로 갇혀 있는 가운데 75년 1월17일 대한변협회장을 지낸 변호사 이병린(李丙璘·작고)이 또 구속되었다. 죄명은 간통. 그러나 그건 야비하기 짝이 없는 '유신수법'이었다.

그것은 75년 2·12 유신찬반 국민투표를 앞두고 벌어진 일이다.

이병린은 74년 11월 유신반대 민주회복 국민선언문에 서명한 71명 가운데 법조 5인(홍성우, 황인철, 한승헌, 임광규 포함)중의 한 사람이었다. 그리고 민주회복 국민회의 대표위원 10인 중의 하나였다. 75년 1월 국민회의 상임대표위원 윤형중(尹亨重) 신부는 연두기자회견에서 "유신헌법 개정", "박 정권 퇴진"을 외쳐 파문을 일으켰다.

재야의 반유신운동 예봉을 꺾는 방안으로 이 변호사의 구속이 채택된 것이었다.

구속영장은 "서울 종로2가 M일식집의 마담 이(李) 모와 74년 3월 이래 호텔 등에서 10여 차례 밀회한 혐의"였다. 형식은 이 부인의 남편 이씨(당시 주공아파트 관리소 직원)가 고소장을 낸 것으로 돼 있었지만 정보부의 공작에 의한 것이었다.

이병린의 살아 있을 적(84년) 증언.

"75년 1월14일 호텔에서 여자와 만나고 있는데 누군가가 방문을 활짝 열며 플래시를 터뜨렸다. 놀란 여자에게 죄지은 일 없으니 내 옆에 있으라고 포즈까지 잡아주었다. 그때까지 나는 그녀가 혼자 사는 걸로 알고 생활비와 아들 학비도 조금 보태주고 있었다. 뒷날에야 그녀는 기관서 조사받을 때 '이 변호사에게 남편 있는 것을 알리고 만났다'고 진술하라고 강요도 받았다고 했다. 어쨌든 몇 번 사진을 찍은 자는 달아나버렸다."

이틀 뒤 정보부 요원이 이 변호사를 찾아왔다. 간통사건을 무마해줄테니 국민회의 대표위원직을 물러나라고 했다. 그러나 이병린은 화를 냈다.

"내가 뭘 잘못해서 사표 내나? 설령 사표를 내도 민주화 운동하는 사람이 국민회의에 내야지 정보부에 사표를 내라고? 내가 간통했다고 신문에 나도 좋으니 마음대로 하시오."

요원은 돌아갔다.

그리고 곧 검사가 이 변호사 집으로 찾아와 호텔로 데려갔다. 간단히 조서를 꾸며 이 부인과 함께 구속해버렸다.

남산은 스캔들을 약점 삼아 이병린을 위협하고 민주회복 국민회의를 무

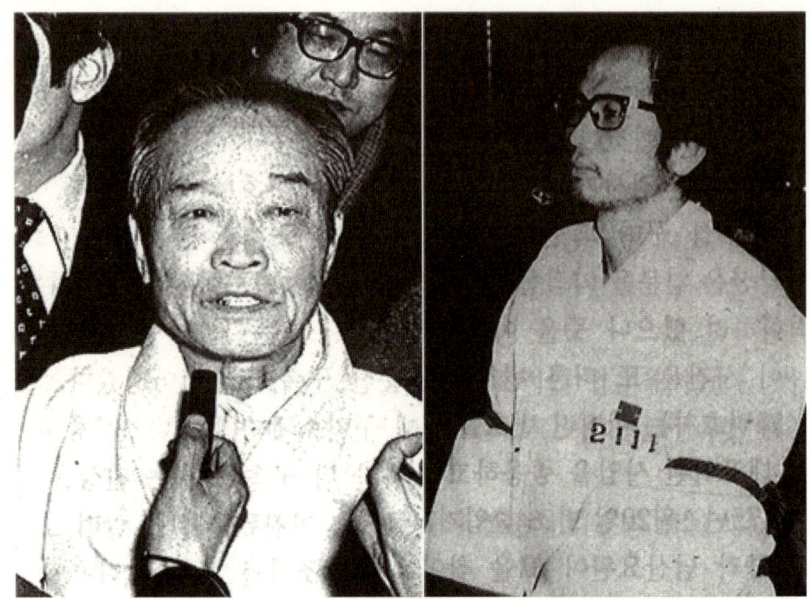

'유신'정보부는 75년 민주회복운동에 앞장선 이병린 변호사(사진 왼쪽)를 구속한 데 이어 그 사건 변호인이었던 한승헌 씨(오른쪽)를 반공법위반으로 몰아 수감했다.

력화하려 했으나 뜻을 이루지 못했다. 이는 되레 영웅시되었다.

이 사건은 또 다른 변호사 한승헌 구속으로 이어져갔다.

한 변호사는 이병린 변호를 위해 구치소에 면회갔다가 "KCIA 요원이 대표위원 사임을 종용하고 돌아간 뒤 구속됐다"는 진상을 들었다. 75년 1월 20일 법조 출입기자들에게 이같은 사실을 알려 보도되자 즉각 남산 요원이 한 변호사를 찾아와 경위 조사를 하고 갔다.

다음 날 밤 10시 한 변호사는 집으로 들이닥친 요원들에 이끌려 남산 5국으로 잡혀갔다. 사흘 낮밤 동안 반공법 위반 혐의 조사가 있었다.

벌써 2년여 전 72년 9월호 《여성동아》에 한이 쓴 수필 하나를 들이댔다. 〈어떤 조사(弔辭)〉라는 제목의 글이었다.

"간첩 김규남(金圭南) 사형 집행을 애절하게 찬양 추모했으니 빨갱이 아니냐."

치도곤을 당하고 간신히 풀려났다.

그러나 터널의 끝이 아니었다.

2·15석방으로 갓 풀려난 김지하가 〈동아일보〉(75.2.25.)에 〈고행(苦行) 1974〉을 써 '인혁당 고문조작'을 폭로함으로써 보름가량 지난 뒤 구속(75.3.13.)돼버렸다. 다시 대통령 긴급조치와 반공법 위반혐의였다.

김지하가 다시 갇히자 한승헌은 검찰에 변호인으로 선임계를 내고 변론 활동에 들어갔다. 3월20일 오후 남산 요원이 "김지하 변호인을 그만두라"고 두 차례나 경고했다. "1월에도 남산에서 혼나시지 않았는가. 아직도 그 건은 미결 상태로 있소"라고 위협했다.

한 변호사는 압력에 굴하지 않았다.

3월21일 밤 9시경 다시 한승헌은 남산 5국으로 끌려가 조사받고 다음 날 구속되었다.

반공법 위반사건 '전문' 변호인이 마침내 반공법 위반(4조1항 반국가단체 찬양고무)으로 서울구치소에 갇히게 된 것이었다. 구속 발표도 정보부가 했다.

"반대자를 때려잡는 데는 고무줄보다 탄력적인 법운용이었다. 기껏 두 달 전에 조사가 끝난 '2년 전'의 글을 걸어 다시 구속했으니까." (한승헌)

당시 검찰총장 **김치열** 씨도 1991년 필자의 질문에 다음과 같이 대답했다.

"그런 식의 법 운용은 졸렬한 것이었다. 나도 그 시대에 책임있는 한 사람으로서 책임 회피가 아니라 그런 대응에 나는 반대했다. 한 변호사도 잘 알고 있다."

한승헌 재판에는 거대한 '응원단'이 형성되었다. 변호사 129명이 변호인단을 구성, 그를 도왔다.

한승헌의 글이 용공(容共) 내용이 아님을 설명하기 위해 소설가 안수길(安壽吉), 유주현(柳周鉉), 문학평론가 이어령(李御寧), 시인 홍윤숙(洪允淑), 목사 강원룡(姜元龍) 그리고 이우정(李愚貞·14대 국회의원) 등이 증인으로 나섰다. 기이하게도 한 변호사를 기소한 서울지검 공안부장 정치근도 그리고 유죄판결을 내린 항소심 재판장 박충순도 한승헌과 고시 8회 시험동기였고 한승헌을 도운 변호인단에도 이세중 등 고시동기가 있었다.

변론 요지.

"글은 사형제도 자체를 반대한 것이고 김규남을 적시하지 않아 반국가단체를 이롭게 한 게 없다."

"글 중 '권력과 법의 이름 앞에 횡사'라고 한 건 사형폐지론에서 늘 쓰이는 표현이다."

"글 중 '사법의 과오'란 오판 위험성을, '잘못 태어난 조국 때문에'라는 표현은 사형제도가 없는 국가에서 태어났더라면 하는 희망을 쓴 것이다."

"글 중 '사라져야 할 최후의 야만'도 일본 형사정책의 대가 마사모토(正本亮)의 저서 부제 그대로이다."

"'당신의 소망이 명부(冥府) 하늘 밑에서나마 이루어지기를 빕니다'라고 한 것도 조사에서 보통 쓰는 '명복을 빈다', '저승 가서 회개하고 소원 성취하라'는 것과 비슷하다."

그러나 75년 9월11일 유죄가 떨어졌다. 징역 1년 6월 자격정지 1년 6월.

한승헌은 항소심에서도 유죄, 그러나 집행유예로 몸만 풀려났다. 구금 9개월 만이었다. 대법원은 유죄를 확정했다.

그는 생업을 잃었다. 법무부가 그 글을 이유로 '변호사의 품위 손상'이라며 자격을 박탈했기 때문이었다.

그는 80년 5·17 이후 내란 음모 사건으로 다시 군재에 끌려가 실형을 받았으므로 83년 8월 복권될 때까지 무려 8년간 변호사일을 하지 못했다. 재야(在野) 변호사가 황야(荒野)로 내쫓긴 것이다.

양두원 주도 광고주 협박

신직수 정보부는 법을 무기삼아 특기가 있었지만 더러 법과는 거리가 먼 '공작의 비수'를 날리기도 했다.

동아일보 광고주들을 소리없이 협박해가며 광고를 해약시킨 세계 신문 사상 공전절후(空前絶後)의 언론 탄압도 그때 이루어졌다.

실로 추악한 유신정권의 진면목이었다.

그 진두지휘자는 주미대사관에서 '이상호'라는 이름으로 활동하다 귀국한 양두원(梁斗源)이었다고 김한조(金漢祚·재미사업가·코리아게이트 주역)가 밝혔다. 김은 74년 가을 양 보안차장보(국내담당)를 직접 여러 차례 만나면서 그것을 확인했다는 것이다.

양두원은 차장보 조일제(趙一濟)의 후임이었다. 74년 9월 신직수 부장은 양두원을 기용하면서 조일제를 일본으로 내보냈다. 그러나 외무부장관 김동조와 주일 대사 김영선은 "왜 하필 남산에서 주일공사를 내느냐"고 반발, 몇 달간 승강을 벌이기도 했다. 외무부로서는 가뜩이나 김대중 납치, 문세광 사건 등으로 한일관계가 예민한 때 중정 고급 간부를 일본에 보내야 하느냐고 반대했던 것이다.

결국 박 대통령이 나서서야 조일제를 도쿄에 내보낼 수 있었다. 조일제는 나중에 오사카 총영사가 되어 조총련계 모국방문사업을 성공적으로 펼쳐 78년 유정회 케이스로 국회의원에 발탁됐다.

동아일보 광고탄압은 박정희→신직수→양두원 라인으로 추진되었다.

'유신'정보부는 세계 언론사상 전무후무한 광고주에 대한 압력으로 동아일보를 탄압했다. 사진은 75년 1월 기독학생총연맹의 신문고 강연회에서 동아 광고 탄압 사태를 규탄하는 재야 및 기독교 청년들.

당시 〈동아일보〉의 보도.

"광고 탄압은 74년 12월 중순 모 기관(중앙정보부)의 지시에 따라 행정부의 관련부처 당국자들이 소관별로 영향력을 미칠 수 있는 각 기업체 책임자들을 불러 동아일보, 동아방송에 광고를 내지 말도록 압력을 넣음으로써 시작됐다.

모 기관이 나서 강력하게 광고를 못내도록 함으로써 광고 수요가 높은 시기인 크리스마스 이브부터 고정적인 대광고주들의 큰 광고가 무더기로 해약됐다. 정부는 이 같은 광고해약사태에 대해 광고주인 기업과 동아일보간에 빚어진 사태라고 주장했다." (75.1.25.)

김한조는 그 무렵 대미 로비문제로 대통령 박정희 그리고 차장보 양과

자주 만나면서 광고탄압의 전모를 알게 됐다고 밝혔다.(이경재 저《코리아 게이트》)

박정희는 동아일보의 보도태도가 못마땅해 신 정보부에 그같은 지시를 했으며, 김한조가 광고탄압에 따른 미국 내의 반응이 나쁘므로 중단하라는 권유에도 박은 막무가내였다는 것이다.

"〈동아일보〉는 못돼 먹었어. 〈워싱턴 포스트〉가 일전에 날 '세계에서 가장 위험한 인물'이라고 썼는데 〈동아일보〉만 그걸 번역해 보도했어. 그래 내가 김일성이라는 말이오?"

75년 초 광고탄압으로 백지 광고가 나오고 국제적으로 물의를 빚는 가운데 김한조는 양두원과 모 일보 H사장이 밀회하는 장면도 목격했다고 증언했다. 머쓱해진 양두원은 김한조에게 "저 친구는〈동아일보〉(광고탄압)을 풀지 말라고 합니다. 동아 광고가 막혀 라이벌 신문이 재미 좀 보았지요"라고 했다는 것이다.

공산주의자로 '개조' 된 시인 김지하

75년 유신정권은 더욱 거칠어졌다.

이병린 등 변호사 구속, 김지하 재구속, 〈동아일보〉, 〈동아방송〉 광고탄압, 75년 초 정권의 폭력적 발호는 민주회복 국민회의 중심의 재야와 대학가의 저항을 더욱 부채질했다.

75년 4월 들어 연세대, 서울대에서 데모가 터지고 차례로 임시휴강을 했다.

4월 8일에는 고대에서 격렬한 데모가 벌어지자 대통령 긴급조치 7호가 떨어졌다. 고대 휴교령. 이제 긴급조치는 대학 한 곳을 겨냥해서도 구사되는 막대기 같은 것이 되었다.

5월 대학생 시위에는 경희대생들도 나섰다. 경희대 학생회 총무부장 문재인(법학과. ※2012년 민주통합당 대통령 후보, 노무현 정권 때의 청와대 비서실장, 노무현재단 이사장)이 주동했고, 그는 체포당한다. 문재인은 수감생활을 거쳐 강제징집으로 공수부대에서 복무했다. 군에서 제대하고 나와, 노무현과 함께 사법시험에 합격해 부산의 재야 인권변호사로 '운명'의 길을 같이 걷게 된다.

유신정권도 벌써 초라하게 내리막을 걷고 있었다.

애꿎은 인혁당 관련자의 목숨만 단축되었다. 긴급조치 7호가 난 그날 대법원에서 민청사건 때 들어간 인혁계 피고인 8명의 유죄 원심이 확정되었다.

하급심에서의 최후진술은 애절했다.

"내가 왜 여기 서 있는지 나는 그 이유를 모르겠다." (도예종)

"중앙정보부의 과잉 충성으로 공산주의자로 몰리게 됨을 유감으로 생각한다." (하재완)

"상의하달은 있어도 아래서 위로 올라가는 것은 없는 게 아닌가?" (서도원)

"도저히 납득이 가지 않는 벌(사형)이다." (이수병)

"정보부에 조사받으러 갈 때 날 태운 차는 신호도 무시하고 마구 달렸다. 나는 파란 불을 보고 건너다 마구 달린 정보부 차에 치인 것이다." (우홍선)

대법원 판결 다음 날 4월9일 아침 8시 전원 사형 뉴스가 나왔다. 새벽 5시게 전격적으로 교수형에 처해 버렸다.

"그날 시체 8구 중 단지 3구의 시체만 가족들에게 넘겨졌다. 다른 3구는 나중에 인계되었으나 2구는 끝내 가족 동의도 없이 화장되었다. 최종 두 사람의 경우 극심한 고문을 당해 엉망이 된 그들 시신이 공개되는 걸 당국

75년 2월17일 풀려난 김지하는 곧 동아일보에 인혁당 고문조작을 폭로해 다시 붙잡혀 들어가 '공산주의자'로 개조되었다. 사진은 2l 7 석방 시 마중 나온 함석헌(오른쪽) 옹과 함께.

이 꺼렸기 때문이다. 바로 그 둘은 죽기 전에 옥에 갇혀 있는 동안에도 가족면회가 허용되지 않았다.

처형된 한 사람의 장례가 목요일 오후 치러질 예정이었다. 그러나 장례식이 거행될 성당으로 가던 도중 교도소 영구차는 갑자기 방향을 바꾸었다. 무전을 통해 시신을 화장터로 옮기라는 명령을 받았기 때문이었다. 가족 친지들은 저항했으나 기동경찰이 3대의 버스에 나누어 타고 달려와 가족을 영구차에서 끌어냈다. 그리고 견인차로 영구차를 끌고가 버렸다. 장례식은 화장터에서 치러졌다."(한국기독교교회협의회, 《70년대 민주화운동》449쪽)

다시 중정에 구속된 김지하는 '공산주의자'로 만들어졌다.

75년 3월20일 정보부는 김지하의 필적으로 "나는 공산주의자다"라는 자필진술서를 보도진에게 배포했다. 그리고 문공부는 100여 쪽에 달하는 〈

김지하 반공법 위반 사건자료)를 영문, 일문으로 번역해 국내외에 발송했다.

그러나 5월 들어 김은 정보부의 고문조작을 폭로하는 '양심선언'을 썼다. 그것을 어떤 출감자를 통해 교도소 밖으로 내보냈다. 그리고 종교인을 통해 외국에서 발표됐다.

"한국 정부는 정보부 5국 지하실에서 쓴 자필진술서라는 것을 국내외에 선전하고 있다 한다. 5, 6일간 나는 적색 오징어포가 되길 거부했다. 그전부터 빈혈, 불면으로 시달리던 나는 5, 6일간 버티는 동안 체력의 한계에 도달, 의식마저 혼란 상태에 빠졌다. '공산주의자로 만들어내라'는 절대명령을 받고 며칠씩 밤샘하며 양심에 위배되는 짓을 하고 있는 불쌍한 말단 수사관들과 피차 다툴 필요가 없다고 느껴졌던 것이다. 6일째 그들이 미리 작성해 가지고온 소위 '자필진술서' 내용을 그들이 부르는 대로 낙서처럼 받아 써 가지고 내던져버렸던 것이다. … 나 같은 '가톨릭을 믿는 공산주의자'란 '뜨거운 얼음'이나 마찬가지로 말이 되지 않는다.…"(〈양심선언〉에서).

6월에 김은 아시아 아프리카 작가회의에서 75년 로터스상 수상자로 결정되었다. 그리고 구미 학자, 일본 작가 등에 의해 그해 노벨상(평화·문학상) 후보로 추천되었다.

정보부의 가혹한 '작용'은 옥중영웅을 만드는 '반작용'을 낳았던 것이다. 유신체제 핵심부에선 체제도전에 맞서 '국가안보'를 내세우는 전략을 밀었다.

6·25전쟁 이래 냉전시대를 살면서 '적(赤)' 콤플렉스에 빠진 국민 대중을 자극, 반체제운동을 무산시키려 했다. 75년 7월 사회안전법은 그런 배경에서 만들어졌다.

"74년부터 남산 내에 시국 불안요인을 근원적으로 제거하려면 남로당 창당세력, 4·19 후 민통(民統) 운동세력, 미전향 복역수 등을 격리해야 한다는 얘기가 나돌았다. 반체제 데모가 75년 들어서도 끊이지 않자 유신정부는 논란 끝에 결국 사회안전법을 만들었다. 그 때문에 법에 정해진 형기를 다 살고 나온 이들이 다시 수감되었다." (차장보를 지낸 J씨)

반공법, 국가보안법 위반으로 십수 년씩 살고 나와 사회에 발붙인 사람들이 다시 감호소에 갇혔다. 형식상 이의신청을 받았다. 그 신청 건수를 보도했다는 이유로 정보부는 기자를 구속 조사하려 했다.

"기본권 중의 기본권으로 여겨지는 신체의 자유도, 언론자유도 유신의 이름 아래 찢긴 때였다"고 당시 한 법조 출입기자는 밝혔다.

서승(徐勝) 형제의 폐지운동으로 국제적으로도 악명 높아진 이 법은 14년이 지난 89년 여야합의로 폐지되고 보안관찰법으로 바뀌었다.

그러나 그 법에 청춘을 앗기고 인권을 짓밟힌 이들은 그 무엇도 구상(求償)할 수 없다. 오직 분단의 비극을 되씹을 뿐이다.

75년 하반기 신직수 정보부는 일부 요원들의 밀수 가담으로 골머리를 앓았다.

정보부 공작선이 밀수 범죄

그러나 그건 신 정보부의 부패라기보다 15년 중정 그늘에 자라온 독버섯이었다. 그때까지 아무도 그런 종류의 범죄를 잘라내지 않았을 뿐이라고 말해야 옳았다.

"밀수 망국(亡國)이라는 말이 있던 때였다. 우리 경제 수준에서 국산품 품질이 밀수품의 질에 밀리던 때였다. 그런데 75년 여름께 어떤 제보가 있었다. 여수에 대규모의 밀수 조직이 있고 심지어 경찰, 검찰, 세관, 정보부

요원까지 감싸고돈다는 얘기였다. 그래서 수사를 시작했다."(당시 검찰총장 김치열 씨의 증언)

그때 정보를 포착한 곳은 남산이었다는 얘기도 있다(그러나 김치열 씨의 기억은 분명치 않다). 당시 남산은 요원 강(姜) 모를 후쿠오카 영사관 영사로 위장, 밀수 거점 대마도에 상주시켜 여러 달 동안 밀수품이 흘러가는 경로와 체크포인트(세관, 경찰, 검찰, 정보부 지부) 등의 방조를 살폈다는 것이다. 대통령 박정희는 밀수 근절을 강조하곤 했다.

"밀수품 파는 암시장에 헌병대나 공수단을 풀어서라도 다 잡아! 파는 자가 없으면 들여오고 사는 사람도 없을 게 아닌가."

그 시절 밀수합동수사반 요원들은 박 대통령의 엄명을 몇 다리 건너서 듣고도 아직도 생생히 기억한다.

75년 9월 대검 특별수사반장 김병리(당시 부장검사)가 여수에 내려갔다. 대검팀은 허봉용(許奉用) 일파의 범증을 캐나가다 철저한 관의 비호 세력을 발견했다. 정보부 조정관 천(千) 모, 여수경찰서장 서(徐) 모, 수사과장 정(鄭) 모, 세관장 안(安) 모 그리고 심지어 공화당 시당조직부장 김(金) 모까지 깊이 관여돼 있었다.

박 대통령은 도둑과 손잡은 관리들을 엄벌하도록 명했다. 경찰서장, 세관장 등은 전원 구속돼 실형을 받았고 관할 순천지청 허(許)모 검사가 용돈 얻어쓰고 선물받은 사실도 드러나 전보발령됐다.

"부산의 밀수는 더할 게 아니오?"

박 대통령은 김치열에게 반문했다.

여수의 사정기관이 모두 밀수꾼의 수중에 떨어져 있다면 항구도 유통 규모도 큰 부산은 불문가지(不問可知) 아니냐는 얘기였다.

검찰총장 김은 청사로 돌아왔다.

대검 특수부과장인 김병리, 석진강(石鎭康), 이종남 부장검사(87년 검찰총장 90년 법무부장관, 감사원장 역임) 등을 앉혀놓고 말했다.

"누군가 부산에도 갔다 와야겠소. 각하께서 '헌병대라도 불러줄 테니 백화점을 포위해서라도 밀수꾼을 섬멸하라'고 말씀하시니까…. 여수에서 보듯이 정보부, 검찰, 경찰, 세관이 끼고 도는 판이라 대검에서 손을 대야만 하겠소."

서로 얼굴들만 쳐다보았다. 함께 앉아 있던 대검 특수부장 한옥신(韓沃申)도 차마 누굴 보내자는 애길 못했다. 확실한 정보도 범증도 쥐지 않고 엄명에 따라 무작정 부산 앞바다를 뒤지는 게 얼마나 무모한 짓인 줄 모두 잘 아는 터였다.

석(石) 과장이 '대표 선수'로 뽑혔다.

"그날 밤 검찰수사관 2명 그리고 시경의 손발 서너 명과 함께 부산으로 갔다. 하지만 빈손으로 부둣가에 서보았으나 앞일이 막연했다. 배는 많고 바닷물은 출렁거리는데 밀수선이라고 써붙인 게 있을 리 만무하고 누구를 붙잡고 밀수꾼이냐고 닦달할 수도 없고…. 더욱이 여수야 좁은 바다이지만 부산만 해도 오죽 넓은가."(석진강 변호사)

석 일행은 호텔을 잡아 짐을 풀고 대책회의를 했다. 그래도 '세관을 족치면 뭔가 잡히지 않겠느냐'는 결론.

석 과장이 세관 감시국장을 불러 호통쳤다. "서울에서 다 알고 왔으니 자료와 명단을 내라"는 것이었다. 일행 중 수사관들은 아랫선의 세관원 중 오직(汚職) 용의자를 찍어 "정보를 대면 살 수 있다"고 쥐어짰다.

그렇게 시작된 밀수소탕전은 무려 석 달을 끌었다. 일행은 추석 보름달을 보고 작전에 들어가 크리스마스 캐럴을 들으며 상경했다.

구속집행자만 무려 324명. 밀수총액은 22억여 원 어치(압수품 5억 700만 원

어치)라고 발표되었다. '국제스타파', '한라파', '해녀특공대', '오류도파' 등 14개파가 걸려들었다.

남산의 박선호 감찰팀 도청하다 파면

75년 말 부산 밀수수사 때 감춰진 비화가 있다.

수사발표에서 재판진행에 이르기까지 쉬쉬하는 바람에 신문에도 나지 않고 지금은 기록조차 없는 사건이 있었다.

정보부 공작선이 밀수에 이용되었던 것이다.

"부산 밀수사건에 걸려든 공작선의 이름은 성진호였던 것으로 기억된다. 그 배는 바로 김대중 납치사건의 실행그룹 윤진원 팀이 운용하는 것이었다. 김대중을 싣고 현해탄을 건넌 바로 그 배 용금호가 밀수로 붙잡힌 성진호였는지는 분명치 않다. 다만 용금호는 73년 납치사건 후 선체도 개조하고 이름도 바뀐 건 사실이라고 한다." (당시 수사관련자 Z씨)

공작선이 왜 밀수에 뛰어들었을까.

남산의 전용선박 운용체계를 중정차장을 지낸 K씨는 다음과 같이 설명했다.

"기본적으로 그 배는 독립채산으로 운항한다. 그 자체가 돈 받고 물건 실어 나르는 화물선으로 위장한 것이므로 상용선박 겸 특수임무선박인 것이다. 따라서 결손이 나는 액수만 중정예산으로 보전하는 형태인 것이다. 그런데 윤 팀 요원들이 해경대나 세관에서 특별대우를 받는 점을 이용해 외제물건을 실어 나르고 약간의 수입을 잡았던 것이다"

남산에선 윤팀을 '더티 잡'(특수임무를 표현하는 속어)으로 불렀다고 한다.

"그만큼 위험하고 어려운 미션을 수행하기 때문에 어느 정도의 돈벌이도 '사기 앙양책'으로 필요했다"는 얘기다.

눈감아오던 부끄러운 곳에 검찰의 칼이 겨누어졌다. 그러나 정보부직원법은 요원들의 치외법권적인 신분을 철옹성처럼 감싸고 있었다.

중정요원의 권위와 힘을 상징하는 중정직원법(32조).

'수사기관이 직원을 구속하고자 할 때는 사전에 정보부장에게 통보해야 한다. 현행범은 예외다.'

'현행범이라도 직원을 구속한 수사기관장은 즉각 정보부장에게 통보해야 한다.'

'수사기관장은 반드시 수사개시와 종료사실을 지체 없이 정보부장에게 통보해야 한다.'

한마디로 검찰·경찰·감사원 어느 곳에도 '언터처블'을 선언한 이 골격은 63년 5월31일 법통과 이래 바뀌지 않고 그대로 유지되고 있다. 요원의 비위 독직(瀆職)은 사실상 정보부장(결국 감찰실이 되겠지만)만이 손댈 수 있도록 돼 있는 것이다.

신직수 정보부는 김치열 검찰의 가늠자 조준에 소스라치게 놀랐다. 여수 조정관이 잡혀가더니 이번엔 공작선이라니….

감찰실장 문상익(文相翼·변호사)이 즉각 부산으로 내려갔다. 법도 법이지만 정보부의 체면과 권위의 문제이기도 했다.

"문 실장을 따라 부산에 간 감찰요원 중에 베테랑 수사관 김(金)모가 있었다. 그는 공작선 안팎을 다 뒤지고도 증거물을 잡지 못하고 헤맸다. 그러다 우연히 갑판 위를 건너뛰다 무릎 높이의 윤활유통에 걸려 넘어져버렸다. 김은 그냥 지나치려다 이상한 생각이 들었다. 세상에 무슨 기름이 이리 무거울까 생각하고 기름통을 흔들어봤지만 잘 움직이지 않았다. 기름통

79년 10·26 관련, 김재규(왼쪽)와 함께 법정에 나온 박선호(마이크 앞에 서 있는 사람). 김재규의 김천중 교사 시절 제자였던 박은 해병대령으로 보안부대장을 마치고 73년 '스승'의 도움으로 중정에 들어갔다.

안에 백금과 금괴가 들어 있었던 것이다." (당시 관계자 C씨)

검찰로부터 자료를 받은 문상익 실장 일행은 공작선 조사를 마치고 다시 검찰에 송치했다. 당시 대검팀의 한 관계자는 "감찰실은 문제를 덮기보다 캐자는 입장에서 능동적으로 일했고 나중에 대검 특수부 석진강 과장을 문제의 배로 안내하기도 했다. 당시 선장과 선원들은 각자 돈을 거두어 공동투자 형식으로 금괴를 사들였던 것으로 기억한다"고 밝혔다.

사법처리된 요원 숫자는 대략 10명 안팎. 당시 해운항만청장 K도 부산 밀수사건 얼마 뒤 문제의 배 책임자 윤진원의 방문을 받았다. 윤은 밀수사건으로 밥줄이 끊긴 부하 3명의 취직을 부탁했다. K청장은 기꺼이 해결해주었다.

부산의 공작선 밀수사건은 남산 역사상 매우 희귀한 사건 하나를 낳았다.

그 주인공은 해병대령 출신 박선호(朴善浩). 79년 김재규 정보부의 궁정동 의전과장으로 10·26에 가담, 80년 5월24일 서울구치소에서 교수형에 처해진 바로 그 인물이다. 풍운아라는 이름이 걸맞을 박은 73년까지 해병대 대령으로 서울보안부대장을 지냈다. 그러다 그해 10월10일 해병대 해체(외형은 해군에의 통합)와 더불어 옷을 벗고 군문을 나섰다.

그는 김재규의 제자였다. 김이 잠시 김천중학교(김은 대구 대륜중에도 있었는데 그 제자는 이만섭 전 국회의장) 교사로 있을 때 배웠던 것이다. 따라서 박의 보안부대장 근무도 김이 보안사령관을 지냈기 때문에 이루어진 것이었다.

박선호는 군에서 나와 잠시 놀다 74년 정보부차장 김재규의 도움으로 정보부 총무과장(부이사관)으로 취직했다.

힘도 약한 총무과장으로 있으면서 그는 "이문동 양지못의 금붕어나 키우는 신세"라고 자조(自嘲)하곤 했다. 그리고 해병대 해체에 분격하기도 했다. 부대 해체로 대령 자리 17개가 없어지면서 그도 실직했기 때문이었다.

"6·25때 중부전선 도솔산전투라는 게 있었어. 인민군이 쎄서 우리 육군이 혼난 곳이지. 육군이 도저히 당해내지 못해 우리 해병이 교체해 올라갔다지. 해병 하사관들이 죽음의 고지로 올라가며 악이 받쳐 육군장교들의 조인트를 깠다는 거야. 병신 XX들이라고. 당연히 우리 귀신잡는 해병은 인민군을 궤멸시켰지. 그때의 육군 장교들이 요즘 국방지휘부라는 거야. 그들이 아니꼬운 해병을 쳐 버린 게지."

김재규 장관의 구명 노력도 물거품 되다

박선호는 '전설'같은 얘기로 해병대 해체의 배경을 남산 친구들에게 말하곤 했다. '특전사 강화를 위해 돈 많이 드는 해병대를 해체한다'는 건 진짜 이유가 아니라며.

총무과장 박은 74년 9월께 정보부 부산지부 정보과장으로 잘 풀려 내려갔다.

정보부의 부산지부장은 육군준장 출신 허(許) 모였다. 본부 총무과장 박선호는 허 지부장(그는 이후락 맨으로 알려져 있었다) 휘하 정보과장으로 내려간 것이었다.

박은 김재규 차장의 도움으로 영전해 갔고 그 직후 김은 건설부장관으로 나갔다. 더러 김 장관은 그의 김녕(金寧) 김씨 종친회나 고향 선산에서 취직 부탁이 오곤 하면 이력서를 박선호에게 보냈다. 박은 그걸 받아 선원으로 취직시켜 외국으로 내보내곤 했다. 그는 보스 김재규가 좋아하는 '우직 충성' 스타일이었다. '위'의 지시라면 물불을 가리지 않는 사내였다. 그런 박에게 액운이 닥쳤다.

75년 말 부산 공작선 밀수사건으로 감찰실장 문상익 일행이 현지에 날아왔다.

문 실장은 감찰요원들과 K호텔에 들었다. 그리곤 부산지부와 일체 연락을 끊고 밀수사건을 자체 조사하는 것이었다.

"허 지부장을 비롯한 부산 간부들은 숨이 콱콱 막히는 느낌이었다고 한다. 우선 중정의 파워, 현지 검찰·경찰·세관에 미치는 막강한 조정권한 때문에라도 필시 지부에서 문제가 터질 것만 같은 조바심이 났던 것이다. 사실 문 실장팀은 공작선만 주로 다루고 있었지만 그 감찰조사 내용을 알 도리가 없는 허 지부장으로서는 목이 타들어갔다. 여수 조정관 천(千) 모가 구속된 데서도 보듯이 부산지부도 털면 먼지가 안 날 리 없었다."(남산 간부였던 J씨)

허 지부장은 몇 차례 간부회의를 열었으나 갈증을 풀 수 없었다. 문상익 감찰 실장이 하는 일의 내용을 모르긴 매일반이었다.

"벌써 일주일이 다 돼가는데 무슨 방법이 없을까?" (허 지부장)

"호텔 손님들 말입니까." (박선호)

"그래. 알아야 대처할 게 아닌가."

"하명하시면 방법이야 있습니다. 문제는 있습니다만, 딱 한 가지…."

"뭔데?"

박선호가 정색하고 말했다.

"진짜 스파이는 필요한 정보라면 하늘에 귀를 대기도 한다고 배웠습니다. 호텔 문 실장님 방 유선에 와이어를 거는 거지요. 지부장님의 결심이 필요한 문제입니다만…."

쫓기듯 초조해진 허 지부장의 결심이 떨어졌다.

도청.

하늘같은 신 부장의 직통 라인인 감찰실에 귀를 대기로 한 것이었다. 상관의 필요와 명령이라면 불 속이라도 뛰어드는 박선호 스타일을 여실히 보여준 일이었다.

남산 요원으로 저지른 엄청난 불경죄는 곧 문제가 되고 말았다.

그 경위는 자백에 의한 것이라고도 하고, 감찰실의 적발이라는 설도 있다. 박선호는 숨넘어가는 목소리로 건설부장관 김재규 방에 전화를 걸었다. 비서실의 C가 전화를 받았다. C도 남산 출신(65년 공채)이었다.

"신 부장이 노발대발 내 목을 치라고 한다는 거야. 난 상사의 결심과 명령에 따른 게 아닌가 말야. 우리 직원법에도 상사에게 절대복종하라고 되어 있지 않나?"

박선호는 부산 수사과장 박○민과 함께 당할 것 같다며 "장관님께 보고 드려 달라"는 부탁이었다.

장관 김재규는 눈을 감고 C의 보고를 받더니 말했다.

"자네가 문 실장을 직접 만나지. 가능하면 박선호를 선처해 달라고…."

문 실장은 김 장관의 '부탁'을 전해듣고 한동안 말이 없었다. 그는 눈을 지그시 감고 고개를 흔들었다.

"신직수 부장님의 결심이 끝난 문제라고 김재규 장관께 말씀 올리세요."

박선호는 파면되었다.

그가 남산에 돌아온 것은 1년 뒤인 76년 12월 김재규가 부장이 되고 나서였다. 그는 롤백 후 감찰실 근무를 원했다. 부실장 정도도 좋다고 했다. 그러자 박선호의 성깔을 아는 감찰실은 새파랗게 질렸다고 한다. 보복으로 '피바다가 될지도 모른다'는 소문이 돌았다. 김재규는 결국 박의 희망을 들어주지 않았다.

박은 사우디아라비아에 파견되었다. 현지 현대건설 노사분규가 폭동처럼 터지고 할 때 그는 현지조정관이었다.

"모래밭에다 날 버리깁니까."

박선호는 외롭고 쓸쓸한 중동생활을 벗어나게 해달라고 서울에 대고 간청하곤 했다. 그는 SOS가 통하지 않자 78년께 귀국, 무교동에 사무실을 낸다고 하고 다녔다.

마침 그때 현대아파트 특혜 분양 사건(78.6.30.)이 터졌다.

중정의 궁정동 안가 의전과장(사실은 '각하'를 위한 채홍사 採紅使) 김인○ (육사 출신·당시 대령)이 덜렁 그 사건으로 날아갔다.

정보부장 김재규는 빈자리에 박선호를 앉혔다. "그것이 삶과 죽음의 갈림길이었다"고 뒷날 김인○은 친구들에게 말했다.

'새옹지마'였다. 벼슬을 잃었지만 목숨을 건졌으니까. 박은 1년 뒤 10·26으로 세상을 떠났고 김은 부동산업으로 성공해 잘 살고 있다.

김옥선 파동과 함정 빠진 YS 위기

75년부터 경호실장 차지철의 정치적인 힘이 더욱 붙기 시작했다.

"박정희 대통령이 아들처럼 믿고 부린다는 말이 있었다. 그러니 공화당이나 유정회 의원 중 나잇살이나 먹은 사람들도 차지철에게 들러붙는 게 눈으로 보일 정도였다. 나이 서른 남짓에 국회에서 외무위원장 내무위원장 다 지내고 다시 경호실장이 됐으니 국회 체면은 또 뭐가 되나…." (고흥문 씨의 말)

우선 박종규가 차관급이었지만 차지철은 장관급 경호실장이었다.

"박은 경호실장을 하면서 청와대 비서실의 이북 출신, 예컨대 홍(洪) 모, 유(柳) 모, 김(金)모 같은 인사들에 포위돼 상당한 견제를 받았다. 그는 간이 커지긴 했지만 후계까지는 꿈꾸지 않았다. 그러나 차는 달랐다. 박 대통령이 좋아하는 군인이 장군이 되면 청와대로 불러 근무시키고 구내에 전차를 들여오는 등 엉뚱한 짓을 하며 후계를 꿈꾸는 것이 눈에 보였다." (공화당 원내총무였던 김용태 씨 증언)

차 실장이 청와대에 발붙인 74년 8월을 분기점으로 청와대가 신직수 정보부를 앞질러 정치공작과 정보수집에 나선 흔적이 역력하다.

우선 74년 8월 신민당 전당대회도 정보부가 지켜보는 정도였다.

75년 5·21 박정희 - 김영삼 회담도 경호실장 차의 작품이었다.

당시 남산 한 간부의 증언.

"그해 4월30일 베트남 정부가 공산군 측에 무조건 항복하고 월남전이 종결되면서 인도차이나 사태로 인한 위기감이 고조되고 있었다. 실제로 김일성이 오판, 남침할 가능성도 엿보인 때였다. 개헌하라고 악을 쓰던 야당도 2월 국민투표에 지고 인도차이나사태가 나자 주춤하는 기색을 보였다.

그런데 어느 날 김 총재 비서 박권흠(朴權欽 3선역임·92년 대구일보 회장) 씨가 우릴 만나 박-김 회담을 제의했다. 그것이 개인 의견인지 YS 뜻이 담긴 건지는 지금까지 확인해보지 않았다. 우리 정치파트에선 추진하지 말기로 했다. YS가 박 대통령을 만나고 난 뒤 무슨 소릴 하고 다닐지 알 수가 없고, 위험부담만 따른다는 결론이 났다. 남산으로서도 100% 득이 아닌 한, 뒤에 책임 문제가 수반될 건의는 하지 않아야 하니까…."

신 정보부는 박-김 회담이 이득이 없다고 보고 손을 뗐다.

그런 회담이 갑자기 성사되었다. 그것은 필시 차 경호실의 작품이라고 정보부로서는 생각할 수밖에 없었다.

세월이 흘러 정보부의 정치 프로들의 심증에 증거를 얹어준 건 김한조였다. 그는 "당시 신민당 대변인 이택돈(李宅敦) 의원이 박-김 회담 성사 직전 차의 안내로 박 대통령까지 만났다. 그것은 우연히도 87년 이택돈 의원이 나에게 모종의 연구소 설립을 교섭하는 과정에서 스스로 밝혔다"고 말했다. (김한조 저 《코리아 게이트》)

김영삼은 함정에 빠져들고 있었다.

비록 '여야 지도자가 흉금을 털어놓고 내일을 진지하게 논의하기 위하여'라는 명분을 내걸었지만 자충수(自充手)를 놓고 있었다.

청와대에서 김 총재를 맞은 박 대통령은 쓸쓸한 표정을 지었다. 희한하게도 마침 새 한 마리가 창가에 날아와 외롭게 앉았다.

"내자(內子)가 없으니 꼭 절간에 있는 것 같아요. 나 이런 절간 같은 데서 오래 할 생각 없어요. 영구집권을 할 욕심도 없고, 다만 내 책임을 수행하고 솔직히 말해 정권인계 태세를 갖추는 데 시간이 필요해요. 권력을 놓겠다고 하면 새 사람에게 몰려 통치가 되질 않아요. 민주주의도 해야지요. 시간을 주시오."

박 대통령은 손수건을 꺼내
눈가를 훔치기도 했다.

둘만의 회담에서는 개헌 문
제, 김대중 문제, 동아일보 광고
탄압 문제, 긴급조치 구속자 문
제 등도 논의했다고 한다. 회담
이 끝나자 청와대는 "좋은 분위
기 속에 기탄없이 의견을 교환,
난국 극복을 위해 여야가 국가
적 차원에서 노력을 기울여야

차지철은 74년 경호실장이 된 뒤 막강한 대통령의 힘을 업고 후계자를 꿈꾸었다. 사진은 국회 외무위 원장 시절의 차지철과 JP, 정일권 씨.

한다는 데 의견을 같이했다"고 밝혔다. 발표는 그것뿐이었다.

김 총재도 회담 내용엔 입을 다물어버렸다.

그러자 정가에선 시비가 일기 시작했다. 이민우(李敏雨), 유제연(柳齊然), 고재청(高在淸) 등은 "회담 내용을 다 말하진 않더라도 알릴 건 알려야 방향을 알고 따라갈 게 아닌가" 하고 불만을 털어놓았다. 의심이 증폭되면서 회담 당일 김 총재가 당사 도착이 늦은 데에 대해서도 설왕설래했고, 거기에 이택돈은 "회담 내용 중 정리할 게 있어서 남산을 한 바퀴 드라이브하고 왔다"고 말해 의혹을 부채질했다. 몇억 원이 오고갔다더라 하는 금품수수설까지 나돌았다.

"어느 날 갑자기 김 총재는 박 정권에 대한 전면 반대에서 체제 내의 비판으로 선회했다. 아무런 설명도 없이 그저 상황이 급변했다는 이유만으로 그는 당보 〈민주전선〉 편집 방침에까지 세심한 신경을 썼다. 그래서인지 금품수수설까지 나돌았으나 나는 그렇게 보진 않는다. 김 총재는 오른쪽 주머니에 돈이 생기면 왼쪽 주머니의 돈까지 써버릴 정도로 돈에 관한

한 관대한 사람이다. 그가 돈과 정치를 맞바꿀 만큼 야심 없는 이도 아니고…."(고흥문 씨의 증언)

75년 상반기 대통령 박정희는 한결 마음의 여유를 갖게 되었다.

인도차이나사태를 이용한 위기감 조성으로 개헌투쟁 열기를 가라앉히고 신민당 총재 김영삼의 행동반경을 비좁게 옭아멜 수 있었기 때문이다.

그해 봄 어느 날 박정희는 청와대로 정보부장 신직수, 정보부 판단기획국장 김영광(金永光·14대 국회의원), 내무부장관 박경원(朴璟遠) 등을 불렀다. 함께 국수를 먹으며 환담할 자리를 마련한 것이었다.

조총련계 모국방문 추진

박 대통령은 아무 말도 않고 듣기만 하는 김영광에게도 말을 시켰다.

"김 국장, 좋은 생각이 있으면 얘기해 봐요."

기어이 지명이 떨어지자 김은 한마디 안 할 수 없게 돼버렸다.

그 무렵 도쿄와 오사카에서는 74년 말 정보부의 차장보를 하다 간 공사 조일제가 조총련계 모국 방문단을 추진하겠다고 아이디어를 내서 논란이 있던 때였다.

조의 아이디어는 그럴듯한 것이었지만 KCIA 본부에선 '혁신적'인 그 내용을 차마 청와대에 건의조차 하지 못하고 있었다.

"각하, 작년의 문세광 사건 이후 재일 조총련 문제를 보다 적극적으로 다루어야 한다고 생각합니다. 그들에게 우리 대한민국의 발전상을 보이고 각하의 영도력을 보인다면 반드시 성공하리라고 생각합니다."

말이 끝나기도 전에 박 대통령은 손끝을 부르르 떨었다. 조총련이라는 말에 눈빛이 달라지면서 역겨운 기색이었다. 좌중은 어색해질 수밖에 없

75년 10월 김옥선 의원이 긴급조치 시국상황을 강하게 비판하자 여당의원들이 징계를 시도, 야당의 김동영 의원(가운데 눈을 감은 이. 91년 8월 작고) 등과 몸싸움을 벌이고 있다.

었고 김은 후회했다.

남산에 돌아온 신직수 부장은 김 국장을 질책했다.

"왜 각하께 조심하지 않고 그런 말을 불쑥하오. 그쪽(조총련)은 영부인을 살해한 가해자인데 '가해자의 손을 잡고 각하 가슴에 품으시라'고?"

김영광은 "책임지고 사표를 내겠습니다"라고 신 부장에게 말하고 물러나왔다.

며칠 후 신 부장은 사표를 받는 대신 말했다.

"각하께서 김 국장 의견을 세부 계획까지 짜서 보고하라고 하십니다."

박 대통령은 그걸 결심하면서 "근혜도 반대했어. 하지만 내가 대통령이기에 결심한 거야. 조직적이고 계획적으로 해서 좋은 성과를 얻어야 해"하고 말했다.

조총련계 신문들은 연일 "조총련계 모국 방문사업이 민족분열을 조장하는 짓이다"라고 정보부와 조일제를 성토하는 기사를 대서특필했다. 그 표현은 극렬했다.

서울에선 공작적 냄새를 없애기 위해 박순천(朴順天)에게 환영사를 하도록 기획했다. 김영광이 화곡동 박 할머니 집을 네 번이나 찾아가 부탁했다.

"육영수 여사 장례 때 조사를 읽었더니 어떤 분이 2억 원에 매수당했다더라고 욕을 하지 않습디까" 이런 말을 하며 거절하던 박순천은 김이 끈질기게 졸라대자 마침내 응낙했다. 그리고 조총련 동포 700명이 9월15일 제1차로 방문하자 환영사에서 말했다.

"몽매에도 그리워하던 고국에 오신 동포 여러분! 일본으로 돌아가실 땐 고국의 흙 한줌씩을 봉투에 담아가셔서 이 땅을 생각하고 일본에 묻힐 땐 그 흙과 함께…"라며 심금을 울렸다. '여당보다 야당의, 남자보다 여자 연사'를 내세운 기획은 맞아떨어졌다. 김희갑의 애절한 노래 〈불효자는 우옵니다〉가 히트한 것도 그때였다.

그해 가을에 열린 국회에선 뜻밖에도 김옥선(金玉仙) 파동이 터졌다.

75년 10월8일 오후 다섯 번째로 등단한 그녀는 포문을 열었다.

긴급조치에 의해 개헌논의도 집회시위도 차단된 현실을 비판했다.

이미 박 대통령은 '헌법비방을 금지'하는 긴급조치 9호(75.5.13.)까지 내놓고 있었다.

"인도차이나사태 이후 우리나라 전역에서 일어났던 안보궐기대회는 관제 데모 아닌가."

그녀의 의정 발언은 정부와 집권당을 크게 자극했다. 반유신체제 도전이 인도차이나 위기 이후 수그러드는 판에 다시 불꽃을 댕기는 발언을 한 것이었다.

공화당과 유정회 의원들은 발언을 제지했다. 그리고 3시간 만에 그에 대한 징계를 결의하는 초강경 자세로 나왔다. 제명이 안 되면 여당의원이 총사퇴해 국회를 해체하겠다고까지 했다.

신민당도 김옥선 의원이 제명당하면 소속의원 전원이 운명을 같이하기로 했다. 총재 김영삼의 입장이 난처해졌다. 김옥선은 YS총재 계보이기도 했으므로 김 총재는 더욱 곤궁해졌다.

닷새 뒤 김옥선이 스스로 의원직 사퇴서를 내기로 해 위기는 수습됐다. 그러나 김영삼이 입은 상처는 컸다

사설 정보대장 이규광, 정보부장 노렸다

75년 가을 신민당 총재 김영삼은 안팎으로 몰리게 되었다.

그해 5월의 박정희-김영삼 회담은 이런저런 뒷말을 낳았고 10월의 김옥선의 의원직 사퇴 처리는 당내 비주류 진영에 공격의 빌미를 주었다.

대여 강경발언으로 빚어진 김옥선 파동의 수습 방식은 야당의 굴복이고 김영삼의 패배였다.

비주류 사이에서는 김영삼은 바람몰이 정치밖에 못하는 것인가, 체제문제로 대여 투쟁을 결심했을 땐 선두에서 독전하더니 김옥선 파동 때는 입을 다물고 마는가, 그런 비판이 제기되고 있었다.

"인도차이나사태 후 극성을 부린 안보궐기대회가 꼭 김옥선 말대로 관제는 아니었다 해도 정부의 지원 없이는 불가능했던 것 아닌가. 그런데 김옥선 발언이 수위가 높고 이적(利敵)의 오해를 살 소지가 있더라도 소속의원이 극형을 당하는 마당에 발언의 진위(眞僞)조차 해명하려 하지 않았다

는 것은 김 총재가 당을 잘못 이끌고 있다는 것이었다."(고흥문 씨 증언)

김영삼 체제는 금이 가고 있었다.

그리고 배후에서 야당의 파당적 생리를 부추기는 교묘한 공작이 신민당의 균열을 가속화했다.

야당의 주류도 비주류도 모두 공작의 장중(掌中)에 놓여 있었다.

75년 9월 말 김 총재 비서 **김덕룡**이 정보부에 잡혀갔다. 옥중의 김지하가 써낸 〈양심선언〉을 배포한 것이 문제가 되었다.

김영삼 총재 자신도 그 직전 발목 잡힌 게 있었다.

그는 인도차이나사태 이후 동남아 정세를 돌아보기 위해 8월 4일부터 홍콩, 필리핀, 대만, 일본을 순방하고 돌아왔다. 8월 23일 귀국한 그는 기자회견에서 "정부는 중공과의 관계 개선을 위해 적극적인 외교활동을 해야 한다. 필요하다면 나도 북경을 방문해 한반도 평화 정착에 관한 협의를 하겠다"고 했다.

그리고 "민주 회복을 위해 헌법을 바꾸는 것도 계속 주장하겠다"고 했다.

당장 대통령 박정희가 발끈했다. 김 총재를 불구속 입건한다고 서울지검 공안부장 정치근이 발표했다. 개헌 주장은 긴급조치 9호위반이라는 것이었다.

검찰은 네 차례나 소환장을 보냈으나 김영삼은 불응했다.

보스가 불응하므로 부하를 볼모 잡자는 구상이었을까. 비서실장 박권흠이 검찰에 가서 조사받았다. 기자회견문을 만들고 관여했으므로 책임을 지라는 식이었다. 다음은 박권흠 씨의 증언.

"구속영장이 곧 떨어졌다. 나는 정 부장검사에게 '며칠 뒤면 큰딸 결혼식이 예정돼 있으니 도망갈 일도 없는데 구속을 늦춰줄 수 없느냐'고 했다. 검찰은 안 된다면서 구속영장을 집행했다. 서대문구치소로 끌려가니

75년 12월 개각에서 국무총리로 기용된 최규하 씨가 박정희 대통령으로부터 임명장을 받고 인사 올리고 있다. 최씨는 79년 10·26으로 그 자리에서 곧장 대통령직을 이어받게 됐다.

간수가 칠판에 바를 정 자(正) 중 한 획을 그었다. 다시 감옥 복도를 걸어가 수의로 갈아입던 참이었다. 누군가 와서 긴급 연락을 받았다며 나가라는 것이었다. 지하실로 데려가 고문하려나 걱정이 되었다.

그런데 다시 검찰공안부로 데려가는 것이었다. 서(徐) 모 검사가 '구속 집행을 보류하기로 했습니다. 결혼식도 있다고 하니…'라며 생색을 냈다. 나중에 법조인들한테 들어보니 구속영장 집행 중에 적부심도 없이 풀어주는 건 매우 드문 일이며 아마도 대통령 선에서 긴급 명령이 나지 않고서는 있을 수 없는 일이라고 했다. 그래서 귀가했는데 무슨 법 운용이 이 따위인가 하고 우스운 생각이 들었다."

다시 김영삼에게 소환 조사에 응하라는 압력이 계속 들어갔다.

"그렇게 시달리고 있는 김 총재로서는 그 와중에 터진 김옥선 파동에 공격적인 대응이 어려울 수밖에 없었다. 청와대 쪽은 김옥선 의원을 구속까지 하겠다고 하는 마당이니 의원직 사퇴로 교섭하는 정도밖에 달리 방도가 없었다"고 당시 김영삼의 측근들은 밝히고 있다.

김영삼은 버티고 버티다 75년 12월30일 대변인 한병채(韓柄寀)와 함께 자진 출두, 조사를 받았다. 김영삼 씨의 증언(89년 통일민주당 총재 때).

"그쪽에서 하는 말이 '김덕룡 비서는 총재 때문에 석방되지 못하고 있다. 김 총재가 조사만 받으면 곧 내보낸다'고 했다. 그러나 교도소의 김덕룡 비서는 '제 걱정 말고 절대 소환에 응하지 말라'고 늠름하게 말했다. 고심 끝에 검찰총장실에 출두하는 절차를 밟기로 했다. 그런데 조사를 받고 나니 얘기가 달랐다. 나를 망신 주고 골탕먹이겠다는 속임수였던 것이다."

서울지검공안부장 정치근은 76년 1월21일 '김영삼 총재를 불구속 기소한다'고 발표했다.

그러고도 김덕룡은 풀려나지 않았다. 그는 10월에야 석방되었다.

89년 6공 4당 구도 때 공안정국이 형성되었다. 목사 문익환(文益煥)의 비밀 평양 방문으로 평민당 총재 김대중이 검찰의 조사를 받았다. 통일민주당 총재 김영삼도 문을 따라 입북한 유원호를 사전에 만난 사실 때문에 검찰의 출석요구를 받았다. YS는 정책위의장 황병태나 당 인권위원장 강신옥 등의 '조사받고 끝내라'는 권유를 끝내 거부하며 75년 일을 끄집어냈다.

"국민들은 검찰에 고분고분 고개 숙이고 드나드는 지도자를 좋아하지 않아요. 그리고 저 사람들(여권과 수사기관)에게 속아본 경험이 있어요. 잠시 법 안 지킨다고 불평하는 여론이 있을 수 있겠지요. 그러나 나는 그 따위 공작 수사에 협력 못 해요."

75년 12월19일 국무총리 김종필 경질을 비롯한 전면개각이 단행됐다. 새 총리는 박 대통령 특보로 있던 **최규하**(崔圭夏). 최규하는 79년 10·26을 맞아 망외(望外)의 대통령 자리를 승계하게 된다.

이규광은 박 대통령 직할대

JP는 5년의 총리 재직으로 스트레스가 쌓여 건강이 크게 상했다. 그는 부산 등지를 돌아다니며 요양했다.

어느 날 박 대통령이 청와대로 쉬고 있는 JP를 불렀다.

"임자, 언제부터 동래에다 별장을 두고 있었어?"

박 대통령은 JP가 머문 집의 사진까지 내보였다. 그것은 미국 총기 메이커 콜트의 사원기숙사를 찍은 것이었다. 아닌 게 아니라 총리를 그만둔 직후 JP는 그곳에서 며칠 머문 적이 있었다. 60년대부터 콜트와 우리 측이 합작공장을 추진하는 동안 JP는 뒤에서 거들어주어 인연을 맺었다. 문제의 첩보와 사진 자료는 이규광(李圭光·육군헌병감 출신·전두환의 처삼촌)이 올린 것이었다고 한다.

70년대 후반 사설 정보대를 운영한 것으로 유명한 이규광 활동의 한 단면이었던 것이다. JP 측근들은 "이 팀은 차지철 경호실장 밑에 있는 것으로 알려지고 있지만 박 대통령으로부터 직접 돈을 받는 직할대였다"고 말했다.

이규광의 활동에 관해선 정보부장을 지내고 중화민국대사를 7년이나 했던 김계원(金桂元)의 기억이 있다.

"내가 대만에서 서울에 올 때마다 이규광 씨는 항상 식사를 같이 하자고 했다. 굉장히 발이 넓고 귀가 트인 인상을 받았다. 지금 생각해보면 청와대에 작전차장보로 근무한 전두환 준장 같은 사람들도 그의 정보활동에 많은 도움을 주었던 것 같다. 하지만 적어도 내가 비서실장으로 간 78년 무렵에 그가 청와대를 드나들지 않은 것으로 보아 이씨는 경호실 차 실장과 연락이 있었던 것 같다."

전 준장의 처삼촌이 바로 이규광이었다. 전 장군은 5공 대통령이 되어 처가와의 관계를 이렇게 말한 적이 있다. 82년 **이철희-장영자** 부부 어음사기사건이 터졌을 때였다.

"내가 군인 시절 처가 사람들, 특히 장인(이규동·육군경리감 지냄) 신세를 많이 졌다. 그분들이 많이 도와주었고 많은 사랑도 해주어 처가살이를 한 10년간 했다.

그분들에게 잘 해주고 싶은 마음 태산 같아도 못하고 있다. 잘못하면 노인들이 무슨 주책을 저지를지 몰라. 장영자는 처삼촌의 처제야. 나하고는 사돈네 8촌도 안 돼. 이철희로 말하면 내가 모르는 사람이지만 그는 일제 때 정보학교를 나와 박 정권 때 요직에 있으면서 정치자금 모으는 수법과 배분에 관해 어느 부처가 약하고 어떻게 하면 돌아간다는 것을 훤히 알고 있었을 거야. 이번에 과거의 모든 수법을 다 썼을 것으로 생각한다."
(82.5.13.)

어쨌든 전 준장이 김계원씨 말대로 처삼촌(이규광)과 청와대 정보를 주고받았는지 증거는 없다. 그러나 전 준장이 작전차장보로 있으면서 박 대통령 동정 취재에 열을 올린 것만은 많은 관계자들의 기억에 남아 있다. 박 대통령의 밤행사(궁정동에서 많았고 더러는 인천까지도 갔다)는 차 실장→경호처장→과장→수행계장 정도로만 아는 특급 비밀인데도 전 차장보는 궁금해 하며 알 만한 이에게 묻곤 했다는 것이다. "각하가 간밤에 누구랑 한잔 하셨는가?"라고. 유신 말기 이규광은 박 대통령을 위한 정보별동대 책임자, 전 장군은 보안사령관(79년 3월 취임)으로 올랐다는 건 상당히 시사적인 대목이었다.

박 대통령 사망 후 1980년, 전 장군이 실권을 쥐고 있을 때였다.

놀랍게도 이규광은 정보부장을 노렸다는 사실이 확인되고 있다.

"80년 최 대통령 시절에 이규광 씨의 육사3기 동기인 예비역중장 최모 씨(유정회 의원)가 청와대에 올라가 '정보부장에 이규광이 좋지 않겠습니까'라고 말했다. 실권 없는 최 대통령도 자기 소관이 아니라는 태도로 고개를 저었다고 한다. 그런 일이 있은 뒤 이씨의 야심을 전 장군도 알게 되었고 전 장군은 친지 이 모 의원을 불러 '처삼촌이 최 대통령한테 정보부장 운동을 한다는데 집안 망신 아니냐고 한 말씀 해주십시오'라고 했다. 이 의원의 중재로 이규광 씨의 야심은 꺾였다." (전 의원 Y씨)

| 제17장 |
"개성 뺏고 연백평야까지 민다"

포항석유 시추 맡은 정보부와 산유국 꿈

76년으로 접어들면서 정보부는 더욱 바빠졌다. 75년 월남의 패망으로 고조되었던 적화(赤化) 위기의식도 식어가고 있었다.

그해 3·1절 '명동 구국선언문 사건'으로 김대중을 구속하고 박동선(朴東宣) 사건이 터져 한미관계가 비꾸러짐으로써 박정희 정권은 기울어져갔다.

신직수 부장이 물러난 것도 그해였다. 그해 박 정권의 출발만은 상큼했다. 75년 12월 최규하 내각을 세워 새 맛을 냈고 76년 1월19일 연두 기자회견에선 '포항 앞바다 석유 개발'을 발표했으니까.

석유를 캐낸 것도 정보부였다.

"60년대부터 정성엽(鄭盛燁)이라는 사람과 국립지질조사소가 포항에서 석유가 나온다 안 나온다고 다투어왔다. 이를 아는 박 대통령은 그래서 골치아픈 문제라는 선입견을 갖고 있었고 값비싼 시추 기계 선택에 관해서도 뒷말이 많아 정보부가 책임지고 추진하라고 맡겼다. 75년부터 정보부의 기획조정실장→육 국장→최 과장 라인의 유전 개발팀이 생겼다. 박 대통령도 현장에 여러 번 들러 지대한 관심을 보였다." (당시 청와대 비서실장 김정렴 씨)

정보부가 캔 미량의 석유는 유리병에 담겨 청와대에 올려졌다. 박 대통령은 너무 기쁜 나머지 국무회의 때 유리병에 담긴 원유를 탁자 위 재떨이에 붓고 불을 붙여보았다.

그러나 경제성이 없는 석유였다.

애당초 비서실장 김정렴과 오원철 등은 "탐사가 끝날 때까지 발표 않는 게 좋겠습니다"고 건의했다. 박 대통령은 그럼에도 불구하고 '석유 노다지'를 기대하고 정치적 효과에 사로잡힌 듯 그것을 발표해 버렸다.

희망이 크게 부풀면 절망도 깊다.

보통 한두 구멍 뚫다 마는 석유 시추는 포항에서는 무려 12구멍이나 시추되었다. '석유 원년(元年)'이니 하는 성급한 기대는 무참히 깨져갔다. 그리고 탐사 과정에서부터 주민들의 방대한 토지를 개발제한구역으로 묶어놔 90년대까지도 민원의 대상이 되었다.

76년 봄 야당 정치도 복잡해졌다.

박정희-김영삼 회담(74.5.)으로 신민당의 김 총재를 포박하더니 이번엔 이철승 등 비주류들이 YS를 에워싸고 공격을 가했다. 체제 바깥으로 밀려 나버린 **김대중**과 윤보선은 3·1절을 기해 박 정권에 크게 한방 먹였다.

명동성당 3·1절 기념미사를 이용해 '민주구국선언'을 발표했던 것이다.

문익환·동환 형제, 함세웅, 이문영(李文永), 신현봉(申鉉奉), 윤반웅(尹攀熊), 안병무(安炳茂), 이해동(李海東), 서남동(徐南同), 문정현(文正鉉)(이상 구속자) 그리고 정일형-이태영 부부, 함석헌, 이우정, 김승훈(이상 불구속) 등도 함께 참여했다.

"유신헌법으로 허울만 남은 의회정치가 회복되어야 한다. 박 정권은 경제파탄의 책임을 지고 물러나야 하고 다른 길이 없다."

김대중 등 11명이 구속 기소되고 7명이 불구속 기소되었다.

서울지검은 이를 '정부 전복 선동 사건'이라고 발표했다. 김대중과 윤보선은 1심에서 징역 8년, 2심에서 징역 5년씩을 선고받았다. 불구속 기소자인 윤보선, **함석헌**, 정일형 등은 모두 대법원에서 실형이 확정(77.3.22.)됐으나 고령이라는 이유로 형이 집행되지는 않았다.

그러나 김대중, 문익환 등 9인은 옥고를 치러야 했다. 이 사건의 변호인단은 박세경, 홍남순, 김명윤, 유현석, 허규, 이돈명, 이세중, 홍성우, **김광일**(나중에 YS가 대통령에 오르자 비서실장 역임) 등 무려 27명이나 됐다.

재야권의 반유신투쟁이 뜨거워지는 가운데 제도권 신민당은 정기 전당대회를 앞둔 당권 내분으로 치달았다. 물론 거기에는 공작도 가미되었다.

김영삼 총재 등 주류에 맞선 비주류는 이철승, 고흥문, 신도환, 정해영, 김원만, 정운갑 등이었다. 비주류는 75년 '박-김 회담 의혹' '김옥선 파동 때의 굴복' 등을 걸어 YS를 흔들었다.

비주류는 당헌을 고쳐 집단 지도 체제로 가자고 했다. YS의 주류는 단일 지도 체제 고수를 주장하며 파벌 세력 강화로 맞섰다.

폭력 충돌이 다가오고 있었다.

76년 5월22일 YS 주류가 5·25 전당대회 강행을 위해 대의원 접수를 시작하자 비주류 측 150여 명이 주류의 총무국장 **황명수**(훗날 YS 정권 때 국회 국방위원장)와 조직국장 **김동영**(90년대 초 국회 원내총무 정무장관 역임)을 감금해버렸다.

각목 휘두른 반당(半黨) 대회

주류는 비주류의 당수후보 등록자 **조윤형**을 '형 집행정지 상태'라는 이유로 자격을 박탈, 무효로 처리(정당법17조 근거)하고 같은 이유로 김상현, 조연하의 대의원 자격도 빼앗았다. 유신에 희생당한 동료를 자른 것이었다.

5월25일 시민회관 전당대회장에 비주류 주먹들은 '선명기치 어디 가고 총재횡포 웬말인가'라는 피켓을 들고 모여들었다. 주류측 완력 부대 200여명도 코리아나 호텔 쪽에서 나와 대진했다. 삽시간에 피켓과 각목을 휘두르며 주먹 발길질이 난무하는 아수라장이 되고 말았다.

비주류 주먹부대의 우세였다.

그들은 주류를 밀어내고 시민회관을 빼앗았다.

YS 주류는 관훈동 당사로 밀려나 그들 대의원만으로 단일지도체제의 당헌을 확정하고 김영삼 총재를 다시 뽑았다.

시민회관의 비주류는 김원만을 당대표로 뽑고 집단지도체제로 당헌을 고쳤다. 각목으로 승부낸 '반당(半黨) 대회'라는 이름이 지어졌다.

"폭력 사태는 공작 정치에 의한 것이었다. 김영삼 총재를 미워하고 매장하려는 박 대통령의 뜻을 받아 정보부와 경호실이 작용, 비주류의 주먹부대를 동원했던 것이다. 그러한 공작의 증거를 당시 내무부장관 김모씨가 최근 털어놓지 않았는가. 당시 김씨는 '경찰에 폭력배 70여 명을 잡아넣으라'고 지시했는데 나중에 경호실장 차지철이 김씨에게 '왜 YS 청년당원은 안 잡아넣고 그러느냐'고 힐난하더라고 회고했다. 차지철이 YS를 쫓아내려고 비주류 총재를 밀고 있음이 분명했다."(최형우 의원 증언)

야당정치는 희화화되고 있었다.

그것을 부추긴 것은 중앙선관위의 유권해석이었다. 주류와 비주류는 서

76년 신민당 전당대회가 각목 대결로 치닫고 반쪽 당대회가 되고 만 데는 경호실장 차지철의 교묘한 공작이 깔려 있었다.

로 당권을 쥐었다고 우기다가 선관위에 '누가 당권의 임자냐'고 물었던 것이다.

　YS 주류는 '대회 장소 변경이라는 흠' 때문에, 비주류는 '대회 진행 권한을 부여받지 않은 자가 진행'했으므로 둘 다 틀려먹었다는 해석이 나왔다. 신민당은 '폭력도당'으로 이미지가 흐려지고 김영삼의 총재지위가 소멸(76.6.9.)되어 버렸다.

　김영삼씨는 필자에게 말했다.

　"당시 각목대회를 유도하고 나를 총재직에서 쫓아내는 공작의 주역은 박정희 자신이었다. 그 자신이 공작 정치의 명수였다. 그리고 정보부와 경호실은 박정희 지시에 따라 야당 분열과 정치 불신 공작을 수행했다."

　공중에 뜨게 된 신민당에는 수습 10인 위원회가 구성되었다. 이충환이 잠정적인 당수 권한대행이 되었다. 수습위는 9월에 전당대회를 다시 열기로 했다.

76년 9월 15, 16일 시민회관 별관에서 전당대회가 다시 열렸다.

첫날은 최고위원만 뽑고 둘째날 당수를 뽑았다. 15일 최고위원엔 이충환, **유치송**, 김재광(이상 주류), **이철승**, 신도환, **고흥문**(이상 비주류) 등 6명을 뽑았다.

16일 대표 최고위원 경선. 대의원 767명이 참가한 1차 투표에서 YS 349, 이철승 263, 정일형 134표. 누구도 과반을 얻지 못했다. 정일형이 이철승을 밀기로 하고 사퇴한 뒤 2차투표에 들어갔다.

이의 역전승이었다. 이 389 대 YS 364.

다시 김영삼 씨의 회고.

"신민당 총재인 나는 75년 봄 월남 공산화 이후 청와대 회담 때 '급변하는 국제 정세를 고려해달라. 머지않아 개헌도 하고 민주주의도 한다'는 박정희의 약속을 믿었다. 그러나 내가 청와대를 나서는 순간부터 나를 파묻으려는 공작이 시작됐다. 그것은 배신이었다. 가령 나를 긴급조치 위반으로 불구속 기소한 것도 하나의 공작이었다. 75년 8월 '유신헌법 개정'을 기자회견에서 주장했다 해서 검찰소환장이 네댓 차례 왔으나 나는 안 갔다. 그랬더니 정보부장(신직수)을 몇 차례 만난 사무총장 유치송(새누리당의 유일호 의원 부친)이 '정보부장의 얘기로는 요식절차이니 한 번만 검찰에 다녀가면 된다, 절대 기소 같은 건 없다고 합니다' 그런 얘기였다. 그래도 안 갔더니 '김덕룡 비서도 김 총재 때문에 구속(75.9.)되었으니 검찰에만 다녀가면 김 비서를 풀어주기로 약속합디다'라는 얘기가 들려왔다. 고심 끝에 내가 검찰에 가기로 결심했다. 검찰에 가니 잠시만 다녀가면 된다던 약속이 틀려졌다. 몇 시간을 끌었다. 나는 공안부장(정치근)에게 '당신들 잠시 다녀가라더니 이게 뭐요, 뭘 그리 물어요, 신문기자들에게 회견해서 신문 난 그대로인데, 다 그대로지 뭘 더 알게 있어요'라고 화를 냈다. 모든 것이 속임수였고 나를 잡기 위한 짓들이었다. 김 비서는 풀려나지 않았고 나는 기소되고 말았다. 그리고 나를 총재에서 내쫓는 공작을 벌였다."

신민당의 이철승 지도부는 '체제 내의 개혁' 그리고 '중도통합'을 내걸었다.

"체제 부정은 있을 수 없으며 안보 논의와 자유의 테두리는 한계가 있어야 한다"고 이 대표는 주장했다.

소석(素石·이철승의 아호)은 해방 후 학련에 몸담았던 우파(右派)답게 거침없이 소신을 밝혔다.

"한국 내의 자유는 유무(有無)의 문제가 아니라 레벨의 문제다. 주한미군 철수는 쉽게 이루어질 문제가 아니며 앞으로 10년은 내다봐야 한다."

유신과 타협적인 소석 정치는 곧 시련을 맞게 된다.

77년 3월22일 '3·1 명동 구국선언 사건'으로 재판을 받아온 8선 의원 정일형이 대법원의 유죄 확정 판결로 의사당을 떠나게 됐던 것이다.

의석상실에 분격한 신민당 의원총회에선 중도통합론이 당론이 될 수 없다는 등 소석에 대한 성토가 나오고 지도부 비판이 잇따랐다.

박 대통령은 77년 5월27일 박-이철승 회담을 전격적으로 열어 소석 지도부에 힘을 주었다. 양인은 '정치발전과 국회 활성화를 위해 서로 노력하기로 합의'도 했다.

두 4성 장군, 박희도 준장 찾아가 특공 밀명

판문점에서 미군 병사 두 명이 북한 경비병의 도끼에 맞아 죽었다.

70년대 중반 박 대통령은 "김일성이와 한판 붙고 말겠다!"고 전의를 불태우곤 했다. 사진은 사격장에서 표적을 노려보는 박 대통령.

76년 8월18일 오전 10시45분에 일어난 사건이다.

공동경비구역 안에서 미루나무 가지를 치던 미군의 피살 사건은 엄청난 긴장의 회오리를 몰고 왔다. 주한미군에겐 휴가 취소 귀대 명령이 내려지고 데프콘 3(전투태세)이 발효되었다. 화기를 점검하고 출동 준비를 갖춘 상태에서 오직 명령만을 기다리는 상태였다. 데프콘 2면 전쟁 돌입, 데프콘 1이면 발포 교전이다.

76년 여름의 이 사건은 대통령 박정희를 자극했다. 그리고 75년 베트남 공산화 이후 패주 콤플렉스에 시달리던 슈퍼 파워 미국을 위협함으로써 일촉즉발의 무력충돌 위험을 몰아왔다.

박 대통령은 이미 그 사건 보름 전쯤인 7월31일 진해에 휴가를 가서 청와대 출입기자들에게 공언했다.

"김일성이와는 언젠가 한번 맞부닥쳐야 될 것 같다. 그러나 우리가 먼저 도발하지는 않겠어. 북괴군이 월맹군보다야 강하겠지. 그러나 우리 국군이 더 강하다고 생각해. 월남전에서 실전 경험을 쌓기도 해서 군지휘관들의 실력이 향상돼 있어. 북괴는 6·25때 중대장들이 장성이 돼 있고 그 이하는 실전 경험이 없다."

훨씬 전에도 박 대통령은 청와대에서 기자들과 허물없이 '맥막'(맥주에 막걸리를 탄 것)을 주고받으며 말했다.

"김일성이가 까불면 평양이나 원산 함흥까지 때리고 올라가는 건 문제도 아니야."

서해 5도 부근에서 북측이 무력시위라도 벌일 때면 박 대통령은 군인답게 지도까지 짚어가며 전의를 불태우곤 했다.

그럴 때면 그는 오기와 승부근성으로 다져진 한 명의 장군, 바로 그 모습이었다. 그는 69년 1월의 청와대 피습, 미정보함 푸에블로호 납북 이래로 '도발에는 반드시 보복해야 한다'는 지론을 펴왔으나 번번이 미국이 만류하곤 했다.

김일성을 이길 수 있는 부국강병은 그의 꿈이고 집념이고 철학이었다. 박 대통령의 주요 목표 달성에는 반드시 중앙정보부가 동원되었다.

잘 드는 칼, 명중률 높은 총을 만드는 데도 정보부를 부렸던 것이다.

"60년대 후반 정보부는 월남에 고철 수집 회사를 운영했다. 그것은 M16 자동소총 등 당시로서는 획기적인 미제 신무기를 고철 속에 숨겨 국내에 들여와 본떠 만들기 위한 위장회사였다. 고철 속에 숨겨온 M16을 분해해서 조악(粗惡)하나마 국산을 만들 만한 때인 71년 미국 콜트사가 이를 알아채고 부품 모두를 한국내에서 생산할 수 있도록 서둘러 면허협정을 체결했던 것이다. 68년께부터 소총생산 한미협상이 지지부진하다가 71년 3월 정래혁 국방장관과 미국의 콜트 사장이 M16 소총 공장의 건설 계약을 맺고 72년에 공장을 완공했다."(정보부국장을 지낸 이모씨)

중정이 운영한 월남의 위장회사에는 상재(商才)가 뛰어난 최 모 장군이 기용되었다. 그는 청년시절 일본의 관동군 소속으로 만주에서 복무하다 해방을 맞았다고 한다. 그는 소련 점령군에 체포당해 죽을 고비도 넘겼다. 총살장으로 가는 고갯마루를 넘는 짧은 시간에 러시아어라고는 눈곱만큼도 모르는 그가 소련 병사를 유혹, 소련 병사가 공포를 쏘아 처형한 것처럼 상부에 보고케 하고 달아난 일화는 '군대에선 요령이 최고'라는 말의 실례로 전해지고 있다.

요령 좋고 돈 잘 버는 군인의 상징처럼 전해지는 최는 월남에서도 일화를 남겼다.

"탄피나 고철을 모으는 데 그치지 않고 미군이 쓰던 송유파이프까지 잘라내는 바람에 주월 미군이 대경실색한 적도 있다"고 김 모 장군은 회고했다.

김일성 도발에는 보복뿐

박 대통령은 정병강군(精兵强軍)을 만들기 위해 최 같은 인물을 끌어들이고 '성경을 읽기 위해 촛불도 훔치는' 방법도 마다하지 않았다. 70년 주한미군 1개사단 철수, 72년 닉슨독트린의 충격으로 본격화한 방위군수산업 육성은 76년께 열매가 무르익고 있었다. 다시 76년 7월31일 박 대통령의 진해 기자회견 당시 '오프 더 레코드'(非보도)를 풀어본다.

"대덕에 농장이라는 위장 간판을 내걸고 설립한 국방과학연구원을 시켜 지대지(地對地) 미사일을 개발하고 있다. 미국은 (평양을 자극하지 않도록) 사정거리를 짧게 하라고 종용하고 있다."

"우리가 벌컨포(對空砲)를 만들기 위해 미군이 수방사(首防司)에 준 것을 분해해서 통일산업이 그대로 본떠 만들었다. 설계도 없이 우리 힘으로 만든 뒤 미측에 설계도를 달라고 하니까 의외로 선선히 내주어 이제는 양산하고 있다."

"미국 측은 우리의 잠수함 제작에 반대하고 있다. 북괴 잠수함 수가 9척에서 14척으로 늘기는 했지만 그걸 대적해 만들면 돈만 많이 든다는 것이다. 잠수함을 잡으려면 P-C3 대잠(對潛) 초계기와 S2 초계정이면 된다는 것이다. 당분간 안 만들기로 했다."

"장갑차는 현대에서 만든 게 있으나 성능이 나쁘다. 정부가 요청한 것도 아니고 자기네 자체 개발이다. 그래서 세계적으로 장갑차 기술이 뛰어난 서독, 이탈리아와 교섭끝에 한이(韓伊) 합작생산을 결정했다. 이탈리아는 처음에 조립을 요구하다 우리가 합작으로 하자고 해 그렇게 결론났다."

"김해 부근서 코브라 형(型) 헬리콥터를 곧 생산한다. 헬기에 TOW와 벌컨포를 달면 산등성이를 타고 요격하는 기능이 대단해질 것이다. … 우리 공군력은 북괴보다 1.5배쯤 강하다. 전투기 보유 대수야 그들이 많지만 현대 공중전에서 전투력을 제대로 발휘할 수 있는 미그21 기종은 얼마 안 된다."

박 대통령은 자신감에 차 있었다. "78년 말이면 공군 전투기와 그 기기를 포함해 방위산업이 다 된다"고도 했고 "이런 맛에 대통령하는 게 아니냐"고도 했다.

그래서 "김일성과 맞붙고 싶다"고 벼르던 판인데 북으로부터 8·18 도끼 공격이 있었던 것이다. 칼을 번득이도록 갈고 나면 휘둘러보고 싶은 건 검객만이 아니다. 강해진 힘을 뽐내고 싶어함은 불완전한 인간의 속성이고 원죄일 터이다.

박 대통령은 보복 특공부대로 **박희도** 준장(육참총장 지냄)이 이끄는 1공수특전여단을 떠올렸다. 청와대 작전차장보로 불려간 전두환 준장이 두 달 전인 77년 6월까지 거느리던 김포 1여단은 박 대통령 스스로 막강 전투력의 근위(近衛) 부대로 여겼다.(실제로 역사에 있어서 김포공수단은 61년 5·16을 성사시키는 돌파구를 열었고 79년 12·12때 국방부와 육본을

70년대 초반 공수여단장 시절의 전두환 준장 부부.

점령, 5공 정권 창출의 주력 부대가 됨으로써 두 차례 쿠데타에서 지렛대로 작용했다)

여단장 박희도는 사건 발생 하루 뒤인 19일 오후 합참본부장 **유병현**(柳炳賢)의 방에 불려갔다. 중간 제대(梯隊)를 거치지 않고 곧바로 3성 장군이 준장에게 작전 준비를 명령했다. 특전사령부도 까맣게 몰랐다. 때마침 사령관 **정병주**(鄭炳宙)는 스페인에서 열린 각국 공수부대 스카이점프대회에 요원들을 데리고 가고 없었다.

"정예 요원을 선발해 특공작전을 펼 준비를 하라. 기밀이므로 어디에도 보안하라"고 유 장군은 명령했다.

주한미군도 바빴다.

8·18 사건 발발 시 8군사령관 스틸웰은 일본에서 휴양 중이었다. 그가 돌아온 건 발생 10여 시간 뒤인 18일 저녁 8시. 미 대통령 포드는 대통령 예비선거 때문에 캔자스시티에 가 있었다. 워싱턴에선 국무장관 키신저가 특별 대책 회의를 열어 몇가지 조처를 포드에게 건의했다.

F4 전투기 1개 대대 오키나와서 한국에 재배치. 주한미군 전투태세 강화. 미 본토의 F111 전폭기 1개 대대 한국 배치 준비. 항공모함 미드웨이호 한국해역으로 이동….

사건 발생 24시간 만인 19일 오전 10시. 국방장관 서종철(徐鐘喆)과 스틸웰이 박 대통령을 만났다. 그 자리에서 스틸웰은 한미군 공동대응을 요청했고 박 대통령은 선뜻 박희도 1공수여단을 점찍었던 것이다.

19일 오후 5시. 평양방송은 북한군 전투태세 돌입을 알렸다. 인민군 총사령관 김일성의 명령에 따라 정규 비정규군에 전시사태를 선포하고 전국적인 등화관제 및 주요 부서의 후방 소개를 단행했다. 30만 평양시민을 지방으로 분산시키고 대학생들의 학업을 전폐, 교도대에 투입했다. 가정과 직장의 비상 배낭을 재점검했고 밤이면 탱크 등 중무장 장비들이 평양 시내를 질주했다.

그 시각 남한 전역, 휴전선뿐만 아니라 부대가 있는 모든 곳에서 군인은 군장을 점검하고 실탄을 분배 받았다. 모든 전투부대는 진지로 투입되었다.

20일 오전 김포 특전여단에 별 두 개를 단 차 한 대가 미끄러지듯 들어왔다.

"차에서 내린 사람은 4성 장군인 합참의장 노재현(盧載鉉) 대장, 육참총장 이세호 대장, 그리고 2성 장군인 육군 작전참모부장이었다. 극비 방문을 은폐하기 위해 그렇게 온 것이었다. 여단장 방에서 두 대장은 작전명령을 겸한 격려를 했고 작전참모부장은 내 방 밖에서 경비(?)역할을 했다. 그리고 두 4성 장군은 박 대통령의 격려금 50만 원도 전해주었다." (박희도 기록 《돌아오지 않는 다리에 서다》에서)

박희도 여단의 특공부대는 64명으로 편성되었다. 부대 지휘자는 김종헌 소령.

그러나 미8군은 벌써 보복공격의 범위를 좁혀놓고 있었다. 재선운동에 뛰어든 미 대통령 포드는 무력 충돌을 회피하려 했다.

8월20일 오전 스틸웰 대장도 판문점 근처 미군부대 키티호크의 대대장 비에라 중령 방에 있었다. 중령 의자에 대장이 앉아 박희도 여단의 특공대장 김종헌 소령 등 3인에게 명령했다. 미군의 작전지휘권 장악에 따른 것이었다.

"문제의 미루나무를 자른다. 미군이 자를 때 그 주위를 한국군이 경호한다. 무기 휴대는 금한다. 한국군은 비에라 중령 지휘에 따른다."

미국은 제한적인 '위력과시'로 체면을 회복하겠다는 것이었다. 어떤 경우라도 무력 충돌 전면전을 피하기 위해 한국군의 총기 휴대를 막기로 했던 것이다.

그러나 김포여단 특공대는 M16과 수류탄을 미군 몰래 숨겨 들어가 작전에 임했다. 그것이 한미 간 시비의 실마리가 되었다.

공수단 특공대 도박과 미8군 사령관의 분노

76년 판문점 8·18 도끼 만행 사건은 청와대에서 국가안전보장회의를 열게 한 계기였다. 참석 멤버는 대통령 박정희, 국무총리 최규하, 중앙정보부장 신직수 그리고 기획원·외무·내무·국방·재무부장관 등이었다.

"그런데 최 총리를 찾는 대소동이 벌어졌다. 그는 때마침 휴가 중이었는데 어디에도 폐를 끼치지 않겠노라며 완전히 연락을 끊고 가버렸다. 정보부와 경찰이 총동원돼 수소문했으나 헛일이었다. 총무처장관 심흥선(沈興善) 씨까지 박 대통령으로부터 면구스러운 말을 얻어들어야 했다. 최 총리

는 군산 어디엔가 머물다 19일 저녁께야 귀경해 안전보장회의에 낄 수 있었다."(당시 정보부간부 김모씨)

한미 양국의 보복이 계획되고 있던 8월20일 오전 박 대통령은 육군 3사관학교 졸업식 훈시에 친히 몇 마디 가필했다. 대독한 국방장관 서종철은 '미친 개에게는 몽둥이가 필요하다'는 가필 부분을 유독 힘주어 읽었다.

바로 그날 8월20일 밤 10시 박희도 특전여단의 특공대 64명은 트럭 2대에 나누어 타고 북으로 향했다.

미8군사령관 스틸웰 대장의 비무장 명령에도 불구하고 특공대는 중무장이었다.

"미국이야 미루나무를 잘라내 피살 장교들의 원수를 갚는다손 치더라도, 그 같잖은 일을 보호한다는 명목으로 내 부하들은 맨주먹으로 싸우다 죽으라는 말인가. 무고한 사람에게 도끼를 휘두르는 저들을 응징은 못할망정 그 앞에서 태권도 약속 대련 준비나 하라는 식인가. 미군은 거듭 한국군의 무기 휴대는 안 된다고 하면서 권총 30정을 갖고 가는데 그건 모두 미군이 휴대한다는 것이었다. 그 발상이 이해가 안 갈 뿐 아니라 분한 마음이 들었다. 나는 부하들의 생명을 지키려면 M16 소총은 물론 수류탄도 가지고 들어가야 한다고 판단했다. 문제가 생기면 책임은 내 수준에서 종결시켜야 한다고 각오했다."(박희도 씨 회고)

특공대의 무기 휴대는 뒷날 중대한 한미 간의 갈등을 낳았다.

여단장 박 준장은 '실전 현장의 부하 보호'를 위해 무장을 택했다고 한다. 그러나 그것은 군 통수권자인 박정희의 결단이었음이 분명하다. "김일성이와 한판 붙고 말겠다"고 벼르던 그는 8·18 사태를 그 계기로 잡았던 것이다.

당시 청와대 비서실장 김정렴 씨의 회고를 들어보자.

"미루나무를 자르는 과정에서 그들이 총 한 방이라도 쏘면 개성을 빼앗고 연백평야까지 밀고 올라간다는 계획이었다. 휴전선이 서울에 가까워 늘 위험했는데 차제에 해결하겠다는 얘기도 있었다. 스틸웰 장군도 그러한 작전에 대해 포드 대통령의 승인을 얻었다고 박 대통령에게 보고한 것으로 기억한다. 나 개인적으로는 그때 미루나무만 자르는 것을 보고 '왕창 했어야 하는 건데…' 하는 아쉬운 생각이 들었다."

그러나 군 관계자들은 개성과 연백평야 진격이란 철두철미 박 대통령의 구상이고 전략이었다고 한다. 포드나 스틸웰은 연백평야 공격 같은 건 꿈도 꾸지 않았다는 것이다.

미국은 대통령 선거를 고려해 '무력시위'라는 매우 제한적인 작전을, 박 대통령은 미국의 막강 군사력을 끌어들여 '힘의 행사'를 노린 매우 공격적인 작전을 구상했다고 당시 관계자들은 증언하고 있다.

"작전 직후 스틸웰 장군은 '이건 한미 간의 작전지휘 체제에 대한 중대 문제'라면서 매우 흥분했다. 전쟁이 일어날 뻔했다, 누가 그런 짓을 했느냐, 누가 책임질 것이냐, 도대체 무기 휴대는 누구의 명령이냐, 노장군은 얼굴을 붉히며 속사포처럼 울분을 터뜨렸다." (박희도 씨의 회고)

스틸웰은 당시 미국의 가장 큰 우려가 전쟁발발이었고 그래서 한국 특공대의 비무장을 요구했던 것인데 한국 측이 그걸 정면으로 부닥쳐 간 데 대해 경악하고 흥분했던 것이다.

한국군 특공대는 미8군 통제지역까지 어떻게 미군 몰래 무기를 숨겨가느냐가 문제였다.

특공대는 '돌아오지 않는 다리'까지 타고 들어갈 트럭 적재함 양측에 모래주머니로 방호벽을 쌓고 전투가 벌어지면 거기에 의탁해 사격하기로 했다. 그 샌드백에 총을 넣어가자는 아이디어가 나왔다. M16 소총을 이등분해하니까 딱 들어가고 총구만 약간 튀어나왔다.

그리고 64명 전원에게 방탄복을 입히고 방탄조끼 안쪽에 권총 수류탄을 표나지 않게 감추었다.

미군 운전병을 권총으로 위협

폴 버니언 작전.

미루나무 절단 작전의 이름이었다. 버니언은 도끼 한 자루로 81그루의 나무를 잘랐다는 미국의 전설적인 인물이었다. 그의 도끼가 세인트 로렌스 강을 팠고 미시시피 강에서 로키 산맥까지의 나무들을 잘라 대평원이 되었다는….

특공대가 판문점 아래 키티호크 캠프에 도착한 것은 21일 새벽 5시 2분. 잠시 후 1사단장 우종림(禹鍾淋) 소장(78년 차지철 경호실의 행정차장보로 발탁된다)이 그곳에 왔다. 1사단 수색대가 판문점 공동경비구역(JSA) 왼쪽에 매복, 총격전에 대비하기 위해서였다.

디 데이 H아워 21일 아침 7시.

미루나무 제거 작전을 지원하는 지상병력과 화력은 가공할 만한 것이었다.

B52 전략폭격기 3대가 괌 기지로부터 한반도의 판문점 상공으로 와 북측 레이더 교란용 금속 부스러기를 떨어뜨리며 선회비행했다. 그와 함께 일본과 미 본토에서 급파된 F111 및 F4 전폭기 편대들이 서울 주변 상공과 그 후방을 경계비행했다. 항공모함 미드웨이호는 한국 해역에 도착, 함재기를 날려보내고 있었고 핵항모 엔터프라이즈호, 항모 레인저호는 '한국을 향한 서진(西進)'을 계속했다.

판문점 공동경비구역 상공에는 20여 대의 헬리콥터가 미군 2개 중대를 싣고 선회비행, 무력충돌시 1분 이내에 공동경비구역에 투입할 수 있게 돼 있었다. 판문점 주변지역 미군과 한국군 1사단은 데프콘 2(전쟁돌입) 상황의 작전 태세였다.

전격적인 작전에 북측은 기가 질려 속수무책이었다. 전투기도 띄워보지 못했고 미루나무 제거를 방해하지도 못했다.

7시55분 작전 완료. 예상치 않게 절단톱이 부러져 시간이 길어진 것을 제외하고는 스틸웰의 작전 구상이 완벽하게 맞아들어간 것이었다. '무력시위'는 성공했다.

그러나 한국 특공대에 의해 미측 시나리오에 없던 '힘의 행사'가 있었다.

특공대는 갖고 간 몽둥이로 북측 불법 초소 2개를 두들겨 부쉈다. 특공대는 북측의 도로차단기 제거를 위해 미군 트럭을 이용하려 했으나 미군 운전병이 불응하자 권총으로 위협, 차를 움직이게 했다. 그리고 2개의 초소를 더 부수고 전화선을 절단, 모두 4개의 초소를 박살내버렸다.

이것도 미군의 의표를 찌른 대통령 박정희의 결단에 의한 것이 분명했다. 여단장 박희도는 김포여단을 극비리에 들른 육참총장 이세호로부터 "공격해오는 적군에 대응하라. 불법 초소를 부숴라"는 명령과 함께 박 대통령의 격려금을 받았던 것이다.

특공대의 공격적인 '임무 수행'은 곧 문제되었다.

스틸웰은 ①한국군이 처음부터 무기를 갖고 갔고 ②북측 시설물을 때려 부수고 ③미지휘관 비에라 중령의 통제 밖에서 행동하고 심지어 미군 운전병에게 권총을 겨누기도 했다는 데 격분했다.

합참본부장 유병현 대장에게 유감의 뜻을 밝히고 진상 규명을 요구했다.

76년 8·18 도끼만행 직후 한미 간의 보복작전에는 공수1여단이 지목됐다. 미국 측의 비무장 요구에도 우리 측 특전요원들은 M16자동소총 수류탄 권총 등으로 무장하고 작전을 벌인 것이 드러나 한미갈등이 일었다. 출동 직전 특전요원들을 격려하는 여단장 박희도 준장(오른쪽).

한미 양국군의 갈등은 이제 수습이 문제였다. 희생양으로 특공대장 김종헌 소령 등 장교 2명이 군법회의와 징계위 절차를 거쳐 처벌되었다. 그러나 이 장교 2명도 실질적 불이익은 전혀 받지 않았다.

스틸웰 대장은 시종 여단장 박을 의심했다. 그는 임무를 마치고 이한(離韓)할 무렵 특전사에서 여러 여단장과 함께 서 있던 박희도 준장에게 굳은 표정으로 말했다.

"당신은 군법회의에 회부되어야 했소. 당신이 내 부하라면 군복을 벗겼을 것이오."

박 대통령에게 충성을 다한 박희도는 곤욕을 치렀던 것이다. 그것은 미군이 작전지휘권을 갖고 있는 한 도리 없는 일이기도 했다.

그 무렵 박 대통령은 추가적인 미군 철수에 맞서 핵무기 개발을 꿈꾸고

'작전지휘권'을 지렛대 삼아 대미흥정을 벌였다. 그의 비공개 어록.

"미국 사람들은 작전권 이양 문제에 신경과민이다. 주한미군이 적어도 현수준을 유지하면 미군이 지휘관이 되는 것이 좋다. 그러나 주한미군 수가 현수준 이하로 감축되면 다시 작전지휘권 문제를 협의하겠다. 여기에 대해 미국 측은 못마땅해 하고 있고 답변이 없다.

그러나 생각해보라. 자기 나라 군대는 몇 명 없고 장군만 몇 있다든지 하는데 남의 나라 60만 대군을 지휘하겠다는 게 말이 되는가. 사실을 말하자면 우리가 60만인데 4만밖에 안 되는 미군이 지휘권을 갖고 있는 것도 이상한 상태 아닌가.

그러나 전쟁이 나면 해공군과 병참지원을 받아야 하기 때문에 6·25 때부터 이날 이때까지 작전지휘권을 미군한테 맡겨온 것이다. 이 문제는 휴전협정하고도 아무 관계가 없어." (76.7.31. 청와대 출입기자들에게)

그의 대미흥정은 미국인들의 신경을 건드리는 반미적(反美的)인 경향도 띠었다.

"김일성은 중국 소련과 군사동맹을 맺고 있다. 그가 단독으로 남침했을 때 중소가 지원하지 않으리라는 보장도 없다. 그렇다면 주한미군을 철수시키고 안 시키고는 우리가 결정할 문제가 아니라 바로 미국인 당신들이 결정할 문제라고 답변해주었다." (76.7.31.)

박 대통령 스스로는 '정치적 낭비 없는 부국강병'이 이루어지고 있다고 믿었는지도 모른다. 그러나 그의 정치인멸(湮滅)과 인권경시의 통치 방식, 독선 독재는 국내외의 끊임없는 저항과 마찰을 불러오고 있었다.

76년 9월15일 미 상원의원 맥거번은 유신정부와 박 대통령을 향해 포문을 열었다.

"유신헌법에 관한 국민투표는 사기극이었다. 박 대통령은 북의 위협을 국내 정치 억압에 악용하고 개인권력 강화에 주력해왔다. 미국은 한국의 악명 높은 폭군과 제휴하고 있으며 군사원조와 신무기 제공으로 한국의 북침 계획에 미국이 휘말려 들어가고 있다.

박정희는 한국 유일의 판사이고 결정권자이다. 주한미군은 박 정권의 인질인가. 한국의 전술핵무기도 철수하라."

바로 같은 때 미 하원 국제관계 소위도 프레이저 의원이 낸 대한 결의안을 본회의로 넘겼다. 결의안에는 3·1 명동 구국선언사건 피고인 윤보선, 김대중 등에 대한 형량 경감을 요구하는 내용도 있었다.

그리고 76년 10월24일 《워싱턴 포스트》는 박동선 사건을 처음으로 터뜨렸다.

김재규가 말한 '미국의 히네리(비틀기)'가 시작된 것이었다.

김형욱 피해자 임선하 장군의 한 많은 사연

77년부터 김형욱이 보복의 칼을 뽑기 시작했다.

대통령 박정희의 권력 총구(銃口)인 정보부장 자리를 6년 반이나 맡았던 김형욱은 73년 미국으로 몸을 피해간 지 4년여(50개월) 동안 조용하게 숨어 살았다.

"좌절감이 응어리가 되고 쓸쓸함이 서서히 박 대통령에 대한 한으로 맺혀가는 것이 보였다"고 현지에서 그를 지켜본 사람들은 회고했다.

그러나 김형욱도 고국땅 많은 사람의 가슴에 한을 심어놓았다.

76년 3월에도 대검찰청 특별수사부에 한 통의 진정서가 날아왔다.

김형욱 정보부의 대표적인 피해자의 한 사람인 육군소장 출신 임선하

(林善河)가 낸 것이었다. 김의 횡포 때문에 재산을 뺏기고 20여 년 동안 일본, 미국 독일에서 떠돌이생활을 해온 임씨는 필자에게 말했다.

"김형욱이 79년 마지막으로 사라진 곳이 파리의 웨스트 엔드 호텔이었다. 그자가 영영 이 세상 사람이라고 믿을 수 없게 된 80년대에도 가슴에 맺힌 미움이 사라지지 않았다. 오죽하면 바로 그 호텔의 김형욱이 투숙했다는 방까지 찾아가 침대를 발길질하며 내 한을 달랬겠는가…."

사람은 가도 미움은 남는 것일까. 어쩌면 이 땅의 무단정치 기간 중 많은 사람들의 가슴에 피멍을 안긴 권력자의 횡포, 그 대표적인 피해자 중 한 사람 임선하 스토리를 들어보자.

우선 임선하의 주장은 일방적인 것이 아니었다. 가령 70년 정보부차장으로 있으면서 임선하의 진정을 받아 내사했던 김치열 씨(나중에 내무·법무장관)도 필자에게 분명히 밝혔다.

"임선하 씨는 억울했다. 나는 법을 배운 사람으로서 법치국가에 그런 일이 벌어져선 안 된다고 생각했고 지금도 마찬가지다. 김형욱 씨가 정보부장을 할 때도 예컨대 정보비나 수사비가 필요했을지 모르지만 사리나 법에 어긋난 짓을 한 것이 분명했다. 그래서 관련자 두 사람을(정보부로) 불러 호통을 쳤다."

임선하가 억울함을 진정할 때 정보부장은 김계원이었다. 그는 임의 문제를 들고 대통령 박정희에게 올라가기도 했다. 바로 그 김계원 씨도 필자에게 "임씨는 부당하게 당했다. 그런데 그 사건 내사 때문에 김형욱이 나를 뒤나 캐는 사람이라고 역공하는 바람에 곤란했다. 김형욱은 박 대통령에게까지 불평했던지 각하도 나를 부르시고…"라고 회고했다.

임선하는 67년 미8군 가족과 이삿짐을 나르는 한아(韓亞)운수라는 회사를 설립했다. 그는 해방 후 군사영어학교 출신 장교로 영어에 능했으며 3사단장을 지내고 60년에 예편, 8군 영내에서 용역사업을 해왔다.

임선하의 회사는 외화를 버는 군납업체에 속했다. 당시 미군 군납 이권은 KCIA 관할이었으므로 군납면허를 따기 위해선 김형욱의 도움이 필요했다.

"정보부장 김에게 접근하기 위해 그와 동향(황해도)인 강(姜) 모를 활용했다. 강은 내가 사단장 때 부연대장으로 내 밑에 있었고 강의 처가 김 부장 처 신(申)과 잘 통한다고 했다. 어쨌든 강 부부를 통해 김 부장에게 커미션 3만 5,000달러, 교제비 2만 5,000달러를 건네고 면허를 땄다. 면허증서는 상공부가 발급했다." (임선하 씨)

아주 돈이 잘 벌리는 사업이었다. 독점사업이기도 해서 68년 한 해 동안 영업수익이 2억 원에 달했다. 67년 6,500만 원 자본금으로 세운 회사는 1년 뒤 2억 4,000만 원의 자산평가가 나왔다.

69년 2월 이른바 위장 귀순간첩 이수근(李穗根) 탈주사건이 터져 정보부장 경질설이 나돌 무렵 임선하 김형욱 정보부의 조사를 받게 되었다. 아스토리아 호텔과 중정 감찰실에 불법구금시키고 조사한 명목은 외화 도피 및 기밀비 횡령 등.

"나는 트집 잡힐 게 없었다. 그런데 잡혀간 지 9일째 되던 날 전무 강(그는 김형욱을 교섭해낸 공으로 전무를 시켰다)이 와서 '김 부장이 보내서 왔소. 회사 주식 50%를 그에게 주고 지금 당장 김 부장을 만나 결말짓고 신신탕에 가서 사우나 합시다'라고 하는 것이었다.

김형욱의 도움으로 만든 회사 아니냐, 그 사람이 곧 이수근 사건 때문에 정보부장을 그만둘지도 모르니까 주식 50%를 내놓으라는 얘기였다. 그러고 보니 김형욱이 부장 그만두고 외국 나가 달러를 쓰기엔 딱 알맞은 회사가 한아였다. 왜냐하면 한아는 미국 이사화물 서비스업체 CEP의 대리점이기 때문이다. 따라서 다른 군납업자는 결제대금을 한국은행을 통해 받지만 한아는 미국 현지에서 달러로 막바로 받을 수 있었다."

임은 20여 일을 버티면서 장군 출신 최(崔)모를 만났다. 최는 자신의 6·25 전우이자 김형욱과도 통하는 인물. 최에게 수습을 부탁하니 "2,000만 원을 더 김형욱에게 건네면 되겠다"는 얘기였다. 곧 2,000만 원을 최에게 주었다.

며칠 후 최는 2,000만 원을 임에게 되돌려주며 말했다. "김형욱이 너무 막강해서 당신이 이길 수가 없다. 당신 주식을 강 전무 명의로 40%, 내(崔) 앞으로 20%를 내주지 않으면 해결되지 않을 것 같다. 더 버티면 회사 전체를 뺏기고 철창 신세를 면치 못할 것"이라고 했다.

"이번에는 최까지 가담해 3인 합작으로 주식을 빼앗기 위해 각서를 강요했다. 내가 집에 있으면 집으로, 고려병원에 누워 있으면 그곳으로 정보부원을 보내 '빨리 각서 쓰라'고 협박하는 것이었다. 결국 목숨이라도 건지자고 주식을 넘겨주었더니 이번에는 운영권까지 강탈해갔다. 69년 5월5일 주식 모두와 운영권을 가져간 그들은 회사명의도 ○상운으로 바꿔버렸다. 그래서 주식도 강과 최의 처 명의로 바뀌고 나는 알거지가 되었다."(임)

"김치열 이 놈! 두고 보자"

임선하는 좌절과 울분 배신감에 휩싸여 조국을 등지고 단신 일본으로 갔다. 처참하게 된 신세를 주변 사람에게 보이기 싫어 이주 절차를 밟았다. 69년 말 가족을 데리러 귀국, 정릉집에 가보니 아내는 가출해버리고 없었다. 17, 12, 9세 된 아이들만 울고 있었.

그때 김형욱이 정보부장에서 잘렸다.

임은 70년 1월 최와 강을 상대로 소송을 내고 8월 박 대통령 앞으로 진정서를 냈다.

서울지법에 낸 민사소송은 정보부의 김형욱 일파의 방해로 진행되지 못했으므로 나중에 청와대에 직소한 것이었다.

박 대통령은 이 사건 재조사를 '희(熙)' 자 사인까지 곁들여 후임부장 김계원에게 지시했다.

김계원은 임과 일제 말기 학병 동기이기도 했다. 김 부장이 임을 불렀다.

"각하 지시로 조사한 결과 임 형이 억울하게 재산을 뺏겼다는 건 규명됐소. 민사사건에 정보부가 개입한 것도 잘못이고요. 그런데 김형욱이 난리요. 김치열 차장한테 전화를 걸어 '너희들 내 뒤를 캐는 거냐'고 펄펄 뛰고 있으니 처리할 길이 막연하오. 그자가 7년이나 정보부장을 하다 그만두었으니 아직도 세력이 크고 정보부내에 심복도 나보다 많을 것이오. 어쩔 수가 없어…."

70년께 김형욱은 특히 차장 김치열에게 이를 갈고 있었다.

까닭이 있었다.

김 차장이 갓 부임해 총무과장으로부터 정보부 업무를 파악하기 위해 보고를 들을 때였다.

중정 보유의 화기와 간부 비상연락용 통신(무전) 시설을 설명하던 과장이 말했다.

"권총을 포함해 총기 2정이 아직 김형욱 전 부장님에게 있습니다. 그리고 통신시설도 삼선교 김 전 부장님 댁엔 그대로 유지되고 있습니다."

김 차장이 지시했다.

"그래? 총기 2정 당장 회수하고 통신도 끊으시오. 사인(私人)의 지위에선 그걸 활용하게 돼 있질 않아요."

김형욱은 노발대발, 김계원에게 전화를 걸어 "김치열이 그럴 수 있느냐"고 욕설을 퍼부었다. 김형욱은 김치열이 차장으로 기용될 때도 이미 박 대통령에게 자기 사람 Q를 추천했다가 머쓱해진 일도 있었다. 그런 저런 감정으로 떨떠름하게 보고 있는 판에 김치열이 감히 김형욱을 건드린 것이었다.

그렇다고 물러설 김치열도 아니었다.

그는 정보부도 없던 자유당 시절 30대에 벌써 서울지검장

70년 정보부의 김치열 차장은 전임 부장 김형욱의 권총을 회수하고 비상통신망도 끊는 등 대결을 마다하지 않았다. 사진은 78년 박 대통령의 내무부 순시. 왼쪽부터 김장관 뒤로 차지철 경호실장 노태우 작전차장보가 보이고 오른쪽 끝은 정종택 씨.

을 지낸, 권도(權道)라면 낯설지 않은 사나이였다. 그리고 박 대통령의 총애도 남에게 뒤지지 않는다는 자부심도 있었다. 김은 차장 시절 청와대에 올라가 박 대통령을 만날 때면 "그래, 그래, 장관시켜 줄께. 조금만 참고 도와줘. 그 성격에 안맞는 걸 알고 있어"라고 격려를 듣곤 했던 것이다.

김치열 차장은 기어이 김형욱집의 총기 두 자루를 거둬오고 통신도 끊어버렸다. "뒷날 김형욱이 그의 회고록에 '김치열' 이름 석 자를 김대중 납치사건 주모자처럼 서열을 매긴 것도 아마 그런 데 대한 보복이었을 것이다. 정보부의 체계와 '차단의 원칙' 그리고 인맥을 잘 아는 그가 '김치열' 개입 여부는 금방 알 수 있을 것인데…"라고 변호사 김치열 씨는 주장했다.

다시 임선하 사건.

김형욱은 임의 진정문제에 관해 박 대통령에게도 떼를 썼던 모양이었다. 김계원 부장은 청와대에 불려갔다.

김형욱 골프 스승 김성윤 프로의 역경

"김형욱이 자꾸만 자기 뒤를 캔다고 그러는데 정보부가 뭘 했나."
대통령 박정희는 정보부장 김계원에게 물었다. 그건 필시 임선하의 진정 때문에 중정이 내사한 것을 김형욱이 역으로 대통령에게 찌른 것이었다.
김계원 정보부는 난감해졌다.
김형욱이 펄펄 뛰며 "나도 각하 약점까지 다 쥐고 있다"는 식으로 덤비는 판에 달리 길이 없었다.
피해자 임선하를 누그러뜨리는 수밖에 방도가 없었다.
다시 임씨의 증언.
"김계원 부장은 처음엔 '희(熙)' 자 사인까지 보여주며 잘될 것 같다고 하더니 며칠 지나선 고개를 저으면서 되레 날더러 양보하라는 것이었다. 뺏긴 주식 대금 일부를 위자료로 받게 해주겠다고. 나는 돈 몇 푼으로는 안 되겠으니 주식을 찾아달라고 버티었다. 그랬더니 나한테 출국정지가 내려졌다. 일본으로 나가야 할 판인데 김포공항으로도 부산으로도 나갈 수가 없게 돼버렸다."
김형욱, 그리고 회사를 빼앗아 가는 데 한몫 거든 최모 강 모로부터 위자료 3,000만 원을 받아줄 테니 끝내라, 그것이 김계원 정보부의 중재안이었다. 그리곤 임이 저항하니 출국정지까지 시켜놓았다.
임선하는 일본의 아이들 문제가 급했고 국내에서 김형욱 심복들에게 무슨 꼴을 당할지 겁도 났다. 3,000만 원을 받고 정보부가 만든 각서에 서명했다.

임이 남산에서 서명하는 날 정보부 차장 김치열이 함께 온 최, 강에게 호통을 쳤다. 그것은 무엇보다 '법을 배운 사람으로서의 역겨움' 때문이었다.

"(최에게) 당신, 친구걸 뺏아 속이 편합니까. 먹을 것도 있는 사람이 정보부장(김형욱) 업고 그럴 수 있소."

강에게도 한마디했다.

"당신도 김형욱이 앞잡이라고 그러는 게 아냐. 앞으로 김형욱이 나한테 공갈 전화 한 번만 더 하면 좋지 못할 거야."

김치열은 최, 강이 없는 자리에서 임에게 말했다.

"임 형, 나로선 더 길이 없소. 반 분이나 풀리게 그자들에게 한마디 한 거요."

최, 강 그리고 임이 사인한 각서.

'70년 11월30일까지 3,000만 원을 위자료조로 임에게 준다', '임은 서울지검에 낸 공갈 등 고소사건을 취하한다', '쌍방은 한아운수에 관한 일체의 민형사사건을 재론하지 않는다', '임은 최, 강이 경영하는 ○상운의 운영권을 존중한다'…. 위자료 3,000만 원을 수표로 건네준 것도 최, 강이 아니라 남산국장 전(全) 모였다.

그로부터 6년 세월이 흘렀다.

임선하는 김형욱이 미국에서 거들먹거릴 때인 76년 또다시 대검에 진정서를 냈다. 담당은 특수부 4과장 이종남 부장검사(전 법무부장관).

"임씨는 첫인상부터 거짓말할 사람이 아니었다. 그의 진술을 듣고 최를 서소문청사 15층에 불렀던 기억이 있다. 그런데 최의 말은 다소 다르고 결국 김형욱이 얘기하지 않으면 규명하기 어려운 문제였다. 그러나 김형욱

김형욱씨는 73년 미국으로 망명한 뒤 50개월 동안 입을 다물고 있다 77년부터 서서히 유신정권을 향한 공격을 시작했다.

은 미국으로 달아나 도무지 돌아올 기미가 없었다."〈이종남 씨〉

결국 '내사 중지'.

대검 특수부 4과장 명의의 사건처분 통지서가 임에게 날아간 것은 76년 5월3일. 사건은 다시 덮였다. 그리고 임은 80년 11월 계엄사 합수본부장에게 다시 한 번 탄원했다. 하지만 그의 뜻은 '영원히' 이루어지지 않았다.

"명색이 법치국가에서 이런 대명천지에 그런 일이 있을 수 있나요. 잘못이 드러나면 바로잡아야지요. 주식과 회사 잃고 위자료 몇 푼 받는 법이 있을 수 있나요. 오죽하면 김형욱이 마지막으로 들었던 호텔방 시트를 발길질했겠어요…."

임선하의 상처는 20여 년이 흘러도 아물지 않았다.

76년 미국의 김형욱은 확실히 흔들리고 있었다. 오세응(吳世應) (전 국회의원)의 기억에 의하면 "심리적으로 황폐해져 좀 실성한 듯"했다.

"나와 그는 8대국회 때 싸운 인연으로 친했다. 그의 망명시절 난 뉴욕에 갈 때마다 그를 만났다. 76년 인도서 열린 IPU가 끝나 미국에 들렀을 때 뉴욕 삼복식당에서 역시 그와 한잔했다. 그는 5·16혁명 동지들이 모두 배신했다고 흥분하더니 갑자기 자기는 편히 잘 지낸다고 자랑이었다. 가령 '김 마담, 어제 내가 누구랑 술 먹었지? 미인들과 먹었지!'하고 빼기는 것이었다. 자격지심에서 그래보는 것 같아 맞장구치며 기분을 돋워주었다. 그러다간 정보부장시절 남에게 심하게 군 데 대해 피해망상증 비슷한 것도 엿보였다."

김형욱은 더러 뉴욕에 들른 한국 사람들과 골프도 쳤다. 허구한 날 골프를 쳤지만 심리적 위축 탓인지 왕년의 프로급 스윙은 녹슬어 있었다.

남산에 골프 인도어 연습장 신설

김형욱의 60년대 정보부장 시절 골프 사범은 김성윤(金成允) 프로였다.

김성윤은 군복무 중(그는 육본 비서실에서 군대생활을 했다)에 육참차장 김종오(金鍾五)를 가르쳤다. 제대 후엔 초대 중앙정보부장 김종필을 지도했다. 그는 지금의 어린이대공원인 서울컨트리클럽(이사장 박두병)에서 일주일에 한두 번씩 JP에게 골프를 익히게 했던 것이다.

김형욱 정보부장은 65년 골프에 빠져들어 남산 정보부 구내에 30평 가량의 인도어 연습장을 만들었다. 그리고 고관대작들 사이에 이름이 높은 프로골퍼 김성윤을 불렀다.

김형욱의 집념은 뜨거웠다.

일과가 끝난 저녁시간이면 반드시 한 시간 정도 구내에서 김 프로의 폼

교정을 받아가며 공을 쳤다. 새벽에도 거의 거르지 않고 서울컨트리로 김 프로를 불러 필드 적응 연습을 했다.

조석으로 공을 들인 것이다. 그 결과 김 부장은 골프채를 잡은 지 1년 만에 싱글(핸디 9)을 치는 '골프 천재'가 되었다.

김형욱 부장의 골프 탐닉은 중정 간부진에도 골프 바람을 불러일으켰다. 차장 이병두(李炳斗), 비서실장 문학림(文學林) 등 5명도 김성윤의 지도를 곁들여 받았다. 부장의 취미는 국장급에도 덩달아 번졌으나 정작 지도해야 할 김성윤의 몸은 하나였다. 그는 후배 프로골퍼 C를 천거, 국장급을 가르치도록 했다.

스물다섯 살 김성윤은 그때가 인생의 절정기였다. 펄펄 나는 끗발의 남산 수뇌부로부터 사랑을 받았으니까.

그렇게 말하면 국무총리 정일권도 삼청동 총리공관에 약 5평짜리 홈네트를 만들어 김성윤을 불러댔고 공보부장관 홍종철도 저녁 무렵 남산에 나타나 그의 지도로 연습하곤 했으니 남산 '빽'만도 아닌 셈이다.

그러나 역시 권력은 양날의 칼이었다.

김성윤 생애 최악의 시련이 다가오고 있었다.

66년 10월 한국오픈대회(오늘날 매경오픈)를 한 달 앞둔 김성윤은 김형욱에게 말했다.

"부장님, 프로 시합이 있으니 제가 한 달만 연습할 수 있도록 허락해주십시오. 남산 출근을 한 달만 않도록 허가해주시면…."

김 부장은 쾌히 응낙했다. 그런데 김 프로가 남산에 안 나타나자 손이 근질근질해진 김형욱 등은 국장급을 가르치던 C프로를 데려다 배웠다. 그게 프로골퍼들 사이에 말을 낳았다. 김성윤은 "후배라고 남산에 소개하고 키워주니 선배자리 앗아가는 거냐"고 C에게 불평했다. C는 다른 프로골퍼들로부터도 "선후배 질서를 흐리느냐"는 비슷한 얘기를 들었다.

프로들 사이의 '밥그릇' 시비가 남산수뇌부의 귀에까지 들어간 모양이었다. 66년 9월 어느 날 비서실장 문학림이 김성윤에게 전화로 호통쳤다.

"당신, 왜 네 연습이나 하지 남(C)이 하는 남산 레슨도 못하게 하는 거야."

다음 날 김이 새벽 조깅을 하려고 화양동집을 나서니까 검은 지프가 서 있었다. 그 길로 무교동의 문화진흥사라는 감찰실 분실로 끌려갔다. '뭐가 뭔지 모를 추궁'이 계속됐다.

가족도 골프장에서도 그의 행방을 알 수 없었다. 서울컨트리클럽에서도 그곳 소속 김 프로가 시합을 앞두고 '증발'해 버렸으니 대소동이 났다.

"감찰실의 2평 남짓한 독방에 갇혀 있으니 별 생각이 다 났다. 골프 배운 게 후회스러웠다. 조사관들은 몇 가지 묻다가 더 물을 게 없으니 시말서를 쓰라고 했다. 뻔한 내용이니 시말서라고 쓸 게 있나…. 우두커니 앉아 있으니 그들은 답답한 듯 '불러주는 대로 쓰라'는 거였다. 불러주는 내용이 '오토바이를 타고 다니며 관명사칭을 했다'는 거였다. 그렇게 받아쓰기는 했으나 오토바이란 당시 프로들의 거지 생활에 꿈도 못 꿀 얘기였다. 하지만 빨리 풀려나고 싶어 마구 받아쓴 그 각서에 도장 찍고 나왔다. 나와 보니 한국오픈은 다 끝나버리고…."

김형욱 레슨 중단으로 받은 벌치곤 가혹했다.

김성윤은 각서에 "서울컨트리클럽 주변엔 얼씬도 않고 누구와도 만나지 않겠다"고 써주었다. 클럽의 박두병 이사장은 김 프로에게 "저쪽(남산)에서 그만두게 하라니 별수가 없네"라며 입맛만 다셨다. 프로선수 생활의 끝장이었다.

김성윤은 화양동집에서 골프장을 내다보며 일 년 가까이 한숨만 쉬며 살았다. 어느 날 스윙이 엉성하고 독특한 모습의 JP가 보였다. 헐레벌떡 달려가보니 JP는 구인회(具仁會)와 둘이서 라운딩하고 있었다. 김성윤은 30여 분 동안 자초지종을 얘기하며 눈물을 글썽였다.

  JP는 고개를 끄덕이곤 헤어졌다.

  며칠 뒤 김성윤의 집에 지프 한 대가 오더니 태워갔다. 또 잡혀가나 했으나 서울컨트리 구내식당으로 안내되었다. 박두병, 장기영(張基榮) 등이 기다리고 앉아 있었고 잠시 후 김형욱이 나타났다.

  "짜식, 지난 일 없었던 걸루 해."

  JP의 주선으로 '사면'이 내려진 것이었다.

| 제18장 |

코리아게이트와 '시한폭탄 김형욱'

이후락 업고 박종규 뒤엎은 장사꾼 박동선

미국에 숨어 살던 제4대 정보부장 김형욱이 공식석상에 나타난 것은 77년 6월22일이었다.

소리없이 서울을 빠져나간 뒤 4년 2개월 만의 일이었다. 홀연히 미국 하원 프레이저 청문회에 증인으로 나선 것이었다. 김은 그가 모셨던 대통령 박정희와 김 스스로 버팀목 노릇을 했던 박 정권을 향해 가차 없이 포격을 가했다.

왜 그랬을까.

프레이저가 김에게 압력을 가했다는 설도 있었다. 김 자신이 박 대통령에 대한 울분과 소외감을 달래지 못해 그랬다는 해석도 있다.

그러나 당시 주미대사 김용식 씨는 다음과 같이 회고했다.

유신 말기 한미관계를 '불편한 관계'로 만들었던 '박동선 사건'의 주인공 박동선. 박이 뇌물을 준 패스먼 미 하원의원의 재판에 증언하기 위해 미 루이지애나 주 몬로에 도착했을 때의 모습(1979년 3월13일).

"김형욱은 한국(박 정권)이 고립무원이라고 판단, 프레이저 청문회에 가담한 것 같다. 왜냐하면 당시 한국은 미국 여론의 비판대상 정도가 아니고 실제로 조사대상이었기 때문이다. 이에 따라 실제로 대사관 직원 가운데도 이탈자가 생기고 반한단체는 갑자기 활기를 띠고 있었다."

적어도 카터 정권이 들어선 미국땅에서 바라보는 박 정권은 '시한부'처럼 저물어가고 있었다. 김형욱이 '유신종식'을 외치기 반년 전부터 한국 유신정부는 미국 언론의 조롱거리였다.

박동선(朴東宣) 사건, 이른바 코리아게이트 사건은 76년 10월부터 연일 대서특필되고 있었다.

76년 10월15일 〈워싱턴 포스트〉 1면 머리기사의 줄거리.

"미 연방수사국, 중앙정보부, 법무부 등이 과거 6년간 한국의 대미의회 뇌물제공사건을 광범위하게 조사하고 있다. 한국인 사업가 박동선이 여기에 관련돼 있고 미국 하원의원 해너, 패스먼, 아다보, 레게르, 레디거 등 5명이 조사받고 있다. 박동선은 60년대 후반부터 박 대통령과 협의, 한국의 이해관계로 대미의회 공작을 해왔으며 목표는 ①대한(對韓) 군사 경제원조 계속 유지 ②주한미군 유지 ③한국정부(유신체제)에 대한 미국 내 비판 무마 등이다. 박동선은 조지타운에 고급 클럽을 운영하고 고급 승용차도 4대나 된다. 박의 집에선 색시비 전 법무장관까지 불러 파티도 했다."

〈워싱턴 포스트〉는 10월 중 두 차례 더 충격적인 보도로 '코리아게이트'에 불을 댕겼다.

"한국정부가 박동선을 내세워 20명 이상의 미 의원들에게 70년대에만 50만~100만 달러의 뇌물을 썼다."

"박동선과 한국정보부원들의 미국 내 불법행위는 미국이 청와대를 도청, 녹음하고 이중요원으로부터 수집한 정보에 의해 밝혀냈다. 박 대통령이 미 의원들에게 현금 선물 등으로 뇌물을 주도록 직접 명령한 것도 나타났다."

미국과 세계가 떠들썩하기 시작했다. 그러나 유독 한국만은 표면상 조용했다. 철저한 보도통제 때문이었다.

보도를 막는다고 문제가 사라질 리는 없었다.

76년 11월3일, 박 대통령은 청와대에서 비서관과 기자 몇 명을 앉혀놓고 말했다.

"돈을 먹었으면 미국 사람들이 먹었고, 돈을 먹은 사람들이 더럽지, 왜 우리 정부를 공격하는 거야? 돈 먹은 사람들을 탓할 일이지. 따지고 보면 미국의 신세지는 나라치고 워싱턴에서 로비 안 하는 나라가 어딨어. 이스라엘이 제일 많이 할 거야. 그래서인지 유태계 신문 〈뉴욕타임스〉는 아무 소리 없고…. 지금 일본 정계를 떠들썩하게 하고 있는 록히드 사건도 빙산의 일각 아니겠나. 미일간의 거래는 훨씬 크고 많을 게 아닌가 말야."

박 대통령은 격해져 있었다.

치킨 먹는 폼도 연구하는 박동선

그리고 박동선에 관해서도 해명했다.

"미국 신문은 나와 박동선이가 친척이라느니, 청와대 회의에서 박동선과 박보희(朴普熙·통일교 핵심인사)에게 내가 미국의원들을 매수하라고 지시했다느니, 그런가 하면 미국 CIA가 청와대 회의 내용을 도청했느니 하면서 비방하고 있어.

내가 65년도에 미국 가서 영빈관에 묶고 있을 때 박동선이를 한번 만난 적이 있지. 학생인 듯한 그가 존슨대통령의 친구라는 노인을 데리고 왔으니 한번 만나보는 게 좋겠다고 해서 들어오라고 했어.

그 후 박이 여러 번 한국을 다녀갔는데 잡음도 있고 해서 청와대에는 발을 들여 놓지 못하도록 했다. 박동선이가 미국 쌀 장사를 하면서 커미션을 먹고 그 돈으로 제 장사도 할 겸 얼굴도 알릴 겸 조지타운 클럽이라는 술집을 벌여놓고 미국 의원들을 불렀다고 한다. 한국 사람들도 가본 사람이 많다고 해…."

박 대통령은 박동선에 관해 대체로 '사실'을 말하고 있었다.

그리고 박 대통령은 미국 신문이 왜 그토록 지분거리는지 알고 있었다. 얘기는 계속된다.

"프레이저나 미국 신문들이 주한미군을 들먹이면서 인권문제(김대중 등 구속)를 운위하고 있어. 우리 국내에도 카터한테 편지질해서 그가 취임하면 우리 정부에 압력을 넣어 긴급조치 위반자를 석방시키도록 하려는 사대주의자들이 있지. 그러나 카터 아니라 더한 사람도 어림없는 얘기야 … 미국 신문들은 미군을 빼간다면 우리가 매달릴 줄 아는 모양인데 천만의 말씀이야. 공군이야 빼가라고 해도 안 빼겠다고 할 것(미국 방위전략 때문에) 이고, 지상군도 있으면야 좋겠지만 내정간섭을 위한 흥정거리로 삼겠다면 잘 가라고 하겠어."

박 대통령은 인권외교를 내건 카터의 부상, 코리아게이트의 확대, 주한 미군을 지렛대 삼은 내정간섭 등에 오기로 맞설 태세였다.

박동선 사건의 뿌리는 그로부터 10년 전, 66년(박 대통령 면담 이듬 해) 그가 조지타운클럽을 만든 때로 거슬러 올라간다. 62년 조지타운 대학을 마친 그는 상류사회 실력자들과의 교유(交遊)에 일찍 눈을 떴다. 주미대사 양유찬(梁裕燦), 백악관을 자주 드나드는 변호사 톰 코코란, 하원의원 존 부라드머스, 상원의원 조셉 몬다야 등과 어울렸다.

박은 유학생 가운데서도 영어에 능했고 '품위있게 치킨 먹는 법'을 익히기 위해 노력할 정도로 사교지향형의 인물이었다.

67년 박은 한국이 해마다 막대한 미국 쌀을 수입하고 있으므로 거래 대리권을 얻으면 큰돈을 벌수 있음을 알았다. 그는 친하게 지내온 리처드 해너(캘리포니아 출신 하원의원)가 67년 크리스마스 때 서울을 방문하자 대리권 획득을 도와달라고 간청했다.

해너는 한국정부를 설득해 박동선이 미국 양곡수입 대리인이 되도록 하는 데 성공했다.

박동선과 해너는 정보부장 김형욱을 움직였고 김이 조달청에 "미국 쌀을 박동선이를 통해 구입하라"고 지시했다. 박은 이 이권을 따내 약 900만 달러의 커미션을 얻었으며, 빚에 허덕이던 조지타운 클럽은 일거에 생기가 돌게 되었다. 박은 해너에게도 20만 달러를 주었고 그 때문에 뒷날 해너는 징역형을 받게 되었다. 박은 그 밖에 75만 달러 가량을 미국의원에 대한 정치헌금 등으로 준 것으로 밝혀졌다.

김형욱은 박동선과의 관계를 프레이저청문회에서 이렇게 말했다.

'내가 60년대 정보부장 시절 주미대사 김현철 씨가 '박동선이라는 자가 박 대통령 친척이라고 하고 다닌다'고 보고해 왔기에 귀국한 박을 조사하면서 알게 되었다. 그뒤 나는 박이 미국에 발이 넓다는 걸 알고 편의를 제공했다.

그의 클럽이 자금난이라고 해서 서울 암달러상에서 구한 10만 달러를 파우치편으로 보내주었다. 또 한국의 정부보유금 300만 달러를 박동선의 거래은행에 맡기게 해 클럽 운용자금으로 융자해주었다.'(77.6.22.)

김형욱, 박동선 그리고 해너 3인의 '우정과 협력'은 71년 8대국회에서도 말썽이 있었다. 당시 야당(신민당)의 오세응 의원이 국회에서 발설했다가 때마침 공화당 전국구 의원인 김형욱으로부터 명패로 얻어맞을 뻔했던 것이다.

김형욱의 파워가 퇴색하면서 박동선에게도 곧 시련이 닥쳤다.

김의 앙숙이었던 경호실장 박종규가 앞장서서 71년 박동선의 이권(대리권)을 박탈했다. 이러한 과정을 알고 있는 박 대통령은 '박동선의 잡음'을 말했을 것이다. 김형욱계인 박동선을 청와대에 발 들여놓지 못하게 한 것도 수문장 박 경호실장이었을 것이다.

그러나 박동선은 집요했다. 해너와 갤러거를 통해 대리권 회복을 로비했다. 71년 11월 박은 해너와 함께 서울에 와서 이후락 정보부를 상대로 로비를 벌였다. 해너는 쌀 산지 루이지애나 출신 하원의원 에드워드, 그곳 상원의원 일렌다, 캘리포니아 하원의원 홀리필드 등이 이후락 부장에게 보내는 편지도 품고 왔다.

해녀는 이후락 부장을 만났다.

"편지를 쓴 엘렌다 상원의원은 외원(外援) 세출위원장입니다. 박동선 씨는 미국의회에 잘 알려진 인물이며 한국이 엘렌다 의원과 패스먼의원(군사 및 경제 외원을 다루는 소위위원장)의 도움을 받도록 할 수 있을 것입니다."

이와는 별도로 갤러거 의원은 박 대통령에게 편지를 보내 박동선이 친한(親韓) 의원들의 활동에 도움을 주는 인물이라고 치켜세웠다.

마침내 71년 12월 박동선은 다시 미국 쌀 구입 대리권을 회복했다.

이후락 정보부를 움직여 박종규 경호실을 엎은 것이다.

꼬리 잡힌 박동선과 로비스트 김한조

코리아게이트의 뿌리는 무엇인가.

"거슬러 올라가면 쌀장수들의 이권을 둘러싼 세력 다툼에서 시작된 것이다"고 70년대 후반 정보부차장보(해외담당)로 있으면서 뒤치다꺼리한 윤일균(尹鎰均) 씨는 필자에게 밝혔다.

그런 의미에서 박동선은 담대하고 끈질긴 수완가였다.

그는 때로는 미국 의원을 주무르고 더러는 박정희 대통령을 우회적으로 '협박'도 했다.

가령 71년 일본은 기시 노부스케 전 수상을 파한(派韓), 박 대통령 면담을 통해 일본 쌀 판매를 시도한 일이 있었다. 때마침 박동선은 쌀 산지 루이지애나 하원의원 에드윈 에드워드 등과 서울에 있었다.

박은 에드워드에게 한국이 일본쌀 40만 톤을 구입키로 교섭이 끝난 것처럼 보도한 영자신문을 보여주었다. "박 대통령 면담 시 만일 일본 쌀을 사

미 하원의 외원소위원장 오토 패스먼은 처음엔 박동선을 싫어했으나 박의 치밀한 공략에 넘어가 76년 코리아게이트가 터진 뒤 기소당하는 신세가 되었다. 사진은 72년 12월 박정희 대통령으로부터 수교훈장 광화장을 받는 패스먼.

들이면 미국의 남부 출신 의원들이 대한군원(對韓軍援)을 지지하지 않을 것이라고 말하라"고 방법을 일러주었다.

박의 코치대로 에드워드 등은 청와대에서 박 대통령에게 으름장을 놓은 결과 미국쌀 40만 톤을 팔 수 있었다. 특히 에드워드는 선거구 루이지애나 쌀(캘리포니아산에 비해 맛이 떨어진다)도 거기에 포함시킬 수 있었다.

박동선은 치밀하고 집요한 구석도 있었다.

가령 미 하원 외원(外援) 소위위원장으로 실력자인 오토 패스먼은 어찌된 영문인지 박동선을 극도로 싫어했다. 경호실장 박종규가 71년 한때 박동선의 양곡구매 대리권을 박탈할 때 내세운 이유 중의 하나도 패스먼의 눈 밖에 난 점이었다.

그러자 박동선은 패스먼에게 접근을 시도, 그가 시계수집이라는 독특한 취미가 있고 1년에 한두 차례 스위스, 홍콩 등지를 시계수집차 여행한다는 사실도 알아냈다. 마침 루이지애나 쌀장수 골든 도레가 패스먼과 홍콩여행을 계획 중이었다. 박은 도레에게 도움을 청하고 홍콩으로 갔다.

처음 패스먼은 박과의 합석도 뿌리칠 정도로 완강했다. 그러나 도레가 루이지애나 쌀의 수출구매권을 가진 인물임을 상기시켜 3자회합이 겨우 이루어졌다. 박동선은 그 자리에서 패스먼을 사로잡아 버렸다. 시계수집가인 패스먼의 비위를 맞추기 위해 벼락치기로 한 '시계공부' 실력을 유감없이 발휘했다. 패스먼은 녹아버렸다.

그 자리에서 박은 패스먼이 수집한 시계 몇 개를 5,000달러에 샀다. 그 뒤로도 패스먼에게 정치헌금할 것을 약속했다. 패스먼은 그날 홍콩 미라마 호텔에서 박과의 만남 때문에 76년 코리아게이트 발발 이후 해너와 함께 기소당하는 비극을 맛보았다. 그러나 뒷날 패스먼은 무죄판결을 받았다.

박은 한마디로 권력과 정치인의 생리를 역이용할 줄 아는 통 큰 장사꾼이었다.

한국이건 미국이건 정치실력자들을 약간의 돈으로, 그리고 사교술로 다루는 데 일가견을 갖고 있었다. 그런 만큼 목에 힘도 들어갔다.

73년 12월8일 박은 앵커리지 공항에서 미국 세관원 호즐턴이란 자와 승강을 벌였다. 세관검사대에서 휴대품에 대한 통관세를 물지 않고 그냥 나가려다 시비가 생긴 것이었다.

세관원은 박의 가방을 몽땅 뒤졌다.

"박의 손을 떼게 한 뒤 서류 홀더를 뒤졌다. 서류에는 미국 국회의원 명단이라는 타이틀이 붙여져 있었다. 이름, 정당, 출신지역, 소속 위원회, 정치성향 등 5개 부분으로 분류돼 있었다. 타자지 3페이지 반 정도였다. 70~80명의 명단이었던 것 같다. 2통의 편지도 들어 있었다. 하나는 미국 의원 한 사람이 한국 대통령에게 보내는 미국 쌀의 대한 수출 판매에 관한 내용이었다. 다른 한 통도 미국의원들이 박동선을 한국 대통령에게 잘 소개하는 내용이었다."(호즐턴의 77년 미하원 프레이저 청문회 진술)

당황한 박은 세관원이 잠시 옆방에 간 사이 서류를 찢었다. 그러나 곧 들키고 말았다. 세관원은 더욱 의심하게 되고 서류 조각을 맞추어 낱낱이 메모하고 재생했다. 박은 거꾸로 고자세로 나서 세관원의 이름과 명찰 번호를 적는가 하면 미국 부통령 포드 등 요인들 이름을 들먹이기도 했다. 그러나 아무 소용없었다.

그날의 기록은 3년 여가 흐른 뒤 코리아게이트의 중요한 자료가 되었다.

바로 그 73년 무렵 코리아게이트의 또 다른 축이 된 김한조(金漢炸)가 소리없이 데뷔한다.

김은 54년 미국에 건너가 고학으로 대학을 마치고 화장품회사(존 앤드 비디)를 일으킨 사업가였다. 유신 후인 73년 7월 김은 친하게 지내던 황재경(黃材景) 목사 소개로 청와대에 들어가 점심을 얻어먹으면서 박정희 대통령 부부 및 정보부와 끈을 맺게 됐다.

김은 미국에 돌아가 답례로 자기 회사 화장품을 육영수 여사에게 보냈다. 김은 그것을 워싱턴의 주미 공사(정보부 책임자) 김용환(金龍換)에게 주어 청와대로 보냈다. 육영수 여사가 크게 기뻐했다.

김한조는 김용환의 전임 주미책임자 양두원과도 잘 사귀고 지냈다. 양은 신직수 정보부장의 배려로 74년 서울에 들어와 정보부 기조실장을 지냈고 그해 가을 보안차장보(조일제 후임)로 승진했다.

김한조는 육 여사로부터 직접 격려 편지도 받았다. 김이 〈뉴욕타임스〉에 박 대통령 찬양문을 기고, 75년 1월8일자에 크게 실리자 박 대통령 부부는 크게 기뻐했던 것이다. 김은 포드 대통령 방한 때(74.11.22.)도 청와대 측에 나름의 도움을 주었다.

박 대통령 부부는 신직수 정보부장과 김한조를 연결시켜주었다. 김은 75년 5월 신 부장에게 미국 핀들리 대학(김의 모교이며 그가 재단이사로 있었다)의 명예 법학 박사학위를 받게도 해주었다. 그 대학의 라스무센 총장은 학위증명서를 서울로 갖고 와 중앙대에서 수여식을 했다. 그 수여식에는 정일권 국회의장, 민복기 대법원장 등 3부 요인이 두루 참석했다. 그만큼 정보부가 셨다.

암호 '불국사 주지'는 박정희

박동선, 김한조가 대미 로비의 정보부 협력자로 기용된 배경은 과연 무엇일까. 76년 이후 한미 갈등기에 중정의 해외담당 차장보였던 윤일균 씨의 설명을 들어보자.

"70년대로 접어들면서 미국은 주한미군 감축, 군원 삭감 방향으로 나아갔다. 그러니 한국으로서는 초조할 수밖에 없었다. 여러 수단을 강구한다는 게 결과적으로 미국의 법과 관행에 맞지 않는 방법까지 동원됐다. 가령 박동선 씨가 쌀 이권으로 번 돈 일부를 미국의원들에게 줄 때 결코 뇌물이라는 의식도 없었고 코리아게이트 재판 결과로 볼 때도 별 게 아닌 것이었다. 그러나 당시 미국 내 감정과 여론은 '한국 독재정부가 뇌물로 미국의회와 행정부를 부패시켰으니 도려내겠다'는 식이었던 것이다. 주한미군이나 군원 문제 외에도 유신 이후 인권 문제 공세 등으로 정권 이미지가 나빠져 미국 의회나 여론의 물꼬를 돌려보겠다는 의도도 있었던 것은 분명하다. 결국 우리 측은 '이스라엘, 자유중국 등 미국 신세지는 나라치고 로비 않는 곳이 어디 있느냐'는 단순한 생각으로 사업가들인 박씨·김씨 같은 협력자들을 이용했다. 그러나 한미간 문화의 차이랄까. 벽은 뜻밖에 엄청난 것이었고 우리는 비싼 대가를 치러야 했다."

종종 적법절차와 정당한 수단을 '생략'하고 목표로 돌진하는 정보부 중심의 정치. 그것이 정치 문화와 토양이 다른 미국이라는 벽에 부닥친 것이 코리아게이트라는 재앙이었다.

코리아게이트의 또다른 주역 김한조 씨. 사진은 78년 4월 미 검찰로부터 '미 의원 매수자금 60만 달러를 전달'한 혐의로 피소돼 재판을 받으러가는 장면.

이른바 '백설작전'이라는 것도 KCIA의 공작 만능의 발상에서 나온 치졸한 작품이었다.

75년 6월 중정 차장보 양두원은 김한조에게 어설픈 공작계획서 한 개를 건네주었다. 지휘연락체계는 암호명 '불국사 주지'(박 대통령)를 정점으로해서 '해밀턴 박사'(김한조), '도지사'(신직수 부장), '신부'(神父·양두원 차장보), '교수'(김상근 주미요원) 등이 도표로 그려져 있었다.

제목은 '백설작전 1975'.

김한조가 접촉할 대상은 미국의 백악관보좌관, 국회의원, 학계, 종교계, 언론계, 퇴역군인회 및 로터리클럽 간부 등으로 망라되어 있었다.

한마디로 미국 지도층을 구워삶아 유신정권의 편으로 돌려놓는다는 맹랑한 공작계획서였다. 결과적으로 이 '도상(圖上) 공작'은 실효도 거두지 못한 채 코리아게이트를 극화시키는 증거만 되었을 뿐이었다.

미국 언론들은 한국 자체를 '정보정치와 공작의 나라', '악의 소굴'처럼 보도하는 데 이것을 활용했던 것이다.

그리고 이 계획에 따라 청와대 측과 김한조의 미국집 사이에 직통 텔렉스가 개설됐는데 나중에 그 교신 141회분의 사본이 미연방수사국(FBI)에 압수돼 뒷날 김은 미국 법정에서 곤경에 처했다.

김한조 자신도 "'백설작전' 계획서는 이미 75년 이전에 내가했던 로비활동이 KCIA의 계획에 의해 수행된 것처럼 보이게 만들었다. 박 대통령도 나중에야 알고 '누가 그런 장난을 했나'라고 화를 냈다고 한다"고 밝혔다.

75년께부터 박동선은 본격적으로 미국 신문의 추적을 받게 된다.

"그의 화려한 생활방식, 정치 실력자들과 놀고 엄청난 쌀 거래 이익금을 챙기는 것 등이 현지 언론에 찍히기 시작했다. 그는 코리아게이트로 미결감에 갇혀 있으면서도 걸 프렌드를 둘씩이나 거느리는 식의 인물이었다."
(윤일균 씨의 증언)

75년 4월 미국 대통령 부인 베티 포드의 여비서 낸시 하우의 남편 제임스 하우가 권총 자살한 사건이 났다. 이 사건의 먼 배경에 박동선이 자리 잡고 있음을 《워싱턴 포스트》의 여기자 맥신 체셔가 추적, 폭로했다.

그로부터 1년 반이 지난 76년 10월 《워싱턴 포스트》는 박동선 김한조를 묶어 '코리아게이트' 스캔들을 터뜨렸던 것이다.

요원 김상근 망명과 8대 부장 김재규 취임

코리아게이트라는 재앙이 커지고 있었다.

76년 11월24일 워싱턴의 정보부요원 김상근(주미대사관 참사관 직함)이 미국에 망명해버렸다. 그는 워싱턴의 김한조와 서울의 본부(양두원 차장보→신직수 부장 채널)를 연결하는 고리였다.

한 달 전부터 불붙은 미국 신문들의 'KCIA의 대미공작' 보도는 김상근 망명으로 기름을 끼얹은 꼴이 됐다.

박정희 대통령과 참모들은 11월 중순 양두원 차장보를 남산에서 내쫓았다. 그걸로 미측의 코리아게이트 공세를 차단해보려고 했었다. 그가 74년까지 워싱턴 책임자를 지냈기 때문이었다.

그러나 오산이었다. 양의 파면 이후 그와 선을 대고 있던 김상근은 불안해졌다. 그는 양의 후임 공사 김용환에게도 철저히 밉보인 터였다. 새 직속 상관을 따돌린 채 본부의 옛 상사 양과만 연락하는 김상근을 김용환이 내버려두지 않았다. 그러던 차에 본부의 소환명령이 떨어지자 미국 편으로 넘어가버린 것이다.

김상근은 그가 왕년에 상관으로 모셨던 망명객 김형욱의 도움을 받아 미 법무부의 보호하에 들어갔다.

서울에선 코리아게이트 보도가 허용되지 않았다. 그러면서도 문공부장관 명의의 대미 성명은 나갔다. 정부 대변인의 성명서는 나가도 국내보도는 금지시킨 것이 유신정부였다.

그리고 김상근 망명을 제 뜻에 의한 것이 아니라고 보았다. 문공장관 김성진의 당시 오프 더 레코드(非보도) 전제 발언.

"(한국정부 관계자의) 김상근 참사관 면접을 미 측이 허용해야 한다는 건 성명에서 밝힌 대로다. 약육강식이야말로 국제정치의 비도덕이다. 참지 못해 들이받았고 앞으로도 들이받겠다. FBI는 박동선 사건 수사가 벽에 부닥치자 김 참사관에 눈독을 들였다. 그러나 그가 종적을 감춘 지 10여 일이 지나도 아무 단서도 안 나오고 있다. 그래서 망명이 자의인지 아닌지도 의심한다. 자의라면 미 측은 떳떳이 면회시켜야 한다. 일본에 망명한 소련 조종사도 소련대사관원이 면회하지 않는가. 며칠 전 내가 스나이더 주한 대사에게 말했다. '미국 외교관이 망명했다면 당신들도 진정한 망명인지

보안사는 77년 말의 전방대대장 월북 사건 이후 허위 보고가 문제돼 대민정보 수집기능을 박탈당했다. 그러나 79년 1사단장으로 있던 전두환 소장이 보안사령관이 되면서 정보처 기능을 회복했다. 사진은 주한 미8군 사령관 베시 대장(오른쪽에 앉아 있는 이)과 함께 땅굴을 둘러보는 전두환 1사단장(가운데 앉아있는 이).

아닌지 확인하려 들 게 아닌가. 김 참사관과 그의 가족은 엄연히 외교특권이 있는 우리 공관원인데 왜 보호라는 이름으로 차단시키는가. 이것이야말로 당신네들이 중대시하는 인권 유린 아닌가'라고." (76.12.10.)

하지만 그것은 발 가려운데 구두를 긁는 것과 같은 격화소양(隔靴搔癢)이었다.

그만큼 우상화된 절대권력자를 둘러싼 참모와 조직들은 거짓 보고에 놀아나고 사태를 바르게 보지 못했다. 아니면 위로 거짓을 보고함으로써 자리만을 지키려 했다. 유신의 말기증상이었다.

정권의 또 다른 버팀목인 보안사에서도 부끄러운 허위보고 사건이 있었다.

77년 10월 20일 전방 ○사단 대대장 유 모 중령이 부하 오 모 일병을 데리고 철책선 넘어 북으로 가버린 사건이 터졌다.

"유 중령은 매우 고지식한 장교였다. 그런데 평소 사단 보안부대장 황모와 매우 사이가 나빴다고 한다. 황은 유 중령에 관한 이런저런 약점을 캤고 어느 날 '유 중령, 너는 며칠 뒤 나한테 직접 조사받아 봐'라고 겁을 주었다. 그러자 유는 화도 나고 겁도 나서 이판사판으로 월북해버렸다고 한다." (전 보안사 간부 X씨)

그러나 보안사는 허위보고를 올렸다. 피랍됐다고 보고했던 것이다. 북으로 갔으니 사자(死者)나 다름없지 무슨 입이 있으랴. 책임이나 면하자는 계산이었을 것이다. 박 대통령에게까지 피랍으로 보고되었다.

사건 발생 엿새 뒤인 10월 26일 유엔군 사령부도 그렇게 발표했다. "비무장지대에서 보수작업 중이던 한국군 대대장과 일병이 북괴에 의해 피랍되었다"고 했다.

그리고 제449차 정전위원회 회의에서 유엔사는 "유 중령, 오 일병이 '돌아오지 않는 다리'에서 자유의사를 밝힐 기회를 주라"고 촉구했다. 망신이었다.

곧 진상은 정보부에 의해 드러나고 말았다. 유와 오의 자진월북이 밝혀지자 박 대통령은 불같이 화를 냈다. 77년 10월 군의 경비행기 한 대가 월북해버린 사건과 겹쳐 박 대통령은 더욱 진노했다. 보안사령관 진종채가 곤경에 처했다.

신직수 정보부로 각하의 특명이 날아갔다. 보안사의 월권과 폐해를 바로잡으라는 것이었다. 보안사를 손댈 수 있는 곳은 정보부뿐이었다. 정보부만이 보안사의 예산과 수사 범위(조정권한이 남산에 있었고 보안사의 민간인 수사는 정보부의 도장을 필요로 했다)를 통제할 수 있었다.

특명은 검사 출신으로 기예를 뽐내는 특명국장 김기춘(노태우 정부때 법무부장관)에게 떨어졌다. 그는 위의 지시가 있으면 매섭게 관철하고 떠받드는 능력가였다.

김기춘 국장의 번득이는 칼질 솜씨

김 국장의 메스는 과연 날카로웠다.

보안사에선 '사령부가 해체당한다'는 아우성이 터져 나왔다. 보안사 파워의 핵이라고 할 수 있는 정보처를 잘라냈다. 국회, 법원, 정부부처 등을 비롯, 민간으로부터 정보를 수집하는 손발을 없앤 것이었다. 78년 2월까지 보안사 요원들을 '출입처'에서 모두 철수시켰다.

"정보처가 없어지면서 그동안 수집 보관해오던 파일을 캐비닛에서 꺼내 소각하라는 명령이 떨어졌다. 서류를 불태워야 하는 보안사로서는 일본 사무라이들이 스스로의 칼로 할복하는 것과 같은 참담한 분위기였다. 특히 영관급 이상 과장 처장들은 '정보부가 해도 너무한다'고 분통을 터뜨렸다. 우리 정보처가 다시는 남산과 정보경쟁을 할 수 없게 만들겠다는 것, 평소의 보안사에 대한 경쟁적 감정 때문이 아니냐고 분노했다. 한마디로 김기춘에게 사무친 것이었다." (X씨 증언)

보안사는 79년 3월 1사단장 전두환 소장을 사령관으로 맞으면서 정보수집 기능을 회복했다. 그가 파격적으로 군단장급 보직인 보안사령관에 발탁된 뒤 "각하, 아무래도 보안사도 민간 정보 수집을 해야 하겠습니다"고 건의, 곧 받아들여졌다는 얘기다.

그것은 김기춘 국장의 전도에 적신호였다. 그가 가슴깊이 '사무치게' 당한 보안사 간부, 영관급 허씨 등 처장 과장들은 전두환 장군과 더불어 5공

권력의 심장부에 앉게 된다. 때문에 김 국장은 80년대 전반기 6년여 인고(忍苦)의 세월을 견뎌야 했다.

전 정권 때 그를 딱하게 여긴 어떤 법무장관이 김기춘을 지검장으로 보내려하자 청와대 민정수석 J씨가 전화로 경고했다.

"장관, 신상에 이롭지 못할 것이오."

와신상담, 길고 긴 5공을 참아낸 김씨는 6공 노태우 정부가 들어서자 검찰총장과 법무장관을 모두 지냈다.

다시 코리아게이트.

김상근 망명에 맞불을 놓기 위해 청와대는 미국의 도청을 문제삼기로 했다. 문 공장관 김성진의 당시 비공개 발언에도 그것이 함축돼 있다.

"박 대통령은 결코 청와대에서 박동선, 박보희 씨와 만난 일이 없다. 그런 것을 놓고 미국은 도청으로 확인되었다니 무슨 억지인가. 도청 문제는 박동선 사건의 기초가 되는 문제이므로 미국이 공식적으로 해명하라고 대미성명을 낸 것이다. 스나이더 대사가 우리 측에 도청 안 했다고 수차례 얘기하기는 했다. 그러나 그걸로는 안 된다. 미국정부의 공식입장으로 왜 발표하지 못하는 건가. 도청설을 퍼뜨린 미국 신문들을 봐주겠다는 것인가. 미국은 워터게이트 도청 때문에 대통령이 물러난 사건도 겪지 않았나."

(76.12.10.)

김성진은 대미 로비를 인정하면서 그 성격을 쉬운 말로 다음과 같이 말했다.

"미국이 우리나라를 지켜주겠다고 와서는 성급히 되돌아가려고 하고 있다. 그래서 우리는 '뭘 그리 서두오. 통금도 멀었는데 조금 더 있다 가시오'라고 말리고 있다. 그래서 주저앉은 손님에게 막걸리 한잔 대접했다. 그게 무슨 죄인가. 록히드 사건처럼 우리가 미국 돈을 뺏어먹은 것도 아닌데…."

76년 11월 코리아게이트와 관련, 워싱턴의 중정요원 김상근이 미국으로 망명해 버리자 신직수 정보부장이 물러났다. 뒤를 이어 유신정권 수호 특명을 받고 8대 정보부장에 오른 이는 건설부장관 김재규였다. 사진은 76년 12월4일 국회 답변 도중 정보부장 '영전'이 발표되자 여야의원들이 앞다투어 김 장관(사진 가운데 안경 쓴 이)을 축하하는 장면.

(김성진의 비공개 발언)

김상근 망명사건은 정보부장 신직수 해임을 가져왔다.

박 대통령은 차장보 양두원에 이어 신직수 부장까지 경질, 미국의 코리아게이트 공세를 막아보려 했다. 76년 12월4일의 일이었다. 그 후임자가 바로 '정권의 심장부를 향해 야수의 마음으로 총을 겨눈' 김재규였다.

그러나 워싱턴 현지의 불길은 잡히지 않았다. 연일 미국의 신문과 방송은 한국 뇌물 스캔들을 경쟁적으로 보도했다. 의회는 윤리위 가동을 준비하고 있었다.

하원 윤리위와는 별도로 국제관계위원회의 프레이저가 눈을 번득이며 '박동선과 KCIA'의 관계 자료를 찾고 있었다. 프레이저 소위는 77년 2월3일

채택된 결의안에 따라 주한미군 군납 관계, 미국내 KCIA 활동, 걸프석유 등 미기업의 대한 뇌물공여 여부 등 한미관계 전반을 조사할 수 있는 권한을 갖게 되었다.

게다가 '인권과 도덕'의 깃발을 높이 치켜든 카터 행정부가 출범(77.1.)했다.

카터는 취임 즉시 박 대통령에게 시비를 걸었다. 77년 3월4일 박 대통령의 불편한 심기가 드러나는 비공개 어록.

"도덕이나 인권이 정치의 바탕이 돼야 한다는 건 상식이야. 그러나 목사나 종교가라면 몰라도 정치란 냉혹한 현실인 것이야. 도대체 미국 하는 것이 뭐가 뭔지 모르겠어. 남의 나라 일에 이래라저래라 할 수 있는 것인가. 인권문제만 해도 왜 북한에 대해서는, 또 크메르와 월남의 인권은 말하지 않는 건가."

그는 유신에 짓눌려 미국에 호소하는 구속자 가족 혹은 윤보선 등 재야 인사들도 못마땅해 했다.

"구속자가 크리스마스 때 풀린다, 카터 취임 전에 풀린다고 말들 했지만 미국 압력에는 절대 굽히지 않을 거야. 손톱도 안 들어간다는 것 알면 미국도 버릇을 고치겠지. 우리나라엔 기본적으로 인권문제가 없어. 나는 당대에 평가받으려는 게 아니야. 당대에 평가 받으려면 일을 못할 것 같아."
(77.3.4.)

그렇게 오기로 버티겠다던 그도 그해 말(12.19.) 3·1 명동 구국선언 사건으로 가둔 김대중을 서울대병원으로 풀어줄 수밖에 없었다.

77년 봄 결국 박 대통령은 코리아게이트 수습을 위해 주미 대사 함병춘(咸秉春)을 불러들였다. 그대신 경험 많은 주영대사 김용식을 워싱턴에 보냈다.

내분, 배신, 밀고, 흔들리는 중정

77년 들어 주미 대사가 노련한 김용식으로 바뀌었지만 코리아게이트 불길은 잡히지 않았다.

미국은 5개 기관을 내세워 한국정부의 '뒤'를 캐고 있었다.

국무부와 연방수사국(FBI), 미 정보부(CIA), 법무부 공안과, 국방부 국가안전과(NSA)가 총동원돼 박동선·김한조 및 한국정보부의 꼬투리를 잡는 데 혈안이 돼 있었다.

의회는 의회대로 프레이저 소위와 윤리위가 기세를 올리고 있었다. 워싱턴의 보도매체는 연일 한국정부를 동네북처럼 두들겼다.

KCIA 내부에서도 이반과 동요가 일고 있었다.

"76년 말의 김상근 망명 때 내부 분위기는 아주 살벌했다. 당시 워싱턴 대사로 있던 함병춘 씨는 새로온 남산공사 김용환 씨와 호흡이 맞아 본부의 양두원 보안차장보를 구속하고 신직수 부장을 바꾸어야 미국이 수그러든다고 주장했다고 한다. 함씨는 미국 신문기자에게 거침없이 KCIA 요원에 관한 불평을 하기도 했다. 김 공사도 숫제 정보부 안에서 겉도는 데 불만이 있었다. 심지어 본부의 해외담당 윤일균 차장보도 김포공항으로 들어오는 대미관련 파우치를 국내 보안담당 양 차장보에게 가로채이고 있었다. 그러한 남산과 워싱턴의 중정 책임자들의 분열 내분은 누구에 의해서인지 소상하게 미기관과 보도기관에 흘려지고 있었다." (당시 간부 X씨)

이런 와중에 **김재규**가 새 정보부장으로 들어왔다. (76.12.4.)

김은 현황 파악에 나섰다. 때마침 김한조가 서울에 박정희 대통령을 만나기 위해 들어와 있었다. 77년 1월 14일 김재규는 궁정동 안가에 김한조를 불렀다.

김용식 대사(중앙)가 토머스 오닐 미하원의장(오른쪽)과 존 필린트 하원윤리위원장을 만나 박동선 증언 문제를 논의하고 있는 모습. 1978년 2월1일.

김재규는 함께 있던 차장보 윤일균에게 자리를 피해주도록 했다. '두 김'만이 할 얘기가 있다는 투였다.

"김한조 박사님. 정보부장을 한 지 한 달밖에 안 돼 코리아게이트 내용을 잘 모르고 있습니다. 좀 설명해 주시지요."

"김일성이를 막아내고(유신 이후) 미국 내에서 악화된 한국 여론을 돌려보자는 것이지요."

"그게 아니고 미국에서 접촉한 인물이 누구누구인지….'

"그건 지금 말하기 어렵습니다."

"그럼 40만 달러는 어디에 쓰신 거지요?"

김재규는 조금전 박 대통령의 지시에 따라 40만 달러(어빙트러스트 은행 수표와 외환은행 입금표)를 김한조에게 주면서 영수증을 받았었다. 40만 달러란 김한조가 로비에 쓴 회사 돈을 한국정부가 이번에 갚는 것이었다.

그러나 김한조는 40만 달러 사용처 때문에 FBI 등에 의해 쫓기는 처지였다. 박 대통령도 '그 내용은 정보부한테도 말하지 말라'고 했었다. 더욱이 김한조는 정보부장으로부터 사기꾼처럼 의심받는 것 같아 불쾌해졌다.

"김 부장님, 나는 잠시 후 비행기 타고 미국으로 갑니다. 전쟁터로 가는 셈인데 그 얘기는 그만하지요."

김재규가 버럭 화를 냈다.

"뭐야, 정보부장을 우습게 알아?"

방 안에서 돌연 활극이 벌어지는 소리가 들리자 윤 차장보가 뛰어들어갔다. 김 부장은 오른손으로 권총을 뽑아들고 김한조를 겨누고 있었다. 놀란 윤이 김의 손목을 붙잡아 권총을 제압했다.

윤일균 씨의 증언.

"방에 들어가보니 김한조의 안경이 구석에 나뒹굴고 김 정보부장은 권총을 빼들고 있었다. 눈빛은 제정신이 아닌 듯했다. 그 일로 김재규가 성격상 문제가 있다는 것을 느끼게 되었다. 우발적인 폭발성이라고나 할까…"

미국에선 망명객 김형욱이 반(反)박정희 전선에 나서기 시작했다.

77년 6월5일 〈뉴욕타임스〉의 리처드 헬로란 기자와의 인터뷰를 통해 김은 침묵을 깼다.

"박동선은 내가 정보부장 때 부리기 시작한 인물이다. KCIA는 김한조에게도 로비활동 비용으로 60만 달러를 건넸다"고 주장했다. 그리고 곧 프레이저 위원회에서 증언도 하겠다고 했다.

청와대와 남산에 비상이 걸렸다.

주미대사가 김형욱의 폭로를 막아라

당시 주미대사 김용식 씨의 회고.

"서울정부에선 내가 직접 김형욱을 만나 증언을 못하게 하라고 지시했다. 또 '미 의회가 김의 정보부장 재직시 알게 된 기밀의 누설을 요구하는 건 부당하다'는 점을 현지에서 지적하고 사전에 미국무부의 협조를 구하라는 것이었다. 그러나 이미 폭로전술로 나선 김형욱이 내 얘기를 들을 리도 없고 오히려 자칫 김이 주미 대사관으로부터 압력을 받았다고 발표하면 더 낭패라는 의견을 본부로 회신했다."

서울에서 무임소장관 민병권(閔丙權)이 김과 황해도 동향의 군 선배였으므로 '만류특사'로 뉴욕에 갔다. 김의 의회증언 닷새 전인 77년 6월17일이었다.

당시 민 장관의 진술(비공개).

"김형욱과 골프장에서 만나 포도주를 마시며 설득했다. 그러나 프레이저 청문회에서 밝힐 성명서 사본이 이미 FBI에 들어가 있어 증언에 안 나설 수 없다고 했다. 김은 '나는 지금 이럴 수도 저럴 수도 없다'고 했다. 김은 기업인 이(李)모씨에 대해 '사카린 밀수한 자가 …'라며 험담했고 서울의 요인들을 닥치는 대로 욕했다.

하지만 김의 부인(신영순)은 반한(反韓) 활동이 시작되자 보따리 싸가지고 이혼하겠다며 가출까지 했다가 갈 곳이 없어 귀가했다고 한다. 부인은 나한테도 '남편 좀 말려 달라. 나는 무슨 죄로 고향도 못가고 친척도 만나지 못합니까'라고 하소연했다."

77년 6월22일 끝내 김형욱은 프레이저 위원회에 나섰다. 회의장 입구에는 전례 없이 전자 안전장치까지 동원돼 출입자를 체크했다. 김은 회색 싱

글에 점박이 청색 넥타이를 매고 증언석에 앉았다.

아침 9시45분부터 오후 5시까지, 김은 박동선, 김한조, 통일교 그리고 중정에 의한 73년의 김대중 납치사건에 이르기까지 유신정부의 약점을 헤집었다.

김형욱이 이후락 정보부의 김대중 납치를 폭로, 나름대로 파악한 명단까지 터뜨린 게 박 대통령으로선 아팠다.

외무부장관 박동진(朴東鎭)은 6월28일 스나이더 주한 대사에게 김형욱 관련 항의각서를 전달했다. 물론 이미 정부대변인 이름으로 김형욱의 증언을 전면적으로 부정하는 성명서는 나가 있었다.

스나이더는 각서를 보더니 말했다.

"이처럼 강경한 내용을 본국에 그대로 보고할 수가 없다. 사본만 가져가겠다."

그러자 박 장관이 "우리 정부가 말하는 내용이 그렇다는 것이니 그대로 전해달라"고 했다. 스나이더는 도리 없이 원본을 접수해 갔다. 그러나 워싱턴의 한국대사관은 여전히 수세였다.

미국 하원은 대사관의 은행 기록을 조사하겠다고 요구, 김용식 대사는 '외교관의 면책특권'을 들어 거부하면서 국제사법재판소에의 제소까지를 검토하고 있었다.

미국을 빠져 달아난 박동선을 내놓으라는 압력도 줄기차게 이어졌다.

정보부장 김재규는 77년 8월30일 박동진 외무장관과 박동선 문제를 논의했다. 둘은 박을 미국에 보내 난국을 타개하자는 방향으로 의견을 모았다.

그런데 또 중정요원 중 이탈자가 생겼다. 손호영(孫浩永·본명 孫智皓)이라는 뉴욕 총영사관 소속이었다. 그는 8개월 전 뉴욕 근무령을 받은 뒤 김형욱 귀국공작을 맡고 있었다. 그러나 공작은 실패하고 김형욱은 청문회에서 공개적으로 박 대통령을 비난했다. 그러던 차에 9월 중순 본국의 귀국 명령이 나자 미 측으로 돌아서버린 것이었다.

미국 무성에서 손의 정치망명 요청을 받은 뒤 최초로 연락한 자는 부차관보 글라이스틴(나중에 주한대사)이었다.

손호영을 되돌려 세우기 위해 국무성에 찾아가 만난 이는 주미대사관 참사관 **박건우**(朴健雨·92년 캐나다대사, 외무차관 역임 후 경희대학교 교수 재직 중 작고)와 서기관 **신두병**(申斗柄·유고대사 역임)이었다.

"손씨를 사이에 두고 미국 측에서는 한국과장과 통역이 같이 앉았다. 손씨는 김형욱을 담당했으나 한계에 부닥쳐 망명할 생각을 했다고 했다. 그리고 마음을 바꿔보라고 했으나 완강히 거절했다. 한다는 얘기가 '박 참사관, 대세는 끝났소. 당신도 아까운 사람인데 나와 같은 길을 택하는 게 나을 거요' 그런 식이었다. 그는 사직서를 써주면서 각종 열쇠 10여 개와 공금(자기명의 수표) 10만여 달러를 선선히 내주었다. 귀국 관련 이사비와 9월치 봉급도 대사관이 원한다면 반환하겠다고까지 했다. 하지만 우리가 대사관에 돌아와 보고 절차를 마치고 은행에 확인해보니 계좌가 폐쇄돼 있었다. 우릴 만난 이후 마음이 바뀌어 10만 달러를 내놓지 않기로 한 것이었다."(박건우 대사의 얘기)

77년 9월22일 박동선이 36가지 죄목으로 기소되었다. 닷새 뒤 김한조도 위증과 매수음모 혐의로 기소됐다.

여전히 박동선의 도미(渡美) 여부가 관심을 모으고 있는 가운데 다시 '손호영 쇼'가 코리아게이트를 더욱 극화시켰다.

그는 망명시 〈76년 대미 공작 방안〉이라는 계획서를 미 측에 넘겨주었다. 로비 예산이 70만 달러로 명기돼 있는 이 자료에는 공작 대상이 미 의회, 행정부, 학계, 종교계 인사 등으로 그럴듯하게 나타나 있었다.

그러나 이것 역시 '백설작전'처럼 실현되지도 않은 도상공작에 불과했다. 하지만 미 보도기관의 훌륭한 기삿거리가 됐다.

내분, 배신, 밀고, 망명이 중정, 나아가 유신정부에 치명상을 안겼다.

김재규와 김형욱의 회고록 협상

김형욱은 77년 가을 미국에서 **김경재**(필명 朴思越)와 회고록 집필에 들어갔다.

그해 6월22일 미 의회 증언 이후 서울정부가 그를 '민족 반역자'처럼 몰아붙이는 데 대한 반발도 있었다. 김은 77년 7월15일 성명서를 내 '누가 진짜 민족 반역자냐'고 되물었다.

그는 성명에서 정보부장 김재규가 77년 1월17일과 2월14일 두 번에 걸쳐 귀국을 권유한 사실도 폭로했다.

"각하(박정희 대통령)께서는 '그 친구(김형욱)가 돌아온다면 얼마나 반가운 일인가. 자유롭게 왕복한다면 남 보기에도 좋고 본인도 얼마나 떳떳하겠는가. 또 돌아와 일하겠다고 하면 원하는 중책도 맡기지' 하시더군요. 김상근 망명이라는 불상사에도 불구하고 김 부장께서 다시 조국에 돌아온다고 한다면 이 얼마나 의의 깊은 일이겠습니까. 모든 걸 훨훨 뿌리치시고 고국에 돌아오셔서 다시 예와 같이 손잡고 나라와 겨레를 위해…." (77.1.17. 김재규가 보낸 편지)

김재규는 한 달 뒤에 또 정중하고 부드러운 편지를 김형욱에게 보냈다.

"사필귀정(事必歸正)을 신념으로 삼고 지금까지 지켜온 김형욱 부장의 침묵을 귀국이라는 행동으로 깰 때가 됐다고 확신하고 있습니다. 싱긋이 웃으며 김포공항의 트랩을 내리는 김 부장의 그리운 모습을 생각…." (77.2.14.)

남산은 대미 로비가 사건화된 76년 가을부터 김형욱의 행동에 주목하기 시작했다. 김형욱만이 알고 귀띔해 줄 만한 비밀들이 미국 신문에 새나가고 있었던 것이다.

그래서 김재규가 편지를 쓰고 김동조, 한병기, 김종필 등에게 부탁, 김형욱의 귀국을 간곡히 권유했던 것이다. 또 백두진, 정일권, 장경순도 그를 달래보았다.

JP는 77년 초 로스앤젤레스와 샌프란시스코 사이에 있는 페블비치에서 김형욱을 만나 달랬다. JP는 중남미와 아프리카 16개국을 대통령 특사로 돌던 참이었다.

JP 증언.

"뉴욕으로 전화로 불러내 만났다. 그 전부터 비상한 자라고는 생각했지만 썩 심리 상태가 불안정한 듯했다. 나는 그에게 '다같이 박 대통령을 지도자로 모시고 혁명한 처지에 누가 무슨 말을 해도 너나 나는 험담해선 안 된다. 있는 소리 없는 소리 떠들고 다니는 것도 그만두고 이제 귀국해야 할 게 아니냐'고 했다. 당한 걸로 치면 내가 너한테 당한 것보다 더할 것이냐, 뭐가 그리 맺힌 게 있다고 그러느냐고 타일렀다. 그랬더니 그가 서울에 갈 명분이 없다고 해서, 미주 지역 어느 곳 대사라도 시키면 될 것 아닌가 하고 박 대통령에게 건의했다. 결국 김형욱은 안 오고 말았는데 김재규가 편지를 써서 설득하는 과정에서 뭐가 틀어졌다는 얘기였다."

77년 가을 남산차장보 윤일균도 김재규의 명을 받아 뉴욕에 갔다.

김형욱이 본국의 특사 중 뉴저지 알파인 저택에까지 출입을 허용한 것은 윤뿐이었다.

윤은 약속대로 남의 차를 빌려 타고 중간 지점에 갔다. 김의 아들이 자기차에 태워 집까지 안내했다.

김의 부인 신영순이 반갑게 맞았다. 황해도 안악(安岳) 출신인 윤은 신천(信川) 출신 김 부부를 잘 아는 처지였다.

"사모님, 오랜만입니다. 빈대떡이나 좀 부쳐주십시오."

윤은 고국 선물로 갖고 간 잣 한 상자를 내밀었다. 신 부인이 김형욱의 눈치를 살피며 받았다.

김이 미리 쐐기를 박았다.

"윤 장군, 박정희가 시켜서 왔겠지만 날 설득하려 하지 마오. 고향 얘기나 하고 가라고…."

김은 권총을 꺼내 탁자 위에 놓더니 말했다.

"벽에도 아홉 자루가 당신 지켜보고 있어!"

"왜 이러십니까. 총 넣으세요. 나한테 뭐가 서운합니까. 요구가 뭡니까. 63년도에 김재춘 씨 후임으로 김 부장이 올 때 지프에 김형욱 중령을 태우고 남산으로 처음 운전해서 간 게 바로 윤일균입니다."

그렇게 시작된 대화는 9시간을 끌었다. 김형욱은 회고록 출판에 대해 막무가내였다.

"윤 장군. 날더러 돈까스라고 하는 놈들이 있지만 난 비상해. 다 기억하고 있어. 우습게 생각하면 안 돼."

윤은 이튿날 또 찾아가 7시간 동안 회고록 중단을 종용했다.

"결국 '몇십만 달러'를 달라고 하는 얘기가 나왔고 회고록을 중단하기로 약속이 됐다. 원본을 회수해서 우리에게 주고 사본은 그가 책임지고 없애는 조건이었다. 그가 넘겨준 원본은 4백자 원고지에 정서한 것으로 믿을 만한 것이었다. 남산에서는 그가 원한 액수를 일시에 다 주진 못하고 몇만 달러씩 주었다.

그러나 김은 일부러 사본을 남겼던 것 같다. 그것이 화근이었다. 김은 미국에 있는 동안 실명예금을 한 적이 없었다. 모든 돈을 현찰로 은행의 지하금고에 담아놓고 혼자서 꺼내 생활비나 용돈으로 쓰곤 했다. 그는 의심이 많기 때문에 미수사정보기관에도 꼬투리 잡힐 일은 않는 용의주도한 사람이었다.

말하자면 최후의 무기로 회고록 사본을 남겼는데 그만 그것을 주변 사람들이 출판해버린 것이었다. 78년 일본에서 회고록 1권의 요약분이 처음 나갔을 때 김형욱도 당황해 했다."(윤씨)

일본의 잡지 《창(創)》에 요약분이 터져나가자 남산은 발칵 뒤집혔다. 윤 차장보가 직접 김형욱과 통화했다.

"윤 장군, 나도 당했어. 나도 모르게 카피가 여러 개 됐던가 봐. 난 정말이지 약속 지키려고 했어."

적어도 김형욱의 그 말은 진실처럼 들렸다고 윤씨는 회고하고 있다.

김형욱 치기 위한 입법

77년 12월 서울에선 김형욱을 응징하려는 법이 논의되고 있었다.

반국가 행위자 재산 몰수에 관한 특별조치법.

이른바 '반국가적 행위를 저지르고 외국에 망명해서 귀국하지 않은 자의 연금과 통장을 포함한 재산을 특별위원회 심사를 거쳐 몰수'한다는 법안이었다. 보복적인 소급입법 시도였다. 그러자 유정회의 율사들까지도 이의를 제기, 소급입법은 않기로 했다.

그 대신 법원에서 궐석재판을 통해 재산을 몰수하기로 하고 법을 만들었다.

한편 김형욱을 달래서 회고록 출간을 막아야 할 남산도 이 입법을 탐탁찮게 여겼다고 한다. 그러나 77년 12월13일 통과된 법은 12월31일 '대외비(對外秘)로 공포'되었다. 김형욱을 되도록 자극하지 않는다는 계산에서였다.

이 법을 김형욱 재산에 적용한 건 뜻밖에도 유신정부가 아니라 5공이었다. 유신 말기 김형욱 회고록을 둘러싼 비밀 흥정이 오가던 중 결국 박 대통령이 사망했고, 김이 실종돼버려 이 법이 활용될 수 없었던 것이다.

82년 3월 검찰은 '영구행방불명자(行不者)' 김형욱을 이 법에 따라 기소, 법원은 징역 7년 자격정지 7년을 선고했다. 그리고 거기에 터잡아 김형욱 명의의 서울 삼선동 주택(450평), 신당동 대지(500평), 성북동 임야(900평), 파주 임야(4정보) 등 부동산을 모두 몰수했다.

김의 부인 신영순 씨는 6공이 들어선 90년 5월 변호사를 내세워 재산 회복을 위한 소송을 냈다.

78년 김형욱 회고록 파문 속에 코리아게이트는 수습 국면으로 접어들었다.

78년 2월28일 박동선은 미 상하원 윤리위에서 비공개 증언을 했다.

그러나 미 의회도 기실 중정 에이전트(요원)가 아니었던 그를 에이전트로 입증할 도리는 없었기 때문에 증언은 싱겁게 끝났다. 박이 뿌렸다는 돈도 점점 축소되었고 76년 이전까지 박의 정치헌금은 법으로도 허용된 것이었다.

7일간 40시간에 걸친 박동선 비공개 증언은 결국 요란한 잔치 먹을 것 없다는 식의 태산명동 서일필(泰山鳴動 鼠一匹)격으로 끝났다. 4월3일 시작된 공개 증언에서도 박은 특별검사 재워스키의 발톱을 요령껏 피했다. 4월8일 김한조도 유죄평결을 받았으나 엄청났던 코리아게이트 보도를 뒷받침할 만한 증거는 잡히지 않았다.

그러자 특별검사 재워스키는 전 주미 대사 김동조의 증언을 요구하고

78년 코리아게이트 수습의 마지막 고비는 김동조 전 주미 대사(정몽준 의원의 장인) 증언 문제였다. 특별검사 재워스키는 김씨의 증언을 요구하다 한국 측의 반대에 부닥치자 물러나 버렸다. 사진은 73년 주미 대사에서 외무장관으로 기용돼 귀국하는 김씨(가운데). 그와 악수하고 있는 최광수 씨, 뒤쪽에 한병기, 이범석 씨의 모습도 보인다.

나섰다. 뉘른베르크 전범 재판과 워터게이트 도청 사건을 파헤친 영웅 재워스키는 코리아게이트가 용두사미(龍頭蛇尾)로 흘러가자 초조해졌는지도 몰랐다.

재워스키는 "전 주미 공보관장 이재현(李在鉉·73년 망명)이 하원 윤리위 증언 도중 '내가 재직 중 김동조 대사가 봉투에 현금을 넣어서 의사당으로 가는 걸 보았다'고 했으니 증언해야 한다"는 주장을 폈다.

한국 측은 대사 재직 중의 문제에 대한 외교특권 침해라면서 결연히 거부했다.

재워스키는 78년 8월 특별검사 자리를 물러났다.

78년 11월의 미국 중간선거를 앞두고 코리아게이트에 대한 관심은 시들해지고 있었다. 프레이저 소위는 78년 10월31일 한국관계 종합보고서를 발표, 18개월간의 집요한 조사활동을 마감했다. 이 소위는 78년 7월과 8월 김형욱을 불러 그의 재산관계 등도 캤다.

김동조 증언 문제는 결국 그가 사신(私信)을 미의회에 보내 해명하는 방식으로 타결되었다. 김용식 대사 등의 노력이 돋보이는 대목이었으나 배후에는 역시 중정도 뛰고 있었다.

78년 11월25일 정보부장 김재규와 차장 이철희(그는 12월에 유정회 의원이 된다)는 차장보 윤일균을 급히 찾아 워싱턴으로 가라고 했다.

"철군 및 추가군원 문제가 시급하니 한미 간의 문제를 조속히 처리하도록 미 CIA에 협조요청하라"는 지시였다.

윤은 카터 대통령의 심복인 CIA 국장 터너(해군제독 출신)를 만나러 가면서 일부러 한국산 자수정 목걸이 등 선물을 사갔다. 한국인의 습관과 코리아게이트의 배경을 설명하기 위해서였다.

78년 11월28일 윤을 맞은 터너는 선선히 그것을 받았다. 윤의 '도박'은 성공한 것이었다. 터너는 "코리아게이트의 내용은 잘 알고 있다. 합리적으로 끝맺도록 카터 대통령께 권유하겠다. 이제부턴 한미 관계가 중요하다"라고 말했다.

터너는 차장 갈루치에게 지시해 그날밤 한미 CIA 친선파티를 열게 했다. 윤은 박 대통령과 통화, "만사는 잘 되었으니 안심하십시오"라고 했다.

78년 12월6일 미 하원 윤리위는 한국 로비에 관한 최종보고서를 채택하면서 조사를 끝낸다고 발표했다.

| 제19장 |
혁명도 유신도 총성에 쓰러지다

김재규의 청구동 JP 가택수색

78년 1월 서울 청구동 김종필 의원 집에 정보부장 김재규가 나타났다. 국무총리를 그만둔 뒤 유정회 평의원으로 소일하던 JP의 집을 정보부가 덮쳐 요란한 가택수색을 벌인 뒤였다.

화가 난 JP가 김재규에게 쏘아붙였다.

"당신들 해도 너무해. 내가 무슨 죄가 있다고들 이러는 거야! 내가 불충을 했나. 또 불충할 사람인가. 내가 당신네 기관을 만든 사람인데 그래, 무슨 음모라도 했더란 말이오? 내가 조사 대상이야?"

그의 아내 박영옥도 눈물을 쏟으며 항변했다.

김재규 부장이 말했다.

"각하(그는 죽을 때까지 JP를 그렇게 불렀다), 초대 정보부장을 지내셔서 잘 아

박정희 대통령은 JP를 의심하고 정보기관을 동원해 감시하곤 했다. 측근들은 "박 대통령은 JP에 대해 콤플렉스를 갖고 있었다. 5·16에도 당초 회의적인 박 장군을 설득하고 끌어들인 게 JP였고, JP의 용모와 언변이 뛰어난 점도 싫어했다."고 배경을 풀이한다. 사진은 72년 1월 4일 하례식.

시지만 정보부장 직무는 두 가지입니다. 하나는 공산당 잡는 거고 다른 하나는 대통령 각하를 철두철미하게 모시는 것입니다. 만일 각하를 포함해서 누구라도 다른 생각을 가진다면 이 김재규가 용납하지 않을 것입니다."

 JP의 기억에 의하면 그것이 박정희 대통령 시절 '조카사위에 대한 세 번째 가택수색'이었다.

 이 세 번째 수난에서 가장 고생한 JP계는 김진봉(당시 유정회 의원·명지대 부총장 지냄)이었다. 그는 무려 보름 동안이나 정보부에 시달렸다.

 JP의 돈 관계를 비롯해 야당의원, 심지어 미국대사관 사람들과의 접촉에 이르기까지 캐고 또 캤다. 그리고 JP 사돈인 벽산그룹 회장 김인득(金仁得·JP 처제가 김씨의 둘째 며느리), 미도파 회장 박용학(朴龍學), J모직 사장 이은택(李股澤), 육사8기 출신 실업인 임달순(林達淳) 등이 "JP에게 정치자금 얼

제19장 혁명도 유신도 총성에 쓰러지다 | 695

마 댔느냐"는 추궁을 당했다.

　JP의 서산목장을 농수산부장관 최각규(崔珏圭)의 안내로 둘러본 적이 있던 전재구(全在球·당시 유정회 의원)에게도 정보부 정치과장 김정섭(金正燮·79년 10·26때 차장보)이 찾아와 '진상조서'를 받아갔을 정도였다. 68년 복지회 사건의 재판이었다.

　정보부는 'JP가 78년 대권을 꿈꾸고 정치공작을 해왔다'는 전제하에 청구동집을 뒤지고 '씨가 마른' JP맨들을 쥐어짰으나 아무것도 나오질 않았다. 애당초 잘못된 정보에 바탕한 조사였기 때문이다. 아니면 거짓정보에 박 대통령이 신경과민이 되고 정보부가 놀아났거나….

　이 무렵 박 정권의 '정보 중독 증상'에 대해 뜻밖에도 김대중 씨가 생생한 기억을 갖고 있다.

　"72년 유신 이후 정보부의 역기능이 두드러져 보였다. 나는 세계 인권선언 기념일이 언제인지도 모르고 동교동에 갇혀 책이나 보는데 갑자기 남산 사람이 와서 '12월10일 인권선언 기념일에 중대 성명을 낸다는데 사실이냐'고 물었다. 자기들끼리 개연성을 갖고 정보를 써내는 듯했다. 어떤 때는 '백낙준 씨와 기독교민주당을 만들기로 했느냐'고 터무니없는 추궁도 했다. '아, 박정희 씨도 정보 만능으로 가더니 거짓 정보에 놀아나는구나' 하고 생각했다. 정보부, 보안사, 경찰 등 정보원을 많이 거느리다 보니 그들끼리 경쟁이 생겨서 새 정보가 안 나오면 지어내서라도 보고할 수밖에 없었을 것이다. 그리고 정보활동을 하는 자가 상부의 의중 희망사항을 알고 구미에 맞게 쓰면 벌써 역기능이 생긴다. 박 대통령이 김대중을 미워한다니까 그런 정보만 써냈다. 그런 타성은 90년대 안기부에까지 이어졌다고 확신한다."

　정보기관이 집권자 보위기구로만 움직일 땐 언제나 희생자가 생겼다.

유신체제는 차지철 경호실장(오른쪽 끝), 김재규 정보부장(왼쪽 세 번째)의 충성 경쟁으로 황혼을 재촉했다. 사진은 75년 시방 공사 현장에서 찍은 것.

집권자가 권위주의적이고 총명이 흐려진 채 '충복(忠僕)'에만 끌려다닐 때 정보 정치의 폐해는 더욱 컸다.

JP와 김진봉은 77년 까닭 없이 당했다. 나중에 오해가 풀린 뒤 김재규의 해명에 의하면 스토리는 이랬다.

'박 대통령은 김 부장을 불러 '내가 김진봉이를 국회의원까지 시켜 주었더니 맨날 김종필을 대통령시킬 궁리만 하고 다닌다는데 잡아다 조사해 봐'라고 했다는 것이다. 김 부장이 각하에게 보고한 쪽을 알아보니 경호실 차지철 실장이었다고 했다. 근혜 양과 가까운 **최태민** 목사가 'JP는 78년 대통령이 될 꿈을 갖고 뛴다'고 차 실장에게 얘기해 차가 박 대통령에게 보고했다는 것이다. 그게 김재규의 얘기니까 어디까지가 사실인지 알 수는

제19장 혁명도 유신도 총성에 쓰러지다 | 697

없다."(김진봉 씨 증언)

그러나 JP 측에서는 차지철 실장에의 정보 공급책 이규광을 의심도 한다.

78년 1월 정보부장 김재규는 청구동을 다녀간 뒤 2월께 다시 나타났다. JP가 퉁명스럽게 말했다.

"오늘은 또 왜 왔소."

"각하께 드릴 말씀이 있습니다."

"각하(박 대통령)는 한 분밖에 안계시니 그렇게 부르지 마시오."

"그래도 습관이니… 받아주십시오. 오늘은 중대한 말씀이 있습니다."

김재규는 정보부에서 박 대통령 종신집권계획을 만들어 수행하겠노라고 했다.

"이승만의 집권 시 나이에 비하면 박 대통령은 20년 이상 정정하게 일할 수 있다. 여하한 난관도 이기고 박 대통령을 보좌할 책임이 정보부에 있다. 만일 거기에 장애가 있다면 지위고하를 막론하고 나 김재규가 나설 수밖에 없다."

대충 김은 그런 얘기였다. JP에 대한 일종의 협박이기도 했다.

JP는 속으로 "오늘로 세상이 끝나는구나" 하는 느낌이 들었다고 한다.

"78년 2월 김재규는 나에게 박 대통령 영구집권 공작을 할 테니 방해하지 말라고 협박하더니 79년 10·26사건을 냈다. 그리고 나선 오래 전부터 무슨 민주혁명을 꿈꾸었다고 그럴듯하게 픽션을 만들어 재판소에서 떠들었다. 나는 그가 차지철과 충성 경쟁에서 지게 되니까 빵 하고 차를 쏘고 뭐가 미우면 뭐도 밉다고 영감(박 대통령)까지 쏜 게 10·26이라고 믿는다." (JP 증언)

77년 말 벌써 집권 16년을 넘기고 있는 박정희는 측근과 '정보'는 믿고 반대자와 '정치'는 혐오했다. 김재규 같은 동향 동기(육사 2기), 그리고 차지철 같이 정권 뒤엎지 않을 '편한' 충복들에 지친 심신을 맡기고 있었다.

박정희의 정치기피, 정치인 혐오

그의 '정치' 기피증과 정치인 혐오는 대단했다.

"야당은 입만 열면 정치 부재라고 하더니 막상 국회를 여니 할 말은 다해. 여당의원들은 내 눈치 보느라고 말을 않지만 속셈은 국회에 국정감사권이 부활돼 암행어사처럼 쟀으면 하고 바랄 거야. 여당의원도 간섭없이 자유의사로 묻는다면 국정감사권은 국회에서 여야 만장일치로 통과될 거야. 내가 알지. 그러나 우리 형편에 국회는 국정감사가 없는 지금 정도가 좋아." (78.1.11. 청와대출입기자와의 오찬에서)

그런 박정희를 정치학자 **양성철**(DJ정부 때 주미대사와 국회의원 역임)은 "정치적 몽둥이와 경제적 홍당무를 끊임없이 바꿔 쓸 수 있는 직업적 군인이었으나 공개 정치에 익숙하지 못했고, 반대의 의미와 존재를 이해하지 못했다"고 썼다 (《박정희와 김일성 비교분석》).

5·16 이후 박정희 정치의 특징은 '친위 정보기구를 통한 정치 인멸(湮滅)'이었다. 정보부를 비롯한 권력기구, 행정 체계 및 돈을 총동원해 선거의 공정성을 무너뜨리고 공작으로 정치 타협의 룰을 훼손했던 것이다. 그 결과 많은 여당 정치인은 힘에만 빌붙고 야당 정치인은 돈과 공작에 놀아나는 천박한 존재로 굴러 떨어졌다.

박정희는 스스로 빚어놓은 그 천박한 정치와 정치인상에 또 역겨움을 표했다.

"이효○이나 이철○ 같이 정치하는 사람들은 사기꾼 같아." (78.9.30. 저녁

청와대 출입기자들에게)

박정희는 기본적으로 정치인이란 감투나 모리(謀利)를 좇는 위선의 화신이요, 국회는 시끄럽기만 한 말썽꾸러기 아수라판으로 느낀 것이 아닐까.

박정희는 78년 10월11일 월례 경제동향 보고를 받고 나서 정부 여당 간부들에게 말했다. 일전 국회에서 신민당의 **박병배**(朴炳培)가 **최규하** 국무총리와 장관들에게 험담을 퍼부은 것에 화가 났던 모양이었다.

"야당이 국회에서 떠들면서 이놈 저놈 했다는데 그런 일 또 있으면 국무위원들을 철수시키겠어. 뒤늦게 들어서 내가 참는 거야. 양반이 종놈에게 하는 식인데 그건 자유당 때부터 내려온 습성이지. 야당은 자유와 인권을 떠들면서 장관에겐 그것도 없다는 말인가. 어떻게 국회 버릇을 고치지?

(이효상, 백두진 의원을 향해서) 야당 당수와 국회 부의장에게 이 얘기를 꼭 하시오."

사리에 맞는 말이긴 했지만 국회와 야당의원을 적대시하는 톤이 배어 있다.

'정치' 대신 '정보'를 택한 박정희식 통치의 그늘에 이규광 사설정보대가 발붙일 수 있었다. 중정간부를 지낸 정(鄭)모씨의 증언.

"우리도 어렴풋이 차 실장 밑의 정보조직 얘기만 들었는데 10·26 후에야 정(鄭)이라는 준위 출신을 만나 효자동에 이규광 팀이 있었다는 걸 확인했다. 10여 명이 본부에 있었고 지방은 전현직 정보기관 출신 세포조직을 활용했다고 한다. 주로 정치인이나 고급공무원들의 부정 비리 약점을 캐는 일이었다고 했다."

박 대통령은 정보부 보안사 검찰 경찰 등의 정보기관이 있지만 부정비리를 캐려면 그런 공식적이고 방대한 조직은 비효율적이라고 보고 이규광 별동대를 썼다는 얘기다.

이규광 씨의 가족들도 비슷한 증언을 하고 있다. 가령 차 실장이 78년 12월 여의도 이씨의 아파트까지 직접 들러 박 대통령을 만나게 하고 부정축재 조사라는 미션을 맡겼다는 것이다.

이규동(전두환 전 대통령의 장인·육사2기), 이규승(육사 7기). 이규광(육사 3기) 3형제 가운데 막내인 이규광은 헌병병과에만 있어서 시종 정보를 다룬 경험이 풍부했다. 이씨 형제들은 50년대부터 육사 11기생도 전두환의 군부 내 보호자가 되고 후견인이 되어 전을 끝내 대통령으로까지 밀어올렸다.

79년, 그러니까 10·26 직전 전 보안사령관과 그의 처삼촌은 박 대통령의 비호하에 실력자들의 역학관계와 '검은 데'를 캐고 있었다.

그것이 박정희 사후 전두환 장군의 권력장악에 상당한 힘이 되지 않았을까.

차지철 하기식 제병 지휘한 전두환 차장보

일본인으로 구보 마사오(久保正雄)라는 정상(政商)이 있었다. 그는 인도네시아 전문 장사꾼이었다.

77년께 구보가 서울에 와서 야인 JP에게 나직이 한 말이 있었다.

"박정희 대통령은 곧 끝날 거요. 골프장에 그분이 가시면 몇 미터 간격으로 경호원이 늘어서 있더군요. 인도네시아의 수카르노 정권 말년이 꼭 저랬습니다."

그 무렵 박 대통령이 총명을 잃어가는 행동이 여기저기서 나타났다고 목격자들은 증언하고 있다.

78년 말경부터는 박 대통령이 오전 11시가 되도록 장관들을 만나지 않고 차지철 경호실장과만 집무실에 앉아 있는 경우가 잦아지고 있었다.

"경호가 과잉이 되면 차를 말려야 하고 마음 편한 상대만 대할 게 아니라 귀를 열고 여러 군데 얘기를 들어야 할 텐데 박 대통령은 그와 반대로 나아갔다. 원래는 그런 분이 아니었는데 유신 말기엔 자만과 독선에 빠지고 맹목적인 얼간이들에게 포위돼 무너져갔다"고 JP는 회상했다.

78년 무임소장관이었던 김용태 씨도 생생한 기억이 있다.

부마사태로 뒤숭숭하던 79년 10월17일 청와대에서 열린 유신 7주년 기념식, 빛나던 박 정권 18년이 서산에 뉘엿뉘엿 지고 음산한 어둠이 깔려오던 때였다.

"김 장관, 대통령의 정무보좌 역할을 하는 무임소장관이 왜 안 올라와? 이게 얼마 만이야."

박 대통령이 탓하듯 말했다.

"뵐 수가 있어야지요."

"무슨 소리야. 김 장관이 날 못 만난다니…."

박 대통령도 믿을 수 없다는 듯 말했다. 그러나 그건 사실이었다.

김용태는 차지철의 미움을 받아 청와대에 발을 들여놓을 수가 없었다.

차지철의 하기식 사열을 비판하며 참석하지 않는다는 이유로 김을 배척, 각하를 뵐 수 없도록 갈라놓았던 것이다. "국가원수 경호 목적이라면 무엇이든 할 수 있는 경호실장의 권한이, 문고리 권력이 참으로 막강하다는 걸 그때 실감했다"고 김씨는 밝히고 있다.

그런 정도였으므로 김재규 정보부도 맥을 못추고 겉돌 수밖에 없었다.

74년 경호실장에 오른 차지철은 차장 밑에 행정차장보, 작전차장보를 새로 만들어 현역 준장으로 앉혔다. 경호실차장도 현역 소장을 앉혔다. 나중엔 별 셋 차장(次長)도 생겼다.

78년 역대 경호실 작전차장보 훈장 수여식에서 박 대통령이 노태우 장군과 악수하고 있다.

청와대 내외 경비병력인 수경사 30경비단과 33경비단을 대대급에서 여단급으로 격상시켰다.

경호실차장으로는 **정병주**(육사9기), 문홍구, 이재전(이상 8기) 등이, 작전차장보로는 **전두환, 노태우, 김복동**(이상 육사 11기) 등이 차례로 기용됐다.

'국기강하식'은 이러한 경호실의 병영화가 무르익은 77년경부터 경복궁 연병장에서 시작됐다.

대통령의 국군의 날 사열을 본뜬 이 하기식은 차지철이 사열관 자격으로 로열박스에 앉고 국회 요직, 공화당 간부, 장관 등을 주변에 세워 진행했다. 정예 부대인 수경사, 30·33경비단, 공수단, 특경대 등이 경호실 화기를 도열해 놓고 벌이는 멋진 하기식은 차의 권위를 한껏 드높였다. 나중에 5, 6공의 대통령이 되는 작전차장보들이 우렁차게 제병지휘를 했다.

경호실장 차는 민간인으로서 군지휘권도 갖게 된다.

정승화 씨의 증언.

"79년 2월 내가 육참총장으로 가서 보니 수경사를 경호실장이 지휘할 수 있도록 돼 있었다. 대통령령으로 민간인인 경호실장이 '경호 목적상 필요한 경우 수경사를 지휘할 수 있다'고 되어 있었다. 박 대통령은 잘 모르고 서명하신 게 아닌가 생각했고 고쳐야겠다고 마음만 먹고 있다가 10·26을 맞았다."

박 대통령은 장기집권 탓인지 10·26에 가까워지면서 국가와 자신을 혼동하는 경향도 보였다. 그리고 잘 훈련된 특전사 병력을 주머니의 호신용 권총 뽑듯 부리는 경향도 있었다.

79년 10·26 직전의 부마사태 때 그는 육참총장 정승화, 경호실장 차지철이 함께 있는 자리에서 차지철에게 외쳤다.

"이봐, 공수단을 뽑아보내."

정승화가 말했다.

"각하, 공수단은 육참총장이 지휘하도록 돼 있습니다."

박 대통령은 "그렇던가?" 하면서 씩 웃었다고 한다. 특전사령관 정병주는 자신도 모르게 부대가 부산으로 징발된 뒤 허둥지둥 현지로 날아갔다고 한다.

차는 그토록 엄청난 박정희의 신임이라는 '힘'을 받고 있었지만 외형상 경호실이라는 작은 기구를 움직였으므로 손발이 모자랐다.

힘은 돈을, 돈은 사람을 불러모았다.

"차 실장 휘하에 정보처라는 공식 기구가 있었지만 인원이나 장비 면에서 보잘것없었다. 그러다 보니 이규광 팀도 활용하게 되고 국회 야당 공작에는 주로 공화 유정회의 심복 의원을 썼다. 백(白), 문(文), 장(張), 강(姜), 고(高), 윤(尹), 이(李)모 의원 등 10여 의 차 실장 직계인사들은 그 시절 힘과 돈깨나 썼다. 그리고 청와대 비서실이 차 실장을 돕고…." (79년 정보부 간부 Q씨 증언)

차를 편애하는 박 대통령의 용병(用兵)은 자존심 강한 정보부장 김재규를 자극했다. '버러지 같은 자식'이라고 마지막 순간의 증오가 폭발하기까지 김재규로서는 차지철에 관해 한 많은 사연을 켜켜이 쌓아갔다.

69년 정구영 집 앞의 김-차 격돌

10·26보다 무려 10년을 거슬러 올라간다. 69년에도 두 사람은 온건-강경으로 갈려 삿대질을 하고 싸웠다. 민주공화당 초대 총재 정구영이 3선개헌을 반대하자 정구영을 설득하는 특사로 나선 김재규·차지철의 다툼은 신기할 정도로 10년 후의 스파크를 예고한다.

목격자는 **예춘호** 전 의원.

69년 여름 공화당 내의 개헌당론이 통일되지 않고 있을 때 개헌을 반대하는 JP계 캠프는 북아현동 정구영 집이었다.

정, 예 등이 개헌반대 전략을 짜던 어느 여름 밤 보안사령관 김재규(68년 10월부터 재임)가 찾아왔다. 그는 매우 공손하게 정구영에게 큰절을 하고 말했다.

"아버님, 제발 대통령 각하를 잘 받들도록 도와주십시오. 나라를 위해 4년 임기만 늘리자는 것인데 이해해 주십시오."

김재규가 정구영을 '아버님'으로 부르는 까닭이 있었다.

정구영의 넷째 아들 만영(晩永)이 김의 친구였다. 육사 2기 박정희, 김재규 동기였던 정만영은 여순반란사건에 가담해 불명예 제대하고 6·25 이후 행방불명되었다. 그리고 김의 동생 김항규(金恒圭)도 정구영의 5남 춘영(春永)과 친구였다. 그래서 김은 항상 정구영을 어려워하고 깍듯이 대했다.

그날 밤 그 자리에 국회 외무위원장 차지철이 들이닥쳤다. 그는 박정희의 심부름으로 일전 정구영을 속리산까지 쫓아가서 자신의 첫 결혼의 주례 선생이기도 했던 정을 윽박지른 적이 있었다.

"탈당을 하시든지 순종하시든지 선택하셔야지요. 대통령 각하도 그렇게 권고하셨지 않았습니까."

차는 눈을 부라리며 말했다.

민망해진 보안사령관 김이 차에게 눈짓을 보내고 자리를 떴다. 차도 따라 나갔다. 한참 뒤 예춘호가 대문 밖을 나가보니 두 사람은 승용차 안에서 그때까지 삿대질을 하며 싸우고 있었다.

"야, 연로하신 분에게 그렇게 무례할 수 있나. 공화당을 창당해주신 총재 아닌가 말이야."(김)

"각하 심부름을 하려면 똑부러지게 해요. 보안사령관이 그렇게 흐물흐물하니까 저따위(개헌 반대자)들이 당내에 아직도 있는 게지."(차)

차는 쏘아붙이고 떠나버렸다.

김은 "대위 주제에 언제부터 하늘 높은 줄 모르고…"라며 분을 삭이지 못했다. 김은 늘 장군 예편한 자신과 공수단 대위로 5·16에 참여한 차가 동렬에 놓이는 게 마땅치 않았다. 예춘호 씨의 얘기는 계속된다.

"보안사령관 김재규와 국회 외무위원장 차가 비둘기파, 매파로 갈려 싸운 것은 10년 후 10·26때도 비슷한 게 아닌가. 정보부장 김은 10년 전처럼 조직과 부하가 방대한 보스이고 차는 경호실장으로 단출한 손발을 지녔으면서도 박 대통령의 신임을 더 받았으니까…. 그리고 야당과 김영삼 씨에 대해 김은 온건론을, 차는 탱크로 밀어붙이자는 강경론을 폈다. 북아현동에서는 삿대질이었고 궁정동에선 총질이 있었지만…."

김과 차가 항상 부닥치기만 했던 것은 아니다.

김재규의 부하들에 따르면 76년 말 김이 정보부장으로 갔을 때만 해도 경호실장 차와는 밀월관계였다고 한다.

당시 비서실장 **김정렴**과 부총리 남덕우, 재무장관 **김용환** 그리고 장덕진 등 노련한 문민(文民) 테크노크라트 실력자들이 군 출신 정보부장, 경호실장을 견제했기 때문에 보이지 않는 김-차 연대가 있었다는 얘기다. 군 출신 연대에는 서종철, 이세호, 노재현 등도 보조를 같이했다고 한다.

김정렴은 차가 75년 경호실장으로 들어가기 5년 전부터 청와대 밥을 먹기 시작했다.

김 실장이 나이도 머리도 위였다. 김 실장은 차가 국기강하식을 열어도 가지 않았고 청와대 주변에 군인과 전차를 자꾸만 긁어모으는 데도 탐탁치 않은 반응을 보였다.

김정렴은 정보부장 김재규에게도 만만찮게 굴었다.

남산부장의 위력 때문에 이권을 노린 장사꾼들이 김재규에게 들러붙었고 성격 '단순한' 사나이 김은 '도와주겠노라'고 하는 경우도 있었다. 그런 냄새를 포착하면 김정렴은 막강한 정보부장도 견제했다.

예컨대 제주지역의 관광단지에 수렵장을 개설하려는 H라는 업자가 있었다. H는 도지사 이모(작고)와 김재규를 통해 로비를 마쳤다. 대통령 현지 순시 중에 도지사가 업무추진 보고를 하고 'OK'가 나면 H가 사업을 벌일 참이었다. 박 대통령은 분명히 'OK'였는데 주무관청인 교통부(당시 최경록 장관)에서 세부 지침을 주지 않았다.

H가 교통부에 알아보니 비서실에서 김 실장이 빼버린 것 같다는 얘기였다. 내용을 알아본즉 김정렴 실장이 "호텔이나 하고 수렵장은 불가(不可)"라고 하더라는 것이었다. 이런 전후 사정을 듣고 정보부장이 청와대로 올라가 박 대통령에게 김정렴 실장의 교체를 요구하기도 했다.

그래도 버틴 비서실장 김정렴은 78년 12월12일 10대의원 선거 직후 정보채널의 집중 포격을 받고 밀려나게 된다.

국회 요직은 차 경호실장이 배치했다

권력세계에서 손잡았다가 등돌리는 속성은 예나 지금이나 참으로 흥미롭다. 고대 중국의 합종연횡(合縱連衡)이나 유신 말기 김재규-차지철 관계나, 심지어 박정희 정권을 승계한 '평생 동지'들이 5공파와 6공파로 나뉜 것이나 본질은 다를 게 없다.

79년 10·26 1년 전인 78년까지만 해도 김 정보부장과 차 경호실장은 그리 앙숙이 아니었다. 그들은 청와대비서실장 김정렴을 정점으로 한 경제 테크노크라트들에게 공동으로 대항했다.

끝내 김정렴을 거꾸러뜨렸다. 78년 12월12일 10대총선 '득표율 패배' 책임을 김정렴과 그의 경제팀에 돌려 포격했다. 부가가치세를 무리하게 도입해 민심을 이반케 했다는 것이다.

공화당은 총선 득표율에서 신민당에 1.1% 뒤졌다. 야당은 승전에 기고만장, 집권이 가까워진 듯 소리쳤으나 총선일로부터 꼭 1년 뒤 정권은 차 경호실의 작전차장보를 지낸 전두환 노태우 장군 손에 떨어졌다.

"선거에서 공화당이 과반의석은 확보했지만 득표율에서 야당에 1.1%를 졌다. 선거에 진 요인에 대해 김재규 부장의 정보부와 당 그리고 경찰에서 보고가 올라왔는데, 김정렴·남덕우·김용환·장덕진의 경제 정책이 잘못됐기 때문이라는 것이었다. 부가가치세 실시, 물가상승, 그리고 '노풍(魯豊)'이라는 새 품종 벼가 멸종되어 국민 불만이 커져 패배했다는 것이었다. 비서실장에서 물러나겠다고 각하께 말씀드렸더니 '임자가 무슨 책임이 있어'라고 했다. 그런데 같은 보고가 세 번이나 되풀이해서 올라왔다. 다시 '물러나겠습니다'고 했더니 주일 대사로 가라고…." (김정렴 씨 회고)

김씨는 모르고 있었는지 모르지만 경호실장 차지철도 '밀어내기'에 앞장섰다.

김재규 정보부의 측근들은 "차를 앞장세워 비서실장을 바꾸었다"고 말했다. 새로 비서실장에 오른 사람은 김계원. 김재규의 천거였을 것이라고 모두들 믿었다.

그리고 김재규-차지철 대립이 불꽃튀기 시작했다.

권부 깊은 곳의 파워 게임은 심해지고 민심은 돌아서고 있었다. 그것을 지켜본 보안사령관 전두환 소장은 "우군(友軍) 싸움이 김일성이와의 싸움보다 더 심하다"고 느꼈다(청와대 전 비서관 **김성익** 기록).

현역 해군 하사관(비행단 소속)이 '긴급조치 해제', '김대중씨 석방하라'는 벽보를 몸에 숨겨 국회의사당으로 들어가려다 붙잡혔다.(78.10.26.)

박 대통령도 물가 폭등에 관해 말했다.

"일전에 세수하다 라디오를 들었더니 주부가 나와서 하는 말이 '배춧값이 너무 비싸다. 한 포기에 천 원인데 차라리 돈을 씹어 먹는 게 낫겠다'고 해. 근혜와 근영이한테 그 얘기를 해주었더니 '독기(毒氣)가 서려 있네요' 하더군."

김재규와 차지철의 첫 갈등은 **백두진 파동**이었다.

79년 정보부장 김재규와 경호실장 차지철의 다툼이 "김일성과의 싸움보다 더 심했다"고 전두환 보안사 령관은 느꼈다. 사진은 77년 내무부 연두 순시에 참석한 박 대통령과 차 실장 박준규 공화당정책위의장 그리고 뒤에 전두환 작전차장보도 보인다.

차지철이 유정회 케이스인 백 의원을 10대 국회의장으로 밀자 신민당이 들고 나선 것이었다. 유신 정우회는 통일주체대의원회의라고 하는 관선조 직이 체육관 결의로 뽑는 의석 3분의 1을 차지하는 국회의원 모임이다. 지 역구 출신이 아니므로 대표성이 없다는 주장이었으나 내용적으로는 '부 (副) 각하' 차의 지명 케이스라는 데 대한 반발이 컸다.

백두진 파동엔 공화당 의원들도 심정적으로 동조했다. 김재규 정보부로 서도 차가 국회의 수족 백두진을 국회의장으로 미는 게 마땅찮았다. 국회 가 시끄럽기도 할 뿐 아니라 오래 전부터 백의원이 국회에서 '경호실장님 전상서'라는 편지를 써보내는 심복이라는 게 남산에 잘 알려져 있기 때문" (김재규의 비서였던 C씨)이었다. 또 다른 이유도 있었다.

"정치 전반을 떠맡은 정보부로서는 국회가 잘 풀리려면 의장이 야당의 인망을 사야 한다고 보았다. 그런데 초장부터 배척 운동을 받는 백 의원이 국회를 잘 끌어갈 리 만무한 게 아닌가. 그런데 차 실장은 막무가내로 '충성하니 밀어준다'는 식으로 갔다. 79년의 파탄은 그런 데서 시작되었다. 기구가 있고 인원 장비가 방대한 정보부는 공작도 하지만 그 결과와 책임을 의식하기에 김재규 부장으로선 신중할 수밖에. 그러나 차 실장은 공(功)만 있고 책임은 없는 처지니까 마구 들쑤시고…. 김 부장보다 선수 쳐서 보고하는 건수에만 신경 썼다. 망조가 든건지 총명하시던 박 대통령도 자꾸 차 실장에게 기울어져갔다." (김재규 비서였던 C씨).

신민당 내부도 시끄러워졌다.

강경파는 국회 불참을 주장했다. **이철승** 지도부는 당권에만 안주해서 단물만 빠는 '사쿠라'라는 비판을 받고 있었다. 창경원 벚꽃(사쿠라) 나무엔 누군가 '이철승'이란 명패 수십 개를 달았다. 더러는 '나무를 사랑합시다, 박철승'이라는 냉소적인 명패도 있었다.

백두진 표결 시에, 신민당은 강경 온건의 의견 대립으로 최고위원과 원내총무만 의장선출 본회의에 남아 있고 나머지는 퇴장하는 제한전을 택했다.

백은 끝내 의장이 되고 부의장엔 민관식, 고흥문이 뽑혔다. 김 정보부와 차 경호실의 대결에서 김이 밀린 것이었다. 국회상임위원장도 차지철 사람들로 메워졌다.

이만섭(李萬燮)의 증언.

"유신헌법의 대통령 임기 만료로 78년 12월27일 박 대통령은 제9대 대통령으로 재취임하고 79년 3월 10대 국회가 공식 출범했는데도 신명이 나질 않았다. 오랜만에 국회에 들어갔는데도 정권은 동맥경화중에 걸려 우울하기만 했다. 그래서 나는 야당에 득표율 1.1% 진 것을 쉬쉬하던 판인데 본회의에 나가 마구 떠들었다. 야당의석에서도 '옳소', '잘한다'는 소리가 나왔다." 이만섭의 발언(79.3.24) 도중 차의 심복의원 강 모는 서둘러 의사당 휴게실 공중전화로 경호실에 전화를 걸었다.

"실장님, 국회에 큰일이 났습니다. 이만섭이 야당보다 강하게 떠들어 국회가 발칵 뒤집혔습니다."

차보다야 늦었지만 김재규 정보부장, 김계원 비서실장, 유혁인 정무수석도 '이만섭 발언' 소식을 들었다. 각하에게 보고했댔자 복잡하기만 할 문제였다. 세 사람은 "할 얘기 한 거니 보고는 말자"고 담합했다. 내버려둘 차 실장이 아니었다.

이틀 뒤 '각하'가 육인수의 집으로 제사 지내러 갈 때 수행한 차 실장이 승용차 안에서 그 일을 고자질해 바쳤다.

'각하'는 유 수석을 찾았으나 없었다. 곧 당의장 서리 박준규를 전화로 불렀다. 징계위를 열어 이만섭을 제명하라는 분부였다.

박은 당의장실로 이만섭을 불렀다.

"각하께서 이 의원을 즉각 제명하라니…."

"바른말 한다고 제명이라니요. 어서 그렇게 해주세요. 당을 떠날 테니…."

"이 의원만 영웅 되고 당은 데미지를 입을 텐데…."

박준규는 지모를 발휘했다.

"이 의원이 각하께 사과드리는 편지를 올리지요."

이만섭은 박준규의 종용에 못 이긴 채 서신을 썼다. 기왕 자신의 입장을 떳떳이 '각하'께 밝히는 게 낫겠다는 생각도 들었다. 이는 죽다 살아났다. 김재규는 이만섭과의 점심 자리에서 말했다.

"차지철이 때문에 정치가 큰 문제요. 모든 걸 제멋대로 하니 골칫거리요."

"김영삼 고무되어 까불고 있다"

김영삼과 김대중에 대한 박 대통령의 감정도 날카로워져가고 있었다. 체제 절충적인 중도통합을 내건 신민당 이철승 지도부가 두 김에 의해 위기를 맞고 있음을 감지했을까. 득표율 1.1% 패배, 백두진 파동이 뭔가 불길한 조짐으로 느껴졌을까.

"김대중은 형 집행정지로 풀려나와 있는 상태니까 떠들면 언제든지 남은 형기를 감옥 살릴 수 있지. 언론이 백두진 파동을 세게 때리니까 김영삼이 고무되고 있는 것 같아.

만일 언론이 김영삼을 지지해서 나라 안전을 도모할 수 있고 국민이 행복하게 살 수 있다고 생각하면 밀어줘도 좋아. 언론이 중립적이어야지…. 동아일보 같은 데서 이번 백두진 파동을 세게 때리더군." (79.3.21. 박 대통령이 청와대 출입기자들에게)

그는 백두진을 옹호했다. 그건 차지철의 정보 보고 입력을 받고 있다는 증거였을까.

"백씨의 가족관계 같은 옛날 일(아들의 병역문제를 지칭)을 갖고 언론이 때리는 모양인데 그렇다면 김영삼이나 이철승이는 약점 없나? 김영삼이는 더 큰 약점이 있어!"

박정희는 맥주를 섞은 막걸리에 취기가 오른 듯 김영삼에 대한 막말을 해댔다.

"김영삼이는 현재까지 10여 건이나 법을 어기고 있어! 내가 잡아넣길 바라고 있지만 그 속셈 빤히 아는데 왜 잡아넣겠나? 5월 신민당 전당대회가 끝나면 이거야!"

박은 손으로 목을 자르는 시늉을 했다.

김재규 정보부장과 차지철 경호실장은 78년 힘을 합쳐 김정렴 비서실장을 밀어낸 뒤 둘이서 본격적으로 박정희 대통령의 신임 경쟁을 시작했다. 사진은 75년 10월 영동고속도로 개통식 때 찍은 것으로 오른쪽부터 박근혜, 전경환(당시 경호실 근무), 김재규 건설부장관, 박 대통령, 차지철 경호실장.

"인간성이 돼먹지 않았어. 김영삼이가 유신체제를 뒤엎겠다고 나설 때 우리는 '예', '예' 하고 있을 줄 알아? 지난번에 미국 가서 에드워드 케네디 만나 얘기를 한 게 있는 모양인데 지가 무슨 '한국의 호메이니'인 줄 착각하나?"

대변인 **임방현**(林芳鉉)이 격해진 각하를 위해 도움말을 기자들에게 보냈다. 홍보였다.

"이번에 미국의 홀부르크 차관보가 서울에 와서 박 대통령 각하 영도 아래 한국이 발전했다고 분명히 말했다. 한국 국내 정치는 한국이 알아서 할 일이고 또 공산정권이 아니라면 어떤 정권도 좋다. 인권 문제도 많은 진전이 있었다고 했다."

박정희와 김영삼, 그리고 친위대 김재규와 차지철의 대결이 뒤엉켜 속으로 타들어 가고 있었다. 대폭발이 다가오고 있었다. 박의 YS에 대한 목을 자르는 시늉은 충복 차지철 실장을 초조하게 만들었다. 5월의 신민당 전당대회는 김재규 정보부에 맡겨둘 일이 아니었다.

바로 그 무렵부터 청와대 비서실이나 남산 직원이나 김이 차에 밀리고 있는 것을 느꼈다. 김의 승용차가 청와대 구내 경호실장 방 입구에 한나절씩 주차해 있는 일도 있어 '바쁜 정보부장이 저래도 되나' 하고 생각한 비서도 있었다.

전화도 김 부장이 먼저 걸어 차 실장을 기다리는 처지였다. 그것이 분하고 억울했던 김재규 비서였던 육사 출신 K의 진술.

"경호실장에게 전화를 걸면 반드시 그쪽에서 우리 어른(金)을 확인, 기다리게 해놓고 차 실장이 나중에 받게 했다. 나이로나 뭐로나 너무 기막힌 일이었다. 어느 날 차 실장의 습성을 모르는 경호실의 육사동기 이가 받길래 미친 척하고 차 실장을 먼저 나오게 했다. 잠시 후 차 실장이 수화기 저쪽에 나오더니 어른(김 부장)이 아닌 걸 알고는 철컥 끊어버렸다. 이는 정강이가 까이고 초죽음이 됐다고 한다. 차 실장 말년에 자기가 기다렸다가 받는 건 지구상에서 대통령 각하 인터폰 하나였다."

김-차간의 일대 '스파크'가 가까이 오고 있었다. 79년 신민당 5·30 전당대회가 그것이었다.

차 실장이 남산 3국장 일을 다하고 있다

79년 10·26 사태 직후 계엄사 합동수사본부(보안사)에 끌려간 김재규 정보부의 외사국장 조(趙)모가 진술했다.

"79년 9월 하순 아침 회의에서 김정섭 제2차장보(정치담당)가 전후 관계

없이 '요새 차지철 경호실장이 내가 여기 3국장(국내정치담당) 때 하던 일을 떠맡고 있다'고 빈정대는 투로 말한 적이 있다. 4국장과 안전국장도 같이 들었다. 김 차장보는 또 회의 중 여러 차례에 걸쳐 '청와대 정무수석이 우리 정보부 일(정치정보 수집 및 공작)을 가로채 각하께 보고하고 있다'고 불만을 털어놓았다."

이처럼 '정치사령부' 남산이 청와대의 차 실장에게 일을 빼앗기고 끌려다닌 건 벌써 오래 전부터였다.

그해 5·30 신민당 전당대회때부터였다. 그 전당대회에선 김재규와 차의 암투가 불꽃을 튀기고 일대 스파크가 일어났다.

차는 정치공작을 주도하기 시작했고 전당대회 공작의 초점을 최고위원 신도환에게 맞추었다. 대표최고위원 이철승을 지원하더라도 김영삼에게 밀릴 공산이 있어 미심쩍었다. 그렇다면 대의원 100표는 되어 보이는 신도환을 잡는다는 게 차의 복안이었다. 그 공작은 대통령 박정희의 발언을 통해서도 감지되고 있었다.

"전당대회를 앞두고 신민당 안에서 이철승과 김영삼이 극단적으로 대립하니까 중간적인 입장을 취하는 신도환이 강세라고 해. 신도환 지지가 많다고 들었어. 신이 정통야당의 당수가 되는 것까진 문제가 있겠지만 그가 그 나름의 뭔가 있을 것 같아."(79.5.21 청와대 출입기자들에게)

차 실장이 돈을 써가며 신을 밀고 있으니 두고 보라, 신이 총재야 안 되겠지만 결선투표의 캐스팅보트가 되어 '김영삼 바람'을 누르고 이철승체제를 계속 유지시키는 거야, 그렇게 박은 시사하고 있었다.

그 무렵 박 대통령은 이렇게 말하곤 했다.

"유신체제 아래서 이 헌법 준수하겠다고 서약하고 국회 들어갔는데 이

박 대통령은 유신헌법과 체제에 도전하지 않는 이철승 신민당 대표를 치켜세우곤 했다. 사진은 77년 5월 이철승 대표를 청와대에서 맞는 박 대통령.

제 와서 유신체제를 부정해? 이철승 당수는 그 점(헌법 준수)을 분명히 하는 걸로 알아."

도전하지 않는 야당인사를 밀겠다는 그의 의지는 강했다. 79년 3월 백두진 파동으로 선명투쟁을 내세운 김영삼의 입지는 강화됐고 4월 신민당 지구당개편대회 이후 선명열기는 더욱 거세졌다. 대의원 분포에서 절대우위였던 이철승 대표계가 서서히 흔들리고 있었다. 그래서 원내의 김영삼, 원외의 김대중 세력에 대한 권부의 견제가 심해지고 있었다.

차는 신도환계 공작에 매달렸지만 정보부장 김재규는 달랐다.

"김 부장은 79년 5월 야당 전당대회때 차 실장을 비판했다. '차 실장이 신을 어떻게 조종했는지 모르지만 신이 무슨 보스야? 차라리 이기택만도 못한데…'라고 불평했다." (79년 10·26 후 합수부에서 정보부 김모 국장 증언)

김재규는 김영삼을 못 나서게 하는 데 주력했다. 물론 김재규도 신을 공략하기 위해 나선 적은 있었다. 김재규와 김정섭 차장보, 이화식(李和植) 정치과장이 신도환을 교대로 만났다. 그러나 김재규는 어느 순간 정면 돌파로 궤도수정, 공략의 포인트를 YS로 옮겼다.

김재규는 전당대회 며칠 전 김영삼을 만났다. 둘 다 금녕 김씨이고 김재규는 보안사령관 시절 종친회장도 지냈다.

"김 총재(김 부장은 YS를 그렇게 불렀다), 대통령 각하의 뜻이 확고합니다. 정권에 도전하면 그분이 가만 있겠습니까."

김영삼은 고개를 저었다. 김재규는 회유와 협박을 번갈아 했다. 총재경선을 포기해버릴 경우의 달콤한 반대급부를 제시했다. YS가 흔들리지 않자 박정희가 10여 건이라고 했던 약점과 위법사례를 들이대기도 하고, YS 측근의 비행(非行)조사서를 들이밀었다. 망신당하기 전에 경선을 포기하는 것이 이로울 것이라는 투였다.

YS의 회고.

'나는 오기가 치솟았다. 75년 신민당 총재로서 박정희와 청와대에서 영수회담을 했을 때 나는 그의 말을 신뢰했다. 장차 헌법도 고칠 것 같이 말하고 민주주의도 하겠다는 약속을 절절하게 해왔던 것이다. 그 결과 나는 당내에서 오해 받고 당권에서 밀리는 상처를 입었다. 그 이후 박정희는 나를 어떻게 대했는가? 나를 긴급조치 9호 위반으로 입건조사 후 기소하고 김덕룡 비서를 구속하는 등 온갖 배신을 자행했다. 그 배신감 때문에 투지가 되살아났다. 이번엔 물러서지 않겠다고 결심했다. 나를 어떻게 죽이려

해도 나는 죽지 않는다고 믿었다."

김재규의 살아 있을 적 증언은 다르다.

김재규는 5·30 전당대회 직전 김영삼을 성공적으로 공략했다고 10·26 이후 변호인에게 말했다. 변호인의 접견 노트에서 죽은 김재규는 말한다.

"나는 5·30 전당대회 직전 김영삼을 만났다. 장충동 나의 공관으로 비밀리에 오게 했다. 나는 '2년마다 하는 전당대회인데 뭘 그리 서두십니까. 천천히 해보십시오' 그러면서 김영삼의 실정법 위반과 그의 참모들의 비위 사실을 들이대며 어르고 위협했다. 결국 자기를 포함해서 참모들까지 불기소를 보장하라는 얘기까지 나와 극적인 합의가 이루어졌다. 그걸 들고 곧 청와대로 뛰어 올라갔다. 그러나 각하는 '총재 되지도 않을 자를 왜 영웅 만들어주느냐'고 역정을 내면서 '정보 좀 더 수집해. 안 돼!'라고 했다. 그래서 물거품이 되었다."

김재규, DJ 풀어줘 차지철을 견제

어쨌거나 박정희, 김영삼 두 사람은 서로를 불신하며 미워하고 있었다.

박의 오른팔 왼팔격인 김재규 정보부장, 차 경호실장은 카인과 아벨처럼 서로를 증오했다.

그러나 김영삼의 영원한 라이벌 김대중은 가택연금이라는 악조건 속에서도 YS를 돕고 있었다. 유신에 타협적인 신민당의 이철승 지도부를 무너뜨리는 데 두 김은 손을 굳게 맞잡았다.

정권과 야권의 이 백지장 같은 차이가 승부를 갈라놓았다.

다시 정보부 외사국장 조(趙)의 79년 말 계엄사 합수부 진술.

"79년 5·30 전당대회를 하루 앞두고 김영삼 측에서 중국집 '아서원'에 김대중을 참석시켜 단합대회를 연다는 첩보가 있었다. 정보부 각 국장들은 김정섭 차장보를 통해 김재규 부장에게 건의했다. '단합대회에 김대중(동교동 밖으로 못 나오도록 가택연금 상태였다)이가 참석하면 이철승 지지표가 감표되어 불리하니 강권을 발동해서라도 김대중의 외출을 막아야 한다'고 건의했다. 끝내 외출을 막지 못해 결국 정세가 김영삼에게 유리하게 전개되었다. 김영삼이 총재가 되고 오늘날과 같은 정치혼란 상태가 온 것은 김재규 부장 책임이다."

대회 며칠 전 윤보선, 김대중이 김영삼을 지지하고 나섰다. 이철승은 고흥문, 이충환, 유치송을 붙잡았다. 다시 김영삼은 김대중과 연대해 경선에 나선 김재광, 조윤형, 박영록, 최형우 등을 차례로 사퇴시켰다.

5월29일 D-1일. 이철승은 한일관에서, 김영삼은 아서원에서 자파 대의원 단합대회를 열었다. 이철승은 '위장선명 속지 말고 진짜 일꾼 찍어주자'는 자파 대의원의 환호 속에 열변을 토했다. "개헌만이 살 길이라고 외치다 핸들을 북한산으로 급하게 꺾다가 당을 파산상태로 끌고 간 게 누구야. 내가 하수도 인부처럼 일해 놓으니까 신민당이 잘되면 자기네 재야 입지가 약해진다고 건드리는 사람들이 있다."

YS와 윤보선, 김대중을 때렸다.

아서원 열기는 뜨거웠다. 대의원들은 유신 이후 매스컴에서 '사라진' 김대중의 얼굴을 마주하곤 흥분했다. 참으로 이상하게도 동교동 집을 나서는 김대중을 가로막는 사람이 없었다. 오랜만에 마이크를 잡은 김대중의 웅변이 장내를 사로잡았다.

"이철승씨의 중도통합론은 우선 말이 되질 않는다. 택시 합승을 하더라도 방향이 같아야 되는 것이다. 신촌으로 가는 사람과 동대문 가는 사람은 합승이 불가능하다. 길 가운데 중도(中道)에서 통합하는 이치는 그런 것

79년 초 두 김씨는 손을 잡고 유신체제와 타협적인 신민당의 이철승 지도부를 밀어냈다. 사진은 78년 12월 형집행정지로 풀려난 김대중 씨 집을 방문한 김영삼 씨.

이다. 독재는 북쪽이고 반(反) 독재투쟁은 남쪽인데, 정반대 방향으로 가는 사람끼리 어떻게 중도통합이란 말인가. 내일 전당대회는 친유신파와 반유신파의 대결이다. 반드시 김영삼 동지를 총재로 당선시켜야 한다."

5·30대회는 정치가 쓸려나간 폐허 위에 정치열기를 불사르기 시작했다. 야당과 재야 그리고 정보부나 경호실만의 관심이 아니라 국민의 눈과 귀를 모았다.

대회장은 이철승이 서울시 땅을 임대해 지하 1층 지상 5층(연건평 900평)으로 신축한 마포당사. 이철승은 다소 비좁기는 하지만 자신의 공으로 지은 깔끔한 신축당사에서 치르자고 고집했다. 김영삼측은 야당관례에 따라 넓은 시민회관에서 열자고 주장했으나 거부당했다.

그건 이철승에게 자충수가 되었다.

"돈을 뿌릴 수가 없었다. 소석(素石) 부대는 위아래 주머니에 빵빵하게 현찰을 넣고 대의원을 삶으려 했지만 게딱지만 한 마포당사의 화장실과 계단엔 눈에 핏발 선 김영삼계들이 감시하고 있었다. 대회가 끝나자 이철승과 신도환계에서는 당수 떨어지고 돈만 남았다는 우스갯소리도 나왔다." 당시 중정3국 관계자의 얘기다.

1차투표 결과 대의원 751명 중 이철승 292, 김영삼 267, 이기택 92, 신도환 87표. 모두 과반수 미달이었으나 예상외로 YS와 이기택의 쾌조였다. 공작을 바람이 누르는 증거였다.

그때 김대중의 쪽지가 이기택에게 들어갔다. "김영삼을 밀라"는 부탁이었다.

당사 바깥에 운집한 수천 학생 시민들이 "김영삼", "이기택"을 연호했다. '젊은' 이기택은 결국 YS를 택했다.

그 시각 신(辛)은 1차 투표의 결과에 낙담해 있었다. 100여 표는 훨씬 넘으리라고 믿었으나 휘하였던 이기택에게도 뒤진 게 낭패였다.

이철승은 목 타게 신도환과 그의 계보 신상우에게 지지선언을 해달라고 졸랐다. 그 시각 신도환의 대의원들은 흩어지고 있었다. 뒤늦게 이-신 합작을 선언했다. 그러나 너무 늦었다.

저녁 6시20분 2차 투표가 끝나고 결과가 발표되었다. 김영삼 378, 이철승 367. 대역전 드라마였다.

총재가 된 김영삼은 특유의 발음으로 외쳤다.

"이대(偉大)한 민껀(民權)의 승리다."

유신정권에 대한 정면대결을 선언한 것이었다. 그것은 두 김 화합의 승리. 김재규-차지철 불화의 패배를 의미했다.

롯데호텔 낮춘 '우리들의 일그러진 영웅'

79년 7월이면 유신이 종언을 석 달 남겨둔 때다.

경호실장 차지철의 대통령 박정희 '주무르기'와 정보부장 김재규 견제 수법에 관한 일화가 있다.

7월13일 박 대통령은 서울 인근 팔당댐 상수도 통수식 테이프를 끊게 돼 있었다. 건설부장관 고재일(高在一), 국회건설위원장 이영근(李永根) 등도 가위를 들고 옆에 섰다.

테이프 커팅이 끝나면 각하 일행은 청와대로 돌아오는 길목의 쉐라톤 워커힐호텔에서 점심을 함께 할 참이었다. 물론 모든 스케줄은 차지철 경호실이 짠 것이었다.

워커힐로 각하가 막 떠나자 차지철은 이영근 위원장에게 "제 차에 타시지요"라고 권했다. 이는 얼떨결에 차 실장 차에 편승했다. 언제나 그렇듯이 각하가 앞서고 검식(檢食)팀이 가고 그 뒤를 차 실장의 차가 뒤따르는데 차지철이 이에게 운을 뗐다.

"선배님, 각하께서 아무래도 절 믿지 않으시고 딴 얘기(김재규 정보부의 보고를 지칭하는 듯)에 흔들리십니다."(차)

"경호실장이 무슨 말씀이요. 다른 직책도 아니고…. 나야 유정회 총무랍시고 한 달에 한두 번 각하 뵙는 정도 아니요. 매일 각하 뵙는 차 실장을 불신하다니요?"(이)

"아닙니다. 선배님처럼 각하께서 정직하고 공정하다고 믿는 분이 또 없습니다. 도와주십시오. 차지철이가 어디 각하께 거짓말하고 판단 잘못할 사람입니까."(차)

워커힐호텔 꼭대기 식당의 전망 좋은 곳에 각하 자리가 놓여 있었다. 그

경호실장 차지철은 각하를 가장 가까운 거리에서 보좌하고 일정 및 면담 관계를 독점하는 점을 이용해 자신의 신임을 높이고 '인의 장막'을 쳤다. 79년 7월 13일의 팔당댐 상수도 통수식에서의 박 대통령(가운데)과 이영근 국회건설위원장(오른쪽) 고재일 건설부장관(왼쪽).

옆에 이영근, 고재일이 합석하게 돼 있었다.

차 실장은 옆 테이블 가청(可聽) 거리에 앉아 밥을 먹었다.

이영근은 차의 '감시' 하에 있으면서도 차마 멋쩍게 "차 실장이 훌륭합니다. 믿어보십시오" 소리를 꺼내지 못했다.

식사가 끝나 각하가 일어섰다.

그러자 차 실장이 벌떡 일어나 각하 테이블로 다가왔다.

"각하, 이영근 총무가 긴히 올릴 말씀이 있다고 했습니다."

차는 자기 얘기가 나오지도 않고 파장이 되려 하자 초조해진 모양이었다.

"어디 조용한 데가 있겠나?"(박정희)

"네, 방을 한 군데 정돈해 놓았습니다."(차)

차는 치밀하게 2단계로 밀실까지 마련해두었다. 역시 방은 깨끗이 치워져 있었고 탁자를 가운데 두고 각하와 이영근이 마주 앉게 해놓았다. 이는 차가 매우 비상한 사람이라고 속으로 탄복했다.

그런데 웬일인지 비서실장 김계원이 그 방까지 따라와 각하 뒤에 배석했다. 차도 함께 들어와 엉거주춤 김계원 옆에 자리했다. 그렇게 4인 합석이 된 게 차의 시나리오였는지, 우연이었는지 알 수 없었지만, 이영근으로선 설사 차를 편드는 무슨 말을 하고 싶어도 꺼낼 수가 없게 돼버렸다.

이는 할 수 없이 50년대 군대 시절 얘기, 술 먹고 다닌 얘기 등 '무난한' 잡담으로 횡설수설할 수밖에 없었다.

"자, 그럼 가지."

박 대통령은 역시 눈치가 빨랐다. 이가 별다른 얘기를 할 수 없는 분위기임을 깨닫곤 해산을 선언한 것이었다.

이영근 건설위원장이 국회에 도착하자 벌써 "경호실에서 수 차례 전화가 걸려 왔다"는 보고였다.

차 실장에게 전화를 걸었다. 차는 화를 벌컥 냈다.

'왜 별실까지 모셨는데도 아무말도 안 해줍니까. 모처럼 선배님께 부탁 드린 건데."

이는 분위기를 빌려 변명했다.

"김계원 실장까지 옆에 앉혀놓고선 무슨 소릴 하라는 거요."

일은 그렇게 끝났다. 이영근씨의 증언을 들어보자.

"10·26 석 달을 앞둔 그때 차가 김재규와의 충성경쟁 때문에 날 끌어들인 것이었다. 그러나 바로 그때 차가 김재규보다 신임에서 앞서고 있으면서 김을 완전히 따돌리려는 것이었는지, 아니면 김재규의 반격에 시달리다 그렇게 한 건지 알 수는 없다."

어쩌면 신민당의 5·30 전당대회에서 김영삼이 당권을 쥠으로써 차 실장이 코너에 밀리고 있었을지 모른다. 전당대회 공작이 실패한 달포 뒤인 7월 13일 차지철의 노심초사는 공작실패의 여파였을 것도 같다.

계속 이영근 씨의 얘기.

"하지만 차는 팔당댐 행사를 짜면서부터, 각하가 무난하게 생각하시는 아무개를 어떤 식으로 밀착시켜 차지철 자신을 신임하도록 한다는 치밀한 계산을 한 건 분명하다. 그 무렵 권력정점의 내분과 알력, 그리고 실력자라는 자들이 무슨 짓들을 했나 알 만했다. 경호실장으로서의 차와 박종규를 나는 이렇게 비교한다. 박은 내가 아는 한 스스로 정치를 만지려고 하진 않았다. 차는 그 반대였다. 돈은 전혀 모르는 반면 정치를 좌지우지하려 하고 계급과 나이에 맞지 않게 폼을 잡고 권위에 집착했다."

박종규와 차지철을 비교하는 청와대의 부속실 비서였던 김두영씨 얘기를 들어보자.

"차 실장은 박 대통령 말년에 장관 등 고위인사를 초청, 배석시킨 가운데 경복궁 연병장에서 국기 강하식을 겸한 분열식을 가졌다. 나는 지금도 왜 박 대통령이 그런 행동에 제동을 걸지 않았는지 이해할 수가 없다.

경호실에 배속된 경찰과 수경사 경비단 병력은 임무교대를 할 때 경호원가를 불렀다. 1974년 겨울에 (박)근혜씨가 나에게 '아버님께서 그 노래가사가 듣기에 거북하다고 하시며 부르지 말도록 하라고 하시니 좀 연락해 달라'고 했다.

내가 차 실장 보좌관에게 전화를 했다. 박 실장 같았으면 두말없이 대통령의 생각에 따랐을 것이다. 차 실장은 달랐다. 다음 날 그는 노래를 녹음한 테이프와 가사를 들고 대통령께 달려와 재고를 요청했다.

박 대통령은 〈경호원가〉란 노래의 가사 중에서 '이 나라 이 겨레 구원자 되신 님의 뜻 받들고자 여기 모였네'가 듣기 거북하다면서 꼭 〈경호원가〉

를 부르고 싶다면 〈향토예비군의 노래〉와 섞어서 부르도록 하라고 타협안을 제시했다.
 그 다음 날부터는 두 노래가 번갈아 들려오기 시작하였다. 박 대통령은 누가 면전에서 칭찬하면 매우 계면쩍어하셨다."

보고서 쓰면 보안사령관 죽는대…

 차지철 경호실장의 권위와 입김이 미치지 않는 곳이 없을 정도였다. 예컨대 서울의 롯데호텔도 당초 50여 층으로 설계되었으나 차경호실의 입김에 눌려 37층으로 납작해졌다.
 롯데호텔 이사 신 모 씨가 밝힌 스토리는 이렇다.
 "73년 5월 호텔 설립계획이 서고 동양 최초 최고의 건물을 짓기로 했다. 설계도 54층으로 되었다. 그러나 경호실에서 청와대가 멀리 내려다보는 초고층은 안 된다, 청와대 경호상 안 된다고 제동을 걸었다. 결국 김종필 총리까지 박 대통령 앞에 나서서 37층만 짓기로 낙착됐다. 74년 차 실장이 부임한 지 아홉 달 만인 75년 5월 착공할 수 있었다."
 JP는 박 대통령에게 일본의 도쿄에 있는 가스미가세키 빌딩을 예로 들어 설명했다고 전해진다. 이 빌딩은 68년 당시 36층 높이(지상 147미터)로 준공될 때 일본열도의 화젯거리가 됐을 정도로 '지진의 나라'에선 최초의 대형 고층건물이었다.
 "가스미가세키 빌딩 36층 전망대에서 천황이 사는 황거(皇居)도 관공서도 환히 내려다보입니다. 적군파가 있고 공산당이 합법화된 그곳에서도 경호나 보안상의 위험물로 보진 않습니다."
 JP는 그렇게 말했다는 것이다. 각하와 차지철은 결국 고층빌딩의 저격에 의해서가 아니라 궁정동 밀실에서 김재규의 총탄에 당했다.

차는 경호실장이 되기 전 국회 내무위원장, 외무위원장을 지내면서도 사회봉을 잘 잡지 않았다. 공화당 간사에게 회의진행을 내맡기곤 자신은 위원장실에서 폼을 잡고 고등정치만 하는 시늉을 했다. 실제로 공수단 대위 출신 차에게 굽실거리고 차 앞에선 게걸음으로 걸어 다닌 장성 출신 의원들이 많았으니 차지철만 탓할 일도 아니다.

차지철은 하늘이 내려보낸 '일그러진 영웅'이 아니었다. 유신이라는 폐쇄된 체제, 그리고 벼슬과 자리를 좇기 위해 양심과 체면을 버린 당대 고관대작들 모두가 합심해 빚어낸, 작가 이문열의 표현대로 '우리들의 일그러진 영웅'이었던 것이다.

이문열은 그 소설의 주인공 엄석대를 이 나라 권위주의 통치자로 상징했다. 작품의 무드도 그렇거니와 큰 반응을 얻은 것도 5공 비리 추궁이 하늘을 찌르던 때였다.

권위주의 지도자였던 12대 대통령 전두환은 차 실장 밑의 경호실 작전차장보 시절을 우울하게 회상하곤 했다.

"차지철은 육사 12기 시험에 떨어진 것을 부끄러워해 비밀에 부쳤고 육사 출신을 무척 싫어했어. 원래 내 밑에도 있었어. 그런 관계였는데 그 사람이 경호실장이 되고 내가 그 밑에 있게 됐지. 내가 사단장 나가야 할 판인데, 화가 나서 박세직(88년 안기부장·14대 민자당의원)이가 서종철 국방장관의 보좌관 할 때인데, 장관 면담신청을 해서 '저를 작전차장보 시킨 것은 예편시키려는 겁니까?' 하고 물으니 박 대통령이 사인한 메모지를 보라고 해⋯.

차지철이가 여러 가지 일을 비뚤어지게 했어. 결국 중령 예편하고 국회의원된 사람인데, 경호실장 하면서 꼭 국회의원을 상대하고 높은 장군을 경호실에 데려다 놓아. 그는 나한테 경호실장 뺏길까봐 의심하고 굉장히 신경 쓰는 것 같애. 내가 소장이 되고 박 대통령, 차 실장, 김재규, 나 넷이서 골프장에서 저녁을 먹는데 박 대통령이 '꼭 사단장 나가고 싶냐'고 물어 '군대에서는 꿈이고 희망사항이 사단장 아닙니까' 하고 대답했어. 그래서 사단장 나갔고 그랬으니까 보안사령관으로 갈 수 있었던 거야.

79년 3월 보안사령관으로 가서 권력 주변을 보니 박 대통령 주변이 형편없어. 김재규, 차지철의 정당관계 암투가 있어서 박 대통령이 상당히 위험한 것 같아. 두툼한 보고서를 만들었지. 그런데 박 대통령은 보고서 내면 상대방(대상자)한테 그걸 줘버리는 성격이 있어요. 정치자금도 경호실장 차지철 신세를 너무 많이 지니까 정면으로는 말 못하고 보고서를 차한테 줘버리는 게지.

보고서 내면 낸 사람만 죽게 돼. 내 전임인 진종채 보안사령관이 가면서 나한테도 보고서 내지 말라고 그래. 내면 죽는다고···. 그러면 누가 대통령을 깨우쳐주느냐···. 내가 최광수 의전수석한테 79년 10월27일께 보고할 수 있게 해달라고 하고 보고서를 몇 번이나 읽고 보고 연습도 하고 준비했는데 10·26날 돌아가셨다는 걸 알곤 결국 이렇게 끝나는구나 생각했어."

(87. 4.12 청와대 비서진에게)

전두환 보안사령관은 권력층의 비행(非行)보고서를 10·26 이튿날 새벽 몽땅 절단기에 넣어 인멸해 버렸다. 권력이 누구의 손에 떨어질지 아직 캄캄한 밤이었으므로 후환을 없앤 것이었다. 뒷날 전 사령관이 정권을 수중에 넣은 뒤 그와 부하들은 아까운 '기록 인멸'을 후회하고 탄식했다고 한다.

성급한 '피난(避亂)'이었다고···.

한·미 정상회담 중간에 보따리 싼 카터

79년 5·30 신민당 전당대회에서 10·26 박정희 대통령 암살까지의 다섯 달은 불안정한 스타카토의 울림 같았다.

그 울림의 끝은 총성이었다.

야당총재가 된 김영삼은 당외의 방해공작을 무릅쓰고 무소속과 민정회 의원 7명을 입당시켜 공화의석 68석과 똑같이 해놓았다.

기세가 오른 김영삼은 6월11일 서울외신기자클럽 회견에서 '김일성 면담'을 제의했다. 북한이 이것을 환영하는 담화가 나오고, '예상'대로 YS를 성토하는 상이군경과 반공청년 120여 명이 신민당사를 점거하고, 공화당은 "통일교섭은 정부의 권한"이라고 받아쳤다.

6월29일 미국대통령 지미 카터가 공식 방한했다. 이것은 대통령 박정희를 비롯한 집권측에겐 그야말로 '한 건' 올린 작품이었다.

코리아게이트로, 인권공세로 유신정부를 괴롭히던 미국에서 카터가 와서 박 대통령과 정상회담을 갖는다는 것은 분명 박 정권의 이미지를 대외적으로 일신하는 효과가 있을 것이었다.

카터의 방한은 5·30 전당대회 전부터 확정돼 있었다. 그래서 신민당 총재를 향해 뛰고 있던 YS는 대놓고 카터 방한을 반대하고 있었다. 79년 4월 25일 김대중의 회견발언은 인상적이다. 그는 유신정권의 패망도 예언한다.

"카터가 서울에 와서 그와 설혹 얘기할 기회가 있어도 구속자 석방, 긴급조치 해제, 언론자유 등을 요구하지는 않겠다. 박 정권에 그것을 요구해야지 '카터'한테 그런 말 한다면 내 얼굴이 뭐가 되겠는가. 민주회복투쟁을 위한 국민연합 조직활동 때문에 성명서를 낸 10명이 최근 또 잡혀갔다. 윤보선, 함석헌, 김대중 3사람만 표면에 나선 것은 잘한 일이다. 옥쇄주의로

79년 7월 어렵게 성사된 카터 방한 이후 박 대통령은 자신감이 넘쳐 정국을 강경드라이브하다 10·26이라는 비극을 맞이했다고 이동원 전외무장관은 분석한다.

나가다가 계속 당하고 밀렸기 때문에 전략을 가지고 싸워나가야 한다. 저쪽에서 한 대 치면 우리도 한번 때리고 나갈 계획이다. 나라고 이렇게 계속 당하고만 있지는 않겠다. 곧 두고보면 알 것이다. 이 정권은 곧 망하게 된다."

박-카터회담도 속내는 우여곡절의 연속이었다. 다음은 당시 대통령 비서실장 김계원 씨의 증언. "6월30일 청와대에서 1차 정상회담이 끝나고 카터 대통령, 밴스 국무장관, 글라이스틴 대사가 한 차에 타고 청와대를 나가는 판이었다. 웬일인지 본관 앞에서 차가 떠나질 않는 것이었다. 중요한 행사이기 때문에 짧은 순간도 무척 길게 느껴졌다. 나는 궁금하기도 하고 걱정도 되었다. 눈치를 보니 카터가 무척 화가 나서 밴스와 글라이스틴에게 뭐라고 얘기하는 것 같았다.

카터 일행은 그렇게 불쾌한 기분으로 정동 미대사관저로 돌아갔다. 얼마 후 글라이스틴 대사가 최광수 의전수석에게 전화로 '카터가 오늘 당장 미국으로 간다고 화를 내 큰일났다'는 연락을 해왔다. 이유가 뭐냐고 했더니 박 대통령의 주한미군문제, 인권문제에 관한 얘기에 속이 뒤집혀가지고 짐보따리를 싸라고 펄펄 뛰고 있다는 것이었다."

최광수씨의 기억도 생생하다.

"박 대통령은 정상회담에서 먼저 발언하게 돼 있었다. 우리 쪽이 나중에 하겠다고 양보도 했으나 미측이 양해한 것이었다. 박 대통령은 '우리가 미군이 좀 더 있으라는 건 북한이 공격할 경우 중국과 소련이 지원하지 않는다는 보장이 없기 때문이다, 그러나 굳이 가겠다면 빼내가라, 그러나 미군의 무기와 장비는 남기고 가면 좋겠다, 그냥 주면 좋지만 돈을 달라면 주겠다'고 30여 분을 강경하게 말했다. 나는 일부러 톤을 낮추어 통역해보려고 애썼지만 표현만 부드럽게 하는 데는 한계가 있었다. 박 대통령은 인권문제에 대해서도 '인권문제는 내가 먹여 살리는 내 국민이니까 내가 더 잘 안다. 간섭 말아라'는 식으로 카터에게 말했던 것이다."

울화를 터뜨린 카터를 달래기 위해 통역(최 수석)이 뒤집어쓰기로 했다. 박 대통령의 표현이 그런 정도로 도전적인 것은 아니었는데 통역과정에서 오역을 했다고 해명했다. 물론 박 대통령의 양해는 구한 것이었다. 겨우겨우 추슬러 한미 정상회담을 마무리했다.

한미정상은 7월1일 '주한미군 계속 주둔' '남-북-미 3당국 회담 제의' 등 21개 항의 공동성명을 내고 헤어졌다.

덜컹덜컹하는 기복이야 있었지만 박 대통령으로서는 뿌듯할 수밖에 없었다. 미국의 압력이라는 길고 고달픈 터널을 벗어난 느낌이었을 것이다.

"카터는 역시 촌놈이야. 땅콩농장 출신이야."

박 대통령은 측근들에게 그렇게 말했다. '이제 촌놈 카터도 위대한 이 박정희의 경륜으로 눌렀다. 미국에 기대어 유신에 도전할 자들 나설 테면 나서라'고 호령하듯 했다.

그러나 세상만사 승리했다고 웃음 짓는 순간 바로 악마의 독아(毒牙)가 덮치는 법이었다.

이동원(박 대통령 비서실장·외무장관·7, 8, 10대 의원)은 회고한다.

"차라리 카터 대통령이 오지 않고, 한미 정상회담이 되지 않았더라면, 박 대통령의 자신감은 덜했을 것이다. 78년까지 어렵게 어렵게 지탱해온 한미관계가 확 풀리면서 박 대통령은 자신감이 넘쳐 정국을 강경하게 몰고가 10·26에 이르렀다. 부질없는 것이 과거 역사에 대한 가정법이라고는 하지만, 나는 10·26 직전 차지철 경호실장도 만나고 박 대통령의 명을 받아 미국 일본을 다녔기 때문에 말할 수 있다. 10·26은 자만이 낳은 비극이라고."

야당총재 김영삼이 고개를 꼿꼿이 치켜들고 민주 회복, 양심수 석방, 헌법특위 설치, 사법권 보장 등을 요구(7.23)했다. 일주일 뒤 야당기관지 〈민주전선〉 주간 문부식이 긴급조치 위반혐의로 잡혀갔다.

그리고 나서 YH사건이었다.

YH라는 부실 무역회사 여공 200여 명이 생계대책을 호소하며 서울 마포 신민당사에 몰려간 것은 8월9일이었다. 야당과 노동자의 연합투쟁을 초전에 박살내기 위해 이틀 뒤 시경국장 이순구(李舜九) 지휘로 경찰이 당사에 난입, 여공 강제해산을 빌미로 무차별 폭력을 휘둘렀다.

YS만 고리눈을 부릅뜨고 호위한 최형우의 도움으로 온전했을 뿐, 현역

의원이자 당 대변인이었던 박권흠은 코뼈가 내려앉도록 얻어맞았고 기자들도 12명이나 두들겨 맞았다. 아비규환 속에 여공 김경숙(金景淑)이 떨어져 죽었다.

말기의 유신정권이 주먹을 불끈 쥐고 가쁜 숨을 몰아쉬고 있었다.

이틀 뒤 YS '생포공작'은 총재직무정지 가처분신청이라는 소송으로 시작되었다. 신민당의 조일환·유기준·윤완중 등 세 원외지구당위원장 명의로 서울민사지법에 소장이 제출되었다. 5·30 전당대회 때 조윤형 등 미(未)복권 대의원의 투표가 섞여 있었으므로 YS는 총재가 아니라는 것이었다.

이때부터 법은 공작의 도구가 되고, 정책판단에는 광기마저 엿보였다.

박정희 "내가 직접 발포명령하지!"

정보부장 김재규는 10·26 후에 말했다.

"각하는 늘 '정보 좀 잘 수집해봐!'라며 화를 냈다. 내가 부마사태가 시민 호응이 높은 민중봉기이므로 근본대책이 필요하다고 보고하자 각하는 화를 내시면서 '내가 직접 발포명령하지. 나를 두고 사형이야 시키겠나'라고 했다. 신민당이 배후에서 부채질하고 있는 것도 모르느냐는 엉뚱한 힐난이었다." (계엄군법회의 진술에서)

김재규 정보부장은 각하뿐만 아니라 각하에게 정보를 입력하는 경호실장 차지철에게 번번이 당하고 있었다. 당시 남산 국장 Q의 증언.

"김영삼 총재가 79년 8월 총재직무정지 가처분신청을 당했을 때 YS총재의 변호인은 신민당 정책위의장 이택돈 의원이었다. 그런데 어찌된 영문인지 김 총재 재판 전날이면 이 의원이 법정에서 개진할 변론요지가 꼭 청와대 경호실을 거쳐 남산으로 떨어져 그걸 토대로 대책회의를 하는 것이었다.

김재규 부장으로서는 창피한 노릇이었다. 차 실장은 자기 돈과 실력으로 야당을 매수해 그런 특급정보를 뽑아 김 부장에게 던져주면서 얼마나 우쭐댔을 것인가. 각하 앞에서 생색은 또 얼마나 냈을 것인가. 자존심 강한 김재규 부장의 성격엔 참으로 고통스러웠을 것이다."

당시 보안사령관 전두환 소장의 눈에 "김일성과의 싸움보다도 더 심했던 우군(김-차) 싸움"의 실상을 더 살펴보자.

79년 8월 하순이었다.

김재규 부장이 제2차장보, 조(趙) 외사국장, 김 안전국장, 현(玄) 기획정책국장이 앉아 있는 자리에서 말했다.

"정보부 신축건물의 사진을 각하께 보이고 설명 드렸더니 누가 모략했는지 몰라도 각하께서 '정보부장들은 취임만 하면 모두 집만 짓나'고 힐난하셨다. 그래서 내가 상세히 설명 드렸다. '제 아우 항규가 건설회사를 해서 돈을 벌었다는 얘기가 있습니다만 그건 사실과 다릅니다. 항규는 모략받기 싫어서 이민가겠다고 합니다'라고 했다. 이제 어느 놈이건 와서 정보부장 해먹어보면 알 거야. 나는 3년이나 했으니까 언제 그만둬도 좋아. 안전국장은 누가 모략했는지 알 거야."

그러면서 회의는 끝났다. 김재규는 경호실장 차지철을 모략의 진원으로 의심하고 별렀다.

또 다른 국장 K의 얘기.

"79년 여름께 김 부장은 화가 난 표정으로 씩씩거리며 수표 두 장을 내던지며 입금인을 추적 조사하라고 했다. 한일은행 청계지점 발행의 5만 원짜리 두 장으로 기억된다. 박지만군이 각하 말씀을 잘 듣지 않고 유흥장을 돌아다니며 쓴 수표라는 것이었다. 수표를 캐서 돈 대는 자를 알아 혼쭐을 내라는 뜻이었다. 그래서 엉겁결에 '어디서 나온 수표입니까'라고 부장에게 물었다. 김 부장은 '경호실이지 누구야. 차지철이한테 물어봐'라고 퉁명스럽게 말했다."

김재규 부장은 이처럼 사소한 것에서부터 차에게 밀리고 시달렸다.

게다가 그는 박근혜 양을 붙잡은 '목사' 최태민 문제로 스트레스를 받고 있었다. 김재규는 각하에게 최의 비리를 보고했으나 박근혜 양이 최를 비호해 각하 앞에서 대질 친국(親鞫)을 당하는 수모를 겪었다.

천하의 정보부장이 '사이비' 목사(최는 정통개신교 어느 곳으로부터도 안수 받은 목사가 아니라고 김계원씨는 증언했다)와 나란히 앉아 우김질을 했다는 것은 참으로 굴욕이었다.

79년 11월의 합수본부 기록에도 김재규의 증오가 드러난다. 다음은 기록에 나타난 정보부 수사파트 국장의 진술.

"김 부장은 '최태민 같은 자는 백해무익하므로 교통사고라도 나서 죽어 없어져야 한다'고 증오를 표시했다. 새마음봉사단의 부총재(총재 박근혜)인 사이비목사 최가 사기 횡령 등 비위사실로 퇴임한 후에도 계속 막후에서 실력자로 영향력을 행사하여 각 기업체 사장들을 운영위원으로 선임하고 성금을 뜯어내는 등 새마음운동 취지를 흐리게 해서 계속 동향을 감시하라는 김 부장의 지시를 받았다. 79년 5월 내사결과 최의 이권개입 여자봉사단원과의 추문 등 비위사실을 탐지하여 김재규 부장에게 보고한 바 그렇게 말했다."

대통령 식구들, '로열패밀리' 때문에 생긴 김의 스트레스도 10·26의 한 원인이었다고 당시 정보부 국장들은 증언하고 있다.

역대 정보부장들의 위력과 권위에 비추어볼 때 김재규 부장은 최약체로 전락하고 있었다.

청와대 권력주변은 '눈밝고 귀밝은 여우들의 소굴같다'고 김재규는 불평하곤 했다. 벌써 정보부장 경질설은 79년 여름부터 수없이 나돌았다. 후임에는 법무장관 **김치열**, 내무장관 **구자춘**, 경호실장 차지철, 그리고 보안사령관을 지낸 진종채, 국방장관을 지낸 서종철 등의 이름이 돌고 있었다. 김재규의 신임이 떨어지고 있다는 건 청와대 주변의 공지사실이었다.

그 스스로 자격지심도 들었던 모양이다.

"김 부장은 각하로부터 면박당하고 차 실장에게 밀리고 있는 걸 남산의 부하들(부서장)이 알고 있다고 느낀 것 같았다. 그래서인지 말하지 않아도 될 것을 일부러 화제삼곤 했다.

가령 월요일 아침 국장회의 때면 으레 김 부장은 고개를 젖히며 말했다. '어제 일요일인데도 청와대에 불려갔지. 막사이주(막걸리와 사이다 배합)를 얼마나 마셨던지 아침까지 힘들군' 그런 식이었다. 각하의 신임은 여전하다는 식으로…." (당시 김 모 국장 증언)

김재규 태운 차 멎고 뒤집힌 괴변

정보부장이었던 김재규의 입을 빌려 79년 10월26일의 순간을 들어 본다. 80년 1월8일 김이 계엄군법회의에서 남긴 목소리는 한 시대를 마감하는 메아리가 되었다.

군검찰관이 묻고 김이 대답한다.

- 발사 직전에 한 얘기가 무엇인가요.

"신민당의 김영삼 총재를 구속하라고 했습니다."

- 총 쏘기 직전 얘기는….

'김영삼 총재를 구속하라'고 해서 '각하. 김영삼이는 제명되었습니다. 또 사법조치까지 하면 이중으로 조치하는 것이 됩니다. 각하, 정치를 좀 대국적으로 하십시오' 하고 흥분해서 쏘았습니다."

― 그보다 전에 신민당의 공기가 어떻다고 얘기가 있었지요.

"각하께서 본인에게 '신민당 공작은 어떻소' 하기에 본인은 '공화당의 선별수리 발표(YS가 제명되자 66명의 신민당 의원 모두가 의원직 사퇴서를 냈다. 그런데 공화당 쪽에서 강경파만 수리하고 정권에 협조적인 의원은 살려준다는 선별수리론이 나왔던 것이다.) 때문에 다 틀렸습니다. 우리에게 협조적이던 야당 의원들도 다 강경으로 돌아서버렸습니다. 암만해도 당분간 **정운갑**(鄭雲甲) 대행체제가 출범하기 어렵겠습니다. 주류들이 강경해서 다소 시끄럽겠습니다' 하니 각하께서는 공화당 간부들이 약간 못마땅하다는 말을 했습니다. 이때 차지철이가 '새끼들, 까불면 신민당이고 학생이고 싹 깔아뭉개버리지' 했습니다. 본인은 마음속으로 '자식, 여전히 지랄이구나'라고 생각하고 마음이 언짢았습니다. 이에 각하는 '오늘 삽교천 가보니 공기도 좋고 공해도 없는데 왜 신민당은 그 모양이오' 하시기에 본인은 '주류가 주축이 되어 신민당은 초강경으로 돌아섰습니다. 국민은 비주류를 사쿠라라고 하고 정운갑이는 친비주류기 때문에 주류의 협조 없이는 사태 수습이 어려울 것입니다. 우리가 공작해온 당직자 백지화는 수포로 돌아갔습니다' 했지요. 이때 또 차 실장이 옆에서 '그까짓 자식들 국회의원 그만두고 싶은 놈 하나도 없습니다. 언론을 타고 반체제 인사들을 의식해서 그렇습니다. 까불면 싹 쓸어버리겠습니다'라고…."

그날 김재규는 한두 가지를 빠뜨렸다.

그가 궁정동 안가 책임자이자 심복 박선호로부터 '사격 준비' 보고를 받은 뒤 사실 몇 마디 얘깃거리가 더 있었다.

술판으로 돌아온 김에게 대통령 박정희가 말했다.

"김영삼이를 미국의 브라운 국방장관이 오기 전에 기소하라고 했는데 **유혁인**(정무수석)이가 말려서 취소했더니 역시 좋지 않아. 한미 국방장관회의고 나발이고 볼 것 없이 법대로 하는데 뭐가 잘못이냔 말이야. 미국 놈은 범법한 놈을 처벌도 안하나."

김재규는 여전히 '대국적인 정치'를 주장하며 반대했다. 각하는 언짢은 표정으로 다시 말했다.

"부산 데모만 해도 그렇지. 선량한 시민보다도 식당보이나 똘마니가 많지 않아. 그놈들이 어떻게 선별수리인지 뭔지 알기나 하겠어. 신민당이 계획해서 뒤에서 하는 짓인데…. 중정은 더 정확한 정보를 수집해야겠어. 또 정보부가 좀 무서워야지, 당신네는 야당의 비행조사서나 움켜쥐고 있으면 무얼 하나. 딱딱 입건해야지…."

그 전날 10월25일에도 그는 모든 '충신'을 모아놓고 한 말이 있었다.

"정보부를 비롯해 내무부같은 정보기관들은 금번 부산 마산사태와 관련하여 크게 반성해야 한다. 사전에 정보활동을 충분히 하지 못했기 때문이야! 부마사태의 확대 원인은 첫째가 사전 정보활동 부족이다. 둘째 그로 인해 초동단계 진압이 실패한 데 있다. 셋째 일선 공무원의 대국민 자세에 문제점이 있어 생긴 일이다."

청와대 소접견실에서 국무총리 **최규하**를 비롯, 외무·내무·법무·국방 등 8개 부서 장관, 비서실장 **김계원**, 특보 서종철·**신직수**, 정무비서 **유혁인**, 공보비서 **임방현** 그리고 정보부장 **김재규**, 국장 현홍주 등이 그 말을 들었다.

김재규는 뒤집히는 속을 달래며 술좌석 맞은편에서 말했다.

"알겠습니다. 각하. 그러나 정치는 대국적으로 상대방에게도 구실을 주고 국회에 나오라고 해야지 그렇지 않고서야 나오질 않습니다."

그리고 총성이 울렸다.

'버러지같이' 미워했던 경호실장 차지철이, 각하가 차례로 총을 맞았다. 주연에 불려나온 가수 심수봉과 모델 신재순이 경악했다. 심수봉이 각하를 붙들고 살필 때 박정희는 "나는 괜찮아"라고 했다. 그것은 놀라운 수미상응(首尾相應)이었다.

61년 5월16일 새벽 한강다리를 넘던 절박한 순간 박정희 소장의 외침이 '괜찮아'였다. 제1한강교 북단에서 쿠데타저지 헌병들이 다리를 건너 북상하는 박의 부대에 사격을 가했다. "한웅진(韓雄震) 준장은 '각하, 위험하니 우리가 앞서겠습니다'라고 박 소장을 만류했다. 총탄이 날아오고 있었다. 그러나 박 소장은 늠름한 모습으로 나아가기만 했다. 박 소장은 여전히 다리난간을 잡고 날쌘 동작으로 앞으로 나아가면서 '괜찮아', '괜찮아' 소리를 연발하는 것이었다." (고 이낙선 기록)

79년 10월26일 저녁 남산은 조용했다.

김근수(金瑾洙) 안전국장(13대의원)은 부마사태에 '병력'을 대부분 내려보내고 과장 둘과 서울을 지켰다. 서울의 국원은 다 합쳐도 서른이 안 될 정도였다. 그날 초저녁 김 국장은 H호텔에 있다가 궁정동의 총성이라는 전화연락을 받았다. 곧 남산에 들어가니 전재덕(全在德) 2차장이 있었다. 시경국장 이순구에게 물어도 총성은 맞는데 이유를 모르겠다는 대답이었다. 궁정동에선 전화조차 받지 않고 있었다. 얼마 후 '상황이 취소됐다'는 연락이 오더니 좀 더 지나 서울 근교의 부대이동 보고가 들어왔다.

자정께야 '각하 유고'가 확인되었다.

10·26 밤 이문동 윤일균 1차장은 한 일본인과 퍼시픽호텔에서 저녁식사를 하던 중 사무실의 연락을 받았다. 사무실에 가보니 '뭔가 뒤숭숭하고 요란한데 확실한 상황을 모르겠습니다'라는 보고였다. 윤 차장은 국장을

모두 부르고 '특수 네트워크를 열어라'고 지시했다.

자정 넘어 남산 차장 전재덕의 전화였다.

"말씀드리기 뭣한데 상황이 급합니다."

윤 차장이 남산으로 뛰어가 전 차장실에 들어가니 보좌관 성용욱(成鎔旭) 대령(감사원 사무총장 국세청장 지내고 92년 안기부차장 지냄)이 맞았다.

"각하가 유고이십니다."

"누가?"

성 보좌관이 김재규 부장실 쪽을 가리켰다.

윤, 전 두 차장은 할 말이 없었다. 둘은 헤어졌다.

윤 차장은 이문동에, 전 차장은 남산에 가서 실국장들에게 말조심하고 비상근무태세를 갖출 것 등을 지시했다.

김재규 초동심문의 피 마르는 순간

김재규가 체포된 것은 79년 10월27일 0시20분께였다. 그는 남산 정보부로 가려다 육참총장 **정승화**와 함께 용산으로 갔다. 국방장관실의 국무회의 도중 비서실장 김계원이 정 총장에게 김재규의 범행을 알림으로써 정 총장이 전두환 보안사령관, 김진기(金晉基) 헌병감에게 지시해 체포한 것은 널리 알려진 대로다.

김은 국방부에서 김진기 헌병감, 보안사 오일랑(吳一郎) 중령(나중에 대통령 경호실처장 지냄)에게 붙잡혀 무장해제를 당했다.

김재규의 주머니에서 38구경 5연발 리벌버 권총이 집혀 나왔다. 오 중령은 김을 레코드 승용차에 밀어넣었다. 그 차는 보안사 참모장 우국일 준장의 승용차였다.

김재규를 태운 차는 보안사의 세종로 분실로 향했다. 그곳은 보안사령관이 정치인 종교인 등을 독대할 때 쓰는 안가였다. 그땐 전두환 사령관의 비서실장 허화평(許和平) 대령이 상주하다시피 했다.

전 사령관은 왜 보안사의 주력 수사분실 서빙고가 아닌 허술한 세종로를 택했을까. 그건 아직도 상황이 불투명했기 때문에, 김재규 쿠데타의 성공에 대비해 다소 예우를 했던 것으로 짐작된다.

오 중령이 김을 태우고 후미에 '경호차' 두 대를 달고 남영동 쪽으로 나아가자 통금시간이라서 경찰이 차를 세웠다. 오 중령은 김재규 탑승을 속이기 위해 차고 있던 헌병완장을 내보이고 통과했다. 서울역 앞에서 또 검문이 있었다.

"남영동서 검문하고 또 검문이오!"

경찰은 통과신호를 했다. 그런데 이변이었다. 김재규를 태운 선두 차가 시동이 꺼져 다시 걸리지 않는 것이었다.

오씨의 아찔했던 기억을 들어보자.

"그야말로 참모장의 새 레코드 승용차가 발동이 꺼져버리다니 이상한 일이었다. 용산 쪽에서 김재규 체포사실을 안 정보부 요원들이 기관총을 들고 쫓아오고 있는 것만 같은 순간이었다. 나는 후미 두 대 중 한 대를 선두차(김을 태운차) 오른쪽에 바짝 대게 했다. 우선 경찰 검문조에 그의 얼굴이 드러나지 않게 해야 했다. 겨우 김을 옮겨 태웠더니 그는 '너희들 뭐하는 놈들이기에 세상이 달라졌는데 죽을 짓들 하느냐', '누가 시켰느냐?' 하고 큰 소리쳤다. 솔직히 간담이 서늘했다. 차가 세종로 안가에 도착했다. 이번엔 김재규가 허리를 일으켜 세우더니 '우리 분실이구나' 해서 보니, 예비군복을 입은 머리 긴 수위 같은 놈이 뛰어왔다. 실제로 우리 분실이 아니라 중정분실이었다. 서울역 앞에서 참모장 차를 버리고 바꾸어 탔는데 새 운전사는 우리 보안사 분실 위치도 잘 모르는 자였다. 내가 기겁해서 차를 돌리게 해서 빠져나오자 20~30미터 정도 떨어진 우리 분실에서 초조하게 기다리던 비서실장 허화평 대령이 뛰쳐나왔다."

보안사의 세종로 안가는 병력이 거의 없는 곳이었다.

오 중령은 육본으로 돌아가면서 김재규를 안경을 벗겨 2층에 올려 보냈다.

그의 와이셔츠 복부 쪽에는 붉은 피가 묻어 있었다. 보안사팀은 불안하고 무서웠다. 바로 옆집 정보부에서 금방이라도 습격해 올 것만 같았다. 모두들 안가 담벽에 붙어 권총을 들고 경계는 했지만 김재규의 부하들이 알고 쳐들어온다면 중과부적일 터였다.

한 시간 남짓 지나 전 사령관은 김을 서빙고로 옮길 것을 지시했다. 오 중령이 중정 분실과 붙어 있으니 위험하다고 보고했기 때문이다. 미니버스에 싣고 3호 터널을 지나 쏜살같이 서빙고로 달렸다.

또 변괴였다. 이번에는 중경고 앞길에서 미니버스가 뒤집힌 것이었다. 알 수 없는 일이었다. 김재규까지 어둠속을 기어나왔고 겨우 차를 바로 세웠다.

전복사고로 시간이 지체됐기 때문에 서빙고의 전 사령관 등은 초조했다. '중정 애들에게 당한 거 아냐?' 그렇게 걱정도 했다. 뒤집힌 차를 일으켜 세우고 한참 만에 시동을 걸어 서빙고로 향했다.

오씨는 그날 밤의 잇단 변괴를 "요귀가 설쳐 이상하고 기묘한 일이 많았던 것 같다"고 회상한다. 김재규가 조사실로 끌려갔다.

전직 보안사령관의 운명 치고는 기구했다.

전 사령관 일행은 폐쇄회로 TV로 조사상황을 지켜보았다.

무엇보다 대통령을 쏘기까지 한 김재규가 수도권의 어느 부대를 끌고 나오기로 했느냐를 빨리 알아야 했다. 그것은 경각을 다투는 문제였다. "웬만하면 진압하고 정 동원병력이 많으면 빨리 붙기라도 해야 할 순간이었다"고 보안사 수사관 S는 뒷날 필자에게 웃으며 말했다.

우물거리던 김재규는 수사관 S에게 스트레이트로 얼굴을 맞고 쓰러졌다. 김의 사진이 공개될 때 눈자위의 피멍은 바로 그 순간의 상처였다.

김재규를 조사한 지 두 시간도 채 안 돼 전모는 파악됐다. 단독범행, 동원병력 없음을 확인한 폐쇄회로 TV 앞의 전 사령관 등은 한숨을 돌렸다.

하지만 "정 총장도 사건현장에 있었고 함께 차를 타고 육본까지 갔다"는 김의 진술은 엄청난 파문을 몰고왔다. 12·12사태의 빌미가 되었던 것이다.

| 제20장 |
전두환 인사과장, 부장 되어 돌아오다

풍비박산 남산간부 서빙고 갇히다

중앙정보부 역사상 최악의 날이 밝아오고 있었다.

부장 김재규가 대통령 저격살해범으로 체포당한 79년 10월27일은 남산 간부들이 영원히 잊을 수 없게 된 치욕의 날이었다.

남산의 어수선한 아침, 차장보 김정섭(92년 사망)이 육군본부의 범죄수사단장 우경윤 대령(12·12때 정승화 총장을 체포하러 갔다 오인 사격으로 중상)의 뒤를 따라 정문을 나가고 있었다. 남산 직원 누군가가 어딜 가느냐고 묻자 김 차장보는 턱짓으로 우 대령을 가리켰다. 그러나 남산의 누구도 그가 잡혀가는 것으로 생각하진 않았다.

곧 보안사에서 연락이 왔다.

육본 B2벙커에서 정승화 계엄사령관이 주재하는 회의가 열리므로 정보부 윤일균, 전재덕 두 차장을 제외한 부서장급(실국장) 전원이 참석하라는 것이었다.

남산과 이문동의 부서장급 20여 명이 삼각지 육본 B2벙커에 자리 잡았다. 회의장은 썰렁했다. 회의자료도 탁자 위에 없었고 정보부 부서장 말고 기다리는 사람들도 없었다. 그제서야 야릇한 낌새를 느꼈다.

한참 만에 정 사령관 대신 굳은 표정의 준장이 나타났다. 육본보안 부대장 변규수(卞奎秀) 준장이었다. 그는 그날 이후 최예섭(崔禮燮) 대령, 최경조(崔景朝) 중령, 김두종(金斗宗) 문관(12대 민정당 국회의원) 등과 정보부 점령팀을 맡는다.

"경칭을 생략합니다. 부서장급은 호명에 따라 한 명씩 출입문으로 나갑니다."

세상은 확실히 바뀌었다. 보안부대장이 정보부 부서장을 군대식으로 명령하고 있었다.

한 명씩 문 밖을 나서자마자 건장한 어깨 둘씩이 기다렸다는 듯 양팔을 낚아챘다. 서빙고 분실행이었다. 일부는 헌병대로 나뉘어 끌려갔다. 범죄인 취급이었다.

호명되지 않은 남산 간부들은 그냥 앉아 있었다. 가령 차장 보좌관 성용욱(成鎔旭) 대령(92년 안기부 차장)도 그렇게 해서 서빙고행을 면했다.

그러나 문 밖을 나서면 호구(虎口)라는 것을 벙커 안의 남산 간부들은 아직 모르고 있었다. 통제관 이(李) 모도 마찬가지였다. 그는 어정쩡하게 일어섰다.

"당신 뭐야?"

변 준장이 물었다.

"나도 부서장이오"

남산 직제로 부서장급인 통제관은 '자청'해서 조사실로 잡혀가 매를 맞았다.

10월27일 새벽 전두환 보안사령관은 보안사로 검찰총장, 치안본부장, 정보부차장(윤일균 차장이 참석) 등 수사기관장을 불러 합동수사본부 첫 회의를 열었다.

새벽 4시 계엄령선포에 따라 합수부가 구성될 수 있었고 합수본부장 전두환 소장은 상석에 자리했다. 그러한 상황은 박정희와 그가 아낀 '근위(近衛) 장군' 전두환 소장 간에 '보이지 않는 손'이 작용한 것일지도 몰랐다. 박 대통령은 바로 죽기 얼마 전 계엄령 하에선 보안사령관이 합수본부장이 되어 정보부, 검찰, 경찰을 지휘할 수 있게 해 놓았던 것이다.

그렇게 보면 박 대통령은 그의 비극적인 죽음 이후를 양자라고 소문났던 전두환 소장에게 의탁하고자 하는 영감(靈感)에 사로잡혔는지도 모른다.

"계엄이나 전쟁상황에선 보안사령관(합동수사본부장) 밑에 정보부, 검찰, 경찰 같은 정보수사기관이 놓이게 되는 대통령령은 79년에야 시달됐다. 전 보안사령관의 부임 이후 박 대통령이 결심한 내용이었다. 그 전에도 비상훈련(CPX) 시엔 '아무리 정보부가 우위라도 전쟁 수행 중엔 역시 군령권자의 자문참모역할 아니냐'는 보안사, 국방부의 의견이 있었으나 정보부가 너무 셌기 때문에 해결나지 않던 대목이다. 어쨌든 전 보안사령관이 암살범 김재규를 체포, 진상수사를 하고 정보부를 손에 넣었으니까 박 대통령의 뜻은 살아나게 된 셈이다."(당시 중정국장 K씨의 회고)

전 본부장이 차트의 궁정동 현장 약도를 짚어가며 설명했다.

"아시다시피 범인은 정보부장 김재규입니다."

윤 차장은 할 말을 잊은 채 눈을 내리깔고 앉아 있었다(전 본부장이 "범인은 중앙정보부입니다."라고 했다는 증언도 있다). 난처한 입장이었다. 이때 누군가가 전

79년 10·26사건 수사결과를 발표하는 보안사령관 전두환 소장. 그는 80년 4월 정보부장도 겸임하면서 5공 정권의 발판을 다졌다.

본부장에게 "정승화 계엄사령관께서 정보부장 직무대행은 전재덕 차장을 시키기로 했다."고 보고했다.

윤 차장은 속으로 그렇다면 왜 자기를 이 회의에 불렀나 의아하게 생각했다.

보안사 참모장 우국일 준장이 윤 차장에게 차나 한잔 하자고 자기 방으로 안내했다.

전투복 차림의 감찰실장 이상연(李相淵) 대령(92년 10월 초까지 안기부장)이 뒤따랐다. 윤 차장은 낯선 감찰실장이 우 준장 방에서 차를 마시는 동안까지 내내 밀착 마크하는 게 이상하게 느껴졌다. 아니나 다를까, 이 대령은 갑자기 윤 차장의 한쪽 팔을 꼭 끼면서 말했다.

"잠깐 들렀다 가시지요"

아마도 서빙고 조사실쯤을 얘기하는 것이었다.

현관까지 이 대령에게 이끌려 나오자 비서실 황진하(黃鎭夏·19대 새누리당 의원) 중령이 급히 쫓아나와 우 준장에게 쪽지를 내밀었다. 우 준장은 이 대령에게 내보였다.

순간 이 대령이 깍지를 풀고 윤 차장에게 경례를 붙이며 말했다.

"잘 부탁합니다."

윤일균 차장은 영문을 모른 채 남산으로 돌아갔다. 전재덕 차장에게 축하해 주었다.

"부장직무대행 축하합니다. 잘 부탁합니다."

그때 전 차장 방의 전화벨이 울리고 곧 전 차장이 받아 윤 차장에게 수화기를 넘겼다.

윤일균, 잡혀가다 부장대리 발령받다

"나 계엄사령관 정승화 총장이오. 잘못을 정정하니 당분간 윤 차장이 부장대행으로 정보부를 지휘하시오"

전 차장이 벌떡 일어나 윤 차장에게 인사했다.

"잘 부탁합니다."

모든 것이 순간순간 어지럽게 바뀌고 있었다. 10·26 다음 날은 이처럼 박정희라는 권력의 핵이 사라진 진공 속에서 모두가 갈피를 잡지 못하고 부유물처럼 떠다녔다.

뒷날 계엄사령관이었던 정승화씨는 필자에게 말했다.

"나는 처음 정보부 차장이 전재덕씨 한 사람인 줄 알고 군대시절 부하였던 전 차장에게 직무대행을 하라고 했다. 그랬더니 이문동 해외파트 차장 윤일균씨가 선임차장이라는 말을 듣고 조금 있다가 그걸 시정했다."

윤 부장직대는 국장들을 찾았으나 서빙고에 모두 갇힌 것 같다는 보고였다.

당분간 돌아올 수 없을 것이라는 얘기였다.

곧 전두환 합수본부장의 전화가 왔다.

"부장직대 명령 받았지요?"

"네."

"범인은 정보부니까 윤 차장께서 궁정동 남은 애들은 일망타진해 주셔야겠습니다."

"우린 죄인 아닙니까. 국장들도 없고 무슨 수로 체포합니까. 계엄령하니까 보안사가 낫지 않겠습니까."

"보안사는 얼굴도 소속도 몰라요. 정보부가 하세요."

"그럼 공항, 항만이나 봉쇄해 주십시오."

"확인해 보겠습니다."

정보부가 보안사에 상석을 내준 것이었다. 이젠 합수본부의 지침을 받고 실행하는 하수기관으로 굴러 떨어졌다.

살해범 김재규의 '부하'였다는 도덕적인 면에서, 그리고 합수부 직제라는 법적인 면에서 정보부의 굴종 시대가 도래한 것이었다.

윤일균 부장직대의 첫작업은 자신의 정보부 부하들을 체포하는 일이었다.

궁정동의 김재규 하수인들은 아직 그대로 숨죽이며 틀어박혀 있었다. 세상이 그들 뜻대로 뒤집히려다 말았다는 실망과 좌절감 공포에 사로잡힌 채 암담한 앞날을 걱정하고 있었다.

"아직도 그들은 중무장 상태였다. 궁정동 안가에는 특수화기도 있었고 실탄도 10만 발이 넘게 있었다. 사고없이 피 흘리지 않고 자포자기한 그들을 포승으로 묶어내는 작업은 확실히 난감한 과제였다." (윤씨의 증언)

남산의 총무 인사관계 파일을 다 뒤져도 궁정동 요원 명부는 나오지 않았다. 실제로 10·26 이전에 궁정동의 각하를 모시는 '소행사', '대행사'를 안 중정간부는 거의 없었다. 김재규는 궁정동의 인원이나 기능은 기록도 하지 않았고 채용도 급여도 모두 직접 관리했다.

도대체 궁정동에 정확히 몇 명이나 있는지를 알아야 했으나 부장실 컴퓨터 단말기를 두들겨도 명단은 나오지 않았다. 김재규의 서랍 한 귀퉁이에서 간신히 이름만 적힌 쪽지를 발견했다. 그로부터 급진전이었다.

남산에서 매달 월급 심부름을 하던 요원을 궁정동에 보냈다. 그는 양주 몇 병을 끼고 거기 들어가 그들의 마음을 풀게 하고 술을 먹였다. 무기탄약고 열쇠를 훔쳐 담 밖으로 내던졌다.

그리고 남산 요원들은 궁정동 식구들에게 세검정 안가로 옮기자고 권유했다. "안전하고 오래 숨기엔 그쪽 안가가 낫지 않겠느냐"고 꾀었다. 새벽에 궁정동을 포위한 계엄사 병력이 느슨해진 틈을 타 마이크로 버스로 출발하기로 했다.

그들 모두가 궁정동을 떠나 세검정으로 가는 언덕길에서 중무장 트럭에 포위돼 고스란히 서빙고로 잡혀갔다.

궁정동의 최고계급이었던 육사 출신 대령 박흥주(朴興柱)는 수표와 달러, 권총이 든 007백을 들고 10월27일 새벽 잠적했었다. 그는 국방부에서 김재규를 수행하다 놓쳐버린 뒤 만사가 그르친 것을 알고 달아났던 것이다. 박대령도 10월28일 저녁 피곤한 몸을 이끌고 이문동으로 가 자수했다.

한 명도 차질 없이 수중에 들어왔던 것이다.

남산은 의기양양해 합수본부장 전두환 소장에게 보고했다.

"무사고로 다 잡았습니다."

"더 없소?"

그러나 공식 발표는 합수부(보안사)가 체포한 것으로 나갔다. 죄지은 정보부는 입도 없었으므로 항변도 못했다. 이젠 공을 세워도 자기 공이 되지 않았다.

권위지 '노랑 신문' 끊기다

79년 10·26 정보부장 김재규의 '대역모반'(大逆謀反)으로 날벼락을 맞은 것은 남산부서장급 간부들이었다.

보안사 서빙고분실 등에 나뉘어 갇힌 그들의 처지는 딱했다.

정보부 안전국 김 국장은 서빙고 조사실에서 허리띠 없는 군복을 갈아입고는 문득 '인과응보'(因果應報)라는 말이 떠올랐다

조사실 개축 때 보안사 김교련 대공처장은 정보부의 대공수사단장인 김 국장을 모셔 조언을 들었던 것이다. 조사실의 집기배치 등을 김 국장 스스로 고안한 방에서 자신이 '신세'지게 된 것이었다. 단두대(斷頭臺)를 만든자가 단두대에 목 잘린다?

김 안전국장은 주목받는 국장이었다. 안전국은 각하의 특명사건을 다루고 중정에서 최대 '병력'을 가진 부서였다. 김재규 부장이 계획된 쿠데타를 벌인 것이라면 필시 안전국장과 짜지 않을 수 없을 것이었다. 하루 일과중 부장에게 보고거리가 가장 많은 게 안전국장이었다.

평시의 파워는 난세(亂世)엔 독이 되는 수가 있다.

보안사는 김 국장에게 김재규 부장과의 사전모의가 있었느냐, 임무가

주어졌느냐를 집중적으로 캤다.

보안사는 김 안전국장의 주리를 틀기 위해 멀리 전방부대의 수사관을 불러 일을 시켰다. 왜냐하면 보안사 대공처 요원들은 정보부 안전국을 상전으로 모시지 않으면 안 됐기 때문에 김 국장과 면식이 있었다. 보안사는 기본적으로 군부대이기 때문에 간첩(민간인)혐의자 서류에 반드시 '중정사법경찰관'의 도장을 찍게 돼 있었다. 따라서 보안사 대공처요원은 부지런히 남산안전국을 드나들고 상전으로 모시게 돼 있었던 것이다.

가혹하게 캔다고 없는 '모의'가 나올 리 없었.

안전국의 무혐의가 드러나던 무렵 합수본부 수사국장 이학봉(李鶴棒·5공 때 대통령 민정수석을 거쳐 13대 민정당 국회의원) 대령이 김 국장에게 물었다.

"10·26 며칠 전에 안전과 요원들이 태능사격장에서 사격연습을 한 게 드러났는데요. 좀 곤란하게 됐습니다."

조직적 계획적으로 김재규의 거사를 위해 사격훈련을 한 게 아니냐는 얘기였다.

이 대령 역시 소령 시절부터 대공수사 심문관을 했기 때문에 김 국장을 잘 알았다. 그래서 걱정해주듯 말했다.

"사격연습이라니?… 부마(釜馬)시위사태에 직원 다 뺏겼는데 무슨 소리요. 한가하게 총 쓰는 연습할 틈이 있겠소?"

"그래도 안전과에서 사격연습 한 건 분명해요."

"안전국엔 안전과라는 게 없소. 잘 알아보시오."

안전과의 사격연습은 사실이었다.

김재규는 아무도 모르게 부장비서실에 경호팀을 두고 안전과로 이름지었다는 사실이 밝혀졌다. 이 대령은 곧 그 사실을 김 안전국장에게 알려주며 안도했다.

사나흘 만에 정보부 국장들의 무혐의가 밝혀졌다.

나중엔 조사실 수도꼭지가 고장나는 바람에 방을 옮겨가며 조사를 받다 보니 차장보 김정섭(金正燮), 기획정책국장 현홍주(玄鴻柱·안기부 차장 12대 국회의원을 거쳐 주미 대사)등은 서로 참담한 꼬락서니를 확인하기도 했다.

서빙고 조사가 끝날 무렵 육본 검찰부장 X(나중에 법무감)가 어떤 국장을 불러 의견을 구했다. 10·26사건을 총체적으로 규정하기 위해 정보수사 전문가인 남산 국장의 조언을 듣고자 했다. 그러면서 한 말이 있었다.

"김재규의 시해사건은 계획적이라고 보기엔 너무 엉터리고 우발적이라고 보기엔 너무 치밀합니다."

그건 명언이었다. 시간이 흐를수록 검찰부장이 10·26 사흘 만에 내린 초동수사 결론은 정곡을 찌른 것으로 밝혀지고 있다.

"혁명 성공하고 과업 실패했다"

당시의 남산사람들이 10·26이 낳은 '명언'이라고 꼽는 게 더 있다.

"공화당엔 정치하는 자가 없고 아첨하는 자만 있었다." (김재규가 재판 중에)

"혁명은 성공했으나 과업에 실패했을 뿐이다." (김재규가 재판 중에)

남산의 부서장들은 서빙고에서 풀려나 광화문 국제호텔 앞 치안본부 특수대로 넘겨졌다.

보안사 수사관들에 이어 이번에는 경찰의 고참 수사관들로부터 당했다.

"국장들은 서빙고에서 모두 사표를 썼었다. 특수대 경찰관들은 '이미 사표를 냈으니 너희는 무직 아니냐'고 직업란에 '무직'이라고 쓰라는 것이었다. 골탕 먹이는 게 분명했다. '너희는 왕년에 끗발 재고 잘 해먹다 대통령까지 총쏘아 죽게 했으니 죄인이다, 당해봐라, 잘 걸렸다'는 식이었다. 아

박정희 대통령은 육사 2기 동기생인 김재규를 신임해 보안사령관 중정부장 등 요직에 앉혔다. 바로 그 김재규가 박 대통령에게 '마지막 총구'를 들이댔다는 것은 역사의 아이러니였다. 사진은 61년 5·16후 박 최고회의의장과 나주 호남비료 사장이었던 김재규 준장(오른쪽).

무래도 무직은 불리할 것 같아 '여보, 아직 사표수리가 안 됐으니 엄연한 정보부 국장이오'라고 하면 경찰수사관들은 고개를 흔들며 무직이라고 우겼다." (당시 국장 Y의 증언)

체면도 자존심도 으깨진 남산의 부서장들은 특수대 창문 틈으로 국장 (國葬) 행렬을 지켜보았다. 노란 국화꽃에 뒤덮인 박정희 운구행렬을 지켜보며, 그리고 자신들의 영광과 치욕을 되새겨 보며 현기증을 느꼈다.

남산간부들은 11월3일께 몽땅 차에 태워져 합수본부(보안사)로 갔다.

전두환 합수본부장이 근엄하게 말했다.

"국가원수 시해사건의 책임을 물어 정보부 부서실장들은 다 잡아 넣어야 마땅한 일이다. 그러나 그동안 국가안보에 기여한 공로 등을 참작해서 일단 원대 복귀하도록 결정했다."

훈시를 듣고 나니 남산의 윤일균(尹鎰均), 전재덕(全在德) 차장이 마이크로 버스에 옮겨타도록 안내했다.

부서장들이 사라진 지 일주일 만에 남산에 되돌아오자 현관 앞에 부국장 과장들이 도열해 맞았다. 까닭을 알 수 없는 몇 명의 흐느낌이 일시에 울음바다를 만들었다. 모두들 부둥켜안고 통곡했다.

왜들 울었을까.

국사범(國事犯) 부장을 모신 부끄러움과 각하에 대한 애도였을까. 남산의 신화와 긍지가 깡그리 짓밟혀버린 데 대한 서러움이었을까.

국장들은 더러 합수부에서 자신의 결백을 입증하기 위해 김재규를 깎아내릴 수밖에 없었다.

"김재규 부장은 77년 5월 국내파트 2차장 산하 2국의 군사과를 대폭 강화해서 인원을 보강하고 각 군 담당관도 예전에는 소령, 대위였는데 일약 대령 1명씩을 앉혔다. (군사과는 전통적으로 정치과 경제과와 함께 중정의 핵심과로서 장성진급 보직 등에 영향력을 행사했다. 그 때문에 10·26이후 군주도의 합수본부측에 호되게 당했다고 당시 국장 K씨가 필자에게 밝혔다) 그렇게 군사과를 강화하자 군부에서는 반발하는 게 아니라 남산에 앞다투어 정보를 제공하는 등 선심공세로 나왔다." (A 국장 진술기록)

"김 부장은 부대시설, 기구개편, 인사이동을 자주해 변덕스런 편이었으며 79년 5월에는 '직원 5% 감원'을 선언하고 추진하다가 포기한 적도 있다. 80명 가까이 사표를 받았다가 석 달 지난 8월 하순에 사표를 모두 돌려주었다. 김은 해고자 80여 명의 생계 대책이 세워져 있지 않은 것을 알고는 담당간부를 크게 꾸짖더니 백지화해 버렸다." (B 국장 진술기록)

"김재규는 또 77년 수사국을 3개로 늘려 **김기춘**(6공 노태우정부 때 법무장관),

김형욱은 79년 10월 파리에서 '영원히' 실종되고 김재규는 부하들의 현지출장을 막았다. 사진은 69년 정보부를 방문한 박 대통령을 김형욱이 맞고 있다.

정해창(6공 때 청와대 비서실장), 백광현(6공 때 내무장관) 검사들이 국장을 맡게도 했고, 79년 9월에는 총무국 밑의 인사과를 부장비서실 소관으로 개편했다. 또 부장비서실 밑에 경호원으로 구성된 안전과를 두기도 했다."(C 국장 진술기록)

"79년 10월22일 낮 12시반께 국장인 내가 해외출장계획 결재를 받으러 올라갔다. 서류를 받아보던 김재규 부장이 신경질을 내면서 말했다. '왜 하필이면 파리 출장이야? 김형욱이 실종사건도 있는데 왜 거기에 사람을 보내려고 하는 거야? 이번에는 싱가포르나 대만에만 보내!' 나는 결재를 받지 못하고 되돌아 나왔다."(D 국장 진술기록)

모든 감추고 싶은 일들, 심지어 운영비, 활동비 내용까지, 중정 18년 사상 처음으로 까발려진 데 대한 자괴(自愧)였을까. 지금까지 딱 꼬집어 울음

바다가 된 이유를 설명할 수 없다고들 한다. 예컨대 남산부장 김재규의 모든 것이 그 며칠새 다 밝혀져 있었다.

'한 달 판공비 한도 1억 원 및 미화 1만 달러. 봉급 60만 원, 가족생계 보상비 120만 원. 대체로 한 달에 판공비, 월급 합쳐 3,200만 원 정도 집에서 수령. 예금 현금 약 20억 원. 부동산은 보문동 집 대지 150평, 건평 90평 및 임야 6만~7만 평, 본적지의 논밭 40여 마지기' (79년 10월 28일 김대○ 소령. 박원× 상사 작성 신문조서)

국장들은 눈물을 훔치며 각자 방을 둘러보았다. 윤일균(尹鎰均) 직무대행은 "집에 돌아가서 쉬고 있으면 출근문제는 곧 통보하겠다"고 했다.

남산의 붕괴는 저 유명한 '노랑 신문' 발행이 끊긴 데서도 실감할 수 있었다.

노랑 신문.

겉표지가 샛노랗다 해서 나온 이 말은 중앙정보부의 일일 보고서를 가리켰다. 60년대 김형욱 부장시절부터 자리 잡은 이 일간 '노랑 신문'은 남산의 자랑스런 상품이며 상징이었다.

그 내용의 정확 신속성은 정보부의 조직·공작·활동력을 말해 주었으며, 정보부의 수집·분석·판단·대응 능력과 수준을 대변해 왔다.

노랑 신문은 세 종류였다.

B 보고.

근거가 있고 확인된 정보에서부터 불확실한 첩보에 이르기까지 망라하는 보고서. 보통 50여 장에서 많게는 1백 장까지도 나가는 B 보고는 주요 기관과 요인들의 필독 신문이었다. 이것을 읽으면 일간신문의 정치·경제 사회·문화 면을 읽지 않아도 될 정도의 뉴스 관심사와 대외비 기밀이 담겨져 있었다.

A 보고.

청와대를 비롯해 극히 제한된 요인에게만 올려지는 노랑 신문이다. 여기에는 확인된 정보만, 그것도 정보부의 분석 판단을 거쳐 대응책까지 한 눈에 살필 수 있도록 제작하므로 남산의 참 실력이 반영된다.

AA 보고.

대통령 박정희만을 대상으로 하는 극비 보고. 다른 수사기관의 비위나 장·차관, 의원, 장성에 대한 내사자료가 보고된다.

노랑 신문의 절판(絶版)은 '남산기자'(정보수집요원들은 스스로 그렇게 말했다) 들의 실직상태를 의미했다. 일이 없으므로 힘이 떨어지고, 보안사의 파워에 눌리고 있으므로 일거리도 없어지는 악순환이 되풀이됐다.

실의에 젖어 표류하는 중정에 새 선장으로 오른 이는 육사 8기의 육참차장 이희성(李熺性) 중장이었다.

이희성 부장서리는 육사를 마치고 49년 육본정보 2과에서 근무하기 시작해 66년 준장 달고 육본정보참모부 처장, 그 후 1군정보참모도 지낸 정보통이었다. 그는 주월맹호부대장, 사단장, 군단장 그리고 국방부 기획국장, 특명검열단장도 거친 인물이었다.

이희성의 등장은 육사 8기로 5·16때 군에 잔류한 멤버 중 18년 만의 새로운 부각을 예고하고 있었다. 김종필 중심의 8기가 61년 5·16으로 세도를 떨치고 시들어가는 '전8기'라면 새롭게 육사11기들과 잘 통해 79년 12·12 쿠데타 이후 각광을 받은 그룹은 '후8기'라고 할 수 있었다.

12·12직후 육참총장 계엄사령관에 오르는 이희성을 비롯, 수도 군단장 차규헌(車圭憲), 진종채(陳鍾采), **유학성**(俞學聖·80년 7월 정보부장 취임. 원래 정훈 1기였으나 8기와 합쳐져 동기대우 받음)이 신군부시대의 실세로 떠올랐다. 73년 이후 은둔과 인고의 세월을 견뎌낸 윤필용은 마침내 아끼던 후배 전두환, 노

태우 장군의 실권장악으로 말년 대길의 운세를 회복했다.

'후8기'의 득세에 비추어 5공의 응달에 서게 되는 8기도 있었다. 이재전(李在田), 전성각(全成珏), **강창성**(姜昌成)이 그들이었다.

79년 10·26으로 온 정보부장서리 이희성의 시대는 너무 짧았다.

이희성 정보부장서리가 남산에서 한 일은, 요원들이 합수본부 업무를 지원하도록 한 정도였다.

"사기가 크게 떨어지고 합수본부(보안사 주축)도 정보부 사람들을 천덕꾸러기로 대했으므로 사실상 정보부는 자료제공 이외엔 아무것도 할 수도 없었다"고 당시의 한 국장은 말했다.

전두환 소장의 김상현 협박

79년 11월 24일 YWCA 위장결혼식 사건이 있었다.

이 사건 처리도 보안사가 주도할 뿐 이희성 정보부의 활동은 거의 없다.

토요일인 이날 서울 명동성당 앞 YWCA 1층 강당에는 학생과 재야인사들이 계엄당국의 눈을 피해 결혼식을 위장한 집회를 가졌던 것이다.

가짜 청첩장을 받고 온 하객은 500여 명이었다. "신랑 입장이 있겠습니다"라는 사회의 선언이 있자 갑자기 **박종태**(朴鍾泰) 전 의원이 식단에 올라와 '통일주체국민대회의가 추진하는 (박정희 사망에 따른) 대통령 보궐선거를 저지하기 위한 국민선언문'을 낭독했다.

유인물이 배포되자 곧 계엄군이 출동해 96명이 연행돼 갔다. **함석헌, 양순직** 등이 잡혀갔다.

10·26으로 계엄이 선포된 이후 당국을 향한 첫 재야의 도전이었다.

김상현(민주당상임위원. 6선의원)은 그 사건을 계기로 합동수사본부장 전두환 소장을 직접 만나게 된다.

"그때 보안사는 김대중 진영에서 재야와 학생을 동원해 정권 타도를 시도하는 것으로 헛짚고 있었다. 그랬기 때문에 나를 비롯한 많은 사람들이 서빙고에서 지은 '죄' 이상으로 많이 얻어맞고 고문을 당했다.

일주일 가량 조사받은 뒤 전 소장이 나를 만나러 왔다. 전투복 차림으로 서빙고에 나타난 그는 '재야에서 혼란을 유도하며 시위를 벌이면 참지 않겠다. 나는 생사를 초월한 지 오래다'라며 위협하듯이 말했다. 그때의 인상으로 미루어 그가 반드시 정치에 관여하리라고 판단, 풀려나자 곧 김대중 씨에게도 그 내용을 보고했다." (김상현 의원의 증언)

이 사건을 둘러싼 수경사 계엄보통군법회의의 재판은 빠르게 진행됐다. 80년 1월16일 벌써 구형공판이었다.

피고인들의 80년 1월16일 최후진술은 그 시국의 분위기를 담고 있다.

"70년대에 잊지 못할 세분이 있다. 청계천 평화시장서 분신자살한 노동자 **전태일** 열사, 서울대생으로 할복자살한 김상진 열사, YH사건의 김경숙 열사의 뜻을 받들어 계속 싸우겠다."(최열 · 현재 환경재단 대표)

"유신 잔재는 국민 앞에 사죄하고 물러나야 한다. 월남파병은 용병이었으며 박 정권은 역사의 죄인이다."(**양관수** · 梁의 진술이 끝난 후 재판장 박 대령은 '재판장인 본인은 파월 때 참전, 부상을 당한 사람인데, 파월군을 '용병' 운운 하는 것은 김일성의 주장과 같다. 양 피고인이 김일성과 내통은 안 했기 바란다'고 했다)

"69년 3선개헌에서 정면으로 반대했다. 시저와 브루투스의 얘기도 했는데 이 얘기가 박 대통령 귀에도 들어가 청와대로 불려갔다가 곧 제명됐다. 꼭 10년 후 시저와 브루투스처럼 박정희 대통령이 김재규 정보부장의 총탄에 쓰러졌다. 박 대통령은 갔으나 박 정권은 안 갔다."(박종태)

"나도 여당의원으로 3선개헌 반대했다. 유신헌법으로 국민을 억눌러 마침내 부마사태, 10·26사건이 터졌다. 역사는 속일 수 없다. 10·26으로 유신체제가 소멸된 줄 알았더니 그렇지 않았다. 나의 행동이 민주주의에 밑거름이 된다면 형을 달게 받겠다." (양순직)

"10·26 전에는 '개헌'이란 말도 꺼내지 못한 사람들이 요즘 개헌한다고 나서고 있다. 가련하다. 개헌은 유신체제를 반대해온 사람들이 주도해야 되지 않나. 지금도 늦지 않았으니 거국체제를 구성해야 한다. 역사적인 재판이 되기 바란다."(백기완)

"자유언론에 충실하려 했다는 이유로 탄압받는 것은 세계언론 역사상 없는 일이다. 히틀러 정권 하에서도 이렇게 많은 목사, 성직자가 구속되지 않았다."(임채정 ·14대 국회의원당선 이후 4선 · 국회의장 역임)

"유신 잔재가 그대로 있으면 통일의 꿈이 멀어져 간다. 보안사에서 엄청난 구타를 당했다. 입고 있던 군복이 피로 얼룩지자 그 옷을 갈아 입혔다. 어떤 동료는 귀가 찢기고, 눈이 찢기고, 기절하고… 나는 내출혈이 오기도 하고… 공포에 못 이겨 변소도 갈 수 없었다. 변소 가려면 '공짜로 변소 가느냐'며 또 때렸다. 자살을 하려고 머리를 벽에 부딪치기도 했다." (이상익)

"나는 부끄럽다. 젊은 피고인들은 내 생애의 3분의 1밖에 살지 않았는데도 나보다 몇십 배 국가를 위해 애쓴 분들이다. 이런 애국자들에게 야만적이고 천인공노할 고문을 가하고 또 2~4년씩 징역을 구형하나. 내가 책임져야 한다. 내가 하라고 했고 무참히 고문을 가한 자를 그냥 둘 수는 없다. 법대로 하는 당신들이라면 먼저 이들(고문한 자)을 처벌해야 한다. 고문사실을 철저히 밝히고 계엄사령부는 국민 앞에 사과해야 한다. 요즘 군은 편파적이고 파당을 위해 일하는 것 같다." (윤보선)

"현실은 끝이 있으나 이상은 영원하다. 심판관들은 그 틈바구니에서 괴

10·26이후 두각을 나타낸 육사 8기 생중 이희성(오른쪽·정보부장서리 및 육참총장), 진종채(왼쪽·2군 사령군) 장군.

로울지 모른다. 오늘 이 법정의 진술된 얘기들을 모두 상사(上司)에 전달해 달라. 그게 안 되면 일기에라도 쓰시오. 지난 18년간 언론이 이렇게까지 막히지 않았더라면 이런 불행한 일은 없었을 것이다. 내가 처음부터 이번 사건 계획내용을 잘 알았더라면 나는 먼저 뜻 있는 사람을 모아 최규하 대통령권한대행을 만나자고 했을 것이다." (함석헌)

"74년 민주회복운동하다 강단서 쫓겨났다. 그 후 경찰, 정보부에 수없이 끌려 다녔으나 모든 유혹을 물리쳤다. 민주화 소신에는 변함없이 이번 사건에 가담했다." (김병걸)

이희성 정보부장서리는 겉돌고 표류하는 정보부를 이끈 지 한 달 남짓만에 12·12사태를 맞았다.

그날 밤의 이희성 부장서리에 대해 A 국장이 증언한다.

"이 장군은 초저녁부터 살벌한 상황을 보고받고 있었다. 주변에는 윤일균, 전재덕 차장 그리고 국장까지 10여 명이 자리를 지켰다. 한남동 육참총장 공관에서 **정승화**(鄭昇和) 총장이 피습돼 연행당한 뒤 합수본부나 정 총장측이나 일전불사의 태세로 병력을 동원하고 있었다. 이희성 장군은 이쪽 저쪽에 대고 '제발 탱크의 시동을 꺼라', '포 쏘면 우리끼리 다 죽는다'고 주로 정 총장 측 병력출동을 막는 역할을 했다. 자정이 넘어설 무렵 극도로 상황이 긴박해지자 이 장군은 '도저히 안 되겠다. 현장으로 나가겠다'며 밖으로 나섰다. 윤일균 차장 등이 함께 나가겠다고 했으나 이 장군은 '정보부나 잘 지휘하라'며 보좌관을 데리고 나가버렸다. 그날 밤 남산에선 합수본부의 **최예섭**(崔禮燮·정보부 파견) 준장 그리고 이상연(李相淵·정보부 파견) 대령도 여러 가지로 전두환 장군측을 도왔던 것으로 기억된다."

이 부장서리는 외부에서 무전을 통해 총체적인 상황을 체크했다. 안에서는 윤일균 차장이 상황을 파악해 보고했다.

이 부장서리는 새벽 6시께 최규하 총리공관으로 들어간다고 한 뒤 소식이 끊겼다. 그리곤 한참 만에 남산에 돌아왔다.

부장실로 들어선 이 부장서리는 둘러싼 차장 국장들에게 말했다.

"앉으세요. 명에 의해 육군참모총장을 맡게 되었습니다. 윤일균 차장이 당분간 정보부를 일사불란하게 이끌어 계엄업무를 성공적으로 돕기 바랍니다."

2분도 안 걸린 이임사였다.

다시 부장이 공석이 되었다.

최규하 총리는 79년 12월21일 이 나라 제10대 대통령직을 이어받았다. 곧 정보부 차장 윤일균을 불러 부장을 맡도록 권유(79.12.28)했다.

윤 차장은 사양했다.

"박정희 대통령 시해사건의 도덕적인 책임이 막중한 저희를 과감히 자르고, 그런 연후에 꼭 필요하다면 재기용하는 게 대의명분이 설 것입니다."
대충 그와 같은 뜻을 밝힌 윤 차장은 '부장직대'만 맡겠다고 했다.

정승화가 잡으면 10년이나 기다려야…

80년은 한 치 앞이 안 보이는 자욱한 안갯속에 밝아왔다. 이른바 안개정국이었다.

전두환 보안사령관, 노태우 수도경비사령관이 79년 12·12사태를 주도, 계엄사령관이던 정승화 육참총장을 체포했으므로 확고한 실력을 굳혔다는 건 알려져 있었다.

그러나 12·12 당일 노태우 소장의 9사단 병력이 미군에 통고 없이 서울로 이동하고, 합수본부가 정 총장을 무력으로 가둔 데 대해 미국이 반발하고 있었다.

깜깜한 세상이었지만 미국이 '뿔나' 있다는 소문은 언제나처럼 빨리 퍼졌다.

비록 삼엄한 계엄검열 치하였지만 국방부 출입기자들이 계엄사령관 이희성 대장에게 물어보았다. (80.1.15.)

- 위컴 8군사령관과 전두환 장군이 동시에 예편된다는 소문이 있는데…

"둘 다 틀린 말이다. 미국사람들은 그런 식으로 처리하지 않는다. 미국은 그런 소국(小國)이 아니다. 앞으로 잘 보면 알 것이다. 미국은 어느 경우나 보면 어떤 사건을 계기로 자기들의 입장을 유리하게 다져 나가는 방법을 써왔다."

– 체포된 정 총장은 합수본부 발표대로라면 군사재판에 넘겨야 하고 한편으로는 정상 참작으로 예편시키는 선에서 끝내야 한다는 얘기도 있는데.

"옳은 말이다. 내가 참모차장으로 모셔보니 훌륭한 분이었다. 그런데 여러모로 살펴보니 의심 받을 점이 많다. 이것을 군사재판에서 가려야 한다. 그 다음에 공로를 참작할 수도 있지 않겠나."

기자들은 국방부장관 주영복에게도 전두환 장군 예편설을 물어보았다.

"낭설이다. 전 장군은 10·26사건을 캐낸 유공자인데 옷을 벗길 수 있나? 위컴도 52세의 대장으로 앞길이 창창한데 예편같은 신상 문제가 있으면 얼굴에 나타날 텐데 그런 기색을 볼 수가 없단 말이야. 지금 위컴이 일시 미국에 가 있지만(80.1.5 출발) 그건 예정돼 있었던 것이고 금명간 귀임하면 한미관계는 더욱 공고해 질것이다. 홀브르크 차관보가 서울 오는 것도 관심들 있는 모양이지만 그는 국방성이 아닌 국무성 사람이고 방중(訪中) 결과를 보고하러 온다."

그러나 전두환 노태우 같은 실세들에게 업힌 국방장관, 계엄사령관들이 제 아무리 감추려 해도 한·미갈등은 심각한 문제였다.

오히려 실세로 들어앉은 수경사령관 노태우 소장은 솔직하게 말했다.

"위컴은 12·12 당일 밤 국방부에서 차에 총을 맞은 사건도 있어 상당히 격해 있다. 그러나 1월5일 미국으로 떠나기 전까지 우리들을 충분히 이해했으며 본국 가서 어떻게 대답하겠다는 얘기까지 하고 갔다. 이제 원만한 상태가 유지되고 있다."

전-노 장군 중심의 신군부가 정치의 전면에 나설지는 아직 아리송했다. 그들 내부는 '이미 루비콘 강을 건넜다'는 말로 정권 장악이 기정사실화되고 있었다.

12·12사태의 본질에 관해 실세 장교들의 얘기를 들은 사람들만이 정권의 향방을 감지하고 있었다.

12·12 당일 합수본부측 행동대였던, 90년대 군지휘부의 핵심 장군의 얘기가 본질을 드러내고 있었다.

"10·26후 '정승화계가 군을 장악하면 10년은 더 해먹을 것이고 그렇게 되면 11기부터 17기까지는 10년을 더 기다려야 하거나 별 볼일 없이 끝나고 만다'는 불만과 우려가 있었다.

정 총장이 계엄사령관으로 클로즈업되고 군지휘부가 정 총장 계열로 구성되고 그들만의 판이 될 낌새가 있어 군단장급 이상은 상부 지시에 공공연히 반발하는 등 명령체계가 안 서고 혼란에 빠졌다. 특히 영관급 장교들은 장군들에 대해 노골적으로 불평을 했다."

80년도 이 장군이 대령 시절에 남긴 어록(기자 메모)은 지금도 리얼하게 군내부를 읽게 해준다.

"합수본부 전두환 장군은 10·26사건 수사과정에서 정승화의 혐의를 캐기 위해 노재현 국방장관에게 세 차례 체포를 건의했으나 처음 두 번은 만류 당했고 세 번째는 반박당했다. 이와 함께 전두환 장군이 동해방위사령부로 쫓겨난다는 얘기가 돌았다. 또 정승화는 12월13일께 있을 개각 때 최세인, 박현식, 박영수 등 자기 세력 서너 명을 심으려고 해 전두환 장군 측은 거사를 결심한 것이다. 그때는 전이 날라가느냐, 정이 체포되느냐 피차 긴박한 상황으로 양측이 사나흘 앞서고 뒤지는 차이였을 뿐이다."

이 대령은 매우 솔직하게 12·12가 하극상(下剋上)임을 설명했다.

"우리 영관급이 무슨 모임이 있는 건 아니지만(정승화, 이건영, 정병주, 장태완, 하소곤, 김진기 장군 등) 선배들 옷 벗기기에 12·12 참여파들의 주장이나 입김이 작용한 건 사실이다. 군의 중심은 영관급이다. 숙군(肅軍)을 주장하는 영관급이 많았던 게 사실이다. 박 정권 18년 동안 군이 크지 못하도록 교묘하게 요리해 왔기 때문에 영관급의 불만이 누적돼 왔다. 나는 군대생활 18년에 월급이 겨우 17만 원이다."

12·12사태는 영관급 중에서도 17기의 혁명이라고 말할 수 있다고 당시의 거사주체 일원은 밝혔다.

"정규 육사 4년제 출신 가운데서도 피난육사 (11기 등 전란기 진해의 육사 출신을 지칭) 등을 제외하면 17기가 바로 진짜 육사고 최고 엘리트다. 가난해서 육사를 갔을 뿐 모두가 서울 일류대학 갈 수 있는 머리와 실력이 있었다. 대한민국 육군을 통틀어 연대가 ○○개라고 볼 때 79년 말 반 가까이 17기 대령들이 연대장을 하고 있었다. 어떤 의미에서 전두환 장군을 비롯한 윗기들은 17기 엘리트들한테 업힌 것이다."

이 무렵 미국 TV방송 토크쇼에서도 국무부 관리들과 베테랑 기자들은 비아냥거렸다.

"한국군에는 항상 커널(대령)이 문제다. 5·16 때도 커널이 앞장서서 나서더니 12·12도 마찬가지로 대령들의 쿠데타 아닌가. 방법이 있다. 한국에서 쿠데타를 영원히 막으려면 대령이라는 계급편제를 없애버리면 어떨까?"
(당시 주미대사관 근무 외교관 H 증언)

어쨌든 A 대령을 만난 기자들은 '화살 떠난 시위'임을 실감하지 않을 수 없었다.

A 대령은 이미 '정치인'이었다.

"이후락은 지금 미국 가 있지만 못 돌아올 것이다. 오면 죽는다."

"박종규는 이젠백 맥주회사로 손해 본 것 빼고는 재산이 330억이나 돼 환수당한다."

"정○○ 같은 재벌이라는 자는 어떻게 5억씩이나 주고 배우 홍○○와 살

수 있나?"

소위 '개혁주도'를 벌써 예고하고 있었다.

그러나 12·12사태는 호도되고 미화될 수 없었다.

당시 국무총리였던 신현확도 10년후 말했다.

"그것은 대통령이 추후 추인을 했더라도 하극상이다. 군의 명령계통을 따르지 않고 병력을 이동한 것과 대통령의 결재전에 상관을 연행한 것은 위법이고 정상적인 것이 아니다."

(88.12.6 국회청문회 증언)

그 청문회에서 바로 신군부에 업혀 정보부장서리, 육참총장을 지낸 이희성도 12·12는 "비극이요 잘못"이라고 실토했다.

피해자 정승화도 청문회에서 말했다.

"12·12는 권력을 지향하는 일부 부하들에 의한 반란이었다. 대통령 결재도 받지 않고 무장한채 로 육군참모총장 공관을 포위 연행하는 등 생명을 걸고 무모한 짓을 감행한 목적은 장애물인 총장을 제거해 군권을 장악하려 했던 것이다. 상관을 무장병력으로 납치한 것은 군형법상 반란이며

정병주 공수특전사령관(왼쪽) 밑에서 전두환 준장(오른쪽)은 여단장을 지냈다. 정병주는 노태우, 박희도, 최세창, 장기오도 부하로 거느린 공수인맥의 대부였다. 그러나 그는 12·12때 부하들로부터 철저히 배신당하고 충격을 받았다. 강제 예편당한 뒤 그는 말했다. "하루 세 끼 밥 먹고 하늘을 쳐다보다가 땅이 있으니 걷고, 그리고는 잠자고… 제가 걷기를 무척 좋아해요. 울화가 치밀 때는 술병을 들고 구파발 서오릉 주변을 왼종일 혼자서 터벅터벅 걷다가 아무데서나 쓰러져 자곤 했어요. 그러다가 서울 북쪽의 검문소 앞을 지날 때는 노태우가 저곳을 어떻게 통과했을까 하는 생각이 나고…" 정병주는 89년 자살했다. (87년 기자 인터뷰에서)

그 괴수는 사형, 중요한 짓을 저지른 사람은 사형 또는 무기징역을 받게 돼 있다. 그들은 어마어마한 짓을 저지른 것이다."

9사단 병력의 서울진출에 대해서도 정승화는 말했다.

"전투부대 작전권은 한미연합사에 위촉해 두고 있기 때문에 작전부대는 승인 없이 이동할 수 없다. 9사단 병력의 서울로의 이동은 한미방위조약을 위반한 것이 된다."

91년 10월 정씨는 필자와 만난 자리에서 말했다.

"12·12사태란 하나회라는 비밀조직이 저지른 반란이다. 군대에 비밀조직이 있어서는 안된다. 그런 군대는 전쟁이 나면 못 쓰는 군대가 된다. 이해관계와 생사를 초월해서 지휘관을 정점으로 뭉쳐 싸울 때 군대의 힘이 나오는 거지 사조직이 힘을 쓰면 나라가 망할 일이다. … 하나회는 박 대통령 자신이 키운 것인데… 묘하게도 정권 안보를 위해 4년제 육사 젊은 장교 몇을 귀여워하고 사병화(私兵化)하더니 그 그룹에서 후계자가 2대나 나왔으니 참 기묘한 인과관계라고 느낀다. … 박 대통령은 말년에 사람 한두 명 잘못 쓰면 지도자도 나라도 망할 수 있다는 걸 보여주었다. 명색이 육참총장인 내가 대통령 행선지를 알 수가 없었다. 경호실장(차지철)이라는 사람이 보안상 알려줄 수 없다는 이유로!"

12·12주체들의 '희생양'이 된 정승화 씨는 87년부터 추진된 병역법 개정으로 군적과 대장계급을 되찾았다. 그러나 연금은 없다. 군적 회복, 계급 복권에 따라 연금도 나와야 당연하겠으나 별도의 연금법은 '유죄판결 확정자'에겐 혜택이 없게 돼 있다.

'세상에 그런 억울한 일이 한두 가지랴' 생각하며 산다고 그는 말했다.

이희성 "군이 정권 잡으면 역적"

80년 1월 군부 핵심에서는 이미 권력장악을 기정사실화하고 있었지만, 세간의 반응은 아직도 '설마'라는 것이었다.

수경사령관 노태우 소장은 80년 2월7일 호텔신라에서 언론사 사회부장들과 만났다. 수경사 33단장이었던 김진영 대령(金振永·92년 육군참모총장), 수경사 작전참모 안병호 대령(安秉浩·92년 수방사령관) 등을 배석시켜 놓고 한 노 소장의 설명은 당시의 깜깜한 상황 속에선 관심거리였다.

"12·12사태는 사전에 계획된 쿠데타나 군부의 하극상이 아니다. 대통령 시해사건 현장에 정승화 육참총장이 관련되었다는 것은 있을 수 없는 일이므로 군 내부에선 그가 스스로 물러나길 바랐으나 오히려 자기 자리를 확고히 하는 데만 힘썼다.

그래서 정 총장의 용퇴를 권유하기로 하고 개각 때 물러설 명분을 주기 위해 12·12로 날을 잡은 것이다. 나는 그날 평소처럼 테니스를 한 뒤 가벼운 마음으로 서울에 왔다. 부대를 나서면서 특별한 지시를 내린 것도 없고 이건영 3군사령관(李建榮·14대 국민당 국회의원)에게는 서울 다녀온다는 보고까지 했다.

황영시 1군단장(나중에 감사원장)과 함께 경복궁으로 갔다. **유학성**(나중에 정보부장), **박준병**(나중에 집권당 사무총장) 장군도 모였다. 이들은 모두 사실 정 총장과도 친했던 사람들이다. 군내부에선 그날 밤의 일을 필연적인 흐름으로 파악했고 대세가 기울어지니까 이건영 중장 같은 이가 빨리 손을 든 것이다."

노 사령관의 얘기는 계속된다.

"군은 절대로 정치에 관여하지 않는다. 나 자신도 정치엔 관심도 없고 할 줄도 모른다. 정치할 수 있는 기회도 많았고 또 유도하는 측도 많았다. 그러나 지금 군이 정치를 한다 해도 누가 믿어 주겠는가."

그것은 합수본부장 전두환 소장도 마찬가지였다. 정치는 안 한다는 얘기였다. 기자회견 때 "정치를 했다면 5·16 후에 했을 것이고 무슨 청장자리나 하고 끝났을 것이다"고 단언했다. 노 사령관은 사회부 데스크들에게 "군이 정치나 경제에 개입할 수도 없고 개입해서도 안 된다"고 확언했다.

진심이었는지. 거꾸로 정치판에 나서기 위한 양동(陽動)작전이었는지 알 길이 없지만 노 사령관의 화법은 매우 단호했었다.

"12·12 직후 위컴(주한미군 사령관) 참모들에게 말해 주었다. 우리 육사는 당신네 미국의 벤플리트 장군이 미국 웨스트포인트를 그대로 본떠 옮겨놓은 것이다. 우리는 거기서 그 교육제도 아래 훈련받고 배웠다. 미국 군인처럼 우리도 군 외의 목적으로 행동하지 않는다. 우리 4년제 육사 출신이 5천 명이나 되지만 그중에 단 한 명이라도 정치하는 사람이 있나 알아봐라. 거짓말은 안 한다" 천연덕스럽게 말했다.

이희성 계엄사령관도 말했다.

기자들이 신당 창당설을 캐묻자 그는 답변(80.2.5)했다.

"정당을 만드는 일이 그리 쉬운 일이 아니다. 새로 만들려면 200억 원 정도가 드는 걸로 안다. 더욱이 정치인 치고 흠 없는 사람이 어디 있나. 정치는 하던 사람들이 하는 것 아닌가."

군인들이 정권을 잡기로 했다는 소문이 파다하다고 묻자 이희성 사령관은 짐짓 말했다.

"군이 정권을 쥐려면 10·26 때 했을 것이다. 나도 그때 벙커에 있었는데 어느 지휘관 한 사람도 정권 잡자고 하는 사람 없었다. 이젠 5·16 때와 달라. 경제는 경제전문가가 맡고, 전문분야는 해당 전문가가 맡아야 할 정도

민주당 정권 사람이면서도 5·16 이후 박정희 대통령의 오른팔처럼 중용된 이후락 씨(왼쪽 라이터 불 켜든이). 그는 80년 신군부의 '사주'에 따라 JP 타도에 앞장섰다고 구공화당 사람들은 말한다.

로 사회가 복잡해졌지 않는가? 그리고 만약 내가 정권 잡는다 해도 당장은 용납될지 모르나 후세 사람들이 역적으로 볼 것이다. 나는 괜찮을지 몰라도 내 자식들이 역적 소릴 들을 것이다."

실제로 이 사령관이 철저히 겉돌았는지 몰라도 그는 극적인 표현으로 정치개입을 부인했다. 3김씨는 각기 꿈에 부풀고 있었다.

비록 '총상'을 입었으나마 집권당이 분명한 공화당의 총재 **김종필**은 유신헌법으로 쉽게 대통령이 되는 길을 뿌리쳤다. 깨끗이 새 시대를 맞아 당당하게 대권을 안겠다는 태도였다. 최규하 대통령권한대행이 79년 12월 6일 통대(통일주체국민회의대의원)대회에서 대통령으로 선출된 뒤, JP는 '통대 대통령'은 않겠다고 했다.

신민당총재 **김영삼**은 부마사태와 10·26총성 이후, 역사의 수레가 월계관을 싣고 상도동으로 당도하리라고 믿고 있었다. 80년 2월 9일 그는 물정 '어두운' 예비역 장군 5명과 영관급 장교 7명을 영입해 기세를 올렸다.

재야와 옥중을 전전한 왕년의 대통령 후보 **김대중**은 80년 1월 17일 연금이 풀려 첫 지방나들이 (대전 천주교 연수교육)에서 기염을 토했다.

"나도 명색이 표깨나 얻은 대통령 후보였는데 내 소식을 궁금해하는 사람들도 있을 것 아닌가. 그런데 신문에 동정 한 줄도 못 나가게 계엄사가 검열하는 건 너무해! 항간에는 내가 불구자가 됐다느니 정신 이상이라느니 소문이 있다는데 TV에 한 장면만 나가도 그런 유언비어는 사라질 게 아닌가."

딱 다섯 달 뒤 5·17과 함께 마주할 질곡(桎梏)을 알 턱이 없었다.

그러나 신군부의 집권을 향한 초침은 소리 나지 않게 돌고 있었다.

3월 24일 이후락 기자회견파동도 그런 범주에 속했다. 적어도 JP 측은 HR이 신군부의 보호를 받기 위해 JP 흠집내기에 앞장선 것으로 파악했다. HR은 역시 빠르고 정확했다.

그는 12·12 직후 만난 기자 K에게 "요새 힘잡은 장군들한테 공화당이 혼날거요"라고 말했다. 그리곤 소리 소문없이 미국으로 갔다.

80년 3월 귀국하자 곧 기자회견을 갖고 '부패한' 김종필 총재 퇴진을 요구했다. JP 측은 즉각 당기위 당무회의를 소집해 '탈당권유' 처분을 결정했다.

HR은 스스로에 대해 "나도 떡(정치자금)을 만지면서 떡고물이 손에 묻었다. 내가 정치자금 만져 돈이 많은 인상을 받지만 솔직히 남보다 조금 잘 살았을 뿐이다. 소문난 잔치에 먹을 게 없더라고 실상 난 가진 게 없다"고도 했다.

그러나 그도 5·17 이후의 서슬을 피하진 못했다. 194억 원을 부정 축재했다고 계엄사가 발표했다. 대통령비서실장, 정보부장 등 고위관직을 이용한 '권력형' 부정축재라는 것. 권좌의 파워가 셌던 만큼 돈도 몰렸던 것이다.

HR전성기의 세도에 관한 예화는 많다. 그의 정보부장 시절의 행각을 한 번 들어보자.

72년 당시 중앙고 교장이었던 한철우 씨의 증언이다.

"72년 초 서무주임 최승걸 씨가 하는 말이 중앙고 교육용 토지에 정보부 사람들이 허락도 없이 들어와 측량을 하고 있다는 것이었다. 내가 '남의 교정을 양해도 없이 드나들며 측량하는 이유가 뭐냐'고 물으니 남북회담을 하기에 가장 적절한 장소여서 학교 교정 뒷숲에 건물을 짓는다는 얘기였다.

나는 깜짝 놀랐다. 명색이 법치국가에서 남의 사립학교의 교정을 정보부가 활용할 계획이라면 최소한 재단에 알리고 착수해야지 그쪽 마음대로 사유재산을 마구 강점할 수 있는가? 더욱이 교육시설에 그럴 수 있는가? 최 주임에게 정보부 공사책임자에게 항의하도록 했다. 그랬더니 차씨로 기억되는 정보부 직원이 찾아왔다. 그는 역시 남북대화 관계니까 아무에게도 얘기하지 말라며 '중앙고나 되니까 이 정도라도 얘기해 드리는 것이지 남산의 숭의학원에는 우리 마음대로 철조망 치고 공사했습니다' 하는 얘기였다."

그러나 72년 7·4공동성명 이후 공사는 일방적으로 진행됐다. '계약'이라는 게 맺어진 것도 72년 10·17유신 계엄 이후였다.

계약은 72년 8월30일자로 소급 작성되었다. 계약당사자는 중앙정보부장(이후락)과 고려중앙학원 이사장(이활)명의였다.

하지만 말이 '계약'일 뿐 정보부의 강탈이나 다름없었.

중앙고의 교육용 토지 2천 평(종로구 원서동 1의3)을 '10년간 무상으로 임대'한다는 것이었다.

그리고 학교측이 교육용 토지 강점을 항의하자 정보부는 '본 계약이 불필요하다고 인정할 때 신축건물 옆의 국가소유(문화재관리국)인 종로구 와룡동 산3의25 임야 6,046평과 신축건물 전체를 학교 측에 불하하도록 알선한다'는 내용을 포함시켰다(물론 이 내용은 82년 재계약 시에 삭제해버렸다).

중앙고 뒤쪽 교육용 토지 총1만 1,062평의 한복판 2,000평을 무상임대한 이후락 정보부는 계약과는 달리 전용도로를 낸다, 추가건물을 짓는다며 또 1,500평을 더 점유 사용했다.

다시 한(韓) 전(前)교장의 얘기.

"중앙고로서는 3,500평이 문제가 아니었다. 정보부가 지은 건물 주변의 묶여 있는 교육용 토지까지 총1만 1,062평을 20년째 전혀 활용할 수 없게 돼버린 것이다."

82년 8월 계약기간이 끝났으나 이젠 남북대화사무국이 이곳을 청사로 활용, 학교측은 재계약에 응하지 않을 수 없었다. 정부 측은 3,500평분에 한해 토지감정 가의 5%만 사용료로 내겠다며 72년 당시의 '불하조건'은 계약서에서 삭제해버렸다. 90년 이후부터는 3,500백 평분의 토지감정가의 겨우 10%를 사용료로 냈을 뿐이다.

중앙고측은 이와 관련, "교육용 토지 1만 1,062평을 원래 목적대로 교실, 체육시설, 식당, 정서교육시설 확충에 쓸 수 있도록 해야 하는데도 권위주의시대의 잘못 채워진 첫단추가 아직도 바로 잡히지 않고 있다"면서 "20년 동안 권력기관의 강압으로 무단 점유하다시피 해온 횡포가 더 이상 계속돼선 안 된다"고 말했다.

학교측은 특히 "정보부가 보안시설이라는 이유로 아무 짓이나 해도 통하던 20년 전과는 안보여건이나 환경도 변화한 만큼 현재의 시설물을 이전해 가고 교육목적에 쓰이도록 해야 할 것"이라고 호소했다.

전두환 '대권 각본' 밀어붙이다

80년 서울의 봄, 햇살은 따사로웠지만 정국에는 음험한 기운이 감돌고 있었다.

이후락 의원이 남산의 공화당 중앙당사 기자실로 찾아와 총재 JP를 공격한 직후인 3월 말, 보안사령관 전두환 소장은 국무총리 신현확을 찾아갔다. 전 장군은 스스로 정보부장을 겸해야겠다고 말했다.

그때 정보부는 문 닫은 가게처럼 표류하고 있었다. 부장대리 윤일균 차장이 남산을 끌고 있었지만 기실 힘과 일이 보안사로 넘어가버린 상태였다.

당시 정보부의 '실력'에 관해 동아일보의 **강성재**(姜聲才) 기자(92년 민자당 서울 성북을구 지구당위원장)는 다음과 같은 보고서를 남겼다. (계엄 검열 하이기 때문에 기사로는 내보낼 수 없는 상황이었다)

청와대 출입기자들은 80년 3월14일 오후 이문동 중앙정보부로 가서 최근의 북한동향과 남북대화 경과 등을 브리핑 받고 윤일균 정보부장 직무대리와 정보부 운영방향 등을 화제로 환담을 나누었음.

윤 정보부차장은 칵테일 파티장에서 10·26사태 후 정보부 운영실태에 관한 질문을 받고 "그동안 정보부가 너무 많은 분야에서 활동, 부작용을 낳았음을 깊이 반성하고 새로운 자세로 임하기로 했다"고 밝히고 "종전에 일선 시도에까지 나가 불필요하게 어깨에 힘을 주던 정보부요원들은 도지부로 철수시켰으며 이들 요원들을 포함, 대부분의 요원들에 대해 재교육을 시키고 있다"고 밝혔음. 훈련대상 요원의 3분의 2가량을 이수시켰다는 윤 차장은 새로운 근무지침으로 무엇보다도 자숙 자중할 것을 시달했다고 언명.

그는 "종래 불필요하게 정보부 요원이 직접 대상자와 만나 정보를 수집하던 방식을 지양하고 공식 기존조직과 루트를 통해 정보를 수집토록 독려하고 있으며 부처에 관한 정보도 웬만한 것은 대통령에게 보고하지 않고 유관기관에 통고, 자체적으로 시정 토록하고 있다"고 밝혔음. 10·26사태 이전에는 사사건건 대통령에게 직접보고, 대통령이 정보부의 보고를 토대로 정책을 결정해서 시달했기 때문에 각 부처의 장들이 자연히 정보부를 크게 의식, 여러 부작용을 야기했던 폐단을 없애기 위해 이 같은 협조관계가 취해지고 있다고 덧붙였음.

윤 차장은 그러나 정보부의 '정치사찰' 문제에 대해서는 언급하지 않았음.

그는 북괴의 대남침투공작 양상이 10·26사태 이후 크게 달라지고 있어 크게 신경을 쓰고 있다면서 "북측은 최근 외국국적을 가진 외국인이나 외국인을 첩자로 침투시키고 있는데 얼마 전 이같은 간첩단을 적발, 수사 중에 있다"고 언명.

그는 "시국이 뒤숭숭한 이때 이들 간첩단 검거 사실을 발표하게 되면 또딴 얘기들이 나올까봐 이들 간첩조직을 일망타진한 후에 발표키로 했다"고 말했음.

윤 차장이 밝힌 그 밖의 내용.

"10·26사태 후 연말까지 대북 정보망을 크게 확대, 북괴의 동정을 소상하게 파악할 수 있게 됐다. 마치 유리알을 보듯이 저들의 동태를 파악할 수 있게 됐는데 90% 이상은 포착할 수 있게 됐다. (아마도 미국 측으로부터 많은 양의 정보를 입수하고 있는 것으로 추측됨) 그러므로 북괴에 관한 한 우리 정보부를 믿어달라. 불철주야 노력하고 있다."

"10·26사태 후 일부 요원들을 정리하는 바람에 크게 인력부족 현상을 느끼고 있으나 인원을 증가시킬 수 없는 형편이어서 그대로 참고 묵묵히 일해 나가고 있다."

"작년 12월 12·12사태로 부장 직무대리를 맡아 해온 근무지침을 얘기하면서 '우리 요원들은 귀도 막고 입도 막은 채 묵묵히 소임만 완수해 나가자'고 간부들에게 말한 바 있다."

"정보부는 자기 소관 이외의 일에 대해서는 알아서도 안 되고 알려고 해서도 안 된다는 '차단의 원칙'이 철저히 시행되고 있다. 그래서 '10·26시해사건'도 27일 새벽 4시 2분경 국내담당 파트로부터 무언가 이상하다는 귀띔만 받았을 뿐 전혀 모르고 있다가 7시경 전두환 합수본부장이 공식 브리핑을 해주어서 그제서야 진상을 알게 됐다. 그 브리핑을 듣고 있는 동안 얼굴이 뜨거워서 어쩔 줄 몰랐다."

전두환, 내가 정보부장도 겸하겠소!

이처럼 침체된 분위기의 정보부를 손보아 보안사와 함께 정권 창출을 위한 두 개의 축으로 쓰자는 게 전두환 장군과 주변의 구상이었다.

"총리인 나는 이미 3월 중순 최규하 대통령에게 정보부를 흐트러진 상태로 두지 말고 책임자를 임명하되, 군인보다는 민간인을 부장으로 써서 정보기구의 양립화를 추진하라고 진언했다. 그런데 갑자기 전 사령관이 나를 찾아와 정보부장을 겸하겠다고 하면서 '그래야 정보부도 안정시키고 올바른 궤도에 올릴 수 있다'고 말했다. 그때 나는 겸무는 안 하는 게 좋겠다는 의견을 말했다." (신현확 씨 증언)

물정에 어두운 두 김씨(김영삼-김대중)는 '김칫국부터' 마시는 경쟁이 썩 뜨거웠다. 80년 4월4일 신민당과 재야의 통합협상을 벌이더니 사흘 뒤엔 아주 '헤어지기'로 했다고 발표했다.

그로부터 일주일 뒤인 4월14일. 보안사령관 전 소장은 그의 욕심대로 정보부장(서리)에 오르게 된다.

63년의 남산 인사과장 전소령이 17년만에 실권을 장악한 장군이 되어 부장자리를 차고앉은 것이었다. 그것이 넉 달 뒤 대통령으로의 '승진'을 위한 몸풀기 체조인 것을 아는 사람들은 많지 않았다.

임금문제 등으로 사북의 광부들이, 부산 동국제강 종업원들이 들고 일어나고 대학생 데모는 날이 갈수록 달아오르고 있었다. 5월14일 신민당은 이기택 의원 등 66명 이름으로 비상계엄 해제건의안을 국회에 냈다.

그때는 이미 신군부의 집권스케줄이 전 장군 휘하의 보안사와 정보부 참모진에 의해 완성되어진 단계였다.

5월16일 불길한 예감 때문이었는지, 아니면 정보가 있었던지, 헤어지기로 한 두 김씨가 만나 '계엄해제', '정부주도의 개헌 포기' 등 6개 항의 시국수습책을 냈다. 중동방문 중이던 최 대통령은 일정을 당겨 급히 귀국한다.

5·17비상계엄의 전국확대.

그것은 그날 전군(全軍)주요지휘관회의에서부터 비롯되었다.

'싹쓸이' 시나리오는 이미 완벽하게 짜여 있었다. 지휘관회의 이전에 이미 '국가보위 비상대책위 설치', '국회 해산'이 예정돼 있었다.

"회의 직전 국방장관(주영복), 3군총장, 합참의장 간담회에서 회의주제가 논의되었다. 계엄 확대, 국보위 설치, 국회 해산 얘기를 하는 것이었다. 합참의장(유병현)인 나는 계엄확대강화 얘기는 계엄분소장급 이상이 모이는 자리니까 당연하지만 다른 두 문제가 군회의에서 얘기되는 건 이해가 안 간다. 계엄하라도 국회기능은 정지할 수 없고 국회 해산은 위헌이므로 전군지휘관회의에서 논의하지 않는 게 좋겠다고 말했다." (유병현 씨 증언)

"국가보위 비상대책위원회(국보위)는 회의 열리기 전날인 5월16일 권정달 보안사 정보처장(대령, 나중에 민정당 사무총장·국회의원 역임)이 설치를 건의

80년 초여름, 전두환 장군은 중장으로 진급했고 보안사와 정보부를 장악한 그의 주변은 늘 붐볐다.

해 국방부장관인 내가 3군 총장에게 얘기했다."(주영복 씨 증언)

　그 회의에 정작 '주요' 지휘관인 전 장군은 참석하지도 않았다. 그리고 회의 끝에는 내용도 없는 백지(白紙)의 연명서가 돌아 참석자들이 이름을 썼을 뿐이었다.

　전 장군의 '결재'가 난 이 결의내용은 겉치레 국무회의로 넘어갔다. 중앙청 장관회의가 열리는 복도에는 집총한 병력이 도열해 장관의 신분증을 보고 들여보내는 등 살벌한 분위기였다.

　마침내 계엄포고령으로 헌법기구인 국회를 쓸어버리는 희대의 싹쓸이가 전개되었다. 게다가 전현직 국가원수 비방금지, 정치활동 중지, 전국대학 휴교 등의 계엄포고령이 내려졌다.

김대중을 '내란음모'라고 덮치고, **김종필, 이후락, 박종규**, 김진만, **김치열**, 오원철(청와대 경제수석 비서관 역임), 이세호, 장동운(육사 8기·보훈처장 역임) 등이 권력형 부정축재로 잡혀갔다. 문익환, 김동길, 인명진(목사), **고은**, 이영희 등이 사회혼란 및 학생 노조 배후조종 구실로 체포되었다.

그리고 곧 광주사태…. 더 길게 되풀이해 쓸 것도 없이 전두환 정보부장(서리)겸 보안사령관시절 최대 최악의 오점이었다.

88년 13대총선으로 3김씨가 모두 원내진출 의석을 얻어 여소야대를 이루고 노태우 정부에 공세를 펼 때였다. 국회 광주사태진상특위 구성이 한창 논의되던 88년 6월 초 역대 정보부장, 안기부장 모임이 있었다. 61년 6월10일 정보부법 제정 및 부 창설일을 기념해 현직부장이 초청하는 형식의 자리다.

장세동 "광주사태는 진주민란, 홍경래란 같은 것"

김종필, 김재춘, 김계원, **장세동**씨 등 10여 명이 둘러앉았다. 전두환 씨는 불참.

국회가 화제가 되고 얘기는 80년의 광주문제로 옮아갔다.

"장세동(전두환 정권의 국가안전기획부장 경호실장) 씨가 광주사태는 진주(晋州)민란이나 홍경래(洪景來)의 난 같은 것이라는 취지로 80년 5월의 광주상황을 설명해갔다. 그러자 김재춘씨(3代 정보부장)가 무뚝뚝하고 직선적인 성격 그대로 '무슨 그따위 얘기를 아직도 하고 있는 거요. 여기 앉아 있는 사람들을 바보로 아는가. 당신네들이 총칼 들고 정권 잡자고 저지른 짓을 무슨 홍경래 반란이라고?' 하며 내쏘았다. 그 자리에서 어떤 분은 웃으며 일어서면서 '국회에서 특위 조사할 것도 없이 결론이 이미 나와 버렸군' 하여

웃고 헤어졌다.(당시의 한 참석인사)

　광주민주화운동 희생자는 80년 당시 사망자 193명(군인 23, 경찰 4명 포함)을 포함해 모두 278명. 89년 6월 현재 광주시장이 의장으로 있던 지역협의회의 공식발표다.

　광주가 무력진압된 직후인 80년 5월31일 국보위가 나타났다. 군실세 14명 장관 10명으로 구성된 이 기구는 '계엄하의 대통령 자문기관'이라는 것이었으나 기실 신군부의 '혁명본부' 같은 것이었다. 위원장은 바로 전두환 장군이었으므로 5공의 실질적 기산점은 이때부터라고 할 수 있다.

　계엄사령관이던 이희성은 나중에 '국보위에 왜 계엄사령관의 권한을 넘겼느냐'는 질문에 "계엄사령관의 일을 국보위가 다 해주어 군부는 정치가 아닌 군 본연의 임무로 돌아간 것"이라고 당시 국보위의 권능을 설명했다.

　국보위가 생긴 지 이틀 뒤인 6월2일 전두환 장군은 정보부장 사표를 냈다. 국보위와 보안사 일에 쫓기는 판에 명목상의 정보부까지 쥐기가 벅차서였을까.

　전부장의 사표제출과 동시에 정보부 요원 등 380여 명의 감원이 확정되었다. 선별작업은 전 장군 휘하 보안사 점령팀이 했다. 10개도 넘던 실국이 반으로 줄고 부서장급(실국장) 중에서 살아남은 사람은 현홍주(나중에 국회의원 주미대사), 김근수(나중에 13대 국회의원·상주시장)뿐이었다.

　"정보부 숙정작업은 전 장군이 개혁주도세력의 의지를 솔선수범해 보이기 위해 자신부터 출혈을 감내한다는 의미가 있었다"고 전씨 측근들은 말하고 있다. 그러나 6공 들어 거의 전원 명예회복 투쟁을 벌여 복권되었다.

　5·17계엄확대는 신군부의 '싹쓸이'로 표현되는 권력재편의 수단이었다. 전두환 정보부장서리를 중심으로 한 실권파들은 싹쓸이 과정에서 정보부의 실력을 새삼 다시 평가했다. 61년 5·16 이래 갈고닦은 '정치사령부'

남산의 노하우와 파일이 활용되었다.

당시 중정 국장 Q는 말한다.

"싹쓸이 업무분담은 보안사와 헌병대가 권력형 부정축재자를, 경찰은 대학생과 재야를, 정보부는 김대중 씨를 비롯한 정치인을 맡았다. 역시 일이 힘을 낳는다는 것을 실감할 수 있었다. 가장 어려운 일에 속하는 정치인 처벌과 규제를 다루면서 정보부의 가려진 힘은 되살아나기 시작했다. 보안사의 실력으로는 도저히 불가능한 일을 남산이 해낼 수 있다는 걸 전두환 장군도 인정하기 시작했다. 5·17에서 국보위, 그리고 5공으로 넘어가는 과정에 정보부의 법률 조언역은 손진곤 판사(孫晉坤·92년 10월 안기부차장), **이건개**(李健介·92년 서울지검장), **정경식**(鄭京植·92년 부산지검장), **박철언** 검사(14대 국회의원)들이었다."

개혁주도라는 이름으로 공포의 칼이 연일 휘둘러졌다.

JP, HR 등 10여 명의 권력형 부정축재액이 853억 원에 이르므로 모든 공직에서 추방. 김대중은 '내란음모'이므로 사형. 김영삼은 정계퇴진. 2급공무원 이상에서 장관까지 232명 숙정(80.7.9.)에 이어 3급이하 3,495명 쫓아내기(80.7.15.).

80년 7월18일 정보부장으로 유학성대장이 예편과 동시에 앉았다. 유학성은 '**남산**'의 이름을 국가안전기획부로 고쳐 첫 안기부장이 되었다(80.12.19.).

그리고 전두환은 다음 달인 8월5일 서둘러 대장계급을 달고 예편했고, 예편 보름 만인 8월27일 대통령으로 올랐다.

정보부 인사과장과 부장을 거친 최초이자 최후의 남산 출신 대통령!

박정희 시대는 그렇게 해서 역사의 갈피에 접혀 들어갔다.

5공의 팡파르가 울려 퍼진 것이다.

| 후기 |
파헤치는 기자의 시린 운명

이 글을 쓰기 시작한 것은 1990년 8월이었다.

3당 통합으로 갓 민자당이 생겨 거기를 출입할 때였다. 그 해 여름 국군조직법 방송법 날치기 후유증으로 뒤숭숭하던 민주자유당과 국회기자실을 옮겨다니며 이 '일거리'를 써 보내곤 했다.

후기를 적는 이 순간까지도 그 운명의 테두리를 벗어나지 못한다. 내가 담당하는 곳이 청와대로 바뀐 뒤에도 본업일지 부업일지 모를 이 일은 나에게 사슬처럼 따라다녔다. 그리고 명색이 공부하러 온 이곳 도쿄의 게이오대학 연구실 구석에서 마무리 글을 쓰고 있으니까. 실로 본업과 부업 사이에서 홀로 초조하게 마감 시간에 쫓겨 겨우 원고를 댄 지난 2년 2개월의 궤적이 이 책에 감출 수 없는 흠으로 남아 있다.

필자의 취재를 돕고 대범하게 답변에 응해 준 분들, 그리고 이 글에 실명이 드러난 분들까지를 포함해 마음이 쓰인다.

잘못 전해진 것, 오류가 없을까? 나는 이 취재를 통해서 사람의 기억과 증언이라는 것이 틀릴 수 있다는 것을, 오늘의 편의에 따라 골라서 기억하고 자신에게 불리한 것은 잊어버릴 수 있다는 것을 확인하곤 했다. 그래서 이 취재를 통해, 남의 말을 들어 옮기는 기자라는 직업에 원초적인 회의도 느껴 보았다.

그래서 두려웠다.

몇 줄의 글을 남기는 자의 시리고 고통스러운 처지를 옛 사람이 왜 그렇게 절박하게 말했는지를 알 것도 같았다.

曲筆天誅(곡필천주)
直筆人誅(직필인주)

곡필은 하늘에 베이고, 제대로 직필을 쓰다간 사람에 베이는 운명. 나는 독자의 비판과 충고를 들으며, 그리고 전직 대통령의 가족을 비롯한 수많은 분들의 비난, 협박과 '인간적인 반론'을 마주하면서 고민하곤 했다. 그러나 나는 감히 대답했다.

박정희 시대와 중앙정보부라는 주제로 과거를 기록하는 자로서, 내가 보고 겪지 못한 일들을 체험적으로 객관적으로 살피고자 애썼다고. 듣고 모은 자료만으로 당대를 절박하게 헤치며 살아간 그들을 자의적으로 재단하지 않으려는 자계(自戒)는 잊지 않았다고. 그리고 해석보다는 군더더기 없는 사실 기록을, 미사여구보다는 증언과 자료의 리얼리티를 중시했노라고. 자문자답의 연속이었다.

현역 정치인으로 있으면서도 이해관계를 떠나 솔직하게 취재에 응해주신 김종필, 김대중, 김영삼 3김씨를 비롯한 국회의 많은 분들, 그리고 정보부 부서장을 지내신 수많은 분들의 '미래와 역사를 위한 허심탄회한 증언'에 감사드린다.

특히 심야 불청객의 불편한 질문 공세에 화를 내면서도 끝내는 직업의 특성으로 이해해주신 김계원 씨를 비롯한 남산 출신 많은 분들에게 고마움을 표한다.

내용 가운데 선배 동료 기자들의 기사 자료를 재확인하고 보충한 대목도 많다. 특히 75년 이후의 박정희 대통령의 '육성'은 동아일보의 청와대 출입 선배 기자들이 성실하게 남긴 취재일지에 따른 것이 대부분이다. 79년 12·12 이후 80년 서울의 봄 군부의 실력자들의 목소리도 마찬가지다. 당시 보도제약이라는 절망적인 상황 속에도 소중한 기록을 남긴 선배기자들에게 감사드리며, 그 부분에 대한 찬사는 당연히 그분들의 몫임을 밝혀둔다. 이번 일을 하는 동안 기록을 남기는 게 역사를 위하여 얼마나 중요한 것인가를 새삼 실감했다.

김중배 전 편집국장은 90년 여름 '동아마당'을 주말 특집으로 '창간'하면서, 그때까지 어떤 언론도 꿈꾸지 못한 '남산'을 대상으로 한 이 기획 시리즈를 과감히 채택했다. 첫 연재부터 빠짐없이 읽고 비판과 함께 심지어 기사 구성 방법까지 관심을 보여 주셨다. 책으로 묶게 된것은 전적으로 그분의 공이다.

홍인근 편집국장은 분에 넘치는 추천문을 써주셨다. 기사가 나가는 동안 끊임없이 빈틈이 없도록 챙기고 격려한 데 이어, 과찬의 추천사를 남겨주신 데 대해 감사드린다.

정치부의 박기정 부장, 황재홍 차장(부장대우)은 기획을 필자에게 맡긴 뒤 전적으로 믿고, 내내 정치 현장의 풍부한 경험과 취재원을 소개해주며, 원고를 점검해 주셨다. 정치부의 선배, 동료, 후배들도 많은 정보 확인을 도와준 데 대해 고마움을 표한다.

기획특집부 어경택 부장은 원고를 치밀하게 스크린, 최악의 경우까지도 배려함으로써 대과 없이 필자의 연재 책임을 다할 수 있게 해주었다. 이종각 차장도 서울에 없는 필자를 대신해서 귀찮고 궂은 마무리 작업을 도와주셨다.

여홍구 기자는 그 빼어난 감각으로 책 표지를 만들어 주었고 장호식, 이원석 기자는 멋진 레이아웃으로 도와주었다. 출판부의 성인환 차장은 제작진을 독려하며 도쿄까지 파우치로 교정쇄를 보내주시는 등 노고를 베풀고 책이 빨리 나오도록 서둘러주셨다. 소제목 편집에 힘써준 강영진 기자의 도움도 잊지 못한다.

편집부의 선배 동료들은 항상 10수 년 전의 한솥밥 인연을 잊지 않고 뜨겁게 격려 협조해 주었다. 이용성 부국장(전부장), 박준구, 권혁순 부장 그리고 동아마당을 맡은 권종환, 한경석 차장을 비롯해 동료들은 교대로 나의 기사가 돋보이도록 애써 주셨다.

또한《남산의 부장들》이 연재된 지 약 3개월 뒤부터 중앙일간지 3개사가 잇달아 비슷한 비화 기사를 연재하기 시작하자 "기획 특종으로 끌어 올렸다", "유사 상품이 나돌기 시작했다"고 필자를 고무 격려해준 것도, 6단짜리 고정광고가 붙었다며 축하주를 권한 것도 동료들이었다. 이 자리를 빌어 감사드린다. 조사부의 안용남, 남상석, 김규회, 이창수 기자들은 마치 자기 일처럼 사진과 자료를 찾는 데 노력해 주었다.

연재 100회를 맞아 이 기사에 대해 파격적으로 의미를 부여하는 글을 써주신 언론 선배 이상우 님께도 감사드린다.

신문연재 중 부족했던 부분(5·16부터 6·3사태 전후)을 약 500장을 가량 집중적으로 보완할 때 동생 김윤정이 큰오빠를 위해 워드프로세서로 빠르게 정리해주었다.

끝으로 지난 2년여 동안 일요일과 저녁 시간을 대체로 함께 하지 못하는 필자 때문에 아쉽고 섭섭해 했던 두 아이 정운, 호준과 아내 양선영에게 이 작은 책이 위안이나 보람이었으면 좋겠다.

1992년 11월 12일

일본 게이오대학 김 충 식

부록

- 10대 사건
- 정치 파워엘리트 인맥사전

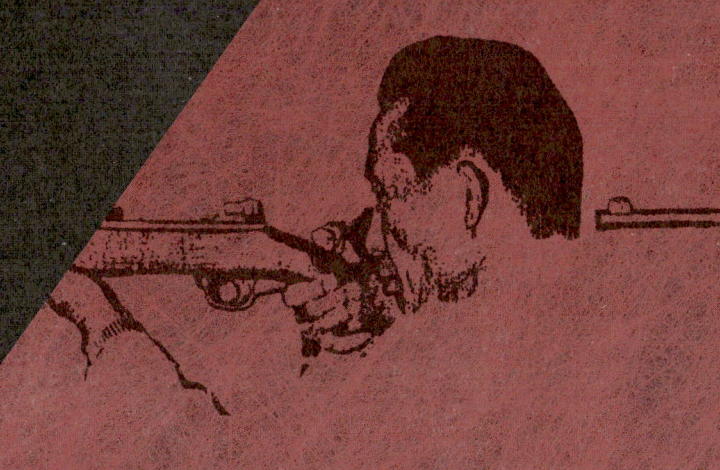

10대 사건

1. 남산 (중앙정보부) 창설 · 공화당 사전 조직

남산은 중앙정보부의 별칭으로 남산 중턱의 1호 터널 북측입추에 정보부 본부가 존재한 데서 비롯한다. 1960년대와 70, 80년대에는 "남산에서 데려갔다"고 하면 중앙정보부 지하실에서 가혹한 고문을 당한다는 의미였다.

박정희 정권 때 국회의원도 수십 명씩 잡혀가 중상에 이르도록 얻어맞기도 했고, 간첩수사를 빌미로 가혹한 고문을 하다 사상자가 나기도 했다.

중앙정보부가 사용하던 건물은 10여 동이고 그 건물들의 지하에서 가혹행위가 이루어졌다. 대표적인 건물은 현재 유스호스텔로 사용되는 곳이고 그 외에 대한적십자사, 서울시 교통방송, 소방재난본부, 균형발전본부 등이 옛 중앙정보부 건물이다. '남산'은 5공 때 국가안전기획부로, 김대중 정부 때 국가정보원으로 이름이 바뀌어 1994년 서울 구룡산 남쪽의 내곡동으로 이전했다.

〈공화당 사전 조직〉 군사쿠데타의 지도자인 박정희 장군의 합법적 집권을 위해 다른 야당의 발목을 법으로 묶어 놓고, 공화당을 미리 조직한 사건. 김종필 정보부장을 비롯한 주체세력들은 1962년 정당을 비밀리에 사전 조직하고, 이 과정에서 4대 의혹 사건으로 불리는 불법정치자금을 조성하여 크게 정치문제가 되었다.

김종필의 명명으로 비밀 창당계획은 '8·15 계획'으로 불렸으며 총책임자 이영근(중앙정보부 행정처장)을 비롯하여 조직 강성원, 훈련 윤천주(고려대 교수), 선전 윤주영(조선일보 편집국장), 조사 서인석(뉴욕타임즈 서울 특파원) 등이 핵심멤버로 앞장섰다. 이들은 총선과 대선에서 지역구에 출마하거나 공화당 조직책임자로 활동할 사람들을 전국적으로 비밀리에 교섭했다.

2. 6·8 부정선거

1967년 6월8일에 치러진, 박정희 시대 최악의 부정 관권선거로 꼽히는 제7대 국회의원 선거. 박정희의 장기집권 기반(3선 개헌을 위한 2/3 의석확보)을 닦기 위해 중앙정보부, 경찰,

여당이 앞장서서 매수, 협박, 회유, 공개투표 등의 방법을 총동원했다. 선거결과 집권 공화당이 의원정수의 73.7%에 해당하는 129명(지역구 102명, 전국구 27명)을 차지했고, 그 전보다 19명이 늘어나 절대 다수의석을 자치하게 되었다. 신민당은 45명(지역구 28명, 전국구 17명)을 겨우 건졌다.

야당은 선거 직후 선거과정에서 저질러진 노골적인 부정 관권 금권선거의 증거를 들이대며 '전면 무효화', '전면 재선거'를 요구하였고 의원등록을 거부하였다. 대학생들도 시위에 나서 휴교조치와 조기방학이 잇따랐다. 물의가 커지자 집권세력은 "타락되고 혼탁한 분위기의 선거이었음에는 틀림이 없었다."라며 스스로 부정선거임을 시인, 공화당의 보성 양달승, 평택 이윤용, 대전 원용석, 보령 이원장, 군산 차형근, 고창 신용남, 화순 기세풍, 영천 이원우 당선자 등을 스스로 제명했다. 이 지역은 재선거가 이루어져 야당 후보가 대부분 당선되었다.

3. 동백림 간첩단 사건

동백림(東伯林)사건 또는 동베를린간첩단 사건은 1967년 7월8일, 중앙정보부에서 발표한 간첩단 사건이다. 독일과 프랑스로 건너간, 1백94명에 이르는 유학생과 교민 등이 동베를린의 북한 대사관과 평양을 드나들고 간첩교육을 받으며 대남적화활동을 했다고 발표했다. 체포된 인물에는 유럽에서 활동하고 있던 작곡가 윤이상과 화가 이응로도 포함되었다.

간첩으로 지목된 교민과 유학생은 서독에서 중앙정보부 요원들에 의해 납치되어 강제로 국내 송환되었다. 이 때문에 서독 정부와 외교문제를 빚기도 했다.

1967년 12월3일 선고 공판에서 관련자 중 34명에게 유죄판결이 내려졌으나, 대법원 최종심에서는 간첩혐의로 유죄판결을 받은 자는 없었다. 음악가 윤이상은 무기징역을 선고받았는데, 유럽 음악인들과 독일정부가 대한민국 정부에 항의하여 복역 2년 만에 석방되었다.

'국가정보원 과거사건 진실규명을 통한 발전위원회'는 2006년 1월6일에, "당시 정부가 단순 대북접촉과 동조행위를 국가보안법과 형법상의 간첩죄를 무리하게 적용하여 사건의 외연과 범죄사실을 확대·과장했다"고 발표하고, 사건 조사 과정에서의 불법 연행과 가혹행위 등에 대해 사과할 것을 정부에 권고했다.

4. 3선 개헌

대통령의 임기가 '4년 중임(重任)'(최장 8년)만 하도록 되어 있던 헌법을 3번까지 가능하도록 고친 헌법개정. 1969년 대통령 박정희의 3선 장기집권을 목적으로 추진했던 제6차 개헌을 말한다.

요점은 첫째, 대통령의 연임금지 조항을 삭제해 3번 연임을 허용하고, 둘째 국회의원들의 행정부 장·차관 겸직을 허용하고, 셋째, 국회의원 최대정수를 200명에서 250명으로 늘린 것 등이다.

박정희의 개헌 추진은 1967년 6월 제7대 국회의원선거에서 공화당이 개헌가능선인 2/3 이상의 의석수를 차지하기 위해 돈과 행정력을 동원하는 등 총력을 기울이면서부터 시작되었다. 개헌 주도세력은 이후락 청와대비서실장, 김형욱 중앙정보부장, 공화당 내 반(反)김종필 세력인 백남억·길재호·김성곤·김진만 등의 세칭 '4인 체제'였다.

그러나 야당은 물론 공화당 내부에서도 개헌에 대한 반발이 심했다. 개헌안은 국회 본회의장에서 점거농성을 벌이던 야당의원들을 피해, 일요일인 9월 14일 새벽 2시 국회 제3별관에 모인 122명의 여당계 의원에 의해 날치기 통과되었다.

이 개헌을 발판으로 박정희는 1971년 4월 제7대 대통령 선거에 공화당 후보로 세 번째로 출마하여 김대중 후보와 겨뤄 당선되었다. 박정희는 1972년 이 헌법조차 없애 버리고, 유신헌법을 만들어 이후 10년간 집권기간을 확보했으나, 그로부터 7년 후인 1979년 정보부장 김재규에 의해 암살되었다.

5. 4인 체제 (10·2 항명파동)

1970년을 전후해 여당인 공화당을 좌지우지하던 실력자 김성곤, 백남억, 길재호, 김진만 등 4인을 지칭. 박정희가 집권세력 안에서 김종필 견제용으로 힘을 실어주어 생긴 이른바 4인 체제 인사들은 1975년에 박정희 3선임기가 끝난 이후에 이원집정부제 개헌을 통한 신체제 등, 포스트 박정희 시대를 구상하고 있었다.

특히 김성곤은 이를 위한 기반작업으로 전국 각지의 시장, 군수, 경찰서장 등도 자기세력으로 심어나갔다. 이에 박정희는 김종필 계열의 내무장관 오치성을 내세워 김성곤 등 4인 체제가 지방 요직에 심어놓은 사람들을 제거했고, 이에 분노한 김성곤 등은 야당이 오치성 내무장관 해임건의안을 내자 이에 동조하여 오치성의 해임건의안을 통과시켜 버렸다. 이것이 유신 1년 전의 이른바 10·2 항명파동이다.

박정희의 특명으로 김성곤 등 공화당 의원 23명이 중앙정보부에서 고문과 구타를 당하고 정계에서 강제로 축출되었다. 10·2 항명사건으로 공화당 안에서 4인 체제는 완전몰락하고 박정희의 친정체제가 확립되었다.

6. 유신헌법(10·17 조치)

한국 헌정사상 7번째로 개정된 이른바 '제4공화국의 헌법'의 통칭으로 1972년 10월17일 확정되었다. 일본의 메이지 유신(維新)을 본떠 '10월 유신'으로 불리기도 한다. 3선 개헌과 1971년의 대통령 선거 승리로 1975년까지의 집권기간을 확보한 박정희는, 여기에 머물지 않고 영구 집권을 준비하기 시작했다.

이후락 중앙정보부는 1972년 5월 초부터 김기춘 등 젊은 검사들을 차출해 유신헌법의 기초안을 작성하는 한편 갈봉근, 한태연 등의 교수들에게도 기초안 작성을 주문했다. 그렇게 만들어진 유신 개헌안은 1972년 10월17일 비상계엄령의 선포와 더불어, 탱크를 앞세운 국회해산, 정당 및 정치활동의 금지, 헌법의 일부 효력정지를 통해 폭력적으로 확정되었다.

유신헌법은 삼권분립, 견제와 균형이라는 의회민주주의의 기본원칙을 전면 부정하고 대통령에게만 권력을 집중하는 한편 반정부 세력의 비판을 원천봉쇄 하는 게 특징이다. 주요내용은 국민기본권을 법률 유보조항으로 대폭 축소, 입법부의 국정감사권 박탈과 연간회기제한, 통일주체국민회의의 간선(間選)에 의한 국회의원 1/3 선출, 사법적 헌법기관인 헌법재판소를 정치적 헌법보장기관인 헌법위원회로 개편, 긴급조치권 및 국회해산권 등 대통령에게 초헌법적 권한 부여, 대통령 임기를 6년으로 연장하는 것과 중임제한조항 철폐(영구집권) 등이다.

7. 민청학련 사건

1974년 4월에 유신반대 반정부 세력을 탄압하기 위한 '전국민주청년학생총연맹' 관련자 체포사건으로 보통 민청학련 사건을 불린다. 이해찬 의원(민주통합당 대표)이 핵심연루자의 한 사람이다. 민청학련 학생들의 배후세력으로 지목된 여정남, 도예종 등 이른 바 인혁당 7인도 체포되어, 극심한 고문에 시달렸으며, 75년 4월 대법원의 사형확정 판결이 내려진 20시간 만에 전격적으로 사형이 집행(1975년 4월)됐다.

1972년의 10월 유신, 김대중 납치사건 등으로 인하여 민심이 이반이 두드러지자 1974년 4월 유인태, 이철 등 민청학련 관련자 1백80여 명은 대규모 대학가 시위를 기획했고, 박정희와 중앙정보부는 이들에 대해 '불온세력의 조종을 받아 국가를 전복하고 공산정권 수립을 추진했다'고 체포했다.

중앙정보부는 이들이 '인민혁명당과 조총련, 일본공산당, 혁신계 좌파'의 배후조종을 받아 1973년 12월부터 전국적 민중봉기를 통해 4월3일 정부를 전복하고 4단계 혁명을 통해 남한에 공산정권 수립을 기도했다는 혐의로 구속·기소하였고 이들은 사형, 무기, 징역 능 실형을 선고받았다.

그러나 2005년 12월7일 〈국정원 과거사진실규명을 통한 발전위원회〉(여야 합의로 구성)는 "민청학련 사건은 순수한 반정부 데모를, 대통령이 직접 나서 공산주의자들의 배후조종을 받는 인민혁명 시도로 왜곡한 대한민국 최대의 학생운동 탄압사건"이라고 결론을 지었다. 2012년 9월24일 임진택, 안병욱 등 사건 관련자 31명은 국가를 상대로 모두 97억 5,000만 원의 손해배상 청구소송을 서울중앙지법에 제기했다.

8. 인혁당 사건

1974년 유신체제에 반기를 든 반정부 대학생그룹인 민청학련의 배후로 몰려 극심한 고문 끝에 사형을 당한 도예종, 여정남, 서도원, 하재완, 송상진, 이수병, 김용원 등 8인의 비극을 말한다.

1974년의 이(제2차)사건 피고인들은 국가보안법, 대통령 긴급조치 4호 위반 혐의로 기소되었다. 그보다 10년 앞선 1964년의 제1차사건 때는 도예종 등에게 반공법이 적용되었다. 1차 사건은 한일협정반대 데모가 피크를 이루었던 6.3데모사태 두 달여 만에 발표되었다. 2012년 박근혜후보의 대통령출마로 새삼 부각된 '인혁당 사건'은 주로 2차 사건이고 '인혁당 재건위원회' 사건이라고도 한다.

도예종 등은 1975년 4월 대법원의 사형 확정 18시간 만에 형장의 이슬이 되었다. 그래서 인혁당 사건은 국가가 무고한 국민을 죽인 사법살인 사건이자 박정희 정권 시기에 일어난 대표적인 용공조작 인권 탄압 사례로 규탄 받았다. 중앙정보부의 무자비한 고문으로 육신 망그러진 피해자들 중에는 유족들에게 시신조차 인도되지도 않고 화장된 케이스도 있다.

이 사법살인에 대해, 스위스 제네바에 본부를 둔 국제법학자회는 사형이 집행된 1975년 4월9일을 '사법사상 암흑의 날'로 선포했다. 2002년 9월12일, 의문사진상규명위원회는 인혁당 사건이 중앙정보부의 조작이라는 진상 조사 결과를 발표했다. 2005년 12월 27일 사법부는 인혁당 사건에 대한 재심을 받아들여 2007년 1월23일 형사합의23부는 피고인 8명의 대통령 긴급조치 위반, 국가보안법 위반, 내란 예비·음모, 반공법 위반 혐의에 대해 무죄를 선고했다. 같은 해 8월21일 유족들이 국가를 상대로 제기한 손해배상청구 소송에서 법원은 국가의 불법행위 책임을 인정하고 국가의 소멸시효 완성의 항변을 배척하면서 시국사건상 최대의 배상액수 637억여 원(원금 245여억 원+이자 392여억 원)를 지급하라고 판결했다.

제1차 인혁당 사건은 1964년 8월14일 중앙정보부가 41명의 혁신계 인사와 언론인·교수·학생 등이 인민혁명당을 결성하여 국가전복을 도모했다고 발표한 사건. 박정희 정이 '굴욕적 한일회담' 반대시위로 위기에 직면하던 중에 발생했다. 사건은 8월17일 검찰에 송치됐는데 검찰 내부에서도 이 사건의 기소 여부로 논란이 생겼다. 검찰 재수사 결과 국가보안법 위반혐의로 구속 기소된 26명 가운데 학생을 포함한 14명에 대해서는 공소를 취하했다.

2005년 '국가정보원과거사건진실규명을통한발전위원회'(약칭 진실위)는 '학생시위로 인한 정권의 위기상황 속에서 대통령과 중앙정보부장에 의해 사건의 실체가 매우 과장되었고 짜 맞추기 수사로 이 단체를 무리하게 반국가단체로 만들었으며, 이 과정에서 불리한 진술을 강요하는 과정이나 핵심인물들의 소재를 찾기 위해 고문이나 가혹행위가 자행되었다'고 발표했다.

9. 10·26 사태

1979년 10월 26일에 중앙정보부장 김재규가 부하인 박선호, 박흥주 등과 함께 대통령 박정희, 경호실장 차지철 등을 살해한 사건이다. 그날 박정희는 삽교천 방조제 준공식에 참석한 후 궁정동 안가에서 경호실장 차지철, 비서실장 김계원, 박의 친구이자 심복인 중앙정보부장 김재규와 함께 연회를 가지던 중 참변을 당했다. 당시 박정희의 나이는 만 62세. 이로써 박정희 통치 18년과 유신체제가 막을 내렸다.

김재규는 재판에서 민주화에 대한 열망으로 대통령을 살해했다고 주장했다. 그러나 권력 암투에서 김재규가 차지철에게 밀리는 상황이었고, 이에 충동적으로 일으킨 반발 범행이라는 견해가 많다. 김재규는 박정희가 10월 유신을 선포할 때도 노골적인 반대의사를 드러낸 적이 있다. 박정희 정권의 핵개발 추진과 박동선의 코리아게이트 사건 등으로 한미 관계가 악화되자 김재규가 암살에 자신감을 갖게 되었다는 추론도 있다.

10. 12·12 사태

1979년 12월12일 전두환·노태우 등이 이끌던 군부 내 사조직인 '하나회' 중심의 신군부 세력이 일으킨 군사반란사건. 10·26사태로 대통령 박정희가 살해된 뒤 합동수사본부장을 맡고 있던 보안사령관 전두환은 육군참모총장이자 계엄사령관인 정승화에 맞서 사건 수사와 군 인사문제 등을 놓고 대립각을 세웠다. 전을 중심으로 한 신군부세력은 주도권을 장악하기 위하여 정승화가 김재규로부터 돈을 받았다고 공격하고, 10·26사건 수사에 소극적이고 비협조적임을 내세워 정승화를 강제 연행하고자 했다.

전두환 세력에 국방부 군수차관보 유학성, 1군단장 황영시, 수도군단장 차규헌, 9사단장 노태우, 20사단장 박준병, 1공수여단장 박희도, 3공수여단장 최세창, 5공수여단장 장기오 등이 가담했다. 12월 12일 저녁 허삼수·우경윤 등 전두환 측 병력 50명은 한남동 육군참모총장 공관에 난입하여 경비원들에게 총격을 가하여 제압한 후 정승화를 보안사 서빙고 분실로 강제 연행했다.

한편, 특전사령관 정병주, 수경사령관 장태완, 육군본부 헌병감 김진기 등 친 정승화측 군인들은 사전에 보안사 비서실장 허화평에게 유인되어 별다른 무력 저항을 벌이지 못했다. 당시 대통령 최규하는 협박과 강압에 버티다가 13일 새벽 정승화의 체포를 재가하였다. 1993년 집권한 김영삼 정부는 12·12사태를 '하극상에 의한 쿠데타적 사건'이라고 규정했고 12·12사태에 가담한 대부분의 전두환 노태우 등 신군부 인사들은 5.18 특별법으로 기소돼 유죄판결을 받았다.

정치 파워엘리트 인맥사전

1. 강근호 (姜根鎬, 1934년~2008년)

교육자 출신 정치인. 전북 옥구 출생. 1952년 군산고, 1956년 중앙대 법학과를 졸업했다. 1954년 중앙대 총학생회장을 지냈고, 1960년~1971년까지 중앙대 법대교수로 재직했다. 1971년 정계에 투신해 제 8대 국회의원에 당선되어 신민당 대변인과 통일민주당 대변인을 맡았다. 1971년 정기국회에서 대정부 질문을 통해 '8·23 난동 사건'이라고 불리던 실미도 사건의 실체를 신랄하게 추궁했다.

1980년 정계를 은퇴하고 1997년까지 반도조선아케이드 회장으로 있으며 중앙대 총동창회장과 중앙대 이사, 대한민국 헌정회 운영위원장으로 활동했다. 2002년 군산시장에 당선됐으나 인사비리로 2005년 사퇴했다.

2. 강성재 (姜聲才, 1939년~2002년)

기자 출신 정치인. 제15대 국회의원. 전남 순천 출생. 서울대 법대를 졸업하고 동아일보에 입사해 정치부 기자를 지냈다. 1980년 자유언론을 주장하다 신군부에 의해 해직된 이후 1988년 제13대 국회의원 선거인 4·26 총선 때 여당인 민정당 후보로 국회의원에 출마했다. 제13대, 14대 선거에서는 고배를 마셨으나 제15대 선거에서는 민주당의 신계륜을 누르고 당선했다. 국회의장 비서실장과 당대표 특보를 지냈다.

3. 강영훈 (姜英勳, 1922년~)

군인 출신 정치인, 외교관. 국무총리. 평안북도 창성 출생. 영변농업고등학교, 만주 건국대학을 졸업했다. 1946년 군사영어학교 제1기생으로서 군복무를 시작해 한국전쟁에 참전하였다. 1961년 5·16 쿠데타 후 육군 중장으로 예편해 미국으로 건너가 1970년 정치학 박사학위를 받았다. 1978년 외교안보연구원장으로 외교관 생활을 시작했다. 1981년 주영국대사 겸 주 아일랜드 대사를 역임했다. 1988년 13대 국회의원으로 정계에 입문해 그해 국무총리를 지내는 등 말년 들어 노태우 정부와 깊은 인연을 맺었다. 1990년 퇴임 후 대한적십자사 총재와 도산기념사업회 회장을 역임했다. 아들 강성룡과 강효영은 변호사로 활동. 김웅수 장군의 매부.

4. 강인덕 (康仁德, 1932년~)

교육계 출신 관료. 평안남도 평양 출생. 평양제일고교를 졸업하고, 1958년 한국외국어대학교 러시아어과를 졸업했다. 1977년 경희대학교에서 정치학 박사학위를 받았다. 이후락이 중앙정부보장이던 시기인 1971년에 중앙정보부 해외정보국장, 1972년에 중앙정보부 초대 북한정보국장 겸 남북대화협의회 사무국장을 맡아 남북대화에 참여했다. 1975년 중앙정보부 심리전국장을 거쳐 1979년 극동문제연구소 소장을 지냈고 1981년 평화통일정책자문회의 이념제도 분과위원장을 역임했다. 1998년 김대중 정부에 의해 통일부장관에 기용됐다.

5. 강창성 (姜昌成, 1927년~2006년)

군인 출신 정치인. 육사 8기. 경기도 포천 출생. 1950년 임관하자마자 6·25 전쟁에 참전해 화랑무공훈장 2개 충무무공훈장 1개를 받았다. 동기생 중 선두로 장군이 되었으나 5·16 쿠데타에는 참여하지 않았다. 이후 제5사단장, 보안사령관, 제3관구 사령관 등을 거쳤다. 1973년 윤필용 사건 수사를 담당해 군내 불법사조직인 하나회를 적발했다. 그러나 하나회 적발이 정권 내 영남인맥의 반발로 번지면서 예편하고 1976년 항만청장으로 재기용되었다.

강창성은 이때 정권 실세 출신이라는 점을 활용해 그해 행정고시에 합격한 100명의 인재 중 무려 20여 명을 항만청으로 발령나도록 해 한국 해운항만 육성의 기틀을 닦았다.

12·12 쿠데타로 하나회 출신의 신군부가 집권하자 강창성은 삼청교육대에 끌려가는 등 2년여 모진 삶을 살았다. 오랜 공백 기간 후 제14대 민주당 국회의원으로 정치에 입문해 나중에는 민주당 총재 권한대행을 지냈다. 1997년 민주당이 신한국당과 합당할 때 한나라당에 참여해 2000년 제16대 의원이 된 뒤 총재 권한대행을 지냈다. 해양수산부 장관을 지낸 강무현과 명지대 교수 강규형이 아들이다.

6. 고은 (高銀, 1933년~)

대한민국의 대표적인 참여 시인이자 문필가. 전북 옥구 출생. 군산중학교 4학년 때 6·25 전쟁이 터져 학교를 그만두었다. 1952년 입산해 일초(一超)라는 법명을 받고 승려가 되었다. 1958년 조지훈의 추천으로 현대문학에 〈폐결핵〉을 발표하며 등단했다. 불교신문사 주필 등을 지내며 1960년 첫 시집 《피안감성》을 출간했고, 1962년 환속해 본격적인 시 쓰기에 몰두했다.

1970년대 이후 민주화운동에 적극 참여하면서 자유실천문인협의회 회장, 민주회복국민회의 중앙위원, 민족문학작가회의 회장, 민족예술인총연합회 의장 등을 역임했다.

고은은 해마다 노벨문학상 후보로 거론되고 있는데, 이는 그의 시가 20여 개국 언어로 번역되어 외국 시인들에게도 많은 영감을 주고 있기 때문이다. 매년 여러 나라에서 그를 초청하고 있으며 스웨덴에서는 동아시아권 문학인에게 주는 시카다(Cikada)상을 받기도 했다.

7. 구자춘 (具滋春, 1932년~1996년)

서울특별시장, 내무부장관 역임. 1950년 대구사범학교에 진학해 1년간 교육을 받고 초등학교 교사로 임용되었다. 한국 전쟁이 터지자 포병 소위로 임관해 참전했고, 전쟁이 끝난 1954년 미국 육군학교를 졸업했다. 1961년 5·16 쿠데타 당시 6군단 포병 대대장으로 육군본부 점령에 기여, '혁명 주체세력'으로 인정받았다. 충남도경 국장과 전남도경 국장을 지낸 뒤 1963년 대령으로 예편하여 경찰에 투신해 치안국 정보과장, 서울시경 국장, 경찰전문학교 교장을 맡았다.

이후 제주도지사, 수산청장을 거쳐 1974년 서울시장에 취임했다. 그의 서울시장 시절 많은 대구 경북지역 지방공무원들이 서울시청과 구청으로 대거 입성했다. 신설동-종합운동장 구간으로 계획된 서울 지하철 2호선을 거대 순환선으로 변경했다. 1978년 내무부장관을 거쳐 1988년과 1992년에 김종필의 신민주공화당 소속으로 제13, 14대 국회의원을 지냈다. 아들 구성재는 조선일보 기자를 거쳐 총선에 아버지 지역구에서 출마했다.

8. 구태회 (具泰會, 1923년~)

기업인 정치인. 경남 진주 출생. LG그룹 창업주 구인회의 동생이다. 이승만 정권에서 자유당 소속 국회의원으로 정계에 입문, 6선 의원과 국회 부의장을 지냈다. 1950년 서울대학교 정치학과를 졸업하고 1958년 제4대 국회의원, 1963년~1972년 제6, 7, 8대 국회의원으로 있으며 1964년 민주공화당 원내부총무 겸 대변인, 예결위 위원장, 정책위 의장을 지냈다. 1973년 제9대 국회의원으로 1975년까지 무임소장관을 겸직했다.
1976년 국회 부의장에 임명되었고, 1979년 제10대 국회의원을 끝으로 정계에서 은퇴했다. 1982년 럭키금성그룹 고문으로 경영에 복귀했다. 2004년 동생인 구평회, 구두회와 함께 LG전선그룹으로 그룹을 분리했다. 현재는 LS전선 명예회장으로 활동 중.
장남 구자홍은 LS그룹 회장이며, 구자엽 LS산전 회장, 구자명 LS니꼬동제련 회장, 구자철 한성 회장 등 4남 2녀를 뒀다.

9. 권오기 (權五琦, 1932년~2011년)

언론인. 경북 안동 출생. 1951년 경북고등학교, 1957년 서울대학교 법대를 졸업하고 경향신문 등을 거쳐 1959년부터는 동아일보에서 일했다. 1963년 주일 특파원, 1965년 정치부 차장과 1970년에 워싱턴 특파원을 지냈다. 동아방송 수석해설위원 겸 동아일보 논설위원, 동아일보 편집국장을 역임하고, 5공 이후에도 상무이사 겸 주필, 전무이사 등을 역임했다.
동아일보 대표이사 재직 중 김영삼 대통령과의 인연으로 1995년에 부총리 겸 통일원 장관에 임명됐다. 1999년 서재필기념회 이사장, 1999년 울산대학교 석좌교수를 거쳐 2000년 제2기 통일고문회의 통일고문으로 활동했다.

10. 권익현 (權翊鉉, 1934년~)

군인 출신 정치인. 육사 11기. 4선 국회의원. 경남 산청 출생. 1955년 육군 소위로 임관해 1963년 소령 진급 후 1967년 보안사 정보처장을 거쳐 1969년 맹호부대 혜산진부대 제1대 대장으로 베트남전에 참전했다. 1973년 윤필용 사건에 연루되었으나 대법원에서 무죄판결을 받아 1974년 육군 대령으로 전역했다. 전역 후 삼성정밀주식회사 전무이사를 지냈으며 전두환 신군부의 집권으로 빛을 보기 시작. 1981년 산청·함양·거창 지역구에서 제11대 국회의원으로 당선되었다. 제11, 12, 14, 15대 국회의원과 민주정의당 사무총장 및 대표위원을 역임했다. 현재는 새누리당 상임고문으로 있다. 이명박 정부에서 대통령실장을 지낸 임태희 전 의원이 사위다.

11. 권정달 (權正達, 1936년~)

군인 출신 정치인. 육사 15기. 경북 안동 출생. 1959년 육사를 졸업했다. 1978년 보안부대장을 거쳐 보안사 정보처장으로 있을 때 12·12 군사 반란에 가담했다. 1980년 국보위 입법회의 의원과 내무분과위원장으로 언론 통폐합과 기사검열을 주도했고, 1980년 5·17 비상계엄 확대 조치에 깊숙이 관여했다. 그해 육군 준장으로 예편해 1981년 민주정의당 창당 작업을 주도, 민주정의당 초대 사무총장을 지냈다.

같은 해 제11대 국회의원과 이후 제12대 국회의원을 지내며 제5공화국의 핵심 인물로 부상했으나 하나회 출신이 아니라는 이유 등으로 점차 권력에서 소외되어 노태우 정권 출범 후에는 13대 총선 공천에서 탈락했다. 이후 미국 유학길에 올랐다. 1993년 김영삼의 역사 바로세우기에 협조하였고, 1996년 15대 총선에 무소속으로 당선된 뒤 신한국당에 입당했다. 이때 언론통폐합 주도 혐의로 고소당했으나 5공 핵심 인물들 중 드물게 무혐의 처분되었다.

2000년 김대중의 새천년민주당 공천으로 16대 총선에 출마했다가 낙선한 뒤, 2001년부터 2009년까지 한국자유총연맹 총재를 지냈다.

12. 길재호 (吉在號, 1923년~1985년)

군인 출신 정치인. 육사 8기. 평안북도 영변 출생. 1949년 육사 8기로 임관한 뒤 5·16 쿠데타가 일어나기 전까지 군에 몸담았다. 1959년 제1전투단 부단장으로 근무 중 김종필, 김재춘 등과 함께 5·16 세력의 주체가 되어 국가재건최고회의 법무사회위원장을 맡았다. 1963년 준장으로 예편해 정치에 입문해 1966년부터 3년 6개월 동안 민주공화당 사무총장직을 맡았다. 1969년 사무총장 사임 직전 3선개헌과 유신으로 이어지는 헌법 개정의 길을 열어 놓는 중심적 역할을 했다.

공화당 당무위원으로 정무담당 무임소장관직을 겸하며 정부, 공화당, 국회의 삼각관계를 조정하는 임무를 맡았다. 1971년에는 당의 정책위의장을 맡는 등 공화당의 실세 4인방(4인 체제)으로 꼽혔으나 1971년 오치성 내무부장관 해임안이 가결된, 이른바 '10·2파동'으로 정치 인생을 마감하고 농장을 가꾸며 여생을 보냈다.

13. 길전식 (吉典植, 1924년~2011년)

군인 출신 정치인. 육사 8기. 전남 장흥 출생. 연희전문을 졸업했다. 육사 8기로 임관돼 육군방첩부대 정보처장으로 있다 5·16을 맞았고, 대령으로 예편한 뒤 중앙정보부 3국장을 거쳐 1963년 제6대 국회의원이 된 뒤 10대까지 5번 연속 당선되었다. 공화당 원내부총무와 국회 상공위원장을 역임했다.

1971년 사무총장으로 있던 때 '10·2 항명 파동'이 발생하고 백남억, 길재호, 김성곤, 김진만의 4인 체제가 몰락하자 박정희는 길전식에게 사태 수습을 맡기고 실세로 중용했다. 이후 8년간 공화당 사무총장으로 재직하면서 당무·자금·공천을 주무르는 핵심 실세로 부상했다.

1979년 10·26 사태 이후에는 정치에 관여하지 않았다. 승마 애호가로 대한승마협회장을 역임했고 구 여권인사의 모임인 민족중흥회 회장직을 맡기도 했다.

14. 김경인 (金敬仁, 1925년~2001년)

전남 신안출신. 제8대 국회에서 신민당 공천으로 목포에서 당선된 뒤 제9대 국회까지 재선의원을 지냈다. 1973년 반유신 투쟁에서 선명노선을 주창한 통일당이 창당되자 현역의원으로서 입당했으며 그와 통일당 당수인 양일동이 1973년 8월 일본에 망명 중인 김대중을 만나러 토쿄에 갔을 때 김대중 납치사건이 벌어졌다. 통일당 정책심의회의장과 간사장을 지냈다.

15. 김경재 (金景梓, 1942년~)

정치인. 제15, 16대 국회의원. 전남 순천 출생으로 순천고등학교, 서울대 정치학과를 졸업했다. 1968년 월간《사상계》정치 담당 편집자를 거쳐 1969년 3선개헌 반대 범국민투쟁위원회 부대변인 활동했고, 1971년 김대중 대통령 후보의 선전기획위원으로 일했다. 유신 선포 후 1972년 미국으로 건너가 망명 생활을 시작했다. 1977년부터 미주 한민신보 주필로 있으며 '박사월'이라는 필명으로 김형욱 회고록을 쓴 것이 베스트셀러가 되면서 유신체제를 뒤흔드는 계기를 제공했다. 1988년 6월 항쟁 이후 지속적으로 '김대중 대통령 만들기'에 헌신해 결국 성공시켰다. 노무현 정부에서 민주당 국회의원으로서 대통령 탄핵에 앞장서는 등 보수적 성향을 보였다. 2012년 박근혜 새누리당 후보의 당선을 돕기 위해 국민대통합위원회에 가담했다.

16. 김계원 (金桂元, 1923년~)

군인 출신 행정관료. 경북 풍기 출생. 1942년 연희전문학교 상학과에 입학했으나 학병으로 징집되어 입대, 일본 육군 소위가 되었다. 전란 중인 1951년 육군 포병학교 교장이 되었다. 1953년 육군 본부 기술 참모가 되었고 1954년 사단장을 거쳐 1956년 육군 본부 일반 참모로 근무했다. 1960년 육군대학 총장을 거쳐 1966년 육군참모총장이 되었고, 1969년 대장으로 예편한 후 김형욱의 후임으로 중앙정보부장에 임명됐으나 단명했다. 1971년~1978년에 주 중화민국(타이페이) 대사를 지냈다.
1978년부터 대통령 비서실장으로 롤백하여 재직하던 중 1979년 10·26 박정희 암살사건이 일어났다. 궁정동 회식에 김재규와 동참했다는 이유로 사건 후 군사재판에 회부되어 내란목적살인 및 내란중요임무종사미수죄로 사형을 선고받았으나 무기징역형으로 형량이 감형되었다. 1982년 5월 형집행정지로 석방된 후 1988년 사면복권 되었다. 이후 정치에서 손을 떼고 기독교에 몰두하여 칩거하고 있다.

17. 김광일 (金光一, 1939년~2010년)

법조계 출신 정치인. 경남 합천 출생. 서울대학교 법학과를 졸업하고 1962년 사법고시에 합격했다. 1964년 군법무관을 거쳐 1967년 대구지법, 상주지원, 영덕지원 판사를 거쳤다.

1976년 변호사를 개업해 인권변호사로 활동하며 탄압받던 김대중을 교도소로 찾아가 면회변론하고 인권국제사면위 한국위원회 이사를 역임했다.

1988년 김영삼의 공천으로 정계에 입문해 제13대 총선에 당선되어 국회의원을 지냈다. 1990년 3당 합당 때 김영삼을 따라가지 않고 이후 정주영이 창당한 국민당에 참여했다. 김영삼 정부에서 마지막 대통령 비서실장을 지냈다.

13대 총선에서 같은 부산 지역 인권변호사였던 노무현을 김영삼에게 강력 추천했다.

18. 김금수 (金錦守, 1937년~)

노동운동가, 언론인. 경남 밀양 출생. 부산고를 졸업하고 1961년 서울대학교 사회학과를 졸업했다. 1972년 고려대학교 노동문제연구소 연구원을 시작으로 노동운동에 뛰어들었다. 1976년 한국노동조합총연맹 연구위원과 정책연구실장을 거쳐 1986년 한국노동교육협회 대표를 지냈다. 이 기간 중 한국 노동운동자들을 교육시키며 수많은 활동가들을 길러냈다. 대표적인 인물이 민노총 위원장과 제17대 민주노동당 국회의원을 한 단병호이다.

1988년 한겨레신문 논설위원과 2000년 KBS 이사로 활동했다. 1995년 한국노동사회연구소 소장, 2000년 한국비정규노동센터 이사장을 거쳐 2003년 노사정위원회 위원장을 3년간 역임했고 2006년부터 2008년까지 KBS 이사장으로 재직했다.

19. 김기완 (金基完, 1926년~1994년)

군 출신 행정관료. 충북 음성 출신으로 공군에 입대해 주로 정훈, 정보계통에서 근무했다. 1958년 2월16일 부산수영비행장을 이륙해 여의도로 향하던 민항기(KNA, 창랑호) 납북 사건 때 이 비행기에 탑승한 26명 중 1명으로 북에 납치되었다가 그해 극적으로 돌아왔다.

이후 예편하고 5·16 이후에는 워커힐호텔에서 지배인으로 일하던 중 호텔에 들른 김형욱 당시 중앙정보부장에게 발탁돼 중정에서 일하게 되었다. 1973년 일본 도쿄에서의 김대중 납치사건 당시 중앙정보부 도쿄 거점장으로 있었으며 김재권이라는 가명으로 활동했다. 당시 공식 직책은 주일본 대사관 공사.

김대중 납치 지시가 상부로부터 내려오자 당시 이철희 중앙정보부차장에게 강력히 반발하며 "박정희 대통령의 친필 서명을 확인하기 전에는 실행할 수 없다"고 버텼으나 결국 명령을 수행했다. 김기완은 납치사건 직후 부하들에게 "절대로 DJ를 죽여서는 안 된다, 살려서 돌려보내야 한다, 불필요한 희생은 없어야 한다"고 말한 것으로 전해진다.

납치사건 이후 1974년부터 미국에 사실상 이민을 갔으며 1979년에는 한국보험공사사장 임명돼 다시 돌아오는 등 납치사건의 진상을 알고 있는 사람으로서 박정희 정권의 관리 대상이었다. 당시 박정희 정부는 미국에 망명한 김형욱이 미 프레이저청문회에 출석, 한국정부를 비방하자 김형욱의 망언이 계속되면 김 전 공사를 청문회에 자진출석시켜 반격하도록 한다는 계획도 세우기도 했다. 1982년 말 다시 미국 LA로 돌아와 UCLA 인근에 칩거했다.

아들 성김은 미국시민이 되어 현재 주한 미국대사이며, 김기완의 부인 임현자는 아나운서 임택근의 누나고 가수 임재범의 고모이다.

20. 김기춘 (金淇春, 1939년~)

검사 출신 정치인. 경남 거제 출생. 1958년 서울대학교 법대에 입학해 1960년 사법고시에 합격했다. 이후 광주, 부산, 서울지검 검사로 근무하다 박정희의 심복 신직수에 발탁되어 70년대 말 정보부 국장을 지내는 등 출세가도를 달렸다. 80년대 초반 전두환 및 보안사 대령 출신들과의 악연으로 그늘에서 지냈다. 1988년 노태우 정부의 출범과 함께 검찰총장에 임명되었다. 1992년 법무부장관으로 입각해 재직하던 그해 말 부산 지역 기관장들을 모아 지역감정을 조장해 김영삼 후보를 지원을 논의하던 부산 초원복집 사건으로 기소되었으나 무혐의. 이 사건 이후 고향 선배인 김영삼의 품에서 승승장구했다. 시민단체에 의해 낙선대상자로 지목되기도 했으나 1996년 제15대 국회의원으로 당선되어 2008년 17대 임기 말까지 3선의원을 지냈다. 노무현 대통령의 탄핵 당시 국회 법제사법위원장으로 탄핵을 적극적으로 주도했다.

21. 김녹영 (金祿永 1924년~1985년)

전남 장성 출생. 해방 후 이범석의 민족청년단에 들어가 광주에서 활동했다. 한국 전쟁 중에는 국군 정훈국에서 선무 역할을 수행하기도 했다. 4·19 때는 부정선거 규탄 데모에 앞장서다가 경찰의 모진 폭력에 고생했다. 신민당 후보로 제8대 국회에 등원했으나 1년여 만에 10월 유신으로 중도 하차했다. 이후 김녹영은 2인 1구제로 치러진 제9대 선거에서 광주에서 재선하자 기자회견을 통해 "중앙정보부는 남자를 여자로 만들고 여자를 남자로 만드는 일만 못하지 무소불위의 권력을 가진 기관이다"라고 비판했다.

유신반대 투쟁 과정에서 김녹영은 양일동과 함께 통일당 창당에 참여하여 대변인으로 활동했다. 통일당은 군소야당이었으나 김홍일, 장준하, 윤제술, 유청 등이 합류했다. 1980년 4월 양일동이 사망하자 김녹영은 총재권한대행으로 선출되어 3김씨의 단합을 호소하며 민주화운동에 기여한 김대중을 지원하였으나 5·18 이후 김대중 내란음모사건에 연루되어 서대문구치소에 수감되었다. 제12대 총선에서 신한민주당 공천으로 국회의원에 당선하고 곧 이어 국회부의장으로 선출되었으나 신병으로 사망했다.

22. 김덕룡 (金德龍, 1941년~)

정치인. 전북 익산 출생. 1960년 경복고등학교를 졸업하고 서울대학교 사회학과에 진학, 중퇴했다. 1965년 한일협정에 반대한 6·3 데모에 참여해 투옥당한 후, 박정희 집권기간 중 4번 투옥되었다.

1970년 김영삼의 비서로 정계에 입문해 김동영, 서석재, 최형우 등과 더불어 김영삼의 측근으로 활약했다. 1984년 민추협 기획조정실 실장을 거쳐 1988년 제13대부터 17대까지 5선 국회의원이 되었다.

1993년과 1996년에 정무제1장관을 두 차례 역임했고, 1998년 한나라당 부총재, 2004년 한나라당 원내대표를 맡았다.

23. 김동영 (金東英, 1936년~1991년)

정치인. 경남 거창 출생. 김영삼의 측근으로 박정희 정권 때 야당정치인으로 활동했다. 1960년 동국대학교 법학과를 졸업했다. 1966년 국회 전문위원으로 활동 중 김영삼에게 발탁되어 1973년 제9대 국회의원으로 정계에 입문했다. 최형우와 함께 대표적인 상도동 가신그룹으로 꼽혀 '좌동영 우형우'로 불렸다.

신민당 조직국장과 사무차장을 역임했다. 1979년 제10대 국회의원이 되었으나 이듬해 신군부에 의해 국회가 해산되어 의원직을 잃고 보안사에서 고초를 겪었다. 정치 규제에 묶여 11대 총선에 출마 못했지만, 김영삼과 김대중이 연합해 만든 민주화추진협의회에서 상임위원으로 활동했다.

이후 정치규제가 풀려 1985년 제12대 국회의원에 당선되어 원내총무를 역임했다. 1988년 제13대 총선에서 김영삼의 통일민주당 소속으로 당선되어 통일민주당의 부총재를 맡았다. 1990년 3당 합당에서 김영삼을 따라 민자당에 합류하여 이후 민자당 원내총무, 1991년에는 정무장관을 맡았으나 김영삼의 집권을 보지 못하고 사망했다.

24. 김두한 (金斗漢, 1918년~1972년)

정치인. 서울 출생. 일제 강점기 청산리 대첩의 영웅인 김좌진 장군의 아들. 일제 말기 20세가 갓 넘은 나이에 경성의 주먹 보스로 이름을 떨쳤다. 광복 후 한독당 재정 위원, 대한민주청년연맹 부위원장, 대한노조총연합회 최고위원 등을 역임하며 반탁운동과 노동 운동에 종사했다.

주먹계 명성을 바탕으로 제3대 국회의원과 제6대 국회의원을 지내면서 이승만 정권과 박정희 정권의 독재를 비판했다. 6대 국회의원에 당선 직후 한독당 내란음모사건으로 옥고를 치렀고, 한국비료주식회사가 사카린을 밀수했을 때 국회에서 삼성 이병철과 박정희 정권을 비판하며 국무위원에게 오물을 투척해 국회의원직을 잃고 구속되었다.

그 후 경기도 수원 신민당 후보로 나선 제7대 국회의원 선거 유세에서 북한을 찬양한 혐의로 반공법의 적용을 받아 다시 옥고를 치렀다. 정계에서 은퇴한 후 박정희 정권의 독재를 비판해 오다 1972년 작고했다. 새누리당 김을동 의원의 아버지이며 탤런트 송일국의 외조부.

25. 김민기 (金敏基, 1951년~)

가수, 작곡가, 뮤지컬 기획자. 전북 익산 출생. 1969년 경기고등학교를 졸업하고 같은 해 서울대학교 미대 회화과에 입학했다. 당시 대학 동기였던 이노디자인 대표 김영세와 함께 '도비두(도깨비두마리)'라는 밴드를 결성해 음악 활동을 시작했다.

1971년 '김민기 1집'을 발표해 가수 겸 작곡가의 삶을 시작했다. 1973년 김지하가 쓴 희곡

〈금관의 예수〉 전국 순회공연에 참여해 대표작 가운데 하나인 '금관의 예수'를 작곡했다. 1975년 '아침이슬'을 발표했으나 이 노래가 지닌 깊은 상징성으로 대학생들의 시위 때 애창곡으로 불리자 정부에 의해 금지곡 처분을 받았다.

1978년 '공장의 불빛'을 작사, 작곡했다. 1991년 연극 〈겨레의 노래〉를 총감독했고, 1994년 연출과 기획을 한 록뮤지컬 〈지하철 1호선〉이 흥행에 성공해 10년 넘게 장기공연을 했다. 이것으로 2007년 독일 바이마르 괴테 메달을 받았다. 이 뮤지컬은 4,000회를 마지막으로 공연을 중단했다. 소극장 학전과 극단 학전의 대표.

26. 김복동 (金復東, 1933년~2000년)

군인 출신 정치인. 육사 11기이며 경북 청송 출생이다. 노태우 전 대통령의 부인인 김옥숙의 오빠. 또 다른 여동생 김정숙은 제5공화국 때 상공부장관을 지낸 금진호의 부인이다. 김복동의 고모 김한당은 박철언의 어머니다.

김복동은 하나회 결성 멤버이지만 전두환 노태우와는 다른 컬러라는 평이다. 1979년 12·12 군사반란 이후 3군사령부 부사령관, 육군사관학교 교장을 지내다가 1982년 중장으로 예편했다. 예편 후 광업진흥공사 사장을 지내다가 92년부터 대구에서 재선 국회의원을 지냈다. 김영삼 대통령 후보에 반대해 민자당을 탈당하고 96년 총선에서는 자민련으로 당선됐다.

27. 김상구 (金相球, 1936년~)

군인 출신 정치인. 육사 15기. 전두환의 동서. 경북 상주 출생. 1955년 상주농잠고등학교를 졸업하고 1959년 육사 15기로 임관했다. 1970년 육군본부 의전장교와 수경사 포병대 대대장을 하다 윤필용 사건에 휘말려 1973년 중령으로 예편했다.

예편 후 미국으로 건너가 미국 LA시 교통문제연구원, 한국일보 하와이지사장을 맡다가 1980년 전두환 집권 후 석유개발공사 이사로 롤백했다. 1982년 민주평화통일자문회의 사무차장, 남북고위회담 차석대표를 역임했다.

1985년 제12대 국회의원 선거에 당선되어 1987년 국회 교통체신위원회 위원장을 맡았다. 제13대 국회의원 선거에서는 공천을 받지 못해 불출마했고, 1992년 제14대 국회의원 선거에서 무소속으로 출마해 당선되었다.

1996년 전두환이 구속되자 신한국당을 탈당해 제15대 국회의원 선거에 무소속으로 출마했으나 5공 청산 바람에 밀려 낙선했다.

28. 김상현 (金相賢, 1935년~)

정치인. 전남 장성 출생. 제6대~8대, 14대~16대 국회의원. 한국 전쟁 시기에 불우한 시절을 보냈으며 한영고등학교 야간부를 졸업하고 김대중이 운영하던 웅변학원에 취직한 것을 계기로 인연을 맺었다. 1965년 서울 서대문구 보궐선거에 30세의 나이에 당선되면서 정계에 입문했다. 8대 총선까지 순조롭게 활동하다 1973년 10월 유신과 80년의 김대중 내란음모사건으로 공민권을 박탈당하고 오랜 정치 야인 생활을 했다.

1983년 미국에 망명해 있던 김대중을 대리하여 김영삼과 민주화추진협의회(민추협)를 결성하고, 이를 바탕으로 신민당을 창당하여 돌풍을 일으켰다. 1987년 제13대 대통령 선거를 앞두고 민주당이 분열했을 때 김영삼을 지원했으나, 1990년 3당 합당 당시에는 이에 반대해 민주당에 남았다. 1992년 14대 총선에서 민주당 공천으로 국회의원에 당선되었고, 1997년에는 국민회의의 총재후보로 출마, 김대중과 겨뤘다.

김대중은 "김상현은 그림 속의 사과도 따먹을 사람"이라고 평하기도 했다. 발군의 정치력을 가졌으나 독립에는 실패했다.

2004년 17대 총선에서 낙선하고, 2007년 불법 정치자금을 받은 혐의로 징역 2년, 집행유예 3년, 추징금 13억8천만 원을 선고받은 뒤 아들 김영호(서대문 을)에게 정치적 자산을 물려주었다.

29. 김성곤 (金成坤, 1913년~1975년)

기업인 출신 정치인. 경북 달성 출생. 1936년 보성전문 상과를 졸업한 뒤 1940년 비누를 만드는 삼공유지합자회사를 설립했다. 1948년 금성방직을 설립했으나 6·25전쟁으로 안양공장이 불탄 뒤인 1952년 동양통신을 창간하고 1953년 연합신문을 인수했다. 1956년 태평방직과 아주방직을 인수한 데 이어, 1959년 국민학원(지금의 국민대학교)을 인수하고, 1962년에 이르러 쌍용양회를 설립해 재벌 반열에 올랐다.

1958년 이기붕의 권유로 입문해 제4대 민의원에 당선되었고, 4·19혁명으로 잠시 활동을 중단한 뒤 1963년 제6대 국회의원이 된 뒤 8대까지 연속으로 당선되었다. 그 후 공화당 재정위원장과 중앙위원회 의장을 맡으며 공화당 정권의 핵심인물로 활동했다.

1969년 10월 오치성 내무부장관 해임안을 가결한 이른바 '10·2항명사건'의 핵심 주동인물로 지목되어 공화당을 탈당해 정계를 떠났다. 1969년 쌍용양회와 쌍용산업 회장에 취임하고 1973년 대한상공회의소 회장을 역임했다. 김석원 쌍용그룹회장 겸 전 의원의 부친이며 국민대와 성곡미술관이 유업으로 남아 있다.

30. 김성익 (金聲翊, 1945년~)

경복고를 거쳐 서울대학교 정치학과를 졸업했다. 동아일보 기자, 서울신문 논설위원 등을 역임했다. 1981년부터 전두환 대통령의 통치사료비서관으로 임명돼 퇴임일까지 같이 근무했다. 청와대 비서실 사상 최초의 통치사료비서관으로서 대통령의 비공식적인 일정까지 수행, 기록했다.

1992년 《전두환 육성증언》을 저술했고, 언론중재위원회 중재위원을 거쳐 KT스카이라이프 감사로 재직. 시조시인 김상옥씨의 사위.

31. 김성진 (金聖鎭, 1931년~2009년)

기자 출신 정치인. 문공부 장관 역임. 황해도 해주 출생이다. 고려대학교 경제학과를 졸업하고 1956년 한국일보에 입사해 워싱턴특파원, 정치부장을 거쳤다. 이후 동양통신 정치부장을 지냈고 1970년 청와대 공보비서관, 1971년 공보수석에 임명되는 등 박정희의 측근이 됐다. 1975년부터 문공부 장관으로 재직하던 중 1979년 10·26 사건을 맞았다. 10월27일 새벽 "박정희 대통령이 총탄에 맞아 서거했다"고 울면서 발표했으나 훗날 박정희에 대해 '독재자', '반민주주의자'라는 평가도 내렸다.

1980년 언론 통폐합으로 탄생한 단일 통신사인 연합통신 사장에 임명되어 전두환 정권과도 인연을 맺었다. 1983년 연합통신에서 물러난 뒤 1991년 싱가포르 대사로 기용되기도 했다. 1992년 대우 부회장, 1995년 대우경제연구소 회장, 1999년 성곡언론문화재단 이사를 지냈다.

32. 김수한 (金守漢, 1928년~)

정치인. 대구 출생. 제7대 국회부터 10대까지 4선, 제12대와 15대를 합쳐 서울 동대문에서 6선 의원을 지냈다. 경북고 3년 시절 일장기 말소사건으로 강제 퇴학을 당해 대구고-영남대 법학과를 졸업했다. 6·3 한일회담 반대시위에 참가했으며 이후 정치에 입문해 신민당 대변인, 부총재 등을 지냈다.

대체로 김영삼과 정치 행보를 같이 해 통일민주당 중앙상무위원회 의장을 지냈으며 3당 합당에 따라가 민자당 총재 상임고문과 신한국당 상임고문을 지냈다. 김영삼은 1996년 15대 국회가 개원하자 오랜 친구인 김수한을 국회의장에 임명했다.

33. 김수환 (金壽煥, 1922년~2009년)

성직자, 사회운동가. 경북 대구 출생. 1944년 일본 조치대학교 철학과를 수학하고, 1951년 가톨릭대학교 철학과를 졸업했다. 가톨릭을 신봉하는 모태 신앙인으로 1951년 사제 서품을 받고 안동 성당 주임신부를 시작으로 성직에 몸담았다. 1966년 주교 서품을 받고, 서울 대교구 교구장을 거쳐 1969년 민 47세에 전세계 최연소이자 한국인 최초로 추기경에 서임되었다.

한국 가톨릭계를 대표하는 인물로 수십 년간 군부 독재에 저항하며 한국 민주주의의 발전을 위해 헌신했다. 1970년대와 1980년대 한국 천주교회의 수장으로 박정희, 전두환, 노태우 군사독재 정권의 퇴진 운동과, 시민활동을 전개했다. 또한 인권의 수호자로서 인간의 존엄성에 대한 신념과 공동선을 추구해야 하며 교회가 세상의 빛과 소금의 역할을 해야 한다는 신념에 따라 신앙을 적극적으로 실천했다. 문민정부 출범 이후에는 사회운동과 방송 활동, 복지사업, 강연활동 등을 했다.

1984년 한국 천주교 200주년 기념 성회를 교황 요한 바오로 2세가 집전한 가운데 개최하였으며, 1998년 서울 대교구장을 은퇴했다.

34. 김영주 (金英柱, 1920년~?)

조선민주주의인민공화국 정치인. 평안남도 대동 출생. 김일성의 동생이고 김정일의 숙부, 김정은의 종조할아버지다. 광복 이전에는 일본 관동군 통역으로서 일했다. 광복 후에는 모스크바종합대학에 유학했고, 1954년 조선노동당 조직지도부 지도원을 시작으로 1960년대에 조직지도부 부장에 임명되는 등 당에서 경력을 쌓았다. 1966년 당 중앙위원회 정치국 후보위원 겸 비서국 비서를 맡았고, 1970년대에는 남북 관계에서 북측을 대표했다. 1972년 남북적십자회담, 남북조절위원회의 북측 대표였고, 7·4 남북공동성명에는 이후락과 함께 서명하고 이를 동시 발표했다. 1975년부터 1993년까지 운둔하다 중앙위원회 정치국 위원으로 복귀해 그해 말에 국가부주석으로 선출되었다. 2003년 최고인민회의 제11기 대의원에 선출되어 최고인민회의 상임위원회 명예부위원장을 맡았다.

35. 김용태 (金龍泰, 1926년~2005년)

교사 출신 정치인. 충남 대덕 출생. 1949년 서울대 사범대를 졸업하고 장항여중 교사를 지냈다. 1955년 충무공기념사업회 사무국장으로 근무하다 1961년 5·16 쿠데타에 김종필과의 인연으로 민간인으로 참여했다. 1963년부터 1978년까지 제6~10대 국회의원을 지내며 공화당 원내총무를 여러 번 맡았다. 1978년 제1무임소장관을 역임했다. 1985년 동서문화교류협회 회장직을 맡았다.

36. 김용환 (金龍煥, 1932년~)

행정관료 출신 정치인. 충남 보령 출생. 1952년 공주고를 졸업하고 1956년 서울대 법학과 재학 중 행정고시에 합격했다. 1966년 재무부 이재국장, 1968년 농림부 농정차관보를 거쳐 1970년 대통령 비서관으로 발탁되었다. 박정희의 신임을 받아 1972년 상공부 차관, 재무부 차관을 거쳐 1974년부터 재무부 장관을 4년간 역임했다. 1987년 김종필이 이끄는 공화당 정책위의장으로 정계에 발을 들여 1988년 제13대 의원이 된 뒤 16대까지 국회의원을 지냈다. 1997년 김대중과 김종필의 후보 단일화 협상에서 김종필 측의 창구로 활약했으며 단일화 성사 후 김대중이 당선되자 이규성, 이헌재 등 관료 후배들을 주요 공직에 적극 추천했다. 그러나 국민회의와 자민련의 공조가 깨지자 반 민주당 입장을 뚜렷이 해 노무현과 이회창이 겨루던 2002년 대선에서는 한나라당 대통령선거대책위 공동의장을 맡았다. 2012년 박근혜의 조력자로 활동.

37. 김웅수 (金雄洙, 1923년~)

군인. 충남 논산 출생. 만주 여순고등학교(일본 제국대학 예과에 해당)를 졸업하고 일본군 학도병으로 강제 출병하여 관동군에 입대했다. 1945년 일본 센다이 육군 예비 사관학교를 졸업하고 1946년 한국 육군 장교로 입대했다.

육사 생도 대장과 수도사단 참모장을 거쳐, 한국 전쟁 중에는 제2사단장, 제2군단 참모장, 제8사단 부사단장을 역임하며 화살머리고지 전투 등에서 무공을 빛냈다. 이후 육군 군수 참모부장, 육군 작전국장을 지내다가 61년 5·16 쿠데타 이후 반 혁명사건으로 예편됐다.

이후 미국 워싱턴 대학에서 경제학을 공부하고 1972년 미국 워싱턴 소재 가톨릭대학에서 박사 학위를 받았다. 1994년부터는 2000년까지는 동향인 건양대 김희수 이사장의 권유로 건양대 경제학과 교수를 지냈다. 강영훈 전 국무총리의 처남.

38. 김재순 (金在淳, 1923년~)

정치인. 출판인. 평양에서 태어났으며, 1952년 서울대학교 상과대학 경제학부를 졸업했다. 공화당으로 강원도 화천, 철원에 출마해 제5대부터 9대까지 연속 5선하고 제13대와 14대에서도 당선된 7선의원이다. 5대 국회에 첫 진출해 김영삼, 박준규 등과 함께 초선의원 모임인 청조회 활동을 하다가 박정희의 공화당에 합류했다.

1988년 여소야대 국회에서 노태우 대통령은 야당의 김대중, 김영삼과도 친분이 두터운 김재순을 13대 국회 첫 국회의장에 내정, 선출되었다. 그러나 김재순은 김영삼이 대통령이 된 1993년에는 공직자 재산공개 파동이 터지자 '토끼사냥이 끝나면 사냥개는 삶아먹힌다'는 뜻의 토사구팽(兎死狗烹)을 남기고 정계를 은퇴해야 했다. 이후 서울대학교 총동창회장으로도 오래 활동했으며, 1970년 자신이 창간한 월간 〈샘터〉사 일을 보기도 했다. 조선일보 기자를 지낸 현재의 〈샘터〉사 사장 김성구는 김재순의 아들이다.

39. 김재춘 (金在春, 1927년~)

군인 출신 정치인. 육사 5기. 경기도 김포 출생. 1948년 육사를 졸업하고 1961년 5.16 당시에는 6관구 참모장으로 근무했다. 쿠데타 성공 후 방첩부대장 겸 군검경 합동수사본부장 역임했으며 1963년 육군 소장으로 예편했다. 공화당 창당 과정에서 김재춘은 김종필에 맞서 이른바 '범탕'이라는 범국민정당 운동을 주도했으나 실패했다. 이후 중앙정보부장을 거쳐 무임소장관을 맡았다. 1971년 김포·강화에서 출마해 8대 국회의원, 1973년 9대 국회의원을 지냈다. 1975년 한중예술연합회장을 거쳐 1993년부터 5·16 민족상 이사장을 맡았다. 1987년 대통령 선거 때는 김영삼 지지를 선언하기도 했다.

40. 김정렬 (金貞烈, 1917년~1992년)

군인 출신 정치인, 외교관, 경영인. 국방부장관과 국무총리 역임. 서울 출생이다. 서울의 부유한 가정에서 태어났다. 1936년 경성제일고보, 1941년 일본 육군항공사관학교를 졸업했다. 광복 후 최용덕, 이근석 등과 함께 공군 창설에 앞장섰으며, 초대와 제3대 공군참모총장을 지냈다. 1957년 국방부 장관이 되었으나 4·19 혁명으로 물러났다.

5·16 쿠데타 이후 1963년 민주공화당 초대 당의장과 주미 대사를 지냈고, 1966년 반공연맹 이사장, 1967년 민주공화당 전국구 국회의원을 지냈다. 소장 진급 당시 도움을 받은 박정희가 정권을 잡자 국가의 요직을 두루 경험하게 해줬다.

1971년부터는 삼성물산 사장, 경제동우회 회장, 대한상공회의소 부회장, 정우개발 회장 등으로 재계에서 활동했다. 전두환정권 출범과 함께 평화통일자문회의 수석부의장이 되었고, 1987년 6·29 선언 직후 국무총리 물망에 오르던 최경록(전 주일대사)을 제치고 전두환에 의해 국무총리로 전격적으로 지명돼 전두환의 퇴임 일까지 총리로 있었다.

41. 김정렴 (金正濂, 1924년~)

경제인, 행정관료. 서울 출생. 9년 3개월간 박정희의 비서실장을 지낸, 최장기 대통령비서실장이다. 강경상고를 나와 일본 육군예비사관학교를 졸업했으며 나중에 미국 클라크대학교에서 석사학위를 받았다.

1946년 한국은행에 입사해 조사부 차장과 재무부 이재국장을 거쳐 1966년 재무부 장관, 1967년 상공부 장관을 역임했다. 1969년 10월부터 1978년 12월까지 최장수 대통령 비서실장을 지냈고, 1979년 2월부터 1980년 9월까지 주 일본 대사를 역임했다. 화폐 개혁, 새마을운동, 산림녹화 등에 직접 관여하기도 했다.

아들 김준경은 최근 대통령실 금융비서관을 지냈고 큰사위 김중웅은 전 현대증권 회장이다. 한국개발연구원(KDI) 개원 40주년 기념 강연에서 "박 전 대통령은 임기 종료(1984년) 1년 전에 김종필 전 총리를 다시 총리로 지명한 뒤 대통령 권한대행을 맡기려 했다"고 밝혀 화제를 모은 적이 있다.

42. 김종철 (金鍾哲, 1920년~1986년)

기업인 출신 정치인. 충남 천안 출생. 1942년 일본 메이지대학 상학과를 졸업하고, 광복 후 우익 집단인 대동청년단의 선전부장을 맡아 육군사관학교 설립과 군사영어학교 설립을 재정적으로 지원하는 일을 맡는 등 국군 창설에 관여했다. 1952년 동생 김종희와 함께 폭탄 제조업체인 한국화약을 설립해 회장직을 맡았다. 이 회사는 현재 한화그룹으로 발전했다.

1958년에 제4대 국회의원 선거 때 천안에서 당선되어 정계에 진출했다. 1960년 4·19 의거로 정치일선에서 물러났다가 1967년 공화당의 공천을 받아 제7대 국회의원으로 정계에 복귀했다. 그 뒤 제8·10대 국회의원으로 활동하다가 1981년 제5공화국의 출범과 함께 한국국민당을 창당해 총재 및 제12대 대통령 후보가 되었다. 총재로 당을 이끌면서 1985년 제12대 국회의원이 되었으며, 총재직을 사퇴한 뒤에는 고문으로 활동했다.

43. 김준성 (金埈成, 1920년~)

금융계 출신 기업인, 소설가, 행정관료. 경북 대구 출생으로 1937년 경북고, 1942년 서울대 상과대를 졸업했다. 1958년 농업은행 부산 중앙지점장을 지냈으며, 같은 해 소설《인간상실》로 문단에 데뷔했다. 1967년 대구은행 창립 초대행장을 지냈고, 1975년 제일은행장, 1978년 한국산업은행 총재, 1980년 한국은행 총재를 거쳐 1982년 전두환에 의해 부총리 겸 경제기획원 장관으로 임명됐다. 부총리 시절 20%가 넘던 연간 물가상승률을 한 자릿수로 묶는 업적을 남겼다. 이후 삼성전자 회장(1987년), (주)대우 회장(1988년)을 지냈다. 김우중 전 대우그룹 회장과는 사돈간으로 김 전 회장의 딸 선정 씨가 며느리다.

김준성은 1995년 대우와 상호 채무지급보증으로 얽혀 있던 이수화학을 맡아 적자 기업을 흑자로 전환시키고 이듬해 대우에서 독립시켜 화학, 건설 등 13개 계열사를 가진 이수그룹으로 육성했다. 현재 이수그룹은 3남인 김상범이 이끌고 있다.

44. 김진배 (金珍培, 1934년~)

기자 출신 정치인. 전북 부안 출생. 고려대 법학과를 졸업하고 경향신문 정치부 기자를 거쳐 동아일보 정치부, 경제부 차장을 지냈다. 1975년 언론자유 투쟁으로 동아일보를 나온 뒤 경향신문 논설위원을 거쳐 민추협 상임운영위원으로 활동하며 11대 민한당 소속으로 정치에 입문했다.

1987년 김대중이 창당한 평민당의 발기인으로 참여하면서 정책연구실장, 정책위 부의장을 맡았다. 1994년 즈음하여 정계복귀를 모색하던 김대중에게 대선 승리의 가능성을 조언했고 이후 1996년 15대 총선에서 재선의원에 당선됐다. 2001년 농수산물유통공사 사장에 취임해 노량진수산시장과 한국냉장 등 7개의 자회사를 민영화했다.

45. 김진홍 (金鎭洪, 1941년~)

종교인. 목사. 경북 청송 출생. 1960년 계명대학교 철학과에 입학했다. 1971년 서울시 청계천에 활빈교회를 설립하고 빈민선교와 사회사업을 펼쳤다. 1974년 박정희의 유신 체제에 반대하는 시위를 주도했다가 옥고를 치른 뒤, 청계천 거주민들과 함께 경기도 남양만으로 집단 이주해 1979년 두레공동체를 설립했다.

1996년 재중국 동포문제 시민대책위원장을 맡았고 2005년 우익 계열인 뉴라이트전국연합 상임의장을 맡았다.

46. 김철 (金哲, 1926년~1994년)

정치인. 함경북도 경흥 출생. 1945년 함경북도 경성고등학교 졸업하고 1949년 일본 동경대학 역사철학과를 수학했다. 1949년 재일거류민단 기관지 민주신문 편집국장, 요미우리신문 서울특파원, 재일 거류민단 사무총장을 지냈다.

1957년 민주혁신당 대변인으로 정치활동을 시작했다. 5·16 후에는 망명 상태로 유럽의 사회민주주의 정당을 순방하다가, 1964년 귀국해 정치활동을 재개했다. 1971년 통일사회당 후보로 제7대 대통령 선거에 출마했다.

1969년엔 삼선개헌 반대 범국민투쟁위원회 운영위원으로 활약했고, 1974년 '민주회복국민선언'을 주도했으며 같은 해 함석헌, 김영삼 등과 민주회복국민회의를 결성, 대표위원을 역임했다. 1971년엔 반공법 위반으로, 1975년엔 긴급조치법 위반으로 투옥되었다.

1981년 전두환 정부가 유화정책으로 사회주의 정당의 결성을 허용하자 사회당을 창당해 위원장을 맡았으며, 1985년에는 사회민주당 위원장에 선출되었다.

민주통합당 최고위원인 정치인 김한길 의원(전 문광부 장관), 중앙대 교수 김누리가 아들이다.

47. 김치열 (金致烈, 1921년~2009년)

법조계 출신 관료. 경북 달성 출생. 임진왜란 때 귀화한 왜장 김충선(사야가)의 후손이다. 1943년 일본 중앙대학교를 졸업하고 일본 고등문관시험 사법과에 합격했다. 이승만 정권에서 서울지검장을 지냈다. 1970년 중앙정보부 차장으로 발탁되어 김대중 납치사건 수습과 서울 법대 최종길 교수 의문사 사건 처리에 관여했다. 1973년 검찰총장을 거쳐 1975년 내무부 장관, 1978년 법무부 장관을 지냈다. 내무장관 재직 시 남영동 분실을 만든 인물이다.

1980년 전두환 신군부가 들어서자 이후락, 김종필 등과 함께 과거 시절 부정축재자로 지목되어 200억 원의 재산을 몰수당했다.

장녀 김윤희는 백병원 설립자 백인제의 조카인 백낙서 인제대 석좌교수와 결혼했다.

48. 김택수 (金澤壽, 1926년~1983년)

정치인, IOC 위원. 경남 김해 출생. 1952년 서울대학교 법과대학을 졸업한 뒤 줄곧 체육인과 정치가의 길을 걸어왔다. 제3공화국 출범 시 공화당에 입당하여 제6대, 제7대 국회의원에서 활약했다. 3선개헌의 강행을 저지하던 JP계의 중진이었으나, 1969년에 공화당 원내총무에 내정되자 개헌에 앞장섰다. 이후 정적들의 반발로 쉬다가 10대 국회에 다시 진출했으나 힘을 쓰지 못했다.

1971년에는 대한체육회 회장 겸 한국올림픽위원회 위원장을 맡았고 1977년에는 국제올림픽위원회(IOC) 위원이 되었다. 체육인으로서 태릉 선수촌 급식과 시설 현대화에 노력했다. 제5공화국이 출범한 뒤에는 정치일선에서 물러나 체육인으로 활동하다가 생을 마쳤다. 한일합섬그룹 김한수 창업자의 동생이다.

49. 김학렬 (金鶴烈, 1923년~1972년)

행정관료. 경남 고성 출생. 부산상업학교와 원산상업학교를 거쳐 1944년 일본 중앙대학을 졸업했다. 1950년 제1회 고등고시 행정과에 수석으로 합격, 1952년부터 미국 미주리 주립대학과 오하이오주 에크론대학원에서 경제학을 공부했다. 귀국 후 재무부 관료가 되어 1961년 재무부 사세국장이 되었고, 그해에 예산국장과 경제기획원 조정관으로 승진했다. 1963년 경제기획원 차관, 1966년 재무부장관에 임명되었다. 1969년 6월 부총리 겸 경제기획원장관이 되어 2년 4개월간 일했다. 쓰루(鶴)가 별칭이었던 김학렬은 박정희의 전폭적인 신임 아래 산업화를 주도한 인물로 꼽힌다. 경제개발 2차 5개년계획의 산파 역할을 했다. 1972년 1월 퇴임한 지 석 달 만에 췌장암으로 사망했다.
포항제철 설립의 기획은 그의 두드러진 업적 가운데 하나로 평가되고 있다.

50. 김형욱 (金炯旭, 1925년~1979년?)

군인 출신 정치인. 황해도 신천 출생. 박정희의 최측근 중 한 사람으로 1961년 5·16 쿠데타에 가담했으며, 국가재건최고회의 최고위원을 지냈다. 1963년 육군 준장으로 예편하고 1969년까지 중앙정보부장을 지냈다. 박정희 정권 초기의 철권통치 주역이다.
1963년 10월15일 치러진 제5대 대통령 선거에서 그가 이끄는 중앙정보부는 일반 시민을 가장하여 야당 후보자들에게 편지를 보내 야당 분열을 초래하는등 부정, 관권선거에 앞장섰다.
1964년 8월 중앙정보부를 시켜 제1차 인혁당 사건을 수사, 발표하게 하였으며, 이때 도예종을 비롯한 혁신계인사·언론인·교수·학생 등 41명을 국가보안법 위반 혐의로 구속했다. 이 사건은 무더기 구속 외에도 이들의 구속, 처벌을 거절한 검사들에 대한 김형욱의 압력에 의한 공안검사의 사표 제출 건과 고문 행위가 나중에 문제가 되기도 했다.
1967년 운동권 단체인 민족주의 비교연구회(민비련) 사건, 1967년 봄에는 동베를린 간첩단 사건(동백림 간첩단 사건)을 적발하는 등 반정부운동에 대해 강하게 탄압했다. 1969년 3

선 개헌 때도 민의 조작을 위해 활발히 활동하다가 개헌안 통과 후 전격 경질되었다. 1971년 총선에서 국회의원에 당선되었으나 신변의 위험을 느껴 1973년 4월 미국으로 망명했다. 망명 직후, 박정희는 정일권, 김종필, 김동조, 오치성 등 정부 고위급 인사들을 미국으로 보내 김형욱의 귀국을 설득한 바 있다

계속되는 고위층들의 설득에도 김형욱은 응하지 않았고, 오히려 1977년 6월 2일에는 〈뉴욕타임스〉와 기자회견을 갖고, 박정희 정권의 내부비리를 폭로했다. 미국에서 박정희 정권에 대한 비난을 계속하던 김형욱은 1979년 파리에서 의문의 실종을 당했다. 1984년 서류상 사망처리 되었으며, 1990년 서울지방법원에서 사실상 사망 선고가 내려졌다.

2005년 자신이 김형욱을 죽였다고 주장하는 사람이 《시사저널》과 가진 인터뷰에서, 1979년 파리에서 납치 당일 김형욱을 마취시킨 뒤 의식불명 상태에서 산 채로 양계장 대형 믹서에 넣어 갈아 죽였으며 가루는 닭모이로 주었다고 밝혔으나 사실여부는 확인되지 않고 있다.

2005년 국정원은 전 중앙정보부장 김재규의 지시로 암살되었다는 김형욱 실종사건에 대한 중간 조사결과를 발표했다. 박성희의 암살 개입 여부는 밝혀지지 않고 있다.

51. 김형일 (金炯一, 1923년~1978년)

군인 출신 정치인. 제6대~제9대 국회의원. 경기도 화성 출생. 1945년에 경성법학전문학교를 졸업하고 다음 해 장교로 임관해 6·25 전쟁 때 군인으로 참전했다. 1959년 제 2군단장, 1960년 육군 참모차장을 역임했다. 육군 참모차장으로 있을 때 박정희를 좌익으로 지목해 5·16 쿠데타 이후 강제 예편 당했다.

이후 신민당 당무위원으로 정계에 입문해 야당 정치인이 되었다. 1963년 제6대 국회의원 선거 때 민중당 전국구 후보로 당선되었으나, 정부 전복 음모에 연루돼 옥고를 치르기도 했다. 9대까지 내리 4선을 하면서 야당의 사무총장, 원내총무 등을 맡았다.

52. 김효순 (金孝淳, 1953년~)

기자, 칼럼니스트. 서울 출생. 1974년 서울대학교 정치학과를 졸업한 해에 1974년 민청학련 사건에 연루되어 류근일 등과 함께 무기징역을 선고받았다. 출옥해 1979년 동양통신

기자로 언론계에 발을 들여놓았다.

1981년 경향신문을 거쳐 90년대 한겨레신문으로 자리를 옮겨 도쿄특파원, 정치부장, 논설위원을 지냈다. 2003년 한겨레신문 편집국장이 되었고, 2005년부터 편집인 겸 전무이사를 맡았다.

53. 나석호 (羅碩昊, 1934년~)

판사 출신 정치인. 전남 나주 출생. 1957년 서울대 법대를 졸업하고 1958년 행정고시, 사법고시 양과에 합격했다. 1963년 육군 법무관을 마친 후 1970년까지 서울민사지법, 형사지법, 서울고법 판사로 근무했다. 변호사로 개업한 이듬해인 1971년 제8대 국회의원 선거에 신민당 후보로 나주에서 출마해 당선되었다. 그 후 1981년 제11대에서는 민정당 공천으로 당선돼 정책위의장을 지냈고, 1985년 제 12대 때는 국회 법사위원장을 맡았다. 1995년~2003년까지 사랑종합법무법인 대표로 재직했다.

54. 노무현 (盧武鉉, 1946년~2009년)

제16대 대통령, 정치인, 변호사. 아버지 노판석과 어머니 이순례의 3남2녀 중 막내아들로 경상남도 김해군 진영읍에서 태어났다. 대창초등학교에서는 전교 학생회장을 했고, 진영중학교를 거쳐 부산상고를 졸업. 대학에 진학하지 않고 1975년 사법시험에 합격했다. 동기 중 유일한 고졸 합격자.

1971년 육군 상병으로 제대한 후 1973년 초등학교 동창인 권양숙과 결혼했다. 1973년에 아들 노건호, 1975년에 딸 노정연을 낳았다. 1977년 판사로 임용되어 대전 지방법원 판사로 발령되었으나 7개월 만에 판사직을 스스로 사퇴. 1978년부터 부산에서 변호사로 개업하여 세무·회계전문 변호사로 명성을 쌓았다.

김광일 변호사의 권유로 1981년 부림 사건의 변호에 참여하면서 시국과 인권에 눈을 뜨게 되었다. 1987년에는 6월 민주항쟁에 앞장섰고, 거제도 대우조선 노동자 이석규 사망 사건 당시에는 공권력에 저항하다가 변호사 업무정지 처분을 받았다.

1988년 총선에 김영삼의 통일민주당 공천으로 당선되어, 5공비리 청문회 등에서 조리 있고 날카로운 질의로 스타반열에 올랐다. 1990년 김영삼이 3당합당에 반대해, 꼬마 민주당으로 남아 있다가 1997년 대선에서는 막판에 원혜영 등과 함께 김대중 지지에 나섰다. 그 공으로 '국민의 정부'에서 해양수산부 장관을 역임했다. 이후 국민경선제에서 '노풍'을 일으키며 일약 대통령 후보에 올라 정몽준과의 후보 단일화에 성공해 2002년 대통령 선거에서 여당후보인 이회창을 물리쳤다.

노무현은 2004년 대통령의 선거중립 의무를 지키지 않았다는 이유로 국회로부터 대한민국 헌정 사상 최초로 재임 중 탄핵 소추를 당해 대통령직 권한이 정지되었다가 헌법재판소에서 소추안이 기각되면서 복귀했다. 2008년 2월 임기를 마치고 귀향. 2009년 검찰의 박연차 정관계 로비 사건 수사가 확대되면서 본인, 가족, 주변인사 상당수가 검찰의 수사를 받던 중, 자택 뒷산 '부엉이 바위'에서 투신해 파란만장의 생을 마쳤다.

55. 노신영 (盧信永, 1930년~)

외교관 출신 관료. 평안남도 강서 출생. 1950년 서울대 법학과에 입학하고 한국전쟁이 발발하자 학도의용군으로 복무했다. 1953년 외무고시에 합격해 1955년부터 1982년까지 27년간 외무부에서 근무했다. 1982년 안기부장을 거쳐 1985년 전두환에 의해 국무총리에 임명되었다. 제5공화국의 내각을 대표하는 인물로 전두환의 신임을 얻어 한때 전두환의 후계자 설이 있었다. 1987년 박종철 고문치사 사건이 발생하자 그 책임을 지고 사임했다. 퇴임 후 국정자문위원과 고려대 석좌교수 등을 지낸 후 롯데복지장학재단 이사장과 안중근의사 숭모회 이사장직으로 활동. 유엔사무총장 반기문을 전후 8년 가량 비서로 거느렸다.

56. 노태우 (盧泰愚, 1932년~)

대한민국 13대 대통령. 경북 달성 출생. 육사 11기로 김복동, 전두환과 함께 하나회 핵심 멤버였다. 1961년 군사쿠데타 후 육군 방첩대에 근무하며 박정희를 도왔고, 1967년 맹호부대 대대장으로 베트남전에 참전했다.

1978년 대통령경호실 작전 차장보가 되었고, 1979년 9사단장 시절 전두환과 함께 12·12 군사반란을 주도했다. 이후 신군부의 2인자로 떠올라 1980년 국가보위입법위원회 비상대책위원과 상임위원으로 광주사태를 불러온 5·17 비상계엄 확대조치에 관여했다. 1981

년 대장으로 예편 후 체육부장관, 내무부장관, 민주정의당 대표최고위원을 지냈다.

87년 6월29일 집권 여당 대통령 후보로서 직선제 개헌을 받아들이겠다는 이른바 6.29선언을 발표했으나 당시 대통령인 전두환과의 조율을 거친 것이었다. 이후 치러진 직선제 대통령 선거에서는 분열된 김영삼, 김대중을 근소한 표차로 물리치고 제13대 대통령에 당선되었다.

대통령이 되어 중국, 소련 등 공산권 국가들과의 수교 등 북방정책을 추진했다. 1991년에는 야당과 시민단체의 주장을 수용해 지방자치제도를 부활시켰고, 1991년 보수 세력의 반발에도 불구하고 남북한 UN 동시 가입을 이뤄냈다.

퇴임 후 5·18 광주 민주화 운동 강제 진압과 12·12 내란 음모 사건에 가담한 혐의로 실형을 선고받았다. 5천억 원 대 비자금 사건도 드러나 재판에서 유죄를 선고받고 추징금을 거의 납부했다.

딸 노소영은 노태우의 대통령 재임 중 제2이동통신 허가를 받은 선경그룹 최종현의 아들 최태원과 결혼했다.

57. 도고 후미히코 (東鄕文彦)

미국 하버드대학 출신의 일본 외교관. 태평양 전쟁 당시 일본의 외무대신이었던 도고 시게노리(東鄕茂德, 임진왜란 때 잡혀간 조선 도공의 후예)의 사위이자 양자.

1969년 일본 외무성 북미국장으로 있으며 오키나와 반환교섭을 성공적으로 매듭지었고, 1973년 김대중 납치사건과 문세광 사건으로 촉발된 한국 내의 반일 감정과 일본 내의 반한 감정 확산을 막고 사태 조절에 힘썼다.

쌍둥이 아들 도고 가즈히코(東鄕和彦)는 외교관(네덜란드 대사)을 거쳐 프린스턴대 교수가 되었고, 도고 시게히코(東鄕茂彦)는 〈워싱턴포스트〉지의 도쿄특파원으로 활약했다.

58. 도널드 그레그 (Donald Gregg, 1927년~)

전 주한 미국 대사. 1951년 윌리엄스대학대학원 석사. 1951년~1982년 CIA에서 근무한 한국 정세에 정통한 미국 관료. 1973년~1975년 CIA 한국지부 총책임자로 있었다. 1973년 김대중 납치사건과 1980년 김대중 내란음모 사건 당시 절체절명의 상황에 처한 김대중의 목숨을 구하는 데 중요한 역할을 했다. 1979년 미국 국가안보회의 위원을 거쳐 1982년 레이건 대통령 안보담당 보좌관으로 활동했다. 1989년 전두환 정부 당시 주한 미국 대사로 부임해 1993년까지 근무했다. 뉴욕코리아소사이어티 회장으로 활동.

59. 리영희 (李泳禧, 1929년~2010년)

언론인, 교수, 사회운동가. 평안북도 운산 출생. 1950년 해양대학교를 졸업한 뒤 경북 안동에서 영어교사로 근무 중 6·25전쟁이 일어나자 국군 통역장교로 7년간 복무했다. 그 후 언론계에 들어가 1957년 합동통신 기자를 거쳐 조선일보와 합동통신 외신부장을 지냈다.

1964년 반공법 위반 혐의로 처음 구속됐고, 1969년 조선일보에서 베트남 전쟁 파병 비판 기사를 썼다가 해직됐다. 1971년 군부독재 반대 지식인 선언에 참여했다는 이유로 합동통신에서 다시 해직됐다. 1972년 한양대학교 교수로 취임했으나 1976년과 1980년 박정희, 전두환에 의해 강제해직 당하는 등 군사정권 기간 동안 4번의 해직과 5번의 구속을 당했다. 유신정권이 절정이던 1974년 시대의 고전이 된 《전환시대의 논리》를 펴내 반공, 냉전, 극우가 판치는 기존 논리에 새로운 사고틀을 제시했다. 1977년에는 당시 금기시 되었던 중국을 다룬 《8억인과의 대화》를 출간했다.

이후에도 《우상과 이성》, 《분단을 넘어서》, 《자유인, 자유인》, 《새는 좌우의 날개로 난다》 등 숱한 진보적 저작을 남겼다. 1995년 한양대학교 교수직에서 정년퇴임했다.

60. 목요상 (睦堯相, 1935년~)

판사 출신 정치인. 경기도 동두천 출생. 1961년 서울대 법대 졸업. 1961년 사법고시에 합격해 1963년 대구지법, 1970년 서울 형사지법, 1972년 서울 고법 판사로 근무했다. 서울 형사지법 판사로 재직 중 시사 월간지 〈다리〉에 실린 문학평론가 임중빈의 글을 검찰이 문제삼아 기소하자 목요상은 피고인들이 모두 무죄라고 판결했다. 이 사건은 검사의 항소-2심의 항소기각-검사의 상고라는 수순을 거쳐, 74년 5월, 대법원에서 무죄가 확정되었다.

1973년 변호사 개업 후 1981년 민한당 소속으로 제11대 국회의원에 당선되어 정계에 발을 들여놨다. 같은 해 원내 부총무, 1983년에 대변인이 되었고, 1985년 제12대 국회의원에 당선되었다. 제13, 14대에는 낙선했으나, 1996년과 2000년 15, 16대 의원에 당선되었다. 한나라당 정책위 의장과 국회 정치개혁특위 위원장을 맡았다. 전직 국회의원들의 모임인 헌정회 회장.

61. 문재인 (文在寅, 1953년~)

법조인·사회운동가·정치인. 제18대 대통령 선거 민주당 대통령 후보.

부모가 함경남도 흥남 출신으로 6·26때 월남해, 거제도 포로수용소에서 태어났다. 부산 남항초등학교, 경남중학교, 경남고등학교를 거쳐 재수 끝에 4년 장학생으로 경희대학교 법과대학에 입학했다.

1975년 경희대학교 재학 시절 학생운동으로 수감돼 집시법 위반으로 징역 8월 집행유예 1년을 선고받고 학교에서 제적당했다. 출소 후 강제징집 되어 1975년 8월 육군에 입대하여 제1공수여단에서 수중폭파요원으로 복무했다.

1980년 제22회 사법시험에 합격, 1982년 사법연수원을 차석으로 수료했으나, 시위 전력 때문에 판사 임용이 좌절되었고, 동기인 박정규(노무현 정부 시절 민정수석)의 소개로 노무현을 만나 법무법인 부산에 합류했다. 문재인은 부산 미국문화원 방화사건, 동의대학교 사건 등 시국사건과 인권사건을 맡아 재야변호사로 기반을 닦았다.

친구인 노무현이 대통령에 당선되자 2003년부터 2006년 5월까지 청와대 민정수석·시민사회수석, 2007년부터 2008년 2월까지 비서실장을 역임했고, 노무현 사후에는 '노무현 재단'의 이사장을 맡았다. 2012년 제19대 총선에서 부산 사상구에 출마하여 국회의원에 당선되었다. 2012년 민주통합당 대선 후보로 출마해 손학규, 정세균 등을 물리치고 후보로 올랐다.

62. 박건우 (朴健雨, 1937년~2008년)

외교관. 충남 대전 출생. 대전고와 서울대학교 법학과를 졸업했다. 1963년 고등고시 행정과에 합격해 외교 관료로 공직생활을 시작했다. 1973년 미국 대사관 참사관과 1981년 나이지리아 공사를 거쳐 1982년 미주국장, 1988년 주 캐나다 대사를 역임했다.

1994년 외무부 차관에 임명되었고, 1995년 주미대사를 지낸 뒤 2002년 월드컵유치위원회 사무총장을 지냈다. 1998년 남북한미국중국 4자회담 수석대표를 맡은 후 2000년 퇴임했다. 퇴임 후 경희사이버대학교 총장을 역임했다.

63. 박근혜 (朴槿惠, 1952년~)

정치인. 제18대 대통령 선거 새누리당 대통령 후보. 박정희 전 대통령과 육영수 여사 사이에서 태어났으며, 1974년 어머니가 사망한 이후부터 1979년 아버지 박정희가 암살당할 때까지 퍼스트레이디의 직무를 대행. 서울 장충초등학교 성심여자중고를 마치고 1974년 서강대학교 전자공학과를 졸업하고 프랑스에서 유학.

어머니 사후인 1975년부터 새마음운동, 구국봉사단 등을 앞장서서 운영했는데 이 과정에서 목사를 자처하는 최태민을 중용하고 감싸 논란을 빚었다. 1979년 10·26때 박정희를 살해한 김재규는 군법회의에 제출한 '항소이유서'에서 시해에 이르는 감정적 앙금의 근거로 "박근혜의 최태민 비호"와 그 진상규명과정에서의 자존심과 체면 손상을 주장했다. 1982년 육영재단, 1994년 성수상학회 등을 운영, 후일 국회의원과 대통령 후보로 나올 때마다 논란거리가 되었다. 1998년 야당이 된 한나라당의 강재섭 추천으로 대구 달성군 보궐선거에 출마해 국민회의의 엄삼탁 후보를 물리치면서 의정생활을 시작.

2001년 대통령 선거를 앞두고 한나라당 이회창에 맞서, 한때 한국미래연합을 창당하여 독자적인 세력화를 시도했으나 대선 전에 복귀했다. 4선 국회의원이자 2002년 이후 한나라당의 유력 대선주자로 등장했으며 2007년의 한나라당 대통령후보 경선에서 이명박에게 석패했다. 동생이 박근령(훗날 박서영으로 개명)과 박지만.

64. 박병배 (朴炳焙, 1917년~2001년)

경찰 출신 야당 정치인. 충남 대덕 출생. 경성제대 법문학부와 일본 육군예비사관학교를 졸업한 뒤 1948년 경찰 행정직으로 공직에 입문했다. 1949년 대한민국 육군 준위로 임관되어 1952년 예편했다. 그 후 경찰에 복귀하여 1957년 경찰 경무관으로 퇴직한 뒤 무소속으로 대전에서 출마해 제4대와 5대 국회의원을 지냈다. 제7대부터는 신민당에 소속되어 국회의원 활동을 했다. 신민당 정책위의장과 민주통일당 정책의장, 부총재를 역임했다.

기타 경력으로는 대전일보 발행인과 사장을 겸직했다. 장훈고교 설립자.

65. 박정희 (朴正熙, 1917년~1979년)

군인 출신 정치인. 제 5~9대 대통령. 경북 선산 출생이다. 부 박성빈과 모 백남의 사이에서 5남2녀 중 막내로 태어났다. 1932년 대구사범학교에 입학, 1937년 졸업하고 1940년까지 3년간 문경에서 교사로 근무했다. 그해 만주로 건너가 1942년 일본군의 괴뢰정권인 만주국의 신경(新京)군관학교를 우등생으로 졸업하고, 그 성적을 인정받아 일본육군사관학교 3학년으로 편입해 1944년 57기로 졸업했다. 만주 보병 제8사단에서 일본이 패망할 때까지 주로 관동군에 배속되어 일본군 중위로 복무했다.

일본이 패망하자 1946년 9월 조선경비사관학교(육군사관학교의 전신)에 2기로 입학하여 3개월간 교육을 마치고 육군 소위로 임관했다. 1946년 10월 대구 좌익시위의 주동자인 박상희는 박정희의 큰 형으로, 그의 영향으로 군부 내에 비밀리에 조직된 남로당에 가입하여 활동했다. 1948년 10월 좌익 계열의 군인들이 제주4·3사건 진압을 거부하고 일으킨 여수·순천사건이 일어나자 군 당국은 군내 좌익 색출에 대대적으로 나섰으며 박정희도 발각되어 체포, 군법회의에 회부되어 사형을 선고받았다. 하지만 만주군 선배들의 구명운동과 군부 내 남로당원 인맥을 실토한 대가로 무기징역으로 낮춰졌다. 이후 15년으로 감형되어 군에서 파면되었다.

군에서 파면되었지만 육군본부에서 비공식 무급 문관으로 계속 근무하다가 1950년 6·25전쟁이 발발하자 소령으로 복귀했다. 1953년 11월 준장이 되었고, 미국으로 건너가 육군포병학교에서 고등군사교육을 받았다. 1954년 제2군단 포병 사령관, 1955년 제5사단장, 1957년 제6군단 부군단장과 제7사단장을 거쳐 1958년 3월 소장으로 진급한 뒤 군 참모장으로 임명되며, 1959년 6관구 사령관이 되었다. 1960년에 부산 소재 군수기지 사령관, 제1관구 사령관, 육군본부 작전참모부장을 거쳐 제2군 부사령관으로 전보되었다. 박정희는 좌익 경력으로 인하여 이승만 정부와 민주당 정부에서 빛나는 보직에는 기용되지 못했다.

1961년 5월16일 제2군 부사령관으로 재임 중에 5·16군사 쿠데타를 주도하여 7월 국가재건최고회의 의장이 되었고, 1962년 대통령권한대행을 역임했으며, 1963년 육군대장으로 예편했다. 이어 공화당 총재에 추대되었고, 그해 12월 제5대 대통령에 취임했다. 1967년 윤보선과의 선거에서 당선되었고, 이후 장기집권을 위하여 1969년 3선개헌을 통과시켰다. 1971년 대통령 선거에서는 김대중과의 선거에서 92만 표 차이로 당선되었고, 이후 1972년 국회 및 정당해산을 발표하고 전국에 계엄령을 선포한 후 '통일주체국민회의'에서 대통령으로 간접 선출되었다. 일본의 메이지유신에서 차용한 10월 유신정권, 제4공화국의 출범이다.

유신 초기에는 새마을운동과 제5차 경제개발계획 등의 성과가 있었으나 상대적 빈곤의 심화, 장기집권에 따른 부정부패, 국민들의 반유신 민주화 운동으로 지지도가 약화되었다. 그러자 긴급조치와 같은 편법 수단을 통하여 정권을 유지하려 했다.

1974년 8월 부인 육영수가 북한의 지령을 받은 조총련계 문세광에게 저격당했다. 이후 내정이 헝클어지기 시작했으며, 야당 및 재야세력 탄압, 한국군 현대화 등을 둘러싸고 미국과도 갈등이 심해졌다. 1979년 김영삼의 국회의원직 제명, YH 근로자 농성 강제해산, 부마민주항쟁이 잇따라 발생했고 10월 26일 궁정동 안가에서 측근과 여성들을 데리고 주연을 벌이던 중 중앙정보부장 김재규의 저격으로 사망했다.

66. 박종규 (朴鐘圭, 1930년~1985년)

군인 출신 정치가, 체육행정가. 경남 창원 출생. 1947년 국방경비대에 입대, 하사관으로 복무하다 육군종합행정학교 제5기로 소위로 임관했다. 하사관 시절 박정희, 김종필 등과 육군본부 정보국에서 함께 근무한 인연으로 5·16 쿠데타에 참가해 박정희를 경호하고, 국무총리 장면 체포 등의 임무를 담당했다.

1964년 육군 대령으로 예편해 1974년 8·15 대통령 저격 사건이 일어날 때까지 10년 3개월간 대통령 경호실장을 맡았다. 이 사건으로 영부인 육영수가 사망하자 책임을 지고 사퇴했다.

1970년 경남대학교의 전신인 삼양학원 이사장에 취임했으며, 이듬해 마산대학교를 인수해 경남대학교를 설립했다. '피스톨 박'이라는 별명과 함께 1970년 대한사격연맹 총재와 아시아사격연맹 총재, 1979년 국제사격연합회 부회장을 역임했다. 제10대 민주공화당 국회의원을 지낸 뒤 1980년 5·17 비상계엄 확대 조치 이후 김종필, 이후락과 함께 권력형 부정축재자로 지목되어 정계에서 은퇴했다.

67. 박종률 (朴鍾律, 1929년~2003년)

전북 고창 출신으로 제8대, 제12대, 제13대 국회의원. 1956년 장면 부통령의 비서관으로 정계에 입문했다. 이후 민주당 섭외부장, 민중당 청년국장, 신민당 청년국장을 거쳐 71년 제8대 국회에 전국구로 등원했다. 장면과의 인연으로 민주당 신파 계보를 지켰으며 이로 인해 야당의 주도권을 잡아온 김대중, 김영삼의 양김 가운데서는 김대중을 도왔다.
1980년대 중반 동교동계 몫으로 민추협 간사장 겸 상임운영위원을 지냈으나 1987년 대선을 앞두고 양 김이 분열하자 김대중의 평민당 합류를 거부하고 통일민주당에 잔류했다. 김영삼은 박종률에게 당의 사무총장직을 맡겼고 민주당 공천작업에 주도적으로 간여하면서 다시 전국구로 등원했다.
1992년 의원 직을 물러난 후엔 한국지도자육성 장학재단 이사장을 역임했다.

68. 박종태 (朴鍾泰, 1920년~2007년)

정치인. 전남 광산 출생. 광주고보, 동경제대 정치학과를 졸업했다. 공화당 소속으로 제6대, 제7대 국회의원을 지냈으나 1969년 박정희에 대한 항명으로 양순직, 예춘호, 정태성, 김달수와 함께 의원총회에서 제명되었다. 이후 1971년 복당되었으나 야당으로 변신해 재야에서 활발하게 활동했다. 1988년 제13대국회의원 선거에서 광주 서을 지역구에서 평화민주당 후보로 당선되어 국회 상공위원장을 지냈다. 민주헌정동지회 공동대표와 국민연합 중앙상임집행위원, 민추협 부의장을 역임했다.

69. 박준규 (朴浚圭, 1925년~)

정치인. 경북 달성 출생. 9선 의원. 국회의장. 해방 직후 한민당 간부를 지낸 박소익의 아들이다. 경성대학교 정치학과를 거쳐 1948년 조병옥(趙炳玉)의 비공식 수행원으로 정계에 입문했다. 1961년 민주당 소속으로 제5대 국회의원에 당선되어 국회에 진출, 김영삼 등과 함께 소장의원들의 모임인 청조회(靑潮會)를 이끌었으나 그해 일어난 5·16 쿠데타로 정치활동이 금지되었다.

1962년 엄민영의 추천으로 공화당에 영입되어 서울 성동구로 지역구를 옮긴 뒤 3선 고지에 올랐다. 8대 총선에서 신민당의 홍영기에 낙선한 뒤 그해 12월에 치러진 대구 달성군 보궐선거에 출마해 대구에서 6선을 더 기록했다.

1988년 13대 총선에는 민정당 후보로 국회의원에 당선되어 1990년 국회의장이 되었다. 1992년 14대 국회에서도 국회의장직에 유임되나 1993년 김영삼 정부의 재산공개 파동으로 사임했다. 이때 박준규는 "격화소양(隔靴搔痒·가려워도 신을 신은 채 긁으면 소용이 없다)의 느낌이 있다"고 풍자했다. 1995년 자유민주연합으로 당적을 옮긴 뒤 9선 의원이 되었고 1998년에는 오랜 지기인 김대중의 대통령 취임과 함께 국민회의-자민련 추천으로 국회의장에 세 번째로 선출되었다.

70. 박준병 (朴俊炳, 1933년~)

군인 출신 정치인. 육사 12기. 충북 옥천 출생. 대전고등학교 재학 중 6·25전쟁이 터지자 사병으로 입대하여 병장으로 육사에 입학, 1956년 임관했다. 육사 12기 동기 중 선두그룹으로 1975년 장군 진급과 동시에 제3하사관학교 교장으로 임명되었다. 제20사단장, 육군본부 인사참모부장 등을 거쳐 1984년 보안사령관을 끝으로 대장으로 예편했다. 이듬해 제12대 국회의원에 당선되어 정계에 발을 들여놓았다. 당시 득표율은 전국 2위였다. 이후 14대까지 3선에 성공했고, 그동안 민정당 국책조정실장, 사무총장, 자민련 부총재 겸 사무총장 등을 맡았다. 1996년 김영삼 정권의 '역사 바로세우기'로 12·12 군사반란과 5·18 내란 사건의 피고로 기소되었으나 박준병은 무죄판결을 받았다.

71. 박창암 (朴蒼巖, 1923년~2003년)

만주군 출신 군인. 함경남도 북청 출생이다. 연길사범학교를 졸업하고 만주군에 입대해 항일 조직에 가담했다. 1946년 군사영어학교를 다니던 중 북파 공작원으로 차출돼 인민군 창군 작업에서 비밀공작을 펼치다가 발각돼 투옥, 간신히 탈출했다. 1949년 대한민국 육군에 복귀해 한국전쟁에서 유격전 장교로 활동했다.

5·16 당시 쿠데타 지지 입장을 분명히 하였으며 국가재건 최고회의 혁명검찰부장으로 활동했다. 1963년 함경도 출신 장성, 장성들과 함께 준장으로 예편되었으며 이후 혁명공

약에 따라 민정이양을 해야 한다고 계속 주장하다가 반혁명사건으로 박임항, 김동하 등 함경도 출신 혁명주체세력과 함께 군사재판에 회부되었다. 이는 알라스카(군 내에서 함경도를 일컫는 표현) 토벌작전이라고 불린다.

1970년대 중반부터는 안호상, 임승국 등과 함께 국사찾기 협의회를 조직해 고대사 연구에 주력했다.

72. 박철언 (朴哲彦, 1942년~)

검사 출신 정치인. 경북 성주 출생. 노태우의 부인 김옥숙의 고종사촌 동생이기도 하다. 경북고등학교와 서울대학교 법과대학을 졸업하고 1967년 제8회 사법시험 합격해 검사로 활동하다가, 신군부 등장 이후 1980년 국보위 법사위원으로 파견 근무하면서 제5공화국 헌법의 기초작업에 참여했다.

그 후 대통령 비서관, 안기부장 특별보좌관 등을 지내며 비밀리에 북한을 여러 차례 방문했으며, 1988년 노태우가 대통령에 취임하자 '6공의 황태자'로 불리면서 제13대 국회의원과 정무제1장관, 체육청소년부 장관 등을 지냈다.

1992년 3당 합당 이후 제14대 국회의원에 재선되었으나, 김영삼과 충돌하면서 민자당을 탈당하고 제14대 대통령 선거에서 정주영을 지원했다. 1993년 이른바 '슬롯머신 사건'으로 의원직을 잃고 1년 6개월간 복역했다.

1995년 민자당을 탈당한 김종필이 자민련을 창당하자 합류해 1996년 제15대 총선에 출마해 당선되었고, 1997년 제15대 대통령 선거에서는 'DJP연합'에 따라 김대중을 지원했다. 2000년 제16대 총선에서도 자민련 후보로 대구 수성갑에 출마했으나 낙선하고 정계를 은퇴했다.

73. 박치옥 (朴致玉, 1926~)

평양농업학교를 졸업하고 월남해 육사 5기를 수료하고 군에 입대해 1955년 대령으로 승진했다. 기간 중 대대장, 11사단, 8사단, 9사단의 연대장을 역임했으며 5·16이 있던 1961년 3월에 제1공수전투단장으로 배치돼 쿠데타에 적극 가담했다. 공수단 대위 차지철에게 박정희의 신변경호를 맡긴게 박치옥이다. 이후 국가재건최고회의 최고위원을 역임하던 중 반혁명 사건으로 구속, 재판을 받고 실각했다.

이후 대한석탄공사 이사장을 거쳐 한국수출산업공단 전무로 있다가 1980년 신군부의 등장과 함께 사직하고 안양에서 아들과 농장을 경영하기도 했다.

74. 박태준 (朴泰俊, 1927년~2011년)

군인 출신 정치인, 기업인. 육사 6기. 국무총리를 지냈다. 경남 양산 출생으로 박정희의 명에 의해 포항제철을 설립했다. 창업 25년 만에 포철은 세계 3위의 철강업체로 성장해, 박태준은 한국의 '철강왕'이라고 불린다. 1945년 와세다대학 기계공학과에 입학했으나 해방으로 학업을 중단하고 귀국했다. 1948년 육사를 6기로 졸업하고 한국전쟁에 참전해 충무무공훈장, 화랑무공훈장을 받았다. 군 시절 포병 병과로서 계산을 잘 하고 과학에 밝았다. 5·16 쿠데타에는 가담하지 않았으나 거사 후 국가재건최고회의 상공위원으로 활동하면서 제1차 경제개발 5개년 계획 입안에 관여했다.

1963년 육군소장으로 예편. 1964년 대한중석 사장을 거쳐 1968년 포철의 초대 사장에 임명되었다.

1980년 국가보위입법회의 참여를 계기로 정계에 입문해 1981년 제11대 국회의원과 1988년 민정당 대표를 맡았다. 1990년 3당 합당 이후 민주자유당 최고위원이 되었다. 1992년 김영삼과의 불화로 포철 협력사들로부터 39억여 원을 받은 혐의를 받고 포철 회장직에서 물러나 한동안 외국을 떠돌았다. 1997년 김영삼 정부의 경제 실패를 공격하면서 포항 북구 보궐선거에 당선되어 재기에 성공, 자민련 총재를 맡아 김종필과 함께 김대중의 제15대 대통령 선거 당선을 지원했다. 김대중 정부 시절인 2000년에 국무총리로 취임했으나, 부동산 명의신탁 의혹으로 4개월 만에 불명예 퇴진했다.

75. 박한상 (朴漢相, 1922년~2001년)

법조인 출신 정치인. 서울 출생. 신민당 최고위원과 제6~10, 12대 국회의원을 지냈다. 서울대학교 정치학과를 졸업하고, 중앙고등군법회의 검찰관, 법률평론사 편집국장을 역임했다. 1963년~1988년 기간 중 정치활동이 규제된 11대를 제외한 제6~12대 국회의원으로 활동했다. 카이제르 수염으로 유명하다. 신민당 최고위원과 사무총장을 비롯해 변호사,

인권상담소 소장, 한국인권옹호협회 회장, APU 제2회 총회 한국 대표, UN인권선언기념회 한국 대표, IPU 이사회 및 총회 한국 대표 등을 지냈다.

76. 박현채 (朴玄埰, 1934년~1995년)

경제학자. 전남 화순 출생. 1950년 광주서중 재학 시 6·25전쟁이 일어나자 지리산에 들어가 빨치산 활동을 했다. 복부에 총상을 입고 하산, 전주고를 거쳐 서울대 상대와 동 대학원 경제학과를 졸업했다. 모교에서 강사생활을 하다 1963년 인혁당 사건에 연루되기도 했다.
1989년 조선대 경제학과 교수로 임용되기까지 홍익대, 경희대 등에서 강의하다 감옥을 드나들며 자신만의 경제이론을 수립하는 데 몰두했다. 1978년 이를 '민족경제론'으로 완성해 책으로 출판했다. 소설가 조정래는 《태백산맥》에서 박현채를 모델로 빨치산 전사 조원제를 그려내기도 했다.
저서로 《민족경제론》, 《한국농업의 구상》, 《민중과 경제》 등과 《불확실성의 시대》를 비롯한 다수의 번역서가 있다.

77. 박희도 (朴熙道, 1934년~)

육사 12기. 경남 창녕 출생. 육사 생도 시절부터 박준병, 박세직과 함께 일명 '쓰리박'으로 불리며 육사 12기의 선두주자로 꼽혔다. 1956년 소위로 임관한 후 1960년대 중반에 하나회에 가입해 전두환의 신임을 쌓았다. 1975년 장군으로 진급, 1976년 1공수여단장으로 근무 중 휘하 병력을 이끌고 12·12 반란에 가담했다. 1981년 특수전사령부 사령관과 군단장을 거쳐 1983년 육군 참모차장, 1985년 육군 참모총장이 되었다. 친 전두환 인맥인 박희도는 1988년 6월 취임 4개월에 접어든 노태우가 전두환 군맥을 정리하며 전격 경질되었고 이후 보수성향의 시민사회단체에서 활동했다. 1994년 김영삼의 5공 청산과 12·12 반란 수사 과정에서 구속되어 징역형을 살았다.

78. 배명국 (裵命國, 1934년~)

군인 출신 정치인. 육사 14기. 경남 진해 출생. 1958년 육사 14기로 임관했다. 하나회 출신.

1962년 육군사관학교 교수를 거쳐 1973년 중령 때 보안사 인사과장으로 근무하다가 윤필용 사건에 연루되어 예편했다.

1972년부터 청와대 민정비서실에 근무했고, 1981년 전두환의 신군부가 집권한 뒤 민정당 창당 발기인이 되어 제11대, 12대 국회의원이 되어 국회 건설위원장과 상공위원장을 지냈다.

1988 선거에서는 낙선해 지역개발연구소 이사장을 맡다가 1992년 제14대 국회의원 선거에 재출마해 당선되었다. 1996년에는 자민련으로 당적을 옮겨 부총재와 정책자문위원장을 역임했다. 배명인 전 법무부장관의 동생.

79. 배명인 (裵命仁, 1932년 11월 8일~)

법조인 출신 행정관료, 경남 창원 출생으로 진해고등학교와 서울대 법학과를 졸업했다. 1956년 제8회 사법고시에 합격해 1957년부터 서울, 부산 등지에서 검사 생활을 했다. 1971년 서울지검 부장검사를 거쳐 1981년 대검찰청 차장검사를 지냈고, 1982년 제33대 법무부 장관에 임명되었으며 노대우 정권 때인 1988년 제15대 국가안전기획부 부장에 취임했다. 1989년부터 법무법인 태평양의 명예대표변호사로 있으며 1997년 불교방송 이사와 동명문화학원 이사장을 겸했다. 배명국 전 의원의 형.

80. 백기완 (白基玩, 1932년~)

노동자 출신 사회주의 운동가, 통일운동가. 황해도 은율 출생. 초등학교 4학년을 중퇴하고 노동을 하다가 사회주의, 민족주의에 눈 떠 50년대부터 달동네 야학과 나무심기 운동을 시작했다.

박정희 정권으로부터 '빨갱이'라는 명목으로 숱한 고문과 탄압을 받았다. 1964년 한일회담 반대운동을 시작으로 박정희 정권을 거부하는 반정부, 반독재, 민주화 투쟁을 벌였다. 1967년 백범사상연구소를 창립해 소장으로 근무했고, 1983년 민족통일민중운동연합 부의장으로 활동했다. 1987년과 1992년 제13대, 14대 대통령 선거에 무소속으로 출마했으나 낙선했다. 1988년부터 통일문제연구소 소장, 1999년부터 계간지 〈노나메기〉 발행인으로 있다.

81. 백낙청 (白樂晴, 1938년~)

교수, 문학평론가, 사회운동가. 경북 대구 출생. 1955년 경기고등학교 재학 중 미국에 유학해 브라운대학교를 졸업하고 돌아와 군복무를 마친 뒤 하버드대학교에서 박사과정을 수료했다.

한국의 대표적인 진보성향의 지식인이다. 1962년 서울대학교 영문과 교수가 되었고 1966년부터 계간지 〈창작과비평〉의 편집인을 맡아 진보적 평론 활동을 펼쳤다. 1974년 유신에 반대하는 성명을 발표해 해직되었으나, 1980년 복직되었고, 2003년 교수직을 정년퇴임했다.

퇴임 후에도 통일운동의 일선에서 일하며 2005년 6·15공동선언실천남측위원회 위원장을 맡았고, 2007년 대통령 선거에는 범여권후보 단일화운동에 나서기도 했다.

82. 부완혁 (夫琓爀, 1919년~1984년)

언론인 출신 행정관료. 서울 출생. 1941년 경성제대 법학과를 졸업하고 1946년부터 고려대학교 법대 교수로 강의했다. 1948년 이범석 국무총리 비서관으로 공직에 진출해 1952년 한미합동경제위원회 사무국장을 맡았다. 1955년 조선일보 논설위원으로 변신해 경제논설가로 주목을 받았다. 1960년 4·19 직후 금융통화위원회 위원으로 경제·금융정책에 참여했다.

1961년 5·16 쿠데타가 일어나자 다시 조선일보와 사상계에 기고가로 활동하다 1967년 신민당 상임위원과 기획위원을 맡아 민주화 투쟁을 했다. 그 뒤 오랜 친구인 장준하가 정계에 투신하자 사상계를 인수해 출판 운영에 전념하다 김지하의 시 '오적' 게재 사건으로 잡지가 폐간되자 언론계를 떠났다. 1976년에는 사위 신선호가 설립한 율산그룹 회장을 맡아 경영인으로 변신했으나 그룹이 해체된 뒤에는 민족문화추진회 이사, 영국왕립아세아학회 한국지부 회장으로 활동했다.

83. 서경석 (徐京錫, 1948년~)

종교인, 시민운동가. 서울 출생. 서울고를 거쳐 1971년 서울대학교 기계과를 졸업했다. 1974년 민청학련 사건으로 20년형을 선고받고 복역했다. 이듬해 석방되었으나 1979년 여

직공들의 파업투쟁인 'YH사건'으로 투옥되었다 풀려났고, 1980년 동일방직사건으로 수감되었다 형집행 면제로 석방되었다.

1986년 미국 뉴욕에서 목사 안수를 받았다. 1989년 경제정의실천시민운동연합 창립을 주도하고 초대 사무총장을 지냈다. 1994년 공명선거실천시민운동협의회 사무총장, 1995년 경실련 경제정의연구소 소장과 통합민주당 정책위 의장을 역임했다. 2001년 경실련 상입집행위원장을 거쳐 현재 안산 조선족 교회 담임 목사로 있으며 기독교사회책임 공동대표, 선진화시민행동 상임대표.

84. 서동권 (徐東權, 1932년 10월 30일~)

법조계 출신 관료. 경북 영천 출생. 노태우 전 대통령의 경북고 1년 후배로 고려대학교 법대를 졸업했다. 제8회 사법고시에 합격해 1960년 서울지검 검사를 시작으로 대구지검 검사와 부장검사를 지냈다. 1982년 대검 차장, 1985년 검찰총장에 임명되었다. 1989년 노태우 정부의 안기부장에 임명돼 1992년까지 재직했다. 서동권 법률사무소 대표 변호사.

85. 서승 (徐勝, 1945년~)

교수. 일본 교토 출생. 1968년 도쿄교육대학 졸업 후 한국으로 유학와 서울대 사회학과 석사를 마쳤다. 1971년 '재일교포 학생학원침투 간첩단사건' 주모자로 몰려 육군보안사령부에 연행되어 1심에서 사형, 2심에서 무기징역을 선고받고, 19년 동안 비전향정치범으로서 형을 살았다. 보안사의 고문을 못견뎌 난로에 얼굴을 파묻는 자살시도로 얼굴을 손상해 국제인권단체에서 한국의 인권상황을 비난하는 소재로 삼았다. 1990년 2월 석방되어 UC 버클리대학 사회학과 객원연구원을 거쳐 1998년부터 리츠메이칸대학 교수를 지냈다. 2011년 제1회 진실의힘 인권상을 수상했다. 재일 저술가 서준식과 도쿄경제대학 교수 서경식의 형이다.

86. 서중석 (徐仲錫, 1948년~)

언론인 출신 교수. 충남 논산 출생. 1974년 서울대학교 국사학과 4학년 재학 중 유신체제 반대운동을 벌이다 민청학련 사건에 연루돼 무기징역형을 받았다.

1979년 동아일보 기자로 언론계에 투신해 6월 항쟁 당시 〈신동아〉 기자로 역사적 현장을 기록했다. 1990년 독립기념관 연구위원과 1994년 역사문제연구소 이사를 거쳐 현재 성균관대학교 사학과 교수로 재직 중이다.

주요 저서로 《80년대 민중의 삶과 투쟁》, 《한국 근현대 민족문제 연구》, 《한국 현대사 60년》 등이 있으며, 이 중 《한국 현대사 60년》은 영어, 일본어, 중국어, 독일어, 프랑스어판으로도 소개되었다. 또한 1990년에 통과된 학위 논문 〈한국근현대민족운동연구〉는 현대사 연구로는 처음 나온 박사학위 논문이다.

87. 석정선 (石正善, 1924~)

군인 출신 공무원. 김종필과 육사 8기 동기생으로 1949년 군내 좌익을 숙청하는 숙군이 한창일 때 8기생 동기들과 함께 육군 정보국에 근무했다. 1960년 장면 정부에서 김종필과 함께 쿠데타 미수 사건으로 중령 예편했다. 5·16 직전에는 김종필과 함께 서울 장안에서 유명한 백운학(白雲鶴)을 찾아가 쿠데타의 성공 가능성을 점쳤다.

5·16 후 김종필과 함께 중앙정보부를 창설하는데 앞장섰고, 정보국장, 정보차장보를 역임하며 4대 의혹 사건에 깊이 개입했다. 60년대에는 일요신문사를 만들어 사장으로 활동했으며 이후 미국으로 건너갔다.

88. 선우종원 (鮮于宗源, 1918년~)

경찰 출신 행정관료, 법조인, 정치인. 평안남도 대동 출생이다. 1940년 경성제대 법학과를 졸업하고 해방 직후에는 오제도 검사와 함께 좌익사범을 주로 수사하는 사상검사로 활동했다. 한국 전쟁 중에는 조병옥의 추천으로 경찰청 정보수사과장으로 활동했고 1952년과 1960년 두 차례에 걸쳐 장면 국무총리의 비서로 일했다.

1960년에는 총리 비서를 거쳐 한국조폐공사 사장에 임명되기도 했다. 1971년 국회사무처 사무총장, 1981년 평화통일자문회의 부의장과 민주평화통일자문회의의 자문위원을 지냈다. 전 서울대 총장이었던 선우중호가 차남이다.

89. 선우휘 (鮮于輝, 1922년~1986년)

언론인, 소설가. 평안북도 정주 출생. 1944년 경성사범학교를 졸업하고 초등학교 교사로 있다가 1946년 조선일보 사회부 기자로 언론활동을 시작했다. 1949년 여순사건이 일어난 이후에 정훈장교로 입대해 1959년 육군 대령으로 예편했다. 서울신문 논설위원으로 언론에 복귀해 한국일보를 거쳐 1961년 조선일보에 재입사했다. 이후 1986년에 조선일보를 퇴사하기까지 논설위원, 편집국장, 주필, 논설고문으로 활동했다. 1971년부터 1980년까지 10년간 조선일보의 주필로 있으며 여러 차례 필화사건으로 구속되거나 중앙정보부, 검찰 등에 소환돼 곤욕을 치렀다. 박정희 정권의 청와대 공보비서 선우련이 동생이고 조선일보 기자 선우정은 아들이다.

1955년 단편소설 '귀신'을 발표하면서 등단했고, 1957년에 발표한 '불꽃'으로 제2회 동인문학상을 수상했다. 낭만주의, 감성주의 작품이 유행하던 당시 사조와는 달리 현실적인 문체와 소재를 작품에 주로 활용했다. 1983년 한국 예술원 소설부문 회원과 1985년 한국 방송심의위원회 위원장을 역임했다.

90. 손세일 (孫世一, 1935년 6월 10일~)

언론인 출신 정치인. 부산 출생. 제11, 14, 15대 국회의원을 역임했다. 1964년 서울대학교 정치학과를 졸업하고 사상계 편집장을 거쳐 동아일보 논설위원을 지내다가 1980년 국가보위입법회의 입법위원으로 정계에 입문, 야당인 민한당 의원을 지내다가 85년 신한민주당 돌풍 때 낙선했다.

이후 민주화추진협의회 활동을 했고 김영삼의 통일민주당이 1990년 3당 합당으로 여당에 합류하자 김대중의 권유에 따라 평화민주당으로 당적을 옮겼다. 제15대 국회에서 통상산업위원장을 맡았던 시절에 뇌물을 수수한 혐의로 2003년 4월 구속되기도 했다. 만년에 《이승만과 김구》 등의 집필에 전념. 고재욱 전 동아일보 사장의 사위.

91. 손영길 (孫永吉,, 1932년~)

경남 울주 출신. 육사 11기의 선두주자로 박정희의 총애를 받고 잘 나가다가 1973년 윤필용 불충(不忠)사건 때 연루돼 강제 예편되고 징역 12년형을 선고받고 투옥되었다. 1980년 신군부 집권과 함께 사면받았고, 2011년 서울고등법원에서 사건 발생 38년 만에 무죄확정을 받아 명예회복을 이뤘다.

육사 출신 장교로서 청와대 외곽을 지키는 30대대장을 역임하는 등 영관장교 시절까지 박정희의 신임이 두터웠다. 본인은 30대대장 후임에 자신이 전두환을 박정희에게 추천했다고 말한다. 박정희와는 1957년 7사단에서 만나 5·16 후 최고회의 의장 전속 부관을 3년간 지냈다.

윤필용 사건의 본질에 대해 "박종규(청와대 경호실장)가 이후락(중앙정보부장)을 밀어내고 중정 부장 하고 싶었고, 강창성(보안사령관)은 라이벌인 윤필용을 제치고 싶어 생긴 권력 내부의 암투"라고 2011년 판결 후 인터뷰에서 말했다.

92. 손학규 (孫鶴圭, 1947년~)

민주화운동가, 노동운동가, 정치인. 서울시 시흥동에서 출생해 아버지를 일찍 여의고 고학했다. 매동초-경기중-경기고를 거쳐 1965년 서울대 정치학과에 입학했다.

고3 때부터 시국 데모에 나서 대학 시절엔 한일협정 반대 시위(6·3), 삼성그룹 사카린 밀수 규탄 시위 등에 빠짐없이 참석했다.

1969년 대학 졸업 후 현역으로 군복무를 마치고 한국기독교교회협의회(KNCC) 활동에 투신해 기독교빈민선교운동에 전념했다. 유신정권 시절 현상금 200만 원에 수배되었으며 2년간 과수원, 철공소 등지를 전전했다. 부마항쟁 당시 검거됐으나 10·26으로 풀려났다.

많은 민주화 인사들과 달리 손학규는 80년 서울의 봄 당시 현실에 뛰어들지 않고 영국 옥스퍼드대학으로 유학을 떠나 거기서 정치학박사 학위를 받고 귀국했다. 서강대 정외과 교수로 있던 1993년 김영삼 대통령의 추천으로 보수여당인 민자당에 입당해 광명시 재보궐선거에서 국회의원에 당선됐다.

보건복지부장관, 민선 경기도지사를 역임했으며 2007년 한나라당 대통령 후보 경선에 출마하려 했으나 탈당하고 민주당에 입당해 후보 경선에 나섰으나 낙선했다.

이후 2008년 총선 국면에서 민주당의 대표로 활동했으며, 2010년 경기도 분당 재보궐선거에서 당선됐다. 2012년 민주당 대통령 후보 경선에 다시 나섰으나 2위로 낙선했다.

93. 신두병 (申斗柄, 1936년~)

외교관. 서울고등학교와 연세대 정외과를 졸업하고 외무부에 입부해 외무부 미주국장 등을 지냈다. 1995년부터 1998년까지 주 이탈리아 대사, 1998년부터 2000년까지 주 홍콩 총영사를 역임했다. 현재는 외교문제연구모임 회장으로 언론 기고 등이 활발하다.

94. 신윤창 (申允昌, 1926년~1989년)

군인 출신 정치인. 5·16 당시 6군단 포병대 대대장으로 쿠데타에 참여했다. 수방사 참모장을 끝으로 준장 예편했다.
67년 제7대 국회에 공화당 전국구로 진출해 71년 제8대 국회에서 고양·파주에서 당선되었다.

95. 신재기 (辛再基, 1933년~2010년)

군인 출신 정치인. 육사 13기. 경남 창녕 출생. 마산중고를 거쳐 1957년 육사 13기로 임관했다. 1968년 육군대학을 졸업하고 1973년 육본 진급인사실에서 근무히디 윤필용 사건에 연루되어 투옥, 이후 대령으로 예편했다. 1978년 한국트랜스주식회사 총무부장, 이사를 거쳐 1980년 한국강업주식회사 사장과 수협중앙회 부회장을 역임했다. 1988년 노태우 정부의 출범과 함께 제13대 민정당 국회의원으로 정계에 입문했고, 1992년 제14대 총선에서 당선돼 재선의원을 지냈다.

96. 신직수 (申稙秀, 1927년~2001년)

법조인, 공무원. 충남 서천 출생. 전주사범을 나와 육군 법무관으로 임관한 후 육군 소령으로 예편했다. 건국 이래 처음 실시한 군 법무관 임용시험에 합격해 사법고시가 아닌 법무관 출신으로서 이례적으로 검찰총장, 법무부장관을 역임했다.
박정희의 사단장 시절 군 법무관으로 근무한 인연으로 1961년 5·16 직후 국가재건최고회의 법률고문이 임명돼 이후 3공, 4공에서 박정희의 법률참모 역할을 했다. 1963년 중앙정보부 차장, 1963년부터 1971년까지 8년간 검찰총장, 이후 법무부장관, 중앙정보부장을 역임했다. 장녀인 신연균은 홍석현 중앙일보 회장의 부인이며 손자 신현성은 티켓몬스터 대표이다.

97. 신형식 (申泂植, 1926년~1991년)

정치인. 건설부장관. 전남 고흥 출생. 1957년 서울대학교 정치학과를 졸업하고 1962년 교육영화공사 회장을 거쳐 1963년 고흥에서 공화당 후보로 제6대 국회의원에 당선되어 국회에 진출했다. 1969년 국정교과서주식회사 사장을 역임하고, 1971년 제8대 국회의원이 되어 공화당 대변인이 되었다.

1973년 제9대국회에서는 재무위 위원장으로 활동했고, 1975년 제1무임소장관, 1976년 정책위 부의장을 거쳐, 그해 건설부장관에 취임했다. 건설부장관 시절 한국 업체들의 중동 진출 붐을 만드는 데 일조했다. 1978년 제10대 국회의 4선 의원이 되어 공화당 사무총장을 맡았다.

1980년 신군부의 등장으로 정계를 은퇴해 1985년 해태그룹 고문, 1988년 민주화합추진위원을 지냈다. 동생 신중식은 국정홍보처장, 시사저널 사장을 지냈다.

98. 안교덕 (安敎德, 1933년 12월 11일~)

군인 출신 정치인. 육사 11기. 경북 울진 출생. 전두환, 노태우와 동기인 육사 11기 출신으로 하나회 멤버였다. 서울대 영문과를 졸업하고 육군사관학교 교수와 육군대학교 교수를 지냈다. 1973년 윤필용 사건에 연루되어 대령으로 예편했다. 1976년 정우개발 대표이사를 지내다 1980년 전두환이 권력을 장악하자 1981년 제11대 전국구 국회의원으로 정치에 입문했다. 1985 농촌개발공사 사장과 1987년 농수산물유통공사 사장, 1988년 한국냉장 사장을 지내다 노태우의 신임으로 1991년 청와대 민정수석비서관으로 근무했다.

99. 양성철 (梁性喆, 1939년~)

교수, 외교관. 전남 곡성 출생. 1964년 서울대학교 정치학과를 졸업하고, 1970년 켄터키대학교 정치학 박사학위 취득했다. 미국 이스턴켄터키대학교 교수를 거쳐 1975년 켄터키대학교 교수로 부임했다.

한국에 귀국해 1986년 경희대학교 대학원 교수, 1994년 한국국제정치학회 회장을 역임했다. 1996년 국민회의 소속으로 제15대 국회의원에 출마해 당선되었다. 통일외무위 위원과 국제협력위 위원장을 거쳐 2000년부터 2003년까지 주미 한국 대사를 지냈다. 고려대학교 국제대학원 석좌교수와 김대중평화센터 자문위원장.

100. 예춘호 (芮春浩, 1927년~)

정치인. 경남 부산 출생. 동아대 경제학과를 졸업한 뒤 공화당 발기인으로 정계에 입문해 6, 7대 국회의원을 역임했다. 1969년 3선 개헌파동 당시 김종필 계보로 당 사무총장이었음에도 불구하고 정구영, 박종태, 양순직과 함께 이를 반대했다가 8대 총선 공천에서 탈락했다.

이후 10대 총선에서 무소속으로 출마해 당선된 뒤 신민당에 입당하면서 야당 정치인으로 변신했다. 1980년 신군부에 의해 김대중 내란음모사건의 주모자로 지목되어 옥고를 치렀다. 이후 재야의 대표인물로 민추협 부의장을 맡아 동교동계와 상도동계의 제휴를 위해 애썼다. 그러나 13대 대통령 선거에서 김대중이 독자 출마하자 이후 총선에서는 조순형, 유인태와 함께 한겨레민주당을 창당해 부산 영도에 출마했다가 낙선했다. 예종석 한양대교수의 부친.

101. 오세응 (吳世應, 1933년~)

정치인. 국회 부의장. 7선 의원. 경기 안성 출생. 병자호란 당시 삼학사의 한 사람인 오달제의 11대 손이다. 경기고와 연세대 정외과를 거쳐 미국의 소리 방송(VOA) 아나운서로 활동했다. 제8대 국회에 신민당 전국구 의원으로 정계에 입문해 3선을 역임하다가 1980년 신군부가 설치한 국가보위입법회의에 입법위원으로 활동한 것을 계기로 여당인 민정당으로 당적을 옮기고 정무장관 등을 역임했다.

제15대 총선에서 신한국당 후보로 출마해 7선 의원이 되었고, 국회 부의장 당시인 1996년 노동법 개악 파동 당시 날치기 통과를 주도했다. 이회창이 신한국당의 후신인 한나라당 당권을 잡자 그의 노선에 반발, 김종필의 자유민주연합으로 이적했다.

2000년 호텔 인허가와 관련해 뇌물을 받은 일로 기소된 바 있고, 제16대 총선에서는 시민단체에 의해 낙선 대상자 86명 명단에 포함되었다

102. 오치성 (吳致成, 1926년~)

군인 출신 정치인. 육사 8기 출신이다. 황해도 신천 출생. 육사를 졸업하고 6·25 전쟁 때 소위로 임관했다. 1960년 민주당 정권 하에서 김종필·김형욱·길재호 등 육사 동기생들과 함께 정풍운동을 주도했다. 1961년 5·16 쿠데타에 가담해 국가재건최고회의 내무위원장과 운영위원장을 맡았다. 육군 준장으로 예편한 뒤 공화당 소속으로 포천·연천·가평에서 제6대 국회의원에 출마해 당선되었다. 이후 제8대 국회까지 3선을 역임하며 국회 내무위원장과 사무총장을 맡았다. 1971년 무임소장관을 거쳐 내무부장관을 맡았으나 실미도 사건 발생으로 해임건의안이 국회 본회의에서 통과되어 물러났다. 이른바 10·2 항명파동을 불러온 주인공이다. 1978년 제10대 국회의원에 당선되었으나 1980년 공화당이 사라지면서 그의 지역구는 이한동에게 넘어갔다.

103. 우상호 (禹相虎, 1962년~)

운동권 출신 정치인. 강원 철원 출생. 1981년 연세대학교 국문과에 입학해 1987년 연세대학교 총학생회장으로 6월 항쟁에 주도적으로 참여했다. 졸업 후 1994년 도서출판 두리 대표와 월간지 '말'의 기획위원으로 활동했다.
2003년 열린우리당 중앙위원으로 정치에 입문해 2004년 제17대 국회의원으로 당선되었다. 그해 문화관광위원회 위원을 거쳐 2006년 열린우리당 대변인을 맡았다. 2008년 제18대 국회의원을 거쳐 2012년 제19대 국회의원에 당선되어 민주통합당 최고위원으로 활동.

104. 유병현 (柳炳賢, 1924년~)

군인 출신 외교관, 관료. 충북청원 출신. 육사 7기로 임관했으며 나중에 연세대 대학원 경제학과를 졸업했다. 1953년 육군본부 작전국 교육과장 등을 거쳐 월남전에 맹호사단장으로 복무했다.
초대 한미연합사부사령관으로 있던 중 12·12 군사쿠데타가 나고 공수부대원들이 국방부에 진입하자 일시저항 했으나 사후 찬동했다. 신군부에 의해 합참의장으로 영전했다가 육군대장으로 예편하고 1981년부터 1985년까지 주미대사를 역임했다. 한미 관계 등에 기여한 공로로 미국 측으로부터 6차례에 걸쳐 훈장을 받았다. 주미대사 시절 한미수교

100주년을 기념해 재미장학재단을 설립했다.

105. 유양수 (柳陽洙, 1923년~2007년)

군인 출신 공무원. 육사 5기. 전남 광주 출생이다. 1980년 최규하 정부에서 동력자원부 장관을 지냈다. 1941년 광주서중을 졸업하고 1948년 육사를 졸업했다. 1957년 미국대사관 수석무관을 거쳐 1960년 장성으로 진급했다. 5·16 쿠데타에 참여해 국가재건위 최고회의 최고위원을 맡았다. 1963년 소장으로 예편하고 1979년 교통부장관으로 입각하기까지 필리핀, 오스트리아, 사우디아라비아 대사 등을 역임했다. 1983년 동아건설 부회장과 1993년 석유개발공사 이사장을 거쳐 박정희대통령기념사업회 회장을 맡았다.

106. 유진산 (柳珍山, 1905년~1974년)

독립운동가, 정치인. 충남 금산 출생. 1919년 3·1운동 때 독립만세 벽보사건으로 경성고등보통학교를 자퇴하고 일본 와세다대학 정경학부를 다니다 중퇴했다.

8·15광복 후 청년운동을 시작으로 정계에 투신, 1948년 한청 최고 위원, 1951년 민국당 총무부장을 지내고 1954년 금산에서 무소속으로 출마해 당선되었다. 그 해 4사5입 개헌 때는 신익희, 조병옥 등과 호헌동지회를 발족시켰다. 1956년 민주당 선거대책위원장으로 활동했다.

5·16 쿠데타 때는 55일간 마포형무소에 구금되었고, 1962년에는 박정희의 군정 연장에 반대하는 민주구국선언대회를 주도했다. 그 후 1971년까지 계속 국회의원에 당선되어 6선 의원이 되었다. 유진산은 1960년대 말 야당 당수로서 유연한 정치를 구사했으나 일부에서는 이를 중앙정보부 등과 밀착된 사쿠라라고 비난했다.

1971년 대선을 앞두고 김영삼, 김대중, 이철승 등이 40대 기수론을 내세워 대통령 후보직에 도전하자 후보 지명권을 갖는 조건으로 당내 경선에 불출마했다. 유진산이 김영삼을 지명했으나 김영삼은 최종 투표에서 이철승과 연합한 김대중에게 졌다. 이어 실시된 총선에서 유진산이 전국구 1번으로 등록할 것으로 알려지자 당내 반발이 거세졌으며 유진산은 결국 '진산파동'으로 부르는 이 사건으로 인해 총재직을 사임했다가 1973년 다시 당수로 롤백했다. 1974년 유신헌법 개헌 투쟁을 선언하고 나섰으나 결장암으로 작고했다.

사후 청빈한 살림살이가 드러나 인구에 회자됐다. 아들 유한열도 충남 금산에서 3선의원을 지냈다.

107. 유치송 (柳致松, 1924년~2006년)

정치인. 경기도 평택 출생. 1952년 서울대학교 경제학과를 졸업했다. 1948년 국회의장 신익희의 비서로 정치에 입문했다. 1952년 학교 졸업 직후 신민당 경기도지부 부위원장을 맡았으나 1961년 5·16이 나자 정치활동 규제를 당했다. 1963년 제6대 국회의원 선거에 출마해 당선되었다. 1967년 새로 창당한 신민당에 참여해 조직국장과 사무차장을 맡았다. 1973년 제9대 국회의원에 당선, 제12대까지 연임하면서 신민당 사무총장과 최고위원, 민한당 총재 등을 지냈다.

1981년 치러진 제12대 대통령 선거에 '허수아비' 후보로 출마해 전두환에 이어 2위를 차지하기도 했다. 1985년 제12대 총선에서 신한민주당 돌풍 이후 민한당이 일반에게 관제야당으로 지목되면서 사실상 와해국면에 이르자 1988년 정치일선을 떠났다.

통일원 고문, 해공신익희선생기념회 회장, 동북학원 이사장을 지냈다. 유일호 새누리당 의원이 아들이다.

108. 유학성 (俞學聖, 1927년~1997년)

군인 출신 정치인. 경북 예천 출생. 1949년 정훈 제1기로 임관해 제8사단에서 군생활을 시작했다. 6·25 전쟁이 끝난 뒤 육군 방첩부대장, 주월 군수사령관, 제26사단장, 교육사령관을 거쳐 육군본부 교육참모부장 등을 역임했다. 국방부 군수차관보로 재직 중이던 1979년 12·12 군사 반란에 가담했고, 이듬해 5·18 광주민주화운동 무력 진압에도 관여했다. 국보위 입법회의 의원, 육군 제3군사령관을 거친 뒤 육군 대장으로 예편하고 중앙정보부장을 지냈다.

1985년 반공연맹 이사장으로 재직하던 중 제12대 전국구 국회의원이 되었고, 1988년에는 예천에서 제13대 국회의원에 당선되어 국방위원장을 맡았다. 1992년 민자당 소속으로 제14대 국회의원에 당선되었으나 이듬해 3월 재산공개 파문으로 의원직을 사퇴했다. 1996년 12·12 사태 및 5·18 사건 피고인으로 제1심과 제2심에서 유죄선고를 받았으나, 대법원 상고심 재판 중인 1997년 사망함으로써 공소기각되었다.

109. 유혁인 (柳赫仁, 1934년~1999년)
언론인 출신 행정관료. 경북 안동에서 출생하여 서울대 문리대를 졸업하고 동아일보 정치부 기자, 동경지국장, 정치부장을 거쳐 박정희의 부름을 받고 정무수석이 되어 시해일인 1979년 10월26일까지 청와대 정무수석으로 재직했다. 동아일보 기자 시절엔 '신동아'의 차관 관련 기사로 중앙정보부에 끌려가기도 했다. 80년 이후 문화방송 상임고문을 거쳐 친구인 김윤환 등의 지원과 추천으로 1988년 포르투갈 주재 한국 대사, 1992년에는 공보처 장관을 역임했다. 최금락 청와대홍보수석의 장인이며 아들은 연세대 유석춘 교수다.

110. 유홍준 (俞弘濬, 1949년~)
교육자, 행정관료. 서울 출생. 1967년 중동고를 졸업하고, 서울대학교 미학과에 입학했으나 유신반대 투쟁 등으로 무기정학을 당하고, 군대에 다녀온 뒤 교도소에 수감되기도 했다.

1980년 서울대를 졸업하고, 1981년 동아일보 신춘문예 미술평론으로 등단했다. 1985년 민족미술협의회를 결성하고, 1988년 성균관대학교 대학원에 입학해, 1998년 예술철학 박사학위를 받았다. 1990년대 초반부터 영남대학교와 명지대학교에서 교수 생활을 했다.

1993년 출간한 《나의 문화유산 답사기》가 100만부가 넘게 팔린 베스트셀러가 되어 대중에게 전통문화유산의 가치를 재인식시켰다. 2004년 문화재청장으로 임명되었으며, 2008년 숭례문 방화사건의 책임을 지고 사임했다.

111. 육인수 (陸寅修, 1919년~2001년)
정치인. 충북 옥천 출생. 육영수의 오빠이자 박정희의 처남, 박근혜의 외삼촌이다.

청주공립고등보통학교와 도쿄 무사시노고등공과학교 졸업하고 만주국 수력전기 건설국 기사로 일하다가 해방과 함께 귀국했다. 이후 옥천농고, 진명여중, 서울고교, 경동고교 교사로 있다가 처남 박정희의 집권 후 정치인으로 변신했다.

1963년 제6대 국회의원선거에서 공화당 후보로 옥천·보은에서 출마해 당선되었고 이후

1978년 유신 마지막 국회인 제10대까지 계속 당선되어 5선 국회의원을 지냈다. 국회 문교위, 공보위원장과 중앙당 정책위원 등을 지냈다.

육인수의 누나이자 육영수의 여동생인 육인순은 홍순일과 결혼해 4녀를 두었는데 전 장관인 장덕진, 전 국무총리인 한승수, 한국민속촌회장 정영삼, 전 국회의원 윤석민이 각각 사위이다.

112. 윤제술 (尹濟述, 1904년~1986년)

교육자 출신 정치인. 전북 김제 출신. 1929년 일본 도쿄 고등사범학교 영문과를 졸업한 뒤 1929~1945년 중동중학교 등에서 교사를 지냈으며 1946~1954년 익산 남성중고등학교에서 교장을 역임하며 호남의 명문학교로 육성했다.

1954년 제3대 국회의원 선거 때 김제에서 무소속으로 당선되어 정계에 입문했다. 1958, 1960년 제4·5대 국회에 민주당 소속으로 당선되었으며 1960년 국회문교위원장을 지냈다. 1963년에 6대 국회부터 서울 서대문에서 야당으로 세 번 더 당선됐다. 1967년 신민당 정책위원, 1968년 국회부의장, 1971년 신민당정무위부의장 등을 역임했다. 1973년 양일동이 세운 통일당의 최고위원에 선출되었으며 1977년 통일당고문에 추대되었다. 붓글씨에 일가견이 있어 많은 서예작품을 남겼다.

113. 윤주영 (尹冑榮, 1928년~)

기자 출신 정치인. 경기 장단 출생. 고려대학교 정치학과 졸업 후 1960년까지 중앙대학교 교수로 재직하다 같은 해 조선일보로 자리를 옮겨 논설위원과 편집국장을 역임했다. 1963년 공화당에 입당해 선전부장으로 정계에 입문했다. 총재비서실장을 거쳐 1964년에 사무차장을 지냈다. 1965년 무임소 장관, 1967년 주 칠레 대사, 1970년 대통령 공보수석비서관을 거쳐 1971년~1974년까지 문화공보부 장관으로 활동했다. 1976년 유정회 소속 제9대 국회의원이 되었고, 1980년 정계를 은퇴해 1985년 조선일보 고문으로 복귀, 방일영문화재단 이사장을 맡았다. 사진작가가 되어 개인전을 열기도 했다.

114. 이강철 (李康喆, 1947년~)

정치인. 대구 출생. 대구 계성고를 거쳐 1974년 경북대학교 정외과를 졸업했다. 1974년 민청학련 사건으로 구속돼 7년 6개월 복역하고 나와 민주통일민중운동연합 중앙위원과 민주헌법쟁취국민운동본부 공동대표로 활동했다. 대구·경북지방자치연구소 소장을 거쳐 1995년 민주당 당무위원, 2002년 노무현 대통령 후보 조직특보, 대통령직인수위 정무특보를 지냈다.

2005년 청와대 시민사회수석비서관으로 재직 중 그해 9월 대구 동을 국회의원 재선거에 출마하기 위해 사직했으나 낙선했다. 이듬해인 2006년 청와대 인근에 생계차원에서 횟집을 차려 운영했고, 2009년 정치자금법 위반 혐의로 수차례 영장이 기각된 끝에 구속, 수감되기도 했다.

115. 이건개 (李健介, 1941년~)

검사 출신 정치인. 평안남도 평양 출생. 박정희가 존경하는 이용문 장군의 아들. 경기고와 서울대학교 법학과를 졸업하고 1963년 제1회 사법고시에 합격했다. 1970년 대통령비서실 사정담당 비서관을 지냈고 1971년 박정희에 의해 30세 최연소의 서울시경 국장에 임명되었다. 이후 치안본부 제1부장, 1982년 서울지검 공안부장을 지냈다.

1993년 대전고검장 재직 때 슬롯머신업계 대부 정덕진의 검찰 내 비호세력으로 연루, 구속되어 1심에서 징역 1년 6개월을 선고받았다. 1996년 자민련 소속으로 제15대 전국구 국회의원이 되었고, 통일외무위원회 위원과 자민련 원내부총무를 맡았다. 2001년 김장리 법률사무소 변호사를 거쳐 2005년 법무법인 케이씨엘 강남사무소 대표변호사로 근무했다. 2012년 대선을 맞아 무소속 출마를 선언했다.

116. 이도선 (李道先, 1932년~)

정치인. 전남 광양 출생. 전남대 농대를 나와 중앙대에서 행정학 석사 학위를 받았다. 1971년 공화당 소속으로 제8대 국회의원이 되었고, 1973년부터 1980년까지 유정회 소속으로 제9대, 10대 국회의원을 지냈다. 박정희는 달변의 이도선이 같은 호남 출신인 김대중을 공격하는 선봉에 서게 했다. 1980년 신군부가 집권한 뒤에는 정계를 은퇴해 교보문고 사장과 대한교육보험 사장, 부회장, 회장을 역임했다. 1988년 정계에 복귀해 민정당 소속으로 제13대 국회의원이 되어 중앙정치연수원장과 한일의원연맹 부회장을 지냈다. 1992년 3당 합당 후에는 민자당 중앙정치 교육원장으로 활동했다. 재단법인 미래연구소 회장으로 활동.

117. 이동훈 (李東勳, 1948~)

경남 울산 출신. 이후락의 둘째아들로 제일화재해상 보험의 오너이자 회장이었다. 1982년 제일화재해상보험 전무이사를 거쳐 1997년 IMF 외환위기 때까지 회장으로 재직했다. 제일화재는 손실누적 등으로 이동훈이 경영일선에서 물러난 뒤 2008년 한화그룹의 한화손보에 인수됐다. 당시 제일화재의 이사회 의장은 이동훈의 부인이자 한화 김승연회장의 누나인 김영혜였다.

118. 이만섭 (李萬燮, 1932년~)

기자 출신 정치인. 국회의장. 9선인 박준규, 김영삼, 김종필 등에 이어 8선 국회의원의 기록을 가지고 있다. 1957년 연세대학교 정외과를 졸업한 뒤 동아일보사에 입사해 정치부 기자로 활약했다. 5·16 이후 동향의 박정희에게 직언과 조언을 서슴치 않았으며 1963년 공화당 전국구의원으로 제6대 국회에 진출하면서 정계에 입문했다.
제5공화국 출범 이후인 1981년 1월에 옛 공화당과 유신정우회 출신의 인사들이 주축이 된 제2야당 한국국민당 창당에 참여해 정책위의장을 거쳐 부총재에 임명되었다. 같은 해 실시된 제11대 총선과 1985년의 제12대 총선에서도 당선된 뒤 제12대 총선 참패의 책임을 지고 물러난 김종철의 뒤를 이어 한국국민당의 새 총재로 선출되었다. 그러나 1987년 10~11월 소속의원들이 대거 탈당해 김종필의 신민주 공화당에 참여함에 따라 국민당은 사실상 와해되었다.
제13대 총선 낙선으로 정계를 떠났다가 1992년 민자당 전국구의원으로 제14대 국회의원에 당선되어 정계에 복귀했다. 같은 해 당 상임고문을 지냈고, 90년대 후반 김대중 정권 때 국회의장을 지냈다.

119. 이명박 (李明博, 1941년~)

학생운동가, 기업인 출신 정치인, 제17대 대통령. 일본 오사카에서 출생해 해방 직후 경북 포항으로 돌아왔다. 집안 형편이 어려워 포항 동지상고 야간부를 장학생으로 졸업하고 서울에서 노동자 생활을 하다 독학으로 고려대학교 경영학과에 입학했다.

6.3 시위 당시 상대 학생회장을 지내는 등 학생운동가로 활동했으며 한일협정에 반대하는 시위로 징역 3년을 선고받고 6개월간 복역했다. 졸업 후 정상적 취직이 어려워 청와대에 탄원서를 내는 등 우여곡절 끝에 현대건설에 취직했다.

현대그룹 창업주 정주영회장에게 인정받아 30대 초반에 이사를 지냈고 나중에 현대건설 회장까지 지냈다. 1992년 14대 민자당 비례대표 국회의원으로 시작해, 1996년 15대 총선에서는 서울 종로구 국회의원에 당선되었다. 2002년 지방선거에서 서울시장에 당선돼 청계천 복원 사업 등을 벌였고, 이후 2007년 대통령 선거에서 한나라당 후보로 당선되었다. 취임 초기 미국산 쇠고기 수입문제로 촛불시위가 벌어지자 국민에게 사과했고, 검찰의 전 정권 비자금 수사 압박을 받던 직전 대통령 노무현이 고향에서 투신자살하는 일이 벌어졌다. 퇴임 후에 대비해 내곡동 사저를 추진하는 과정에서 친형, 아들 등이 연루된 사건이 터져 관련자들이 득검 조사를 빋었다. 김윤옥과의 사이에 딸 주연, 승연, 수연, 아들 시형이 있다.

120. 이병희 (李秉禧, 1926년~1997년)

군인 출신 정치인. 육사 8기. 경기도 용인 출생이다. 제6대~제10대, 제13대와 제15대 국회의원을 역임한 7선의원이다. .

1946년 삼일상고를 졸업하고 육사에 입교했으며 1958년 경희대학교 정외과를 졸업했다. 임관 후 정보계통에서 오래 근무했다. 5·16 쿠데타 후 1962년 중앙정보부 창설 요원으로 김종필 밑에서 서울시 지부장을 지냈다. 김종필과 정치적 행로를 줄곧 함께 했다. 1962년 육군 대령으로 예편 후 공화당 창당에 참여해, 이듬해 제6대 국회의원선거에 수원에서 출마해 당선되었다. 1980년 신군부의 정치 규제로 11·12대는 불출마했다. 1992년 14대 총선에서는 정주영의 국민당에 밀려 낙선했으나, 1995년 김종필이 자민련을 결성할 때 행동을 같이해 1996년 자민련 후보로 15대 총선에서 당선되었다.

121. 이상훈 (李相薰, 1933년~)

군인, 국방부장관. 충북 청원 출생. 경기고등학교를 졸업하고 전두환, 노태우 등과 함께 육사 11기로 입교했다. 1961년부터 3년간 대통령경호실에서 근무했으며 1979년과 1980년에는 육군 32사단장과 육본 작전참모부 차장으로 근무하면서 12·12와 5·17에 협조했다. 1985년 육군 대장으로 예편해 1988년 노태우에 의해 6공의 첫 국방부 장관에 임명되었다. 1992년 한국야구위원회 총재, 2000년 재향군인회장으로 선출되어 6년간 회장을 역임했다. 정보통신부 장관을 지낸 이상철(LGU+부회장)의 형이다.

122. 이세규 (李世圭, 1927년~1993년)

군인 출신 정치인. 육사 7기. 충남 공주 출생. 육군사관학교와 경희대학교 정외과를 졸업했다. 동기생 가운데 가장 먼저 장군으로 진급해 제11사단장을 역임했다. 육군본부 인사참모부 차장과 국방대학원 교수, 중앙공무원 교육원 초대 원장을 역임했다. 1968년의 3선 개헌에 반대해 육군 준장으로 자진예편 했다. 1978년 신민당 소속 전국구의원으로 제8대 국회의원이 되어 국회 국방위원장을 맡았다. 1972년 10월17일 대통령특별선언으로 국회가 강제 해산된 뒤 극심한 고문을 당했고 이후 신민당 운영위원으로 야당 투쟁을 벌였다.

123. 이영근 (李永根, 1924년~)

군인 출신 정치인. 육사 8기. 평안북도 정주 출생. 제7,9,10대 국회의원을 지냈다. 1961년 5·16 쿠데타 때 육군본부 전략정보과에 근무하면서 중앙정보부 창설을 주도했다. 육군 대령으로 예편한 후 중앙정보부 행정차장을 지냈고, 1967년 제7대 국회의원에 당선된 뒤에 1972년에 국무총리 비서실장을 지냈다. 1973년 제9대 국회의원으로 유정회 원내총무와 한중의원 연맹회장을 맡았다. 1979년 제10대 국회의원으로 국회 건설분과위 위원장을 지냈다. 학교법인 오산학원 이사장으로 있다.

124. 이용택 (李龍澤, 1930년~)

중앙정보부 출신 정치인. 제11대, 12대 국회의원. 경북 달성 출생. 제1차 인혁당 사건 때 중앙정보부 과장으로 공안수사를 책임지며 3공화국 공안수사관으로 유명했다. 1981년 고향인 경북 달성에서 11대 국회의원에 당선된 이후 1985년 12대 국회의원이 되었고, 1997년에는 야당으로 변신, 국민회의 김대중 총재특보를 역임했다. 특히 1997년에는 "영호남 화합과 정당간 정권 교체에 기여하기 위해 국민회의에 입당키로 했다"며 엄삼탁 등과 국민회의 입당을 천명해 과거 'DJ 사찰'을 대표하던 중정, 안기부 출신 인사들의 이례적인 선회에 세간의 관심이 쏠리기도 했다.

정치활동 외에도 그는 1987년 자유민주총연맹 부위원장, 1994년 자유민주민족회의 사무총장, 1998년 경북관광개발공사장 등을 맡았다.

125. 이용희 (李龍熙, 1931년~)

정치인. 충북 옥천 출생. 대전사범학교와 건국대 정외과를 졸업했다. 박정희 정권 때 김대중의 측근으로 야당정치인으로 활동했다. 제9대 국회의원 선거에 무소속으로 당선되어 신민당에 들어갔다. 제10대와 12대 국회의원에 당선되어 신민당 원내부총무와 사무총장을 지냈으나 13대 총선에서 지역구인 옥천을 떠나 서울 영등포구 을로 지역구를 옮긴 뒤 16대까지 계속 낙선했다. 그러나 17대 총선에서는 보은-옥천-영동에서 대통령 탄핵 역풍을 타고 국회에 재입성해 행정자치위원장, 국회부의장 등을 지냈다. 2008년 18대 총선에도 당선되어 농림수산식품위원회와 법제사법위원회에서 활동했다. 2012년 총선에서 정치를 은퇴했다.

126. 이원조 (李源祚, 1933년~2007년)

금융인 출신 정치인. 경북 대구 출생. 1955년 경북대 사범대를 졸업하고 1956년 제일은행에 입행해 1978년 영업부장이 되었다. 이원조는 70년대부터 동향인 전두환, 노태우의 돈줄 역할을 맡아했으며, '하나회'에도 자금 지원을 해온 것으로 알려진다. 윤필용 사건 때 조사받은 드문 민간인.

1980년 전두환, 노태우의 신군부가 집권하자 상무이사가 되었고, 국가보위비상대책위원회 자문위원으로 합류했다. 1980년 대통령 경제비서관으로 발탁되었다. 1980년 한국석유개발공사 사장과 1986년 제10대 은행감독원장을 역임했다. 1988년 민정당 전국구 의원으로 제13대 국회에 들어가 1992년 제14대에도 당선되었다.

노태우는 2011년 회고록에서 '1992년 대통령 선거 당시 김영삼후보에게 금진호 전 장관과 이원조 전 의원을 통해 3천억 원을 지원했다'고 밝혔다. 이원조는 전두환,노태우정권 12년간 "이원조 추천 없이는 은행장이 될 수 없다"는 이야기가 나돌 정도로 금융계 권력자로 인식돼왔다.

127. 이재오 (李在伍, 1945년~)

학생운동가, 인권운동가, 정치인.1996년 15대 총선부터 국회의원에 당선돼 15, 16, 17대 3선에 성공한 뒤 18대에서는 낙선했으나 2010년 재보궐선거에서 다시 당선됐다. 현재 19대 국회까지 5선의원이다.

강원도 동해시에서 태어나 해방 후 고향인 경상북도 영양군으로 돌아와 석보중-영양고를 졸업하고 군청 행정서기보로 채용되었다. 농촌운동가로서 활동하기 위해 중앙대학교 농촌사회개발학과에 입학했으나 한일회담 반대투쟁, 6·3시위를 주도하다가 제적당했다. 이후 박정희, 전두환, 노태우 정권에서 5번 투옥되었다. 교사 시험에 합격해 송곡여고 등에서 7년간 교직에 몸담았다.

이후 민주통일민중운동연합(민통련) 민족통일위원장으로 활동했고, 1990년 김문수, 장기표 등과 민중당을 창당해 일선 정치에 뛰어들었으나 실패하고 1996년 김영삼에 의해 보수여당인 신한국당 후보로 출마해 정치에 입문했다.

한나라당 사무총장, 원내대표로 활동하였으며 이명박이 대통령 선거에 나서자 주요한 참모로서 활동하고 2010년 특임장관에 임명되었다. 당의 대통령후보인 박근혜와는 계속적으로 대립되는 입장이었다.

128. 이재전 (李在田, 1927년~2004년)

군인 출신 관료. 육사 8기. 충남 천안 출생. 육사8기로 임관해 한국전쟁에 대대장으로 참전한 뒤 6군단장과 합참본부장을 거쳐 10·26 당시 청와대 경호실 차장으로 근무했다. 당시 사태의 책임을 지고 육군 중장으로 사실상 강제예편 당했다. 전역 후 1983년 성업공사(현 한국자산관리공사) 사장과 한자진흥회장 및 제2대 전쟁기념관장 등을 지냈다.

129. 이종찬 (李鍾贊, 1936년~)

군인 출신 정치인. 육사 16기. 중국 상하이 출생이다. 어머니는 흥선대원군의 외손녀 조계진이며, 아버지는 독립운동가 우당 이회영의 아들 이규학이다. 초대 부통령 이시영이 종조부이며 국회의원 이종결과는 사촌 형제간이다.

경기고등학교를 거쳐 1960년 육사 16기로 임관했고, 1971년 소령으로 예편하고, 1973년 주 영국대사관 참사관을 지냈다. 1980년 중앙정보부 기획조정실장과 국가보위입법회의 의원을 지내고 민정당 창당에 참여해 1981년 제11대 국회의원부터 14대까지 연속으로 국회의원에 당선되었다. 민정당 원내총무와 사무총장을 지냈고, 1988년에는 정무제1장관을 지내기도 했다.

1992년 김영삼에 대항해 민자당 대통령 후보 경선에 나섰다가 불공정한 경선에 항의해 탈당했다. 1995년 김대중의 새정치국민회의 창당의 주역으로 복귀해 1996년 제15대 국회의원 총선에 출마했으나 낙선했다. 1997년 김대중대통령 당선자의 대통령직 인수위원장을 맡았고, 1998년 국가안전기획부장이 되어 이 조직을 국가정보원으로 개편했다. 2000년 제16대 국회의원 선거에서 서울 종로구에 출마했으나 낙선했다.

2005년부터 홍범도장군기념사업회 이사장으로 활동하고 있고 현재는 우당기념관 관장으로 있다.

130. 이중재 (李重載, 1925년~2008년)

정치인, 전남 보성 출신. 보성고와 고려대학교 경제학과를 졸업하고 1952년 부산 피난시절 부통령 인촌 김성수의 비서로 정계에 입문했다. 고려대 재학 시절 좌익 학생위원장(우익은 이철승)을 지냈으나 투옥 후 전향했다.

1963년 6대 국회에서 야당인 민정당 소속 전국구로 당선되어, 정치활동을 시작했다. 제6대부터 제 9대까지 내리 4선에 성공했으며 그 뒤 12대와, 15대 국회의원으로 다시 등원했다. 60년대 신민당 대변인을 지냈고, 당 정책심의위원회 의장과 부총재 등을 지냈지만 정치권에서 그의 주된 활동은 국회 재정경제통으로서였다. 재무위원회를 줄곧 지켰다.

1980년대, 5공화국 출범 이후 정치활동이 금지되자 민주화추진협의회 운영위원, 민주인권연구회 회장 등으로 활동했고, 1987년 대통령 선거에서 김대중이 평화민주당을 창당하자 참여해 부총재를 지냈다. 양김 분열로 노태우가 대통령에 당선되자 정계를 은퇴했다가 이기택의 권유로 1996년 민주당 전국구 의원으로 복귀했다.
아들 3형제가 모두 경기고-서울대를 졸업했으며 장남 이종구는 재경부 국장을 거쳐 서울 강남에서 2선 국회의원을 지냈다. 차남은 이종욱 외대교수, 3남은 이종오판사.

131. 이철 (李哲, 1948년~)

정치인. 경남 진주 출생. 1967년 경기고등학교를 졸업하고 서울대학교 사회학과 재학 중 1974년 민청학련 사건으로 사형선고를 받았다. 1985년 신한민주당 공천을 받자 '돌아온 사형수 이철'이라는 슬로건으로 제12대 국회의원에 당선되어 정계에 진출했다. 1987년에는 김영삼, 김대중의 야권 후보 단일화 요구에 앞장섰고, 1988년에는 무소속으로 출마해 제13대 국회의원에 재선되었다.
1990년 3당 합당 후에는 이기택, 노무현, 김정길 등과 함께 잔류 민주당을 주도했으며, 1992년 제14대 국회의원에 당선되었다. 1996년 김대중의 새정치국민회의에 반대하다 제15대 국회의원 선거에서는 낙선했다. 이후 노무현 등과 함께 국민통합추진회의에서 활동하다가 1997년 제15대 대통령 선거를 앞두고 신한국당과 민주당의 합당에 참여해 한나라당 소속이 되었다.
2000년 총선을 앞두고 한나라당을 탈당해 정계를 떠났으나 2002년 제16대 대통령 선거 때 정몽준의 국민통합21에 참여면서 정계에 복귀했다. 2005년 부터 2008년 1월까지 한국철도공사 사장을 역임했다.

132. 이철승 (李哲承, 1922년~)

학생운동가 출신 정치인. 전주 출생. 1940년 전주고보 재학 중 징집반대 시위를 벌여 일제의 감시를 받았다. 1942년 보성전문학교 진학 후 요시찰 인물로 지목되다가 1944년 일본군에 강제 징집되어 끌려갔다. 1945년 8월 자살특공대로 차출되었다가 일본의 항복으로 귀국했다.
광복 직후 미군정 때는 김구, 김성수 등을 도와 학생 반탁 집회를 주관했다. 고려대의 우익 학생대표로 맹활약을 했다. 1948년 정부 수립 후 제헌 국회의원에 출마했다가 낙선했다. 제1공화국 기간에 자유당에 반대하여 야당 정치인으로 활동, 제3대 때 국회에 입성한 후 제 4대, 5대, 8대, 9대, 10대, 12대 의원에 당선되어 7선 의원이 되었다.

1961년 5·16 군사 정변 이후 박정희의 회유를 거부하고 군사정권에 맞섰으며 1970년대 김영삼, 김대중, 윤보선, 유진산 등과 신민당의 당권을 놓고 다퉜다. 1970년대 중후반 유신 체제 하의 제1야당 당수로서 박정희와 타협하는 모습을 보였다. 〈중도통합론〉이 바로 그것이다. 1988년 13대 총선에서 낙선한 이후 정계에서 은퇴하고 우익 시민사회단체 활동을 벌였다.

133. 이철희 (李哲熙, 1923년~)

군인 출신 정치인. 육사 2기. 충북 청원 출생. 1946년 육군 소위로 임관해 1961년 5·16 쿠데타 때 방첩부대인 HID대장으로 복무했다. 육본 정보차장, 육군정보학교장, 합참 제차장, 육군첩보부의장 등 주로 정보분야에서 근무했다. 1973년 육군 소장으로 예편, 1974년 중앙정보부 차장을 거쳐 1979년 유정회 소속 10대 국회의원이 되었다.

1981년 대화산업 회장에 취임했고, 이듬해 세상을 떠들썩하게 했던 장영자의 6,404어 원 어음 사기사건에 연루되어 구속 기소되었다. 건국 후 최대 금융사기사건으로 불린 이 사건으로 공영토건, 일신제강 등이 도산하고 조흥은행장, 상업은행장 등 30여 명이 구속됐으며 국무총리 등 4부 장관이 모두 해임됐다. 재판 결과 징역 15년이 선고되어 부인 장영자와 함께 형을 살다가 1992년 가석방되었다.

134. 이해찬 (李海瓚, 1952년~)

정치인. 국무총리와 제1야당의 대표역임.

청양초등학교, 덕수중을 졸업한 뒤 서울로 올라와서 용산고를 거쳐 1972년 서울대학교 사회학과에 입학. 1973년 10월 유신 독재체제에 저항하는 서울대 문리대 시위를 주도했고, 1974년 민청학련사건으로 투옥되었다가 75년에 석방되었다. 1978년 광장서적, 1979년 출판사 돌베개를 설립했다.

1980년 5월 김대중 내란음모사건에 연루되어 육군교도소에 투옥되었다가 1982년 석방되었다. 1983년 민주화운동청년연합(민청련) 상임위원회 부위원장, 1985년 민주통일민중운동연합(민통련) 총무국장에 선출되었다. 1985년 8월, 13년 만에 서울대학교 사회학과를 졸업했다.

1987년 김대중에 대한 '비판적 지지'를 내세워 평화민주당에 입당해 1988년 13대 국회의원 총선거에 당선됐으며, 1988년 당시 5공 청문회(광주민주화운동 진상규명)를 빛낸 청문회 스타의 일인.

13대 총선 이후 내리 5선을 지냈다. '국민의 정부' 시절 서울특별시 부시장과 교육부 장관을 거쳐 노무현 정부에서는 2004년부터 2006년까지 실세 국무총리를 역임했다. 교육부 장관 재직 시절 촌지 단속, 교사 성과제 도입, 학급 정원 단축, 교원정년 단축 등의 조치를 주도했다.

2007년 대통합민주신당의 대통령 후보 경선에 출마해 낙선했으며 이후 정치를 떠나 있다가 2012년 19대 총선에 세종특별자치시 출신 국회의원으로 복귀했다. 민주통합당 내 대표선출에서 호남 출신 박지원 전 원내대표(김대중 정부의 대통령비서실장, 문화관광부장관 역임)와 손잡고 이해찬 당대표-박지원 원내대표 연합구도를 제시하여 원내의 박지원과 더불어 쌍두체제를 구축했다.

135. 이호 (李澔, 1914년 ~ 1997년)

일제 강점기에 검사를 지낸 법조인, 행정 관료. 경북 영천 출신. 도쿄제국대학 법학부에 입학, 재학 중이던 1939년에 일본 고등문관시험 사법과에 합격했다. 도쿄제국대학 졸업 후 귀국해 경성지방법원 검사, 경성고등검찰청 검사로 일했다.

광복 후에는 서울고등검찰청, 대검찰청 검사를 거쳐 1949년 내무부의 초대 치안국장을 지냈다. 6·25전쟁이 터지자 육군 법무감과 계엄 부사령관, 정전위원회 대표 등을 거쳐 1953년 국방부차관이 되었다. 이승만 정부에서 1955년 법무부장관, 박정희 정부에서 1967년 내무부장관, 1971년 주 일본 대사를 지냈다. 12·12 1980년에는 국가보위입법회의 의장을 맡았으며, 대한적십자사 총재를 지냈다. 서울시립대 총장을 지낸 이동, 외교관 이량이 아들이다.

136. 이회창 (李會昌, 1935년~)

법조계 출신 정치인. 황해도 서흥 출생. 1953년 경기고등학교, 1957년 서울대학교 법학과를 졸업했다. 1960년 서울지방법원 법관으로 임용되어 1993년 대법원 대법관으로 퇴직하기까지 법관으로 33년을 재직했다.

예리하고 논리정연한 판결로 80년 신군부집권 이후 최연소대법원 판사로 발탁되었다. 1988년 노태우 정부의 선거개입과 부정선거를 질타하고 중앙선거관리위원장을 사퇴했다. 1993년 제15대 감사원장으로 재직하다 그해 12월 김영삼에 의해 제26대 국무총리로 발탁되었다.

그 후 한나라당 후보로 1997년과 2002년 대통령 선거에 2번 출마했으나 아들의 병역문제 등으로 모두 낙선했다. 그러나 2007년 11월 무소속 후보로 제17대 대선에 출마해 15%가 넘는 득표를 올리면서 재기에 성공했다.

2008년에 보수정당인 자유선진당을 창당해 당 총재에 올랐다가 2011년 다시 총재직에서 물러났다.

137. 이효상 (李孝祥, 1906년~1989년)

교육자 출신 정치인. 경북 대구 출생. 제5~7대, 제9대, 제10대 국회의원. 1930년 일본 도쿄대학교 독문과를 졸업하고 대구사범 교사로 재직했다. 이 때의 제자 중 한 명이 박정희이다. 해방 이후 경북도 학무국장, 경북대 문리대 학장을 거쳐 1960년 정계에 입문, 1963년·1971년부터 공화당 국회의원과 국회의장을 지냈다. 1972년 영남대를 거느리는 영남학원 이사장에 취임했다. 1973년 9대 국회의원에 당선, 공화당 의장서리가 되었고, 1979년 10대 국회에서는 공화당총재 상임고문에 취임하였다. 1971년 대통령 선거 때 대구수성천변 찬조 유세에서 "경상도 대통령을 뽑지 않으면 영남인은 개밥의 도토리 신세가 된다"고 지역감정을 선동한 것으로 유명하다. 아들 이문희는 천주교 대구 대주교로 있다가 2012년 은퇴했다.

138. 이후락 (李厚洛, 1924년~2009년)

군인 출신 정치인, 외교관. 경남 울산 출생. 1943년 울산 농업학교를 졸업하고 1946년 군사영어학교 1기로 육군 소위로 임관했다. 1951년 육군본부 정보국 차장, 1954년 육군 병참감이 되었다. 장면 정부에서는 군사정보를 담당하는등 주로 정보와 관계된 일을 많이 했다. 5·16 쿠데타 때 초기에는 입장이 애매했으나 바로 주체세력으로 파고 들어갔다. 이후락의 인생에 있어 여러 차례 도움을 준 것은 주한미군과 대사관쪽 인사들이라는 증언이 많다. 소장으로 예편 후 1963년부터 69년까지 대통령 비서실장을 지냈으며, 1970년 중앙정보부장이 되었다. 1972년 북한을 방문해 7·4 남북 공동성명의 기초를 닦았으며, 유신정권의 2인자로서 막강한 권력을 휘둘렀다.

1973년 박정희 후계 문제를 거론한 '윤필용 사건'과 김대중 납치사건에 연루되었다는 의혹으로 중앙정보부장에서 물러났다. 재야에 은둔 후 1979년 무소속으로 제10대 국회의원에 당선되었으나, 1980년 득세한 신군부 세력에 의해 권력형 부정축재자로 몰려 재산을 환수당하고 정계에서 밀려났다.

이즈음 "떡을 만지다 보면 떡고물이 묻는다"는 떡고물발언으로 부정축재를 정당화하기도 했다. 5공 때부터는 일체 침묵하고 도자기를 빚으며 말년을 보냈다.

장남 이동익은 박정희의 고교동창이자 대부호인 호남정유 사장 서정귀의 딸과 결혼했고, 차남 이동훈은 한화 창업자 김종희의 딸 김영혜와 결혼해 한때 제일화재의 오너 경영자로 활동했다. 이동훈은 한화그룹 회장 김승연과 처남 매부지간이다. 삼남 이동욱은 SK그룹 창업자 최종건의 딸 최예원과 결혼했다.

139. 인명진 (印名鎭, 1946년~)

종교인, 현 갈릴리교회 목사. 충남 당진 출생. 대전고를 나와 장로계인 한신대학교를 졸업했다. 1972년부터 영등포 도시산업선교회 총무로 활동했다. 80년대 갈릴리교회 목사로 있으며 노동운동, 민주화운동 등을 벌여 4번의 투옥과 1번의 국외 추방을 당했다.

1990년 교회환경연구소 소장을 거쳐 1996년 노사관계개혁위원회 위원과 부정방지대책위원회 위원을 맡았고 1987년 대선에서는 김영삼, 김대중의 단일화 과정에 참여했다. 2011년 한 인터뷰에서 그는 "YS가 먼저 하고 그 다음 DJ가 하는 패키지를 만들었다. 뒤에 할 사람은 70% 지분을 갖고 당을 장악하도록 했다. 그렇게 해서 민주화세력의 10년 집권 플랜을 만들었다"고 했으나 성사되지 않았다.

1996년 김영삼 정부 때 KBS 이사에 임명되었으며 2006년 강재섭대표에 의해 한나라당 윤리위원회 위원장으로 영입돼 활동하기도 했다. 스마트교육재단 이사장으로 활동.

140. 임방현 (林芳鉉, 1930년~)

기자 출신 정치인. 전북 전주 출생. 서울대학교 철학과를 졸업하고 합동통신 기자로 언론계에 진출했다. 조선일보 기자와 민국일보 편집국장 대리를 거쳐 한국일보 논설위원을 지냈다. 박정희 정권 때 대통령 사회담당 특별보좌관으로 발탁되어 유신시절 청와대 대변인을 지냈다. 1981년 제11대 국회의원에 당선되어 민정당 중앙위원회 의장을 맡았고, 1985년 제12대 국회의원에 재선되었다. 3당 합당 뒤에는 민자당 당무위원을 맡았다.

141. 임진택 (林賑澤, 1950년~)

국악인 출신 연극연출가. 전북 김제 출생. 경기고를 거쳐 서울대학교 외교학과를 졸업했다. 1969년 서울대 입학 후 시인 김지하의 영향을 받아 탈춤과 연극을 통한 문화운동에 입문했다.
1970년대 마당극 연출가로 출발해 판소리를 이수해 판소리꾼으로 이름을 굳혔다. 1975년 동양방송에 PD로 입사, 1980년 KBS PD 재직 중 '국풍81'의 제작을 거부하다 퇴직 당했다. 이후 1985년 연희광대패를 설립해 '노비문서', '녹두꽃', '장사의 꿈', '똥바다', '5월 광주', '오적' 등을 판소리로 만들어 80년대와 90년대에 사회 비판과 풍자에 주력해 왔다. 공연 연출과 예술 감독 활동도 병행해 2010년 '백범 김구', 2011년 '남한산성'을 무대에 올렸다. 한국민족예술인총연합 부회장, 공해추방운동연합 지도위원.

142. 임채정 (林采正, 1941년~)

언론인 출신 정치인. 전남 나주 출생. 고려대 법대를 졸업하고 1969년 동아일보 입사 후 1975년 동아자유언론수호투쟁위원회 상임위원으로 활동하다 해직 당했다. 1981년 민주통일민중운동연합 상임위원장과 사무처장을 지냈고, 1988년 재야인사인 문동환, 박영숙과 함께 평화민주당에 입당하면서 정계에 입문했다. 1992년 14대 총선에서 당선되었다. 당시 민자당의 김용채에게 36표 차로 패했으나 재검표 결과 172표 차로 역전승해 금배지를 달았다.
이후 17대까지 4선 의원이 되어 2006년 6월부터 2008년 5월까지 국회의장을 역임한 뒤 18대 총선 불출마를 선언했다.

143. 장경순 (張坰淳, 1923년~)

군인 출신 정치인. 전북 김제 출생. 박정희, 장도영, 김종필 등과 함께 5·16 쿠데타에 가담하였다. 제6~10대 국회의원을 지냈다. 1963년에서 1971년까지 국회부의장으로, 최장기 재임기록을 가지고 있다. 장면 내각의 각료 장경순과는 동명이인.
일제 때 학도병으로 끌려가 상해에서 해방을 맞은 뒤 광복군에 투신했으며, 귀국 후 잠시 교편을 잡다가 육군에 투신했다. 한국 전쟁을 맞아 많은 전공을 세워 준장으로 진급했다. 박정희의 군사 쿠데타에 가담해 혁명 정부의 농림부장관을 지냈으며, 민정 이양 후에는 전북 김제를 지역구로 제 6대부터 10대까지 국회의원을 지냈다.
1980년 전두환, 노태우 등의 쿠데타로 신군부가 들어서자 정계를 은퇴했다. 이후 헌정회 명예회장과 자유수호운동본부 회장 등을 맡았다.

144. 장기영 (張基榮, 1916년~1977년)

언론인 출신 관료, 체육인. 서울 출생. 1934년 선린상고를 졸업하고 조선은행에 입사했다가 1948년 한국은행 조사부장을 맡았다. 그 뒤 한국은행 부총재로 있다가 1952년 조선일보사 사장으로 언론계에 들어섰다. 1954년 4월에 〈태양신문〉을 인수하여 제호를 〈한국일보〉로 바꾸어 창간했고, 죽을 때까지 사장·사주로 한국일보사 경영에 관여하면서 자매신문으로 〈서울경제신문〉·〈일간 스포츠〉를 창간·발행했다. 1961년 국제언론인협회(IPI) 한국위원회 초대회장을 맡았고, 그밖에 대한축구협회 국제 올림픽 위원회 회장, 대한체육회 부회장, 1966년 대한 올림픽 위원회 위원 및 아시아 경기연맹 회장을 역임하기도 했다.
1964년에는 부총리 겸 경제기획원 장관으로 제3공화국에서 각료를 지내면서 경제자립의 터전 마련에 힘썼다. 또한 1971년 민주공화당 서울특별시 종로구 지구당 위원장, 1973년 남북조절위원회 부위원장과 제9대 국회의원을 역임하는 등 정당과 정부에서도 활동을 했다. 1967년 국제올림픽위원회(IOC) 위원에 임명되었으며 1973년 제 9대 부총리, 남북조절위원회 위원장대리, 국회의원을 역임했다.

145. 장도영 (張都暎, 1923년~2012년)

군인, 육군참모총장. 평안북도 용천 출생이다. 1944년 일본 도요대학 사학과를 졸업하고 일본 패망 후 신의주 동중에서 교편을 잡고 있다가 1945년 11월23일 신의주 반공학생의거가 발생하자 신변에 위협을 느끼고 월남했다. 미 군정청 군사고문으로 있던 이응준으로부터 군사영어학교 입교 권유를 받고 입교해 졸업과 함께 육군소위로 임관했다. 장도영은 박정희보다 5세나 나이가 적음에도 1950년 육군 정보국장으로 있으며 좌익 전력의 박정희의 사면과 문관 복직에 힘을 써주었다.

한국전쟁이 나자 27세인 1950년에 육군 제9사단장, 제6사단장을 거쳐 1952년 육군 소장으로 승진했다. 1960년 장면 총리에 의해 육군참모총장에 임명되었으나 당시 국회의원 이철승과 민주당 신파의 일부 의원들은 그가 표리부동한 인물이라며 인준을 반대했다.

5·16 쿠데타 직후 박성희 등에 업혀 초내 국가재건최고회의 의장에 올랐으나 실권 없는 명예직에 불과했다. 5·16으로부터 두 달이 지나지 않은 7월 초 동향인 평안도 출신 군인들인 육사 5기 박치옥, 문재준, 송찬호, 김제민 등과 함께 반혁명 혐의로 전격 구속, 기소됐다. 군사재판에서 무기징역을 선고받았으나, 형집행 면제로 풀려났다. 이후 미국으로 건너가 위스콘신대학교 교수와 웨스턴미시간대학교 교수로 재직하다가 2012년 8월 타계했다.

146. 장세동 (張世東, 1936년~)

군인 출신 정치인. 전남 고흥 출생. 육사 16기. 평생 인연이 된 전두환과는 월남전에서 전두환이 부하인 장세동의 병문안을 오면서 친해졌고 이를 인연으로 하나회에 가입했다. 12·12 군사 반란 당시 청와대 인근의 수도경비사령부 30경비단 단장으로적극 협력했다. 신군부 집권 후 대통령 경호실장, 국가안전기획부장을 맡으며 제5공화국의 실세로 행세했고, 노태우, 노신영과 함께 전두환의 후계자로 지목될 정도로 위세를 떨쳤다. 1987년 박종철 사건이 일어나자 그 책임을 지고 안기부장에서 사퇴했다.

1996년 12.12 군사 반란과 5.18 내란 가담 혐의로 기소되어 징역 3년 6월형을 확정 받았으나 그해 12월에 사면되었다. 2002년 제16대 대통령 선거에 무소속 출마하기도 했다.

147. 장영자 (張玲子, 1944년~)

유신정권 중앙정부부 차장인 이철희의 부인. 전남 목포 출생. 계성여고와 숙명여대를 졸업했다. 사채시장의 '큰손'이라고 불리며 제5공화국 당시 거액의 어음 사기 사건에 연루되었다. 1982년 장영자는 남편 이철희를 내세워 고위층과의 관계를 과시하면서 기업 자금지원 대가로 지원금의 몇 배에 달하는 어음을 받아 사채시장에 유통하는 수법으로 6천억 원대의 사기 행각을 벌였다. 그해 어음 사기 혐의로 구속되었고 자신의 형부이자 전두환 대통령의 처삼촌인 이규광도 사건에 휘말려 구속됐다. 1983년 징역 15년을 선고받은 뒤 형기를 5년 남겨 둔 1992년 3월 가석방되었다. 1994년 1월 140억 원의 사기 사건으로 다시 구속돼 징역 4년형을 선고받고 구속, 수감됐다. 이어 2000년 구권 화폐 사기사건으로 2001년에 다시 복역했는데, 구속 직전까지 자신이 권력투쟁의 희생자라고 주장했다.

148. 장준하 (張俊河, 1918년~1975년)

독립운동가, 정치가, 언론인, 사회운동가. 평안북도 의주 출생. 일본 니혼대학교 재학 중 학병으로 끌려갔으나 1944년 중국에서 탈출해 중국군을 거쳐 1945년 한국 광복군 장교로 복무했다.

8·15 해방 후 임정 귀국 제1진으로 귀국해 김구 선생의 비서로 있다가 정부 수립 이후에는 공무원에 채용되어 서기관으로 임용되었고, 1950년 문교부 국민정신계몽 담당관, 1952년 문교부 사무국장 등을 지내고 월간지 《사상계》를 창간하고 1956년 동인문학상을 제정했다. 4·19 혁명 이후에는 장면내각에서 대학교육심의회 의원, 국토건설단 기획부장, 국토건설단장 등을 지냈다.

5·16 쿠데타가 일어나 박정희가 집권한 이후에는 한일회담 반대운동, 베트남 전쟁 파병 반대 등 반정부 활동을 했다. 6대 대선에서 윤보선의 지지 유세 도중 박정희의 친일, 공산당 경력을 문제 삼았다가 국가원수 모독죄로 옥고를 치렀다. 1967년 제7대 국회의원에 당선되어 국방위에서 활동했다. 1975년 경기도 포천 약사봉에서 의문의 최후를 맞았으

나 박정희 정부는 '하산 도중 실족사'로 발표했다. 2002년 의문사진상규명위원회가 이 사건을 재조사했고, 2012년 유골 이장과정에서 타살 논란이 다시 한 번 증폭됐다.

149. 전두환 (全斗煥, 1931년~)

군인 출신 정치인. 육사 11기. 제 11대 12대 대통령. 경남 합천 출생. 노태우, 김복등과 함께 12·12사태를 일으켜 대통령이 되었다. 대구공고를 졸업하고, 육사에 입학해 1955년 제11기로 졸업하고 육군 소위에 임관했다. 1958년 이규동 장군의 딸 이순자와 결혼했다. 1961년 5·16 쿠데타를 지지하여 박정희의 눈에 들었고 중앙정보부 인사과장, 수도경비사령부 제30대대장 등을 역임했다. 1970년 백마부대 29연대장으로 베트남전에 참전했고 1971년에는 제1공수특전단 단장을 지냈다. 1973년 육군 준장으로 진급, 1976년 청와대 경호실 차장보를 거쳐 1977년 육군 소장으로 진급했다. 1979년 초 국군 보안사령관에 임명되었다.

전두환은 5·16이후 영남 출신 정규 육사생을 중심으로 '하나회'라는 비공식 모임을 결성하고 주도해왔다. 10·26시테 이후 권력 공백기에 허니회원을 중심으로 12·12 군사반란을 일으켜 정승화 육군참모총장을 연행하는 등 군의 지휘체계를 깨뜨리면서 군부를 장악했다.

이로 인해 군사 독재가 연장되자 학생, 시민들은 1980년 5월 15일 서울역에서 계엄 철폐 등을 주장하며 시위를 벌였고, 전두환을 수뇌로 한 신군부는 1980년 5월 17일 계엄령을 전국으로 확대해 민주 세력을 대대적으로 탄압했다. 이에 반발해 5월 18일 광주민주화운동이 시작되었으며, 전두환은 계엄군에 유혈진압을 명령해 수많은 희생자를 내고 민주화운동을 짓밟았다.

정권을 장악한 전두환은 중앙정보부장 서리, 국가보위비상대책위원회 상임위원장 등을 거쳐 육군 대장으로 예편한 뒤 1980년 9월 제11대 대통령에 취임하고, 1981년 3월 대한민국 제12대 대통령에 취임했다. 대통령 재임 기간 동안 물가안정과 수출 증대에 주력했다. 1988년 대통령직 퇴임 이후에는 민주정의당 명예총재, 국가원로자문회의 의장 등을 지냈으나, 육사 동기이자 후계자인 당시 대통령 노태우와 심각한 갈등을 빚고 강원도 백담사에 한동안 유배 되었다. 1995년 내란죄 및 반란죄 수괴 혐의로 노태우와 함께 구속 기소돼 1심에서 사형, 항소심에서 무기징역을 선고받고 복역하다 1997년에 사면됐다.
전두환은 재임 당시 수천억 원대의 비자금을 조성했으며 비자금 사건 재판에서 4천억 원 이상의 추징금을 선고받았으나 돈이 없다는 이유로 납부를 거부하면서도 골프장 등을 요란하게 출입하여 빈축을 샀다.

150. 전재구 (全在球, 1928년~)

군인 출신 정치인. 육사 8기. 충북 옥천 출생. 김종필과 육군사관학교 동기로 정보계통 장교로 근무했다. 5·16 쿠데타 이후 김종필이 주도한 중앙정보부 창설 작업에 관여하고 정보정치의 주역으로 활약했다. 육군 방위부대 보안처장과 육군본부 정보국 행정과장을 거쳐 예편한 뒤 1973년 제9대 국회의원과 대한준설공사 사장을 지냈다.

151. 전태일 (全泰壹, 1948년~1970년)

노동자, 노동운동가. 경북 대구 출생. 1960년대 서울의 평화시장 봉재공장의 재봉사로 일하며 노동자의 권리를 지키기 위해 노력하다 분신 자결했다. 헌신적으로 노동자 인권운동을 펼쳤기에 "전태일이 없었다면 한국 노동자들의 인권은 수십 년 후퇴해 있을 것"이라는 말을 들을 정도로, 대한민국의 노동운동과 민주주의 진전에 큰 영향을 끼쳤다.
전태일의 어머니 이소선은 사건 이후 노동운동을 오랫동안 후원하다 2011년 사망하였고, 전태일의 여동생 전순옥은 2012년 제19대 국회의원(통합민주당)이 됐다.

152. 정경식 (鄭京植, 1937년~)

검사 출신 법조인. 경북 고령 출생. 1957년 경북고, 1961년 고려대학교 법학과를 졸업하고 1963년 제1회 사법시험에 합격했다. 청주지검장을 거쳐 부산지검장으로 있던 1992년 영남이 뭉쳐서 김영삼을 당선시키자는 발언이 오간 '초원복국집 사건'에 김기춘, 박일룡 등과 함께 주도적으로 참여했다. 이후 김영삼 당선 이후 1993년 대구고검장으로 승진했으며 1994년부터 대통령 지명 케이스로 6년간 헌법재판소 재판관으로 있었다. 법무법인 청목의 고문변호사로 활동.

153. 정구영 (鄭求瑛, 1894년~1978년)

법률가 출신 정치인. 충북 옥천 출생. 5·16 쿠데타 세력이 1963년 민주공화당을 창당하자 초대 총재에 추대되어 정치 일선에 나섰다.

1919년 경성법률전수학교를 졸업하고, 1923년 고성지검 검사를 지냈다. 1924년부터 서울에서 변호사를 개업했다. 1959년 서울변호사회 회장과 대한변호사협회 회장에 선임되었고, 1960년 국제변호사회 이사에 취임했다.

민주공화당의 전국구 출신으로 제6대 국회의원에 당선되어 1964년 민주공화당 의장에 취임했고, 1965년 공화당 총재상의역으로 자리를 바꾸었다. 1967년 민주공화당 소속 전국구 의원으로 제7대 국회에 진출했다가 3선 개헌에 반대하여 1월 민주공화당을 탈당했으며 1974년 12월 재야 단체인 민주회복국민회의의 고문으로 추대되었다

154. 정병주 (鄭柄宙, 1926년~1989년)

군인. 육사 9기. 경북 영주 출생. 1950년 임관해 육군 제1연대 소대장으로 한국전쟁에 참진했다. 1961년 5·16 때 쿠데타 세력에 협조하지 않아 구속되기도 했다. 1967년 육군특전사 제7공수여단장으로 복무했다. 1974년 소장으로 진급하며 대통령경호실 차장으로 근무했다. 1975년 특전사 사령관에 임명돼 1979년 12·12 군사반란 때 장태완 수도경비사령관과 함께 반란군을 막으려 했지만 자신이 장군 승진에 힘써준 여단장 박희도, 최세창에게 배신당해 총격을 입고 부상당했다. 1980년 강제 예편당한 뒤 12·12 군사반란의 부당성을 알리며 활동하다 1989년 야산에서 목매달아 숨진 시체로 발견되었다. 전두환이 공직을 제의했지만 거절했고 야당의 국회의원 출마 제안도 거절하고 비통한 생을 마쳤다.

155. 정운갑 (鄭雲甲, 1913년~1985년)

행정 관료 출신 정치인. 충북 진천 출생. 1938년 경성제대 법문학부를 졸업하고 1943년 일본고등문관행정과에 합격해 1945년 경기도 지방과장을 지냈다. 해방 후인 1946년에는 인사처장으로 승진했다. 1951년 총무처 경제국장, 1954년 총무처장과 고등고시 출제위원을 지냈다. 1955년 내무부 차관을 거쳐 1957년까지 농림부장관을 역임했다. 1958년 제4대

민의원에 당선되었고, 1967년엔 신민당 소속으로 제7대국회의원이 되었다. 1979년 김영삼이 박정희에 의해 총재직 가처분신청으로 야당 총재직을 빼앗기자 유신정권의 지원을 받아 총재직무대행에 선임됐다. 국회의원인 아들 정우택은 민선 충북지사를 역임했다.

156. 정일권 (丁一權, 1917년~1994년)

만주국 출신 군인, 정치가, 행정관료. 러시아 우수리스크에서 태어났으며 원적지는 함경북도 경원군이다. 만주 광명중, 만주 봉천군관학교를 졸업했다. 성적 우수자로 일본육사에 편입해 55기로 졸업하고 일제의 괴뢰국가인 만주국 장교로 근무했다. 광복 후 대한민국 육군 장교로 임관해 1949년 육군 준장으로 지리산 공비 토벌에 참여하였고 1950년 육군 참모총장 재임시 거창 민간인 학살사건으로 사퇴했다. 이후에도 육군의 고위직을 지냈으며 1957년 예편하고 주 터키대사, 주 프랑스 대사, 주미 대사를 지냈다. 장면 정부에서도 주 유엔 한국대표를 지내다가 5·16을 맞았다.

1964년 박정희에 의해 총리에 임명돼 한일협정 체결의 한 축을 담당했으며 1966년에는 외무부 장관을 겸직했다. 국무총리 재직 중 정인숙 살해 사건으로 사회적인 물의를 빚자 총리직을 물러났다. 정인숙이 낳은 아들은 정일권의 아들이란 얘기가 파다했다.

1970년 공화당 총재 상임 고문을 지냈으며 1971년부터 8, 9, 10대 국회의원을 지냈다. 1973년 국회의장을 지냈고 1980년 신군부의 등장과 함께 정계를 은퇴했다. 노태우 대통령 시절인 1989년 한국자유총연맹 총재에 취임하였다.

157. 정주영 (鄭周永, 1915년~2001년)

기업인, 정치인. 강원 통천 출생. 현대그룹의 창업자 겸 명예회장. 자수성가한 기업인의 전형. 일제 강점기인 1940년부터 자동차 정비회사인 아도 서비스를 인수해 운영했다. 1946년 현대자동차공업사를 설립하고, 1947년 현대토건사를 설립하면서 건설업을 시작, 현대그룹을 일으켰다.

건설업으로 성공하자 1964년 6월 현대 시멘트공장을 준공하여 시멘트도 자체적으로 조달했다. 그뒤 낙동강 고령교 복구, 한강 인도교 복구, 제1한강교 복구, 인천 제1도크 복구 등의 굵직한 사업을 수주하여 1960년에는 국내 건설업체중 도급 1위를 차지하게 되었다.

1965년에는 태국의 파타니 나라티왓 고속도로를 건설했고 1967년에는 현대자동차주식회사를 설립했다. 1973년 9억5천만 달러에 이르는 사우디 주베일항 공사를 수주했고, 현대조선을 통해 오늘날 세계 1위 한국 조선업의 기틀을 닦았다. 서산 앞바다 간척사업도 주도했다. 특히 박정희의 경부고속도로 건설 계획을 적극 지지했으며 현대건설은 경부고속도로 공정의 상당부분을 담당했다.

1978년 '압구정 현대아파트 특혜분양사건'으로 기소돼 재판을 받았으나 무죄로 풀려났다. 한국도시개발공사(현 현대산업개발) 사장이었던 정몽구가 서울지검 특수부에 구속돼 '아들이 아버지 대신 처벌받는' 전례가 만들어졌다.

1977년에는 아산사회복지사업재단을 설립했으며 1978년 4월29일 현대고등학교 (서울)을 설립하고 초대이사장으로 취임하였다. 1980년에는 신군부에 의하여 창원중공업을 빼앗겼으며, 이어 1983년에는 현대전자를 설립, 전자산업에도 뛰어들었다.

정주영은 노태우 정권 말기인 1991년부터 정치에 비판적인 발언을 서슴치 않았으며 다음해인 1992년 전 연세대 교수인 김동길 등과 함께 통일국민당을 창당해 정치에 직접 뛰어들었다.

국민당은 1992년 총선에서 원내교섭단체 구성에 성공하자 여세를 몰아 대통령 선거에 도전했다. 정주영의 도전으로 보수 성향 표의 분산에 직면한 김영삼은 그를 '돈으로 권력을 사려는 자'라고 맹공했고 결국 정주영은 500만 표에 가까운 표를 얻었으나 김영삼, 김대중에 이어 3위로 낙선했다.

이후 김영삼 정부에서 금융제재 등을 당했으나 1998년 김대중 정부의 출범 이후로는 대북사업 추진의 한 축을 담당했다. 1998년 판문점을 통해 '통일소'라고 불린 소 500마리를 몰고 판문점을 넘어 세계 언론의 주목을 받았다. 아들인 정몽준 새누리당 전 대표가 정치유업을 잇고 있다.

158. 정호용 (鄭鎬溶, 1932년~)

군인 출신 정치인. 육사 11기이다. 대구 출생. 육사 11기 동기인 전두환, 노태우와 함께 12·12 군사반란과 5·17 비상계엄 확대조치에 가담했다. 광주민주화운동 진압 때는 특전사 사령관으로 실병력을 동원했다. 전두환 정부에서 육군 참모총장을 역임했으며 육군

대장으로 예편했다. 예편 이후에는 국방부 장관과 내무부 장관을 역임했다. 제5공화국에서 군부 인맥 서열 3순위였으나, 노태우 정권기의 5공청산 바람에 휘말려 몰락의 길을 걸었다.

1992년 대통령 선거에서 민주자유당 후보였던 김영삼 지지 유세를 했으나, 1995년 김영삼 정부의 '역사 바로 세우기' 일환으로 12·12 군사 반란, 5·18 광주 민주화 운동 진압 관련자로 재판을 통해 처벌받았다.

159. 제정구 (諸廷垢, 1944년~1999년)

사회운동가 정치인. 경남 고성 출생. 진주고를 거쳐 1966년 서울대학교에 입학한 뒤 학생운동으로 제적되었다. 1973년 복학했으나 1974년 민청학련 사건에 연루되어 15년형을 선고받고 투옥되었다. 1984년 사면·복권되었다. 그 후 단신으로 판자촌에서 빈민운동과 노동운동을 하며 도시 빈민의 권익 운동에 종사했다.

1985년 도시빈민연구소를 세우고 야당인 신민당, 민주당에서 주로 활동했다. 김영삼, 김대중 양김 청산과 제도권과 타협을 거부해 양김의 평화민주당과 민주자유당 영입 제의를 모두 거절했다. 1987년 6월 항쟁을 주도했고, 1988년 한겨레민주당 공동대표로 제도권 정치에 발을 디뎠다. 같은 해 제13대 국회의원 총선에 종로구 후보로 출마했으나 낙선했다. 1992년 통합민주당의 공천으로 출마해 14대, 15대 국회의원이 되었다. 1997년 민주당이 신한국당과 합당에 동참해 한나라당 소속이 되었다. 1998년 한나라당 제1정책조정실 실장을 역임했다.

160. 조연하 (趙淵夏, 1924년~2006년)

정치인. 전남 승주 출생. 1950년 서울대 농업경제학과를 4년 중퇴했다. 1955년 정계에 뛰어들어 민주당 중앙상무위원으로 활동했다. 1960년 민주당 소속으로 제5대 민의원에 당선되었고, 1965년 민중당 상무위원을 거쳐 신민당으로 당적을 옮겨 1971년 제 8대 국회의원에 당선되었다. 그해에 신민당 원내 부총무를 맡았다.

10월 유신 이후 1972년부터 1984년까지 정치 활동 규제 대상으로 묶여 있다가 민주화추진협의회 발기인, 신한민주당 부총재, 신한민주당 조직특위 위원장을 맡았고, 1985년 2월

12일 실시한 제12대 총선에서 신한민주당 후보로 서울 구로구에서 당선되었다.

1985년 제12대 개원 국회에서 김대중은 야당 몫 국회부의장 후보로 이용희를 밀었으나 범 동교동계였던 조연하 당명을 어기고 국회부의장 선거에 나서 반대당인 여당 의원들의 지지로 당선되는 이른바 '조연하 사건'의 주인공이 되었다. 이 사건으로 조연하는 당에서 제명되었다.

1992년 대선 때 정주영 당시 현대그룹 회장이 이끌던 국민당 최고위원을 지냈고, 1997년 대선 때는 이인제 의원의 국민신당 고문을 맡았다.

161. 조영래 (趙英來, 1947년~1990년)

변호사. 인권운동가. 경북 대구 출생. 경기고 재학 시절 6·3 한일회담 반대 시위를 주동해 정학처분을 받았다. 1965년 서울대학교 전체수석으로 법과대학에 입학해 재학 중 김근태, 손학규와 함께 한일회담 반대, 3선 개헌 반대 등을 주도했다. 1971년 사법시험에 합격했으나 사법연수 도중 서울대생 내란음모 사건으로 구속되어 1년 6개월의 실형을 선고받았다.

1973년 만기 출소 후 민청학련 사건 관련자로 다시 6년간 도피생활을 했다. 수배기간 중 익명으로 노동운동가 《전태일 평전》을 썼다. 1980년 서울의 봄으로 도피생활을 끝내고 사회에 복귀해 사법연수 과정을 수료했다. 1983년 시민공익법률사무소를 설립 인권운동을 시작했다. 1986년 부천서 성고문 사건 유죄판결을 이끌어내는 등 인권 변호사로서 큰 활약을 했다. 같은 해 대한변협 인권보고서 발간과 인권 변호사들의 상설조직인 정법회를 창립했다. 1988년 민주사회를 위한 변호사 모임의 탄생에 주도적인 역할을 하였다. 1990년 마흔셋의 나이에 폐암으로 세상을 떴다.

162. 조윤형 (趙尹衡, 1932년~1996년)

정치인. 충남 천안 출생. 유석 조병옥의 아들이며 제5~8대, 13, 14대 국회의원 역임했다. 6선 의원. 14대 국회의원으로 있던 중 병사했다.

1953년 연세대 정외과를 다니다 미국 조지타운대를 수료하고 정치에 투신했다. 1960년 제5대 민의원 보궐선거에서 민주당 소속으로 출마해 당선, 1963년 제6대 국회의원으로 민중당 당무위원, 청년국장을 맡았고, 1967년 제7대 국회의원 때는 신민당 원내 부총무를 맡았다.

1979년에는 신민당 부총재를 맡다가 1980년 전두환의 신군부에 의해 정치활동 규제를 받았다. 1984년 해금되어 민한당에 입당해 선거대책본부장을 거쳐 1985년 민한당 3대 총재가 되었다. 1985년 신민당이 탄생하자 신민당으로 당적을 옮겨 1986년 민추협 부의장을 맡았다. 1987년 김대중 평민당 총재 비서실장을 맡았고, 이듬해 제13대 국회의원 선거에서 당선, 1990년 제13대 국회 부의장에 임명되었다. 1992년 민주당에 입당해 1994년 국방위원회 간사를 지내다 임기 중 사망했다. 동생은 조순형 전 의원이다.

163. 조일제 (趙一濟, 1928년~)

정치인, 외교관. 경남 함안 출생으로 마산대 법학과를 졸업하고 5·16 쿠데타 뒤인 1963년 중앙정보부 국장, 보안차장보등 중정 핵심 멤버로 활동했다. 1975년부터는 주 일본국 공사, 오사카 총영사 등을 역임했고 1979년 유정회 소속 제 10대 국회의원, 1981년 제 11대 국회의원에 당선됐다. 김종철, 이만섭과 함께 국민당에서 정치를 했으며 정책위 의장 역임했고 김종필의 공화당에서도 활동했다.

164. 최규하 (崔圭夏, 1919년~2006년)

외교관, 관료, 정치인. 제10대 대통령. 강원도 원주 출생으로 경기고등학교를 졸업하고 1941년 도쿄고등사범학교 영어영문학과를 졸업했다. 1946년 서울대학교 교수로 있다가 미 군정청 중앙식량행정처 기획과장으로 발탁되었다. 정부수립 후 농림부에서 근무하다가 외무부로 발탁되면서 외교관의 길을 걸었다.

외무부장관을 거쳐 1975년 국무총리 서리를 거쳐 1976년 국무총리에 취임했다. 1979년 10·26 사건으로 박정희가 사망하자 대통령 권한대행을 거쳐 제10대 대통령에 취임했다. 그러나 그가 대통령으로 재임하는 동안 실권을 장악한 전두환에 의해 포위당해 급변하는 정국에서 주도적 역할을 하지 못했다. 1980년 8월15일 기자회견을 통해 대통령직에서 물러나겠다고 밝히고 사퇴했다. 최규하가 사퇴하자 전두환이 대통령이 되었다.

165. 최열 (崔洌, 1949년~)

환경운동가. 경북 대구 출생. 강원대학교 농화학과를 졸업하고 1982년 한국공해문제연구소 소장을 거쳐 1992년 브라질 리우환경회의에 민간대표단 단장으로 참석했다. 환경 공해 문제가 중요해지면서 1993년 환경운동연합 사무총장을 지내는등 사회 활동이 활발하다. 1998년 생명의 숲 공동대표와 1999년 에너지시민연대 상임대표를 맡았고, 2004년 총선물갈이연대 상임공동대표와 외교통상부 정책자문위원을 지냈다. 2005년 환경운동연합 고문, 2006년 오세훈 서울시장 당선과 함께 서울시장 직무인수위원회 공동위원장을 맡아 화제에 올랐다. 2010년 서울환경영화제 집행위원장을 거쳐 기후변화센터 공동대표.

166. 최영철 (崔永喆, 1935년~)

기자 출신 정치인. 1958년 서울대학교 정치학과를 졸업하고 한국일보, 민국일보 기자를 거쳐 1971년 동아일보 정치부장을 지냈다. 1973년 박정희 정권 때 기용되어 1988년까지 제9~12대 국회의원을 지냈다. 1985년에는 국회 부의장을 지냈고, 노태우 정부 들어 관운이 틔어 1988년 체신부장관, 1989년 노동부장관, 1992년 부총리 겸 통일원장관 지냈다.

167. 최태민 (崔太敏, 1912년~1994년)

경찰 출신 종교인. 1942년 황해도경 순사를 시작으로 1949년까지 경찰로 근무했다. 1949년 육군 헌병대 문관으로 근무했고, 1954년 머리를 깎고 스님이 되었다가 경남 양산에 비인가 중학교를 설립해 교장으로 취임하기도 했다. 그 뒤 서울로 올라와 유사 종교인 '영생교'를 만들고 교주로 활동하다 박근혜를 만난 후 목사가 되었다.

1974년 육영수 여사 사망 후 박근혜에 접근해 관계를 쌓았고, 1975년 박근혜의 후원으로 대한구국선교회를 조직해 자신이 총재, 박근혜는 명예총재가 되었다. 이후 박근혜와 막역한 관계를 내세워 각종 비리를 저지르고 재산을 축적하는 등 물의를 일으켰다. 이로 인하여 박정희는 중앙정보부를 통해 최태민을 조사토록 하고 그 결과를 가지고 친국까지 벌였으나 박근혜와의 관계를 단절하는 데는 실패했다.

1980년 전두환 등 신군부가 그를 제거했으나, 다시 박근혜에게 접근해 1982년부터 1990년까지 박근혜가 이사장을 맡은 육영재단의 고문을 지냈다. 1990년 8월에 동생 근령·지만이 당시 대통령 노태우에게 "최태민 목사로부터 언니를 구출해 달라"는 탄원서를 제출하기도 했다.

168. 최형우 (崔炯佑, 1935년~)

정치인. 경남 울주 출생. 부산공고, 동국대 정치외교학과를 졸업했다. 김동영, 김덕룡 등과 함께 김영삼의 최측근으로 한때 '좌동영, 우형우'로 불렸다. 유신, 제5공화국 시절엔 반독재 야당 투사로 활동했고 1971년 제8대 국회에서 신민당 소속으로 당선된 데 이어 제9대, 10대 의원을 역임했다.

1980년 신군부 집권으로 심한 고문을 당했고 1985년 김영삼과 김대중이 연합하여 만든 민추협 간사장을 맡아 민주화운동에 헌신했다. 1987년 6월항쟁 이후 치러진 1988년 제13대 총선에서 김영삼의 통일민주당 소속으로 부산 동래 을 지역구에서 당선되어 민주당 원내총무를 맡았다.

1990년 3당 합당 이후 민주자유당에 합류해 1991년에 정무장관을 지내고 1992년 14대 총선에서 5선 고지에 올랐다. 1993년 김영삼 정부 출범 후 민주자유당 사무총장으로 의원들의 재산공개를 주도했으나, 둘째 아들의 대학 부정입학 의혹으로 사퇴했다. 같은 해 12월 내무부 장관으로 복귀해 행정구역 개편을 실행했으나 1994년 10월의 부천세무서 탈세사건을 처리하지 못했다는 이유로 경질되었.

1996년 15대 총선에서 신한국당 소속으로 부산 연제구에서 당선되어 차기 대통령 후보로까지 거론되었으나, 1997년 3월 뇌졸중으로 쓰러진 뒤 정계를 은퇴했다.

169. 함석헌 (咸錫憲, 1901년~1989년)

독립운동가, 종교인, 언론인, 시민사회운동가. 평안북도 용천 출생. 1923년 오산고보를 거쳐 1928년 일본 도쿄고등사범학교를 졸업하고 귀국해 1938년까지 모교에서 교사생활을 했다. 일제에 저항하다 1940년과 1942년에 2년간 복역했다. 이후 8·15광복 때까지 은둔생활을 했다. 광복 후 평북 자치위원회 문교부장이 되었으나 1945년 11월 신의주학생거 배후인물로 지목되어 북한 당국에 의해 투옥되었다.

1947년 단신으로 월남해 《사상계》를 통해 사회비평적인 글을 쓰기 시작했는데 1956년

'한국기독교에 할 말이 있다'라는 글로 신부 윤형중과 신랄한 지상논쟁을 벌여 화제를 일으켰다. 1958년 '생각하는 백성이라야 산다'라는 글로 자유당 정권을 비판해 투옥되었고, 1961년 5·16 쿠데타가 일어나자 집권 군부세력에 날카로운 비판을 가했다. 그 후 언론수호대책위원회, 3선개헌반대투쟁위원회, 민주수호국민협의회 등에서 활동했다.

1970년 〈씨알의 소리〉를 발간해 민중계몽운동을 전개하는 한편, 1976년 명동집회사건, 1979년 YWCA 위장결혼식 사건에 연루되어 재판에 회부되는 등 많은 탄압을 받았다. 1980년 〈씨알의 소리〉가 강제 폐간되어 문필활동을 중단하고 1984년 민주통일국민회의 고문을 지냈다. 평생 일관된 사상과 신념을 바탕으로 '폭력과 권위에 대한 거부'로 항일·반독재에 앞장섰다. 저서로《뜻으로 본 한국역사》,《수평선 너머》등이 있다.

170. 현홍주 (玄鴻柱, 1940년~)

검사 출신 외교관, 정치인. 서울 출생. 1959년 경기고를 졸업하고, 1964년 서울대학교 법학 석사. 1969년 미국 컬럼비아대학교 법학 석사를 마쳤다. 사법고시에 합격해 검사로 근무하다 1978년 서울고검 검사로 승진했다.

1979년 10·26사태가 일어났을 때 중앙정보부 국장에 재임하고 있었다. 1982년부터 안기부 차장을 역임하고, 1985년 민정당 소속 전국구 의원으로 제12대 국회의원에 당선되었다. 이후 1988년 법제처 장관, 1991년 주미 대사에 임명되었다. 김앤장 법률사무소 고문으로 활동.

171. 홍영기 (洪英基, 1918년~1999년)

법조계 출신 정치인. 전북 순창 출생. 일본 도호쿠제국대학 법문학부 졸업하고 1948년 육군 법무관에 임명되어 1950년 중령으로 진급했다. 1952년 군법무관 시험에 합격해 육군본부 병무차감을 지냈다. 1954년 전역 후 서울에서 변호사 개업을 했으며 이듬해 민의원 국방위 전문위원을 맡으며 정치에 입문, 1960년 민주당 소속으로 제5대 국회의원에 당선되었다. 1965년 민중당 소속의 제6대 국회의원이 되었고, 1971년 신민당 소속으로 제8대 국회의원이 되어 신민당 정무위원을 지냈다. 박정희의 10월유신에 반대해 한때 보안사에 구금되기도 했다. 1980년 신군부에 의한 정치규제로 제11대, 12대 국회의원 선거에는 출마하지 못했다. 1988년 평화민주당 소속으로 제13대 국회의원에 선출되어 부총재를 역임했다. 1992년 민주당 소속으로 제14대 국회의원이 되어 민주당 상임고문과 제14대 국회부의장을 지냈다.

172. 황명수 (黃明秀, 1927년~)

정치인. 충남 온양 출생. 1953년 동국대학교 정치학과 졸업. 1960년 충남도 의원을 거쳐 1973년 제9대 국회의원 선거에 출마해 당선되었다. 제9대, 제11대, 제13대, 제14대 의원. 전두환이 집권한 뒤 치러진 1981년 제11대 국회의원 선거에서는 민권당으로 당선되었으며, 1985년 민추협 운영위원, 간사장을 맡았다. 1988년 제13대 국회의원선거에는 김영삼의 민주당 후보로 출마, 당선되자 부총재로 활동했다.
1990년 3당 합당 때 김영삼과 함께 민자당에 합류했으며 김영삼이 대통령이 되자 1993년 여당인 민자당의 사무총장으로 활동했다. 1994년 국회 국방위 위원장을 맡았고, 1998년엔 국민회의로 당적을 옮겨 부총재를 역임했다.

173. 황영시 (黃永時, 1926년~)

군인. 경상북도 영주 출생. 1951년 육사 10기로 임관했다. 주월 한국군사령부 참모장, 육군3사관학교 교장 등을 거쳐 육군 제1군단장으로 재직 중이던 1979년 12·12 군사 반란에 가담하여 육군참모차장에 올랐고, 이듬해인 1980년 5·18 광주민주화운동의 무력 진압을 주도했다.
같은 해 육군 제3군사령관이 된 뒤 1981년 육군참모총장에 임명되었고, 1982년 육군 대장으로 예편했다. 전두환 정권 후반기인 1984년부터 1988년까지 감사원장을 지냈다. 1997년 12·12 군사 반란과 광주민주화운동 유혈 진압 지시와 관련해 재판에서 징역 8년형을 선고받았으나 같은 해 12월 특사로 풀려났다.

174. 황용주 (黃龍珠, 1918년~2001년)

언론인, 방송인. 경남 밀양 출생. 1932년 대구사범에 입학했으나 '독서회사건'에 연루돼 퇴학처분을 받았다. 1944년 일본 와세다대학 불문과를 졸업했다. 1946년·1955년 밀양 세종중고 교장을 거쳐 1958년까지 부산대 불문과 교수로 재직했다. 1960년 부산일보 주필 겸 편집국장을 지냈다. 이 당시 부산 군수기지 사령관으로 있던 대구사범 동기생 박정희와 자주 만나 5·16 쿠데타를 논의한 것으로 알려졌다. 1962년 부산일보 사장을 거쳐 1963년·64년 문화방송 사장을 지내는 등 출세가도를 달리다 1964년 '세대'지 11월호에 기고한 논문이 문제가 되어 고초를 겪었다. 당시 그는 논문에서 북한을 정부로 인정하고 남북한 연방제를 고려해야 한다는 주장을 펼쳐 1964년 11월 구속되어 반공법 위반으로 징역 1년, 자격정지 1년, 집행유예 3년의 판결을 받았다.

KCIA 개정 증보판
남산의 부장들

2012년 11월 30일 개정 증보판 1쇄 발행
2020년 2월 12일 개정 증보판 10쇄 발행

지은이 김충식
펴낸이 김현종
기획편집 신원제 한진우 이경민 유온누리
경영지원 전선정 김다나
마케팅 김성현
디자인 전계숙 박정실

인쇄 천광인쇄사

펴낸곳 (주)메디치미디어
등록일 2008년 8월 20일 등록번호 제300-2008-76호
주소 서울시 종로구 사직로 9길 22, 2층(필운동 32-1)
전화 02-735-3308
팩스 02-735-3309
전자우편 medici@medicimedia.co.kr
페이스북 medicimedia
홈페이지 www.medicimedia.co.kr

ⓒ 김충식

ISBN 978-89-94612-39-3 03300

파본은 구입처에서 교환해드립니다.
책값은 뒤표지에 있습니다.

폴리티쿠스는 (주)메디치미디어의 현대정치사 전문 브랜드입니다.